戴 笠 与
中 国 特 工

[增订版]

Dai Li
and the Chinese Secret Service

间谍王

Spymaster

[美] 魏斐德 著

梁禾 译

新星出版社　NEW STAR PRESS

纪念魏斐德先生诞辰八十周年

编者说明

魏斐德（Frederic Wakeman, Jr., 1937—2006），美国历史学家，曾长期任教于加州大学伯克利分校，毕生致力于中国史研究，被誉为"美国汉学三杰"之一。魏斐德早期主要关注中国明清时期的历史大变迁，此后转入民国，以上海为基点拓展至研究国民党的全国统治。"治理中国社会特有的内乱"的"一股力量、一个妖魔"吸引了魏斐德的目光，他用十年时间，辗转世界各地查阅档案资料，最终形成了研究成果《间谍王：戴笠与中国特工》（英文原名为 Spymaster: Dai Li and the Chinese Secret Service，以下简称《间谍王》）。

《间谍王》将戴笠的生平经历作为贯穿全文的线索，一位缺乏教育、四处打流的地方青年，一跃而为国民党政权中的二号人物，他的发迹伴随着国民党特务组织的建立与发展。戴笠领导下的军统为维护蒋介石的统治服务，担负情报收集、暗杀等任务。随着抗战爆发，局势产生变化，戴笠与国外技术人员合作，提升秘密警察组织专业化、技术化的程度。书中还展现特务们绑架、刑讯、走私等历史细节，还原特务组织残忍、腐败的一面。《华尔街日报》曾评价此书："与其说是某个个人的传记，毋宁说是蒋介石在中国的一份尸检报告。"本书透过叙述特务组织的发展历程与运作方式，带领读者接近蒋介石政权的内幕。

2003年，《间谍王》英文版由加州大学出版社（University of California Press）出版。经著名翻译家、同时也是魏斐德的伴侣与助手的梁禾博士译介，此书中文版也迅速问世。魏斐德评价她"对本书的中文处理远远超出了翻译"。

此次增订本在之前《间谍王》中文版的基础上，修订若干讹误，增加一篇访谈稿、"代后记"与若干插图。1998年9月19日，魏斐德在台北访谈陈立夫。经过整理的访谈记录收入"附录五"之中，借此首度公开这一珍贵史料。作为"代后记"的《讲述中国历史》一文写作于1998年；在文中，魏斐德阐明了历史叙事的理论观点，进而表明了他在中国历史写作中的独特追求。

此次出版《间谍王》增订版之际，正值魏斐德先生诞辰80周年，我们谨以此寄托对这位杰出历史学家的怀念。在此，特别感谢魏斐德先生的夫人、著名旅美翻译家梁禾女士，她为我们再次提供了魏斐德先生的部分一手资料，并撰写了本书的"增订版序"。

编者
2017年1月

增订版序

间谍战与特工历来体现一个政权极端的谋略与手段。间谍战与特工之惊心动魄,也在于其隐性、残酷与不择手段。它是一派政治力量打击政敌所采用的最无情的手段之一,常发生在一个堡垒最坚固隐秘的部分,在对方体系最关键的部分、在人与人之间最密切的维系中,意外地背叛颠覆。其内幕对世人的吸引,经久不衰。

任何政权,都会精心建立起效忠于它的间谍特工系统。运作在间谍战前沿的人,被赞誉为"孤胆英雄""忠诚的战士"或贬为"奸细""潜敌"等,后来又出现偏于中性的"卧底"之称。间谍战所导致的"出奇制胜"及各种几近神奇的结果,多次成为一个个战役或一场场战争的关键。因此,建立精良的间谍系统,是一个政治力量最在意、最投入的方面之一。

随着历史的飞速推移,时代的巨变,演变至今的世界各国间的间谍战,其形式与手段之精尖奇异,演变程度之令人惊骇,亦可从无声无息却无孔不入、各国间愈演愈烈的网络间谍大战中略见一斑。间谍和特工,因其手段与方式而具有明显的道德争议,属政治与道德的灰色地带,因此它暴露一个政权的真正政治信仰与道德底线。揭示重现它的历史,是解析一个政权的重要部分。

史料与史学者们的研究表明,国共间的间谍战早在民国中期已全面拉开。但由于双方的档案长期对外封锁，历史学者们几乎无法查阅相关资料，做研究的难度，实是难上又难。于是这段隐秘而关键的历史真相，长期被封锁隐藏在时间长廊的角落里，不让碰触。

斐德在研究了明清朝代的交替、清朝的兴衰、上海都市的成形与管辖、毛泽东思想体系的产生与演变等历史篇章后，又把眼光投入了极具挑战的国民党间谍头目戴笠及其特工体系，他还计划在这之后继续研究中共特工史。这些研究计划使斐德感到兴奋刺激。在该书的序中，斐德提到了自己为何对研究戴笠及其领导下的国民党特工发生兴趣。事实上，他历来对挑战性项目持有毅然迎战的本能。还原被掩盖、被扭曲的往昔，是历史学家的责任，这个意识于他始终非常强烈。

斐德用了八年的时间搜集资料及各类考证来写《间谍王》。在写作过程中，他经历了一生最大的不幸：脊椎手术失败，余生离不开轮椅，与此同时他一边全职教学，一边承担各种学术领导职务。书快写完时，我们在柏林访学半年。那座城市除了是二战时期纳粹大本营之外，也是各国间谍战交锋激烈而密集的要地。秋冬季，坐落在柏林西南郊外仿萃万湖边的美国学院里，斐德久久坐在落地窗前长长的书桌上伏案疾书《间谍王》。窗外冷雾中隐显脱落枝叶的突兀树林和静谧的湖面，湖岸对面是那当年纳粹官员们作出灭绝犹太人种"最终方案"的"万湖会议"所在地，四周的氛围使二战硝烟弥漫的战场，秘密警察和特工的稠密运作，盟国在此出生入死的情报间谍战，以及西方一系列经典间谍影片的各个场景，都自然而然地浮现于历史追忆的表层。这样的环境里，斐德纵任驰骋其历史遐想，《间谍王》因此也得益于实地写作而更具史质感。让读者穿越时空，能身临其境地感受历史，是先生叙事的特点。

也在那期间，我们的感情生活进入了全方位的融合阶段。我们成为夫妻、知音、形影不离的生活伴侣、学术上的师友。那份饱满而热烈的幸福，使我竟能在全职教学的情况下适时完成了该著作的中文翻译。可以说，这部著作的诞生，伴随着斐德生命的坎坷曲折，见证了那迟到的幸福，是他治学执著不懈的又一产儿，也是我们学术合作的开始。

几年前，台湾国防部的档案终于开放了。随之，系列相关报道指出：这些档案表明，迄今为止世界上发表的诸多关于戴笠的研究，属魏斐德的著述最为准确。这一事实会给先生带来多大的欣慰！而他曾经如此期待经受史料的验证，尤其是当时他无法查看到台湾和大陆的一系列相关档案和史料情况下，往往不得不凭借间接材料或自己的史感来重建往昔。然而，"文字千古"。斗转星移，沧海桑田，时间永不间断地对人事作大浪淘沙般的洗刷筛选，并将那些留存下来的，凝结为千古。

我一直在想：激情——生命的养料，人和人并不是天生就均等具有的。不然，为什么历史上有那么些人，他们的激情自始至终充盈而持衡？生命途中的任何逆流坎坷都无法把他们击倒。斐德在研究中国历史中所体现的激情与几近幸福的执著，在感动我的同时，也让我惊赞他那从不枯竭的热诚。说到底，一个人的不懈钻研和忘我投入，也是本身激情与精神能量的自然流露，是人的抱负与境界的体现。前者多半与生俱来，而后者，则是长期熏陶修养的结果。

新星出版社在先生诞辰八十年之际再版《间谍王》，在纪念斐德卓越治学生平的同时，又一次拉开历史帷幕，让读者从中看到一个政权的秘史，了解到国共内战的更多真相。

历史，永远为现时存在，斐德仍在为我们讲述中国历史。

梁禾

2016 年 12 月于巴黎

目 录

编者说明 / 01
增订版序 / 03

前　言　幽灵 / 1
第一章　多面人戴笠 / 4
第二章　打流 / 22
第三章　投奔 / 35
第四章　十人团 / 51
第五章　"力行运作社"——蒋的共济会 / 64
第六章　创建力行社 / 77
第七章　力行社与蓝衣社 / 90
第八章　蓝衣社的"法西斯主义" / 113
第九章　意识形态的竞争：蓝衣社和CC派 / 130
第十章　各省的蓝衣社 / 147
第十一章　1932—1935年的上海战 / 172
第十二章　行刑队 / 202
第十三章　行刺 / 217
第十四章　警察学校 / 242
第十五章　躺进棺材 / 266

第十六章　裙带 / 287

第十七章　战争与别动队 / 304

第十八章　训练营 / 320

第十九章　密码战争 / 346

第二十章　戴笠、梅乐斯及中美合作所的成立 / 362

第二十一章　中美合作所训练营 / 374

第二十二章　间谍 / 393

第二十三章　战时戴笠的走私网 / 411

第二十四章　战时重庆的军统 / 425

第二十五章　陨落之星 / 448

跋　妖魔 / 477

附录一　1939年下半年特训总队组织表 / 479

附录二　1943—1945年间军统机关组织表 / 481

附录三　中美特种技术合作协定 / 486

附录四　中美合作所训练班 / 491

附录五　访谈陈立夫笔记 / 497

参考文献 / 503

致　谢 / 539

代后记：讲述中国历史 / 541

前言　幽灵

戴笠是黄埔军校第六期骑兵科没有毕业的学生。[1]他虽不擅长骑马，却很喜欢马。因他面带马相，特别是有严重的鼻炎，时时流鼻涕，很像马一样成天哼个不停，每日要用很多条手帕擤鼻涕。他很迷信"人的面相肖动物是主大贵之相"。别人当面说他举止和马一样，他也不以为忤，反而沾沾自喜。后来他用的化名也叫马行健，居然以马自居。他常说愿为蒋介石终身效犬马之劳，他是甘心为这个中国历史上少有的暴君充当犬马并引以为荣的。

沈醉：《我所知道的戴笠》[2]

这本书叙述一个非凡的秘密警察，一个阴影般的险恶幽灵，他的经历体现了20世纪中国所具有的、在封建式的多变个性与难以逾越的职业纪律之间的平衡。曾经既是个有自觉意识的游侠又具有现代组织才干的戴笠，想通过树立起一种适于统治充满共和政治阴谋的拜占庭式世界的个人英雄主义，创造出一个新的自我。

他的这个自我并非仅仅从实用出发，而是中国的新精英们在1911年废除帝制后所采用的一系列新型职业中的一个，这些职业包括银行家、记者、律师、家庭主妇、军官、女演员和医生等。这些新颖的身份反映了现代中国在形成过程中的许多取舍：国家企图以自身来取代家庭的努力、旧科举制度废除后对职业教育的普及，以及取代那些随着帝王时代儒家体系的消亡而破落的儒生——文官们的新兴社会阶层的出现。

戴笠来自于这样一个背景：作为闭塞的"中等县城"里的精华，这些年轻人离开了世代居住、树荫稀疏的村子，为升官发财而奔向繁华的沿海城市。[3]这群年轻的冒险家们好比社会弃儿，虽然缺乏引导，但却雄心勃勃，受着"天生我材必有用"的民族使命的驱使。尽管许多人无力实现这种使命，而戴笠却能克服某种城乡间的巨大差别——在具有低头不见抬头见的个人关系的乡村世界与一个更加广阔、充满职业责任和冷冰冰的专业知识的领域之间的差距。

在前者的背后是等级制，这种意识处处体现在戴笠对他特工部下的家长作风之中。[4]与戴笠对待下属的冷漠态度十分不相称的是戴笠广泛的个人关系网：从家乡江山县至省会然后到上海、广州及最终的南京；从河里的舢板至汽船最终到飞机；从"江湖"好汉的小股密探，到受过高级训练的特务和使用电子窃听设备的先进间谍行业；从与中国的帮匪及唯利是图之徒结伙，到与英国特工和美国战略情报局情报官员们为盟。

这种延伸部分是由于中国新的城乡差别，在战时尤其如此。戴笠最初在中国的城市环境里找到了作为一个特工头子的落脚点，那里成了他的部下在20世纪20年代和30年代初的白色恐怖阶段进行绑架、酷刑和暗杀的理想环境。当时的军阀混战集中在铁路、河流和城市方面。但抗日战争使战地从城市转移到了农村，并"从空间和时间上被分散了"。[5]戴笠在城市里的对手们离开了上海的弄堂深处，集中精力在内地的农村根据地开展新形式的斗争，包括群众动员、经济战、渗透、颠覆和宣传。

戴笠对这种变化表示欢迎，尽管这使他在对付共产党的斗争中竭尽了全力，绞尽了脑汁。特别是，作为一个能干的领导人，他具有包容对立面的能力。凭着个性的力量，戴笠从自己在军队里的劲敌手中赢得了对国民党乡村武装力量的控制，并制订了一系列后勤计划迎接即将到来的内战（爆发于1946年，即他死的那年），从而再次成功地克服了战略转变。

戴笠对自己个人领导作风的依赖具有一些坏处。首先，这经常引起他与国民党内劲敌之间的争斗，弄得两败俱伤，消耗了自己的元气。其次，为迎合蒋介石，同时也为了在那些具有他所缺乏的战地经验的老资格军事将领眼里摆脱自己的自卑感，他采用了夸张的军事作风来训诫下属。再次，这使他不能把权力下放，也使他无法信任把信息落在纸上，来形成真正现代的情报组织中常见的"档案"；相比之下，他更相信自己惊人的记忆力。最后，这使他无法欣赏他的头号敌人毛泽东所具有的更加戏剧化甚至是不修边幅的政治风度。

然而，最终还是戴笠不达目的且死不罢休的毅力和狡猾机敏，而非政治偶然或官僚政治的需要，在那个革命的时代把他推上了中国政治的顶峰。当然，社会进程和经济发展永远是重要的世间变化的原因，但政治绝非只是附带现象。尽管有一种群众创造历史的虔诚观念，个别男女生动而强大的个性一直是我们所了解的历史当中的关键因素。

注释：

1 他在黄埔甚至没有骑过一次马，因为军校没有马骑。程一鸣：《军统特务组织的真相》，第197页。
2 沈醉：《我所知道的戴笠》，第5页。沈醉曾任军统总务处处长。沈醉：《中美特种技术合作所内幕》，第213页。
3 关于闭塞之地的精英，见Yeh, *Provincial Passages*, 全书。
4 戴笠对他的部下只作演讲，而不与他们共处。他们需要接受灌输，而不是改造，不存在共产党意义上的转变。
5 Van de Ven, *Introduction*, p.25.

第一章 多面人戴笠

> 我站了起来,凌按惯例做详细的介绍,于是砍手鞠了鞠躬。他穿了件高领的蓝黑色党服,四十岁左右,双目锐利,中等身材,蓬乱的头发剪成西式分向一边。言谈举止,显示出他既大权在握,又能巧妙而毫不留情地使用这种权力。我完全可以相信,他便是中国最令人惧怕的人。
>
> 赫伯特·雅德利:《中国黑室》

中国的希姆莱

一位外国记者后来这么回忆戴笠:一个隐面人,总是藏在房间的暗处,而其他人则处于一览无余之下。然而少数几个在太平洋战争期间当戴笠处于鼎盛时期见过他的西方人,却对他有强烈而多彩的印象。[1]"从一方面看,二战中没有一个人形象要比他更黑;而从另一方面去看,又没人比他更白。"[2] 几乎所有的人都被他锐利的目光所震慑。[3] 一个戴笠领导下的在敌后工作的 OSS(美国战略情报局)人员说:"戴笠的身材中等壮实,外表粗犷强硬,有军人的干练。他的脸轮廓分明,尖锐的目光咄咄逼人,还有一张坚毅的嘴。"[4]一个出身于中国传教士家庭的美国军官写道:"他英俊瘦长,有一双纤细优美的手,走起路来像是脊梁骨上了钢条,步子大而有力,像是中国戏台上的英雄人物夸大了的步伐。他那犀利审视的目光,像是要把人的五官和个性记下来以备日后之用。"[5]

对于20世纪40年代在中国的大多数外国人来说,戴笠是一个传奇式的人物,被普遍认为"不是中国的卡那瑞斯(Canaris)上将,而是海因里希·希姆莱"。[6]

> 戴笠给人的印象是聪明而有想象力,残酷而不择手段。他是中国国民党的希姆莱。他几乎是所有美国民主理想的敌人。在蒋的统治下,他企图通过铁腕来统一中国。他冷酷、狡猾而残忍。[7]

纳粹冲锋队头子的帽子不是轻易摘得掉的。那些将戴笠简称为T. L[8]的西方人经常把戴笠称作"中国的希姆莱"。那时在美国政府的情报圈子里,大多数官员都相信"戴笠将军以刽子手闻名;以他为首的'蓝衣社',是个类似盖世太保的组织,至少在上海是众所周知的;对政敌他有自己的集中营;他不喜欢外国人,而且很少有外国人见过他"。[9]

戴笠自己知道这个绰号,而且他不止一次试图向他的美国朋友们证实"他支持民主"。1945年4月3日,蒋介石检阅了中美合作所的"精锐部队",即坐落在重庆外的歌乐山的第九部。那天晚上戴笠举行了一场奢华的宴会,耗尽了他从家乡浙江带来的200斤珍贵黄酒。歌乐山乐队学会了演奏"扬基歌"和"迪克西"[10],而且当人群里的美国人为这些歌曲拍手欢呼时,演员们还准备演中国戏。这时戴笠突然打断了聚会,并坚持要说服美国朋友不要相信关于他的坏话。戴笠通过正式翻译刘镇芳语无伦次地说了半天,无非是想表明"他不是希姆莱",而只是"总司令的戴笠,仅此而已"。[11]

总司令的戴笠

在戴笠所有的特点中，最突出的也许是他为自己的领袖效劳的意愿。[12] 他为自己选择的这个名字的字面意思是"戴雨帽"，其象征意思是"一个仆人"，即强调了这种动物般的甘做其主人蒋介石走狗的奴性，同时又代表了封建观念中的相互尊敬。[13] 戴笠这么对别人解释自己的名字："有一首古诗这么说：'君乘车，我戴笠，他日相逢下车揖。君担簦，我跨马，他日相逢为君下。'"[14]

沈醉是上海站的站长，戴笠的总务处处长，他指出其上司对蒋介石走狗般的效忠，说他乐意当蒋的"爪牙"。[15] 戴笠自己的"犬马之劳"的说法似乎也透露出他愿意从主子那儿接受这种非人的待遇。[16] 然而，作为基于君臣互尊理想上的封建意识，这一说法也显示了一种表面上自相矛盾的用意。"犬马"一词源于流传百世的历史小说《三国演义》中刘备和诸葛亮（卧龙）的隆中对。

公元207—208年，衰颓的汉室后代刘备，在其军师单福举荐了诸葛亮，并说此人"有经天纬地之才"后，三顾茅庐，拜见这位年仅27岁的贤士。[17] 玄德终于在第三次拜访中见到诸葛亮（孔明）。他对孔明说：

> 汉室倾颓，奸臣窃命，备不量力，欲申大义于天下，而智术浅短，迄无所就。惟先生开其愚而拯其厄，实为万幸！[18]

孔明谦逊地否认了自己的才能。但经不住玄德再三恳求，他提出在西川咽喉地带后面（巴蜀，即现在的四川）建立一个基地的卓越战略，刘备可以从那里起家，最终征服北方内地，复兴汉室。当孔明一再自谦地拒绝玄德时，这位汉室宗亲落泪了。他哭道："先生不出，如苍生何？"孔明为玄德的诚挚所动，说："将军既不相弃，愿效犬马之劳。"[19]

对诸葛亮来说，玄德的恳请是他决定当军师的原因。对精通《三国演义》并极其仰慕"卧龙"的戴笠来说，蒋介石请他当特务机构的头子，一定在他心里引起了类似的效忠之心。但在沈醉眼里，戴笠甘当总司令的"犬马"则含有自我贬低的成分，而且这一点还影响到他的下属，使人性中本来高贵的品德变为一种对主子的敌人残酷无情的意愿。[20]

戴笠自己为能够"秉承领袖意志，体念领袖苦心"而感到骄傲。而在他的对手们看来，这种自负是戴笠狂热地效忠于蒋介石"有公无我，有我无公"信念的表示。[21] 就像所有专制政治的奴仆一样，戴笠是一个强和弱的矛盾结合体。[22] 他作为蒋介石内部圈子里的人，大权在握。然而他对蒋的谦卑、对领袖的服从，最终又证明了他个性上的软弱。[23]

戴笠是最受总司令信任的下级和警卫，只听从总司令的命令。[24] 他替总司令作内部调查工作，并负责总司令的警卫。戴及其无处不在的特务组织，被认作是中外之间非正式"业务"成交的媒介，而且其效率很高（共产党在重庆的联络人周恩来曾说，戴笠通过他的秘密组织控制着军事通讯、财务及外交事务。）……他的秘密警察组织在当时被用来抗衡"CC"派系控制下的党部警察，具体体现了总司令控制国民党最基本的政策原则之一，即在各势力之间通过制约达到平衡。[25] 他是后来国民党专制倾向的具体象征。[26]

作为蒋介石独裁的具体象征，戴笠也代表了国民党政府里最强大的组织之一：军事调查统计局。[27]

军统

1943年美国武官这么形容军统（MSB）：

这个组织并未列在中国政府机构的名单上,然而它却是中国最强大最重要的组织之一。它是中国军队内高层次的领导机构。它的领导戴笠先生(将军)也许比其他军事委员会成员具有更大的权威。实际上这个局是中国的特务机构,并且据可靠情报,它拥有2万以上的男女成员。它的主要作用之一是打击共产党活动。不过所有的间谍和情报工作都是在它的领导下进行的。它的许多活动与军事行动委员会情报科有重复,而该科的副科长与这个局有直接的联系。该局还控制着上海和国统区以外其他地方的中国特务。戴笠是蒋介石原黄埔军校的军官之一,他通常被称为"将军",但是据说他并没有正式的军衔。消息灵通人士说,在今天的中国,除总司令以外,他比任何人都要有权力。他被认为是唯一一个能与蒋介石在任何时候、任何地方见面的人物。[28]

所以,很难将戴笠作为中国最强大的秘密警察的头子所具有的个人影响与他和蒋介石之间的密切关系分开。[29] 在众人的想象中,他至少代表了独裁的阴暗面。如沈醉所说,他是总司令的一把利剑,而在百姓的眼中则是蒋的刽子手。[30] 事实上,戴笠可能享有的独立性来自于他本人所具有的威慑力,但是反过来说,这种威慑力几乎全来自于他与蒋的接近——加上他那些众所周知、无所不在的耳目与爪牙。[31]

像所有的警察头目一样,戴笠的威慑力来自于人们相信他的人无所不在。[32] 在中国和外国均有人认为:"众所周知,军统是中国的秘密警察,而且比起世界上任何间谍网来,它在特工人员的数量上要更加庞大,在地理覆盖面积上要更加辽阔。"[33] 1946年,美国军事情报机构估计戴笠有18万便衣特工——其中4万人全天候地为他工作。[34] 那些着特别制服和军队制服的特工人员包括:7万武装游击队、2万别动军,以及美国海军认为具有15291名士兵的"忠义救国军"和在中国沿海为数4万人的有组织的海盗。这些加起来总数有32.5万的实际或潜在的人员在为这个秘密警察的头子效力。[35]

一篇提到戴笠是"中国的间谍大师"的文章说，凡是有中国人的地方就有他的情报人员在活动。这些地方包括：印度支那、印度尼西亚、婆罗洲、福摩萨[36]、暹罗[37]、马来半岛、南太平洋群岛、锡兰、缅甸和印度。

到了战争的后期，戴笠的特务不仅在地理上而且在战略上都可以说无处不在。[38] 他们在马尼拉有城墙环绕的区域里发送气象预报，一直到麦克阿瑟登陆。他们在南京、汉口及所有被日本人占领的中国城市内组建警察部队。日本人发现这些警察愿意合作，便让他们照常管理，却不知所有中国的警察都是戴笠的人。他们在日本空军内有一个单独的傀儡飞行队，接受秘密命令，将日军的轰炸机于9月15日转交给戴笠在西安城内的组织。而且在整个战争时期，在日本本土的东京皇宫里就有戴笠的特务。[39]

美国的读者——公开的与秘密的——对有关戴笠无所不及的特务网络的例子十分着迷。[40] 据报告，一位美国战略情报局的上尉在回到他坐落在福州西边的住宅时，发现他的翻译正在与两位身着深色长衫的陌生人说话，那两人一见他进来便离开了。翻译吓得浑身发抖地告诉他这两人差点儿杀了他，因为他回到上尉的房间时正见他们在翻上尉的东西。他乞求上尉保护他。当上尉责怪他莫名其妙时，他又开始发抖，并说："不，这不是莫名其妙。他们是老板的人。"这位军官回忆说："于是我一夜没睡，整晚在膝盖上架着把该死的冲锋枪，因为那两个来访者是'老板'的人。"[41]

另一个美国情报官在日占区执行秘密任务时路过一个小村子，在当地的客栈下榻。他与客栈老板一起喝着地方酒并成了朋友。于是这位美国人冒昧地建议他们去搜索所有顾客的行李。说到底，这难道不是客栈主人的"老板"要他干的吗？后来，当他们在醉意下搜索了旅店的其他房间后，美国人说他原以为这个小村子对于安置一个常驻的秘密警察特工来说太小了点。"多小没关系，"据说那店主这样回答，"在中国每个地方都有老板的特工。"[42]

当然，在一村一屯安插特工并不足以使戴笠赢得他所得意的对他的普遍恐惧。他在外国人和中国人眼里的形象部分出于他残酷的名声。[43]美国观察家认为："许多中国人悄悄传说他用火车头内燃炉烧烤的方法来惩罚叛徒，而且他操纵了关押政治犯和其他犯人的集中营。"[44]有些中国人，如蒋介石的对手李宗仁，他们对戴笠"作为一个聪明而含蓄的人"具有好感，但同时对他"笑里藏奸"感到震惊。尽管在他的组织里他偶尔会以漫不经心的样子出现，但据说万一有人不遵守他的纪律，他便残酷无情地惩罚他。[45]戴笠的批评者们因此向外国人指控戴笠应对许多文科教授和其他进步人士的监禁负责，同时把他形容为"中国的法西斯分子"。[46]

亚洲的神秘人物

尽管他最终喜欢施刑，残酷本身却并不是他那威慑力的关键所在。他虽然杀了很多人，但并非病理性的虐待狂。他自己也并不喜欢这么做。他对杀手们下令行刺时，通常总是与计划略微保持距离。他无疑为自己能在远距离外置他人于死地的权力有种变态的快感：死神既遥远又近在咫尺。于是，戴笠保持孤僻和神秘的能力使他变得无法预测，于是在人们的眼里变得更加奸诈危险。[47]

这种气质在小说《红岩》里对徐鹏飞的描写中表现得淋漓尽致。这部小说讲述了内战期间军统（或后来的保密局）的情况。徐是重庆特务机构的领导，小说这样形容他穿行在阴森恐怖的总部大楼里：

随着徐鹏飞的出现,整座侦讯大楼立刻鸦雀无声,所有的部属,正以景仰的、谄媚的种种神情迎接他。徐鹏飞对于这些,不能不由衷地感到自得满足,渐渐露出一丝稀有的浅笑,但迅速地收敛住了。和往常一样,他不能让任何人猜透他的心思,只能叫人捉摸不透他的喜怒无常的性格。他故意迟缓了巡视的步伐,毫无表情地从纷乱的目光中穿过。[48]

他许多让人费解的特点与他不让人察觉他在场及保持隐姓埋名的奇妙能力有关,部分也与他不愿被拍照有关。[49]作为"中国近代历史上最神秘的人物",戴笠特别刺激美国记者们的想象力,因为他完全符合他们把他当作现代的傅满洲博士的形象。[50]

戴笠被认为是经历过战争的最神秘的人物。但那些知道他长什么样的中国人通常不这么看。据说近四亿五千四百万的人从没有见过他,也不知道他长什么样。他从不公开露面,也不让记者采访,而且几乎从不让人给他照相。[51]

《柯莱尔斯》(*Colliers*)杂志管他叫作"亚洲的一个神秘人物"。据说戴笠是个"具有可怕权力和声名狼藉的人",他从不接受拍照或采访。[52]

戴笠是中国近代历史上最富有传奇色彩的人物之一;甚至在政府官员里,都很少有人认识他,很少有他的照片。他在受到一些人赞赏的同时,又被很多人深深地仇恨和惧怕。[53]

一个中国官员在提到他时说,他"制造了这么一个幻象,好像他只

是一个名字而已，可能实际上并不存在"。⁵⁴

而且，他无疑总是力图隐藏自己的踪迹。⁵⁵ 在二战时期的重庆，他一个人住——除了他的警卫们⁵⁶和连他在外就餐时都替他采购、烹饪和尝食物的白发仆人贾金南以外——这个秘密警察的头目故意地随意往返移动于三个住处间：曾家岩151号的公馆，上清寺康庄3号的一座小洋房和在神仙洞的另一座公馆。⁵⁷ 就在重庆城外，他在杨家山占有一座公寓，在松林坡有一幢房子，在歌乐山中美合作所总部的大礼堂后面还有一个临时的客房。他在西安、兰州、成都、贵阳和衡阳也各有秘密住宅。战后他又秘密地在上海、南京、汉口、天津、青岛、北平、郑州、福州、厦门和苏州买下了一些秘密住所（在那里他总放置一两部随时备用的车）。⁵⁸

几乎没人知道戴笠准确的近况。他在中国到处有住宅和藏身之地，而他的路线和去处总是隐瞒着的。⁵⁹ 一个跟他一起旅行的美国人曾经告诉我："他从来不让任何人知道他从这一刻到那一刻将去哪儿，而且他在去任何一个地方之前，总是播散谣言。说他要去X地，然后他总是去了Y地。"在城市里他的人总给人打电话说他上路了，他们知道这电话会被窃听的；与此同时，戴笠去了另一个什么地方。正因为有窃听，所以他禁止他的办公室在电话上为他安排约见。美国人发现，他们约见他的要求必须封在信封里，而且答复也是以同样的方式递交的。⁶⁰

他甚至能在别人面前隐藏自己。记者爱泼斯坦回忆起在他去延安采访共产党之前国民党为他召开的一次会议。会议由被美国人认为最受蒋信任的何应钦将军主持，国民党的日本情报专家王本胜也出席了，还有董显光。只是在会议结束时爱泼斯坦才记得还有第四个人在场，他在屋子的后面几乎没被注意到。那人黑黑的皮肤，胡子拉碴，虽然不见得阴险,但在爱泼斯坦看来有副癞蛤蟆样,他自然就是戴笠。[61]

深色的皮肤也是他给别人包括他后来的副手"玛丽"梅乐斯留下的强烈印象。[62]从外表上看戴笠在许多美国人眼里与其说是中国人不如说是拉丁美洲人。他矮个子,壮实,深色的皮肤。有人说"他有点像巴蒂斯塔"。[63]他在战时穿得很普通:通常是黑马靴,普通的蓝制服,过时的欧式帽子。他外表中最突出的是他的双手。"它们奇怪但可爱,"一个美国人曾经这么对我说,"它们不比我的三个手指更大。你见他坐在书桌前,穿着丝织的中国长袍,脸上挂着狡诈的微笑,突然出现了中国瓷娃娃般的手。假如你在这之前就以为他是一个残酷的人,他此刻就显得更加阴险。"[64]

别人既能感到他的外表古怪畸形,又能感到戴笠为这个特点而骄傲。他衣着的暗淡单调更增强了这一点,同时使他更能有意地隐姓埋名。[65]正因如此,尽管他经常大宴宾客——尤其在重庆,他在公馆的马殿或虎殿里的宴会在美国人中以其精致的餐具、绝妙的咖啡和拿破仑白兰地而闻名——但他自己的生活其实相当简单。[66]

比如在南京时,他以对自己的生活条件不在乎而出名。他在鸡鹅巷53号的房子里用的是草织垫子而非地毯,他在上海法租界枫林桥附近租的一座两层楼的房子也非常普通,跟当时他的那辆小斯特德贝克车一样不起眼。[67]虽然有人认为他发了大财,尤其发了战争横财,但另外一些人认为他除了在与他人,包括手下人做交易以外,他从根本上对钱不感兴趣。

一般人认为戴笠财产数额巨大,然而还是没人知道到底有多少。他宣称为蒋介石政府无偿工作,这使他的个人收入变得非常神秘。有人说他的收入来自于敌人的秘密交易。美国空军飞行员曾说是来自鸦片,说他们曾从西面的成都起飞把水银运往北方各省来换取鸦片,然后交给戴笠。但正如其他人所指出的,蒋介石对任何与鸦片有关的人和物都毫不留情,而戴笠对蒋和他的各项原则的忠实向来是无可指责的。[68]

据梅甘主教记载,戴笠作为反走私机构的头子(当时挂名在财政部下),他所处的地位使他极容易了解(并获利于)非法交易和走私活动。然而,对当时中国的情况信息十分灵通的梅甘认为,戴笠自己并没有卷入任何这类活动。[69]

猴王

戴笠对机密和匿名的执迷使他的权力带有另一个特点,那就是所谓的刀枪不入。《柯莱尔斯》杂志的那篇使他在美国传奇化了的文章一再提到戴巧妙地逃脱逮捕、定时炸弹及日本人的捉拿:"戴笠无懈可击的说法很快就成为他个人传奇的一部分。"[70]

另一个美国作家曾描述戴笠怎样"以其惯用的销声匿迹的方式"逃脱了敌人159个便衣的捕捉;即使在有报道说他死于飞机失事时,他仍然可能在与死亡游戏而不伤一根毫毛。[71]"没人知道到底有多少次戴笠的敌人想逮住或杀死他,而他一次次地捉弄了死亡,结果使他享有刀枪不入的传奇式名声。"[72]

尽管戴笠孤僻诡秘,他仍在社会各阶层有广泛的熟人和朋友圈子。其中大多数人对他有用,这些人包括老警卫队的人,也有重要的军官、银行家、海外商人、上海黑帮和四川秘密社会的头子们。[73]《苏报》和《甲寅》周刊的主编章士钊也曾是他的好朋友,在1946年戴笠的葬礼上他也写过赞词。[74]

有意思的是，他的一些朋友都是佛教或者天主教的教徒。[75] 在天主教徒中，戴笠的朋友包括中国的红衣主教田耕莘，法国在重庆的主教，还有中国天主教牧师于斌。[76] 其中他与于斌的关系可能包括业务上的接触。正是通过于斌，戴笠才得以在河南陕甘边界区的一个当地的天主教教堂里，开展起在军事委员会西北站控制下的情报收集活动。[77] 但是戴笠更大的朋友圈子则超出了简单的宗教或非宗教的划分，尤其是在他取得名望之后。他后来也同足球明星李惠堂、招待会女王陈云裳、南京《救国日报》的头目龚德柏及京剧演员言慧珠建立了关系。[78]

在上海咖啡馆社会的所有成员中，戴笠最臭名昭著的朋友是唐生明，他经常陪同秘密警察逛妓院和赌场。[79] 戴笠在上海的浪漫生活也是他复杂面目的一部分。对于这一点唐曾说："戴笠是个奇怪的人，他简直离不开女人的魅力。"[80] 也许这就是唐生明为什么一定让他的妻子徐来把电影明星胡蝶介绍给戴笠的原因。胡蝶后来在太平洋战争中成了这个特务头子的情妇。[81]

这些朋友，尤其是那些继梅乐斯将军关于中美合作所的回忆录问世后写出并在台湾出版的各种传记的作者们，他们对戴笠的形象则有不同的描述。大批歌颂戴笠的书籍涌现出来，包括乔家才、毛钟新、刘培初等写的传记。[82] 一生致力于描述现代中国北方的"水浒"类英雄的台湾作家章君谷，在二手材料和对原军统官员采访的基础上编写了一部戴笠的传记，将这位秘密特务的头子描绘成一个"热忱的爱国者"，对领袖怀有"烈火"般的赤胆忠心。戴笠的头脑周密细致，能够冷酷无情地洞察到任何颠覆行为的蛛丝马迹，而对朋友和下级却待以慷慨宽容。[83] 在20世纪30年代后期，和戴笠接近的一位同事对章君谷这样形容这位秘密警察头子：

> 戴先生这个人，实在是极理智，而又极富感情的，由于他自小流浪，接触面异于常人的广泛，同时，又因为他勤勉苦学，读了很

多的中国古书,所以他能将儒佛侠精神,兼而有之。戴先生的部属,对他无不既敬且畏,即使受过他的处分,人前人后,从不埋怨、怀恨,甚至于直到他死后22年的今天,也依旧对他毫无怨言。[84]

戴笠所有的老搭档都强调他们的头目具有极强的记忆力和旺盛的精力。[85]据说,他能够几天几夜不睡觉而一点儿也不显得累。而且即使累了,他也能立刻察觉出一个局势或一个人的动向,然后设法来充分利用局势。所以他手下的人相信,在任何情况下对这位秘密警察头子隐瞒真相都是徒劳,因为他总能戳穿骗局。[86]而且,他斩钉截铁的领导作风和雍容大度的气量,一再证明了他的果断、左右局势的能力和才干。[87]

国民党将军胡宗南用这样的话概括戴笠的个性:"雨农,这位自负为孙悟空的人,认为天上的月亮都捉得下来,几乎没有过不去的难关。他最大的长处是深谙人情世故,最大的缺点是任性、急躁,不能保守秘密。"[88]

尽管对戴如此谨慎地进行描述,人们还是无法将他在国民党拥护者眼里的英雄形象和他在死敌共产党中间的名声对上号。(他的许多拥护者甚至认为,如果他没在1946年3月17日坠机事件中死去,中国共产党就不会在内战中取胜。)[89]我们曾在《红岩》里见过后来中华人民共和国关于戴笠和军统的军官们是残酷无情的虐待狂的描写。戴笠一死,左翼记者们立刻指控戴暗杀了中国民权保障同盟领袖这类杰出的政治领导人,强奸和折磨了无数个手无寸铁的妇女,并屠杀了成千上万反对蒋介石野蛮独裁的中国青年。[90]

"秘密世界是一个病态的世界,它对那些为自己的真实身份感到疑惑的男女们具有诱惑力,他们只有在秘密的遮盖下才感到安全……这将他们与一个由理性因果关系组成的实际的世界隔离开来,同时也许会使他们以为由于自己了解了他人不知的事情,就有能耐不受常人所受的限制而为所欲为。"[91]每当我们提醒自己这一点时,对戴笠的这些截然相反的描述便会产生怀疑。

而秘密世界的特殊性可能正好解释戴笠充满疑云的形象，但这种模棱两可的情况不应当使我们放弃去了解戴笠的义务，因为他起码代表了现代中国意识的某一个具体方面。特别是，一场中国革命推翻了帝制之后，而另一场革命即将来临，如果我们把戴将军的政治思想和实践只当作那个时代精神的一个折射，那么这个努力就不应当是个夸夸其谈的任务。那些政治动荡产生了一个由地下社会的残酷实践所导致，且饱受即将来临的震颤的革命想象力刺激的暴力文化。在所有这些历史的曲折中，戴笠只是他所处的那个被扭曲了的时代的一个粗糙反射而已。

注释：

1 当戴笠将军来到艾德琳·格瑞（Adeline Gray）住的旅馆安排往重庆的军事运输时，后者正被围困在中日战线前沿的宜昌市。"门又打开了，进来一个样子很显赫的人。他有一种寡言的威严，他那双深邃漆黑的眼睛默默地审视着我。"Gray, *China's Number Two Man*, pp.3—3b。

2 Lovell, *Of Spies and Stratagems*, p.51.

3 爱泼斯坦（Israel Epstein），1985年3月5日在北京的采访。

4 Gray, *China's Number Two Man*, p.5.

5 Caldwell, *A Secret War*, p.73.

6 这些文字被美国战略情报局（OSS）官员途纳·麦克班（Turner Mcbaine）引用在1944年6月一份递交给邓诺文（Donovan）上将的报告里。见 Smith, *OSS*, p.245.

7 Caldwell, *A Secret War*, p.73。"作为中国秘密警察头子，戴笠经常被认作是希姆莱第二……"见 "News of the Week", *China Weekly Review*, Vol.101, No.5(March 30, 1946), p.103。

8 Walker, *China' Master Spy*, pp.163—164。Ford, Donovan of OSS, p.267。在韦氏音标中戴笠的注音是Tai Li。我们在此和以后的文字里将把戴笠名字的注音一律改为标准的拼音。

9 Miles, *A Different Kind of War*, pp.22—23; Smith, *OSS*, p.245; Ford, *Donovan of OSS*, p.276;Ch'I, *Nationalist China at War*, p.223。戴笠的军统通常被美国人称为"中国的盖世太保"。"News of the Week", *China Weekly Review*, Vol.101, No.5(March 30, 1946), p.103。但格瑞（Gray）在《中国的第二号人物》第11页中写道："它［军统］不是盖世太保，而且它将在战争结束时被取消。"

10 美国南方的一首流行曲。——译者注。

11 Dobbins, *China's Mystery Man*, p.69；并见《戴笠之死》，第1页。

12 程一鸣认为戴笠"不学有术"，他最大的优势是具有揣测蒋介石意图的本领。程一鸣：《军统特务组织的真相》，第197—198页。

13 戴笠这个名字还指一个人的脸被一顶尖顶帽半盖住,即含有掩藏的意思。就像中国画里河流上的老人,头戴一顶斗笠坐在一叶轻舟里钓鱼,背对看画人。从这个意义上讲,"戴笠"是指一个衣着平常的孤行者,一个你不会注意到的消失在景色里的人。

14 黄康永:《我所知道的戴笠》,第158页。其中相互关系的性质在原诗里更明显。《太平御览》卷406《风土记》:"卿虽乘车我戴笠,后日相逢下车揖,我虽步行卿乘马,后日相逢卿当下。"引自杨者圣:《特工王戴笠》,第24页。

15 沈醉:《我所知道的戴笠》,第5页。沈醉是1949年后留在中华人民共和国的、戴笠组织里级别最高的秘密特工,我在很大程度上依赖了他的这段回忆。沈醉是在周恩来的要求下写他的回忆录的。这本回忆录使前国民党大特工沈醉名闻海内外。而且这本回忆录自20世纪80年代起重印多次。同时,对中国共产党的间谍大师们来说,它也使戴笠成为一个阴暗且具有"双面"性的人物。但是,我在研究中对沈醉叙述的每一个事件,都带有一定程度的怀疑,而在以下的故事里也尽最如此,尤其是在缺乏"军统"文件资料的情况下,那些文件资料于20世纪90年代中期在台湾被全部销毁。

16 同上书,第5页。

17 罗贯中:《三国演义》,人民文学出版社,1990年,第193页。

18 同上书,第194页。

19 同上。

20 沈醉:《我所知道的戴笠》,第1页。"他对于可利用的人,奉承巴结,对另一些人则凶残暴戾,令人害怕。"黄康永:《我所知道的戴笠》,第159页。

21 沈醉:《我所知道的戴笠》,第28—29页。

22 "作为一个强大秘密组织的头子且有总司令本人的信任,戴笠在政府与军队中处于极为有影响的地位。而他在军队里强有力的'黄埔'小集团的身份又强化了他的影响。"John Carter Vincent, "The Chinese National(Kuomintang) Government:Its Leadership and Influential Elements", July 11, 1942, in *State Department Internal Affairs Materials*, p.9。

23 约翰·卡特·韦森特(John Carter Vincent)把蒋介石的内部圈子形容成五人圈:孔祥熙博士、陈立夫博士、张群博士、何应钦博士,及"以军事委员会统计调查局局长为头衔的,即强大的军事秘密警察头子"戴笠将军。May, *China Scapegoat*, p.232;Miles, *A Different Kind of War*, p.22;并见美国外交部备忘录及章微寒:《戴笠与"军统局"》,第131页。

24 "北京秘密警察直属于戴笠将军个人,而他只服从总司令的命令。"Tong and Ti, *The Memoirs of Li Tsung-jen*, p.450。

25 1944年7月15日,毛锐斯·佛泰(Maurice Votaw)采访了共产党将军朱德。朱德说:"总司令的封建独裁意识太强。他软弱的征象之一是让各个间谍机构互相敌对起来,尤其在戴笠和徐恩曾之间。"May, *China Scapegoat*, p.114。

26 John Carter Vincent, "Department of State:Influential Elements in the Kuomintang (and National Government)", in May, *China Scapegoat*, pp.239—240。在西安的第二机要秘书艾佛锐特·基姆瑞特(Everett Drumright)在一份有关1944年3月与梅甘(Megan)主教谈话的报告里也强调了戴笠的效率:"梅甘主教的看法是,戴笠将军的影响和权力是空前的,而且事实上总司令似乎越来越依靠他来执行各种要求果断与效率的任务。"与戴将军有过多次交道的梅甘主教表示,戴是他交往过的最有能力和办事效率的中国人,而且他还拥有相对来说训练有素、效率很高的下属;戴将军的各个组织多少像点样子。May, *China Scapegoat*, p.473。

27 "戴笠作为军事委员会调查和统计局的头目,也是秘密军事警察的头目。在他控制下的特工人员至少有10万人。他为总司令作内部调查工作;他负责总司令的个人保卫;他和他的组织是许多在中国和外国的非正式'业务'成交的媒介;而且他十分有效率。"John

Carter Vincent, "The Chinese National(Kuomintang) Government: Its Leadership and Influential Elements", July 22, 1942, in *State Department International Affairs Materials*, p.9。

28 May, *China Scapegoat*, pp.265—266。据一位资深历史学家所说, 到 1944 年, 戴笠在常规军的秘密警察和特别行动队的特工人员达 30 万人以上。Ch'i, *Nationalist China at War*, p.211。

29 Murphy, *Shanghai: Reopened under New Management*, p.223.

30 沈醉: 《我所知道的戴笠》, 第 1 页; 王直: 《戴笠之死与江宁两山》, 第 54 页。

31 《戴笠之死》, 第 1 页。

32 军统特工被某些人误认为有上百万人。Caldwell, *A Secret War*, p.23。

33 Walker, *China's Master Spy*, pp.162—163。并见《戴笠之死》, 第 1 页。戴笠甚至有在美国的网络。Schaller, *The U.S.Crusade in China*, p.234。还有其他更离奇的说法, 如戴笠领导着 700 万男女云云。Caldwell, *A Secret War*, p.55。

34 两年前 OSS 报告, 戴笠有 2.7 万人员, 300 个"遍及他的网络的"交通点。Annex B., *The Orgnization of the M.O Section Under SACO*, p.24, May 1944 in the OSS Files, Reel 112。军统的一个高级官员黄康永写道, 特务处从初建时的 700 人在 13 年之内扩展到了 3 万人, 而它的外围人员则发展到了几十万人。黄康永: 《我所知道的戴笠》, 第 161 页。

35 Walker, *China's Master Spy*, p.163。一些当代的资料估计, 其总数更大甚至达百万。Caldwell, *A Secret War*, p.23。

36 即今日的台湾。——译者注

37 即泰国。——译者注

38 例如, 在德里的中国高级专员办公室的一个成员及一个 *China Daily News* 的特派记者据知均为戴笠的间谍。*Chinese Activities in India in 1941—1944*, p.4。

39 Walker, *China's Master Spy*, p.163; 并见 Faligot and Kauffer, *Kang Shen get les services secret schinois*, p.103。戴笠夸耀他在日本有特工。"Foreign Relations of the United States", Diplomatic Papers(1943, China), p.113。当然, 许多人相信他与日本人有特殊的秘密联系。李宗仁曾诧异: "戴笠在战争期间到底与日本人有着什么样的关系, 甚至连傀儡政府都一无所知。" Tong and Li, *The Memoirs of Li Tsung-jen*, p.450。

40 "戴笠以中国人特有的驾驭错综复杂关系的能力掌握了一系列惊人的组织。他综合了相当于美国的中央情报局、陆军情报这样的系统。" Gray, *China's Number Two Man*, pp.1—2。

41 Walker, *China's Master Spy*, p.162。戴笠被他的下级称为"老板"。程一鸣: 《军统特务组织的真相》, 第 197 页。

42 Walker, *China's Master Spy*, p.162。"外国人尽管勉强, 但仍对他表示出敬畏, 并经常发展成一种'恐戴症'。在战时很多人相信每一个厨师、每一个跑堂都是戴笠的特工。" Dobbins, *China's Mystery Man*, p.19。"在中国没有一个村庄里没有戴笠的间谍来汇报颠覆活动情况, 这是该组织的荣耀。" Caldwell, *A Secret War*, p.22。

43 驻中国别动行政部门的头目约翰·凯斯维科(John Keswick)这么形容戴笠: "没文化、缺德、狡猾且能干。从来是杀人不眨眼。一个真正的爆破者。" Aldrich, *Intelligence and the War against Japan*, p.289。

44 Walker, *China's Master Spy*, p.164。"在 1927 年上海的清洗中, 据说戴笠把火车头排列在一段岔道上, 不停地往里面的火炉加煤直到它们烧红了为止, 然后把捆绑着的囚犯们扔进炉内, 一面拉响汽笛来掩盖他们的惨叫声。" Caldwell, *A Secret War*, p.21。

45 爱泼斯坦, 1985 年 3 月 10 日在北京的采访。

46 Dobbins, *China's Mystery Man*, p.19。见 Dean, *Good Deeds and Gunboats*, 第十四部分 ("Serving the Counterrevolution:Mary Miles and SACO"), pp.116—125。第恩(Dean)在中国当战地记者时是爱泼斯坦的好朋友。他也是美中友协的创始人之一。

47 "戴笠,蒋介石情报机构的头子并且是民国时期最有权最神秘的人物之一。"Boorman, *Biographical Dictionary of Republican China*, 3:205。

48 罗广斌、杨益言:《红岩》,第171页。

49 Caldwell, *A Secret War*, p.20。

50 《戴笠之死》,第6页。"著名的戴笠,因为他的传奇使其成了一个诡秘的恶魔形象,一个希姆莱和曾经流行的电影——《阴险的傅满洲博士》里的坏人的混合物。"Taylor, *A Wakening from History*, p.347。

51 Walker, *China's Master Spy*, p.163。

52 Dobbins, *China's Mystery Man*, p.19。

53 *Death of Tai Li*, p.91。

54 Walker, *China's Master Spy*, p.163。雅德利写了关于"砍手,中国情报机构的上帝,他的名字像部落里的头人一样,是个禁区"。Yardley, *The Chinese Black Chamber*, p.5。

55 "他的行动和衣着都不引人注目。他让自己便于扮装旅行,以便出现在一个斗争激烈的地带接近他自己的人。"*U. S. Military Intelligence Reports(China, 1911—1941)*, Report 9710, 8 Jan.1939:2A。

56 "戴笠平常有一群衣着普通,且毫不引人注意而又在任何地方都围绕着他的人。过路的人看见一个40来岁表情有力并带职业模样的人,似乎在独行。但是在他近处的几步以内,总有分散在人群中、步行谨慎的秘密警卫人员。当他坐车时,其他的车辆就尾随在他的车身边。"Gray, *China's Number Two Man*, p.12。

57 贾金南,南京人,原是戴笠的勤务兵,直到戴笠死一直照顾戴笠。沈醉:《我所知道的戴笠》,第19页。

58 黄康永:《我所知道的戴笠》,第153页。

59 戴笠使用两辆一模一样的军统汽车,这是为甩掉跟踪者而配置的。

60 Walker, *China's Master Spy*, p.164。为了安全的缘故,他在旅行时很少携带文件,而依靠自己出色的记忆力。章君谷:《戴笠的故事》,第10页。戴笠收集大量的事实和细节,加以组合,然后订出一个有效的行动计划,他能一直高效工作。Gray, *China's Number Two Man*, p.15。

61 爱泼斯坦,1985年3月10日在北京的采访。

62 "他是个矮个、壮实的人,作为一个中国人来说,他的皮肤显得较黑。他的某些面部特征,如脸的长度及宽大突出的下巴,一点也不像中国人。他穿一套简朴的无军衔的半军服蓝中山装,举止有礼且有力。而梅乐斯知道在他们的对话中那双专注的眼睛一直在掂量他。"Dobbins, *China's Mystery Man*, p.65。

63 古巴独裁者(1950—1958在任)。——译者注

64 Walker, *China's Master Spy*, p.168。

65 夏天,戴笠总穿件土黄色衣服或者深蓝或深灰色的派力斯中山装。秋天他换一件马裤尼的外套,冬天穿一件深黑色羊毛大衣。尽管他对个人的干净非常挑别,每穿一套干净的外衣时,总是在早晚都要洗澡,但他很少改变穿衣的风格或样子。黄康永:《我所知道的戴笠》,第163页。

66 Walker, *China's Master Spy*, p.168。

67 沈醉:《我所知道的戴笠》,第19页。

68 Walker, *China's Master Spy*, p.164。

69 "Drumwright Report of March 28, 1944, in May", *China Scapegoat*, p.473。

70 Dobbins, *China's Mystery Man*, p.19。

71 Walker, *China's Master Spy*, p.164。

72　Stratton, *Navy Guerrilla*, p.84.
73　他的朋友圈子和职业关系包括了程潜、汤恩伯、杜聿明、曾扩情、何浩若、贝淞荪、伍仁硕、林可胜、杜月笙、黄金荣等人。他与四川帮会"袍哥"头子田得胜、冯什竹、唐绍武和石孝先等也很熟。黄康永：《我所知道的戴笠》，第 159、162 页。并见 Gray, *China's Number Two Man*, p.8。
74　黄康永：《我所知道的戴笠》，第 62、159 页；Boorman, *Biographical Dictionary of Republican China*, 1:108。
75　戴笠认为佛教的自我修身能使人延年益寿。黄康永：《我所知道的戴笠》，第 162 页。
76　但亦请参考有关戴笠缺乏一种"天主教系启蒙意识"的评论。Schaller, *The U.S.Crusade in China*, pp.243—244。
77　两个意大利神父雷鸣远、雷振远相继为该教堂的头目，而他们直接向军统汇报情报。黄康永：《我所知道的戴笠》，第 162 页。
78　同上。
79　唐生明是唐生智的兄弟，他后来成了汪精卫傀儡政府江苏省保安司令。陈恭澍：《抗战后期反奸活动》，第 355 页。
80　黄康永：《我所知道的戴笠》，第 163 页。
81　同上书，第 153、162—163 页。为了不让胡蝶感到孤单，戴笠后来让她到旧金神父路唐氏兄弟那儿住。余亦麒：《胡蝶与戴笠》，第 36 页。关于胡蝶，见 Boorman, *Biographical Dictionary of Republican China*, 2:174—175。
82　有些作者，如笔名为费韵文的《戴笠的一生》的作者，显然参阅了台湾战后情报机构所拥有的关于军统的内部资料。但另一些作者，如良雄的《戴笠传》，只是简单地在他人的材料基础上略作加工而已。
83　章君谷：《戴笠的故事》，第 8 页。
84　同上书，第 12 页。
85　良雄：《戴笠传》，1:14—15。
86　章君谷：《戴笠的故事》，第 10—12 页。并见良雄：《戴笠传》，1:14—15。
87　"他在中国传统礼节上一点不浪费时间……相反，他非常直接果断……他提出的关于地方状况的问题非常尖锐，而且他以军事方式撮合事情办成……许多次他回答问题简单到了一个坚定的'是'或'不'。"Gray, *China's Number Two Man*, pp.4—5。
88　文强：《戴笠其人》，第 182 页。
89　见 John Crabtree 上尉的有关评论。Lovell, *Of Spies and Stratagems*, pp.50—51。
90　《戴笠之死》，第 5 页；*Death of Tai li*, p.91。
91　Pfaff, *Secret Nature of "Spies" Business Invites Folly*, p.21a.

第二章 打流

> 青年人要干,就得像陈英士、徐锡麟一样,干得轰轰烈烈。我受过中学教育,当过团丁当过兵,现在打流到上海来了。
>
> 戴笠在上海与戴季陶的谈话,约于 1921 年[1]

江山戴氏

江山县的戴家坐落在浙江西南边界、赣闽交界处的新安江源头。[2] 据信戴家是西汉(公元前 206—公元 24)时期戴圣的后代。当代江山县地方志专家们考证,戴家有案可籍的先祖可追溯到晋朝(公元 265—419)的戴安道。他的子孙分散到江苏、两湖、安徽和浙江。在安徽休宁,原以元朝秘书修撰戴安德为首的戴氏家族于灾难重重的 14 世纪元明过渡期迁移到了浙江的龙游县。这一支家族的首领是戴天熊,他后来把家迁到了江山仙霞岭的龙井。[3]

在历史记载中,位于浙江西南的仙霞道是众所周知的"通往东南的战略要道"(东南"锁钥")。[4] 那里层峦叠嶂,有如虎踞龙盘,历来被兵家视为天然屏障。[5] 龙井村就在通道下面和深绿色山野的南面，还因其东南面山脉渐少却峰峦林立，而在当时和现在都被视为土地肥沃、景色奇异之地。[6]

戴笠的曾祖父戴启明（1776—1865，字日明），在当地镇压太平天国起义的战争中赢得武德左射骑的荣誉称号而提高了其贫穷农民家庭的社会地位。[7] 像所有在清朝镇压农民起义的过程中立功而在乡村升官发财的后代一样，戴氏们变成了当地的地主和高利贷者，成为一个小康家族。戴启明后来搬到了离仙霞岭 20 公里之外的保安村，因为一个算命先生对他说："得此地者昌。"[8]

戴启明带着妻子和三个儿子——桢奎、顺旺、大猷，在保安村安顿下来。二子戴顺旺（1813—1873，字骏才），便是后来戴笠的祖父。和父亲一样，戴顺旺也因效忠清政府而被授予晋升五级的荣誉。他利用这个荣誉，一面继续以高利贷赚够了钱置了 200 亩良田，同时在保安开办了一系列的产业，并获得了种茶、收木材和在附近山坡上采矿的权力。到戴顺旺死时，这笔可观的产业主要落到了在衢州府衙任巡警、挥霍无度的儿子戴士富之手。[9]

嫖赌成性的戴士富在生下两个儿子春风和春榜时，已耗尽了大部分家产。1920 年他去世时，那原来的 200 亩地只剩下了 20 亩。那段时间家里的其他七个成员得靠戴母的劳动来维持生计。戴夫人是江山县贵族蓝氏家族的后代，为养活孩子，她开始替人缝缝补补。[10] 戴母是个识字人，她毫不犹豫地承担了教育儿子的责任，尤其是对长子。长子生于 1897 年 5 月 28 日，在家谱上的名字为春风。[11] 戴春风（字子佩）原号芳洲，14 岁进入高小，取学名征兰。后来他在 30 岁进入黄埔军校第六期时改了名字。[12] 下面，我们便开始用他的新名字戴笠。[13]

戴母

戴笠的母亲在戴笠 7 岁时替他在当地的私塾里报了名。[14]9 岁时，私塾老师毛逢乙指点他通读了"四书"，次年戴笠便开始了习作。[15] 到 11 岁时，母亲的鼓励和教导使他进了当地的小学，[16] 也使他养成了忠孝之心。

当然，这种情况并非少见：这个其实没有父亲的孩子受到意志坚定的母亲的督促。来自土匪出没的浙江山区、有着显赫家世的戴母，肯定下了决心，要使这个衰落的家庭继续保持它温雅的外表。她显然不遗余力地让儿子上完了学，而且还不断地提醒儿子不要重蹈覆辙，像父亲那样当个衙门的巡警，软弱地对上司俯首帖耳。后来有许多人评论说，当戴笠凭着自己的本事成为一个令人惧怕的人物时，他仍然对母亲十分孝敬。他母亲活到了 80 多岁。[17]

一个广为人知的戴笠孝顺的象征便是他在仙霞岭下为母亲盖的别墅。戴母原来的房子被改建成一座精心设计的公馆，现在是保安的"文化馆"，里面还保持着一些洛可可式家具、精致的楼梯以及抗战时期用来装饰的华丽镜子。[18] 她在乡间的别墅用了一个模棱两可的名字"率性斋"，建在一个山顶上，由一队戴笠的人员看守，他们可通过私人电台直接与军统总部通讯联系。戴母的家丁有权免受逮捕，而且据共产党公布的资料，她用这些人来经营讼棍和包揽活动。这座别墅俯视着一个美丽的池塘及一旁那被叫作"天雨亭"的亭子。[19]

戴笠常对手下的人说要向他母亲学习，学习她管理如此繁多事务的能力。每当戴笠的劣性失控发作而把手下人当作仆人一样虐待时，他母亲便会轻声而坚定地劝说他，于是他会立刻压住怒火，安静下来。看来，只有她能完全地控制他，而他同时也是母亲的宠儿。当戴笠的飞机在 1946 年失事后，没人敢去告诉她儿子的死讯。相反，他们告诉她，她的儿子代表蒋介石去美国谈判了。[20] 即使她后来猜出了真相，她也从来没表露出来，甚至在1948年毛人凤带领戴笠以前的助手们为她祝贺80岁大寿时，她也未动声色。次年她便去世了。[21]

嫖和赌

也许戴笠在母亲眼里是个善良的人，但从少年时起他便是一个受人尊敬但并不总讨同学喜欢的"剽悍"的小伙子。[22] 虽然他很会装假充善，但早在他十来岁上小学时，他就被发现是个不守成规、嫖赌成性的捣乱分子。[23] 不过他是个天生的领头人物。[24] 1909年，戴笠离家进入了县立文溪高小；16岁时成了学校宣传卫生、提倡进步、反对鸦片和裹小脚的"青年会"的主席。[25] 戴笠的记忆力也非常好，1913年他从文溪高小毕业时，是班上的第一名。[26]

次年，戴笠结婚了。年轻的新娘毛秀丛，其父毛应升是离县城仅有二三公里的枫林镇上的地主。显然，这桩婚姻差强人意，起码它没有使戴笠的放荡不羁就范。[27] 从各方面看，他仍是个恶贯满盈的丈夫，吃喝嫖赌，直到引起了当地警方的注意。[28]

1914年秋，戴笠考取了浙江省一中，他在那里过了三个月。[29] 向来聪明的他赢得了老师的尊敬和同学们的忠心，但在1916年他便因偷窃被抓住，被校方开除（次年他的儿子藏宜出生）。[30] 他在杭州的一家豆腐坊里干了一段时间后，便回到了山区的老家与家人团聚，那时他20岁。[31]

总而言之，江山对他并不比杭州更热情。戴笠对赌博的嗜好使他卷入了更深的麻烦。他把扑克牌玩得得心应手，而且这些年来学会了在洗牌时做手脚的诀窍，显然经常作弊。那时县警察常以在光天化日之下逮捕赌棍的方法来禁赌，为了避免罚款，地方上大多数成瘾的赌徒们常在夜晚聚集在夏口河对面的一块空场地上。[32] 为不被水浸湿，戴笠常用一只装稻米的滚筒划着过河。有一晚他因屡次作弊而被抓住，还被打得鼻青脸肿（这大概是后来梅乐斯认为他被共产党的拳头打掉牙齿的真正原因）。[33] 为了保命，戴笠把偷来的扇子卖掉，凑足了路费回到杭州，在那里志愿报名加入了潘国纲指挥、总部设在宁波的浙江陆军一师。[34]

戴笠参军后继续赌博。他所受的军事训练，后来证明完全不合格。[35] 晚上熄灯以后，他会翻越栅栏到兵营外去和流氓、光棍们打牌。不管戴笠是否作了弊，他的确从打牌中赚了很多钱。他用这些钱请他的战友们吃喝（他总在手头存着一些酒，口袋里装些西瓜子，身边有一些小吃），他还用这些手段与地痞们结交，而这些人最终又把他介绍给青帮分子。[36]

当这些夜间活动使戴笠遭到上司的惩罚时，他便当了逃兵。1918年间，他在宁波一带挣钱糊口，一直到他母亲来后下决心把他带回江山，在一个像样的民间学校替他报名入学。[37] 显然是在她的督促下，这个"了鬼"[38]参加了衢州师范学校的入学考试，并于1919年以榜上第二名的成绩通过。[39] 尽管有这个免费教育，戴笠却无心成为一名小学教师。他经常在钱塘江上下游，从衢州至金华上游到下游及杭州和宁波一带转悠。[40]

到了1921年，戴笠利用他和青帮的关系离开了杭州去上海，在那里他在杭州的秘密帮会"师傅"把他介绍给了青帮头子，即当时上海城最有权势的帮主黄金荣。[41] 于是通过这些关系，在刘志陆、张啸林、王晓籁、向海潜、张子廉、田得胜、冯石竹、唐绍武、石孝先及范绍增横行的时代，戴笠成了那些臭名昭著的上海流氓和"打手"们的好友。[42]

对这些乱七八糟的帮匪们来说，戴笠只不过是又一个跑腿的而已。他在赌场当私人保镖或跑堂，且常常没工可做，总是想法赚点外快或找靠山来支撑自己的职业。[43] 不过，哪怕是俗艳廉价，他也总要保持衣冠楚楚。比方说，在杭州"打流"，也意味着得保持他唯一的一套夏装的整洁。因此他通常在西湖边找一块无人之地，脱下上衣和裤子来洗，然后把衣服晾在一块有太阳的岩石上晒干,自己在一边替帆布鞋上粉,直到看上去像新的一样。[44]

旅居上海

在上海,戴笠力图保持同样的形象。每晚都洗身上唯一的那套西服,好在他睡觉时晾干,于是戴笠在人们眼里总是显得要比他的实际情况得体。事实上,他是靠在商务印书馆当职员的表弟张冠夫的供养生活的。张冠夫1920年间在小北门地段租了一间小阁楼与妻子住。[45]戴笠就睡在这对夫妇床边的地板上。这一点造成了戴与表弟媳王秋莲之间的紧张关系。[46]戴笠曾企图通过表弟在商务印书馆找工作,结果由于张太太的阻挠而没能得逞,而且她有一次还真让他吃了闭门羹。[47]

不过,尽管有她的反对,张冠夫还是随着戴笠进入了情报工作系统,在1931年成了他联络组的一员,并在1937年接受了主管苏浙行动委员会经理处的中将及军统财务处副处长的任命。[48]尽管有这些报偿,张太太仍旧看不起戴笠。[49]她所了解的这个秘密警察头子是个瘪三,在她看来,他永远是一个扮作国王的猴子而已。而到了后来灯红酒绿的年代,轮到戴笠扬眉吐气的时候,他对张夫人十分鄙视,管她叫作毫无青春魅力的"黄脸婆"。与此同时,他用怂恿表弟纳妾,让张夫人与一个年轻美貌的小老婆同居一个屋檐下的办法,来竭力折磨这位张夫人。[50]

有人认为,1923年戴笠断断续续地与他的表弟和表弟媳一直住了一年。当他表弟去商务印书馆上班时,戴笠经常光顾上海小东门那儿的十六铺一带,他在那里的流氓中间小有名气。十六铺是个混乱的商业地带,出过像杜月笙这样的人物。而这个大名鼎鼎的帮会头子杜月笙正是在那时看出,那个年纪很轻的戴笠是个"人才"。关于这位青帮头子与未来的蒋的特工首脑的关系,万墨林的说法最具有权威性。他原来是杜月笙的机要秘书,后来加入了戴笠的军统。万在1928年报告说,当戴笠只有31岁时,他已作为一个情报员在为胡靖安工作了。他认定自己的未来成就取决于在上海地下社会中建立的同盟关系。[51]

于是,戴笠拜访了当时的上海警备区司令杨虎,杨直率地告诉他:"你要在上海搞情报,就得跟一个朋友联系。"这位朋友,自然就是杜月笙了。[52]

> 那天杨司令带了戴笠来拜访杜月笙,戴先生身着整洁的西服……头发梳得平整光亮,一双明亮的双眼睁得很大,谈吐也得体。虽然他刚离开军校不久,而且只不过30岁的年纪,他在杜先生和杨司令面前讲起话来却既慷慨激昂又胸有成竹。尤其是,在简单的客套话后,他直截了当地向杜先生提出请求,而杜先生则毫不犹豫地回答说:"好吧。以后有事的话,你可以给我打电话。如果我不在,你可以让万墨林转告。"[53]

后来这三人成了结拜兄弟(戴笠比他们两人小八九岁)。以后戴笠就把这个帮会头子称作"三哥"。[54] 总之,当戴笠的嫡亲表弟张冠夫得知他们的关系后,惊恐万状,马上把戴笠赶了出去,怕他与地下社会的关系连累到他家的安全。[55]

在那段"打流"的岁月里,戴笠经常回到江山山区。[56]1922年,他设法弄到了仙霞乡学务委员的职位,这可能与他读过省立师范学校有关。两年后他28岁时,在保安村建立了军事组织"团兵队"。尽管这支自卫力量为保卫保安村而参加了打击孙传芳的同盟孟昭月的江浙战争,他们的活动主要还是以"清乡"为主,而戴笠在其中任主力打手。[57] 戴笠的武装力量在打击地方土匪上极为有效。戴笠经常自告奋勇,在漆黑的暴雨之夜,亲自爬越荆棘丛生或长满灌木的山坡,搜捕这个由地主组成的团兵队的敌人。戴笠的勇敢和坚韧是显而易见的,更不用说他身上的某种凶狠野蛮了。但是，保安村的自卫团最终还是无法击败孟将军的部队，于是戴笠再次离开江山到外面的世界去碰碰运气。[58]

胡宗南

胡宗南有一次来杭州时，戴笠有幸结识了他。在后来的岁月里，胡宗南成了戴笠在黄埔毕业的国民党将军中至关重要的同盟。[59]戴笠在讲起他与胡的结识过程时的口气，好像是在描述《三国演义》或《水浒传》中的兄弟结义一样，栩栩如生。[60]一天他在西湖边灵隐寺入口处的一块岩石上晒那套由灰色军装改成的服装，然后光着身子藏在水里等待衣服晒干。一队学生由一个年轻的男老师领着走来，其中有人看见石头上的衣服和鞋子就上来捡。戴笠见了后叫喊起来，让他们把衣服放下。那位教师发现戴没穿游泳衣，便叫自己的学生把衣服放回岸边晒干。尽管这两个人没有交换语言，但对水中人的尴尬他们相互报以微笑。[61]

过了一会儿，等学生和老师走了以后，戴笠穿上了衣服。等到有了机会，他便去当地的小学感谢那个老师。那个老师便是胡宗南。不久，胡便进入了黄埔军校，成了蒋介石宠爱的"天子门生"之一。其实早在胡变成"西北王"、戴笠变成蒋的秘密警察头子之前，这两人就发现他们之间情投意合，更不用说他们的勃勃野心了。当时中国的师范学校注重中文、文学和历史，而不像北大或清华那类西方化的精英大学一样强调英文和数学。胡、戴二人如此谈得来，足以反映中国师范学校培养出来的青年的共同特点。[62]

胡和戴都受过做小学教师的教育，都不自觉地具有流氓知识分子特有的自负，他们认为自己的命运重大而洪福匪浅，充满着传统文人的自傲，并在不同程度上相信顾炎武的"匹夫有责"论。他们自以为是，野心勃勃，狂妄地"以天下为己任"。

那些从大城市高校毕业的受西方影响的青年们往往能感到自己政治野心的阻力和障碍，而胡宗南和戴笠由于未能意识到他们的雄心将会受到的正常局限，他们各自在对方身上看出了自己对权力和地位的无限渴望。他们这种小知识分子意识和由于自己地位卑微而受压抑的壮志结合起来，使他们对实现权力的向往更加炽烈。[63] 加上他们并不是摇笔杆做学问的知识分子，所以他们比起大学教授这类高级知识分子来就更加愿意采用搞革命组织或军事训练等其他方式来表达个人志愿。难怪他们气味相投，一拍即合。[64]

戴笠的另一个重要机遇——用他自己的话来说是天意——是他在上海与蒋介石的会面。虽然会面的具体时间不太清楚，但可能是在1921年。当时蒋正同包括戴季陶、陈果夫在内的一帮朋友在上海经营股票贸易市场，为孙中山集资。[65]

戴笠居然认识了所有这些人，而且他被这些革命派当作"小瘪三"。当他们需要人跑腿时，戴笠就受到差遣；当他们要泡热茶时，戴笠就被招进屋里。戴季陶很快就发现，这个竭力想讨好他们的跑腿跟他同姓，于是他开始询问这个年轻人有什么生活目标。戴笠意识到这些人可不是一般的记者或生意人。由于那时名为"光棍"、实为革命党信使的人们来往频繁，戴笠便猜想他们是孙中山在广州的特工人员。但他不敢把这些说出来，于是他一开始回答戴季陶说："只要我有饭吃，什么都行。"后来他终于告诉戴季陶，他那"干一番轰轰烈烈的事业"的欲望是如何使他来到了上海过"打流"生活的，于是这个长者对"小瘪三"的态度开始变了。蒋介石注意到戴季陶对戴笠这么好，这个年轻人已经开始称老戴"叔叔"了，他也开始交给戴笠更重要的任务。当然，过了很久之后戴笠才成为总司令的亲信，但他们的密切关系可以追溯到这个秘密警察头子当年在上海街头"打流"的日子。[66]

不仅如此，虽然戴笠很讨厌别人谈论他的这些往事（而且谁这么做了往往便会倒大霉），他自己却喜欢讲那时他完全靠自己本事吃饭的故事。他谈起自己为了生存而不择手段的往事的时候，经常放声大笑。在他看来，那段日子是"陶冶"阶段，就像一件瓷器成形，一块金属受到冶炼一样。他唯一的遗憾是没有更快地看出蒋介石后来会晋升得如此之快，所以没有马上在这个未来的国民党领袖身上下他的赌注。

注释：

1 文强：《戴笠其人》，第182页。陈英士，即蒋介石的保护人。徐锡麟是秋瑾在革命组织光复会中的同志，曾于1906年任安庆巡警学堂监督。他因领导了安庆起义，刺杀安徽巡抚恩铭，而在1906年6月被处决。

2 申元：《江山戴笠》，第1页。江山属于浙江省"内地"。Schoppa, *Chinese Elites and Political Change*, pp.14—15。

3 政协江山县委文史资料研究委员会等编辑：《戴笠家事》，第3页。这一细节出自一部为"实事求是"而著的书（同前，i-ii），源于《仙霞戴氏宗谱》。此细节在一次到江山对戴至德的私人采访中得到证实。戴至德是人民政治协商工作组的副组长，他应邀收集戴笠及其家族的材料。

4 政协江山县委文史资料研究委员会等编辑：《戴笠家事》，第161页，政协浙江省江山市文史资料委员会编辑：《江山民国史稿》，扉页照片。并见沈美娟：《戴笠新传》，第16—17页。

5 政协江山县委文史资料研究委员会等编辑：《戴笠家事》，第3页。

6 作者个人之见。亦可见申元：《江山戴笠》，第1页；良雄：《戴笠传》，1:9。

7 徐宗尧：《组织军统北平站和平起义的前前后后》，3:205。戴家还在龙井村开有一个客栈。江绍贞：《戴笠和军统》，第1—2页。

8 政协江山县委文史资料研究委员会等编辑：《戴笠家事》，第3—4页。并见申元：《江山戴笠》，第1页；章君谷：《戴笠的故事》，第15页。保安村隶属于仙霞乡政府。

9 政协江山县委文史资料研究委员会等编辑：《戴笠家事》，第5—6、8页；沈醉：《我所知道的戴笠》，第3页。戴顺旺的妻子是龙井村人，人称柴氏。一些资料管戴笠的父亲叫戴冠英，并认为他从一个姓郑的家庭领养来的，因为戴顺旺要一个继承人。良雄：《戴笠传》，1:10。有人说戴士富曾是清朝的秀才。章君谷：《戴笠的故事》，第15页。与这些认为他颇有文才的说法相反，戴士富有一个武秀才头衔。政协江山县委文史资料研究委员会等编辑：《戴笠家事》，第27页。

10 文强：《戴笠其人》，第179页。戴春榜的小名有时叫春林，有时叫云林，字维屏，号芳兰。章微寒：《戴笠与"军统局"》，第79页，章微寒：《戴笠与庞大的军统局组织》，第277页。戴夫人蓝月喜生于1875年。其父蓝炳奎是个"太学生"，他生了七子五女。政协江山县委文史资料研究委员会等编辑：《戴笠家事》，第8—9、154—155页。

11 章微寒：《戴笠与"军统局"》，第79页；政协江山县委文史资料研究委员会等编辑：《戴笠家事》，第40页。在文强《戴笠其人》第177页、沈醉《我所知道的戴笠》第2页以及沈美娟《戴笠新传》第19—21页中，他们把戴春风的出生时间定为1896年。

12 戴笠在头一次考黄埔军校时没有通过。他的一个朋友（通过了考试）责怪他的落考是因为他的名字"征兰"不够"男子气"，于是戴笠决定改名。这时他想起了那首颂词的诗句"君乘车，我戴笠"，就选了戴笠的名字。这次他考取了黄埔的六期班。江绍贞：《戴笠和军统》，第17—18页。

13 他的名字表达了他为蒋介石效忠的意愿。关于这个名字来源的细节，参看政协江山县委文史资料研究委员会等编辑：《戴笠家事》，第17—18页。戴笠认为他的生辰八字根据五行说有缺水的迹象，于是在他进入黄埔后便用字雨农来弥补这个缺陷。因此，作为一位秘密特务，他常用笔画中带水的字作化名，如江汉青、江海涛、洪淼及金水。章微寒：《戴笠与"军统局"》，第79页。

14 申元：《江山戴笠》，第1页；章君谷：《戴笠的故事》，第16页。根据测试过她能力的文强讲，戴夫人可以背出《三字经》《女儿经》《百家姓》和《朱柏庐家训》。这个关于她对孩子教育的执着的印象，在对戴家佣人郑肇武的采访中得到确认。文强：《戴笠其人》，第177—179页。

15 沈美娟：《戴笠新传》，第21页。戴笠早年教育中的孔子思想对他一生具有深远影响。当他后来成为秘密警察的头子后，曾花巨款为他的工作人员建立中国古典书籍图书馆。Yu Maochun, *American Intelligence*, p.36.

16 即"仙霞小学"。章君谷：《戴笠的故事》，第15页。

17 章微寒：《戴笠与"军统局"》，第79页。

18 本人曾到保安参观过。

19 章微寒：《戴笠与"军统局"》第79页、《戴笠与庞大的军统局组织》第277页；沈醉：《我所知道的戴笠》，第2—3页。

20 政协江山县委文史资料研究委员会等编辑：《戴笠家事》，第155页。

21 文强：《戴笠其人》，第177—178页；沈醉：《我所知道的戴笠》，第2页；沈美娟：《戴笠新传》，第551页。

22 文强：《戴笠其人》，第179页。随着他长大成人，另外一些形容他的词语是"桀骜""不驯""好胜"和总是"逞强"。

23 黄康永：《我所知道的戴笠》，第153、158页。

24 从许多方面看，戴笠当时和后来都是个典型的讲"哥儿们"义气，并有着其他传统德行的"好汉"。杰纳（Jenner）对这些传统德行有着精辟的描述。W.J.P.Jenner, *Tough Guys, Mateship and Honour*.

25 戴笠和他的同学周念行（在武昌起义时戴笠亲手剪掉了他的辫子）在看到几个俏丽的洗衣妇在文溪河边蹒跚行走后，便一起建立了这个组织。江绍贞：《戴笠和军统》，第4页。

26 章君谷：《戴笠的故事》，第15—16页。

27 尽管毛秀丛性情温和，但仍与小自己两岁的戴笠不和。自从他们搬到南京军统总部附近住后，戴笠开始冷落她，而且后来干脆不许她见他。虽然她的兄弟们也为军统工作（毛宗亮上校是个站长，后来又任中美合作所行政部门的头目；毛献明是军统特务），但她从来不跟戴笠一起吃饭，他也不让她进自己的办公室。在抗战初期她回到了江山。直到1939年去世前，她仍然关心戴笠。政协江山县委文史资料研究委员会等编辑：《戴笠家事》，第11—12、28页。并见沈醉：《我所知道的戴笠》，第3页；徐宗尧：《组织军统北平站和平起义的前前后后》，第147页。

28 徐铸成：《杜月笙正传》，第96页。

29 政协江山县委文史资料研究委员会等编辑：《戴笠家事》，第16页；申元：《江山戴笠》，第1页。他得到了当浙江省议员的堂兄戴春阳的帮助。章微寒：《戴笠与"军统局"》，第81页；章微寒：《戴笠与庞大的军统局组织》，第279页。不过他被录取的最主要原因是他写的入学考试作文《问立志》。他在这篇作文里把"圣""贤"和"豪杰"作为典范。良雄：《戴笠传》，1：16。

30 孩子出生时的名字为善武，字紫理。因为长得白白胖胖，小名叫蚕儿。江绍贞：《戴笠和军统》，第9页。

31 有材料说他被开除是因为他把偷来的哑铃放在楼梯上，使得宿舍管理人员跌倒并摔伤。江绍贞：《戴笠和军统》，第6—8页；良雄：《戴笠传》，1：16—17。这份材料还说他在一个造纸厂干活，而不是豆腐坊。良雄：《戴笠传》，1：18。

32 这以后戴笠开始经营他自己的"数字"赌博游戏，即花会。江绍贞：《戴笠和军统》，第9页。

33 他两次挨揍：第一次是因为调戏一个女子，第二次是被华龙溪的地方帮派裁判挨打。这次他得到了亲戚的援救，但鼻子被打破，此后他一直有鼻塞和流鼻涕的毛病。江绍贞：《戴笠和军统》，第10页。

34 政协江山县委文史资料研究委员会等编辑：《戴笠家事》，第16页；徐宗尧：《组织军统北平站和平起义的前前后后》，3：205；章君谷：《戴笠的故事》，第16页；沈美娟：《戴笠新传》，第47—48页。另一些材料说戴笠投奔了周凤歧手下的第三师。黄康永：《我所知道的戴笠》，第153页；章微寒：《戴笠与"军统局"》，第81页；章微寒：《戴笠与庞大的军统局组织》，第279页。但实际上他加入了浙军第一师模范营。江绍贞：《戴笠和军统》，第11页。周凤歧后来成为孙传芳手下头一个在1926年底在北伐战争中向国民革命军投诚的浙江将军。Boorman, *Biographical Dictionary of Republican China*, 1:251。

35 沈美娟：《戴笠新传》，第49页。

36 黄康永：《我所知道的戴笠》，第153页。

37 江绍贞：《戴笠和军统》，第11页。

38 方言，败家子之意。——编者注

39 江绍贞：《戴笠和军统》，第11页。

40 政协江山县委文史资料研究委员会等编辑：《戴笠家事》，第16页。

41 黄康永：《我所知道的戴笠》，第154页。

42 "戴笠……可是在下层污浊社会里混得很透，他一生中与洪门、青帮、袍哥、汉留混得最熟。"章寒：《戴笠与"军统局"》，第81、131页。

43 章君谷：《戴笠的故事》，第16页；江绍贞：《戴笠和军统》，第12页。

44 沈醉：《我所知道的戴笠》，第6页。

45 郭绪印：《旧上海黑社会》，第98页。

46 江绍贞：《戴笠和军统》，第12页。

47 张太太后来自称："既然他没钱住旅馆，他就睡我们家客厅的地板上。"程一鸣：《军统特务组织的真相》，第197页。

48 政协江山县委文史资料研究委员会等编辑：《戴笠家事》，第45页。

49 郭绪印：《旧上海黑社会》，第98页。当戴笠与杜月笙一起去香港谈判时，他企图用邀请她参加他们聚会的方法来与她和解，但她拒绝见他。文强：《戴笠其人》，第180页。

50 黄康永：《我所知道的戴笠》，第154页；沈醉：《我所知道的戴笠》，第6页；文强：《戴笠其人》，第180页。

51 万墨林：《沪上往事》，台北，中外图书出版社，1973年，四卷，摘入江绍贞《戴笠和军统》第21页。

52 关于杨虎和青帮的关系，见：Brian G. Martin, *The Green Gang and "Party Purification" in Shanghai*, p.58.

53 同上。

54 政协江山县委文史资料研究委员会等编辑：《戴笠家事》，第16—17页。据说戴笠经常出来保护他的"三哥"。例如，杜月笙的四房妾与一个表兄弟有关系，戴笠让自己的警卫们把这个男青年弄到乡下，砍断了他的双腿，为这对情人约会开车的司机被他们弄瞎了眼睛，而这个妾妇被锁进了杜的公馆达20年之久，直到1947年出来参加她成年的儿子婚礼时已是一位老妪。徐铸成：《杜月笙正传》，第18页。其他的说法是（见本书第十七章），戴和杜是在1927年结成拜把兄弟的。

55 徐铸成：《杜月笙正传》，第96页。
56 江绍贞：《戴笠和军统》，第14页。
57 同上，第15页。江浙战争是由齐燮元（直隶派）与卢永祥（安徽派）争夺对上海的控制权而起。孙传芳命令孟昭月从福建调军队至保安村上面的仙霞岭一带。张国威（浙江军四路纵队司令）把山岭让给了孟将军。
58 同上书；政协江山县委文史资料研究委员会等编辑：《戴笠家事》，第17页；文强：《戴笠其人》，第179页；章君谷：《戴笠的故事》，第16页。
59 胡宗南，字寿山，号琴斋，原是镇江人。3岁时父亲把他带到孝丰西面10里地以外，距杭州西北面75公里处的鹤鹿溪。在初步研习了"四书""五经"后，胡从吴兴的湘湖师范学校毕业，当了一名小学教师。跟戴笠一样，他也喜欢赌博，社会关系非常复杂。张新：《胡宗南其人》，第171页；章君谷：《戴笠的故事》，第18页；Boorman, *Biographical Dictionary of Republican China*, 2:175; "The Chinese National (Kuomintang) Government: Its Leadership and Influential Elements", 22 July 1941, in Confidential U.S.State Department Central Files; *China: Internal Affairs, 1940—1944*, p.10。
60 请注意，据另一种关于戴笠生平的说法，戴笠直到1927年才遇见胡宗南。那次他被指派任胡宗南指挥下的京汉铁路路线联络官。胡那时指挥国民革命军一师第二纵队。章君谷：《戴笠的故事》，第17页。
61 文强：《戴笠其人》，第180—181页。
62 Yeh, *The Alienated Academy*.
63 当时小学教师月薪只有二三十来元，低于技术工人，而且社会地位不断下降。关于教师们的沮丧，见Evelyn S.Rawski, *Education and Morality in Republican China*, pp.33—34。
64 从那时起，两人可以从军事战略到女人天南地北地谈个没完没了。尤其是，他们从来没有完全结束一场谈话。沈醉：《军统内幕》，第280—281页。
65 Boorman, *Biographical Dictionary of Republican China*, 3:201。
66 文强：《戴笠其人》，第181—182页。那时戴笠与陈果夫相处不和，他觉得陈对他摆老爷架子。因为陈一直叫他"小瘪三"，这个年轻人就反唇相讥地管他叫"大瘪三"。

第三章　投奔

当年校长在广东发迹时，上海报纸上已登出"蒋介石其龙乎"的大红字标题。可惜我在上海"打流"，见识不到，看了报，既怀疑，又有些相信。一想到与上面的人缘关系不够，不见得会有我的好处，如此一想再想，总是没有勇气去投奔，只想看看风向再说。这样一等再等，直到民国十五年春我才南下去投奔的。若是早个一年半载前去投奔，难道我不是军校前几期的老大哥吗？这次本处扩大改组为军统局，一审查到局长、副局长的出身资历时，我这个黄埔六期学生，不但不够充任局长，连副局长也不够资格，你说这不倒霉吗？话又得说回来，假定我没有选择入黄埔，那就什么也说不上了。

1938 年 4 月戴笠与文强的谈话[1]

黄埔军校

据说，戴笠厕身于国民党上层是由于戴与毛人凤的交往，这纯属偶然。毛后来成了他的高级特工人员之一。[2] 毛人凤的籍贯是江山县吴村乡，他是个地道的乡镇人。而且他还与戴笠同年，只比戴笠小 7 个月。他们两人还是文溪高小和浙江省第一师范学校的同学。总之，毛在嘉湖高小当了一阵教师后上了复旦大学，从那里他又于1925年进了黄埔第四期，毕业后当了黄埔学生训练军秘书。1926年毛的父亲去世，他因此回江山参加葬礼，那时戴笠也在江山。同样据这个说法，他们因在县里同一个客栈落脚而巧遇。两人在表达了一通见面的喜悦之后便开始相互诉说起自己的近况，于是戴笠便了解到参加黄埔军校给人带来的机遇。据说毛鼓励戴笠报考，而且随后还帮他入了学。[3]

另一种关于戴笠进入黄埔的说法是，他年当30时从以前上海帮会的老板黄金荣那里得到一封给蒋介石的推荐信。[4] 据这种说法，戴笠带着这封信去了广州，以此获得了参加黄埔入学考试的资格。通过入学考试之后，他接受了三个月的入伍训练，然后被分配到黄埔六期骑兵科。[5]

第三种关于戴笠入黄埔的说法要有意思和精彩得多。据说，戴笠于1926年到广州见蒋介石——也许是备有黄金荣的信，他先去了广东大学（后来叫中山大学）见校长戴季陶。[6] 据说，戴记得这个"小瘪三"，并把他再次引荐给了蒋介石。蒋听说戴笠甘愿为他效劳，做他的"鸡鸣狗盗之徒"[7]，非常高兴。而戴笠虽已被黄埔六期录取，现在既然得到蒋介石的接见，他表示，为了侍奉他的新主子，他情愿放弃进黄埔。[8]

而根据戴笠自己后来的说法，蒋介石最初想把他当"勤务兵"用。但是，戴笠想用其他方法使自己成为蒋的要人。[9] 于是，戴笠作为总司令的"犬马"，成了一块人工海绵，拼命吸收他认为蒋会感兴趣的信息。每隔几天，他就会把以摘要或单子形式写成的情报送到蒋介石的办公桌上。[10]

一开始，"校长"看都不看就把这些报告扔进了废纸篓。戴笠会很耐心地把这些摘要捡起来，烫平后再放回蒋的桌子上。慢慢地，其中的有些内容开始引起这位领导的注意。据说，蒋开始意识到，戴所提供的服务完全是为他着想。[11] 于是，他"耳提面命"，使戴成了他秘密安插在黄埔军校学生中的机密情报人员之一。[12]

蒋介石对黄埔军校最关心的一个方面是学员们的思想意识状况。[13]从根本上讲,学校的教学大纲意在为这批青年指出政治道德方向。这些青年往往来自于农村中农家庭,他们的幻想破灭,对现实不满。教学大纲的目的在于培养"经过灌输正确思想、遵守纪律的军官"。[14]在1925年的一次演讲中,蒋对学员们说,中国人的主要弱点是缺乏对集体的忠诚,而中国人的散漫和无组织性是自宋朝以来不断受外国侵略的原因。[15]

但是校长对这个疾患并没有一个持久或全面的精神治疗法。军校的政治教育薄弱,其中一部分原因是搞宣传的学员被派到国民党北伐军中去了。另外,由于军事指挥和政治教育分家,培训部的教官们对党的思想原则缺乏深刻的理解。蒋在1924年对第一期的毕业生讲话中说,军队党代表的任务应限于解决管理问题;他们不应当根据意识形态来对教官们下评论。对蒋来说,最重要的是"做人":懂得遵守纪律,服从营地和校园的规章,坚守目标,并保持"良好的"日常生活秩序。[16]与管理(后勤和行政)相比,蒋介石更强调战地指挥,他以这种方式赢得了学员们对他的忠诚。这种对管理的忽视——蒋介石从未受过这方面的训练——后来证明是他和他的军队的一个致命弱点。[17]"这个最终的缺陷显然使他无法认识到一个有组织、由专业人员组成的对现代军队的运作进行全面管理的制度的重要性。像他同时代的大多数指挥人员一样,他的长处在于指挥军队作战。"[18]因为,"老头子"——黄埔团体的人员这么称呼蒋——在军校占据特殊的地位:他既是一个广受欢迎的演讲者,又是一个能够与大多数年轻学员保持精神上和感情上联系的战地指挥员。[19]

蒋与黄埔最密切的关系要算他与第一期的"天子门生"们,尤其是与胡宗南这些从浙江来的人。[20]胡自己因为身材矮小,险些未被黄埔录取(他须从廖仲恺那儿得到入学考试的专门许可)。但他一旦入学便干得非常出色:在北伐前夕,他就被提拔为营长。[21]

与此同时,他的朋友戴笠为成为一名骑兵军官而拼命学习。一进黄埔，戴的言行举止突然彻底变了。那个整天带着同学吃喝玩乐、不务正业的家伙不见了。相反，戴笠变得沉默寡言，善于观察，少说多听，为与上司保持关系而不是为了在同伙面前夸耀而大肆收集信息。[22] 据他的骑兵教练许振亚回忆，戴许多时间都不在黄埔军校，而去广州珠江上游与政治要人交结。

这位比烈马还难驯服的学生，他学骑兵，是三天打鱼两天晒网，高兴就请假往上跑，自习时就写信，大家很怀疑他，怎么那么多信要写。以后才了解他是跑上头，通天到校长那里，写信也是送校长，来头大，谁敢惹？[23]

这些他应该为蒋介石准备的信，据说是针对总司令给他的两个命令：第一，汇报学生中的思想状况，尤其是那些参与共产党和左翼活动的"革命军人青年联合会"成员的思想状况；第二，监视学校的军官和指挥，以便汇报他们的个人生活状况，以及他们是否腐化。[24] 那时这些报告直接送到胡靖安手里，胡当时除了任蒋的秘书以外，还负责黄埔新生的政治思想工作，同时还是"孙文主义学会"主管政治思想的负责人。[25]

实习特工

尽管戴笠实际上是胡靖安的特工之一，但后来他宣称，不久他就直接向蒋介石汇报了。[26] 1926 年 3 月 18—19 日，停泊在黄埔军事总部附近的中山舰被共产党舰长挪到了广州。这个可疑的行动使蒋介石以为是一个左翼派的夺权阴谋，而他会被包围并强行押上舰艇。后来胡宗南、胡靖安和戴笠向他提供了关于国民党内部包括周恩来在内的共产党活动的报告，更增加了他的疑心。[27]

根据这些报告以及与广州公安局长吴铁城和其他关键顾问的谈话，蒋介石于 3 月 20 日早晨迅速地包围了军舰，逮捕了舰长（他也是海军局局长），解除了保卫苏联顾问们的警卫和共产党控制的香港罢工总工会的武装，同时宣布实施军事管制，并抓了五十多个二师的政治工作者。[28]

等蒋的对手汪精卫一离开广州去欧洲，总司令立即对苏联顾问们道歉，说"中山舰事件"并没有涉及中共中央组织，而且他有意辞职——这当然没被接受。虽然他在一次对离开军队的共产党政治工作人员的讲话中说了，他对关于企图绑架他的阴谋的说法表示怀疑，但他在 1927 年 4 月后坚定地认为"中山舰事件"是共产党的阴谋。他的这种坚定也许是基于戴笠给他的报告，而这一点使戴笠在他的眼里变得更有价值。[29]

清洗黄埔

1927 年 4 月，戴笠被分配到许振亚手下的国民革命军骑兵营一排。骑兵营驻扎在黄埔，三天前由蒋介石及其军特人员在上海开始的白色恐怖于 4 月 15 日波及了军校学员。那天早上，学员们像往常一样起床、洗脸，然后来到操场做晨练。当他们来到操场时，发现周围的山头和公路都布满了武装部队。学员们没有自己的武器，他们的枪支在早先被收走了，于是他们警觉起来。这时，军校"团长"李亚芬打破了沉默，他宣布，从今以后国民党和共产党的学生将分隔开来，并将被教授完全不同的课程。他说：所有的共产党都立刻站出来。然后他又指了指架在附近山头上的机枪。除了一个精神有疾患的湖北学生以外，没有一个人站出来自认是共产党，全场静得只听见学生们的呼吸声。最后团长说，学生们在同一个团体已有几个月了，大家都知道彼此的政治观点，因此每个单位的成员都应该立即指出他们中间谁是共产党。这便引起了一片混乱。但在命令一再重复之下，共产党学员们逐渐被孤立出来，而那个纵队的其余学员则被带回他们的宿舍。一旦其他学生离开，共产党员们便被逮捕，送到了南石头的集中营。[30]

其他纵队的学生那天早上的经历大致相同。第三纵队的一个学员回忆说，在让共产党员站出来的命令发出之后，由于他们拒绝指认谁是共产党员，团长就警告他们说："要是你们不站出来，我们就要点名，你们反正得站出来。如果你们自动站出来，会大有好处。你们用不着担心。"[31] 每个纵队里被辨认出来并遭逮捕的共产党员的数目不等。在第三学生纵队里，只有8个人站出来承认是共产党员，据说在他们被交送宪兵手里并被投进在蝴蝶岗的监狱时，其他学生十分敬佩他们的勇敢。第二纵队里有150多人被捕，但在第三纵队里至少有200名学生被抓了起来。[32] 当天晚上，所有被怀疑是共产党员的人都被带到虎门的鱼珠炮台枪杀了。[33] 据戴笠自己后来播散的信息，这些被杀的学员中有75个共产党员学生是他交给总司令的，为此他终身受到蒋介石的赏识。[34] 后来有人说他当初在胡靖安手下参加了蒋在1927年4月为在清洗中捕捉左翼分子组建的"密查组"。其实，戴笠在北伐期间的情报工作也同样得到赏识。[35]

军事情报工作

北伐战争始于1926年7月1日。用戴笠自己的说法，他和黄埔的其他许多学员一样，在1927年4月15日的"清洗"之后奉蒋介石的命令离开军校，踏上国民革命军穿越福建和浙江的东进征途。[36] 因没有足够的马匹供整个骑兵队使用，戴笠所在连队的一部分人便分散坐船去上海，他们在那里又分成两拨，分别在徐州和苏州驻下。戴笠属于苏州那一拨。与众不同的是，戴笠的任务并不是骑马战斗，而是侦察和颠覆敌人。[37] 他的具体任务是先行于主力部队，通报敌方的军事情报和前线位置。一旦到达他早年曾经"打流"过的江浙地带，戴笠便显得得心应手，他源源不断地发回用隐形墨水写出的报告，供蒋披阅。[38]

可是，那些熟门熟户的地带引发了戴笠往日赌骗的习性，于是他旧病复发。1927年夏，当他和其他几个人去上海为刚从前线回来的蒋介石买礼物时，他独自携款一走了之，在十里洋场里吃喝嫖赌。最后钱花得精光而不得不向表兄借钱买火车票返回营地。他被关了两个星期的禁闭，可一旦被释放，他又故技重演贪污起来。后来为了逃避惩罚戴笠奔往南京投靠胡靖安去了——胡1927年7月正在筹建蒋的"密查组"。戴笠就向这位新上任的情报头子请求收他看护孩子，同时他告诉胡自己离开原单位是因为别人指责他帮助胡在黄埔清洗共产党学生。结果胡靖安把戴笠推荐到了短命的"密查组"里。[39]

当1927年夏末"密查组"开始解体时，戴笠发现自己又在上海"打流"，他又睡到了表兄弟张冠夫的家里，一边寻找任何能找到的机会。[40]出乎他的意料，这次他竟然有机会替老上级蒋介石效"犬马之劳"。[41]

当年8月13日，在北伐于淮河流域进展不利，政府在上海的集款遇到困难之后，蒋介石辞去了他的总司令职位。[42]他在家乡溪口待了一段时间，于1927年9月途经上海准备去日本作战略性流亡。当戴笠得知他的老上司在法租界时，便去敲蒋的大门，自愿为他当警卫。[43]这之后不久，蒋于9月28日去了日本。他在那里既说服了宋夫人让他娶她的女儿，又与日本首相田中义一达成协议，后者同意帮助他与共产党作战，但同时敦促蒋集中其势力于长江以南，而把北方让给张作霖和他急躁的日本专家们。[44]

与此同时，蒋在军队的主要劲敌唐生智在其他将军们的胁迫下流亡日本。汪精卫企图在广州召开第四届中央执行委员会全会。失败后，汪答应与蒋介石在上海会面，并讨论有关和解的可能性。在李济深被赶出城，张发奎与陈公博等汪精卫的其他拥护者们自立政府以后，汪精卫在

第三章 投奔

11月7日采取了"护党救国"的行动,巩固了他的地位。[45] 但他在全国的影响却削弱了,因为党内如胡汉民和吴稚晖这类元老对他表示鄙视。自然,蒋介石的地位就相应地增强了。11月下旬,国民党领导们在蒋位于法租界的公馆里举行会谈。尽管会谈在1927年12月10日以了无结果而休会,但汪精卫被迫邀请蒋介石重新担任总司令的职位。会谈一结束,广州公社便在12月11日爆发了起义,结果是汪精卫丢失了在广东的基地,而蒋介石则于1928年1月4日回到南京,开始重建他的军事联盟。5天以后他重获原来在国民党政府中的最高统帅地位。[46]

在蒋介石再次成为总司令,并由宋子文任财政部长以后,蒋显然想要利用这个新机会,尽可能地来铲除他在国民党内的敌人,并重组某些省一级的党委。1928年2月2日,在没有共产党和汪精卫的支持者参加的情况下,国民党执行委员会第二届会议在南京召开。会议接受了蒋介石的提议,决定所有的宣传均以孙中山"全国重建计划"(这是在孙受到共产党影响之前提出的)为基础,以全国和解及双方合作的精神来取代阶级斗争的意识形态,在地方党组织解散之后重新登记党员,撤销在北伐中为统一战线而负责动员群众的各个部门(农民、妇女、青年、商人等)。新国民党只建立了三个部门:组织、宣传和党训。军委将由蒋介石委员长直接领导,而在军队内部将重新组织一个政治训练部,由戴笠的老资助人和朋友戴季陶领导。[47]

寻找靠山

那年冬天,戴笠到了南京,在首都的太平桥一带勉强维持生计。他从未读完黄埔的课程,所以也没有正式毕业。尽管没人确切知道他是怎么到了南京的,但大多数人谈起戴笠奇怪的上升都强调他很快在胡宗南那里得到了职位一事。1928年,国民党重新组织了力量北伐,胡宗南担任了第一军第二纵队司令。[48]

戴笠投奔到他当年在杭州的老朋友胡宗南那里后，在他手下当了个小小的卫护官。后来胡推荐戴笠任职于黄埔校友会毕业学生调查处。黄埔校友会的前身是孙文主义研究会，在1926年6月北伐前夕，它有300个成员。当这个学会在1926—1927年的军事活动中解散时，蒋介石名义上是校友会的主席。蒋与统一战线的左翼决裂后，只有反共分子还留在其中。[49]

黄埔校友会调查处成为后来的中央各军事学校毕业生调查处的核心部分，前者本身于1930年解散。[50]这个组织曾是蒋介石军事训练体系中的安全机构。该体系最终包括了中央陆军军官学校、空军学校、炮兵学校、骑兵学校、工兵学校、轻重兵学校、海军学校和中央警官学校，再加上培养军官和干部的各种训练班。[51]到了1935年，训练班多达100多个。为了让蒋放心，从一开始就显得有必要在登记和调查这些毕业生的毕业证书的借口下，跟踪他们的行迹。[52]

通过在黄埔校友会调查处工作（它后来成为中国革命同志会的前沿机构，而该同志会则是"蓝衣社"的关键部分），戴笠自然与一批没有工作的黄埔毕业生有了接触。只要能找到钱来支付活动经费，他们便乐得参与他组成的一个专门的情报收集机构。也正是在调查处工作期间，戴笠让总司令当时的随从副官胡靖安把他作为警卫队高级侍卫的候选人引荐给蒋介石。后来他如愿以偿地得到了这个位子。[53]

利用与没工作的黄埔毕业生的关系网，戴笠开始收集有关受怀疑者的非法政治活动的消息。他经常用有意刺激的方法，如散布有关蒋的谣言，来诱使别人批评总司令对政府的领导。一开始他并没有正式的渠道来向他的上司递送这些报告。据说戴笠必须用当年把情报摘要送到蒋的办公桌或车里的办法，即利用他作为蒋介石司令部门口警卫的位置，在领袖每次通过的时候把这些写有密报的纸条递上去。据说，蒋越来越依赖这位新侍卫来得到这类情报，而且不久，只要总司令看见戴站在那儿等他，他的车就会在大门口停下。[54]

另一种对戴笠有点儿贬低的说法是，这个未来的秘密警察头子在卫队里的工作就是给蒋总司令当跑腿一类的差使。蒋的机要秘书毛庆祥后来回忆道，戴笠会每三天到警卫部食堂的后门处，通过厨师或值勤官递送情报。戴笠不敢过问对这些情报的反应，而毛庆祥一开始都不把它们送往总司令那儿。[55] 但过了一阵后，毛发现有一些特别有意思的内容值得引起注意，于是他开始把这些报告送蒋介石一阅。而蒋则对这些消息的丰富表示欣赏，并命令戴笠到胡靖安的侍卫队"情报小组"当一名情报员，同时，蒋还开始向戴支付除工资以外每月3000元的活动费。有了这笔经费，戴笠便得以雇用更多的情报人员，逐渐地在他自己身边组成了有名的"十人团"，即一个专门的，由他自己和其他年轻的官员和军官组成的特务组织。[56]

有人说，蒋介石越过所有人转向戴笠，是因为胡靖安的脾气暴躁且难以控制，使蒋对他失去了信心。[57] 几年以后，当戴笠成了蒋介石最有权威的特务头子后，军统为高级干部举行了一次宴会，胡靖安没有受到邀请。胡冲进宴会，破口大骂，闹得参加宴会的人不欢而散。他骂道：

> 戴笠，狗婆养的，翻脸无情，如果没有当年我在广东提拔他一手，介绍与孙文主义学会的大头杨引之、贺衷寒、潘佑强等人见面谈过话，谁知道他是老几？老子毫不自私将名单开给他，否则他又哪里去找报功请赏的材料。[58]

这也许是一个原因，但同时蒋在对抗他的对手（例如，蒋在1930年发现自己面对由南方的改组派与北方"出笼骑虎"[59]的阎锡山等军阀构成的联合阵线）时，他对戴的能力的信任不断增强。[60]1930年2月10日，阎给蒋发了一封电报，敦促他退休，然后又给他发了一系列的电文指控他腐化无能。次月，南京政府中受到阎控制的省一级机构都被他的人围困起来了。4月初,阎的山西军队占领了北平之后,阎宣告自己为反蒋总司令,冯玉祥为副司令。[61]

当冯和蒋介石的军队在河南打派系仗时,阎派出了由孙连仲指挥的轻骑兵队去袭击蒋在野鸡岗铁路站的总部。[62] 假如没有戴笠的军事情报,孙也许便会把蒋介石及其侍从一网打尽,但戴在最后一分钟把他的上司及其部下转移到了一个安全的地方。[63]

要不是蒋允许戴笠和他接近,哪怕戴笠在中原大战中对蒋再有用,他也永远不可能得到他最终掌握的秘密权力。[64] 戴笠自然十分干练,但蒋更看重的是他的可信和可靠。[65] 蒋有一次在讲到戴笠时用他的字"雨农"来称呼他:"只要有雨农插手,我就放心了。"[66]

这番话的含义,也许连蒋自己都没有意识到。因为戴笠似乎能够用不同的办法使他的主子放心,使蒋介石松弛的一面表现出来。有意思的是,其他官员在见蒋介石时得非常小心他们的言行举止才行。甚至连一位将军白手套上的一个污点,都能使他被撵出去或者挨一顿训斥。但不知怎么,戴笠却能免遭这种肆意对待。当然,戴笠能够立即理解他上司的心理,并满足其随心所欲的各种蛮横要求。比如,要是蒋介石在他的面前赞美孔子和孟子,戴笠便会立刻鹦鹉学舌般地开始谈论孔子的"仁义道德"。从个人的风度讲,他经常是衣服皱巴巴的,穿得很糟糕,也不刮胡子,甚至有些邋遢。这给人的印象是,戴笠漫不经心的气质从某种程度上说正好符合蒋介石的另一面——可能是他的一个内在而松弛的王国,而这一点,像曹圣芬这类随从是永远不许看见的。[67]

凭着如此接近领袖的机会,戴笠得以克服使他担忧的资历浅的缺陷——他曾对文强诉说,后悔当初为什么不早一点投靠蒋介石。说到底,他"投奔"的决定,填补了他同国民党元老和黄埔精英相比所显出的不足。1939年,当戴笠被蒋介石任命为国民党中央训练团警卫组组长时,总司令才发现他的门徒不仅没有从黄埔毕业,而且连国民党正式党员都不是!不久,总司令大笔一挥,就使戴笠成了以前黄埔军校六期班的毕业生，与此同时，雨农也被国民党领袖本人作为保荐人介绍为党员。至此，戴笠成了自己秘密世界的主人和指挥。[68]

注释：

1 文强：《戴笠其人》，第 183 页。起码有三种关于戴笠得以进入黄埔军校的说法。这些说法并不见得互相矛盾。特别是它们从三个不同的角度分析：戴笠在家乡的零散接触，通过他与江南黑社会的关系，以及戴在上海与蒋介石圈子的粗浅交往。

2 毛人凤有可能是戴笠的妻子毛秀丛的亲戚。Wen-hsin Yeh, *The Liu Geqing Affair*, p.20。见政协江山县委文史资料研究委员会等编辑：《戴笠家世》，第 28 页。

3 章君谷：《戴笠的故事》，第 17 页。据说毛告诉戴笠"革命的朝气在黄埔，只有黄埔，才是锻炼创造时势英雄的洪炉"。毛还给了戴 20 元钱，帮助他支付去广州的路费。江绍贞：《戴笠和军统》，第 16—17 页；沈美娟：《戴笠新传》，第 95—102 页。戴笠的妻子毛氏也拿出了自己的一支金簪给他当路费。杨者圣：《特工王戴笠》，第 23 页。

4 据许多新闻报道，1920—1930 年间蒋介石是黄金荣青帮会的成员。例如，见 Wilbur Burton, *Chiang's Secret Blood Brothers*, p.308。

5 黄康永：《我所知道的戴笠》，第 154 页。戴笠于 1926 年 10 月 7 日加入了第六期骑兵科。那时北伐已开始两个月，而蒋介石和国民党其他军队领导人已开始对骑兵在黄河北面的中部平原参战表示忧虑。戴笠被编入第 1 团第 3 营 17 排。他是排党组的执行委员。章君谷：《戴笠的故事》，第 17 页。

6 戴季陶的大名与 1925 年 11 月的西山会议派公开连在一起，他在 1926 年北伐开始后被广州的国民党政府叫去任大学校长。但因国民党内部左右派的分裂，结果导致广州的政治空气对他十分不利，戴于是在 1926 年 12 月准备离开广东与蒋介石在庐山会合。Boorman, *Biographical Dictionary of Republican China*, 3:202。

7 这是《史记》里的一个故事。讲一个被明智地收容来的门徒，以学鸡叫诱使看守打开大门，让他的主子逃走。

8 文强：《戴笠其人》，第 183 页。

9 戴季陶很欣赏这种为蒋"干"的意愿。江绍贞：《戴笠和军统》，第 25—26 页。

10 沈醉：《我所知道的戴笠》，第 6 页。

11 当时受蒋宠信的情报人员是胡靖安。张盛吉：《胡靖安的浮沉录》，第 154 页；钟健华编辑：《靖安县志》，第 768 页；郭绪印：《旧上海黑社会》，第 99 页。

12 文强：《戴笠其人》，第 183—184 页。"学生戴笠对他的司令崇拜得五体投地，并成了蒋了解学生中共产党的秘密调查人员，为此他也参加了共产党。"Walker, *China's Master Spy*, p.168。虽然瓦克（Walker）误认为戴笠参加了共产党，但他准确地指出戴正为蒋秘密工作。

13 "蒋面临军阀分裂主义问题，他要把这个问题从他的军队里铲除掉。他要一支有纪律、有组织且全国性的军队，这支军队应像德国和日本军队那样服从领袖的意志……他要军队单纯化而非政治化，他要军队与社会分离。"与汉斯·凡·德·冯（Hans van de Ven）的私人通信。

14 Landis, *Training and Indoctrination at the Whampoa Academy*, p.93。关于这个教纲的准确简述，见 Jordan, *The Northern Expedition*, pp.232—235。

15 Landis, *Training and Indoctrination at the Whampoa Academy*, p.85, p.89。

16 同上书，第 81—82、84 页。

17 Eastman, *Seeds of Destruction*, p.146。但汉斯·凡·德·冯注释道："在 30 年代中，蒋在改善组织和管理上作了很大努力，但其成果被抗战抵消了。"（私人通信）

18 Landis, *Training and Indoctrination at the Whampoa Academy*, pp.90—91。

19 同上书，第 92—93 页。萧作霖：《复兴社述略》，第 55—56 页。

20 尽管人们经常提到黄埔派，但实际上在他们中间根据班级或背景而存在着许多派别。如曾就学于欧洲军事或警察学校的学员，以及崇拜法西斯德国和崇拜法国的学员，他们在鄧悌和唐纵的领导下，在黄埔的毕业生中自成一体。黄雍：《黄埔学生的政治组织及其演变》，第 11 页。

21 张新：《胡宗南其人》，第 171 页；文强：《戴笠其人》，第 184 页。

22 沈美娟：《戴笠新传》，第 114 页。

23 许振亚于 1942 年春在兰州对文强说起这事。当时他正组建一支骑兵队，在宁夏和青海一带巡逻，为戴笠管制马鸿逵将军的缉私总署捕捉走私犯。冯美铨：《解放前军统在西安和银川的组织与活动》，第 83 页；文强：《戴笠其人》，第 185—186 页。

24 由于许多说法提到戴笠直到 1927 年才同蒋介石认识，所以这个说法可能有想象的成分。最有权威的叙述是：江绍贞：《戴笠和军统》，第 19 页。

25 文强：《戴笠其人》，第 183—184 页；江绍贞：《戴笠和军统》，第 18 页；沈美娟：《戴笠新传》，第 118—119 页。胡靖安，即胡乃安，江西人，毕业于黄埔二期。毕业后他在国民革命军总部任"侍从"。他的任务是负责总司令的安全，以及收集军事和政治情报。在抗战时期他曾任江西省军事训练团教育主管。陈廷湘：《论抗战时期国民党的政治建设》，第 123 页；章君谷：《戴笠的故事》，第 17 页。

26 江绍贞：《戴笠和军统》，第 20—21 页；沈醉：《我所知道的戴笠》，第 6 页。虽然胡靖安后来说了"戴笠并没有什么特殊，他给我看过孩子"，但他无疑是所有为胡工作的人员（其他人员如王兆槐、东方白、蔡劲军和乔家才）中最得力的一员。乔家才后来写道："供给情报最多的，就是戴笠，每天都交给我很厚的一个信封……假如没有他帮忙，胡靖安每天的报告恐怕就成问题，无法交卷了。"乔家才：《为历史作见证》，《中外杂志》，6∶32（台北），引自江绍贞：《戴笠和军统》，第 23 页。关于胡的评论，见程一鸣：《军统特务组织的真相》，第 197 页。

27 文强：《戴笠其人》，第 184—185 页。周恩来当时负责一路军的政治工作，也是东江专区行政督察专员。

28 Wilbur, *The Nationalist Revolution*, pp.573—574; Tien-wei Wu, *Chiang Kai-shek's March Twentieth Coup d'Etat*, pp.591—592; Donald A.Jordan, *The Northern Expedition*, p.39。

29 "蒋对共产党阴谋一说之所以坚信不移，也许是基于两个事实：他对这个策划做了亲自了解，而且他持有关于这个所谓阴谋的书面材料。"Wu, *Chiang Kai-shek's March Twentieth Coup d'Etat*, p.600。

30 沈重宇：《"四一二"事件在黄埔学校》，第 77—78 页。通常此事件被称为"四一五事变"。杨者圣：《特工王戴笠》，第 27 页。

31 郑庭笈《黄埔五期"清党"的回忆》，第 123—124 页。由于当时的执行官是海南岛人，没人听懂他的普通话。结果，一开始没人站出来。显然指挥官们手中持有这些人的名单，根据关于戴笠生平的一系列说法，戴本人就是告密者之一；他用了所有在黄埔当学生的时间来记下共产党员和左翼人员的名字。据一位写戴笠传记的人说，戴笠把骑兵营里的20多个学生作为共产党员或亲共分子出卖了。章君谷：《戴笠的故事》，第17页。

32 这些军校生被临时关在"南石头"监狱。杨者圣：《特工王戴笠》，第25—26页。
33 郑庭笈：《黄埔五期"清党"的回忆》，第124页。
34 Walker, *Walker, China's Master Spy*, p.168.
35 杨者圣：《特工王戴笠》，第27页。
36 共有7795名黄埔学生于1926—1928年之间参加了第三次北伐。其中76%来自于长江流域的省份或南方。大多数人受过中学教育，3/4的人出生于中等阶层地主、中农或职员家庭。Richard B.Landis, *Training and Indoctrination at the Whampoa Academy*, p.76。
37 戴笠持有少校军衔，挂名在徐州戒严司令部下。江绍贞：《戴笠和军统》，第25页。戴笠的具体任务是汇报敌人列阵的军事情报。戴笠在替部队进军上海铺垫了道路之后，继续穿越徐州、北平、天津、太原、西安、郑州和开封。他后来宣称，探取北洋军阀的情报非常容易，因为他们及其下属都大意粗心、忽视细节、不学无术、腐化堕落。这个意见也许反映了戴对北方人的鄙视，但事实上他很快就发现，在那些军阀内部整垮另一个将军是多么容易。由于戴笠既保证了情报的可靠性，又协助总司令战胜了敌人，据说戴笠在完成任务之后得到了蒋介石更大的赏识。为了表彰戴笠在北伐中的战地工作，蒋授予他亲笔题字"艰苦卓绝"。文强：《戴笠其人》，第187页。
38 那些报告是用"米汤"写出的，即一种米浆，只有涂了碘酒后才会显形。文强：《戴笠其人》，第186—187页。
39 粟鼎：《戴笠之离开黄埔》，第170页；杨者圣：《特工王戴笠》，第28—31页。蒋介石在当年8月13日辞职后去了日本，"密查组"就解散了。胡靖安本人取走了密查组的三个月经费便回到江西老家。戴笠只好向杜月笙求助。同上书，第32—33页。
40 有关密查组，见徐铸成：《杜月笙正传》，第96页。据信，戴笠在黄埔骑兵第一连里"查清"了20多个共产党员学生案件。邓元忠：《三民主义力行社史》，第77页。
41 据章微寒说，实际上直到1927年9月戴笠在上海开始替蒋介石当警卫时，他才认识蒋。章微寒：《戴笠与庞大的军统局组织》，第280页。
42 1927年7月，张宗昌夺回徐州，孙传芳发动进攻以重占长江下游。在国民党内部，蒋受到广西派李宗仁和白崇禧的反对，这些人没有拒绝他1927年8月12日向军委提出的辞职。Wilbur, *The Nationalist Revolution*, p 682。
43 蒋介石显然没认出他过去的学生，所以戴笠得自我介绍说：我原是黄埔的学生，现在来照顾校长的安全。章微寒：《戴笠与"军统局"》，第82页。
44 当时，反日游行示威在张作霖谨慎的默许下举行，而南京政府也正在强烈抗议纽约花旗银行和摩根公司给由日本人经营的南满铁路公司贷款3000万美元一事。McCormack, *Chang Tso-linin Northeast China*, pp.239—241。
45 章微寒：《戴笠与庞大的军统局组织》，第280页。
46 Wilbur, *The Nationalist Revolution*, pp.686—696.
47 同上书，第697—699页。
48 章微寒：《戴笠与"军统局"》，第82页。胡直接在曾任黄埔教官的刘峙手下就职。刘那时在蒋介石与总参谋长何应钦下面的第一军团任第一军长。刘将军后来在1930年又当上了河南省的省长，1939—1945年间任重庆警备司令，并在1948年的淮海战役中任战地指挥。1955—1956年间他是蒋介石在台湾的安全顾问。Boorman, *Biographical Dictionary of Republican China*, 1:323, 2:391—393。国民党军队的基本单位是师，三个师组成一个军，三至五个军为一个集团军。Ch'i, *Nationalist China at War*, p.229。

49　Tien, *Government and Politicsin Kuomintang China*, p.54.
50　同上。
51　"训练"一词使人想起漫长的军事化过程，它可追溯到18世纪下半叶士绅阶层的军事动员，并在1850—1860年的镇压太平天国运动中达到顶峰。见 Kuhn, *Rebellion and Its Enemies*。到了民国时期，训练（一般制度化为6个月的课程）的意思比较含糊。它一方面指从黄埔军校开始的军事专业化和政治教育课程，另一方面又指边干边学地掌握技术的意思。Strauss, *The Evolution of Republican Government*, p.91.
52　蒋介石必须防止类似他自己的黄埔校友会那类团体的形成，为此他不让这些军校的"校长"们与学生建立密切关系。杭州空军学校校长蒋坚忍，由于学生们对他忠心耿耿，于是被叫到南京，以把该校的校友会变成一个权力基地的罪名而受到蒋介石的训斥和惩罚。黄雍：《黄埔学生的政治组织及其演变》，第9页。
53　章微寒：《戴笠与"军统局"》，第82—83页；章微寒：《戴笠与庞大的军统局组织》，第281页。
54　黄康永：《我所知道的戴笠》，第154—155页。
55　这时戴笠尤其渴望在蒋的眼里有一种新的形象，来取代蒋肯定还记得的当年戴在上海做事时的"小瘪三"样子。沈美娟：《戴笠新传》，第127页。
56　其他人员为张炎元、黄雍、周伟龙、徐亮、马策、胡天秋、郑锡麟、梁干乔、王天木。沈醉：《我所知道的戴笠》，第6页；黄康永：《北伐之后》。另有人认为是在1930年。而还有人认为十人团由戴笠在1932年日军包围上海的"一·二八事变"中组成，因为蒋介石要戴笠调查出他在军队里的敌人。文强：《戴笠其人》，第187页；章微寒：《戴笠与"军统局"》，第82—83页；黄雍：《黄埔学生的政治组织及其演变》，第12页。注意，黄雍说十人团成立于1932年，他本人是其中的一个成员。但最有权威的资料认为，戴笠在1933年成立第一届调查通讯小组的晚宴时，召集了王天木、唐纵、张炎元、徐为彬（即徐亮）、周伟龙、黄雍、马策、郑锡麟，这个团体被叫作"十人团"。后来马策和郑锡麟退了出来。取代他们的是刘恢先和裴西度。据说，戴笠是由此真正开始其特务生涯的。章微寒：《戴笠与庞大的军统局组织》，第281页。据一位进步批评家解释，特务一词包含了"特别"的意思，因为它与"正常"的、有固定"秩序"的社团与"道德行为"相反。黄梧清：《中国法西斯特务真相》，第1页。
57　黄康永：《我所知道的戴笠》，第154—155页。
58　文强：《戴笠其人》，第185页。
59　此语出自北平的大字报，那是在阎放弃中立而加入冯玉祥的反蒋活动后贴出的。James E.Sheridan, *Chinese Warlord*, p.264。
60　沈美娟：《戴笠新传》，第135—139页。
61　同上书，第56、264—265页。
62　Gillin, *Warlord*, p.113.孙实际上是冯的一个军官。像冯的许多部下一样，后来他参加了国民党军队，在江西的围剿战役中成为一个主力指挥，随后又追剿长征中的红军。1948年他是蒋的总参谋长。Boorman, *Biographical Dictionary of Republican China*, 3:168—169。
63　章微寒：《戴笠与"军统局"》，第83页；章微寒：《戴笠与庞大的军统局组织》，第281页。
64　戴笠后来与蒋夫人非常亲近，而且总是与总司令官邸的仆人们保持着良好的关系，这两点都使他本人更接近了蒋。黄康永：《我所知道的戴笠》，第159页。
65　这种对蒋个人的虔诚忠实使他的形象在美国人的眼里大为增色。据说他在毕业时曾誓言对蒋效忠，而他的这个宣誓，在野心勃勃的官员们经常随意地相互背叛的政治环境中便像一个闪光的奇迹一样，令人瞩目。这种忠诚始终丝毫未减。他的仇敌从未怀疑过戴笠对蒋的忠实。Walker, *China's Master Spy*, p.168。
66　黄康永：《我所知道的戴笠》，第 159 页。
67　爱泼斯坦，1985 年 3 月 10 日在北京的采访。
68　黄康永：《我所知道的戴笠》，第 159 页。

# 第四章 十人团

> 戴笠从一个侍卫随从，竟成了蒋介石独裁统治下的中国的"希姆莱"，绝非偶然。这是半封建半殖民地社会这一特定历史条件下的产物。它既继承了中国封建制度阉宦虐政东西厂和镖局的衣钵，也仿效了希特勒法西斯独裁工具褐衫党的凶行。
>
> 章微寒：《戴笠与"军统局"》，第 131 页

蒋介石的私人间谍机构

据文强关于戴笠生平的叙述，戴笠在国民革命军中情报工作方面的晋升，反映了他作为一个常规军事情报人员具有的杰出才干。[1] 戴笠在胡宗南手下（第一军第二纵队）工作时，他成了一个特别通讯情报单位的头目，这个单位在蒋介石的指示下建于 1928 年 1 月 4 日，名叫"联络组"，后来在台北情报局编辑的戴笠正式的传记里，它被形容为所有后起的党和国家军事情报组织的"萌芽"。联络组由蒋的总司令部直接设立，总司令亲自任命戴笠为联络参谋，让他领导十个官员，后来调查统计局在军事委员会下成立之后，这些官员便成了核心人员。[2]

戴笠任联络官时期最重要的任务，是 1930 年初执行蒋介石对唐生智行刺的命令。唐是湖南出生的军人，曾在 1929 年 11 月替国民党政府把冯玉祥赶出了河南，但他在次月去汪精卫那儿接受了护党救国军四路军总司令的任命，宣誓要反对蒋及其随从的军事独裁。³ 最后蒋派出了他最优秀的间谍去搜集关于唐生智的军事情报并将唐阴谋暗杀。据说戴笠经峒岭进入河南，在洛阳停留之后，便沿京汉铁路去唐将军所驻扎的郑州，一路收集情报。⁴

得知戴在这一带，唐生智便悬赏重金捉拿他。戴笠一到郑州火车站就被唐的军警们发现了，并将他包围起来。然而，军警稽查处处长周伟龙毕业于黄埔四期，他也许是在黄埔时认识的戴笠，对这个间谍的冷静和勇气感到佩服。⁵ 戴笠恳求周伟龙"拥护校长佐天下"。周与戴笠结拜为兄弟，并把他藏在军警营地里过了几天，等到风声一过，戴便穿上了唐生智军警的制服，沿京汉铁路南下。⁶

在 1928—1931 年之间，蒋介石唯一授权建立的正式秘密警察机构，是国民党改组后的中央总部的密查组。⁷ 蒋的非正式特工很多，这是因为 1927 年之后在他自己支持下发展起来了各种秘密组织，蒋采取让这些组织各自为资金和权力互相争斗、互相制约的手段来对其进行控制。⁸ 在这种情况下，一个半正式的小组还是成立了，它的任务是对付共产党员，并从中央党部拨出秘密"特别经费"提供给它，利用它来控制国民党内部的反蒋分子。⁹ 密查组亦称"联合组织"，以陈立夫为首，他曾经领导国家军事委员会保密处，当过国家改组委员会的总书记。据波曼说，负责清除共产党员和有亲共嫌疑人员的调查组分为三个科，戴笠负责二科，该科受命对军方人员进行监视。¹⁰

正当 1927 年的清党开展之时，戴笠在总司令私人间谍系统里的正式职责与他的个人任务并不完全相符。到了 1930 年，他似乎已经开始在二科里，通过继续成为他秘密特工核心的十人团，来形成他个人的"机构"。这些黄埔的毕业生就像明清时期官员中的"幕友"，一开始都从戴笠那儿领工资。事实上，他们直到1932年蒋重建他的秘密特务组织时，才作为政府官员正式加入该组织。[11] 在那四年里，其人事稍有变动。1930年，其成员包括王天木、唐纵、张炎元、徐亮、胡天秋、周伟龙（唐生智的军警头子）、黄雍、马策及郑锡麟。后来马策和郑锡麟要求退出，于是唐纵让刘恢先和裴西度取代了他们。

十人团的正式名称是"调查通讯小组"，对于它斯巴达式紧张而严厉的工作风格，有过各种叙述。从中可以看出，它很少有时间从事军统在全面发展到后期时所特有的腐败活动。大夏天里，在南京这个中国最闷热的城市里工作的戴笠，会经常在十人团位于鸡鹅巷53号的总部连续三天三夜废寝忘食地工作，最多只是就着一杯开水咽下油条之类的点心而已。[12]

尽管密查组名义上归陈立夫统一领导，但它的各个部门之间竞争激烈。当戴笠和他的十人团在密查组设在鸡鹅巷的办公处活动的同时，另一个对手小组——它被认为是代表了陈立夫"CC"派的利益——也在瞻园路的办公处对国民党非军事人员进行反共的调查活动。[13] 这个被称为密查组一科的小组由徐恩曾领导，同样由党中央总部的秘密资金支付经费。[14]

与此同时，另一个秘密警察机构在由江西南昌"剿匪"总部管辖的三个省份成立。而蒋介石于1931年也开始授命组建谍报科。次年，蒋在军事事务委员会的秘书之一邓文仪向总司令递交了一份计划，要求在"剿共"地区内三个省的保安行营里成立调查科，其总部归南昌保安行营领导。[15]

邓文仪

邓文仪那时29岁。他祖父是摆地摊卖衣服的，父亲是湖南醴陵的一家糖果杂货店的店主。当他还是个小学生时，便深受他的校长王英兆的影响，王是一个保定军事学校的毕业生。他使这个年轻的学生一头栽入了游侠剑客和盗匪的传统小说与史诗之中。王先生每星期两晚上要给学生们讲《水浒》的故事，描述和分析书中的人物及其个性，还有他们的武艺、社会背景和"绿林好汉"的正义行为。于是，在校长的影响下，邓和他的同学们逐渐地把《三国演义》《七侠五义》《七剑十三侠》《薛仁贵征东》《薛丁山征西》《岳飞传》，及《班超平中亚》等里面的人物视为自己的榜样。[16]

于是，小业主之子邓文仪，与中国许多受武侠小说吸引的青少年一样，怀着一种浪漫的决心长大，他决心做一个见义勇为、扶济贫弱、默默无闻、救国救民、任劳任怨、不为财色所动的"正人君子"，一个现代的"游侠"。他读中学时所遭受的经济困难更坚定了他的这种决心。那时，他家没钱支付他在校的食宿。邓两次徒步跋涉60里路回家，乞求父母给钱付费。但无论邓如何痛哭流涕，他母亲最终只能凑起一块钱来，于是他不得不学会用赌博来攒钱供自己上学。这只能加强他对"绿林好汉"们的敬仰和对小说里拜把兄弟"杀富济贫"的尊重。[17]邓由于受到他们的启发，拒绝结婚，而且在中学毕业的前夕，进入广州的军事学校，"参加了革命"。一入校他便听说了黄埔军校，于是他成功地通过了黄埔军校的入学考试。[18]

邓加入了一个黄埔学生小组，其中有萧赞育和张镇（后来是蒋的军警头目）。这个小组的成员被送到苏联去学习。[19]他们是300个在中国招收的去莫斯科航空军事学院或中山大学上学的学生队伍的一部分。这些院校建于1925年，归属于共产国际远东部，专门培训中国人员。其中约有150人是在广州通过黄埔和其他指定的军事单位推荐，并通过竞争性很强的考试，被国民党招收来的。[20]

为了对抗亲共的"青年军人联合会"，"孙文主义研究会"于1924—1925年在黄埔成立，邓文仪是其中的学生领袖，与贺衷寒、杨引之、酆悌及曾扩情一样,都属于"大头"。²¹ 当他去莫斯科的申请被广州的国民党总部接受后,他被送进中山大学。作为一个学生领袖,他成了共产党争取的对象。尽管他是国民党支部的一个委员,并在贺衷寒为保持孙文主义研究会精神不衰的反共狂热激发下,继续秘密地与其他黄埔军校学员会面,但显然他的上级们还是越来越肯定他对共产国际的忠诚。²² 在邓文仪到达共产主义大学后不到三个月里,他被选为"公社委员会"成员,当了"卫生苏维埃"的主席,而且担任女射击队的教练。他后来还被任命为班长和他所属的学生小组组长。1927年春天,当共产国际开始招募一支特别派遣队在M.N.若仪(Roy)领导下回中国时,邓文仪是中山大学被选中的40个学生之一。²³ 但当汽船由符拉迪沃斯托克抵达广州时,邓一登上岸,随即与派遣队脱离了关系,重新表明了他对国民党内蒋介石派系的忠诚。²⁴

同年稍晚,邓文仪参军北上加入已开始互相争斗的革命军,并开始动员黄埔圈子里的军校生收集反共情报和研究在苏联买来的详细介绍契卡和GPU(国家政治管理局)运作的书籍,并以此来独立组建自己的反间谍机构。²⁵

1927—1928年间,邓文仪建议把间谍股安置在保安处在各省的总部里,以便执行它的各种任务。这些任务包括反共军事活动,收集情报,调查共产党在军队和卫戍各部门的活动,保持对各纵队司令的监视,以及在非军事人口中间展开特务活动等。²⁶ 蒋介石最终批准了这个计划,于是在1932年早春,一个调查科在邓文仪的控制下成立于南昌经堂巷内。²⁷ 1933年初,邓文仪又建议蒋在南昌卫戍部队内指定一个由在德国、日本和美国获得硕士和博士学位的人员组成的"设计委员会",以协助制定执行"政治剿共"和"文化剿共"的计划。这批知识分子中有些人与蒋的蓝衣社分支"复兴社"有关系。²⁸

邓文仪的调查科与密查组是两回事:与在首都南京的两个独立运作的部门不同,它是一个省一级的网络组织,虽然挂名在三省内的卫戍行营，但有自己的正规地位。一直到1932年的"一·二八事变"，密查组一直是非正式、非官方资助的组织。"一·二八事变"中，日本海军与十九路军在上海北都的闸北区持续交战三月之久，摧毁了闸北。[29] 蒋介石迫于向十九路军——该军的司令蔡廷锴一下子成了全国英雄和世界名人——增援的舆论压力，命令王敬久和余济时领导的八十七师和八十八师，在中央军事学院院长张治中领导下组成一个新的第五路军。[30]

特务处

但当八十八师到达昆山，在南翔前线与日本人交战时，中国军队遭到惨败。当时的情况是，戴笠本人亲自向蒋介石汇报了坏消息：当八十八路军重新在常熟集中兵力时，整个部队士兵和军官加起来总共不到4000人。总司令非常沮丧。这不仅因为他对日本军事力量的情报不准确，而且他对在这些军队里任职的黄埔军官估计和控制都不足。为了进一步了解局势，蒋介石命令戴笠成立一个特务处来加强他的非正式秘密特务组织。特务处设在鸡鹅巷。[31]

不过，这个新成立的处还不算政府正式的机构，而是在行政上与"蓝衣社"有关的一支"铁血队"。它被安置在向它提供资金的"复兴社"内。[32] 其任务是，在完善间谍业务和开展阴谋破坏的同时逐渐渗透到卫戍部队、警察和军警力量中去。[33] 然而，所有这些任务都没有以合法形式布置下去过。虽然蒋介石规定，所有的人事事务都得由他亲自处理，但他自己作为国民政府主席刚下了台，政府大权落到了广受尊敬的名义领袖林森手中，所以戴笠的秘密特务组织连执行其基本职责的权力都没有。尽管如此，戴笠还是掌握着一个正式的秘书处，有着固定的资金来源，而原来的"十人团"也发展为百人以上的团体。[34]

这个新"特务处"的确得到了扩大，尤其是现在戴笠享有蒋介石的充分信任。正是在这个时期,沈醉加入了这个组织,当了上海通讯站的负责人,并学会了指导在他之后加入"行动署"的新手们绑架和行刺等技术。³⁵ 尽管人员数目倍增,戴笠在卫戍部队和军事警察部队的网络也崭露头角,然而特务处的行动还是受到阻碍,因为它缺乏逮捕和拘留嫌疑分子的合法权力。³⁶

1932年3月18日,国民党第四届中央执行委员会第二届会议在洛阳召开,会议任命蒋介石为军事委员会委员长。为了授予戴笠正式权力,并防止CC派和黄埔派互相之间的对立增长而削弱自己的情报机构,蒋介石决定使用他新的权力,在军委之下设立一个正规的情报局,以将这些非正式和秘密的调查部门组合在一起。3月下旬,在溥仪作为满洲国傀儡政府首脑登位后不久,蒋召集了他的高级军事顾问,共同决定组织一个"情报网","以便抵抗外国侵略,平定国家"。³⁷ 于是,"一个军事情报机构"便于1932年4月1日成立,那便是后来国民党军事情报部门永远要纪念的军统机构成立周年日。³⁸

据台湾"国防部"1966年出版的年鉴,蒋介石在宣布成立这个"机构"之前,私下与戴笠在南京郊外的中山陵见过面。³⁹ 当委员长向戴笠宣布了他在这个机构中的新职位之后,戴虚情假意地推辞说,自己资历太浅,难以胜任。蒋安慰他说:"只要你有决心,其他的用不着担心。"据《戴雨农先生年谱》记载,戴笠于是便答应承担领袖交给他的重任,回答道:"从今以后,学生将不惜牺牲生命而为革命奋斗。假如我失败了,那么我将请求领袖处分。若是我胜利了,或者被敌人杀害,我将毫无遗憾。"《年谱》最后说:"蒋公壮之。"⁴⁰

调查统计局(BIS)

事实上,戴笠扩大了的"十人团",即原来的"联络组",现在已成为一个正规的官僚机构。1932年春，蒋命令在军委内成立由陈立夫及其副手、南京警察厅厅长陈绰领导的"调查统计局"。[41] 于是三个处相继成立。第一处是原中央党部的调查科，即密查组一科，它设在特务处所在的瞻园路，由徐恩曾领导。[42] 这个处便成了党务调查处，后来成为陈立夫抗衡戴笠军统局的部门——中统局。[43]

第二个部门是戴笠设在鸡鹅巷的特务部，负责监视和调查军队。被提升为少将的戴，[44] 把这个部门当作自己的家，而他则是这个家的"家长"。他原来特务部的部下们管他叫这个组织的"老板"。[45]

第三处先是由丁默邨，后来由金斌领导，负责监察邮电检查局，后来并入特检处，办公处在江西路。[46]

统计局本应负责协调这三个处的工作。但实际上只有徐恩曾和戴笠派出了他们自己的人员到设立在南京西华门四条巷军委特务处总部工作。[47] 真正的工作是由各部门自己执行的，他们之间基本没有什么合作。后来蒋介石为了保持自己对这个组织的控制，任命自己的亲信郑介民和徐人翼分别为副处长和军委特务处的总管。[48] 郑介民曾是广东的一个冒险家，加入黄埔二期之前在新加坡开过一个咖啡店。他也是特务处的审查科长。[49]

唐纵任军委特务处书记时，反对军阀的云南绅士邱开基当了执行科科长。[50]

"十人团"原来的成员中，那些能够接受戴笠越来越严重的家长式独裁领导的人就在BIS二处待了下来，而其他受不了新的安排的人便转到了蒋正在建立的秘密政权的其他位置上：黄雍当了调查科的副科长，梁干乔负责复兴社的培训，余洒度则成了国民党华北宣传队成员。[51]

二处现在有了具体的调查使命，它可以在"秘密领导公开，公开掩护秘密"的原则下利用军事委员会的权力来扩展它的业务。[52] 但它的扩展得通过制度化的渠道才行：它的前身已同军事或政府当局下属的执法部门建立了固定的关系。这一点可在原来由邓文仪按契卡模式在南昌组建的调查科里反映出来。邓文仪于 1933—1934 年间由于没有处理好徐培根事件而遭殃。[53]

空军署署长徐培根负责中央政府在南昌的机场。徐是个非常堕落的人，多年来一直盗用军款，后来到了 1932 年因为无法弥补亏空，他便决定销毁账目。于是他纵火烧毁了账本和一些军用飞机。徐被撤职后，蒋介石命令邓文仪的调查科调查此事。邓却一直磨磨蹭蹭。蒋一怒之下，在 1932 年把这事转交给了戴笠和徐为彬。他们调查出纵火的原因以及事后邓文仪直接对此事的遮盖。邓在 1933 年被撤去科长职务，而且完全失去了在三省"剿匪"区对调查科的控制，这些部门由戴笠接管。[54] 从此，一直到抗战开始，戴笠一直被总司令叫作"戴科长"，即邓文仪丢掉的那个头衔。[55]

对戴笠来说，这可是一个决定性的机会。首先，他所拥有的人员数目得到非同小可的增长：从 145 人增加到了拥有 1722 人的另一种规模的单位。[56] 同时，戴笠占有了邓文仪多数或者全部的"骨干"：张毅夫（张严佛）、李果谌、袁寄滨、周声敷、王新衡和谢力公（谢少珊）。[57]

其次，他所管辖的新部门包括延伸到南昌卫戍部队控制的所有省份内的常务情报机关。徐州行辕调查科、武汉及华中地区每一个保安处的调查股，现在起码在名义上都归他控制。[58]

> 南昌行营调查科由戴笠接收后，徐州行辕调查科、武汉行营调查科，以及浙、赣、鄂、皖、湘、桂、黔、陕等省保安处谍报股（有的改为调查股或第四科）先后都归戴笠掌握。[59]

再次，在二处的监护下，调查科开始把新获的权力当作军委会的一种武器来使用：它开始派出特工向各种卫戍司令部的侦缉处渗透，并企图接管国民政府控制下的城市公安局的侦探队。[60] 从此，戴笠特务系统透入了国民党的军事机关和地方保安系统，披上了公开的外衣。[61]

最后，戴笠作为安插在每一个公安机构或警察署里的情报或间谍部门的头目，其职权还包括培训特工"骨干"。因为蒋介石在1934年任命戴笠为他在浙江省警察学校的特派员。下面我们将会看到，他很快夺取了对这个组织的人事和培训班的控制权。[62] 这是蒋介石的情报机构第一次公开转变成广泛的合法控制网络。从此，他个人的安全机构得到了正式的权力。但从某种意义上讲，其业务内容还是由蒋本人亲自控制。这不仅是因为这个机构的秘密使命必然地导致了蒋及其秘密警察之间既紧密又机密的关系，而且，是政府正规体制内一种团体的扩张——用当时的法西斯和长枪党的术语来说，是一种献身于美化领袖个人的军事化的团体，以使它在20世纪30年代能够以独裁加宗教狂的构式发挥作用。[63] 于是，如果我们想要了解中华民国体制的内部运转情况，那我们不仅应当把我们的视线投向蒋的官僚控制系统的公开转变，而且还必须关注他的思想意识形态的无形历史，而这一点导致了我们去探索"蓝衣社"本身。[64]

注释：

1 文强：《戴笠其人》，第187页。
2 《戴雨农先生年谱》，第13页。
3 章微寒：《戴笠与"军统局"》，第83页；Boorman, *Biographical Dictionary of Republican China*, 3:238。
4 戴笠化名江汉清，装扮成一个《军事杂志》的记者。江绍贞：《戴笠和军统局》，第25—26页。
5 沈美娟：《戴笠新传》，第151—152页。
6 章微寒：《戴笠与庞大的军统局组织》，第281页。这是又一个有关戴笠早年经历的传说，令人想起《史记》中的轶事。周伟龙后来到了蒋介石那里，在戴笠手下任军统汉口和上海站站长。他也是别动队队长，而且成了军统的书记处书记。周伟龙非常傲慢，与其相处工作十分困难，戴笠得对他非常让步才行。最终这两人"水火不容"。1946年戴笠死后，周企图颠覆蒋介石的卫戍部队，结果被毛人凤逮捕。章君谷：《戴笠的故事》，第17—18页；章微寒：《戴笠与"军统局"》，第83页；文强：《戴笠其人》，第188页；沈醉：《解放前夕军统特务在长沙的活动》，第191—192页。
7 在这之前，陈果夫在上海的招生单位是蒋的情报机构。1926年的第二次党代表会议上，在戴季陶和张静江（两人都是浙江人）的支持下，陈果夫被选为党中央监察委员会成员；

同年稍后，陈当了组织部部长。Tien, *Government and Politics in Kuomintang China*, p.48.
8 萧作霖：《复兴社述略》，第 63 页。
9 黄雍：《黄埔学生的政治组织及其演变》，第 16、83 页。
10 Boorman, *Biographical Dictionary of Republican China*, 1:207.
11 关于这一点，见刘恭：《我所知道的中统》，第 59—60 页。沈醉：《我所知道的戴笠》，第 6 页。
12 文强：《戴笠其人》，第 187 页；沈醉：《军统内幕》，第 1 页；刘恭：《我所知道的中统》，第 59 页；章微寒：《戴笠与"军统局"》，第 83 页；徐铸成：《杜月笙正传》，第 98 页。这个小组是在"外语训练班"的名义下开展活动的。章微寒：《戴笠与庞大的军统局组织》，第 283—284 页。
13 关于鸡鹅巷办公处的描写，见沈美娟：《戴笠新传》，第 179—180 页。
14 黄雍：《黄埔学生的政治组织及其演变》，第 16 页。关于徐恩曾背景，见祝韵雅：《中统头目徐恩曾》，第 156—161 页。
15 萧作霖：《复兴社述略》，第 60 页。"行营"一词根本没有点出军事委员会委员长南昌行营在行政和军事方面的绝对权力。Van de Ven, *States of War*, p.3.
16 邓文仪：《从军报国记》，第 1—6 页。
17 同上。
18 邓元忠：《三民主义力行社史》，第 70 页。
19 萧作霖：《复兴社述略》，第 60 页；邓元忠：《三民主义力行社史》，第 70 页。
20 北京、天津和上海各自选拔 50 人。另外 40—50 人是通过由鲍罗廷（Borodin）控制的共产党渠道招来的。在这 300 个学生中，三分之一是国民党党员，三分之二是共产党员。他们分成两组先后于 1925 年冬天和 1926 年秋天去了莫斯科。多数人在卡尔·瑞德克及后来帕维尔·米夫的指导下上了孙中山大学。陈绍禹负责学生事务。邓元忠：《三民主义力行社史》，第 79 页。
21 其中的教师成员有王柏龄、张治中和顾祝同。他们的基本路线是建立在戴季陶的两本书之上的。这两本书分别是《孙文主义哲学基础》和《国民革命与中国国民党》。Tien, *Government and Politics in Kuomintang China*, p.54. 王柏龄首先帮助过蒋介石建立黄埔军校，他后来在日本的北洋军事学院学习。丁三：《蓝衣社：中国法西斯运动始末》，附录 2。
22 关于他的反共观点，见萧作霖：《复兴社述略》，第 60—61 页。
23 整个团队为数 100 多人，其中有一小批苏联和日本人。在团队的学生中，37 人为共产党员，3 人为国民党员。邓元忠：《三民主义力行社史》，第 81—82 页。
24 同上书，第 82 页。
25 契卡后来从曾经组织过十月革命的彼得堡苏维埃政府的革命军事委员会分裂出来，并在斯摩尔涅（Smolny）军事司令员费利克斯·捷尔任斯基（Felix Dzerzhinsky）的领导下，改成一个负责肃反的特别部门。革命委员会解散之后，这个部门继续存在。基于 1917 年 12 月条令，它被改组为"全俄特别委员会"。1922 年 8 月，契卡和它在各地的委员会被解散，它的业务转到了国家内务人民委员部那里。该部内建有 GPU（国家政治管理局），并配有特种军队，以在"新经济政策"期间同军队内的和铁路上的犯罪活动作斗争。在 GPU 新成立的当月，他们以阴谋策划的罪名逮捕了 47 名社会革命党领袖。1923 年苏维埃宪法公布后，GPU 被 OGPU（苏联国家政治管理局）取代。Carr, *The Bolshevik Revolution, 1917—1923*, 1:166—167, 188—189, 408—409.
26 萧作霖：《复兴社述略》，第 65 页。
27 这个调查科的副科长是李厚征。章微寒：《戴笠与"军统局"》，第 85—86 页。
28 萧作霖：《复兴社述略》，第 65 页。

29 闸北遭受了 34 天的连续轰炸。文新新闻部:《上海的烽火》,第 1 页。Boorman 强调 1931 年满洲铁路"九一八事件"的重要性,但我们认为他可能判断有误。见 Boorman, *Biographical Dictionary of Republican China*, 3:205。所有其他的资料都强调对日的淞沪会战才是决定性的。

30 从全世界各地汇来了支援蔡和他的军队的钱款。Boorman, *Biographical Dictionary of Republican China*, 3:291。

31 黄雍:《黄埔学生的政治组织及其演变》,第 12 页。

32 沈醉:《我所知道的戴笠》,第 7 页,及《军统内幕》,第 1 页;黄康永:《我所知道的戴笠》,第 155 页。

33 Tien, *Government and Politics in Kuomintang China*, pp.59—60。

34 黄雍:《黄埔学生的政治组织及其演变》,第 14、17 页。组成这个团体核心的"十人团"人员与两年前稍有不同。它由戴笠本人、书记唐纵及张炎元、黄雍、徐亮、王天木、梁干乔、吴乃宪、马志超和余洒度等组成,其中最后三人取代了原来的胡天秋、周伟龙、马策和郑锡麟。唐纵负责四个科,其科长分别为张炎元、徐亮、梁干乔和杨继荣。

35 沈醉:《军统内幕》,第 146 页。因为受租界法制约,绑架便是上海站业务的一个重要武器。江绍贞:《戴笠和军统》,第 43 页。

36 章微寒:《戴笠与"军统局"》,第 85 页;沈醉:《军统内幕》,第 2 页。

37 《戴雨农先生年谱》,第 18 页。溥仪于 1932 年 3 月 9 日在长春就任满洲国执政。McAleavy, *A Dream of Tartary*, p.216。并见 Jansen, *Japan and China*, pp.379—385。

38 《戴雨农先生年谱》,第 18 页。"四一纪念日"每年都由各外勤工作组的负责人参加。程一鸣:《军统特务组织的真相》,第 191 页。关于全中国各地的分站和地区"外勤业务"负责人的详尽的名单,请见章微寒:《戴笠与庞大的军统局组织》,第 291—294 页。

39 1932 年 3 月下旬,复兴社理事会成员在孙中山的墓地附近的陵园别墅里开过一个会,这个会议在第五章将有描述。在这个会议上戴笠被任命为"复兴社"特务处处长。章微寒:《戴笠与"军统局"》,第 85 页。

40 《戴雨农先生年谱》,第 19 页。

41 沈醉:《我所知道的戴笠》,第 6 页;章微寒:《戴笠与"军统局"》,第 95 页。

42 这个组织的核心受 CC 派控制,它在一个叫作"正元实业社"公司的掩护下运作,其分支部门称为"中国工程会"。Chung, *Elitist Fascism*, p.114。

43 刘恭:《我所知道的中统》,第 59—60 页。

44 戴直到死前仍然保持了这个级别。他在死后被提升为中将。

45 沈醉:《我所知道的戴笠》,第 7 页;刘恭:《我所知道的中统》,第 59—60 页;程一鸣:《军统特务组织的真相》,第 191 页。

46 沈醉:《我所知道的戴笠》,第 6 页;《军统内幕》,第 2 页。三处被认为是汪精卫小集团。程一鸣:《军统特务组织的真相》,第 189 页。

47 该总部后来迁移到曹部巷。章微寒:《戴笠与"军统局"》,第 89 页。

48 《戴雨农先生年谱》,第 18—19 页。

49 郑生于 1897 年广东文昌的一个"舒适"的农民之家,其家长是个酒鬼。郑是四子中的老大,他做事非常警觉谨慎。在他上中学时清朝覆灭了,于是他便弃学走"江湖"。他在新加坡旅行,在那里教了两年书后,开了个小咖啡店。店关张后回到广州,正值黄埔军校招生,他便加入了二期班。邓元忠:《三民主义力行社史》,第 71 页。

50 《戴雨农先生年谱》,第 18—19 页。邱生于 1903 年缅甸边境上的景东县。其父邱兆南是当地富甲一方的有名的举人。当邱开基在昆明中学毕业时,他和其他十来个学生被当地军校生狠揍了一顿,邱开基几乎丧命。从此他对军阀深为痛恨。当他途经河内和香港去北京上大学时,他看到黄埔的口号"打倒军阀",于是毫不犹豫地加入了黄埔二期班。邓元忠:《三民主义力行社史》,第71页。
51 黄雍:《黄埔学生的政治组织及其演变》,第71页。
52 章微寒:《戴笠与"军统局"》,第89—90页。
53 黄康永:《我所知道的戴笠》,第155页。
54 沈醉:《军统内幕》,第2页;黄康永:《我所知道的戴笠》,第155页;萧作霖:《复兴社述略》,第65页。邓文仪在政治上的屈辱部分原因是CC派和复兴社在上海校园里斗争的结果,中国文化学会(见本书第五章)在那里攻击陈立夫的门徒们。陈立夫在蒋介石面前指控邓文仪用中国文化学会的名义来为自己的非法目的招兵买马。蒋当场撤销了邓文仪的职务,并下令解散中国文化学会。萧作霖:《复兴社述略》,第57页。
55 沈醉:《我所知道的戴笠》,第7页。
56 Tien, *Government and Politics in Kuomintang China*, p.60.
57 章微寒:《戴笠与"军统局"》,第85—86页。王新衡与谢力公以前是共产党员。事实上,王在莫斯科的中山大学学习过,而且因为当过杜月笙的私人秘书而与上海地下社会有密切关系。江绍贞:《戴笠和军统》,第42页。
58 在每一个保安处内都有一个调查股,它负责直接向三个"剿匪"地区总部的调查科汇报。黄康永:《我所知道的戴笠》,第155页。
59 章微寒:《戴笠与"军统局"》,第86页。
60 徐铸成:《杜月笙正传》,第98页。
61 章微寒:《戴笠与"军统局"》,第86页。
62 黄康永:《我所知道的戴笠》,第155页;黄雍:《黄埔学生的政治组织及其演变》,第17页。
63 "在军统局特务机关内部,历来就采用'公''秘'单位双线工作的制度,相互配合,相互监视,以加强特务活动。"罗广斌、杨益言:《红岩》,第97页。
64 Walker,与他通常所判断的那样,关于这点他只对了一半。"几年以后人们发现戴笠处在一个在有些人看来是自相矛盾的地位上。他既是杭州的国家警察学校的校长,又是由上海地下帮会分子组成的'蓝衣社'的头子,这个组织专门从事绑架和敲诈活动。"Walker, *China's Master Spy*, p.168.

第五章 "力行运作社"——蒋的共济会

子曰:"好学近乎知,力行近乎仁,知耻近乎勇。"

《中庸》[1]

力行社

力行运作社,或叫力行社,它如此机密,以至于在 1932—1937 年间很少有人知道它的存在。人们总是把它与其前沿组织相混淆,将其成员当作是"蓝衣社"成员,而它的活动经常与蒋介石特务部门的宣传伪装和情报工作有内在联系。[2] 然而,力行社却是那个俗称"黄埔圈子"里最重要的一个政治组织,它的成员们组成一个崇尚法西斯,并在最高领袖蒋介石领导下致力于执行孙中山的"三民主义"的军事团体。

尽管它的存在被隐藏了 40 多年,但在其鼎盛时期,力行社控制了一个 50 万人员以上的周密的组织机构,从"新生活运动"到"中国童子军",到大学的军事训练项目和高中的夏令营,秘密地动员了数百万人。现在,由于近二十年来在台湾发表的回忆录,力行社的重要性得到公开认可,而它在"满洲国"和卢沟桥事件期间的政治作用也被充分认识。

力行社的成立实际上是1931年夏天和秋季爆发的政治危机的结果,那场危机最后导致蒋介石放弃他在政府的职位,并暂时下野到浙江。[3]1930年,冯玉祥、汪精卫和阎锡山的"扩大会议运动"失败后,国民政府决定通过召集国民会议、颁布临时宪法的方式,来采纳被击败了的反叛分子们的部分呼吁。胡汉民作为立法院院长,遵从孙中山关于一党专制是构成政治监护的基础的观点,拒绝支持这个受到新当选的主席蒋介石支持的提议。胡在宣布这个立场的同时,于1931年2月28日辞去了他的院长职务。蒋立刻下令对他进行软禁,在这个令人震惊的处理之后又把他带到了南京附近的汤山继续扣押。[4]

国民党的元老们对蒋的不法举动感到愤怒。[5]4月30日,国民党中央监察委员会的4名高级成员——林森、古应芬、萧佛成、邓泽如——弹劾国民政府新主席。四个星期后,这些以及其他反对蒋武断独裁的人们——其中重要人物有汪精卫、孙科、唐绍仪、陈友仁和李宗仁——在"南天王"陈济棠的保护下,于1931年5月28日在广州宣布成立他们自己的国民政府。[6]在接下来的1931年夏天的三个月里,长江流域洪水泛滥,整个国家在政治上被分成两半,而南北间的战争似乎迫在眉睫。[7]蒋介石本人认为他和他的事业正受到严重威胁。[8]他最亲近的随从——如滕杰和贺衷寒,对此也不得不表示赞同。[9]

滕杰后来成为力行社的第一任秘书长,是个有经验的学生运动领袖。他是江苏阜宁一个地主的儿子,在1925年的五卅运动爆发时,他曾当过南通的美国新教会职业学校的学生会主席。[10]就像发生在大多数教会学校的情况那样,那里的年轻人最坚定地反对西方文化帝国主义。当别的学校的学生代表团来校"串联"时,滕杰发现他自己的领导受到了想攻击校方管理的激进分子们的挑战。最后他决定,美国学校应该解散。于是在那个夏天他主持了一个会议,这个会议导致了全部学生退学。他在确保了这些学生能够被其他学校录取后,在18岁时离开了南通,进入了上海大学的社会学系。[11]

1925年秋，上海大学是黄埔军校在长江下游地区的招生中心。共产党的影响非常大，施存统[12]是社会学系主任。滕杰非常敬仰孙中山，他在南通研究过孙的"三民主义"。尽管施存统在课上将马克思主义和三民主义进行比较，并贬低了后者，滕杰在到达上海后不久还是加入了国民党。滕杰很讨厌共产党学生，认为他们胆怯而虚伪，在他看来，他们搞统战都是假的。他坚信，国民党由于不如共产党那样诡秘，这对它组织团结学生很不利。当他悄悄地考入黄埔军校后，便带着这种看法离开上海去南方，参加那里的军事训练。[13]

北伐期间，滕杰在广州黄埔军校学习了一段时间，在中部地区接受了一段军事训练后，他便去了日本学习。这是蒋介石在1928年做出的打算的一部分：在他首次退离公职后，便系统地将黄埔毕业生送到日本去深造。蒋亲自在黄埔头六个班里挑选了五个学生。一年后另30个学生也被选送去。于是在1931年夏，有60多个"校长"的黄埔子弟进入了日本皇家军事学院和其他各种学校，包括陆军士官学校（日本的西点军校，蒋在那里学习过）、早稻田、炮兵和骑兵学校。[14] 滕杰被送到明治大学，该校专门为中国学生设立了一个政治经济系。[15] 两年寒窗苦读，滕杰大都花在上野图书馆里，这之后他于1931年7月下旬回到了中国，那时中朝边境由于万宝山事件而紧张起来，使得中日战争很有可能全面爆发。[16]

在回国之前，滕杰抱着与日战争的可能性将能使全中国联合起的愿望。可回国之后，他发现民族被分割得支离破碎，政治跟他离开前一样的腐败，政客们一心只为谋私利。[17] 若要动员民众，那就需要成立一个真正强大的政党，它应当具有获得群众支持的能力。由于想到了共产党在五卅运动期间地下指挥学生组织的成功例子，滕杰起草了一个由黄埔毕业生作为骨干来建立一个绝密组织的计划。这个新组织将以"民主集权来联立一个具有统一意志，铁的纪律，分工明确，有自愿行动能力的强大组织"[18]的原则来联合军民中的优秀青年。

滕杰怀揣这个计划,去见朋友曾扩情。曾被分配在南京中央党部的军事处,[19] 听了这个想法后很兴奋。作为实行这个计划的第一步,他请了九个朋友吃晚饭。[20] 所有的客人都是黄埔的毕业生,其中两位湖南来客酆悌和邓文仪,是一期毕业生。[21] 他们的湖南身份非同小可。[22] 来自湖南的黄埔军校生都充分意识到家乡有辈出像曾国藩和左宗棠这样的军事家的传统,因此他们感到自己尤其应当在拯救民族的事业中担任领导角色。[23] 在酆悌和邓文仪的协助下,计划得到一致通过,而且大家还都同意举行第二次晚餐聚会,到时候每人再领一个人来。当他们第三次聚会时,到场的有四十多人,其中有在南昌主管反共"剿匪"宣传运动的官员贺衷寒。[24]

贺衷寒

贺衷寒是黄埔内部圈子里的湖南派领袖,1898 年生于长沙附近的岳阳。[25] 他出自小康之家,本人在乡村的家里上过私塾,12 岁时他已读完四书五经。[26] 接下来的两年中,他开始阅读哲学和历史学著作。他白天跟着老师背诵《左传》,夜里自学《资治通鉴》。14 岁时,老师让他通读了梁启超的所有著作,发现这个学生能够提出自己都无法回答的问题。结果,贺衷寒于 1913 年进入了当地的一个新式小学,开始接受从西方引进的"现代教育"。[27]

1915 年贺衷寒转入湖南省在武昌的一所特殊中学,他的作文能力在那里受到注目:他关于旧社会邪恶的文章经常被展示在高中的墙报上。[28] 1917—1919 年,他在武昌的一家新闻社当学生记者,在五四运动中被选为学生领袖。1920 年冬天,董必武和陈潭秋在武昌组织了一个马列主义学习小组,贺衷寒是里面的学生成员。[29] 次年他与一位湖南的马克思主义者去上海,在陈独秀办的专门学校里学俄语。1921 年 9 月他被选为东方劳工（Toilers of the East）代表大会代表。当年下半年，他与张国焘前往莫斯科赴会。³⁰ 那一次他在苏联逗留了7个月，但没有参加中国共产党。他于次年回到中国，对苏联政治制度的"进步"印象很深，但对列宁"新经济政策"前夕苏联生活之"苦"感到沮丧。于是他得出结论，共产主义革命的策略与中国国情不合。³¹

回国不久，贺衷寒便接受了武昌中学的一个教书职位，像同乡的另一个教师毛泽东一样，他投入了动荡的湖南政治之中，成了武汉"人民通讯社"的一名记者。1923年通讯社关闭，贺衷寒到了长沙，创办了一个"平民通讯社"。³² 该通讯社的成立正值省长赵恒惕在长沙被谭延闿赶下台，于是贺衷寒得以在他的报刊上发表革命宣传文章。他的宣传小册子之一是有关工人领袖黄爱和庞人铨被杀事件，并激烈抨击赵恒惕。³³

军阀赵恒惕重掌长沙政权以后，下令逮捕贺衷寒。要不是两位省议员设法营救，他几乎死于狱中。出狱后，他回到了岳阳。父亲让他在家教书，但贺衷寒觉得政治义务为先，于是离家去了南京，打算上那里的东南大学。然而，1924年春，他听说广州的革命派正在为黄埔军校招生，于是他离开上海去参加那里的入学考试。最后，贺衷寒以复试中险些落榜的成绩，于1924年5月进入了黄埔第一期。³⁴

在黄埔，贺衷寒是第一个起来反对青年军人联合会刊物上出现的反孙中山言论的人。贺还与缪斌³⁵在1925年12月成立了"孙文主义学会"。1926年初，贺衷寒第二次访问苏联，在莫斯科伏龙芝军事学院接受了常规训练。他在苏联的经历，再加上他在"孙文主义学会"里积极的领导角色，更坚定了他反共的信念。他认为社会主义缺乏"人道"精神。1928年1月他和萧赞育³⁶一起从苏联回来后，蒋介石授命他指挥在杭州的军校生军事训练中心。在国民党总部对南京市进一步限制后，贺与萧获得蒋介石的许可去日本，贺在日本与滕杰住同一间寝室。他们从1929—1930年在一起住了有一年多时间。在那段时间里，他出版了两本批判汪精卫和改组派的书。1931年2月,贺衷寒奉命回国,接管南昌部队司令部的政治宣传部门。[37]

贺衷寒参加滕杰的第三次晚餐聚会纯属偶然:"九一八事变"不久,他正巧从南昌到达首都。全国上下到处爆发了抵制日货和示威游行等活动,成千上万的学生汇集到南京,要求国民政府和广东的分裂派联合起来,一致抗日。10月14日,蒋介石释放了胡汉民,并答应在上海举行谈判以联合双方。但学生抗议仍然不断。到了12月初,南京实行军管,上海有一万五千名学生在示威游行。[38]

在这种情况下,滕杰要求贺衷寒支持他们成立"筹备处"的呼吁便十分中听。贺衷寒意识到,如果他们真的希望在军校学员中建立一个由"志士"组成的地下网络的话,那么他作为黄埔国民党学生运动中的老资格成员,又是一个身兼反共宣传重任的官员,他的支持将对他们的成功举足轻重。尽管在国难之中,贺衷寒还是非常谨慎。他知道蒋介石多次表示反对黄埔学生形成任何政治团体。蒋曾说:"这些黄埔学生缺乏政治经验,所以不能有效地从事任何政治活动。"[39]

贺衷寒还顾虑到校长可能会对背着他搞的活动产生误会,但滕杰向他保证,自己会在"筹备"工作完成后向蒋介石汇报整个事件过程。最后,贺对提案表示同意,并建议滕杰为秘书,他的妻子陈启坤为秘书助理。邓文仪从他的书店里捐献了300元作为经费。他们还在南京康济医院附近的二郎庙街上的一幢木房子里的二层楼上租下了三间屋子。康泽[40]搬到了楼下作掩护,于是"筹备处"开始投入工作。[41]

滕杰的"筹备处"诞生了,这可以说是适应了以组织方式来解决国难这一普遍要求。[42]从某种意义上讲,当初的情况与六年前的五卅运动很像。随着与日本的危机加深,全国上下的学生和知识分子团结一致,爱国热情高涨,[43]令人想起甲午战争后各种"社"和"会"纷纷复苏、1919年日本在凡尔赛取得外交成功后学生联盟接连创立的局势。而在学生和知识分子紧急组织团体和同盟来动员舆论的同时,蒋介石的弟子们也想通过资助监护性协会成立的方式来解决国难。[44]

右派动员

当然，在 1931—1933 年间的蒋介石与 1895—1898 年间的康有为或梁启超之间作比较并不恰当，因为前者的弟子们是政府军校的毕业生，而非具有学位的文人。还有，煽动年轻人的狂热无疑是受了当时意大利和德国的法西斯运动的影响。[45] 刘健群在 1931 年国民党中央执行委员会的一个全会上发行的一本小册子里建议成立蓝衣社。他写道："国民党应当遵循意大利墨索里尼黑衫党组织的榜样，完全服从领袖的命令，并让它的成员穿蓝色衣衫作为他们意志的象征。"[46]

尽管外人尤其是日本人能够很快地把那些动员工作与外国法西斯背景联系起来，但在运动中包含有一种很强的本国色彩。[47] 在滕杰和贺衷寒的眼里，他们这种动员工作像上世纪末的改革派运动一样，表明爱国领袖能够组织青年"志士"联合救国，以此引起大众支持。这跟他们到底是 CC 派看中的平民学生还是以原黄埔军校毕业生为骨干的军事干部无关。[48]

后者已经在黄埔同学会中形成一个核心。这个同学会继承了已被解散了的孙文主义学会的反共传统。[49] 除了向成员们分配工作以外，它还鼓励成立像"励志社"这一类的俱乐部。励志社的总部设在南京黄埔路上的一座清宫式的楼里，该社的名称使人本能地想起 16 世纪哲学家王阳明强调行的教学。这类俱乐部既现代又具有传统特点，既带有西方或日本极端民族主义青年团体的色彩，又体现了帝制时代后期学院和社团中学者兼绅士的传统。[50]

"筹备处"的传统色彩是通过它的名称"力行社"体现出来的。力行一词的字面意思是"竭力而行"，它出自《中庸》。该组织的全称如贺衷寒提议的那样，为三民主义力行社。在后来的五个月里，它的创建人开展的"准备工作"，主要包括在筹备处二楼的办公室里开会起草这个秘密组织的章程和纲领。这些人员全部是二三十岁，生于清末，先接受过传统古典教育，民国初期又进入现代学校，又都是黄埔一至六期的毕业生。[51]据邓文仪的儿子说，他们来自全国各地，但大部分来自长江流域，尤其是"各省的乡间和小城市"，而这些地区"仍保持了是好是坏的中国传统社会情况——从好的一面讲，这批人曾亲身体验过其真正的价值，故有保存之义；从其坏的一面讲，他们也深知其弱点而急于谋求改革"。[52]

作为黄埔的毕业生，这些军官们受过军事训练，养成了在集体行动中注重效率、在个人日常生活中讲究果断的意识；他们接受服从命令和等级制度的必要性。[53]他们也是在国外受过教育的年轻人。在这些创始人中间，除了桂永清曾在德国受训，其他人均在日本或者苏联学习过。[54]九一八事件后，日本警察的镇压使大批的前黄埔学生从日本涌回国。[55]他们中许多人参加了龚德柏和另一些人在贺衷寒的朋友加同学萧赞育领导下成立的"旅日学生抗日救国会"。[56]龚德柏的《救国日报》接二连三地发表社论，呼吁中国人"抗日锄奸"，而且尽管龚本人并没有参与力行社的活动，但许多"筹备处"的成员利用了它的报纸作掩护，假装成是它的编辑或记者来开展他们自己的工作。显然，蒋介石的这些弟子们首先想到的是积极争取用军事防卫来对抗日本，而蒋却正在否定这种政策，因为他已逐渐认定，当务之急是要安抚日本，以便争取时间消灭共产党。[57]

蒋的政策直接与全国特别是继续呼吁抗日的学生们的情绪背道而驰。在上海，复旦大学的学生在1931年12月6日召集了大规模示威。那天学生们召开代表大会，请来了上海所有大学的代表以及南京和北京的两个代表。会议结束时，这两个外来代表遭到十来个当地国民党员的攻击，而公安局的便衣人员对此则无动于衷。北京代表被绑架到一辆车里带走了。学生们认出了有一些是国民党的暴徒,便于 12 月 9 日在市政厅前集合,要求释放他们的北京同志,并惩罚国民党暴徒。市政府为了自我保护,宣布实行宵禁,但最终无法阻止抗议者:他们捣毁了国民党总部,迫使蒋介石的党徒市长张群辞职。[58] 八天后,12 月 17 日,部分是迫于学生压力,蒋介石辞去了国民党政府主席的职务,回到奉化老家。[59]

尽管蒋可能对他的心腹随从谈起过制定解决国家危机方案的重要性,但他对成立力行社的计划仍一无所知。[60] 筹备处的成员们想等预备工作完成后才向他请求批准成立这个组织。[61] 但当滕杰听说有走漏消息给校长的危险时,便决定给陪同蒋在奉化的秘书邓文仪发一个私人信息,要求他立刻汇报他们的计划。总司令由于受必须动员人支持安内政策的信念左右,做出了相当肯定的答复。当时在他面前摆着一系列关于成立"救国"社团和协会的提案,显然他认为,力行社的计划是手头"对付国内外危机"的方案中最有希望的一个。[62]

与此同时,蒋和年轻的黄埔肄业生戴笠之间建立起一种特别牢固的关系。后者前来慰问这位未来的总司令,离去时充满着对他的领袖威严的敬畏。那时蒋和国民党军队领导人向所有离校的黄埔学生提供了回校完成学业的机会。戴笠是军校第六期骑兵班肄业的学生军官。戴笠对以一个普通军官身份回校,感到犹豫。他觉得无论如何,自己的前途在蒋那里。于是为留在蒋的身边,向他提供消灭敌人所需要的情报,戴笠决定接受"没有毕业的黄埔六期生"的名义头衔。这是戴笠做出的一个极为重要的决定。它显示了戴对蒋的绝对忠诚,以及他对领袖俯首帖耳的意愿。[63]

注释：

1 《中庸》第二十章。
2 Gray, *China's Number Two Man*, p.7.Confidential U.S.State Department Central Files(China, Internal Affairs), 1945—1946.
3 在作出这个决定的前夕，蒋召集了包括戴笠在内的亲信们，对他们说"我们党的精神完全没有了，革命快要失败了"；章微寒：《戴笠与庞大的军统局组织》，第282页。
4 据陈立夫回忆，胡汉民曾说："蒋介石具有应付紧急状况的能力，他能迅速地解决问题。但是，在他解决了一个问题以后，他也制造出新的问题。"引自邓元忠：《三民主义力行社史》，第56页。
5 胡汉民是在3月1日，在江西第二次镇压当中被捕。第十九路军立刻停止了所有的军事行动，并考虑回广东。Wei, *Counter Revolution in China*, p.45。
6 Boorman, *Biographical Dictionary of Republican China*, 2:164—165；章微寒：《戴笠与"军统局"》，第83页。
7 Henriot, *Le guovernement municipal de Shanghai, 1927—1937*, p.102。"洪水壮大了共产党的力量，使其红军人数几乎倍增到40万。1931年11月17日，共产党在江西成立临时中华苏维埃政府。" Chang, *The Chinese Blue Shirt Society*, pp.55—56。
8 邓元忠：《三民主义力行社史》，第33—34页。
9 同上书，第104页。
10 同上书，第64页。滕杰1905年生于阔港庄。他父亲和庄里的另外两个地主一起为自己的孩子雇了教授古典著作的私塾老师。滕在7—11岁期间，在家学习古文。然后，在上了一年小学又读了两年高小之后，他投考了在南通的四年制英语职业学校，三年后就毕业了。
11 同上书，第64—65页。
12 施存统又名施复亮。
13 当学生们在劳工联盟总部抗议时，滕杰站在前线面对荷枪实弹的军警。邓元忠：《三民主义力行社史》，第65—66页。
14 这组人员中未来的力行社成员有贺衷寒、萧赞育、干国勋、任觉五、叶维、潘佑强、杜心如、邱开基、彭孟辑、李一民、周复、易德明、葛武启、阮斋、严登汉、陈景贤、胡竞先、李士珍、李国俊和乐干。邓元忠：《三民主义力行社史》，第83页。
15 同上书，第84—85、104页。在明治大学的中国学生不用听演讲。滕杰的日语很差，所以他每天上午在上野图书馆学习，然后在那里的地下室吃完午饭后，其他的时间就用来训练语言。政府每月发的120元经费，他在生活上只花40元，其余的全花在购买政治组建和思想意识方面的书籍上。
16 1931年7月3日，日本人介入了朝鲜和中国农民在东北吉林长春县万宝山地区的土地争端。日本人以保护朝鲜人不受中国人欺负为借口，占领了万宝山，并把中国人赶走。20来个黄埔毕业生为此在东京开会，他们把这事件视为日本全面侵略满洲的前奏，并认定他们中间的一些人应该回国"拯救民族"。滕杰受到这组人员中萧赞育和陈启宇两人的影响。Chang, *The Chinese Blue Shirt Society*, pp.55—56。
17 滕杰与另外两个同他一起回国的人具有共同的看法。他们是萧赞育和陈启宇。邓元忠：《三民主义力行社史》，第104页。
18 同上书，第105、127页。并见 Ch'i, *Nationalist China at War*, p.223。
19 滕杰先咨询了他的内弟陈启宇，后者对他说这可不是一种个人可以资助的活动，建议他把这份计划递交给有关当局考虑。他的另一个在江苏省政府当监察员的朋友胡轨对此表示怀

20 同上书，第106页。客人们包括酆悌、邓文仪、蔡劲军、娄绍恺、李秉中、周复和张本清。亦见章微寒：《戴笠与庞大的军统局组织》，第283页。他把干国勋、胡宗南和潘佑也列在客人的名单上。

21 酆悌，1906年生于一个贫穷的家庭，父亲死后他便离开了小学，去湘阴的一个绸缎店当学徒。学徒生活使他感到无聊，在与店主发生了一次争执后，他去了广州到一个叔叔那儿住，找了个"录事"的活干。之后，他进了黄埔军校一期班。在北伐中，酆悌任第一军政治部主任。他连任过两期的黄埔校友会秘书。1928年他接替了周佛海中央军事学院政治部主任的位子。干国勋：《关于所谓"复兴社"的真情实况》（中），第71页；邓元忠：《三民主义力行社史》，第70页。邓文仪是黄埔和莫斯科中山大学第一期班的毕业生。后来，他在1938年当了中国驻莫斯科的武官。抗战中，他成了总统办公厅政治部的头目。Lestz, *The Meaning of Revival*, pp.189—190。

22 邓文仪：《从军报国记》，第195页。

23 力行社"失败"的原因之一是，其他人认为湖南人在其中搞"派系"。邓元忠：《三民主义力行社史》，第63页。

24 同上书，第106—107页。

25 同上书，第322页。

26 他父亲是个地主兼商人。

27 邓元忠：《三民主义力行社史》，第67页。他的一个同学许克黄记得，在1915年看到贺衷寒站在课桌前大声抗议日本的"二十一条"。

28 那所中学叫旅鄂中学。

29 共产国际代表格里高利·沃廷斯基（Gregory Voitinsky）的秘书帮助董和陈成立了这个共产主义小组。Boorman, *Biographical Dictionary of Republican China*, 1:239, 3:342。

30 中国代表们与日本和朝鲜代表们一起会合，在离满洲里不远俄方边境内的地方坐火车前往苏维埃远东共和国的首都基塔。Kuo-t'ao Chang, *The Rise of the Chinese Communist Party*, pp.179—181。

31 邓元忠：《三民主义力行社史》，第67页；Boorman, *Biographical Dictionary of Republican China*, 2:64。

32 他还领导了长沙青年服务社。

33 这两位工人领袖在1921年1月被枪杀，他们的死与长沙华实（译音）棉纺厂的罢工有关。小册子的题目为《黄白案之真相》。有关黄、白，见Boorman, *Biographical Dictionary of Republican China*, 2:94。

34 他与蒋伏生一起去的广州。在船上，他们遇见了胡宗南。等他们到达广州时，复试已经举行过了。于是他们写信给廖仲恺强调他们是革命学生。廖破例准许他们考试，说他们正是黄埔所要吸纳的学生。邓元忠：《三民主义力行社史》，第67—68页。

35 缪斌，无锡人，后来在1928年掌管了江苏所有的县府和警察署，但不久他因腐败而被罢官，回到家乡后，和荣宗敬的外甥女结了婚，并成了这家面粉厂老板的总管。1937年，缪斌参加了北京傀儡政府并组织了亲日的新民会。1940年他成了汪精卫考试院的院长和促进大东亚共荣圈东亚联盟的副主任。他很快就与戴笠的情报组织联系上，并向国民党在上海的特工递送资金和情报。1945年3月，缪斌冒充国民党政府代表去东京与总理小矶国昭会谈。小矶于1945年4月被推翻，缪回到了中国。日本投降后，缪斌开始没有被当作战犯，而是被保护起来。但在1946年夏天，他突然被带到了苏州，匆匆忙忙地受审之后作为叛徒被处死。Wakeman, *Hanjian(Traitori)*, pp.323—324;Boorman, *Biographical Dictionary*

of Republican China, 3:36—37。

36　萧赞育毕业于黄埔第一期班，后被分配到第三期班当教员。在1925年东征陈炯明时，他自告奋勇上前线，以此平息了被分配参加东征的学生们的不满。他和邓文仪、关麟征在棉湖之役中受了重伤，关后来在卢沟桥事变前不久曾保卫长城。邓元忠：《三民主义力行社史》，第73页。国民党的杭州军事学校开始时叫作政治保卫学校。陈恭澍：《抗战后期反奸活动》，第330页。陈恭澍原是河北人，毕业于黄埔第五期班。蒋介石亲自把他选入中央军事学校的"特别研究班"——一个由14个向蒋宣誓过的军校生组成的尖子小组。他们决定学习总司令、曾国藩、王阳明、戚继光和孙中山的著作。其中12人在训练后"幸存"下来，成为蒋介石的心腹情报人员。当他们被分配给戴笠工作时，被叫作"客串"，也就是京剧中受仰慕的"客串演员"。江绍贞：《戴笠和军统》，第58页。

37　邓元忠：《三民主义力行社史》，第83页；黄雍：《黄埔学生的政治组织及其真相》，第14页。贺衷寒非常渴望成为战地指挥员，他相信在这方面他和蒋介石不相上下。但"校长"非常清楚贺衷寒是个毫无希望的骑兵，于是情愿把他安排在政治部门。萧作霖：《复兴社述略》，第60—61页。

38　Boorman, Biographical Dictionary of Republican China, 1:161。Israel描述过蒋在接见学生时把自己比作宋朝的爱国将领岳飞。见John Israel, Student Nationalism in China, pp.59—63。

39　邓元忠：《三民主义力行社史》，第108页。

40　康泽是一个28岁的单身汉，出生于一个非常贫穷的四川农民家庭，家里穷到了未婚妻家与他退了婚。

41　邓元忠：《三民主义力行社史》，第108页。康泽1903年生于四川安岳。他3岁时死了父亲，后来他在上学前和放学后都得在家干活，他在学校被认为是极为出色的学生。冬天他的双手老是生满了冻疮，因为他得在家附近的小河塘里洗菜。他12岁时开始靠写毛笔字和卖春联来挣钱买上学用的文具。中学毕业后他参加了黄埔军校，那时他的表弟李岳阳已经在那里上一期班了。同上书，第68页。

42　酆悌和潘佑强也秘密向蒋介石提出建立一个以他最心腹的支持者构成的核心组织。萧作霖：《复兴社述略》，第73页。

43　Coble, Super Patriots and Secret Agents, p.13。

44　当然，蒋介石也试图压制各种群众组织对他"攘外必先安内"政策的反对呼声，但未能成功。

45　Wakeman, A Revisionist View of the Nanjing Decade:Confucian Fascism, pp.172—176。关于纳粹影响的图片证据，见The China Press中关于1936年奥运会的新闻报道。1936年1月30日，副刊。Dooeum Chung非常强调日本法西斯主义在中国对这些右翼分子的影响。Chung, Elitist Fascism, p.3。

46　引自Tien, Government and Politics in Kuomintang China, pp.55—56。1934年蒋介石授权发行一万册贝尼托·墨索里尼传记的翻译版。Godley, Fascismoe nazionalismo cinese, p.746。

47　也许在罗伯特·帕克斯顿（Robert Paxton）勾画的关于法西斯运动的"动员热忱"的七种特点里，只有一点在黄埔领导的大会中存在：团体的首要任务，认为一个人的团体是个牺牲品的信念，对团体在个人主义和自由主义的影响下颓废的恐惧，用共同的信念和以暴力排斥异己而强化的兄弟结盟的方法来加强该团体的紧密团结性，强烈的归属感和认同感，永远以男性为领导的自然权威性，以及暴力和意志的美。这最后一点并非主要的特点。Paxton, The Five Stages Of Fascism, pp.6—7。

48　蒋介石的儿子蒋经国也在这段时期因成立了建国社而有功。恽逸群：《三十年见闻杂记》，第43页。

49　孙文主义学会的主席原是蒋介石，其实际职权在秘书曾扩情手里。曾的职位后来由酆悌和贺衷寒继任。邓元忠：《三民主义力行社史》，第78页。

50 一个叫作"中德编译学社"的社团在励志社内部成立了。萧作霖：《复兴社述略》，第35页。
51 邓元忠：《三民主义力行社史》，第62页。固定来筹备处办公室的人有滕杰夫妇、康泽、杜心如、萧赞育、周复、叶维、娄绍恺、干国勋和赵范生。同上书，第109页。并见Chang, The Chinese Blue Shirt Society, pp.3—4。
52 邓元忠：《三民主义力行社史》，第62页。
53 同上书，第79页。
54 同上书，第109页。
55 同上书，第110页。在东京的黄埔学生们以国民党支部的名义，在任觉五的组织下上街示威。结果任被逮捕，释放出狱后又遭到日本军警的骚扰。他于1931年11月回到中国。他和其他的黄埔毕业生在回国后与滕杰取得联系。
56 同上书，第110页。在非黄埔毕业生中有黄慕松、雷震和陈海澄。萧赞育是总干事。
57 萧作霖：《复兴社述略》，第110页。蒋介石在两广集团谴责了党中央后，于1931年7月23日的讲话中宣布"安内"为首。同上书，第126—127页。
58 Henriot, Le gouvernement municipal de Shanghai, 1927—1937, pp.105—106.
59 Israe, Student Nationalism in China, pp.71—75; Boorman, Biographical Dictionary of Republican China, 1:328—329.
60 戴笠、刘艺舟、赖云章的确去了溪口慰问蒋，并向他表示，黄埔的坚定派不管发生什么都将对他支持到底。江绍贞：《戴笠和军统》，第20页。
61 章微寒宣称，在辞职的前夕，蒋介石召集了一个私人会议，该会议由十来个前黄埔学生参加：贺衷寒、邓文仪、康泽、桂永清、萧赞育、周复、滕杰、郑介民、邱开基和戴笠。据说蒋告诉他们，革命面临着要么输给日本外犯，要么输给共产党内乱的两种局面，因此必须设法挽救他们的事业。章微寒：《戴笠与"军统局"》，第84页。
62 邓元忠：《三民主义力行社史》，第111—112页。陈立夫计划改组国民党中央委员会，酆悌向蒋提出了成立"救亡社"的建议。蒋拒绝了后者的计划。同上书，第113页。
63 江绍贞：《戴笠和军统》，第23页。

第六章　创建力行社

要攘外必先安内。就是必先要内部团结统一，全国一致来从事生聚教训，以求具备对日长期抵抗的条件，然后再实行全面抵抗，那才有获得最后胜利的把握。我们只有在这一次战争中能得到胜利，然后也才有机会去放手建设我们三民主义的理想国家。

蒋介石对力行社创始人的讲话[1]

准备工作

蒋介石在短期下野中，与汪精卫达成了妥协，准备重返原职。1932年1月17日，蒋介石宣布他将重新执政，四天后他回到了南京。2月29日，军事委员会重新组成。一周后，3月6日，蒋被指定为政府主席。在这关键的两个月里，力行社从纸上谈兵变成了一个由300个无比效忠蒋介石的分子组成的最高机密组织实体。它的成员后来成为具有50万人以上的新的国家政治力量的核心，被普遍视为像复兴社这类前线组织的成员。[2]

由原来的力行社变成一个重要政治力量的过程，是从一份会议通知开始的。那份通知发给现被称为"护党救国筹备处"组织的三个领导，要求他们在1932年1月22日，即蒋介石回到南京的次日，到他的办公室开会。³ 这三人是康泽、滕杰和贺衷寒。在见校长之前，他们先与蒋的秘书邓文仪在前厅碰了头。这四人共同决定，在见到蒋时他们将头一次不用"校长"称呼他，而以一个全新的、首次在他面前使用的头衔"领袖"向他致敬。按照计划，他们被领进去，门一关上，他们便尊称蒋介石为"领袖"。⁴ 然后，他们详尽汇报了力行社的计划。邓文仪作了记录。⁵

蒋介石一开始对这个新称呼没作评论。相反，他很仔细地听汇报。但听完后，他说："你们为什么不继续叫我'校长'？你们知道在现在的情况下应该怎么做。这个计划非常合适。不过，你们都太年轻，太没有经验，我怕你们失败。让我来领导你们。"他后来建议，召集筹备处的所有人员到他城外的陵园别墅开"谈话会"。他们自然都言听计从。会议安排在2月最后一周的一个晚上。⁶ 至于那个"领袖"的称呼，蒋自那时起就被他最亲近的随从们这么叫了。⁷

14年后，戴笠曾回忆起当时的经过，并自吹自擂了一番。如果他的回忆可信的话，蒋介石在中山陵别墅与准备期的干部们召开首次会议之前，开始为在力行社本部内建立"特务处"采取掩护措施。⁸ 据戴笠自己说，他与总司令之间关于成立特务处的密谈，是于1932年2月26日晚上8点在中山陵公园举行的。用戴笠自己的话说，当时"我接到并接受了领袖关于建立特务处的命令"。⁹ 戴笠继续写道：次日，有一个人（他拒绝说出此人是谁）前来对他说，他，而非戴笠，受蒋介石命令将负责这个新处的人事和财务。但当戴笠就此向总司令提出抗议，并要求辞职时，蒋向他保证，该处由他全权领导。当3月下旬特务处在复兴社内部正式成立时，戴笠被任命为它的头目，郑介民被指定为他的副手。¹⁰

陵园别墅会议

"筹备处"在2月的第一次会议是在一天晚上的7点召开的,共有25人参加。会议地点设在距明孝陵一里以外,位于中山陵右下坡松林中蒋的小别墅里。[11] 除了滕杰以外,还有黄埔一期班的贺衷寒、潘佑强、酆悌、孙常钧、杜心如、桂永清、邓文仪和萧赞育;二期班的葛武启和蔡劲军;三期班的周复、康泽、韩文焕、李一民、黄仲翔、邱开基和骆德荣;四期班的娄绍恺;五期班的干国勋、彭孟辑和易德明;及六期班的戴笠、刘诚之和陈祺。三名筹备处的人员——一期班的胡宗南和曾扩情及四期班的叶维,因为其他任务而没有出席会议。[12]

这些人在一个宽大的长方形的屋子聚会,里面散放着各种沙发和木椅。蒋介石坐在屋子西头的一张中型书桌后面靠墙的一把藤椅上。邓文仪坐在领袖右面茶几边上的一张小沙发里,准备作会议记录。在滕杰将所有人,包括那三个不能出席的人点名之后,蒋介石抬起了眼睛,逐一看着每一个人。停了一会儿,他说:"党国现处于非常危难中,特约你们来谈谈,听取你们各个人的意见,故不采正式会议形式,重在听取你们每个人发表的意见,说话不限时间。"[13]

虽然蒋并没有规定会议程序或发言人顺序,但按照黄埔校友的聚会习惯,通常是班次早和年长的成员先发言。于是,一期班最年长的贺衷寒领头,然后依次是孙常钧、潘佑强、桂永清、杜心如、酆悌和萧赞育。[14] 每个人讲了20分钟至半小时的话。在讨论过程中门外没有设警卫,这是非常罕见的。带枪的戴笠会不时地起身在室内和楼外检查。他显得警惕、认真而镇定。据干国勋回忆,蒋介石坐在那里沉默不语,非常仔细地听着,还不时地用一支蓝铅笔记笔记。偶尔没有听清楚,便会轻声地问一两个问题,好像尽量避免打断发言人的讲话。他显得冷静而耐心,这与他通常对他们的严厉、生硬和居高临下的态度完全不一样。他差不多是请他们发表意见,让每个人把话说完。[15]

讲话从晚上 7 点进行到 11 点。桂永清讲得最长。他刚从德国途经苏联，穿过张家口和北平回到南京。他汇报了欧洲和华北地区对"一·二八事变"和"九一八事变"的反应。11 点时，蒋站起身说，那些还没有机会发言的人将在次日晚上同一个时间和地点继续发言，然后便与邓文仪一起离开了。其他人乘来时的车回南京市区。在返回的路上，没什么人说话，但每个人都带着"兴奋"的神情。[16]

次日晚上 6 点，这组人在二郎庙街"筹备处"外面集合坐车去蒋的别墅。戴笠和滕杰坐第一辆车，到达之后，先仔细地检查了房子周围和会议室内部。等蒋介石和邓文仪一到，会议便按程序进行，发言也接着开始。那天晚上邓文仪第一个发言，接着是葛武启、蔡劲军、周复、康泽、李一民和韩文焕。桂永清作了简短的插话，他想把何应钦的一个弟子介绍进来，接着邱开基讲了话。他们第二次会议的发言一直进行到晚上 11 点。[17]

第三天晚上娄绍恺第一个发言，然后是干国勋、彭孟辑、易德明和戴笠。据干国勋回忆：

> 戴笠在那三个晚上工作得很辛苦。而其他人除了发言以外都能够静静地坐着休息。他是唯一负责警卫的人。他一刻也没有歇过。他只是在轮到他发言前坐了两分钟。这是他唯一的休息时间。他已经三十出头了，双眉浓重，两眼很大，有一张方嘴。他穿一件灰白色中山装。他站在屋子中间发表他的意见。他的讲话简练而有力。他讲完后谦虚地请领袖和他所有的"老大哥"给予"指教"。[18]

时近午夜，虽然外面一片寂静，装束整洁、戴着眼镜的滕杰站到屋子中间，声音响亮地宣布，在他看来，他们应当加强自己的组织，在领袖的指引下重振革命精神，用从内部消灭异己、在外部抵抗日寇的方式来"死里求生"。他坚信，"我们若能掌握形势，那我们必将成功。"

滕杰认为，历史已经证明他们不可战胜。在广东，他们仅以几千人马，便能够联合同盟，消灭比他们多达10倍的敌人。他们一不怕向敌人输送大量武器和钱财的英帝国主义者，二不怕在他们中间充当"苏联傀儡"的共产党人，统一了广东，完成了北伐。如今凭着30万大军，占着几个省份的要地，他们何不能联合盟国、动员友善力量来"剿共"抗日呢？滕杰在对他们的事业表示了极大的信心后宣布，他们一定能够继续孙中山总理未竟的事业，完成革命，建设国家，气壮山河。这是唯一能够安抚孙中山和革命烈士们的亡灵、实现整个民族希望的道路。[19]

在滕杰召唤祖国精神和革命烈士亡灵的慷慨激昂的言辞后面，存在着一个简单的信息：中国人在蒋介石的领导下，能够在粉碎内部敌人共产党的同时，赶走日本侵略者。但蒋介石并不想听这个信息。内政已经开始转向对他有利，而且在汪精卫被任命为行政院院长后，蒋即将成为军事委员会的主席。从这个制高点出发，蒋认为他能够集中全力消灭共产党，甚至不惜暂时对日本人让步。一个"攘外必先安内"的口号很快就变成了一种政策：安定在先，抵抗在次。而对蒋来说，"戡乱"的成功完全取决于确保他最亲近的随从彻底同意执行"安内"政策。[20]

此刻，针对滕杰热情洋溢的讲话，蒋介石先强调了日本人对中华民族带来的极大危险。他言简意赅，直接针对听众，毫无夸夸其谈。他说：

> 日本军阀准备侵略中国已五十年了，其陆、海、空均已现代化了。一旦战起，我们官兵在前线，几不能抬头瞄准射击，只有挨打牺牲。牺牲完了，只有后退，退到最后再无可退之地，亦无可用之兵时，便只有订城下之盟。城下之盟一订，便是亡国灭种。[21]

蒋介石继续说："在满人统治中国的268年期间，犯下扬州十日、嘉定三屠这类暴行，又大兴文字狱，颁布了虐待汉人的各种法律。而日本人在过去的50年里在朝鲜和台湾的暴政比满清王朝有过之无不及。

不幸自孙中山去世后,革命的责任落到了我的肩上。据我对我们自己和敌人的了解,我必须不负我们的总理和烈士们、国家和人民的期望。"[22]

蒋介石强调,日本人凭着现代化的军队和军事装备几乎可以为所欲为,而中国人则完全缺乏防御能力。所以,那些成千上万反对他的退让政策、颂扬第十九路军在上海的自杀性抗战的英雄们,完全是陶醉在个人英雄主义的状态中。其实,他们中间没有一人自愿去前线。而中国此刻正需要"无名英雄"来"实干、硬干、快干、苦干"。[23]

蒋介石对他的弟子们说,他的确有30万人的军队。假如他唯一的目标是成为一个受人仰慕的"民族英雄",而不顾民族危机的更大的历史性后果,那么他很容易实现自己的目标。但他个人的荣誉比起革命的成功和人民的安全来微不足道。为了自己的声誉而牺牲国家,那便是背叛总理和革命烈士们的英魂,是将危机转嫁给后代。蒋宣称:"我所能做的是忍辱负重。"

> [我]决不轻言作战,和平未到绝望时期,决不放弃和平。争取准备时间,所谓最后关头与和平绝望时间:就是敌人不顾一切进攻,非逼我们订城下之盟亡国不可的时期。[24]

凭着这一席话,蒋介石似乎完全赢得了听众们的心。这些黄埔毕业生被他的真心实意深深感动,他们全都站了起来,表示对这番教导的敬服。那时已是次日凌晨,蒋让他们在早上8点到南京黄埔路的励志社办公室再来见他。[25]

科举——考试选拔

2月28日上午8点,这些人在励志社门外集合。[26]康泽和贺衷寒以及其他十来个人没有出席。[27] 与前次一样，这次会议也没有设警卫，仅戴笠一人负责保安。戴笠在门口与他们会面后，便把他们领进了楼房东侧的一间长方形教室里。在他们对面的墙壁上挂着一幅孙中山的遗像，两边悬挂着一副对联，上面是"革命尚未成功，同志仍须努力"。下面是一块黑板，黑板前有一张写字台，后面是一把藤椅。一排小型带木椅的双屉写字台围绕着正前方的写字台呈马蹄形排列。这些黄埔的校友们就像教室里的学生一样按年龄依次排列入座。这时，身穿蓝色长袍的蒋介石在邓文仪的陪同下进来，向大家致意。[28]

在这次会议上，滕杰尤其像个班长：当蒋进来时，他喊"起立"，在蒋让他们坐下之前他向蒋汇报到场的人数。蒋瞥了一眼名单，然后在黑板上用白粉笔写道，"知难行易，力行哲学"。接着，他开始讲话。他不时地提到《孙文学说》和桌上的其他一些著作。讲话持续了一个多小时，话题是孙中山对王阳明"知行合一"理论的发展。[29]

讲话完了之后，滕杰给每人发了一张纸，让这些前军校生在上面写下自己对这个新组织领导的选择。选票被滕杰收集起来后装进一个信封里封好，然后交给蒋介石。接着"领袖"发了两个考试题目："论俾斯麦的铁血政策"和"试述合作社之意义"。[30] 他规定每人在其中选一个题目写一篇文言或白话议论文，长短不论。论文规定在次日上午8点交。[31]

次日，2月29日上午，这些人回到了那个教室，把论文交给滕杰。[32] 仍穿蓝长袍的蒋介石在邓文仪的陪同下准时进来，滕杰把二十多份论文交给了坐在写字台前的蒋。蒋戴上眼镜，开始看这些论文，一边在上面写些评语并打分。除了易德明的论文蒋认为不合格以外，[33] 其余的他交给了滕杰发还给作者，同时让这些以前的学生思考他给的评语和分数。在这个基础上，加上他们在前几个晚上会议上的言谈、仪表、在黄埔的班期、经历，以及他们在选举中得到的票数，蒋便依次给每个人授予在新组织中的职位。[34]

然后,"领袖"和他的弟子们走到了励志社的大会堂,那里挂着孙中山的巨幅画像。他们和"领袖"一起手拉手地围成一圈。蒋宣布:"这个组织将被命名为'三民主义力行社'。"接着每人取出了事先准备好的一个书面誓言,并朝着总理遗像神情严肃地站了起来。[35]他们举起了右手,宣誓道:

> 余誓以精诚,力行三民主义,恢复革命精神,复兴中华民族,牺牲个人一切利益,服从命令,严守秘密,完成革命建国任务。[36] 如违誓言,愿受严厉制裁。谨誓。[37]

接着,每个人又在按有蒋介石印章的誓言上用右拇指按上手印。然后这些纸被滕杰收集起来,庄严地烧掉,就像为了祭神而烧纸钱一样。他们又拉起了手,最后聆听蒋介石的讲话。他说:"大家从此要更加精诚团结,不达目的决不终止。我现在预祝大家成功。"于是,"三民主义力行社在一个体现了帮匪结拜兄弟仪式和文人科举制的综合仪式中诞生了"。[38]

核心与边缘

这个在右翼运动和国民党秘密组织内部形成的蒋介石个人小集团,从一开始起就同革命军人同志会、革命青年同志会、复兴社,以及臭名昭著的蓝衣社这类"外围"组织混淆得一塌糊涂。蓝衣社从未正式作为力行社的工具而存在,但在官方文件里却被这么认为,且被认为带有自己的特征。[39]

产生这种情况的部分原因,是由于力行社的成员尽量对其存在保守秘密,只有他们自己才知道真相。[40]

此秘密性可从三种不同的角度来看：（一）是人事上的秘密；（二）是组织上的秘密；（三）是活动上的秘密。其实，三者是互相关联而不可分的。从人事上看，对外绝对不准泄露自己的组织身份，就连对自己的家人也不得泄露，否则受纪律的制裁。不在职务范围的同志，亦须尽量避免接触，减少泄露身份的机会，故团体内高级干部的姓名，不是所有同志都能知道的。[41]

力行社成员由于隐藏在其他前沿团体里，在公众眼里他们是"蓝衣分子"：一群类似法西斯的狂热分子和恐怖主义暴徒，正式组织是"复兴社"。[42]

其实，力行社有着自己独特的身份，通过广为人知的复兴社来行动，在宣传、警察和特务部门中秘密运作，促进蒋介石的事业和三民主义。[43]

力行社与其他前沿团体的混淆，也与国难期间各种核心组织和外围组织的繁多有关。例如，1933年，在蒋介石的鼓励下，CC派成立了一个"青白团"，6个月之后它又与自己的前沿组织"国民党忠实同志会"合并。[44] 而到了1937年，总共有三个不同的组织以"复兴"为名：黄埔的复兴社、CC派的民族复兴大同盟，以及汪精卫派的民族复兴会。[45] 甚至在黄埔圈子内部，还有复兴社的一帮成员想让人们以为他们是最接近蒋介石的人，宣称只有他们的组织才是真正继承孙中山革命遗志的先锋队。[46]

在这方面，力行社的实际成员也非常夸张，特别是在解释他们的组织和戴笠秘密特务之间的关系时尤为如此。如果将力行社视为在其前沿团体中筑巢的话，那么特务处便是它孵化的产物，尽管这一点使力行社的创建者们非常不快。从力行社成立伊始到1938年夏天解散的六年中，特务处一直非常独立。[47] 早在1932年夏末，戴笠便已经开始通过提供更高效和有把握的间谍和监视工作获得了自己的独立性，而他的特工是

力行社的成员们无法向"领袖"提供的。⁴⁸

特种队

戴笠的独立性使力行社的成员们十分恼火,他们后来也赞扬这位秘密警察的头子,但他们坚持认为作为国民党的"特种队",他们的作用亦非同小可。

> 虽然雨农将军之忠勤,及其一生对国家之贡献,固右仰皆知,但在力行社那个时期,他是推行四大运动的一支奇兵,也就是效忠领袖及力行社整个组织,⁴⁹实行三民主义各项建设的一份有效之助力,而赞帮国民党能由中央以至地方切切实实地贯彻了其决策。也为国民党政府由中央以至地方,能使其政治得以有效实施。这种旗帜应分明,主客必须有别,庶力社这个组织,能承先启后导致国民革命运动三度进入高潮,不令人误会其为特务组织也。⁵⁰

事实上,说到底,力行社在为蒋介石和国民党组织的宣传活动上,还是起了极为重要的作用。

人们甚至可以把力行社的出现,看作是整个黄埔培训出的一代宣传家的转向。这一代人曾在北伐结束后、"反共剿匪"宣传还没有全面展开时暂时失去过自身的重要性。眼看着那些南下的外来户接管了国民党政府机关要职,成了新"北洋官僚",而他们自己则遭到排挤,蒋的这群弟子们必须努力制造一种自己的运动来动员公众支持蒋和他的内战,以在国家政治力量中重新占据一席之地。

从这个意义上讲,即使我们撇开其捍卫者夸大的赞誉之辞的话,力行社的创建者们也成绩斐然。虽只有短短的六年时间,但其组织已于无形中控制了整个中国社会，且亚、欧、美三洲华人聚居之处，也都有其成员分布其中。它成立时只有 20 余人参加仪式，在六年中却发展到 10 万人（包括"革命军人同志会"会员和"中华复兴社"社员）。[51] 虽然如此，力行社却一直不为众人所知，它后来被误认为是蓝衣社，又逐渐受到那个给戴笠带来更大历史性声誉的特务处的排挤。

注释：
1 这是滕杰对讲话回忆的重述。邓元忠：《三民主义力行社史》，第 117 页。
2 邓元忠：《三民主义力行社史》，第 25、112 页；程一鸣：《军统特务组织的真相》，第 188 页。British Foreign Office Records, London: Her Majesty's Public Record Office, p.4；章微寒：《戴笠与庞大的军统局组织》，第 283 页。
3 "筹备处"的全称在干国勋的《关于所谓"复兴社"的真情实况》（上）第 35 页中提到。
4 根据后来左派对"法西斯秘密特务"的批判，法西斯主义本身无非是"保旧专制主义"的现代形式，其"领袖"显示了极权主义的面目，在他周围聚集了一群忠实而盲从的秘密群体。黄楫清：《中国法西斯特务往哪里去？》，第 6—7 页。
5 对邓文仪和滕杰的采访，引自邓元忠：《三民主义力行社史》，第 113 页。会后不久，蒋也把潘佑强叫去面谈。
6 干国勋说会议是在 1932 年 3 月 4 日召开的，比邓元忠讲的晚了约一星期，并把力行社创建会议的日期定在 1932 年 3 月 7 日。干国勋：《关于所谓"复兴社"的真情实况》（上），第 35—36 页。邓元忠说开会的日期是在 2 月 28 日前的一个星期，因为在此之前的 1 月下旬至 2 月中，蒋介石在洛阳（国民党临时首都）和徐州（他在那里会见了冯玉祥和汪精卫）。邓元忠：《三民主义力行社史》，第 114 页。张玛丽（Maria Chang）说会议的日期是在 1932 年 2 月 19 日。Chang, The Chinese Blue Shirt Society, p.56。
7 邓元忠：《三民主义力行社史》，第 130 页。
8 戴笠是在 1946 年 3 月 10 日，即他死亡的七天之前上午 8 点的讲话里说这番话的。"国防部情报局"编辑：《戴雨农先生全集》（上），第 417 页。并见魏大铭：《评述戴雨农先生的史功》（下），第 98 页。注意，陈立夫并不知道这个秘密，直到他后来直接询问蒋介石时才明白。参见 1987 年 6 月 23 日对陈立夫的采访。
9 "国防部情报局"编辑：《戴雨农先生全集》（上），第 417 页。
10 同上书，第 417 页；黄雍：《黄埔学生的政治组织及其演变》，第 14 页；刘健群：《银河忆往》，第 206 页。郑介民也是参谋部二厅的厅长，这样他便确保了三个部门内和那些在国外当武官的所有参谋人员，先接受特务处主管的特殊培训。程一鸣：《军统特务组织的真相》，第 191、195 页。这一"打倒"戴笠的企图，在沈醉和文强的口述中，作为"端锅"事件被谈起过。
11 据第二手且非权威性的说法，会议是在南京的浣花菜馆召开的。蒋和原来的"十人团"加上干国勋、胡宗南、潘佑强、鄷悌在场。鄷悌在大家面前提出蒋应当通过采用"力行哲学"

第六章 创建力行社 87

来加强他的权力。黄雍：《黄埔学生的政治组织及其演变》，第 12 页。

12 干国勋：《关于所谓"复兴社"的真情实况》（上），第 35 页。叶维和任觉五是好朋友。这两人都是四川人，都是北洋大学的学生，同时在 1924 年因为搞学生运动而转到了南京的东南大学。他们作为学生积极分子去上海见戴季陶，并在 1925 年夏天报考黄埔，进了第四期班。他们都加入了孙文主义学会，而且经常与共产党控制的青年军人联合会的成员作肉搏战甚至白刃战。邓元忠：《三民主义力行社史》，第 76 页。

13 干国勋：《关于所谓"复兴社"的真情实况》（上），第 35 页。

14 尽管邓文仪是一期班的，但因为他要记录所以没有发言。

15 干国勋：《关于所谓"复兴社"的真情实况》（上），第 35 页。

16 同上。

17 同上。

18 同上。

19 同上。

20 章微寒：《戴笠与"军统局"》，第 84 页；萧作霖：《复兴社述略》，第 38 页。作为一个命令，这要求他的随从"绝对拥护一个党一个领袖"。

21 干国勋：《关于所谓"复兴社"的真情实况》（上），第 36 页。

22 同上书，第 35 页。

23 同上。

24 同上书，第 36 页。并见沈美娟：《戴笠新传》，第 171 页。

25 干国勋：《关于所谓"复兴社"的真情实况》（上），第 36 页；邓元忠：《三民主义力行社史》，第 118 页。

26 我们用的是邓元忠的日期。此日期基于他对该事件的回忆，加上对他父亲邓文仪的采访。干国勋回忆的开会日期比这要晚一周，是在 3 月 7 日。关于本书中对会议细节的描写，则同时取自于二者的叙述。见邓元忠：《三民主义力行社史》，第 118—119 页；干国勋：《关于所谓"复兴社"的真情实况》（上），第 36—37 页。

27 其他关于把此会议看作复兴社创立会的二手资料，误认为康泽和贺衷寒也出席了会议。

28 干国勋：《关于所谓"复兴社"的真情实况》（上），第 36 页；邓元忠：《三民主义力行社史》，第 118 页；章微寒：《戴笠与"军统局"》，第 84—85 页。

29 蒋介石说王阳明强调了知识和行动的统一。而"总理"则指出获得知识不易，但使用知识却很容易。我们所应当做的就是"努力""力行公正"，这也就是《中庸》里所谓虽愚必明，虽柔必强，必可达到目的的意思。邓元忠：《三民主义力行社史》，第 119 页。

30 这个合作社是俱乐部或协会的意思。

31 干国勋：《关于所谓"复兴社"的真情实况》（上），第 36 页；邓元忠：《三民主义力行社史》，第 118 页。

32 这个被定为力行社建社的日期得到张玛丽（Maria Chang）的确认。张在台湾的阳明山审阅过蒋关于力行社日记的手迹。Chang, *The Chinese Blue Shirt Society*, p.57。

33 易德明因此只得了个力行社候补成员的位置。

34 邓元忠：《三民主义力行社史》，第 118—119 页；干国勋：《关于所谓"复兴社"的真情实况》，第 37 页。

35 也存在一个五六章篇幅的宪章。邓元忠：《三民主义力行社史》，第 130 页。

36 这个据孙中山定义的民族概念，是以血缘关系为基础的。孙论述说，在中国可能共有 400 个家族，他们以通婚的方式结成"血缘关系"。这个生物同源性是建立在"忠"字德行上的，它可以延伸到民族："一个不可分割的大国家团体"或"国族"。这与法国的"种族"概念相似，即"一个分享同一文化特点的繁殖群体，它总体上与长期形成的政治制度共存"。

Chang, *The Chinese Blue Shirt Society*, p.41。

37 干国勋：《关于所谓"复兴社"的真情实况》（上），第 37 页。
38 邓元忠：《三民主义力行社史》，第 119 页。
39 恽逸群：《三十年见闻杂记》，第 43 页；胡梦华：《CC 外围组织诚社始末》，第 147 页；康泽：《"复兴社"的源起》，第 135—136 页；许有威：《关于"蓝衣社"的几点辨析》，第 71 页。
40 "除了国民党的组织外，所有机关团体，皆为'打人'控制的对象。希望将其变为他们的决策执行机构，例如，民国二十五年他们在外交部内即成立了一个八人的小组。"邓元忠：《三民主义力行社史》，第 129 页。
41 同上书，第 128 页。
42 对蓝衣社及其与 CC 派关系的研究的最好资料，是 I Wai Eiichi（Hidakusu）的 "Ranishan ikansuruchosa"（《对蓝衣社的一个调查》），Research Division of the Foreign Ministry of Japan, 1973, 248。这份机密文件于 1945 年 3 月 30 日被美国联邦调查局翻译成英文："The Chinese Lanyi Society"，见 U.S.State Department, Confidential Central Files(China, Internal Affairs), 1945—1949, 893.00/3—3045。
43 所有力行社积极分子都是在掩护的身份下进行活动的。为招生和培训干部，力行社把其单位设在军事委员会的政治培训部下面。这些单位在政治培训的外衣下，培养了各种层次的干部。"为了迅速展开全面的情报工作，乃就军委调查统计局名义，以政府的情报人员面貌出现，其实在执行他们所定的情报任务。"邓元忠：《三民主义力行社史》，第 129 页。
44 胡梦华：《CC 外围组织诚社始末》，第 147 页。蓝、青、白是国民党旗帜的颜色，该组织便以此为名。邓元忠：《三民主义力行社史》，第 57 页。
45 恽逸群：《三十年见闻杂记》，第 43 页。
46 我们在下一章将探讨其中的一例——刘健群的情况。
47 力行社后被压缩成三民主义青年团。据说当蒋介石在支持向西安全面进攻的请愿书的签名中发现了力行社的成员后，恼怒万分。邓元忠：《三民主义力行社史》，第 13 页。
48 同上。
49 四场运动是："新生活运动"、国民党军事训练运动、国家经济建设运动以及安内和抵抗运动。干国勋：《关于所谓"复兴社"的真情实况》（下），第 81—83 页。
50 同上书，第 84 页。干国勋明确批评徐桂华（即古僧）在题为《戴笠将军与抗日战争》一书里认为力行社的创立对戴笠的晋升并非关键的说法。
51 邓元忠：《三民主义力行社史》，第 13 页。

第七章　力行社与蓝衣社

　　这个社团的背景现在已经交代了。人们管我们叫蓝衣分子或恐怖分子。这没关系。关键是如何制造一个新的革命气氛来引导革命群众……在中国必须采取果断的行动来暂缓局势，这也是一种根本的解决办法。而我们现在需要的正是一种根本的对策。我们当前的问题不是日本人。我们的问题不是东北省份及热河受到侵略。假如我们能够维持现状，目前就够了。作为一个革命政府，丢失一点领土关系不是太大。当我们的力量不足时，撤退是自然的。今天我们丢失了领土，但当我们有力量时，我们将把它们夺回。历史告诉我们，失去领土的人们必须努力才能收复它。重要的问题是民族的生存。为使中国免遭毁灭，我们应当重振民族精神。虽然我们仅有一个县的领土，但是如果我们能够重振中国民族精神，我们就能够收复失去的领土。为了这个根本解决办法，我们的组织应当担负起责任——重振我们的民族精神……忠、孝顺、德行、爱、和与平应当成为我们取得礼、义、廉和耻的核心指导原则——中国的民族精神由它们组成。日本法西斯和意大利法西斯的成功全靠了这些。我们若要革命成功，我们必须建立党的独裁。

传说中的蒋介石秘密演讲[1]（1932年春）

外围组织

1932年3月1日，在宣誓成立力行社的次日，力行社的创始人们在南京黄埔路的办公室开了一次干部会议。[2] 开会的目的是建立一个领导班子并成立外围组织。贺衷寒主持会议，邓文仪宣读了蒋介石定的该组织干事名单。干事会将成为该社的常务领导班子。[3] 该社第一年的常务干事兼书记是总书记滕杰。[4] 次年由贺衷寒接替，第三年由刘健群担任。[5] 除书记处以外还有四个部门：郑介民负责的总务处，[6] 萧赞育下面的组织处，[7] 康泽领导的宣传处，[8] 以及先由桂永清、后由戴笠指挥的特工处。[9]

1933年1月，从各外围组织来力行社的代表变得越来越多，又一个检察会成立了。它负责指导分支机构的工作、执行纪律、审查账目和主持新成员入社的宣誓仪式。其成员听从干事会指挥，但他们有权在组织内关押和枪决不法分子，而相关的秘密报告可以直接呈送力行社书记处。[10]

为执行保密原则，他们都宣誓不泄密，干部们决定建立两个前沿组织。[11] 第一个是"革命军人同志会"，潘佑强为常务干事和总书记。[12] 这个同志会很快就办得非常成功，其会员也迅速增加。许多人认为它之所以得人心是由于胡宗南的资助，该同志会被当作是"浙江圈"（包括戴笠）在军队里的一个臂膀。[13] 结果，革命军人同志会很快被解散了。1933年春力行社成立代表大会后，蒋介石以它会干扰军队里的正常指挥系统为理由，命令废除革命军人同志会。[14] 但他授权在力行社总部内成立了军事处，并任命杜心如为其头目。[15]

第二个外围组织存在的时间与力行社一样长，它叫"革命青年同志会"，是力行社的一个"内层"。[16] 葛武启任常务干事和总书记，干国勋负责组织，康泽管宣传，刘诚之调度总务。[17] 革命青年同志会是力行社最早的掩护组织：它的名字被用来招收新成员，在它的资助下，许多力行社的特务活动得以在其他组织和机关里展开。大多数成员是黄埔的毕业生或其他右翼组织的中层干部。另外还有包括大学教授在内的高级知识分子，以及党组书记、科长、处长、局长和厅长这类的中层官僚。组织内层的所有骨干或书记要么是力行社成员，要么是在该社通过支会扩大后的中央级干部。[18] 革命青年同志会的总部设在南京中央军事学校明瓦廊大院内校友信息局的调查处里面。[19]

革命青年同志会一度有两万成员，[20] 经过"民主集中"和预算制度得到加强。该会的每一层经费由上一级拨给。总经费由会员费补贴，但主要资金来自军事委员会的一个特别部门，并由蒋介石亲自审批。该组织每一个层次的地方机构显然都是军事委员会下属调查局的通讯处，负责调查军事委员会中央各学校毕业生，同时又与黄埔校友会挂钩。所有省市的分支机构的门上都挂有通讯处的牌子，它有权向本机构工作人员颁发身份证。不过，书记们和各组的头目能以参谋一类的军事头衔公开活动。每个分支机构都有代名。选定的代名须经省一级或中央办公厅的批准，然后便可在所有的通讯中使用。高一级的组织会以"弟"称呼低一级的组织，下级组织则以"兄"称呼上级组织。[21]

"长"和"少"，"核心"与"内层"很快在一起控制了军政官员们参加的国民党军政培训系统中关键的意识形态灌输项目。力行社和革青会的成员参与步兵、炮兵、工程兵和军需部门干部的政治培训，并彻底渗透到内政部领导下的地方人事管理的会议以及在庐山为党的高级干部和军政人员举办的夏季培训项目当中。[22] 力行社的成员们还指挥军官高等教育纵队。1932年，有600名学员毕业于该纵队为中央军事学校头六个班举办的为期六个月的培训班。[23]

力行社和革青会的成员还进一步控制了军校附设的军官训练班的领导。这个训练单位的四个纵队在1932年8月合并后有1700名干部，其级别在中尉至上校间，他们离开原单位来此受训一年，其忠诚不渝可在他们的班歌《领袖歌》中略见一斑：

> 大哉中华，代出贤能，虽有变乱，均能复兴，蒋公中正，今日救星，我们跟他前进，前进，复兴，复兴。[24]

纵队有三个德国顾问，其毕业生大都回到原单位，小部分留在军校，成为教导纵队的成员。[25]

复兴社

力行社建立的最重要的附属组织是复兴社。1932 年 7 月，在任觉五担任革命青年同志会的总书记时，这个第三外围组织被补充到力行社—革青会的组织结构里。一天干事们到设在南京三益里 4 号任觉五住宅里的办公室开会。那天闷热得出奇，会后，一组与会的干事爬到楼顶上纳凉。任觉五吹着凉风，随口提议再建立一个外围组织：

> 以现在各界青年人士要求加入组织者多，未便不顾，为了保密并其分子之品性考核，是否即以"复兴社"名义吸收，作为第三级组织？[26]

干事们正式将任觉五的建议列进了力行社下次会议的议程。那次会议通过了这个建议，并把它提交给蒋介石。蒋也表示赞同，于是复兴社很快就诞生了。[27] 据干国勋说，复兴社名声很大：

> ［因为］概无干部组织及办事处所与经费，其事务一律由青会办理，因这层分子吸收时不甚严格，人数日益加多，遂因"民族复

兴运动"之名而驰名于世。²⁸

卫星组织的成员由内向外自动属于力行社的成员。但在其他方面，越是接近内部核心，越是得到严格控制。作为一个相对保持距离的卫星组织，复兴社相对比较容易加入，只要有老会员或前会员的介绍即可。申请表很简单，入会仪式由十来个人一组在蒋介石的像前进行。在南京有几次蒋介石亲自到场接受宣誓，每次有300到600个人参加入会的宣誓仪式。²⁹

另一方面，如果复兴社的人员被提名为革命青年同志会成员，他必须由所属组织的大会赞成通过，然后在此人的名字送到最高领袖那儿审批之前，得经过力行社的审查。³⁰再上一级层次的程序同样如此。"但[想加入力行社的]青会会员，必须经力行社会议通过，呈领袖核准后，才提升再宣誓得为社员。"³¹

复兴社没有任命干部的权力，但它的高层次干部在政训处则保有委员的职位。³²至于它的内部管理，复兴社由一个干事会控制。³³但其实权则掌握在由会长蒋介石直接指定的书记长手中。³⁴在总书记（一般来说是滕杰）下有管组织、宣传和培训的组或处，它们分别由周复、康泽和桂永清领导。³⁵自然，特务处由戴笠掌握。省市一级采用同样的结构，它们的基本分支单位一般是小组，一般每周开一次会议。³⁶

除了股和分会偶然聚会以外，全社大会很少召开。所有的决定都是自上而下地贯彻，也没有全会或由代表们参加的核心会议。³⁷支部周会的内容是根据上一级组织的书面指示。通常这些会议是关于国内和国际政治事件、重大宣传要点、地方组织的活动，以及对共产党嫌疑分子和"CC"圈子嫌疑分子的调查等。每次会议之后，支部负责人得写一个报告送到上一级。情报汇报会越过分会支部而直接送到中央组织。³⁸

复兴社从中央总部到分会的每一级组织，都是与革青会内相对的同一级别机构挂钩的。它们间互相包含，革青会的负责人也是复兴社的负责人。³⁹ 不过有人曾试图将这两个组织的会员区分开来。革青会的人互相以"挚友"称呼,而复兴社的人只能以"好友"相称。复兴社和革青会的人只要每月的收入超过 200 元,就应该向组织上缴收入的 10%(几乎没人履行这个义务)。但在违反组织纪律的情况下,复兴社的成员只会被开除,而革青会的人则会遭到软禁,有时甚至会被枪决。⁴⁰ 事实上,两个组织的会员经常重叠,而革命青年同志会的支部和复兴社支部之间的区别也往往含糊不清。⁴¹ 一个在省级任两个组织的书记的人解释说:"除了有内外层之分外,实际是一个东西,即以'复兴社'这个名称来代表这两个组织,也是完全可以的。"⁴²

从总体上看,这个团体由三个层次组成,力行社为"核心",另两个组织作外围。⁴³ 这三个组织一起构成了一个等级平行的结构,并从首都通过各级官僚机构和职业团体到各省,柱形地自上而下展开。⁴⁴ 在它活动的高峰期,这个三环结构一共有 50 多万成员,外围的人在被吸收为内部成员以前,并不知道内层人员的存在。⁴⁵ 最核心的部分总是在力行社,它的名字有时被简称为"力社",其中八九十个积极分子一直主要由黄埔毕业生组成。⁴⁶ 也有一些非军事人员被邀请参加,如中国驻意大利的外交官刘文岛,他与意大利法西斯有很好的关系。⁴⁷

要是连革命青年同志会和复兴社的成员都把自己各自的"内层"和外围笼统地叫作复兴社的话,那么便难怪一般公众把它们整个的结构一起叫作复兴社了。另外,人们总是不加区分地将复兴社与无处不在却无影无踪的"蓝衣社"混为一谈。出现这种混乱认识的原因,是某个被推荐给蒋介石加入原先的复兴社的"外人",自称亲手创建了单独的蓝衣社。

1932 年 2 月下旬,在蒋介石的官邸里召开的第二次"筹备部门"的晚会上,韩文焕刚讲完话,桂永清突然打破了通常的论资排辈的惯例。按理说应该轮到邱开基发言,但他还没开口,在前一天晚上滔滔不绝讲述其欧亚之行的桂永清突然举起了手。他说他要在众人面前向领袖推荐一个"人才"。此人是何应钦的秘书——贵州的刘健群将军,跟何将军一样担任过战争部长,是中央政治院特务委员会成员,也是蒋介石在军队里的忠实支持者。[48]

刘健群

对这些原黄埔军校生来说,刘健群是个外人。[49] 他从来没有上过军校,而作为一位非军事人员,他仅持有"相当于"少将的头衔。不过桂说:"他是一个忠实的党员和爱国者,他对护党救国有具体的建议。我们必须得到并使用他。"这时蒋介石点了点头回答说:"请他明天早上8点来军校谈话。"[50] 介绍刘健群参加他们的组织工作,使力行社的创建者们与臭名昭著的蓝衣社彻底混淆了起来。这个混乱延续至今,主要是由于日本媒介长期以来,不论是特务处的行动还是一些自发的爱国抵抗活动,都无一例外地把力行社及其外围组织的活动统称为"蓝衣社"行动的缘故。[51] 确切地说,这个混乱一开始是由刘健群自己造成的。他为了在蒋介石的右翼支持者中得到认可,迫不及待地要在这个准军事组织的建立上表功。[52]

1933年1月力行社建立11个月之后,刘健群在一次新闻发布会上提出了这些说法。当时他在北京,任华北宣传队队长。他在会上散发了三篇自己的论文,其中包括题为《中国国民党蓝衣社》的文章。他曾于1931年10月在南京国民党中央执行委员会让人传阅过此文。它呼吁成立蓝衣社"作为强化党的内部组织的一种努力",同时指出有太多的国民党员成了贪官污吏、土豪劣绅。[53]

刘接着说,关于这个建议中的社团有一些争议,有些人偏向"青年团",另一些人则喜欢把它叫作"布衣团"。[54] 刘觉得都不太合适,"前者可能被误解为共产党的青年团,而后者又不太完整,因为还有丝一类的其他国产料子"。由于国民党把青和白视为党的颜色,而且既然蓝制服被定为国民党成员的制服,同时又是自古以来老百姓的正规服装,于是刘建议把"中国国民党的蓝衣社"用来作他的新组织的名字。这些建议既含有本土文化成分,也含有民众意识:王布象征爱国,西服则表示文化背叛。"该社的成员必须处处使用国产货,而那些参加社里正式大会的人,必须穿中山装。"[55]

那个记者招待会很可能确实开过,因为刘在力行社权力机制中建立自己的地位同时,也想在蒋介石的亲信中提高自己的身价。在桂永清把他引荐给蒋介石之后,刘健群又被贺衷寒和滕杰介绍进了力行社的内部圈子里。通过他们的正式推荐,刘健群被邀请加入该组织的第二层内,成为革命青年同志会名副其实的一名会员。现在,刘健群想用自称在18个月前督促蒋介石建立蓝衣社的方法,既增强他自己的权力基础,又在力行社的核心与外围机构中获得更高的权力。[56]

事实证明他的努力非常成功。一年之后,1934年4月,刘健群从北平的政训处被调到南京的复兴社总部当书记。与此同时,在鄚悌涉嫌1935年11月对汪精卫的暗杀未遂后,刘再次被任命为力行社常务干事。尽管刘健群在力行社的职位是秘密的,但他的复兴社总书记的位置想来在众人的眼里起到了强化复兴社和蓝衣社的作用。而这一点激怒了力行社的核心成员,他们后来对这种把他们的运动与法西斯蓝衣运动混为一谈的说法表示十分不满。[57]

革命青年同志会常务干事、力行社的创始人之一干国勋,曾说刘健群这类后来的人只属于卫星组织,被有意排斥在最高层或最核心层以外,并被禁止做任何把力行社与他们自己的组织平起平坐的联系。[58]干说,这类外人出于无知或恶意,把力行社与蓝衣分子混为一谈。

> [他们]仅将其后虚设之三级外围"复兴社"与绝无之"蓝衣社",挂一漏万地连在一起写出,虽然他可能迎合一般不明其真情实质的一些好奇者心理,但却难免影射其有"法西斯"和"特务组

织"性之谬误。⁵⁹

干国勋的观点现在看来不太可靠，因为刘健群尽管不是创社人，但在力行社核心组织里却是他的上司。对力行社其他成员来说，刘健群在蒋的最机密团社里身居总书记的高位，也许强化了其与蓝衣分子的沟通感。当然，外界继续把它们混为一体，这得归结于刘健群在国民党积极分子中显而易见的重要性。⁶⁰

新卫星组织

神秘的力行社与复兴社及蓝衣社之间的关系，由于其他卫星成员而强化。他们中间有许多是黄埔校友中的年轻一代，他们知道，这些组织中起码有一些是在1932年3月1日左右，由蒋介石的一群在宣传、军训和情报部门里地位显赫的亲信建立起来的。他们知道有一个力行社，认为这个组织是建立在三个原则基础上：蒋介石为其长期的最高领袖；黄埔毕业生为其骨干；它的成员必须遵循三民主义原则，运用共产党的组织技术建立构架，并培养成员的日本武士道精神。⁶¹他们认为，建立和组织力行社的实际责任交给了创始者当中的五个人：贺衷寒、酆悌、滕杰、周复和康泽。⁶²他们意识到，这个组织完全围绕着包括这五人在内、共55人左右的"核心组"转。其中包括桂永清、袁守谦、邓文仪、萧赞育、易德明、李一民、蒋忍坚和戴笠。他们听说力行社里有些人每周在蒋介石位于明瓦廊的官邸开会，听"校长"讲授"力行哲学"，并研究德国和意大利的法西斯组织。⁶³

在日本人确信了这个组织的存在之后，他们和蓝衣社之间的联系变得更加密切。⁶⁴这一方面来自于刘健群的新闻发布会，另一方面是傅胜蓝的文字。傅出版了一本叫作《蓝衣社内幕》⁶⁵的书，他在其中讲到蓝衣社是一个秘密特务组织。傅是共产党员,他被康泽说服后于1933年加入了力行社的外围组织。后来他转而效忠于汪精卫的伪政府,抗战时他以合作分子的身份当了杭州市长。他关于蓝衣社的书被日本在上海的军事警察用来作教材,训练替他们秘密服务的中国人。[66]

与此同时,据刘健群说,唯一为人所知的是蓝衣社成员的身份是绝对保密的:

> 为了达到立刻铲除封建影响、消灭赤匪和抵御外侮的目标,除了国民党中央总部和其他政治机构的工作必须以正式的方式来进行以外,蓝衣社的成员们得在各省、县和城市秘密地开展他们的活动。[67]

尽管蓝衣分子应该去"发动群众运动",但他们奉命为"秘密特工"的职责做准备,而且永远不能向他人透露他们是国民党的人。[68]

的确,正如后来上海公共租界工部局警务处别动队所说,在蓝衣社存在的七年里,人们对其细节知之甚少,原因是那些宣誓入社的人"禁止向外人承认是蓝衣社的成员或透露其秘密,否则将处以死刑,这也是唯一的惩罚手段"。[69]无须说,蒋介石对蓝衣社的存在从未公开承认过。[70]

刘健群,在一向宣称是他提议创办蓝衣社的同时,在正式场合则必须向媒介说没有成立过这么个组织。当他被《北平晨报》的记者问到蓝衣社是否已经成立时,刘回答说:

> 1931年秋,我曾建议以促进对三民主义原则的普遍尊重为唯一目的来改组国民党。蓝衣社的成立与国民党紧密关联。现在蓝衣社将有它自己超越国民党以外的教义。我们从它最初的名称可以立刻理解这个组织的宗旨——蓝衣社,而非蓝衣党。我的这个计划只是对国民党的一个建议。我实际上并没有参加任何有关这类的运动。

有关这个组织的活动,我无法回答任何问题。[71]

1933年1月的新闻发布会结束后,这个记者得出结论说:"从刘先生的话来看,我们仍旧无法确定这个社是否存在。"[72]但可以确定的是,新闻界、外国情报机构以及警方从此以后便开始把复兴社(包括在其背后的力行社)的活动与他们中间的右翼或法西斯蓝衣分子的活动视为一体。[73]

比如说,在1933年4月成立的中国童子军的背后是谁?自1917年以来中国就有童子军运动,那时经亨颐成立的中国童子军参加了战后的世界童子军大会。[74]但在20世纪30年代的中国童子军掺入了许多军国主义的成分,而且与1932年7月成立的国民军事教育组关系密切。[75]军校毕业、当了该教育组组长的赵范生,以及任国民军事教育组教务部门头头的杨克敬,都曾经在全国童子军总部里担任过部门的头目。[76]

在力行社创始人干国勋的帮助下,赵范生和康泽两人起草了一个附有表格和预算的计划,用以在全国培训童子军军官。在蒋介石批准了这份计划之后,有160名学生被招来接受干部培训。其中三分之一是军校生,其余是已经在各省当童子军军官的人。六个月的培训目的是培养军官和教员们"为加强和扩大组织,增进智力和体力能力,提高觉悟,坚定爱国和革命的意志,并向这些青年们提供一些军事知识,而改革中国童子军"。[77]与此同时,力行社又建立了一个外围组织,叫作"力进社",它负有向童子军渗透的具体任务。到了1933年4月,力进社的成员达300人,所有的人都是新中国童子军在各省市的干部。[78]

力行社其他新近成立的"卫星"组织,是为了控制中国的非汉人的活动而成立的,并包括在国外参与爱国运动的成员。这些活动由民族运动委员会协调。该委员会是由力行社创办者们于1932年4月,为援助"少数民族独立运动"而成立的。[79]这个民族运动委员会曾秘密地援助过黄埔第四期班的朝鲜毕业生陈国斌领导的朝鲜义烈团。[80]这个组织与金九的朝鲜独立党是两回事，它在胡汉民被软禁的茅山深处的一个庙里组织了绝密的"朝鲜革命训练班"。[81] 每一期约有 100 来个学生入学，学期为六个月到一年，他们受纵队里原籍朝鲜的军官和教员们领导。[82] 到了 1936 年，这个部门由康泽领导，并经过武昌转移到重庆。训练班主任陈国斌，在 1945 年后希望美国能够支持他的朝鲜义烈团，但因他与李承晚不和，而最终在美国人那里失宠，随后便销声匿迹了。[83]

类似这样的训练行动，在日本人的眼中无疑是可恶的蓝衣社卷入他们殖民地事务的又一个例子。其实，它们是属于戴笠的特务部负责的地下情报活动，所以力行社与特务处之间并不总是界限分明的。

力行社的特务处

我们已经看到，甚至在 1932 年 2 月力行社正式成立之前，蒋介石已经授权戴笠组建一个独立的特务处。特务处是在一个月以后，也就是 1932 年 4 月 1 日正式成立的。这个日子也成了戴笠建立他秘密特务组织的官方纪念日，后来从 30 年代后期到 40 年代初期每年的纪念活动越搞越火热。在它建立的初期，据戴笠的一个副手说，蒋介石指示他的学生借鉴《水浒传》，"因为当梁山泊好汉们聚集在忠义堂时，他们的所作所为就是情报与行动"。

> 按史书记载明代东厂、西厂，[84] 小说描写清初血滴子活动，均已无实录可查。唯春秋时的《孙子》第十三篇"用间篇"，和民初北洋政府暗杀宋教仁、陈英士[85]及孙总理自广州派遣某君携款赴沪运动北方军阀等案，确属事实，则信而有征。[86]

除了建议他们为了解凶杀而去看那本小说并研究现代仅有的一些特

务运作记载以外，蒋还向戴提供了更直接的实际帮助。他规定，所有涉及这个新处的人事问题，都将由他这个领袖直接处理，而且不准向力行社汇报。特务处设在戴笠位于南京鸡鹅巷53号的机构里，与力行社分开。[87]

戴笠日渐独立

在力行社—复兴社结构中建立特务处，标志着戴笠自己在特务职业中的关键转折。在明瓦廊的中央军事学校的通讯部成立了一个联络机关的同时，戴笠在1932年3月下旬受命负责在洪公祠里成立情报人员训练班，培训那些军校毕业生和其他显示出有"情报方面特殊才能"的人员。[88]

据干国勋后来说，这个训练班总的来说是为力行社而非专门为戴笠的机构提供人员：

> 针对力社需要，综合采取中、日、德、俄、英、美之精选教材，教官、队职官，施以严格秘密短期情报业务训练。毕业时，宣誓效忠三民主义、领袖、组织，牺牲一切个人利益，严守秘密，恪尽职责，每期数十百人不等，遵领袖意志及力社方针，受特务处节制指挥，配合力社四大运动，供给情报，并办理非常事宜，但须严守纪律，为效忠领袖，并推动力社各项工作的一支奇兵。[89]

不管怎么说，从1932年5月到12月间，在第一期情报人员训练班受训的人中很少有力行社的人出现在洪公祠。[90]郑介民负责教育事务，李士珍主管培训，但李很少来。除了戴笠和蒋介石本人以外，在那六个月里没有任何其他力行社的成员来过训练班。[91]

根据力行社的章程，它的成员们若无直接任务是不能介入下层组织的。这也许可以解释为什么在力行社成员与洪公祠的培训单位之间没有联系。但很明显，那时特务处已经在力行社—复兴社系统中取得了半独立的状态。[92]

因为，蒋介石在那时已经发现，把有些任务交给戴笠，要比让那些参与创办力行社的热忱好斗的黄埔人顺当和快捷。到了1932年夏天，在他们当中已经出现裂痕。不仅在"内层"里面的军政人员中间出现内讧，而且各地区之间派系亦不断增长，这种现象后来给力行社和复兴社带来了致命的危害。[93]这时让蒋恼火的，与其说是潜在的派系斗争，不如说是缺乏管理经验和小集团的狂热。他起先曾决心要把这些狂妄自大[94]的年轻人培养成忠心耿耿的助手，所以他在1932年的前六个月，对于各种国家事务不论巨细都向力行社问津。[95]但在6月5日他在日记里写道："我与力行社的每次会议都超过了3小时，这些人的幼稚让我焦心。我怎么才能培养干部的才能而获得真正的助手呢？"[96]

问题的部分缘由是因为力行社的成员们用去了他太多的时间和精力。给蒋介石写信，通常必须尽量简明扼要。很长的文章总是要摘要，备忘录要概括，以便蒋能一目了然。但力行社的人无视蒋介石的宝贵时间，经常向蒋呈送洋洋万言的文件。蒋多次向他的新干部们建议要简明扼要，但他们不予理睬，照样啰唆，甚至还向朋友们夸耀他们交给领袖的备忘录的长度。[97]

这帮弟子们另一个让蒋介石恼火的特点是，他们对自己的朋友无论能力如何，经常把他们安排到要职上。1932年9月13日，蒋介石在日记里说他向滕杰和康泽发了电报：

> 社员所荐人员多不称职，也有腐化与招摇求借等恶习，以后如有社员保荐之人，应切实负责考核。倘任员后如果有辱职之事，则社员干事应坐同科之罪辱。希转告各科干事员。[98]

那时，洪公祠情报训练班刚刚开始不到 4 个月，比起力行社里其他那些谋求私利的追随者来说，蒋介石更器重戴笠了。

与此同时，戴笠竭力确保他特务处的人员中没人会把效忠力行社与对他和领袖的忠诚混为一谈。力行社创建人之一邱开基受命主管特务处的执行科。显然邱得到这个位置是由于干事会的关系，所以他必须向他们汇报。戴笠不能容忍这种独立，于是这两人之间的关系紧张起来。1932 年 5 月的一天，戴笠和邱开基在特务处的办公室会面，谈话当中，一颗子弹从门穿过，击中了邱的耳后。戴笠立刻把这一"事故"报告蒋介石，说一个警卫在隔壁房间里擦枪走了火。邱开基最终从枪伤中恢复，但他痊愈之后，被从鸡鹅巷 53 号调离出来，转到远离首都的汉口去了。[99]

干事会是知道戴笠与邱开基的紧张关系的。这个事件发生后，贺衷寒来见力行社的书记滕杰，说特务处变得日益独立，这样十分危险，要求对这种情况做调整。滕杰便安排贺衷寒与戴笠会面。贺对这位特务处的头子直言不讳，但戴笠毫无退让之意。争论到激烈时，戴笠暴跳如雷，他手拍桌子，还大有拂袖而去的架势，弄得滕杰连忙劝架，要求双方妥协。戴笠最后答应，对于领袖交代下来的事务，特务处将直接向领袖负责，但对由"团体"决定的事务，特务处得向力行社交代。[100]

不管怎样，力行社在明瓦廊总部的干事和书记们不得过问有关特务处的活动，这些活动一直在蒋介石本人的监督下。在建有"特务站"、其站长本身也是省干事会和干事的省级层次上，也是如此：省事务委员会和它的书记们也是不允许探究特务站的行动的。于是，复兴社内部的特务组织就非常隐秘，自成系统。[101]

但必须承认，没有复兴社和构成其成员的所谓"蓝衣社"，戴笠就成不了事。特务处与复兴社在名义上的关系，以及复兴社于今后几个月和几年里在各省建立起来的地方支部，不仅向戴笠提供了掩护，而且还给了他与直属特务部的"卫星"组织"忠义救国会"公开挂钩的机会。[102]

与其他外围组织不同的是,这个在 1935 年春成立的"忠义救国会"由商人和工人组成,按照儒家思想,其社会地位要低于士兵[103]和农民,因而被视为"第四层"组织。但它在各省市的支部是由复兴社或革命青年同志会在地方上负责特务的干事领导的,该干事直接向鸡鹅巷总部的戴笠汇报。"忠义救国会"的目的是:

> 以组训工、商界,并改革帮会,参加民族复兴运动,协助社会基层改造及情报工作。[104]

"忠义救国会"成员是后来的"忠义救国军"的基础,在二战中作为抗日游击队受到中美合作所的培训,以支援美国在中国东南方作战。[105]

但这是后来的事。此刻,在力行社—复兴社组织结构中建立一个半独立的团体给戴笠带来的最重要的意义是:他的秘密机构的活动从此有了一个相对稳定和固定的资金来源。[106]从此,戴笠能够直接向蒋介石申请年度预算,蒋把这笔预算与通过革命青年同志会调拨的复兴社的正常预算分开对待。向特务处提供的款项被正式确定下来,于是蒋不用像过去那样动用国民党非正式资金来源中的特别行动基金来支付特务处的经费。据当时传说,特务处的总预算是革命青年同志会正常总务预算的十倍,由于数目可观,有人曾批评蒋调拨资金的做法,说应当把它们用于更有意义的方面。[107]蒋把他的秘密特务活动限于复兴社内,并用军委及其分支机构和军校的捐助来提供资金,从而平息了这些批评。[108]

这笔收入约为每月 5.4 万元,大约支付了特务处一个月 20 万元开销的四分之一。但到了 1934 年,据说戴笠秘密特务活动经费增加到每月 120 万元。于是蒋介石不得不使用其他资金来维持特务处的运作。[109]日本调查人员关于"蓝衣社"的报告说,其中主要的资金来源渠道为没收鸦片。根据上海公共租界工部局警务处的一份备忘录,蒋介石手下的人 1933 年在汉口没收了大量的吗啡，蒋让以敲诈勒索闻名的杜月笙在浦东开一个工厂来加工这种药，然后向医药行业出售，用其收入来资助蓝衣社。但实际上这给杜月笙用吗啡提炼麻醉剂，再到黑市贩卖提供了机会。杜用的吗啡是从天津公安局局长张学明（张作霖的儿子）那里弄来的。但当蒋介石得知杜的非法行业后，便从别处弄来资金，而这些资金有可能得以纳入鸡鹅巷 53 号特务处的财务中。[110]

下面将要讲到，力行社和复兴社在上海和华北的一些省份中曾活跃一时。但到了 1935 年 6 月，复兴社的核心分子被日本军队从华北赶了出来。[111] 而在 1937 年 9 月国民党与共产党达成统一战线后，复兴社按照协议应当解散。次年 3 月国民党在武昌召开了一次全国特别会议，会上蓝衣社被正式取消，它的地方干部和预算与革命青年同志会一起，于 1938 年被三民主义青年团（简称"三青团"）取代了。[112]

虽然它的一些精神和许多干部将以三青团的形式保存下来，但老复兴社是彻底完了。与此同时，它的成员把复兴社作为他们自己权力的坚实基地的希望也一起冥灭了。例如，贺衷寒显然曾把自己在 1933 年初被提拔为力行社总书记视为自己作为蓝衣社的湖南圈领袖而走运的机会。滕杰曾与贺衷寒在南京的一个公共澡堂里秘密会面，把社里的事务转交给贺，同时希望能够阻止贺的自私自利的企图。[113] 但贺衷寒不为所动，他与中央党部"CC"圈的关系以及与力行社同志们的关系都恶化了。后来，蒋介石终于厌烦了"领导干部间不断的摩擦和矛盾"，其结果是力行社败退了下来。[114]

很久以后，贺衷寒在 1941 年对他的一个在狗肉宴上喝醉后骂蒋介石"混包"的朋友说：

你哪里知道，蒋先生暴则有之，昏则完全不然。你没有看到他的统驭术的绝顶高明。

他一向抓得很紧的是军队、特务和财政这三个命根子。他这三个命根子各有一套他最亲信的人替他看守；同时他又让这三种力量互相依赖互相牵制，而只听命于他一人。这三个方面的每一方面，又都各有三个鼎足并峙的力量，使其互相牵制。军队方面是陈诚、汤恩伯和胡宗南；特务方面是戴笠、徐恩曾和毛庆祥；财政方面是孔祥熙、宋子文和陈氏兄弟。他们之中谁也不敢有所挟持而无所顾忌。所有这些人，除了孔、宋是他的至戚外，其余又都是浙江人，而宋子文的原籍也是浙江，可以说，都是他极亲信的人了。可是他对这些人都还有个防而不备、备而不防，难道这还能算是昏！他对我们湖南人尤其是懂得点政治的湖南人，是绝对不放心的。[115]

贺衷寒五年前在"西安事变"期间失宠，此时这个曾任前力行社部门头目的酒醉朋友正在去重庆接受任命的途中，贺对他概述了自己的看法。他认为蒋惯用"最地道的政治欺骗"来实行他的计划和阴谋，而且说他昏是对他的辱骂。然后，贺又安慰他的朋友说："显然，你还太年轻，有些事情你还无法理解。"[116]

注释：
1　引自 Burton, *Chang's Secret Blood Brothers*, p.309。
2　干国勋：《关于所谓"复兴社"的真情实况》（中），第28页。这个日期来自邓元忠的叙述。而干说这次会议是在3月9日召开的。
3　干事们有胡宗南、孙常钧、邓文仪、杜心如、萧赞育、葛武启、周复、韩文焕、李一民、曾扩情、酆悌和黄仲翔。候补干事有蔡劲军、邱开基、骆德荣、叶维、娄绍恺、干国勋、彭孟缉、易德明、戴笠、刘诚之及陈祺。亦见 Chang, *The Chinese Blue Shirt Society*, p.5。
4　侯志明和后来的林培琛是他的助手。其他的常务干事是贺衷寒、桂永清、潘佑强和康泽。
5　总书记是由社员代表大会成员们从候选人名单中选出的。这份名单交给蒋介石审查过，蒋在上面划出他要的总书记人名来。后来总书记是酆悌、刘健群（他在酆悌因汪精卫事件被免职后继续连任两届）、邓文仪、郑介民和康泽。干国勋：《关于所谓"复兴社"的真情实况》（中），第71页。
6　他的助理是何日纲。
7　胡轨和李新俊当他的助手。

8 梁干乔是他的副手。

9 他的助手郑介民也许直接向蒋介石汇报。干国勋：《关于所谓"复兴社"的真情实况》（中），第 37 页。并见萧作霖：《复兴社述略》，第 23—24 页。

10 干国勋：《关于所谓"复兴社"的真情实况》（中），第 72 页。

11 I Wal Eiichi, *Confidential Investigation Pertaining to the Lan-Yi-She*, p.8.

12 组织常务干事是杜心如，培训是娄绍恺。其他常任和列席干事包括易德明（书记助理）、孙常钧、韩文焕、彭孟辑、叶维和骆徽荣。

13 邓元忠：《三民主义力行社史》，第 322 页。

14 蒋介石拒绝让他们在军队内发展革命军人同志会，"因为这会损害正规军事组织的团结"。干国勋：《关于所谓"复兴社"的真情实况》（中），第 37 页。

15 同上。他的助手是孙常钧、包烈和李国斡。

16 黄雍：《黄埔学生的政治组织及其演变》，第 13 页。该会有时也叫作"中国革命同志会"，其名称偶尔也被简称为"青会"。Tien, *Government and Politics in Kuomintang China*, p.56.

17 桂永清、酆悌、蔡劲军和赵范生为常任或列席干事。

18 萧作霖：《复兴社述略》，第 23—24 页。该社"是一个在力行社成员控制下的法西斯特务别动中央组织"。并见恽逸群：《三十年见闻杂记》，第 43 页。

19 中央军事学校被认为是黄埔军校的后继，每年有 3000 名学生入学。Sih, ed., *The Strenuous Decade*, p.50.

20 萧作霖犹豫不决地在《复兴社述略》第 26 页里道出这些人数。他曾是河南省分会的书记，他对人数的估计是根据他在办公室里见到的数字。

21 复兴社也恰巧这么做。萧作霖：《复兴社述略》，第 24—27 页。

22 干国勋：《关于所谓"复兴社"的真情实况》（中），第 70 页。

23 同上书，第 68 页。该纵队在徐培根手下成立于 1932 年 1 月，其指挥官有桂永清、潘佑强、杜心如、阮齐——所有的人都是力行社成员。其毕业生后来都当了主任或其他无数培训单位的高级干部。关于桂永清成立一个独立的"党军"的计划，见蔡杞材：《复兴社的军事处及护卫队》，第 134—135 页。

24 歌词是培训项目的头目桂永清和教学头目干国勋写的，歌谱是军校的音乐教师戴逸青所作。干国勋：《关于所谓"复兴社"的真情实况》（中），第 69 页。

25 同上。

26 同上书，第 37 页。

27 同上书，第 38 页。

28 同上。

29 黄雍：《黄埔学生的政治组织及其演变》，第 16 页。

30 蒋介石基本赞成成员的名单。干国勋：《关于所谓"复兴社"的真情实况》（中），第 37 页。

31 干国勋：《关于所谓"复兴社"的真情实况》（中），第 38 页。

32 萧作霖：《复兴社述略》，第 26 页。

33 常务干事有贺衷寒、滕杰和酆悌，常务监事是田载龙。章微寒：《戴笠与"军统局"》，第 85 页。

34 另一个资料提到有 9 个常务顾问，即干事们再加上周复、康泽、桂永清、潘佑强、郑介民和邱开基。还有另外 3 个候补顾问：侯志明、赵范生和戴笠。沈醉：《军统内幕》，第 i—ii 页；黄雍：《黄埔学生的政治组织及其演变》，第 13 页。

35 周复被提升为监事会的常务监事后，他的职位由易德明接替。黄雍：《黄埔学生的政治组织及其演变》，第 14 页。

36 蒋介石除了指定干事以外，也指定每个分会的书记人选。萧作霖：《复兴社述略》，第 25 页。

37 所有权力都来自于上面："甚至在德国都没有如此强调'领袖原则'。各个组织的头目负责传递命令，培训新手，而且只要他力所能及，还调查他手下所有成员的日常工作和思想状况。" Burton, *Chiang's Secret Blood Brothers*, p.310。
38 萧作霖：《复兴社述略》，第 24—25 页。
39 同上书，第 24 页。萧认为复兴社的所有基层干部都是力行社成员。
40 同上书，第 25—26 页。萧认为复兴社的所有基层干部都是力行社成员。
41 同上书，第 24 页。
42 同上书，第 26 页。
43 Chang, *The Chinese Blue Shirt Society*, p.4。
44 "在组织体系之运用上，由中央到基层共四级：中央为总社，省级为分社，县级为支社，区级为小组。在特殊行业内如学校，亦有四级组织之建立。各机构包括各处，亦用代号。"邓元忠：《三民主义力行社史》，第 129 页。
45 这个 50 万成员的数目来自于上引书第 61 页。总的说来，"忠义救国社"（将在下文讨论）的成员并不知道复兴社的存在，复兴社的人不知道有中国革命同志会，而后者又不了解力行社。萧作霖：《复兴社述略》，第 24 页。中国大陆能够接触到有关前复兴社成员的详细情况的情报人员说，他们对整个组织最高环节的"内部"详情几乎一无所知。也见 Chang, *The Chinese Blue Shirt Society*, pp.4—5。
46 邓元忠：《三民主义力行社史》，第 61 页。黄雍：《黄埔学生的政治组织及其演变》，第 12—13 页。黄说核心人员是五六十人，邓元忠说有 300 来人，尽管他父亲说该社没有超过 80 来人。
47 一份关于蓝衣社的 SMP 特别分会的报告声称，根据特别分会头目所获"出自绝密来源"的情报，刘文岛（其妻子是法国人）被派到德国去"联合"法西斯分子，并"促进（原文如此）与他们的友谊"。*Blue Shirts-Fascisti Movement in China*, p.4。并见 Goldley, *Fascismo e nazionalismo cinese*, p.758; Tien, *Governments and Politics in Kuomintang China*, p.59。
48 何应钦出生于西南贵州的一个牛贩子家庭。他既上过 Shimbu Gakko（振武军校），也上过 Shi kan Gakko（陆军士官学校），当过日本军队第 59 步兵团的学生兵。在 1911 年的革命中，他是陈其美总部的成员。1924 年蒋任命他为黄埔军校训练部的现任主任。Boorman, *Biographical Dictionary of Republican China*, 2:79—80。并见 Wei, *Counter-revolution in China*, pp.35—36。
49 刘健群 1902 年出生于遵义。他的童年在中国最穷的省份之一贵州度过，那里盗贼四起，他从小见到的是一幅"血泪图"。甚至成年后，每当他想起自己的童年，便会感到一种对内战"永久的恐惧"，于是他的思想便会倾向于政治统一："在一个统一的国家里会有和平"。在贵州的一所法学院毕业后，他参加了"国民革命"，成了何应钦的一名随从。邓元忠：《三民主义力行社史》，第 69 页。
50 干国勋：《关于所谓"复兴社"的真情实况》（上），第 35 页。
51 Wakeman, *Shanghai Badlands*, 全书。邓文仪的儿子邓元忠分析说："蓝衣说明不了实际情况。"邓竭力想把他父亲的活动与法西斯运动区别开来，说外国人把力行社与爱尔兰的蓝衣社和日本的黑衣法西斯分子组织混为一谈。他坚持，主要是由于同盟通讯社这类日本新闻社把所有的这些活动都归结到无所不在的蓝衣分子。这种说法显然有其个人目的，但不无道理。邓元忠：《三民主义力行社史》，第 13—14 页。
52 同上书，第 16—17 页。"与力行社有关的人当中首次提出'蓝衣社'一词的是刘健群……国产蓝布服装表示自力更生，并无提倡法西斯组织的意义。"
53 *The Blue Shirts Society*, p.2。并见曾扩情：《何梅协定前复兴社在华北的活动》，第 131 页。据 Hatano Kenichi's *Chûgokukokumintô tsûshi*（波多野乾一的《中国国民党通史》），第 456 页，

及他的 *Cendai Shina*（《现代支那》），第 179—188 页，被摘入 Tien, *Government and Politics in Kuomintang China*, pp.55—56。这个建议最初是以一篇题为《贡献一点整理党的意见》的论文形式出现的。有关这本小册子在国民党中央执行委员会上散发的情况，请看 Burton, *Chiang's Secret Blood Brother*, p.309。这本小册子也以《贡献一点整理党的意见》和《中国国民党蓝衣社》的题目发行。它可能早在 1929 年便已印刷发行了。邓元忠：《三民主义力行社史》，第 16—17 页。

54 张玛丽在指责易劳逸（Lloyd Eastman）把蓝衣社列入法西斯分子时赞同干国勋的观点，她说，实际上有"布衣团"，即一个穿类似中山服那类"土布"的团体。见 Chang, *Fascism and Modern China*，并见易劳逸的反驳：*Fascism and Modern China: A Rejoinder*, p.842。

55 *The Blue Shirts Society*, pp.2—3.

56 曾扩情：《何梅协定前复兴社在华北的活动》，第 135 页。

57 作为学术用语，"蓝衣"一词也受到学者们的质疑。他们尖锐地指出孙中山国民革命和现代法西斯之间的区别。"学者们出于各自的原因而选择了'蓝衣'一词，因为该词含有赞同外国思想意识，并有抛弃孙中山教导的意思。"Chang, *The Chinese Blue Shirt Society*, p.53。

58 干国勋 1907 年生于广西，是一个给土豪劣绅扛活的雇农儿子。直到很多年之后，干还记得那时他半夜起床看见父亲坐在厨房的饭桌前，在茶油灯下偷偷地为他们的贫苦流泪。父亲把他送去读书只是为了学算账、写收据，这样他们家就不会被劣绅们蒙骗了。干国勋在本地的一个农业学校里显出了他的才华，但他不愿当学者，而且决定通过参军来满足家庭的需要。他没有赶上河南军校的考试，就参加了黄埔军校。邓元忠：《三民主义力行社史》，第 71 页。

59 干国勋：《关于所谓"复兴社"的真情实况》（中），第 84 页。在干看来，真正了解内部结构的有蒋忍坚、张宗良、白瑜和李士珍。尤其是郑炳庚、萧洒、徐中岳和沈遵晦，他们都曾当过省级官员。

60 "［这］成为有意要称力行社为'蓝衣社'者的一个有力证据，而此证据是无历史真实性的。"邓元忠：《三民主义力行社史》，第 17 页。

61 这三个原则被列举在波多野乾一（Hatano Kenichi）的研究中。Tien, *Government and Politics in Kuomintang China*, pp.55—56。

62 章微寒：《戴笠与"军统局"》，第 84 页；萧作霖：《复兴社述略》，第 12 页。

63 黄雍：《黄埔学生的政治组织及其演变》，第 13 页。张论述道："蓝衣分子之所以崇拜意大利法西斯和纳粹德国，是因为它们能够克服中国同样面临的一些问题：经济落后、政治分裂以及强大而仇视中国的外部敌人的威胁。蓝衣分子并不是崇拜它们的政治意识，而是它们的成功。"Chang, *The Chinese Blue Shirt Society*, pp.23—24。

64 最权威的日本文件叫作 "Ranisha no kaiso shugi no tenko nara ni saikin no doko"《蓝衣改组派思想变换和最新动向》，它出现在一个名叫 *Ranisha ni kansuru shiryo*（《关于蓝衣分子材料》）的集子里。见 Chang, *The Chinese Blue Shirt Society*, p.15。日本驻上海的总领事弄到了一份蓝衣社的规章手册。见联邦调查局的英文翻译（机密）：*Rules and Regulations Pertaining to the Lan-Yi-She*, published February 1938 by Section Three, Investigation Bureau, Ministry of Foreign Affairs, Japan, in State Department Internal Papers。关于日本人把蓝衣社当作国民党内最反动的因素的描述，见 XuYouwei, *Rikkô sha no NihonkanKenkyû*, p.37。

65 陈恭澍也出版了一本同样题目的书。

66 邓元忠：《三民主义力行社史》，第 17 页。这里有个鸡和蛋的问题。邓说傅使用了"蓝衣"一词是因为日本人这么用了，而他要取悦他们，于是也就这么叫力行社成员了。有一个关于蓝衣社恐怖活动的说法有些可疑。其作者认为这些活动经常有奸细渗入，来为日本的军事干涉提供借口。见 Coble, *Super-Patriots and Secret-Agents*, 全书。

67 *The Blue Shirts Society*, p.3.
68 同上。
69 *Memorandum on Blue Shirt society*, p.3.
70 Tien, *Covernment and Politics in Kuomintang China*, p.56.
71 *The Blue Shirts Society*, pp.1—2.
72 同上书，第 2 页。
73 *The Blue Shirts Society*, p.1. 把蓝衣分子叫作"法西斯分子"的日本人，自然在心中有北一辉、大川周明、高田素之（Takabatake Motoyuki），及赤尾敏这类的右翼形象。Chang, *The Chinese Blue Shirt Society*, p.16.
74 经是杭州第一师范学校的校长。他的女儿嫁给了廖承志。到了 1917 年江苏的 60 个地区中的 48 个有童子军，在上海有 600 多个童子军被编入了 11 个军队中。Culp, *Reconceptualizing the Guomindang as an Activist Party*, p.6.
75 1928—1929 年间，国民党的中央训练部组织了一个司令部，1934 年为全国总人数达 8.5 万以上的童子军成立了一个总会。同上书，第 6—7、9 页。
76 赵和纵队指挥杨涛都是黄埔军校的第五期生。该教育组副组长胡屏章在日本受过基本训练。
77 干国勋：《关于所谓"复兴社"的真情实况》（上），第 69 页。
78 干国勋负责力进社常务委员会，赵范生、杨克敬、陈潮中、蒋无识、陈启宇和吴淑清（女）是委员。同上书，第 38 页。
79 干国勋是主席，成员有桂永清、郑介民、叶维、任觉五、黄绍美和赵范生。
80 朝鲜人金元凤（即金若山）是他的助理。干国勋：《关于所谓"复兴社"的真情实况》（上），第 38 页。
81 第一期训练班就设在南京城外麒麟门附近该团总部里，但日本人对此有所获悉，于是朝鲜人转移到了离汤山 20 里的茅山。金起那时在洛阳，并派遣了一个使者去南方与陈国斌联系。
82 他们的中国顾问是干国勋。滕杰和康泽偶尔也会给他们讲课。
83 干国勋：《关于所谓"复兴社"的真情实况》（上），第 38 页。
84 有关这个秘密特务组织，见 Wakeman, *The Great Enterprise*, 1:88—90。关于在戴笠的秘密特务与东厂及锦衣卫之间的比较，见黄楫清：《中国法西斯特务往哪里去？》，第 2 页。
85 陈英士即陈其美。
86 魏大铭：《评述戴雨农先生的事功》，第 41 页。
87 黄雍：《黄埔学生的政治组织及其演变》，第 14 页。注意，黄雍把特务处的成立日定在力行社成立之后的 3 月下旬。
88 这个培训班的掩护是培训特务基干的外语训练班。章微寒：《戴笠与"军统局"》，第 85 页。
89 干国勋：《关于所谓"复兴社"的真情实况》（上），第 68 页。
90 该训练班也叫"参谋本部特务警员训练班"，还被非正式地称作"洪公祠堂训练班"。
91 这一说法是根据陈恭澍的回忆。戴笠是训练班的头儿，他自然经常来讲话。蒋在开班和结束时也来过几次。邓元忠：《三民主义力行社史》，第 327 页；魏大铭：《评述戴雨农先生的事功》，第 41 页。
92 邓元忠：《三民主义力行社史》，第 327 页。
93 同上书，第 322 页。在主要干部中因为个性和观点的不同而导致分歧，并"各自为政"。
94 同上书，第 324 页。"狂妄自大"为邓元忠之语。
95 同上书，第 325 页。据滕杰回忆，那段时间里大量的文件转送到了力行社，上面有蒋介石的专门批示："此件交滕杰执行。"
96 同上书，第 324 页。
97 同上书，第 325 页。

98 同上。
99 同上书，第 326—327 页。
100 同上书，第 327 页。
101 萧作霖：《复兴社述略》，第 27 页。
102 其会长为戴笠，执行委员是赵龙文、王兆槐、邱开基、郑介民、周伟龙和王新衡。
103 按此处理解有误，传统中国"士农工商"中，"士"当指读书人。——编者注
104 干国勋：《关于所谓"复兴社"的真情实况》（上），第 38 页。
105 同上。
106 章微寒：《戴笠与"军统局"》，第 85 页。
107 萧作霖：《复兴社述略》，第 27 页。
108 黄雍：《黄埔学生的政治组织及其演变》，第 14 页；Tien, *Government and Politics in Kuomintang China*, p.63。
109 据说蓝衣社活动分子得到的补助从每月几块到几百块。"据信，援助他们的资金即使不是全部，至少大部来自鸦片垄断。"Burton, *Chiang's Secret Blood Brothers*, p.310。
110 *Memorandum on Mr.Tu Yueh-ung*, p.6.
111 曾扩情：《何梅协定前复兴社在华北的活动》，第 143 页。
112 干国勋：《关于所谓"复兴社"的真情实况》，第 37 页；Chang, *The Chinese Blue Shirt Society*, p.6。
113 滕杰提出了四点：（一）同志的观念应高于一切其他观念，他劝贺衷寒不要将湖南人放在身边，以免别人误认同乡之贵于团体。（二）蒋公用人，对某人信任时，喜欢委以多种任务，此对社务有极大的影响。（三）团体的政策应以干事会议决定为主，不要独断。（四）力行社必须与党部负责人改善关系，尤其是贺衷寒。邓元忠：《三民主义力行社史》，第 327—328 页。
114 同上。
115 萧作霖：《复兴社述略》，第 63 页。
116 同上。

第八章　蓝衣社的"法西斯主义"

> 随时随地要做到"坚实""确实""朴实""充实"。绝对不好有一点畏难苟安、浮华、躐等、投机取巧的心思！革命本来就是很危险很艰苦的事情，我们要做革命党，就要做呆人、笨人，古人所谓守拙，又所谓"以拙制巧"，"以实击虚"。只有呆人笨人才会实干！
>
> 蒋介石的演讲：《如何做革命党员》（1933年9月20日）[1]

蓝衣"党"

上海公安局特别分局曾在一份供内部使用的备忘录里解释，为什么1932年的报纸报道，尤其在报道任何不快事件时，人们经常会用"蓝衣社"一词。[2]1933年8月25日，特别分局认为，尽管无法指出这个团体的主要成员的名字，但有可靠的消息证明，"国民党内最接近蒋介石的部门组成了一个秘密组织，它以蓝衣社著称"。[3]

这个团体的人没有使用正式的名字来称呼他们的组织，但以它在组织和行动方面与意大利"黑衫党"的相似之处来看,"蓝衣社"的名称便自然而然地被公众采用了,尽管国民党及其任何一位领导人都完全不承认它的存在。[4]

1933年夏天,《中国论坛》(China Forum)杂志刊登一篇文章,指出蓝衣社敢死队的存在。为此,国民党公关负责人方治亲自来到上海保证说,"所谓的蓝衣党"并不存在,并指责该杂志的出版人海若德·易萨克(Harold Isaacs)是一个故意把公众引入歧途的激进分子。[5]三年以后,1936年5月,《亚洲杂志》发表了一篇维布·伯敦(Wilbur Burton)的题为《中国的秘密结义》的文章,说孙中山和蒋介石都是"红帮"和"青帮"的成员,并说这些帮会与蓝衣社都有密切关系。中国驻纽约总领事于焌吉否认有蓝衣社这类组织的存在,并要求该刊收回这篇文章。[6]

然而,根据上海警察大量来自于中国情报人员的报告(其中有些人至少是属于力行社卫星组织的成员),复兴社和中国革命同志会的一些人经常把自己认作是蓝衣社的人。[7]他们声称,他们有一个共同的政治纲领,致力于加强"蒋介石将军的独裁",为此甚至不惜使用武力。[8]他们认为:

> "蓝衣社"成立于1931年,其目标是建立一种有效的"党的统治"。它得到蒋介石和他的一些最热诚的支持者们的赞助。这是一个秘密组织,它只在国民党内部运作。它的主要目标是制造"在普通军人中的强烈的国民党感情"。一旦达到这个目标,军阀们以及他们对军权的滥用便会被挫败。[9]

根据秘密情报,将要掀起三个运动。第一,"建军运动"。其目的在于对全国的将领们进行监视,并通过在政治训练学院搞军事训练班来使中国的军队"法西斯化"。这个运动也许是对"国民军训运动"的呼应（在关于力行社的叙述里曾经提到过这个运动）。[10]第二，"建党运动"。它致力于驱逐竞争集团，恢复蒋的全面总统权力；同时"为确保该组织的法西斯运动"而把蓝衣社成员送往各级地方党支部。第三，"建财运动"。它将平分土地，为国有企业集资，并"向法西斯运动提供物质援助"。[11]

最后这个"建财运动"也许就是力行社所谓的"国民经济建设运动"。它遵循孙中山的民生原则，致力于创造一个土地拥有者和开发者的国家。在明确的"自力更生"的精神下，力行社力图重新分配土地，支援农田耕作和生产，并积极鼓励农业生产和出口。[12]这个计划本应以黄埔校友会的会员费为基金来执行。[13] 1932年夏天，蒋介石下令校友会团体从它的经费里拨出35万元，在这个基础上再加上南昌行营财务部的65万，用这些钱来为河南、湖北、安徽和江西四省建立一个农民银行。根据计划，土地从"土匪"那里夺回以后，该银行应向回来耕作的农民提供贷款。[14] 1933年春蒋介石为此又增加了资金，使总数达到400万。[15]凭着这笔资金再加上财政部的批准，一个国家农民银行成立了，它向信用社提供低息贷款。陈果夫被任命为董事长。[16]

不过，对公众来说，中国农民银行与"蓝衣社"之间是毫无联系的。后者的思想原则从该团体的三大"理论家"——贺衷寒、邓文仪和刘健群——的演说和文字中得到阐明。[17]他们反复强调的宗旨是，为了赶走外国侵略者，中国人民首先应当团结起来，通过消灭共产党来强化国家。等到这个歼灭任务完成后，在农村会有一个社会与经济的振兴，从而向中国人民提供所需要的资金来建立自己的军队，使之能够集中"民族精神"于唯一的领导和政党上，而后者将指挥人民打击外来侵略者。[18]

在这些文字中隐约可见一个政治纲领，但一个前省级领导人后来模糊地记得它的大致内容：绝对支持蒋介石领导，实行中央政府集权，收复失地，捍卫国家主权，废除不平等条约，平均地权，发展农业，实行经济控制，发展国家资本，加强国防；实行征兵制，严格训练和发展国家军队；在政府中清除官僚腐败，普及教育，彻底消灭共产党，给国家带来和平与社会秩序。在所有这些当中，他记得最清楚的是两个最被强调的要点：全面支持蒋介石和彻底消灭共产党。[19]

法西斯成分

很难说人们对这些"法西斯化"的提法应该看得有多重，甚至很难估计它在什么程度上代表了蓝衣社的整个思想意识形态。[20]当然，那时的报纸文章把蓝衣社当作具有国家社会主义倾向的"法西斯"或"半法西斯"来描述。[21]《华北正报》（*North China Standard*）曾报道，在香港"一帮以'蓝衣社'著称的半法西斯分子在恺因（Caine）路一家豪华的公寓里建立了一个总部"，并声称他们要按照墨索里尼政府的模式来建立一个独裁政权。[22]这些中国法西斯分子认为，要有一批强人来控制政府，为此，将以纳粹手段来对付政治上的对手。[23]还有，从当时的警方报告来看，复兴社当中至少有些人直言不讳地表示对法西斯的标签非常当真。黄埔毕业生中属于这一类的人大多曾在德国、法国、意大利和比利时留过学，他们把曾任复兴社第一届书记、后来当了驻柏林的中国武官的酆悌看作自己的领导。[24]酆悌相应地与唐纵结盟，后者也任过驻柏林的武官，还有在法国留学过的顾希平，在比利时接受警训的刘番，以及在意大利学习过的汤武。[25]这批人要求蒋介石以希特勒和墨索里尼为榜样，他们通常被认作是无所不在的所谓的蓝衣社。[26]

不管蓝衣社的真相如何，上海工部局警务处把蓝衣社的成员（据日本外交部调查局估计，其成员在1935年底达1.4万人左右）视为复兴社的三重结构中的"法西斯派"。无论戴笠在绝对秘密的特务处里有多重要，他的名字没有被这些警察当作蓝衣社的头子列入名单。而贺衷寒则被当作蓝衣社的主要领导人。[27]

贺衷寒显然认为自己正在成为所谓的"黄埔派"的政治领导人。该派系一般是指黄埔军校最初三年的毕业生，但使它最接近一个派系结构的是复兴社。[28] 因此，蓝衣社有时被简单地当作纯粹的黄埔派，而且就像力行社及其外围组织的成员们自以为的那样，它也被认为是蒋介石的"嫡系"。[29]

蒋介石的"嫡系"

"嫡"这个字显示了一个家族中妻生与妾生子女的等级差别，用在这里很说明问题。蒋介石的嫡系是在他与汪精卫和胡汉民为争夺对行政院和政务会这类国家合法机构的控制权的过程中产生、直属于总司令本人的权力结构。这些团体在实行政策方面展开竞争，因为该领域里集中了国家的资源。他们的斗争伴随着蒋介石在中国政府体系中即便不是称王称霸，至少是上升到了顶峰。[30] 因此，在嫡系和旁系之间的区别，不仅是一个重要的行政分界，而且被用来鉴别蒋介石的军队（嫡系部队）：由陈诚、胡宗南和汤恩伯指挥的50万军队，被认作是总司令的"禁卫军"。[31] 在这些自认为"嫡出"的人眼里，蒋的权力结构中其他派系的人不过是假装孝顺的外来户而已。例如，CC派的人被当作蒋的"养子"（螟蛉之子），而"政学系"领导人杨永泰和张群则被看成是"师爷"和"管家"。[32]

虽然蓝衣社的人并没有对政学系的人持太多的敌意，在他们看来政学系的人跟雇来的帮工差不多，但他们着实把"养子"CC派当作真正的敌人。从1933年起，他们搞了许多活动来取缔陈家兄弟的影响，尤其是在新闻出版界和教育界。[33]

CC 派

组织派，也就是众所周知的 CC 派，是由陈家兄弟陈果夫和陈立夫领导的，他们两人都早在国民党执政之前，就与蒋介石建立了十分密切的关系。[34] 此二人是中华革命党江浙派领袖陈其美的侄子。蒋介石于 1906 年在日本首次遇见陈其美时，他正在日本学习警法，从那时起他便成了蒋本人成长的楷模。[35]

1907 年蒋介石在东京振武军事训练学校研习重武器课程时，陈其美介绍他加入了同盟会；1911—1912 年辛亥革命期间，蒋当过陈手下的一个团长，后任上海的军事头目，在进攻杭州的浙江总督衙门时领导过陈的一支"敢死队"。[36] 在 1913 年的二次革命中，蒋继续被认作是陈其美的忠实追随者，直到陈于 1916 年被袁世凯的秘密特务暗杀，蒋一直对陈忠心耿耿。[37] 此后，蒋介石继续同他旧主的其他追随者和亲戚保持着密切的关系，其中包括这两个来自浙江离蒋的家乡不远的吴兴的侄子。[38] 1920 年蒋在下野期间，积极介入了陈果夫在"上海证券物品交易所"的金融活动，那是戴季陶和张静江根据孙中山为中国革命党筹资的命令而协助建立起来的。[39] 四年之后，蒋被任命为黄埔军校校长，陈果夫曾任过短期教员，接着他当了党的征募人，在浙江—江苏—安徽一带为军校招收新生。[40]

与此同时，陈果夫的弟弟陈立夫从宾夕法尼亚学习了两年后回国。他在那里的匹兹堡大学获得了煤矿工程专业的学士学位，并在斯克兰顿（Scranton）的地下煤矿工作过。1926 年，陈立夫谢绝了在山东煤矿工作的机会，成了蒋介石的英语机要秘书，在北伐战争中当他的密码负责人。[41] 这两兄弟很快在反共分子组织扶蒋的过程中成为主力。到了 11 月，他们协助在广州的革命同志会建立了浙江社。次月，陈果夫去了南昌，企图从共产党手中夺回江西革命党支部，并与段锡朋和程天放领导的"反布尔什维克联盟"（AB 团）挂钩。[42] 这些人中有些后来成为 CC 派的核心人员。该派系于1927年6月正式成立，成为革命同志会的浙江社、西山会议派、孙文主义学会、AB团，及"执杖"派[43]（如此命名是因为其成员爱用棍棒来恐吓共产党对立派）的大联合。CC派在国民党内变得如此强大的秘密，在于这两兄弟对组织部十年的控制。该部负责建立和审查所有省市级党组织，并向政府、军队、工会和青年组织里的党支部派遣中高级人事干部。[44]陈果夫于1926年成为该部部长，任职六年。而他的弟弟陈立夫负责该部的调查系统，该系统对所登记党员的政治倾向集中存档，并指导了1928—1929年的清洗运动。[45]

后来，到了1932年，陈立夫接替他哥哥的位置，当组织部长，并在后来的四年里把他的活动扩展到情报、调查和安全领域，成了共产党的心腹之患。[46]结果，陈氏在党中央形成了绝对强大的势力。[47]1931年里72名中央执行委员会（中执会）成员中，有15%属于CC派；中执会180名在1935年当选的委员中有50人是陈氏的人；而且在抗战爆发前它的顶峰期间，CC派已有上万成员，其中大多为党的中低层干部。[48]

从他们在党和政府内取得的所有成就来看，用一位历史学家的话说，CC派期望发现或创造一批"社会的中转站，以传播他们的计划，并让全民接受"。[49]秘密社团组织的法西斯运动，似乎向CC派人员提供了他们所寻求的传播途径。从这点出发，英国人和日本人均把CC派的机构与法西斯蓝衣社相提并论。据上海工部局警务处的一位高级情报人员说：

据说，在中国发动一场法西斯运动是蒋介石将军最近一返回政坛就具有的野心。当陈立夫将军，他的最亲密的合作者，组织了一个叫作"西西团"的秘密政治团体，并由他的哥哥陈果夫将军任头目，这份野心便日益显露出来。这个团体在成立后改了名字，变成中国国民党"蓝衣团"。但由于意识到在一个党内不适合有任何具体的团体或开始宗派运动,该团体再次改变名称,起名为"蓝衣协会"。同时决定,这个协会应在其自己的组织里有不同的团体。[50]

日本特务部门实际上把 CC 派叫作"CC 团",认为是蒋介石政府的一支反日宣传力量,也是民政界与蓝衣社对等的一个组织。[51]

  这个团体的使命是在中国组织爱国知识界,以唤醒大众和促进种族的发展,同时为祖国的繁荣而致力于恢复国民运动。该组织反对反蒋军事团体和所有具有反国民党色彩的社会或学术组织。它也以抵消外国影响为目标。这个团体活动的最终目标是在中国取得第二次革命的成果。[52]

日本人还认为 CC 团一贯忠于三民主义原则,而把蓝衣社视为"追随法西斯主义原则的专制组织"。[53]

这种区别方法似乎不无道理,尤其是从 CC 团力图在全国的学术界和青年团体中施展其影响这点来看。[54]其渗透工具是国民党忠实同志会,它通常由蒋介石领导,向大多数省和主要城市送去了"中央干事",这些人负有建立地方支部和在知识青年中成立外围组织的秘密使命。[55]所有支部组织的名字都以"社"结尾,在有些情况下,尤其是派吴醒亚去的上海,有一些不同性质的团体显然用了其他的名字。从另一方面看,在北平和全河北只有一个由张厉生(既是中央委员会组织部成员,也是中央执行院党务局在河北省政府的特派员)为协助 CC 外围组织建立的"诚社"。[56]"诚社"每月第二个周六在河北省党部的大礼堂开会,参会的二三十个代表本身是五至十人小组的头目,也是大学和院校里被组织起来的骨干。[57]

在北平城里,关键的组织者除张厉生以外,还有胡梦华,他奉命挑选大学里品学兼优的男生来面试记者的职位。[58]1933 年 4 月,胡拿到一笔资金，用来创办一个鼓动拥蒋宣传的季刊。他在5月里创办了《人民评论》，发表过反对吉鸿昌在张家口组织抗日同盟军和冯玉祥反日的文章，并揭露了汪精卫和张学良的东北政府之间的关系。[59] 前来面试的学生还经过了严格的考试，被选中者则成为"基本分子"，须吸纳他们的同学或熟人进入诚社。到了1933—1934年冬天，CC派在北平招收了70多名学生干部，大都来自北大和平大的法学院。[60]

CC派将普通学生纳入其圈内的企图，与黄埔一手操纵的、把复兴社成员纳入支持蒋介石反对汪精卫以及其他对手阵营的努力，正好同时发生，尽管他们各自为政，互相独立。记者们以及受其影响的公众，把黄埔派秘密招纳军事化了的蓝衣社的努力，与贺衷寒为首的所谓"十三太保"连在一起。[61] 例如，在1933年《北平晨报》上刊登的一篇文章说："蒋介石的党最终将会集中在如何对付汪精卫威胁的计划上。黄埔军校的十三太保……举行了几次会议，他们最终决定成立一个法西斯社团，该决定后来也得到了蒋介石的批准。"[62]

"法西斯"的形成

除了CC派与力行社之间声名狼藉的竞争以外，在公众眼里，陈立夫还跟新"法西斯"的形成有关。据法国情报机构1933年8月12日的一份报告，那年蒋介石在庐山召开了一次夏季会议，陈立夫、曾扩情、吴醒亚（上海社会事务局局长）和潘公展（国民党上海教育局局长）等到会。

会议过程中讨论了法西斯运动在中国的进展。会议决定，首先在国民党党部的"忠实军事机构里"和大学院校里成立法西斯支部……我们获悉的情况中包括：法西斯分子的影响开始在以下大学里越来越明显：中山大学（广州）、中央大学（南京）、河南大学（开封）和静安大学（上海）。[63]

尽管CC派和力行社在"法西斯运动"上相结合，中山大学校长邹鲁在那年夏初唯独指责蓝衣社是他大学里的主要麻烦。他把不久前本科生向教育部要求弹劾他的运动归罪于蓝衣社。邹指控说："在某些想在政府内像贝尼托·墨索里尼或阿道夫·希特勒那样篡夺绝对权力的军国主义者的指示下，蓝衣社企图破坏国民党。"[64]

与此同时，媒介继续认为这个与纳粹同时出现、由蒋的忠实分子组成的新团体，一直在考虑使用各种不同的名称，其中包括"中国法西斯社"和"黑衫党"。[65] 然而，他们最终选定了蓝衣社的名字，"因为他们认为［其他］名字可能会使国民党以为这个新组织会违反国民党关于除国民党外不可有其他党以及在国民党内不可有其他党的规定"。[66]

法国情报机构的报告里提到的庐山会议，有可能是军官训练团的夏季班。蒋介石在7月23日该班的总理纪念周仪式上发表了讲话。在那个题为《现代军人须知》的讲话中，蒋这样形容意大利、德国和土耳其三个"新兴国家"："劳动！创造！武力！"他解释说，劳动，意味着全国所有的人：所有行业和所有层次，从统治者到老百姓，从将军到士兵，一起不遗余力地不懈工作；创造，表示建设一个新国家，从旧社会上建立起一个新社会；武力，是一种"实质的力量"，它要引起革命，为国家的发展而扫除一切障碍。[67] 蒋坚持说，所有这三项都互相关联而不可或缺，它们解释了为什么"新兴国家"能够发展得如此迅速。[68]

两个月后，即1933年9月20日，蒋在江西星子县的讲话，是以法西斯主义是现代国家主义的一种形式为主题的。蒋声称"实在"是革命党员的首要品质；呼吁以禁欲甚至愚蠢的死板来抵制城里人的自作聪明和浮浅。在指控现代社会的轻浮与空虚时，蒋宣称应在"共同的"法西斯主义的"基本精神"中寻找这种基岩。而那个法西斯精神的实质便是民族的自信。一个法西斯分子必须坚信他自己的国家是"最优秀"的，有最辉煌的历史和高于任何其他国家的文化。对中国人来说，这意味着承认《大学》基本纲要是"我们民族最高的文化"。[69]

忠孝仁爱信义和平——就是"礼义廉耻"，为我们民族固有的道德，智仁勇三者为我们民族传统的精神，三民主义为我们民族革命唯一的原则，而归纳之于"诚"。因此我们要做革命党员必先要以精诚来保持固有的道德和传统的精神，才能复兴民族最高的文化。恢复民族在世界上特殊的地位，为人类来创造灿烂的世界，完成救人救世的高尚远大事业！[70]

蒋继续说，作为一股国际力量，法西斯主义被概括成极端的军事化。[71] 尽管革命党党员不总是来自军事单位，但他们必须有意识地采用军事化的生活方式："就是要有军人的习惯和精神，军队的组织和纪律，换句话说，统统要服从、牺牲、严肃、整齐、清洁、确实、敏捷、勤劳、秘密、质素朴实、共同一致、坚强勇敢，能为团体、为党为国来牺牲一切。"[72]

集体秩序

蒋介石酷爱整洁，看到自己所指挥的农民军队绑腿系不紧，裤子没扣好，时常为他们的邋遢作风感到沮丧，这种将风度和道德混淆一体的冒牌法西斯主义掺杂着过于强调细节的气氛。在江西召开的第二届蓝衣社大会上，蒋做了冗长而语调严峻、在文化上自暴自弃的讲话，宣布说：

中国人怕死。作为个人他们很聪明，但他们只顾自己的利益而不愿牺牲自己。是一个没有集体精神的民族……中国人非常散漫。纪律被抛弃了，法律和秩序容忍蛮人，而所有礼貌和荣誉的高尚德行全都丢失了……自由和个人利益之间的区别含糊不清，而这是一个错误。因为中国人实际上只是自我利益寻求者，人欲横流，礼貌不复存在而荣誉也成为未知……中国人虚荣心非常强烈。这种虚荣并非产生于今天，而是源于我们的祖先……他们只图高官厚禄。此外，最大的毛病是虚假和欺骗……中国人作为缺乏个性的现代人，尤为无礼而不知纯洁。到处是肮脏和污垢到了极点……所有这些都显示出一种对国家有害的心态……一切都很肮脏。[73]

显然是被日本和德国村庄的整洁和具有科学性的精确所震撼，蒋介石似乎把刷牙和公共卫生与法西斯在30年代中期所体现的集体权力机器及民众意志相提并论。而且，中国人显然无疑地将他们眼中的德国人突出的军事素质与法西斯主义联系在一起。他们觉得那是一个对自己不太具有威胁的民族，因为德国在前一次世界大战中丢失了他们在中国享有的治外领地。[74]

就这样，蒋介石把他对法西斯军事纪律的观点融进了有关社会阶层和家族世系牢固的新孔学中。无疑，这份沿袭来的智慧透露出他在富裕农家小康环境下成长的痕迹。那种家庭往往受一位自以为是的母亲的控制，她坚信孩子们必须用对长辈毕恭毕敬的态度来对待打扫农舍。[75] 于是，带有中国色彩的法西斯军事化便成了用孔学教育中国人民的另一种方法。[76]

这也被认为是在中央政治统治下的另一种团结民众的方法。力行社的国民军训运动原意在于把小农社会的一盘散沙汇聚起来，以教育人民为保卫自己、反共和抗日而如何"集会"和"结社"。为此，在训练总监部的助理下面成立了国民军训教育处。它的任务是在行政院领导下，在所有的省市建立地方国民军训会。[77]

据其发起人之一所说，这种民间军事训练是一场"带有革命性的社会改革"，意在使中国进入"科学的群众时代"。正如根据 1936 年 5 月 5 日《中华民国宪法草案》在次年成立了一个总务处来选举国大代表那样，正如 1935 和 1936 年的初选那样，这个军训运动意在遵循孙中山的"全国重组计划"第 24 条的呼吁：在 1937 年后把权力归还人民。一言以蔽之，军训运动的目的在于成为孙中山所预见的中华民国政治监督制度总体演变的一部分，但它在 1937 年 7 月由于日本人的入侵而中断了。[78]

注释：

1 中国国民党中央委员会党史委员会编辑：《先"总统"蒋公思想言论总集》，第 564 页。
2 *The Blue Shirt Society*, p.1. 邓元忠指责《纽约时报》上对这个名字的英语解释，他认为这种解释是从 1936 年 11 月 12 日的日本报纸上摘引来的。它把蓝衣社当作恐怖分子、法西斯及反日组织来称呼。邓认为埃德加·斯诺（Edgar Snow）的《亚洲战役》（*Battle For Asia*, 1941）有问题，因为里面把蓝衣社描写成秘密特务组织。邓元忠：《三民主义力行社史》，第 17—18 页。显然这个称呼早在 1932—1933 年就广泛地在媒介和官方文件里使用了。Rissov, *Le dragon enchaîné*, p.151。
3 Shanghai Municipal Police Files, D—4685, 26/8/33. 爱泼斯坦（Israel Epstein）记得，在 1933 年，这个称呼在中国的校园里已是众所周知了。爱泼斯坦：1985 年 3 月 5 日在北京的采访。
4 *Memorandum on the Blue Shirt Society*, pp.1—2.
5 "No Blue Shirts, No List; It's All Wrong, Says Fang", *Shanghai Evening Post and Mercury*, July 20, 1933, n.p., 引自 Shanghai Municipal Police Files, D—4685, 26/8/33。
6 《亚洲杂志》刊登了一封道歉信，以使其得以在中国重新发行。因为这篇文章使该刊在那里被查禁。"Asia Magazine Back in China", *Shanghai Evening Post and Mercury*, July 18, 1936。
7 上海工部局警务处情报员的看法在那时也可能受到公众流言的影响。
8 *Memorandum on the Blue Shirt Society*, p.3; *The Fascistor "Blue Shirt" Party in China*, pp.1—2.
9 Shanghai Municipal Police Files, D—4685, 3/10/40.
10 干国勋：《关于所谓"复兴社"的真情实况》，第 82 页。这个运动应对"似乎预兆了后来毛泽东领导的中国巨型的群众活动"负责。1937 年 2 月，6 万人被动员起来在两个月里清除秦淮河。1937 年 8 月，2 万人被动员起来为抵抗日本人进攻南京而建筑一条长达 107 里的防线。Chang, *The Chinese Blue Shirt Society*, p.5。
11 *Blue Shirts Fascist Movement in China*, p.2. 另外有一个关于蓝衣社项目的说法强调：一、在共产党活跃的省份里，除了建立群众组织外，还要有一个安全系统和情报网；二、为了动摇军阀的权威，尽量向其军队进行渗透，并散布宣传；三、为了蒋介石政府而努力稳定中国北方省份。Tien, *Government and Politics in Kuomintang China*, p.58, p.64。并见徐有威：《关于"蓝衣社"的几点辨析》，第 71 页。

12 这个经济发展计划在 Chang, *The Chinese Blue Shirt Society*, pp.68—81 中有周密的分析。
13 校友会的成员每人应当向该会缴付本人工资的百分之二十。
14 贷款金额非常有限：犁具、割草机、马匹等的贷款为 3—10 元，没有利息，贷款可分期偿还。
15 蒋介石从奉化的一个学校的集资款里拨出 100 万元。河南和湖北财政厅厅长李基鸿捐献了 100 万，中国商业航运公司的总经理郭外峰也捐献了 100 万元。
16 它的董事包括李基鸿、郭外峰、萧赞育和刘咏尧。
17 *Two Sources of Anti-Japanism*, p.29.
18 萧作霖：《复兴社述略》，第 30 页。
19 同上书，第 43 页。
20 薛光前在 1937 年的文章里说："大家都清楚地知道，中国国民革命最根本的动机与意大利的法西斯革命相似……在总司令蒋介石领导下的国家经济复兴运动，与墨索里尼的想法不谋而合。"*China Quarterly*, 1937, 2:488，引自 Guorlay, "*Yellow*" Unionism in Shanghai, p.106。
21 一些有时把蓝衣社称为"青年军官团体"的美国人发现，"从成员们的平均年龄及其社会主义倾向来看"，他们和日本的青年军官集团以及共产党领导者之间有着相似之处。这是路透社驻南京记者汤姆·曹（Thomas Chao）向那里的美国代表团威利斯·派克（Willys R.Peck）表达的意见。*Blue Shirts Organization*, p.4。
22 1928 年初，天津的《华北正报》便说过，"中国需要……一个中国的墨索里尼"。1929 年广州的《中国真理》把墨索里尼说成是"一个卡拉（Carlyle）笔下的英雄"。Chang, *The Chinese Blue Shirt Society*, p.22。
23 "Blue Shirts for China", *The North China Daily News*, June 20, 1933。剪贴在上海工部局警务处（国际租界）档案里，D—4685, 1933 年 7 月 8 日。蓝衣社成员的工资应由南昌和南京提供。新成员的月工资在 30 元左右，"许多无业但雄心勃勃的南方年轻人加入了这个组织"。
24 郑悌于 1936 年被派到德国与战争部长冯·布朗贝格（Blomberg）一起工作。Kirby, *Germany and Republican China*, p.137。
25 同上书，第 232 页。唐纵后来在戴笠死后成了军统局的"三头之一"（另二人是郑介民和毛人凤），接着又在 1947 年当了全国警察头子，1950—1952 年任"内政部长"，1957—1958 年任台湾省政府总书记。
26 黄雍：《黄埔学生的政治组织及其演变》，第 11 页。其他许多人也非常受希特勒和墨索里尼吸引。张学良在 30 年代从欧洲回国时，充满了对法西斯的热诚。Chang, *The Chinese Blue Shirt Society*, p.22。
27 *The Blue Shirts Society*, p.7。其他最常被人提起的三个领导人为邓文仪、康泽和戴笠。萧作霖：《复兴社述略》，第 58 页。据日本资料，这 1.4 万名成员中大部分（599 人）在南京，北平—天津—保定区域（1173 人），以及江西（946 人）。江苏有 540 人。Tien, *Government and Politics in Kuomintang China*, p.58。上海工部局警务处认为，由于这个组织的秘密性加上政府否认这个组织的存在，所以无法估计蓝衣社的成员数目。*Memorandum on the Blue Shirt Society*, p.4。据日本的上海简讯，蓝衣社发布过一个强调绝对保密的命令。该命令要求在每个分支机构中互相使用别名。*Blue Shirts to Suspend Anti-Japanese Activities*。
28 "黄埔派系一词本质上含有一个既不属于任何机构范围，又不属于在军政事务方面有明确意识形态倾向的松散团体。与黄埔挂钩的人作为一个组织起来的团体，通过蓝衣社而变得重要起来。" Tien, *Government and Politics in Kuomintang China*, p.53。

29 邓元忠:《三民主义力行社史》,第 130 页。
30 Tien, *Government and Politics in Kuomintang China*, pp.46—47.
31 作为蒋的禁卫军司令,陈诚将军和胡宗南将军拥有特殊的地位。他们两人再加上戴笠,有时被称为蒋的"三鼎甲"。张新:《胡宗南其人》,第 172—173 页。
32 萧作霖:《复兴社述略》,第 54—55 页。
33 同上。并见 Tien, *Covernment and Politics in Kuomintang China*, p.63。那时杨永泰是蒋的军事委员会总书记,也是那里的政治部主任。他在 1936 年被胡汉民的一个支持者暗杀之前曾经非常积极地提倡新文化运动。蒋介石的结盟兄弟张群,在 1929 年至 1931 年任上海市长之后,负责蒋的行营部政治处。其他政学系的人包括江西省政府主席熊式辉和北平政治协会主席黄郛。*The Fascist or "Blue Shirt" Party in China*, p.2; *The Blue Shirts Society and the Arrest of Yuan Hsueh Yi*, p.1; Boorman, *Biographical Dictionary of Republican China*, 1:48—49, 4, 18。
34 CC 代表双陈或英语中央俱乐部(Central Club),即国民党在北伐时期的内部圈子。Tien, *Government and Politics in Kuomintang China*, p.47。
35 Boorman, *Biographical Dictionary of Republican China*, 1:164—165; Fewsmith, *Party, State, and Local Elites in Republican China*, p.44。
36 Papp, *General Chiang Kai-shek*, pp.1—2。在刘福彪指挥下的敢死队大都由青帮和红帮分子组成。Brian G.Martin, *The Green Gang and "Party Purification" in Shanghai*, p.10。
37 Papp, *General Chiang Kai-shek*, p.2。1927 年春陈氏兄弟策划的大清洗之后,陈其美的遗体被安放在国民党革命纪念馆。1927 年 5 月 18 日,全上海的中国人为他举行了悼念仪式。见 *North China Herald*, May 21 and June 4, 1927; Martin, *The Creen Gang and "Party Purification" in Shanghai*, p.47; Chang and Meyers, *The Storm Clouds Clear over China*, pp.87—89。
38 Tien, *Government and Politics in Kuomintang China*, pp.47。所有在 1926—1927 年间在上海活跃的国民党主要人员都曾在 1911—1916 年间与陈其美过从甚密。他们中有钮永建、王柏龄、杨虎和黄郛。Martin, *The Green Gang and "Party Purification" in Shanghai*, p.47。
39 陈果夫是股票经纪人,据说蒋在那里当跑堂,而且输了很多钱。交易所的头目中有虞洽卿。Martin, *The Green Gang and "Party Purification" in Shanghai*, p.116; Tien, *Government and Politics in Kuomintang China*, p.48。
40 陈从这三个省招收了 4000 名学员,他们成为黄埔一期班和二期班的主要学生来源。其他征募人包括在湖南招生的毛泽东,在山东招生的丁淮汾,以及在陕西招生的于右任。Tien, *Government and Politics in Kuomintang China*, p.48。
41 郓逸群:《三十年见闻杂记》,第 44 页; Boorman, *Biographical Dictionary of Republican China*, pp.206—207。
42 Tien, *Government and Politics in Kuomintang China*, p.49.
43 "执杖"派由中山大学法学院右翼院长谢瀛洲领导。同上书,第 49 页。
44 组织部由三个处组成,他们负责对政府人事、军队人事以及其他部门的人事进行秘密调查。这些处分别由徐恩曾、戴笠和丁默邨负责。Boorman, *Biographical Dictionary of Republican China*, p.207。
45 陈果夫:《十五年至十七年从事党务工作的回忆》,第 84—89 页。
46 "陈立夫过去几年一直负责抓捕江苏和其他省内成百上千的共产党人,而且为此而拨付的成千上万美元都由他经手。"Shanghai Municipal Police Files, No.D—4685, 25/10/35。
47 Tien, *Government and Politics in Kuomintang China*, pp.50—52.
48 陈果夫:《十五年至十七年从事党务工作的回忆》,第 49—51 页。

49　Henriot, *Municipal Power and Local Elites*, p.1.

50　*Blue Shirts Fascist Movement in China*, p.1.

51　"CC 团的人与蓝衣社一样，把蒋介石将军当作他们唯一的革命领袖。他们声称自己的目标是协助蒋将军获得独裁，并反对所有反蒋宣传和反国民党的组织。在国际活动中，他们坚决反日。" *Two Sources of Anti-Japanism*, p.12。

52　同上。

53　同上。

54　黄雍：《黄埔学生的政治组织及其演变》，第 16 页。

55　在陈氏兄弟派遣的干将中，有去山西和绥远的苗培成，去东北的梅公任，去江西和安徽的程天放，去南京和四川的叶秀峰，去贵州的张道藩，去江苏的余井塘，去浙江的洪陆东，以及去福建的陈肇英。胡梦华：《CC 外围组织诚社始末》，第 147—148 页。

56　张厉生和 CC 派的人那时与聚集在北平的政训处的复兴社成员有较好的关系。当时复兴社以北平政训处的头目曾扩情为代表，曾与张厉生共同在陈果夫手下的组织部当过书记。事实上，曾当选为第四届中央委员会全国代表大会成员，是靠了张厉生和陈氏兄弟的支持。曾扩情：《何梅协定前复兴社在华北的活动》，第 137—138 页。

57　胡梦华：《CC 外围组织诚社始末》，第 147—150 页。这些会议的主题通常是关于教育与政治，会议往往以攻击教育部长王世杰和北大校长蒋梦麟结束。

58　胡梦华被指定为河北党支部的调查员并负责监督省里的文学艺术圈子。他之所以受到张厉生的注意，既由于他在《革命向导》上坚定的反日社论文章，也由于他在北大的教授职位，因为这使张认为他可以鱼目混珠地把胡当作进步分子。胡梦华：《CC 外围组织诚社始末》，第 143 页。

59　该刊物有 700 元的补助。胡梦华被告知要鼓吹"一个主义，一个党，一个领袖""一个党的独裁，一个领袖专制""没有党外党，没有党内派系"，及"攘外必先安内"的政策。胡梦华：《CC 外围组织诚社始末》，第 148 页。

60　包括赵在田和李宝谦在内的干部们主要来自华北。也有来自清华大学、中国大学、辅仁大学、中法大学、朝阳大学和平大医学、艺术和农业学校的。同上书，第 148—149 页。

61　这十三人的名字有所变化，尽管通常是指贺衷寒、刘健群、潘佑强、桂永清、邓文仪、郑介民、葛武启、梁干乔、萧赞育、滕杰、康泽、杜心如和胡宗南。戴笠的名字常常被提起，因为他控制了力行社—复兴社的"蓝衣社"组织的整个特工部。萧作霖：《复兴社述略》，第 58 页；张新：《胡宗南其人》，第 171 页。

62　*The Blue Shirt Society*, p.2。据当时日本的一份报告，蓝衣社由蒋介石主持，其常务委员会应由贺衷寒、桂永清、叶维、康泽、萧赞育、周复、郑介民和刘健群组成。*Two Sources of Anti-Japanism*, p.32。

63　"French Police Daily Intelligence Report"，August, 12, 1933。引自 Shanghai Municipal Police（International Settlement）Files, No.D—4685, August 26, 1933。

64　"Blue Shirts for China"，*The North China Daily News*, June 20, 1933。引自 Shanghai Municipal Police(International Settlement) Files, No.D—4685, July 8, 1933。

65　后来成立了一个"中国国家社会党"，被外国媒体认作"中国的纳粹团体"，但它与蓝衣社是完全不同的组织。*Shanghai Times*, January 7, 1935，引自 Shanghai Municipal Police Files, D—4040, 8/7/35。关于纳粹在中国的活动，请看 D—4724, 12/6/33, Shanghai Municipal Police Files;Oakes, *White Man Folly*, p.257, p.351;Godley, *Fascismo e nazionalismo Cinese*, pp.751—752;Kirby, *Germany and Republican China*, pp.27—28。

66　*The Blue Shirt Society*, p.7。关于把蓝衣社当作"党内之党"的看法，见 *Memorandum on The Blue Shirt Society*, p.3。日本资料提到该社成立时有三项原则："1. 蒋介石终身应是该

社的顾问。2. 黄埔军校圈子的人应成为该社的核心，他们应扩大和强化其影响。3. 该社成员应遵循国民党的三民主义原则，并采用和模仿共产党组织和法西斯精神。" *Two Sources of Anti-Japanism*, p.29。

67 "亚洲的法西斯主义可以说是把军事化强加于政治和社会生活。在没有法西斯党的中国，法西斯的概念继续在国民党的军事部门里传播。" Chung, *Elitist Fascism*, p.28。

68 《现代军人须知》，载中国国民党中央委员会党史委员会编辑：《先"总统"蒋公思想言论总集》，第 321—322 页。关于蒋谈到土耳其、意大利和德国由于遵守社会纪律和组织规定成功建国，见 Chang, *The Chinese Blue Shirt Society*, p.26。

69 蒋愿意从相对主义的角度承认，任何"法西斯"国家都会主张自己国家的文化的优越性。对蒋的这一观点，约瑟夫·莱文森（Joseph R.Levenson）有很多评论。

70 《如何做革命党员》，载中国国民党中央委员会党史委员会编辑：《先"总统"蒋公思想言论总集》，第 565—566 页。

71 根据所谓"精英法西斯主义"的最新研究，蒋介石在蓝衣社的暴力和新生活运动的新孔学之间做平衡的努力，属"典型的法西斯式"。Chung Dooeum 承认中国既不存在一个受欺负的中下层阶级，也没有"渴望拥抱'迟缓工业化'观念的"生意领导人，他认为蓝衣社没有深入地卷入关于法西斯是一种政治哲学的辩论。相反，他认识到日本军国主义者们坚持把德国褐衫党当榜样的事实，蒋的共济会坚持了"反共清洗、反日民族主义和刺杀政治对手"的活动——它们在形式上与法西斯相仿。Chung, *Elitist Fascism*, p.169。关于法西斯作为一种政治现象的详细评论，见 Paxton, *The Five Stages of Fascism*, 全书。

72 《如何做革命党员》，载中国国民党中央委员会党史委员会编辑：《先"总统"蒋公思想言论总集》，第 566 页。

73 引自 I wai Eiichi 的 *Confidential Investigation Pertaining to the Lan-Yi-She*, pp.15—16。I wai Eiichi 在 1937 年前是日本驻成都的总领事。此文因此而从日文转译出。——译者注

74 德国在政治地理上看也相对地不具威胁。干国勋总是力图把力行社与法西斯主义分开。对为什么军校附属的、由三个德国军官教授的军官训练班采用了德国的教育方式，他解释说："此项德式军训，以其于一次大战战败后，在中国无任何特权，能以平等待我，而其战技仍属世界第一流，能助我改进部队战技，为抵日军现代化做准备，与其政治性质无干。"干国勋：《关于所谓"复兴社"的真情实况》（下），第 69 页。关于中国人与德国人在第一次世界大战所经历的不幸关系，请看《前途》一文，引自 Chang, *The Chinese Blue Shirt Society*, p.24。

75 "黄埔时代的蒋介石……从他的讲话里显露出他是个严峻易怒的军纪官。他会在出其不意的时候挑剔地指出某某军服没系扣或某某脏乱不堪。对瞌睡的警卫或胆怯的人，他不会怜悯。他总是自我夸耀地把他在保定军事学校的艰苦训练与黄埔的优越条件相比，他那时的军校生吃的只有萝卜、咸鱼和米饭。" Lestz, *The Meaning of Revival*, p.203。

76 南京政府在 1934 年决定，8 月 27 日为尊孔日。在上海，所有机构和单位都得命令派人去南市的文庙参加尊孔仪式。这与孔子的出生地曲阜的纪念活动同一日发生。上海通社编辑：《上海研究资料》，第 184 页。

77 该部先后由贺衷寒、潘佑强和杜心如领导。所有高中及高中以上的学校里都派进了 1 至 5 个军训官，他们的级别在上校、中校和少校之间。

78 干国勋：《关于所谓"复兴社"的真情实况》（下），第 82 页。

第八章 蓝衣社的"法西斯主义"

第九章 意识形态的竞争：蓝衣社和CC派

我们还不能肯定法西斯制度之是否适宜中国，因为我们有我们自己的三民主义，是完全适合于我国国情的。但是我们应该研究法西斯主义，可以作为借镜。

萧作霖：答《中国革命》读者的信[1]

欧洲法西斯运动

尽管力行社内部成员们宣称，蓝衣社的军事训练活动事实上只是对选民教育的一种形式，但一般人并不这么认为。当时的报纸和杂志经常把蓝衣社比作盖世太保，而且蓝衣社本身对欧洲的法西斯主义也非常感兴趣。[2]一般民众对纳粹和法西斯同样热衷：在1933年的中国谈论法西斯主义是一种时髦，上海《申报》曾连篇累牍地发表这方面的文章，反映了公众对黑衫党和褐衫党的普遍兴趣。[3]

然而，尽管在南京励志社办公处内部成立了"中德编译学社"，复兴社杂志《前途》（该杂志由贺衷寒从政训处提供资金）的编辑们对提法西斯主义仍感到惶恐，他们怕因此而冒犯某些读者，包括蒋介石在内。⁴ 后来，他们的编辑们对纳粹的雅利安种族优化的概念深感忧虑。⁵ 复兴社在 1933 年另一家杂志《中国革命》的编辑萧作霖说，尽管人们对法西斯主义到底与墨索里尼和希特勒现象的蔓延有何关系的解释很感兴趣，但他和他的撰稿人都怕写这一类的文章，因为蒋介石本人没有使用这个词。⁶

> 同时我们也实在对于法西斯主义还只知其然不知其所以然，要说也说不出个名堂来。并且蒋介石虽然在实际上把法西斯主义当作三民主义来实行，但是他在口头上自始至终都不谈法西斯这个名词，开口闭口也还是三民主义，因此大家也就都不敢公然使用这个名词了。⁷

与此同时，《前途》总编刘炳藜决定把该杂志第 6 期专门用来考察法西斯主义。⁸ 据该杂志说，其目的大致是要终止传统的个人主义并迅速促进集团主义在中国的普及。⁹ 但那一期杂志有关德国和意大利法西斯的文章非常具体，法西斯的许多方面，包括它的经济政策，都得到了详细的研究。¹⁰

而且，至少从兴趣和意识形态上的自我表白来看，蓝衣社的确与 30 年代德国和意大利的法西斯运动有部分的相似之处。

> 我［Lloyd Eastman］相信蓝衣社可以被准确地形容为法西斯，因为他们所采用的方式和他们表达的观点与显而易见的法西斯运动不谋而合；他们有意识地追慕、模仿并宣传欧洲法西斯思想；而且他们中的许多人都把自己当作法西斯分子。¹¹

从结构上看，蒋属于军事独裁，其统治与其说是法西斯式的不如说是专制式的，而且他的复兴社的信仰是"一种反动的、发展中的民族主义的形式",政治学家们通常把它当作一种"延迟的工业化的意识形态"。[12] 党和政权所赖以建立的国家和社会的组织概念,是基于既要避免资本主义社会非道德化的个人主义,又要避免社会主义革命所预言的阶级斗争。[13] 就像沃特·高雷(Walter Gourlay)指出的那样,国民政府与城市工人阶级的关系和欧洲法西斯体制与工会间的联系非常不同。

> 法西斯的工会主义既带有官僚特点又生气勃勃。它有意识地教育、灌输和引导工人在法西斯主义的"新秩序"里承担一部分角色。作为个人,工人们不断受到成为法西斯工会领导的鼓励,而且这样的领导地位也在党的等级制里设立了。由此,工人阶级便直接地与国家联系了起来。工人们不但没有被非政治化,相反在一种谨慎而受制约的方式下被政治化了。于是,当然就有了以工厂群众为基础的因素。与此相反,蒋的解决方式是官僚性的,但却毫无生气。对"黄色"工会的控制和管理中几乎少有工人的参与。领导们来自于工人以外的阶层,这在意大利是不可想象的,同样不可想象的是墨索里尼会允许自己与"青帮"分享对工人的控制。如其他许多事情那样,在控制劳工上蒋是个折中主义者,他会模仿战术和技巧,却无法模仿他们的精神。蒋并不是一个法西斯分子,他成不了。他是个军事官僚。他的方案不是靠逢迎赢得工人,而是凌驾于他们之上。[14]

而且,1936年撰写的蓝衣社的训练手册里否认与西方法西斯主义有过多的相似之处。它承认:"许多同志认为,我们的组织成立时正值欧洲法西斯主义上升时期;于是,为抵抗日本军国主义及奠定中国社会的基础,我们必须与世界潮流保持一致,并采用法西斯主义;因此我们的意识形态是法西斯主义。"但手册说,这个观点会使人产生误会,因为一旦模仿外国人,必然会使蓝衣社无视中国的特殊条件,从而无法认识到三民主义是适合当时中国国情的完整意识形态纲领。[15] 力行社的创始人之一干国勋，在许多年后写道，他对把所谓蓝衣社当作法西斯组织感到愤怒。"我们怎能让敌人诬陷我们的事业，并称我们的秘密组织蓝衣社为法西斯组织呢？"[16]

据干国勋回忆，一些成为复兴社三级组织成员但从未真正介入力行社核心部分的记者和评论家们，不但完全误解了原黄埔的运动发起人的目的，而且太轻而易举地滥用了"法西斯"这一词语。这些人，包括《动乱的回忆》的作者陈敦正，都被复兴社个别领导人模仿欧洲法西斯的表面现象蒙蔽了。[17] 比如在复兴社训练处工作过的陈敦正曾这样形容刚访问德国和意大利旅行回来、带着一副纳粹冲锋队派头的上司滕杰：

> 滕先生穿了一身橄榄绿色的军装，上身是中山装，打着领带，下面是马裤细裤脚，足蹬马靴，趾高气扬。滕先生告诉我这就是当时德国希特勒的制服。[18]

而实际上，滕杰只是复兴社仅有的几个去过德国、意大利、英国、法国和比利时的官员（其他人有杜心如、李国俊、酆悌、潘佑强和胡轨）之一。他们访问的目的并不在于研究法西斯本身，而是从蒋介石的安内攘外政策的角度，去观察德国和意大利是如何摆脱曾阻碍英法在本国铲除共产主义的自由主义桎梏的。[19]

如果说，欧洲法西斯对共产党的残酷攻击有助于力行社成员抛开他们对侵犯民权仅有的那么点顾忌的话，德国的褐衫党和意大利的黑衫党则为复兴社树立了一个新的可参照的会议风格和集会仪式。此后不久便有一些蓝衣社前沿组织的集会，以一种"法西斯雏形"的文化形式出现。[20] 而这种集体性被后来的一个成员称为"警察前卫的刀剑文化"，在那时的确显示出一种与欧洲法西斯仪式相似的场面。

例如，复兴社于1934年在杭州建立了一个"文化前卫队"，它由浙江大学、之江大学和国立艺专学校的三四百名学生组成。它的成立仪式是在代表了"血和铁"的长剑和匕首前举行的。仪式上,中央空军学校和江苏警察训练学校的干部们身穿军装列队成行,在警察学校校长及力行社的创始成员赵龙文的指挥下组成了一列仪仗队。成千上万的人观看了新卫队成员荷枪实弹宣誓效忠的场面,他们似乎被这种严峻的秩序和庄严的场面深深地感动了。[21]

确切地说,这组相对来说年龄不大、对着蒋介石像宣誓的半军事化的学生团体,同在纽伦堡向元首列队致敬的军队或是在罗马广场上挥动拳头对元首欢呼的人群之间,是有很大差别的。[22] 当时一名记者通过从另一个角度讨论定义的问题,即在欧洲法西斯运动中寻找与蓝衣社相似的组织,一针见血地指出了这种差别:

> 像蓝衣社这类组织在西方也不是鲜为人知的。墨索里尼和希特勒都有他们自己监视党内外分子的秘密警察。有些中西方的评论家把蓝衣社定成法西斯。但如此简易的标签使人产生误解。首先,没有一个法西斯政党能够或者愿意是秘密的;它的力量在于其大规模地公开宣传与组织的能力,并由此来建立一个包括所有阶层在内的共同阵线来支持这个运动。其次,中国的情况与西欧任何国家都如此相异,其政治程序也有本质性的区别,因而无法用西方的概念来界定。国民党本身与西方法西斯在某种程度上有所类似,但它具有太广的多面性——也因为它在更大程度上是源于西方民主制,而非独裁传统,它对现代中国的特殊条件的适用性还没有被证实。[23]

不过,即使欧洲的黑衫党和褐衫党与中国的蓝衣社不完全是一回事,法西斯主义的形象在那些年代里在全世界范围内都非常强大而且具有吸引力。正如我们所见,为数不少的中国军官被派往德国和意大利受训,他们回国后充满了对"法西斯主义"的崇敬,"而且相信法西斯主义在中国当时情况下的价值"。[24] 而且,即使蓝衣社仅仅渴望寻找新鲜的政治观点，以向陈氏兄弟及其党徒对报刊出版的垄断进行挑战，那么法西斯主义的冲动口号对极端民族主义化的中国人来说，也必然成为他们的某种意识形态的基础。[25]

媒介的竞争

与 CC 派争夺对印刷业的新设备的控制，使蓝衣社背离了蒋介石关于让他们主要在公共安全和警务范围内活动的指示，因为印刷业被认为属于民事政治范围。[26] 所以，一开始除了创办复兴社控制的报纸杂志以外没有什么其他正式活动。复兴社的"官方"报纸是《中国日报》，它的前身是《文化日报》。[27] 其主编是蒋介石前军事助理、蓝衣社内"西南派"的首领康泽。[28] 后来康泽被调去负责组建一个在"剿匪"区域"剿共"的别动队。此时他分管宣传工作，也许部分是出于防止他通过参与蓝衣社培训项目而继续扩展他这一派的影响的缘故。[29]

不管对康泽的这一任命缘由如何，康泽成了蓝衣社杰出的报刊出版人。1932 年 1 月 28 日淞沪抗战爆发后出现了严重的报刊印刷危机，但康泽对此早有准备，他储备了大量的印刷纸张。也因为他的战事消息直接来源于前线，所以《中国日报》拥有极高的发行量。[30]

还有其他一些力行社控制的报纸。除了在上海出版的《前途》和在南昌与汉口印刷的《扫荡》以外，复兴社还对下列刊物有影响：

《北方日报》——余洒度主编，出版于北平。

《老实话》——刘健群编辑，1933 年 8 月出版于北平。它比起正规报纸来更像简报，主要刊登有关政党人物耸人听闻的轶事，以及对共产党人进行造谣诽谤。

《人民周报》——蒋坚忍编辑，出版于杭州。

《青年与战争》——萧作霖创建于南昌。开始主登"剿共"文章并致力于激发青年人,后来于 1934 年 7 月与《中国革命》合并。[31]

其他还有一些复兴社知识分子成员编辑的刊物,但除了符合前面提起过的两个口号——"攘外必先安内"和"绝对支持一党一领袖"以外,它们之间没有体现出共同的理论基础。这些报纸包括了《南方日报》(福州)、《河南晚报》(开封)、《国民新闻报》(杭州)、《新青岛报》(青岛)、《新中华日报》(汉口)、《中华周报》(南京)、《国际译报》(南京)、《新社会》(上海)、《思想》(上海)、《民族文艺》(上海)、《现代社会》(天津)和《西北评论》(西安)。[32]

这其中的有些报纸因自身特点而被认为属于国民党极右派。其他的,如曾扩情编辑的《世界日报》(北平),则被读者认为不属于任何派系且观点中立。[33] 复兴社所属刊物的这种缺乏明显倾向性的情况,要比蓝衣社自己的政策和政治理论上出现的含糊状态更常见。[34] 于是为了平衡这种含糊状态,也为了向蓝衣社提供一个前沿组织以使其活动深入文化界,一个由蒋介石的亲信,包括蒋的私人秘书邓文仪组建的"中国文化学会",于 1933 年 12 月 25 日成立了。[35]

邓文仪长期以来对文化事务持有商业兴趣,他曾经向朋友们借钱开办了"提拔书店",该书店出版过蒋介石的言论集和军人手册系列。书店和编辑室合起来就是一个小出版社的样板,它在吸引那些渴望用学习国家领袖语录来提高自己的顾客方面如此之成功,以至于引起了邓文仪和他的领袖之间激烈的争执,而这几乎让他倒霉。

首先,那些深为嫉妒的政治—商业竞争对手们满怀恶意地向蒋介石汇报说,邓文仪利用领袖的名誉和声望来大发其财。然后,当蒋在 1930 年新年对黄埔学生的讲话被提拔书店的某个刊物误解后(暗示国民党军队将向东北进军,那就等于肯定了与张学良军队的冲突),蒋介石把他的这位秘书召来狠狠地训了一顿,说要关闭他的书店。一开始邓文仪不服，用了一个多小时来争辩说他的书店没有正当的法律程序不能被关闭，而且要征求书店股东的意见。这对蒋无异于火上加油，结果邓终于在蒋的臭骂下缩了回去，回到自己家里，懊丧地哭了一天一夜。[36]

接下来的几个星期里邓文仪一直非常沮丧，他把自己关在家里，竟然都不屑向司令部的上司请病假。蒋本人则装作没注意到他的缺勤。终于，一个月后，当蒋在中山陵向一队负责江西"剿匪"动员宣传的人员作讲话时，邓文仪自己来到了那里。讲话后，蒋主动向邓打招呼，关切地询问他的健康状况和是否上班。然后"校长"温和地对他说："你的毛病就是懒散，如果打起精神工作，一定可以把事办好，今后要切记改过，勤奋工作，从明日起，你到总司令部去办公。"次日邓文仪便去上班了。[37]

新生活

这次感情冲动的危机反映出蒋介石和他的部下之间关系的复杂性。在这之后，邓文仪继续经营他的出版公司。事实上，当力行社的蓝衣社成形时，邓的"提拔书店"已经发展成了连锁店，并在南京、汉口、南昌、长沙、贵阳及其他城市发行。[38] 中国文化学会也因此汇入了邓文仪的一个已经建立好了的简单而广泛的宣传网络。它的出现正值新生活运动开始：新生活运动由江西省省长熊式辉于1934年2月在江西发动，这种道德复兴观的基础，来源于"传统孔学信条、基督教道德准则及军事理想的意识形态大杂烩"。[39]

在力行社内部，新文化运动被当作蓝衣社的"四大运动"之一。社会上所有的干部和成员都受到它的左右，尤其是在他们个人财产和收入方面。力行社的规定要求所有的成员都应当登记他们的私人财产，将来所有的财产增减都将通过其工资来调节，而这些财产应当由书记处的会计或力行社的监察员抽查。贪污 200 元的,处徒刑;偷窃 500 元的,处死刑。力行社在地方的协调组织因此而制造出"一个新气氛"以清除挥霍、贪婪、懒惰、欺骗、叛逆、赌博、淫乱,以及所有"封建士大夫"的"好逸恶劳"之类的种种"恶习"。在这个扫除浪费和到处封官许愿的新道德秩序下,男女大众将"复兴我固有的日新又新之创造民族精神",以"恢复自鸦片战败后之民族生存发展信心"。[40]

中国文化学会相应的主要目标是,通过把人的注意力转移到大众共同利益的方法来"更新生活"。这种努力的关键是一个"军事化"项目,它原先只针对复兴社成员,后来通过新生活运动促进协会的运作扩展到了一般公众。正是这个协会采取了许多极有争议、强加于人的运动措施,如限制吸烟、跳舞和穿某些西化的衣服。[41] 蓝衣社后来遭到外国人尤其是美国传教士们的指责,说他们颠倒了新文化运动最初的宗旨,而把它变成了一场法西斯统治的运动。[42]

中国文化学会名义上由蒋介石主持,但它的日常领导是邓文仪、萧作霖、贺衷寒和吴寿彭。邓是理事长,而萧当了南昌总部的秘书长。与此同时,决定让萧作霖去上海,在刘炳藜(《前途》的编辑)、倪文亚和其他蓝衣分子的帮助下建立该学会的一个分会。[43]

蓝衣社在上海的脚跟已稳。1932 年 1 月,力行社筹备处曾经派遣叶维去那里建立一个控制学生运动的组织。[44] 根据日本资料,两年后,蓝衣社在上海召开了一个常务委员会会议。[45] 会议确立了一系列的组织原则,建立了组织结构并订立了关于成员的规章守则。日本资料说,蓝衣社的章程宣称:"法西斯主义应当用于实现独裁。"他们的誓言要求他们致力于发扬民族独立精神,取缔所有不平等条约,并使整个国家集权化。在政府官员中加强军事化,"使他们接受法西斯主义"的同时,用刺激各省乡村手工业,压制资本家和劳工之间的阶级斗争,以及普遍建立农业实验站的方法来发展商业、矿业和农业。另外,为了"尽快实现社会新秩序,建立基于法西斯主义之上的国家",蓝衣社根据形势开始涉入情报、宣传和处决的活动。[46]

根据这些大惊小怪的日本资料，上海的蓝衣社组织系统图显示，其地方上的特殊地区分部直接受南京总部的领导。它包括：1．平津站，包括天津警察情报局；2．平津地区惩戒委员会；3．常设在大同、济南、青岛、山东、唐山、张家口和绥远的分部；4．一支北方特殊纵队，它在大连、沈阳、新京、哈尔滨、黑龙江、四同、营口、承德等地都有自己的分部；5．武昌分部；6．分散在全中国省市的各级单位。[47]

其他外国情报和警察机构也积累了关于蓝衣社的情况。至少在1933年8月，法租界的警察已宣称他们发现了在国民党社会局局长吴醒亚领导下的上海蓝衣社，吴醒亚被认为是蒋介石在上海的情报头子。[48] 国际租界的警察也误把蓝衣社上海分部与CC派和陈果夫混为一谈，而且认为该组织的建立是为了把"一种新精神，即法西斯主义，作为在危难中拯救国家的措施灌输给大众"。显然，他们也误把吴醒亚当其头目了。[49]

文化控制

要是真像一些情报分析的那样，吴醒亚是CC派成员的话，那么在萧作霖于1934年2月刚到上海准备在环龙路76号建立一个"筹备委员会"来促进复兴社文化事务，上海的蓝衣社与陈氏兄弟便已处于对立状态。[50] 早在这之前，萧的筹备组就向上海市市长吴铁成、同济大学校长翁之龙、交通大学校长黎照寰和国立商学院院长裴复恒发出了特殊邀请。这些重要人物每人都同意加入这个新委员会。而且在短短的一个月里，又有七八百人被吸收为中国文化研究会的成员，其中多数是大学生和教授。研究会由3个常务理事领导：吴铁成、刘炳藜和萧作霖。[51]

据萧作霖本人说，中国文化研究会成立时正值复兴社"法西斯宣传运动"的"高潮",当时蓝衣社吸引了很多追随者,并在上海对公众具有很大的影响。[52] 他们在环龙路 50 号开了一家文化书局和书店后,中国文化研究会在发行青年丛书、军事丛书与民主丛书的同时,开始定期发行它的简报。研究会还通过在南昌总部的吴寿彭出版了一系列的翻译刊物。[53]

复兴社期望在中国发动一场"文化运动",这可以给予蓝衣社的知识分子们一个机会来控制广大读者的思想和行为,从而领导全国的复兴运动。这个计划在复兴社的月刊《前途》中被含糊地提到:吴铁成、刘炳藜、贺衷寒和其他人都在该刊上撰文,如《中国历史中的文化统制》《我国文化统制的历史观》《三民主义的统制阶段》和《统制文化与救亡图存》等。[54] 这些文章的共同点不过是一个简单的"统制"概念,它模糊地表示复兴社必须以某种方法来对全国的知识领域获得统治,而且尤其是蓝衣社,而非陈氏兄弟的圈子成员,应当在当时中国的主要文化中心上海对新思想运动进行控制。[55]

CC 派明显意识到了这些挑战,并准备对此做出反应。中国文化研究会一创办,CC 派成员立刻也成立了一个"中国文化建设协会"。当萧作霖于 1934 年去上海建立中国文化研究会分会时,陈立夫立刻接踵而至,在维克多·埃曼纽尔二世大道设立了中国文化建设协会的上海分会,在文学和文化圈子里为争取"名流学者"与萧作霖的人马竞争。[56]

CC 派也成立了一个"特别团体"来"调查中国文人的政治倾向"。[57] 这个"特别团体"后来包括了《晨报》的编辑王新命,[58] 商业出版社编委主任何炳松,[59] 南京中央大学的政治学教授吴育干,[60] 复旦大学法学院院长孙寒冰,中央大学社会学院院长黄文山,[61] 北平大学新闻系教授陶希圣,复旦大学教育系主任章益,《文化建设月刊》编辑樊仲云,[62] 及中央大学政治学教授萨孟武。[63]

CC 派成立的与之相对立的组织文化协会,使市长吴铁成和一些大学的校长们非常为难,因为他们已经加入了复兴社的筹备委员会小组。

最安全的办法是双方的组织都加入。于是他们及一些有影响的教授们很快地这么做了。但结果是，中国文化研究会在获取上海的大学生，尤其是大专学校的学生的支持方面，要比CC派的文化组织擅长得多。[64]例如，在暨南大学，蓝衣社能使大多数学生忠实于他们，因为文化研究会的干部们自己大都是前军校学生，所以他们能更有效地组织和管理他们的支持者们。[65]当CC派的支持者们试图反击时，双方公开开战了：中国文化研究会的干部们干脆把中国文化建设协会的成员抓了起来关押在校园里，吴醒亚及国民党社会局和教育局局长潘公展对此感到震惊。[66]后来经过市长吴铁成的调解，并领来了复兴社的人（他们故意躲开，以免被迫释放被逮捕的对立派分子）进行谈判后，被抓的学生才得以释放。[67]

上海的蓝衣社在组织邻城的警察和军事人员的支持方面，也比对手CC派要强。比如，他们在上海建立了文化研究分会后，马上也在杭州建立了一个分会，而且还在那里建立了由浙江大学和其他地方学校学生组成的"文化前卫队"（其法西斯式的入会仪式在前面曾经描述过）。[68]

尽管在通过前沿组织来获取学生支持这方面蓝衣社比CC派强，但蒋把复兴社及其附属组织的运作都限制在军训和保安范围内。由于在组织群众上不顺，陈立夫就找到了最高上司，说服蒋介石在1934年6月间解散中国文化研究会，那正是新生活运动在上海公安局的主持下在上海萌发之时。[69]

CC派在上海抵制蓝衣社只得到部分的成功。蓝衣社继续在城里活动，尤其是通过学生军训项目和先由吴醒亚后来是潘公展领导的"中国青年力社"这类教育协会来运作。尽管中国青年力社与复兴社之间有许多联系，而且奉命监视上海的学生政治活动，但它绝对不是蓝衣社的一个"前沿组织"。当吴醒亚手下的一名从日本留学回来的学生袁学易，被当作共产党特务抓起来后，中国青年力社被一个更加军事化的组织——"中锋社"（由潘公展和社会局倡办）取代了。[70]有些观察家猜测，袁学易案件与CC派和蓝衣社的斗争有关，但正规的警方报告则不这么

认为。⁷¹

与此同时，特工部继续在上海内外圈子里为所欲为，人们常将它和复兴社混为一谈，而实际上它们各行其是。⁷² 但蓝衣社中国文化研究会的成员，如萧作霖和刘炳藜，曾经想在大城市里开展新思想运动的希望，则因 CC 派的进攻破灭了。他们被迫转向各省的军训项目，想在蒋介石国民党体制的极右派"统制"下来宣传思想和文化。⁷³

注释：

1 萧作霖：《复兴社述略》，第 35 页。

2 *Memorandum on the Blue Shirt Society*, p.2。"中国的秘密军事警察显而易见是模仿了盖世太保。" Caldwell, *A Secret War*, p.23。许多前蓝衣社成员把复兴社形容成"法西斯组织"，但这些都是在中华人民共和国大陆地区发表的文章里出现的。比如，艾经武的《复兴社河南分社的片断回忆》，第 108 页。

3 邓元忠：《三民主义力行社史》，第 15 页；Elkins, *"Fascism" in China*, p.462。当年 4 月 22 日，《申报》登载了两篇新译文的广告：成绍宗的《墨索里尼战时日记》（*Wartime Diary of Mussolini*）和杨寒光的《希特勒》。《申报》还宣布，从 7 月 16 日起将刊登由白华（译音）翻译的题为《法西斯蒂之政治理论》的系列文章和《法西斯蒂之经济理论》的文章。10 月 3 日，《国际译报》发布了一本题为《美国对法西斯主义有准备吗？》（*Is America Ready For Fascism？*）的书籍。

4 萧作霖：《复兴社述略》，第 35 页；邓元忠：《三民主义力行社史》，第 16 页。

5 Chang, *The Chinese Blue Shirt Society*, pp.22—23.

6 在 1941 年 4 月 1 日军统成立 9 周年的纪念会上，戴笠说："我们的团体，决不采取苏俄式的'格别乌'，和德国的'格杀打扑'特工办法，来进行统治。因为中国有自己的历史文化、传统精神，也就是总理所讲的忠孝仁爱信义和平，和领袖所讲的礼义廉耻。我们掌握团体，运用组织，即本此精神为出发。"章君谷：《戴笠的故事》，第 14 页。

7 萧作霖：《复兴社述略》，第 35 页。

8 关于刘炳藜，见 Chang, *The Chinese Blue Shirt Society*, p.17。

9 关于刘炳藜，见同上书，p.33—34。但张玛丽论述说，在孙中山思想里没有国家集团的概念，而她和杰姆斯·革瑞格（James Gregor）把国家集团（"在国家立法机构中职业和生产种类的功能象征，即墨索里尼所认为的法西斯主义的特征之一"）比作法西斯前的意大利国家主义传统的国家法西斯主义。并见 Wong, *Fascism and China*, p.38; Eastman, *New Insights into the Nature of the Nationalist Regime*, pp.11—15。

10 萧作霖：《复兴社述略》，第 35—36 页。蓝衣社的其他一些理论家是倪文亚和张云伏教授。并见 Tien, *Government and Politics in Kuomintang China*, p.63。

11 Eastman, *Fascism and Modern China: A Rejoinder*, p.841。并见 Tien, *Government and Politics in Kuomintang China*, pp.64—65。

12 Chang, *The Chinese Blue Shirt Society*, p.130; Mary Matossian, *Ideologies of Delayed Industrialization*, pp.252—264.
13 Fewsmith, *Party, State and Local Elitesin Republican China*, p.178.
14 Guorlay, *Yellow Unionism in Shanghai*, pp.128—129.
15 这本叫作《我们的训练》的手册引自于 Eastman, *Fascism and Modern China:A Rejoinder*, p.839。
16 干国勋：《关于所谓"复兴社"的真情实况》（下），第 84 页。"那时蒋介石坚决要求他的弟子们作无名英雄；要求他们绝对保密，要实干、硬干、快干、苦干，来恢复党的威信。所以他建立这个组织来执行三民主义，治乱持危。由于没人了解这些情况，[力行社]被它的敌人污蔑为法西斯组织。"同上书，第 81 页。
17 陈敦正：《复兴社，蓝衣社，青拜社》，第 6 页。
18 陈敦正：《元霞阁随笔》，引自于干国勋：《关于所谓"复兴社"的真情实况》（下），第 84 页。
19 干国勋：《关于所谓"复兴社"的真情实况》（下），第 84 页。
20 "法西斯雏形"一词源于理查德·威伯司特（Richard Webster），用来形容铁十字勋章一类夭折的法西斯运动（据本人与威伯司特教授的交流）。这也可以引申到西班牙的长枪党和阿根廷的庇隆主义，而且显然适用于中华人民共和国评论家们有时指称的国民党"法西斯派"。
21 萧作霖：《复兴社述略》，第 40—41 页。
22 张认为对 Duce（意文：领袖）的崇拜与对（中文）"领袖"或"总理"的崇拜的含义不同。法西斯的 ce 包含了个人领袖的概念，此概念受到米歇尔（Michels）和帕雷托（Pareto）思想的影响，用来指一位能够在一套强有力制度中起关键作用的有威望的领袖。Chang, *The Chinese Blue Shirt Society*, p.50。
23 Burton, *Chiang's Secret Blood Brothers*, p.310. 布顿（Burton）认为与蓝衣社最相近的西方原型是"半亚细亚俄罗斯"的苏联国家政治保卫局。"作为契卡的一种形式，它存在于斯大林之前，但斯大林既利用它来反对共产党内的反对派，又在同样程度上利用它来反对外部的对手——蒋委员长正是如此利用蓝衣社的。"*Chiang's Secret Blood Brothers*, pp.308—309。
24 "Shepherd Paxton Talk", in Records of the Department of State(Internal, China), 1930—1939, No.D13000/14127。关于意大利培训中国军事飞行员，见 Godley, *Fascismo e nazionalismo cinese*, pp.754—755。
25 萧作霖：《宜兴社述略》，第 55 页。
26 同上。*The Blue Shirt Society*, p.1。
27 据邓文仪说，这份报纸原来叫《建邺日报》（建邺是三国时期南京的名称）由陈莫南负责。黄埔军校同学会要邓文仪接管该报，并将其改成他们的组织。但邓当是蒋介石的私人秘书，所以没有时间，于是就另选了康泽。康接管后它便成为力行社的主要喉舌，并在 1932 年 1 月 1 日正式创刊。邓元忠《三民主义力行社史》，第 110 页。
28 同上书，第 323 页。1932 年间，康泽经常建议要建立一个"西南青年同志会"。这个提议被贺衷寒和滕杰否决了。
29 王柔德：《国民党军事别动队罪恶史》，第 56—59 页；萧作霖：《复兴社述略》，第 35、67 页；黄雍：《黄埔学生的政治组织及其演变》，第 17 页；William Wei, *Counterrevolution in China*, p.79。政治训练班成立不久，政训班主任刘健群与滕杰商量了如何防止康泽对训练单位的人事施加影响的问题。邓元忠：《三民主义力行社史》，第 323 页。
30 邓元忠：《三民主义力行社史》，第 110 页。

31 萧作霖：《复兴社述略》，第36—37页。
32 同上书，第37页。其他被提到的在当时受蓝衣社影响的报纸还有《平民晚报》《文化周报》和《政治评论》等。见：Blue Shirts Fascist Movement in China, p.3. 并见：Burton, Chiang's Secret Blood Brothers, p.310。
33 曾扩情：《何梅协定前复兴社在华北的活动》，第141—142页。据曾自己说，他经常对出版人施加压力，如让天津《大公报》出版对复兴社"事业"有利的文章。但在上海，大多数报纸拒绝按照蓝衣社的基调来发表文章。而受其影响的报纸，如潘公展编辑的《晨报》（发行量约2万份）和《民报》（发行量约1万份）则无法与独立的大日报《申报》（发行量约10万份）和《新晚报》（发行量约12万份）所拥有的读者量相比。The Fascistor "Blue Shirt" Party of China, p.3.
34 萧作霖：《复兴社述略》，第38页。
35 同上书，第41页。萧指出，有相当一批复兴社的人员原来就涉身于文化和教育工作。对他们来说，在CC派占领的区域里工作非常艰难，于是他们得"找出路"，以使他们得以表露自己蓝衣社成员的身份。这也是新学会成立的意义所在。同上书，第56页。并见干国勋：《关于所谓"复兴社"的真情实况》（上），第38页。
36 邓文仪：《从军报国记》，第138页。
37 同上书，第138—139页。
38 邓文仪的书店负责南昌总部印刷的材料。他们从1932年开始大规模出版，那年出版了约30来部新书和译作，包括蒋介石新发表的讲话。萧作霖：《复兴社述略》，第37页。
39 Wei, Counterrevolution in China, p.76。熊式辉和康复计划委员会成员在2月15日晚上起草了运动的提案。在杨永泰赞同以后，蒋在南昌的一次委员会会议上表态支持这个运动。2月19日，蒋在一个代表了142个组织、有10万多人参加的聚会上作了动员讲话。Counterrevolution in China, pp.76—78。
40 干国勋：《关于所谓"复兴社"的真情实况》（上），第81页。
41 Burton, Chiang's Secret Blood Brothers, p.310。江西省政府于1934年6月7日颁布：女人的腿部不能暴露。在广东，该运动于1934年9月1日开始，警察拦住了成千上万的男女，命令他们把扣子系上，尽管天气非常热。他们还命令人把帽子戴正，不许吐痰和扔烟头。他们甚至来到餐馆和茶馆，叫人别那么响地喝茶。男人和女人不许一块游泳，不许同车旅行，不许在一个饭馆吃饭、住一个旅馆，一起在街上照相。Sues, Shark's Fins and Millet, PP.47—48; Hunter, The Chinese League of Left-Wing Writers, p.270。
42 "在总司令发动这场运动后不久，一批黄埔的法西斯分子（'蓝衣分子'）试图利用这个运动来为政治颠覆的目的服务，而且正是他们，而不是总司令，给运动加上了限制吸烟、跳舞、女式短发等点缀。"关于这一点，受过美式教育的新西兰传教士谢颇德（G.W.Shepherd）被当作是把"运动从法西斯统治下拯救出来"的人。据美国的外交人员说，那时蒋介石在西安事变时遭受的脊椎伤痛正发作得很厉害。Political Implications of "The New Life Movement" in China, Nanking Dispatch No.473, May 21, 1937, in Records of the Department of State, Internal, China, 1930—1939, No.00/14127, June 19, 1937. Wei, Counterrevolution in China, p.77。
43 萧作霖：《复兴社述略》，第39页。
44 他在任教于某大学政治系的孙伯誉帮助下，工作开始取得进展。邓元忠：《三民主义力行社史》，第111—112页。
45 会议于1943年1月7日召开。
46 Two Sources of Anti-Japanism, p.29。
47 同上。有些资料认为，那时期蓝衣社在中国各省以及包括上海、南京、北平和汉口在内的重要城市里一共有 18 个组织。Tien, *Government and Politics in Kuomintang China*, p.57;Shanghai Municipal Police(International Settlement) Files, N0.4—4685（C）, October 3, 1940。

48　French Police Report, "Activities of the Blue Shirts", August 3, 1933, 见 Shanghai Municipal Police(International Settlement) Files, No.D—4685, August 26, 1933。正如下文所述，这是一个误解。吴醒亚是 CC 派里在上海负责国民党报刊的人。Chung, *Elitist Fascism*, p.112。

49　*The Fascist or "Blue Shirt" Party of China*, p.1。

50　关于吴醒亚与 CC 派的关系，见 *Memorandum on the Blue Shirt Society*, pp.6—7。

51　其中有 100 多个大学教授，加上许多中学和小学校长、教师和行政人员。也有一些作家和记者加入。萧作霖：《复兴社述略》，第 39—40 页。

52　同上书，第 42—43 页。

53　此外还有一个刘炳藜经营的"前途书店"，它出版了《民族革命文化》，但一直没有太大的成功。与此同时，萧作霖把《青年与战争》编辑部与复兴社的"正式"报纸《中国革命》一起搬到了上海。中国文化研究会还资助了艺术月刊《中国文学》和一个叫《文化情报》的文学杂志。《中国文学》之前在南京出版时叫《流露》。

54　此专号是该月刊在 1934 年发表的第八期第二卷。

55　萧作霖：《复兴社述略》，第 4l—42 页。

56　萧作霖：《复兴社述略》，第 56 页；*The Blue Shirts Society*, p.5;*The Fascist or "Blue Shirt" Party of China*, p.3。"蓝衣社开始实行控制，而且通过在学校和大学安插教员、在报社安插记者编辑和助理编辑以及在公共机关里安插秘书，而得以在地方教育界、媒介和其他公共组织里立足。" *Memorandum on the Blue Shirt Society*, p.7。

57　*The Blue Shirts Society*, p.2。

58　王新命是浙江人，原是吴淞中国公学的新闻教授。

59　何炳松曾是光华大学和大夏大学的历史教授。

60　吴育干原是暨南大学政治学教授，当过上海市政委员会的顾问。

61　黄文山，江苏人，原是光华大学社会学教授。

62　樊仲云在江苏长大，原是中国公共大学的一个院长。

63　萨孟武早先是复旦大学政治系教授。*The Blue Shirts Society*, pp.2—4。

64　据上海的警察报告，"1933 年蓝衣社组织了一个叫作'文化促进会'的学生协会，它的目标是在隐藏与学生运动联系的同时对学生进行更直接的控制。" Shanghai Municipal Police(International Settlement) Files, No.4—4685.27/1/36。

65　据说暨南大学校长郑洪年在 1933 年初参加了"法西斯党"。引自 "French Police Daily Intelligence Report", August 12, 1933, Shanghai Municipal Police（International Settlement）Flies, No.4—4685, 26/8/33。

66　萧作霖：《复兴社述略》，第 56 页。警察情报资料认为校园里的"法西斯分子"影响，与教育部在 1933 年的"党化"运动中开除了一批持自由化观点的教员有关。在暨南大学这类学校里，据说有四分之一的教授丢了饭碗。*The Fascist or "Blue Shirt" Party of China*, p.3。

67　萧作霖：《复兴社述略》，第 56 页。

68　同上书，第 40—4l 页。

69　同上书，第 42 页。1934 年 6 月 29 日下午上海公安局在中华路的南岛召开了各区站的联合会议。会议决定应当在 7 月 1 日之前组建一个新生活运动促进会的公安分部，该会在各区的警察站里应当有它的部门。Shanghai Municipal Police(International Settlement) Files, D—5729, 30/7/34。

70　上海的学生军训由驻无锡的第 87 军负责，它的头目王敬久兼管军训项目。政训工作由顾希平负责。黄雍:《黄埔学生的政治组织及其演变》,第15页。中锋社在老北门的中汇银行大楼有办公室,它发行专门针对中学生的双月刊物。它的200个男成员由来自暨南大学和大夏大学及其他中学和师范学校的7个教授和教师组成的委员会负责。Shanghai Municipal Police(International Settlement) Files, D—4685, 2l/1/37。

71 中国宪兵通过审问袁的情人——一个叫王莹的女演员,她被拘留了约两个星期之久——充分了解了袁的活动。"The Blue Shirt Society and the Arrest of Yuan Hsueh Yi", report, prepared by Detective Inspector Sih Tseliang, 29/6/35, in Shanghai Municipal Police(International Settlement) Files, No.D—4685, p.3。袁学易后来当了傀儡政府下面江苏省的教育厅厅长,那时他被认为是军统的一个秘密特务。1949年后他公开了自己的共产党员身份。陈恭澍:《抗战后期反间活动》,第335页。

72 "由这个组织[蓝衣社]获得的情报,既有政治的也有军事的,对蒋介石将军在这个国家里巩固和加强他的影响来说极为重要。在中日敌对行动于1937年正式爆发以前,这个组织的成员在中国几乎所有大城市和港口都非常活跃。" *Memorandum on the Blue Shirt Society*, p.20。

73 萧作霖:《复兴社述略》,第42页。

第十章　各省的蓝衣社

> 每至夜深人静，被害者的惨呼之声凄厉欲绝，闻之使人毛骨悚然。他［吴赓恕，开封特务站站长］还常在拂晓前将许多被害人装入麻袋，用卡车运到黄河河堤上抛入河中，日久浮尸累累，触目皆是。在他手上，在东华门［复兴社在开封的总部］这个魔窟不知残害了多少革命志士和爱国青年。［……］一般人一听到"东华门"这三个字就心惊胆战。
>
> 萧作霖：《复兴社述略》，第 53 页

宣传大队

蓝衣社在各省最早的布局是康泽一手安排的。康泽原是蒋介石侍从室的副主任，对间谍和保安事务既热衷又具特殊才干。[1] 当《中国日报》成为刚成立的复兴社的主要机构时，康泽被任命为编辑，而他利用了这个位置来强化他自己的黄埔学生团体。该团体学生参加过康泽在北伐期间协助领导的宣传大队，他们大多来自云南、贵州和四川，于是这个团体相应地被称为"西南社"。[2]

宣传大队属于军队政治部系统。在蒋于1926年3月20日发动的军事政变中，政治部的人事编制从政训员制降级到了教导员制。北伐初期，宣传大队在政训方面非常成功，它向官兵们传授党的原则和对待非军事人员的纪律。但随着北伐的深入，需要用政治骨干管教从军阀那里俘虏来的战犯，供不应求。于是他们在政训上的成功开始打折扣。到了1927年8月22日，在镇压秋收起义的过程中，白崇禧索性把政治部系统一股脑儿地取消了。直到次年1月，蒋介石以政训部的形式将其在国民革命军中恢复。政训部向国民革命军各师派遣了建立"特别党部"的专员。虽然"特别党部"只负责政训，但它在戴季陶的发展下成了反间谍系统的重要部分，是国民革命军内在蒋介石直接控制下打击共产党的重要工具。[3]

蒋介石第一次江西"剿共"时，正值他重新强调政训工作的重要性，为此，他还把康泽从编辑岗位调到更为活跃的位置上。1932年，南京的力行社研究机构制定出了一个在江西执行的特别的反叛乱计划。[4] 力行社成员滕杰、萧赞育和康泽亲自向在临川县指导反共动员的蒋介石汇报了这个计划，蒋当场批准，并命令这三人与南昌行营参谋长、江西省政府主席熊式辉商量执行该计划事宜。在回南昌的路上，康泽对他的两个伙伴说，经营报纸对他来说挑战性不大，他想负责这个新计划。他威胁说，否则他就辞职去国外。滕杰和萧赞育在康泽身上看到的"是一个能吃苦耐劳、积极肯干、野心勃勃的人"，[5] 他们答应支持他。到了南昌后，他们说服熊式辉让康泽做"特别训练班"的主任，力行社成员杨文连任副主任，袁永馥任秘书，在"剿匪区"内培养宣传、政训和保安事务方面的"特务干部"。[6]

星子县临鄱阳湖，位于庐山五老峰右侧，被选作第一期班的地点。第一期班有中央军事学校学生600个。除了锻炼身体、学习爬山和渡河以外，他们还接受了4个月的特殊培训，研究共产党事务、情报工作、伪装、埋伏、搜查和破坏技术、夜袭，并培养"组训民众"能力。然后他们被分配到各中队、分队、小队和小组去，这些队组合起来便成了"剿匪别动总队"，由康泽领导，并直接向军事委员会主席蒋介石汇报。就这样，他们被公认为是总司令的 GPU（苏联国家政治保卫局）。[7]

别动总队

开始别动队有 1000 人，后来总人数达到 2 万。他们被分成各由 4000 人组成的 5 支大队。别动队骨干的任务是"督导"地方上参加"剿匪"战役的军官。[8]他们的士兵携有手枪、手榴弹和特制轻便步话机。他们在乡村一带伪装活动，对"潜匪"进行突然袭击，杀害或搜捕地下共产党员并破坏他们的党组织。[9]与此同时，别动队的骨干们还协助地方政府建立自卫武装，使正常的行政工作得以进行，使老百姓能够回到家乡恢复正常的生活。[10]

别动队很快在进步人士中臭名昭著，他们指控别动队的武装干部残酷地折磨和杀害百姓，然而别动队却在培养农民的反共意识和动员乡村力量抵抗江西苏维埃红军方面，得到了蒋介石的高度赞赏。[11]更多的特务被培训出来派到河南、湖北、安徽、江西、福建和浙江去工作。而康泽和他的随从们自己形成了一支执行特殊使命的力量，来控制中国南方和西南方的部分地区，甚至把统治贵州和四川的军阀们也不放在眼里。[12]

康泽的别动队在共产党控制的乡村地区进行反叛乱活动，并受到了国民党政训项目的援助，这些项目基本上由蓝衣社的另一位要人贺衷寒领导。[13]1932 年，正当康泽培训特务骨干的时候，这个使"剿匪"一词正式化的贺衷寒，被任命为"湘鄂赣'剿匪'司令部""'剿匪'宣传处"处长及"南昌行营政训处"处长。次年冬，复兴社成立，贺衷寒的宣传处变成了全国"剿匪"军政治训练处。到了次年 6 月，他被派去负责河南、湖北、安徽在汉口司令部的"剿匪"指挥任务。[14]

汉口"剿匪"司令部里的骨干来自"豫鄂皖赣团干队训练班",该训练班在力行社成员的领导下成立于1933年。[15]1700个学员中有六分之一来自中央军事学校,其余的来自四省的县保安队和地区自卫组织。他们全都经过六个月的情报工作、军事知识、战地技术、政治和共产党事务的培训。然后他们回到原单位,在国民党南昌和汉口的司令部指挥下协调反共反红军的"剿匪"战役。[16]

在汉口司令部,贺衷寒主要肩负国民党的反共宣传:他开办了一个电影院,还办了一份顽固反共的杂志《扫荡》。同时,在首都还有其他一系列的机关对政训感兴趣,于是贺衷寒决定使自己成为整个"政训系统"的主子,把宣传工作当成了自己特殊的交易券。[17]

政治训练

贺衷寒在这方面不乏对手。[18]当蒋介石认为滕杰软弱无能时,酆悌取而代之,成为复兴社的总书记。酆悌当总书记时,在"训练总监部"下设立了一个专门针对学生的夏季军事训练项目。于是"纵队"在全国重要的省市组建起来,它们受高级卫戍军官或者从南京力行社派出的专门骨干指挥。[19]

滕杰下台后,蓝衣社的留日派与邓文仪和贺衷寒联合起来提名贺衷寒为复兴社的总书记,这时问题的焦点便转到了政训处。自从贺衷寒1935年从湖北调到南京后,政训处就归他领导,从此政训处成了蓝衣社在军队里的要塞。[20]

军队政训系统在军委会的秘密活动中占有关键的地位。政府军事力量的每一层机构、每一所军事学校、每一个军事单位里都设有政训处。通过在复兴社里任成员的双重组织身份,贺衷寒及他的骨干们得以把训练系统与负责领导地方反共宣传的"军队党务"处接合起来。尽管党务处应当属于国民党中央组织部领导，但它实际受复兴社的骨干分子控制。[21]

力行社的成员也控制了培训政训处干部的单位。[22] 其中最关键的是附属军委会、由孙常钧领导的"干部训练班"。孙既是黄埔一期班生，又是力行社的成员。[23] 干部训练班成立于1932年4月，当时有5个队，1800多名学生。其中五分之一是中央军事学校的毕业生，其余的要么是在前帝国军事学校接受过培训，要么是从军阀那里投降过来被分配到"临时军官训练班队"的人员。经过半年的培训，毕业生被分配到各省，成为地方上市镇民间学校的"国民军训教官"。少数人被留下当力行社其他培训项目的"职官"。[24]

虽然贺衷寒的主力人员都是复兴社的骨干分子，而且中层以上的政工人员都是复兴社成员，但政训处系统仍然相当独立于复兴社。贺衷寒和他的同志们直接从蒋介石那里接受命令，而且政训处大多数的处长并非复兴社成员。除了执行反共宣传以外，他们的主要任务是对各队的队长进行调查和监视。这样，作为整体，这些队长们就能保证既在蒋介石直接控制的部队，又能在他不直接指挥的部队里起到指导员的作用。

他们还要监视军队里所有层次的军官和学生的思想和活动。假如一个军校生被怀疑是共产党员，政训处的政治指导员便有权下令逮捕他，并让宪兵予以处置。宪兵在中国所有的主要城市里都有它的特务机关。[25] 此外，政治指导员奉命调查他所在的军事单位内的共产党。而且，他本人的命令必须服从，因为这就是军法，所以能迫使地方法律机构与之充分地合作。[26]

那时及后来，蒋介石在原则上不允许军队的指挥尤其是师长以上的军官参加复兴社或者蓝衣社，哪怕他们是黄埔一期班的毕业生也不行。当然也有例外，比如胡宗南、滕杰和桂永清。[27] 还有一小部分团长参加了复兴社，但要么蒋介石对此一无所知，要么他们被派去指挥非蒋介石嫡系的部队。[28] 但从总体上说，蒋总是在监视和指挥之间区分得非常清楚。在这方面，他的军事指导员体系与红军有很大的不同，红军的指导员既是政训官员也是集体领导的成员，享有地位和权力。[29]

通常权力与地位是相连的，但蒋的政治指导员因为缺乏通常意义上的指挥权，所以正规军的军官瞧不起他们。

> 他［蒋介石］不许掌握实力的部队长参与政治特务，而使政治特务对掌握实力的部队长起监督作用，以为牵制，可是事实上却正相反：黄埔学生中掌握实力的部队长并不愿参加复兴社组织，对政训工作及其人员都很轻视；而政训人员绝大多数也都不愿干这一行，把政训工作叫作"卖膏药"，认为没有出息，尤其是其中的黄埔学生，更认为是倒了霉。他们只是把政训工作当作桥梁，希图借此同各部队长拉上关系，能转入带兵。[30]

结果，他们不仅没有有效地对本单位的军官们进行监视，相反尽量讨好他们，以便有朝一日自己也有望成为军事指挥官。军官们，尤其是"非嫡系"部队的，反过来也用晋升甚至金钱来收买这些政训人员。时间一长，对政训员来说，这两种刺激使分配到"非嫡系"部队比到"嫡系"部队要有吸引力得多。政训员愿意到"非嫡系"部队工作的另一个原因是，那里的军官生活比"嫡系"部队的要轻松愉快些，比如，在"嫡系"部队里，赌博和嫖妓受到限制和蔑视。[31]

政训处和复兴社均在本系统内设有许多干部，因为这两个组织是蒋介石在1933年1月日本人侵略热河，并企图突破"少帅"张学良协调的长城一带的防线后，计划向东北扩展其势力的关键筹码。当时的军事形势由于张学良与另外两个北方军阀冯玉祥和阎锡山的对立而复杂起来：后二者企图在反对蒋介石"攘外必先安内"政策的高涨的爱国情绪中捞一把。当时冯正在张家口，他在辞去了国民政府内务部长的职位后，伺机再起。[32] 阎锡山在太原，任山西和隋阳的保安司令。[33] 两人都不理睬张学良的命令。与此同时,虽然宋哲元将军被派到了长春,但"少帅"的东北将士已散落中原,轻而易举地成为傀儡政府和汉奸的俘虏。[34]

在北方加强政治行动

到了 1933 年 3 月,当力行社在南京召开年会时,蒋介石意识到他在北方,不论在权威领导还是在可信的干部方面均需要一只强有力的手。后来,张学良提出辞职,委员长接受了,并任命何应钦任北平军委会头目。[35] 同时,他听取了力行社干事们的建议,建立一支由力行社成员组成的特殊队伍,支援干部到北方去。[36] 蒋认为,一支由他的亲信组成的队伍能领导宣传工作和从事秘密工作,以牵制华北的日伪活动。但我们将会看到,这种预见落空了,它只是为戴笠加强他的个人控制铺垫了道路。

第一组人员里有郑介民,他于 3 月 12 日到达北平。郑立刻接管了力行社在本市的两个常务机构:由力行社地方分社书记贾毅领导的"革命军同志会"分会和特务处北平站。第二组人员由南昌行营总部机要秘书邓文仪带领,于 3 月 15 日后陆陆续续来到北平。[37]

戴笠是在初春去北平的,随行的有一位机要秘书和密码员。戴笠的特务替他们在城东的一条胡同里租了一座带院子的两层楼房。[38] 戴笠的活动并非限于收集情报,还含有较高层次的政治活动,包括与东北军政要员黎天才、关吉玉、王卓然、王以哲、范崇义和冯庸的联络。[39]

肩负最重要任务的是何应钦的前机要助理刘健群,他奉命在南京物色干部到北方去做宣传工作。[40] 自从 1932 年 7 月以来,刘是力行社高级干部重点训练班——"军事委员会政训研究班"的主任,这个研究班有大约 120 名中央军事学校毕业生和 480 个普通大学毕业生。[41] "班训"是蒋介石亲笔提书的四个大字"艰苦卓绝",训练纲要是"明礼义,知廉耻,负责任,守纪律"。参加6个月政治培训的学生被告知:礼义廉耻乃是维持国家的四大基准,发扬这四大原则,国家可得以复兴。[42] 他们准备把这种提法向全中国的蓝衣社发布并作为训练提纲,而这种许诺的所有根基都源于三民主义。然而,正当这600个学生在1933年2月准备结束他们的培训时,中国对日本的长城抗战爆发了。现在,他们要在刘健群的领导下去支援人民的抵抗,到华北战场上与日本间谍作战。[43]

1933年3月19日,刘健群被任命为抗日宣传队队长,每月经费2800元,在南京的韩家巷成立一个"筹备处"。十天之内,300多个学生从军委会下面由力行社办的政训精英班里被挑选出来,一支叫作"华北宣传总队"的特殊单位成立了。后来,约有500人加入了这支队伍,其中有一些是黄埔无业毕业生。该总队分成三大队、九小队随刘健群北上。[44] 他们明确的任务是解释中央政府"安内攘外"的决定,联合军队和民众全心全意地抗敌,消灭日本情报机构及地下汉奸活动,确保华北和内蒙古不受侵略以不致变成日本新近制造的"自治区"。[45]

3月27日,包括李秉中在内的一些队长去了北平。[46] 两天之后,刘健群在给其余的人作了最后一个报告后,便率领新大队的成员们北上。他们一到北平,刘便马上取代了贾毅的位置而成了力行社北平分社的书记。[47] 由于刘健群和他的一个队长是何应钦的老部下或学生,他们还参加了支持何的一个特殊小组,因为何只随身带了三四个副官。这队人员非正式地附属于军委会北平分会,包括戴笠的副手郑介民。除一人以外,其中所有的人员全部是力行社的。[48]

对何应钦来讲,他既要防备汉奸又要避免过激的对日反击,而日本人此刻正在迅速占领热河,对和谈三心二意。何在前一种选择上得到刘健群人马的帮忙:他们以十人一组的形式到"杂牌"军中去宣传,督促他们在蒋介石和南京政府的领导下团结起来,联合抗战。宣传人员被告知要用三民主义的思想,来逐渐对非直属于蒋介石的部队实行"中央化"控制,同时在每一个层次上散布"只有国民党,只有三民主义和领袖才能救中国"的思想。[49]

北方的政治行动

为了寻找一个不仅敢想而且敢干的人，何应钦注意起戴笠手下的郑介民来，此人安排了刺杀当时正在与日本人谈判的湖南军阀张敬尧。[50]当时蒋介石的代表即将与日本人进行谈判，除掉张敬尧可能起到了防止其他潜在的汉奸破坏谈判的作用，至少干国勋是这么认为的。他后来说这一处决"引起了燕、赵豪杰人人奋发，原充满封建享乐之华北社会，气象一新，所有汉奸如王克敏、王揖唐、鲍文越等皆畏缩藏匿，不敢蠢动，而段祺瑞、吴佩孚具有代表性之北洋人物，亦皆顺应舆情倾诚中央"。[51]

蒋介石的谈判总代表是他的高级顾问、前上海市市长和外交部部长黄郛。[52] 黄郛在 1908 年是蒋介石在东京军事预备学校（Shimbu Gakko）的同学（阎锡山也是）。虽然黄已经退出公共生活，但在 1932 年他又被恢复了政治要职。鉴于抗日战争引起的全国危机，他回到了上海并创立了新华重建社，该社还出版《复兴月刊》。1933 年 3 月，他被命名为北平政治事务委员会主席，并受蒋介石指派参与不得人心的与日本人的谈判。[53]

与此同时，日本人加强了他们对热河的占领，并继续进攻察哈尔。冯玉祥决定从他退休的张家口出来，通过发动抵抗运动来争取国家领导权。1933 年 5 月 26 日，冯玉祥宣布成立"民众抗日同盟军"，并开始召集军队。[54] 五天后，5 月 31 日，黄郛总算与日本人达成了停火协议——《塘沽协定》。但公众舆论似乎更支持冯玉祥，所以这一协定被认为是卖国协定，黄郛被斥为亲日的"汉奸"。[55] 然而，此刻的关键是军事力量，而非公共舆论。当何应钦在北平—绥远铁路南集合部队时，黄郛和宋哲元（他的部队控制了河北的东部）在1933年8月"说服"了冯玉祥解散他的"民众抗日同盟军"。同时，为了使何应钦分散其力量，冯玉祥把察哈尔的军政大权交给了宋哲元，自己回到山东泰山，于是宋哲元成了河北察哈尔地区的政治领导人。他在1935年5月签署《何梅协定》时，是平津卫戍司令。[56]

塘沽停战的条件之一是取消抗日宣传队。这一条只是在名义上得到执行。各种宣传队因此而改成或并入附属在各个军队里的政训处。刘健群自己成了宣传头目，自此以后，所有的复兴社活动都在这个幌子下进行。每个军事单位的政训处处长几乎无一例外都是复兴社的"小组干事"，该军事单位每一个重要的会议都有政训处的人参加。政训处的第一科代表了复兴社的宣传机关。第二科是情报机关，如果它需要特务活动的话，它便让地方宪兵第三团来当"警卫"，或者当"稽查"员，对军队的每个官员进行调查和侦查，看是否有进步人士和共产党员的活动。[57] 偶尔二科也会利用非军事人员——主要是地方的黑社会或帮匪，有时是青红帮的人员，有时是宗教人员——来对付农民、商人和那些不属于军队或教育机关直接管制的工人们。[58]

学校的军训

1933—1935年间，蓝衣社通过全国高中和大学的军训系统，把影响扩展到了北方。一个叫作"国民军事教育处"的机构在训练监察部门的指导下成立于南京。这个处先由力行社的潘佑强领导，后来是杜心如，并在各省的大城市里组建了"国民军事训练委员会"。这些委员会的负责人同时也是"军训主任"，他们大都是黄埔毕业生。在这些人以及被派到高等院校（包括高中）"军训室"的"军训教官"当中，很多都是复兴社的人。[59]

他们的任务是组织 90 天的高中和大学生的训练课程。初中在名义上由地方的市长或县长一级的官员来领导，但事实上是由每个学校的军训教官负责。在大专院校，大队和中队在校长室的领导下组成，但仍由军训教官指挥。于是，以这种方式，复兴社渗透到了每一个大学和中学，复兴社成员散发蓝衣社的宣传材料，对进步青年进行监视，并搜寻共产党的地下工作者。这些训练教官与戴笠的特务处保持着秘密的联系，共产党认为他们是白色恐怖最残忍的执行者。[60]

大多数真正的军训是在各省府的夏季培训项目中开始的。比如，在学校的假期里，河南和陕西的学生队伍在开封集合，形成训练营。政治灌输的分量超过了军事教程，教官们大都是复兴社的人，传授关于领袖的语录和思想、三民主义、国际事务、德国和意大利法西斯组织的发展以及关于"一个领袖一个党"的课程。[61]

最重要的课是"精神教育"。它的主要目的是使参加夏季训练的学生崇拜蒋介石，于是不仅"敬爱领袖"这句话经常被引用，而且一个学生在任何时候听到"委员长"的称呼，他立刻就得聚精会神满怀崇敬地聆听下文。而实际上，学生们对在酷暑中听三四个小时的讲话感到非常厌倦而心不在焉，他们在政治教员的背后把这些讲话说成是"蒸人讲话"。尽管学生们由于怕受到报复，被戴上"红帽子"，不敢顶撞这些政治教员，但他们看不起这些教员，而且蔑视他们。[62]

例如 1934 年夏，在北平的黄寺举办了一个有 2000 多名中学生参加的夏季训练营。[63] 在一个军训课程中，学生们被告知"安内第一，抵抗第二"的重要性。[64] 有一个学生坚持要发言，反对这个开展反共内战的政策，他大胆地问：为什么打败日本人首先要取决于消灭共产党？这个学生立刻被抓了起来。其余的学生被告知：他是共产党秘密派到那儿来瓦解他们的。后来这位学生被交到了第二十五宪兵处，从此再也没人见到过他。[65]

在这些训练课程以及大学正常的学期里，教员中的蓝衣社成员们不断寻找强烈反对共产党及其政策的学生。当他们发现坚定的反共学生时，便竭力把这类学生训练成"职业反共分子"，以摧毁共产党的学生组织。比如，在开封的河南大学就有在吸收学生中的追随者方面获得显著成功的政治活动小组。[66]

"职业反共分子"被怂恿当警察的告密者和"引线人"，以帮助警察与宪兵追查和逮捕共产党学生。假如反共分子们成功的话，他们会得到特殊资金并在学习上受到奖励，而且他们中的许多人还被推荐为复兴社的成员。[67]

"军训"毕竟是一种对预备军官的训练，它的另一个主要目的是为军队物色潜在的政治工作干部人选。在刘健群当政训处主任时，他还组织了一个政治训练班，把1000多个高中学生聚集到南京，来接受"一个党，一种理论，一个领袖，一个敌人"的理念灌输。这些学生毕业后，想必是享有黄埔毕业生同等的待遇，他们在成为军队的政治干部之前，全都成了复兴社的正规成员。[68]

北平活动

1934年4月，刘健群被调到了南京当复兴社总书记。他的北平政训处处长的位置由曾扩情接替，曾在那时也已成为复兴社地方组织的领导。[69] 曾发现城市里的政治形势异常复杂，尤其是在首都各种警察机构方面。行政院的北平政治事务委员会主席不是别人，正是在塘沽停战谈判中的黄郛。[70] 市长是袁良，黄郛的浙江同乡，毕业于日本的早稻田大学。袁良在丰田和上海当过警官，在来北平接替市长位置之前，任上海公安局局长。[71] 他们都是权威性的政治要人，可他们两人在控制市警察署长余晋和这一点上无能为力。余也是浙江人，他与黄郛同时在日本就学，但他是东京宪兵训练学院的学生。

先当过青岛的海关署长、后当了那里的公安署长的余晋和，也是日中合资企业陆大煤矿公司的成员，他与日本人关系密切，[72]而且个性勇猛，且为自己和手下的人争夺了许多原本属于宪兵头目蒋孝先的刑警力量和权威。[73]蒋孝先的上司绍文凯，作为宪兵司令部的司令，对宪兵部门负有最终的责任，他抱怨过这种侵犯其职权的做法，但他和仅次于戴笠的司令部特派书记廖划平对余晋和的霸道都感到无能为力。[74]

幸亏对曾扩情来说廖划平是四川同乡。[75]当曾需要宪兵帮助逮捕复兴社的嫌疑分子时，他可以求救于廖，后者通常乐意与他合作。[76]

在对待"外部敌人"的合作方面则完全是另外一回事了。在曾扩情1934—1935年任职北平期间，他在对日情报方面一无所知。[77]这方面的工作全部在戴笠派遣到华北、作为他的情报安全代表的娄兆元和卢起勋两个人身上。虽然这两人借调到了政训处，但他们想来就来，想走就走，也不向地方蓝衣社组织内的任何人汇报他们反日的工作或在北平地区对军事人员的监视情况。既然人们已经认为他们只向戴笠汇报其情报，娄和卢便索性在自身周围营造了一种明显的恐怖色彩，于是当地军事单位的"负责人"对这二人感到恐惧，因而对他们加强了戒备。[78]

日本人自然通过侦探了解到了政训处的活动。1935年6月10日，何应钦在与梅津美治郎中将（日本驻华北部队司令）谈判时，不得不对日作出各种让步，不仅同意把于学忠的东北部队（整个第五十一军）撤出河北，取消华北的国民党机关，而且同意解散蓝衣社，关闭在北平的政训处和宪兵部门。[79]戴笠的人躲到了幕后，而曾扩情和复兴社则停止了他们的活动。在向成都的蒋介石汇报了之后，曾便把他的政训处，连同北平的许多人员，一起迁至西安，在少帅手下进行反共活动。[80]

戴笠在北平的复兴社内部神秘地进行特务活动的同时，还在南面的河南，在极端活跃的蓝衣社组织内，逐渐地建立了自己密密麻麻的情报网。复兴社在河南的成功在很大程度上取决于省长刘峙的支持，刘曾是黄埔的一位教官，而且是得到蒋介石最高奖赏的将军之一。[81]

复兴社在河南

因受刘峙的鼓励,复兴社得以在河南发展极为广泛的网络,它扩散到省里每一所学校和绝大多数的政府机构中。每一个政府机构的所有比较重要的官员,军队中的许多中级军官,大中小学校的大部分师生以及相当一部分地方武术团体的领头和帮会的头子们,都被蓝衣社吸收入复兴社或者它的前沿组织内。许多小职员、学校教师和公职人员都认为,不加入复兴社,便得不到晋升,甚至有相当一部分人相信,若不成为复兴社成员,就会丢掉在政府部门的饭碗。[82]

除了省长的支持以外,蓝衣社还得到河南省政府自1930年以来一直任参议的艾经武的赞同。艾是蒋介石的忠实信徒,对"一个党,一个领袖,一个国家"的口号深信不疑。当复兴社于1932年在河南建立分社时,其书记助理陈祺说服了艾经武入社,说这不是一个宗派集团,而是来自于黄埔毕业生、由蒋介石亲信们组成的核心组织。艾不喜欢组织团体,因为它与"一党"论相悖,但他确信复兴社是由动机纯正、严守纪律的人组成的,他们有可能"拯救"国民党。于是他打消了疑虑,宣誓入社。后来他又应邀参加了"中国革命同志会"。[83]

复兴社的省总部开始设在开封,它与中央军校校友调查处及河南省保安部的谍报股调查处通讯社一起,被安置在东华门附近的一幢房子里。后来,两个单位共同以"通讯社"作为掩护。[84]

复兴社书记冯剑飞,同时也是保安部的头子。每个县和镇里都设有复兴社的支社和小组,它们无权横向地与其他支社或小组联系,各社组的人员也不能打听其他成员的情况,他们必须填写自己的"履历表"并宣誓保守组织秘密。他们被告知,一旦成为社员,蒋介石本人就为他们写下了生死状:"入社则生,出社则死。"[85]

王公度和贾贯三协助了复兴社对教育机构的渗透,他们两人都是省教育厅的负责人。许多大中学校参加复兴社的师生都调查过本学术单位里的持不同政见者,并把他们作为共产党或者 CC 派分子列入"黑名单"。[86]

蓝衣社还广泛渗入到县级政府机构。几乎所有的保安团团长和副团长都是复兴社成员,而且约有一半的河南县级专员也都是复兴社的人。[87] 1936 年中当各省推选人参加国民党全国代表大会时,河南省在省长李培基监督下建立了一个"监察事务所",专门监视推选情况。复兴社通讯社接到命令,要他们尽量左右选举。当时的通讯社社长是参议艾经武,他也是《河南晚报》的编辑。他和其他复兴社成员利用通讯社的权威,命令支部和小组集中全力让与他们有共同思想的人当选。同时,复兴社的成员接到命令,让他们到"训练所"当教员。"训练所"是专门为训练由农村"联保"和"乡"送来的学生,使他们成为保长或学校校长[88] 这类地方管理人员而设立的。一旦这些最低一级的行政干部进入训练学校,他们要么成为复兴社成员,要么被邀请加入"忠义救国会",该会是戴笠的特务处在 1935 年建立的前沿组织。[89]

南京命令河南为吸收"社会下层人物",包括"国术界"和青红帮的头面人物而在省里成立"忠义救国会"。这些"土豪劣绅"和流氓分子被带到蓝衣社最厉害的领导人之一萧洒的手下。萧洒在 1935 年建立了一个由军界人士、国民党分子、工人和农民以及地方帮匪分子组成的网络,他们都汇集在东华门的办公室,那里成了准军事化的忠义救国会的一个半公开的"匪穴"。[90]

萧洒是河南本地人,黄埔一期班毕业生,省保安处处长助理。1934 年他被任命为复兴社在开封省部的书记。接下来的两年里,在他的助理书记陈祺的帮助下,萧洒把复兴社变成了一个恐怖工具。省总部在通讯社处占据了两个很大的内院,与残忍的吴赓恕领导的特务站合并在一起。吴赓恕杀人成性,能干出最野蛮凶残的行径。当陈祺扩充"忠义救国会"的人员,并把它变成特务站的一个卫队时,吴赓恕接到了复兴社传递给他的信息，要他秘密地逮捕有"革命"活动的嫌疑分子，并把他们关押在他的办公室，然后将他们日夜折磨至死。[91]

这种情况变得如此可怕，以至于作为复兴社吸收对象的师生们拒绝与蓝衣社有任何关系。复兴社成员本应是主要来自教师和职员中的效忠蒋介石的人，现在却呈现出大批"忠义救国会"流氓加入特务组织的特色，这些人之所以入社，是因为能有机会利用东华门的名声而作威作福。这些"无赖"们会在开封城里进入饭馆和商店，想吃什么吃什么，想拿什么拿什么，然后分文不付，只说："我是东华门的！"这些流氓甚至还敢在特务的办公机关和县政府官员那儿制造麻烦。萧洒和陈祺经常替"忠义救国会"的人写介绍信给当地有复兴社背景的政府专员们。这些专员们敢怒而不敢言，因为怕受残害。到了1936年，河南的复兴社已经与这类流氓团伙毫无二致，老百姓已经无法区分是复兴社的活动，还是吴赓恕特务站的暴行了。[92]

CC派的人毫不迟疑地利用开封的这种混乱局面直接向蒋介石告状，引起他对那里的注意。蒋非常愤怒。他立刻命令特务处罢了吴赓恕的官，并命令复兴社撤销了萧洒的开封书记职务。最受戴笠信任的人员之一刘艺舟被派到了河南全权接管特务站，并把特务站从"土劣"及其支持者们势力强大的开封迁到郑州，从而使特务站能够有效地排除地方势力干扰而受南京鸡鹅巷53号特务处的中央控制。[93]

与此同时，特务站同还在开封的复兴社省总部分离开来。当接替萧洒的萧作霖上任时，他发现自己受到特务站站长刘艺舟的冷遇：刘竟然连续三个月不见他。当他们总算见了面时，刘对萧居高临下，极其傲慢。而且，尽管特务站在郑州的机关就在复兴社开封分社的对面，但它们互不来往。[94]作为特务站站长，刘本人也是复兴社"干事会"的成员，但他极少参加会议，偶然参加时，也从来不提特务活动。而对复兴社来说，每当小组或支部递送政治情报，这情报不会交到特务站那里，而是直接送到南京的复兴社总部，然后转交给戴笠下面的特务处。[95]

在当地，复兴社在政治逮捕和搜查方面被有意蒙在鼓里。例如，1936年，一名中学教师神秘地失踪了。因为他是复兴社成员，所以该社的地方代表询问特务站是否有关于他的任何消息。特务站回答对此一无所知。只是在这个教师被释放后，复兴社才了解到刘艺舟的人把他当作共产党嫌疑分子抓了起来。不仅特务站吸收来的学生和其他受他们资助的人停止了参加复兴社的会议，特务站甚至在复兴社开封分社里也有潜伏人员，专门向刘艺舟和他的同伙汇报萧作霖及其副手们的情况。[96]

复兴社与特务处的分裂

虽然在别处复兴社和特务处的关系并非如此紧张。时间一长，这两个组织的分歧则越来越明显。1933—1935年间，戴笠秘密特务中绝大部分的基层人员都愿意参加复兴社的活动。但一旦加入后，戴笠的特务就开始组织只有特务处人员参加的支部。例如，沈醉和他的一些"组长"们，包括在警士教练所工作的黄加持和杨华波，当时在复兴社内部组成了自己的小组。每次开会，他们从来不在别人面前汇报其情报工作的细节，完全无视复兴社总部关于以该社名义进行特务活动的命令。不久以后，这些秘密特务索性不在复兴社支部开会了。在名存实亡的"革命同志会"里他们也同样如此。[97]

活动的分家，或者更确切地说，对复兴社普通人员隐瞒特务活动，也是湖北蓝衣社的典型做法。当萧作霖在1935年任蓝衣社湖北分社书记时，特务处的头子周伟龙和他下面的任何人员都从来不向他汇报任何情况，他唯一知道的关于特务处的消息是周的私人住址。[98]

造成这种情况的部分原因是：特务处要进行自我保护，以不受蓝衣社的大型组织复兴社的涣散、好争爱斗和低效率的组织质量的影响。

特务处的组织纪律较之复兴社的一般组织严密得多，对所属一切人员有掌握控制的绝对权力，它的所有各级人员又都是有职有薪的职业特务，人事管理很容易，也不容许有什么纠纷，而对外却要杀人就杀人，要对付谁就对付谁，自然也就不能不令人谈虎色变了。[99]

特务处上海站鲜明地反映了这种对比。在王新衡当站长的时期，他明确地表明从不参加复兴社的任何活动，那里钩心斗角一团糟。[100]

总而言之，特务处对上海复兴社特别注意，因为复兴社的内部领导刘炳藜和他的助手牛沛江因争权夺利闹得一塌糊涂。他们之间的争斗激烈到彼此阴谋暗杀对方。这些阴谋活动引起了蒋介石的注意，他密令上海特务站进行秘密调查。复兴社的中央总部派了徐进到戴笠那儿，戴笠便任命他到上海站给吴乃宪当书记。吴是上海区区长，他再三叮嘱徐，千万不能将调查情况泄露给复兴社的其他成员，否则会引起某些上层人物极大的不满。徐进答应了，于是这些事情一直保密到复兴社在 CC 派的攻击下投降为止。[101]

与此同时，在河南的特务站力图在没有"土豪劣绅"参与的情况下继续运作，那些人在戴笠将其人马从省复兴社分离出来之前，给秘密警察带来了极坏的名声。但萧洒及其同伙们并未销声匿迹。当 1937 年 7 月卢沟桥事变发生时，复兴社像《水浒》里描述的那样，"揭竿而起"。开封省社向省内各地的支部发出命令：动员地方上的帮匪和实力要人。不出所料，使河南闻名天下的土匪头目们开始计划集聚起来，形成一个抗日同盟。他们在郑州举行了一个大会，会上充满了高老末和赵天清这类名声赫赫的大土匪。尽管国民党参议艾经武退出了会议，认为政府简直是在为这些不法分子的捣乱开绿灯，但这些匪首们还是组织起了 28 个游击纵队，由臭名昭著的萧洒领导。[102]

果然不出艾参议所料，这帮游击分子在紧接着的几个月里在郑州又赌又嫖，直到蒋介石下令逮捕他们并押送到武汉为止。[103] 但这一切已为时过晚:河南和湖北本是复兴社在招生和组织方面比较成功的地区,但后来蓝衣社却被弄得声名狼藉。这一方面是由于他们与地痞流氓同流合污,另一方面也因为他们与特务处的恐怖活动有关。尽管戴笠和手下人竭力对省里的土劣们保密,不向其透露他们相对专业而且比较规矩的警察活动,但这也无助于改变公众对他们的印象。[104]

蒋介石后来对蓝衣社在各省策划独立的蓝衣运动的失败并未感到沮丧。因为他对贺衷寒这些人企图用复兴社作为政治武器来实现其政治野心的做法,总感到可疑。贺衷寒已经有他自己的湖南圈的支持者,但通过对蓝衣社政训系统的控制,他希望得到其他人的支持,以确保他在党内地位的上升。因为贺衷寒先是投靠了陈诚,后来又追随胡宗南,他便以为自己有了全面的支持,而有资格作为整个黄埔圈的代表说话。但蒋介石不喜欢看到任何一个个人冒出头来,尤其是借口代表蓝衣社和黄埔军校毕业生总体来反对他的领导。于是,他始终如一地利用复兴社的其他领导人,如酆悌、康泽和戴笠,来防止贺衷寒在党内"法西斯"派里垄断意识形态而成为二号人物。[105]

1936年12月西安事变发生,蒋介石被张学良和杨虎城扣押起来时,贺衷寒已经彻底失宠了。在蒋介石被扣押期间,贺衷寒坚决支持何应钦的领导,并成为"讨逆"运动、主张进兵讨伐和轰炸西安的重要人物之一。他以为,若蒋介石一旦被释放,那他贺衷寒便有发动"勤王"之功,会得蒋介石的宠信;若蒋被处死,他又可以成为拥戴何应钦继位的元勋。但他万万没有料到蒋介石由张学良护送回南京,他自己会涉嫌阴谋篡权。他的野心一旦暴露,除了辞去复兴社头目一职以外,别无选择。蒋介石立刻接受了他的辞职,并强迫他成为"幕外人物",直到1942年被任命为社会部劳动局局长。贺衷寒复兴社总书记的职位,由被蒋介石任命的刘健群担任,但很快又由康泽接替了。[106]

复兴社的解散

第二次国共统一战线形成后,复兴社不得不被解散。[107] 第一处被秘密命名为"国民党中央党部调查统计局",即"中统局";第二处(即复兴社的特务处),改为"军事委员会统计局",即"军统",它名义上听命于蒋介石的侍从室主任,但实际上由戴笠领导。[108]

表面上,复兴社与三民主义青年团合并了。除了一小组蓝衣社人员整体从新组织撤出来以外,大多数前复兴社的骨干们成了三青团成员。地方的复兴社分社成了"支团",新牌子取代了旧的,而原来的分社"书记"改成了"支团干事长"。康泽现在成了三青团的"组织处"处长,而政训处则附属于政治部。[109]

萧作霖认为,这些改变只是形式上的,因为复兴社的人事仍由蒋介石本人一手控制。[110] 当然,蓝衣社在40年代以军统特务别动队的骨干形式继续存在,尤其是在上海,那里有戴笠和他的同伙在30年代建特务站时打下的组织基础。但对复兴社本身来讲,这种名义上的改变对它的组织体制而言则是本质性改变,因为这些变化夺走了复兴社的秘密权力。[111] 1941年,当康泽和萧作霖同在重庆,在三青团的资助下领导针对青年和军事干部的"特别训练班"时,康对萧说,三青团与原来的复兴社活动相比水平差远了。康泽说,因为秘密组织比公开的权力更大,它更能发挥作用。他总结说,如果复兴社继续存在的话,国民党的反共活动会远比现在有效。[112] 他当然还可以说,复兴社比起戴笠的前二处最隐蔽最秘密的活动来说,只有一步之差,它是能够得到发展壮大的。

但这已经没有意义了,因为这两人都没有意识到,一旦集体性强的复兴社在《塘沽协定》和第二次统一战线的压力下被迫解散,它便为一个个人秘密计划彻底打开了通道。即,当蒋介石抛弃了黄埔集体领导的秘密活动后,戴笠便得以放开手,在委员长的羽翼下建立起相对独立,从某种意义上说是个人的,甚至几乎是自己的秘密特务组织。除一人以外，蒋对他黄埔系所有那些急欲成为法西斯宣传家和警察头子的党羽感到失望，最终这个黑暗压抑的世界落入了他的"犬马"——戴笠之手。

注释：

1 萧作霖：《复兴社述略》，第66页。一位后来投奔共产党的原蓝衣社人员在谈到戴笠和康泽时说，他们是"两个活的法西斯特务榜样"。

2 黄雍：《黄埔学生的政治组织及其演变》，第11页。

3 一共成立了21个特别党部。其中11个是在蒋的第一军内。由于特别党部主要从事反间谍活动，政训便成了每个师的宣传大队的职责。宣传大队的人员收入相对较高：队长的工资是200元，而正规军的上校只不过240元。队里文职人员的工资基本上与中尉相当。Wei, *Counterrevolution in China*, pp.25—26。

4 在三个分散且协调不够的部队里动员10万人来打击江西苏维埃的决定，是在1930年11月12—18日期间，在南京召开的国民党第四次代表大会上作出的。同上书，第23页。

5 干国勋：《关于所谓"复兴社"的真情实况》（上），第69页。

6 萧作霖：《复兴社述略》，第67页；黄雍：《黄埔学生的政治组织及其演变》，第17页；干国勋：《关于所谓"复兴社"的真情实况》（上），第69页。

7 王柔德：《国民党军委会别动队罪恶史》，第230—231页；干国勋：《关于所谓"复兴社"的真情实况》（上），第69页；Faligot and Burton, *Kang Sheng et lesservices secret schinois*, p.191。GPU原指苏联国家政治保卫局。

8 宋美龄把他们作为地方上的公共事务官员介绍给英语世界的公众，说他们组织了合作社来购买种子、工具和建筑材料，并用特别低的利息向农民贷款。据她说，他们主要想赢得人民对他们反共战役的支持。Madame Chiang Kai-shek, "Madame Chiang Kai-shek Traces Ideals and Growth during Past Two Years of New Life Movement:Success Achieved", *The China Press Double Tenth Supplement*.Shanghai, 1935, PP.18—19;Wei, *Counterrevolution in China*, p.239。

9 在法国第二档案馆（Deuxieme Bureau）的档案里有一份关于别动队的情报说："当赤色分子被抓住或投降后，他们没有被枪杀，而是被关到一个叫作'忏悔营'的集中营里，在那里他们被告知他们人生的错误。"引自Faligot and Burton, *Kang Sheng et lesservices secret schinois*, p.191。

10 干国勋：《关于所谓"复兴社"的真情实况》（上），第70页。

11 同上。

12 康泽成功地使一些"匪区"就范于中央控制之下，而且蓝衣社领导着第一届军委会的行政事务局，这代表了黄埔集团的右翼"在其控制下建立一个统一的军事系统"的努力。Tien, *Government and Politics in Kuomintang China*, p.61。但也有人认为，"30年代早期在江西的反革命活动"使国民党的"黑暗面加重了"，而且"使它无法在1946—1949年的内战中消灭中国共产党"。Wei, *Counterrevolution in China*, pp.1—2。

13 Burton, *Chiang's Secret Blood Brothers*, p.310。

14 萧作霖：《复兴社述略》，第61页。

15 蒋伏生任主任，滕杰负责政训。团干队的队长全都是力行社成员。
16 干国勋：《关于所谓"复兴社"的真情实况》（上），第 69 页。
17 萧作霖：《复兴社述略》，第 61—62 页。
18 关于复兴社的宗派，见黄雍：《黄埔学生的政治组织及其演变》，第 14 页。
19 同上书，第 15 页。
20 尽管萧作霖是黄埔六期生，而且许多人认为他太年轻，他还是接替贺成为复兴社湖北帮的头目。萧作霖：《复兴社述略》，第 50 页。一开始是邓文仪取代了滕杰，但后来还是贺衷寒得胜了，因为他能够在留苏派和留日派中间斡旋。当然，他身上有很强的地域色彩：他一直被认为是湖南派头领，邓文仪也在其中。同上书，第 61 页。
21 同上书，第 46 页。
22 干国勋：《关于所谓"复兴社"的真情实况》（上），第 68 页。
23 训育主任是林英，他也是黄埔一期班和力行社成员。
24 干国勋：《关于所谓"复兴社"的真情实况》（上），第 68 页。
25 每一个宪兵团都有一个"特高组"，专门对付敌视蒋介石政治权力的个人和组织。整个系统由宪兵的副司令张镇领导。黄雍：《黄埔学生的政治组织及其演变》，第 16—17 页。关于谷正伦将军（谷屠夫）手下的宪兵的作用，见周建安：《谷正伦国民党宪兵》，第 225—229 页；程一鸣：《军统特务组织的真相》，第 187 页。
26 萧作霖：《复兴社述略》，第 44—46 页。政训处首先成立于重庆、西安、福州、宜昌和北平。它在主要的军事学校也有分支。Tien, *Government and Politics in Kuomintang China*, pp.59—62. 对政训处指派的任务与给复兴社的没有什么太大的区别：一、通过攻击共产党来加入青年运动并在青年人中进行组织工作；二、通过打击或颠覆"杂牌部队"来把蒋介石的力量扩展到北方；三、对共产党特务组织进行监视。黄雍：《黄埔学生的政治组织及其演变》，第 14 页。
27 胡宗南与复兴社的关系似乎一直比较淡，但他后来为了把自己的阵营扩展到北方而野心勃勃地要接管复兴社。此外，他于 1930 年在开封成立了自己的组织：三民主义大侠社。张新：《胡宗南其人》，第 171 页。萧作霖在 1939 年与胡宗南在西安有一次对话，对话中胡宗南很明显地把自己比作李世民。萧作霖：《复兴社述略》，第 68—69 页。
28 萧作霖：《复兴社述略》，第 44 页。
29 Gettings, *The Role of the Chinese Army*, pp.99—118.
30 萧作霖：《复兴社述略》，第 44 页。
31 同上书，第 44—45 页。
32 Boorman, *Biographical Dictionary of Republican China*, 2:42.
33 同上书，4:49。
34 同上书，3:190—191。宋哲元原在冯玉祥手下，此时他是察哈尔的省长。他与他的 29 军在 1933 年 2 月至 4 月间，在溪奉口展开了抵抗日本人的英勇战斗。
35 同上书，1:66。1933 年 4 月张学良去国外待了 9 个月，治疗他对鸦片和吗啡类制品的瘾性。
36 干国勋建议成立一个主要由北方人参与的"精忠救国社"。力行社赞同了这个建议，于是蒋介石命令干国勋到南京，利用力行社组织一支宣传和特务队伍到华北去工作。邓元忠：《三民主义力行社史》，第 343 页。
37 这组人员中包括钱大钧和蒋介石办公厅从南昌坐船来的全部人员。同上书，第 343—344 页。
38 那地方叫栖凤楼，那一带可能曾经是妓院。
39 邓元忠：《三民主义力行社史》，第 345 页。
40 "Blue shirts Organization", report from Nelson Trusler Johnson, Nanking legation.to Secretary of State, May 8, 1937, pp1—2.Records of the Department of State Relating to the Internal Affairs

of China, 1930—1939, No.00/14121(June 10, 1937).

41 队伍的头头是阮齐和他的副手曹金轮。何浩若是教务主任；梁干乔与余洒度先后任训育主任。指导员是滕杰、康泽、萧赞育、干国勋、赵范生、何德明、袁其凝、沈遵晦、杨啸伊、李秉中和王大中。教员们包括：孙慕迦、高信、向理润、孙伯骞、白瑜（莫斯科中山大学毕业）、布哈林、桂永清和彭孟辑。

42 忠于这些原则的结果是苦行僧式的生活方式，如教官和学生被严禁吸烟、喝酒与跳舞。Wei, *Counterrevolution in China*, p.78.《关于所谓"复兴社"的真情实况》（上），第69页。

43 干国勋：《关于所谓"复兴社"的真情实况》（上），第69页。

44 黄雍：《黄埔学生的政治组织及其演变》，第14页。

45 干国勋：《关于所谓"复兴社"的真情实况》（上），第69页。

46 其他的一些队长们有余洒度、张栋、陈春霖，日本人很快命令他们离开北平。

47 邓元忠：《三民主义力行社史》，第345页。

48 此外还有四人：桂永清、袁齐（可能是阮齐）、方觉慧和干国勋。方不是力行社成员。同上书，第346页。这个小组似乎与干国勋参加的"政治作战小组"相重叠。"在（民国）二十二、二十三年最危险时期，中央华北党务特派员方觉慧先生、刘健群、桂永清、郑介民和笔者等五人，秘密设立政治作战小组，经常开会、研求对策，指挥行动，并向中枢及军分会何应钦代委员长报告。"干国勋：《关于所谓"复兴社"的真情实况》（下），第83页。

49 曾扩情：《何梅协定前复兴社在华北的活动》，第140页。

50 章微寒：《戴笠与"军统局"》，第137页。

51 干国勋：《关于所谓"复兴社"的真情实况》（下），第83页。

52 在1911年12月占领南京时，黄郛是陈其美的参谋长，而蒋介石是一个团的团长。他在北伐中应蒋的邀请参加了国民党，并在1927年3月22日协助接管上海。

53 Boorman, *Biographical Dictionary of Republican China*, 2:88—191.

54 冯揭露蒋介石政府无力抗日。同上书，2：42。

55 Coble, *Super-Patriots and Secret Agents*, p.18.

56 Boorman, *Biographical Dictionary of Republican China*, 2:82, 191;3:190—191.

57 三到十人的复兴社支部与当地的宪兵们协调行动，包括通报共产党和进步人士的情况，以便逮捕和审问他们。北平大部分的"失踪者"都应归结于随意抓人的第三团。曾扩情：《何梅协定前复兴社在华北的活动》，第142—143页。

58 同上书，第132—134页。

59 黄雍：《黄埔学生的政治组织及其演变》，第15页。

60 同上；并见萧作霖：《复兴社述略》，第47页。

61 关于对意大利法西斯主义的兴趣，见 Renzo De Felice, *Il fascismo e l'Oriente*, p.9。

62 黄雍：《黄埔学生的政治组织及其演变》，第15页；萧作霖：《复兴社述略》，第45—46、48页。

63 那个夏天在保定也举办了一个由地方卫戍部队赞助的训练营，有1000多名学生参加了训练。曾扩情：《何梅协定前复兴社在华北的活动》，第141页。

64 复兴社的成员们后来说，他们同时力图压制自己的反日情绪。可连最反共的骨干，如桂永清这样的人，也似乎感到他们的首要目标应当最终是"攘外"。萧作霖：《复兴社述略》，第46—48页。

65 曾扩情：《何梅协定前复兴社在华北的活动》，第131、141页。

66 在上海之战迫使国民党把政府临时转移到洛阳后，CC派通过"秋水书店"和"新潮流教育社"控制了开封的学生爱国运动。河南大学、开封女子师范学校、北仓女子高中和开封高中——所有这些学校都积极地参加 1935 年 12 月 9 日的运动，CC 派在这些学校里尤其强大。Wou, *Student Activism in Henan*, p.6。

67. 曾扩情：《何梅协定前复兴社在华北的活动》，第 140 页。
68. 同上书，第 132 页。
69. 同上书，第 135 页。
70. Boorman, *Biographical Dictionary of Republican China*, 2:188—191;Coble, *Super Patriots and Secret Agents*, p.18。
71. *Who's Who in China*(fifth edition), p.286。
72. *Who's Who in China*(fifth edition)，五版的补充，p.80。余后来自己成了北平市长。关于陆大公司，见 Wright, *Sino-Japanese Business in China*。
73. 关于蒋，见 Coble, *Super-Patriots and Secret Agents*, pp.15—16。
74. 曾扩情：《何梅协定前复兴社在华北的活动》，第 138 页。
75. 廖划平原先是共产党员，后来向戴笠投诚。
76. 曾扩情：《何梅协定前复兴社在华北的活动》，第 139 页。
77. 见 Coble, *Super-Patriots and Secret Agents*, p.22。
78. 曾扩情：《何梅协定前复兴社在华北的活动》，第 134、140 页。
79. 同上。"Anti-Japenese Activity"（此文件存于前日本驻巴西里约热内卢使馆保险柜内）被引入 Mammond 致 Drumright 的备忘录中；见 Confidential U.S.State Department Central Files(China, Internal Affairs), 1945—1949;Morley, ed., *The China Quagmire*, pp.108—125;Boorman, *Biographical Dictionary of Republican China*, 2:82, 4:62—63。于学忠曾是张学良的军事顾问。日本人在《何梅协定》中集中体现的各种要求的借口是 5 月 2 日在天津发生的刺杀两名亲日记者事件，日方指控蓝衣社为凶手。虽然后来台湾的资料揭示了戴笠的特务是杀手之一，但一些日本方面的消息，甚至连何将军本人，却把此事件视为日本秘密特务为进一步分裂华北的国民党而制造的阴谋。Coble, *Super-Patriots and Secret Agents*, pp.19—23。并见 Chang, *The Chinese Blue Shirts Society*, p.15。
80. 曾扩情：《何梅协定前复兴社在华北的活动》，第 146 页。干国勋认为，蓝衣社还是达到了他们的目标，虽然"日人横蛮，由其政府向我强硬提出：（……）撤换主席于学忠职，然亦只仅能扶持殷逆汝耕在冀东一隅成立了没有群众基础的伪组织，而其建立的伪保安总队队长张硯田，且暗与宋哲元将军通款，受其节制，百灵庙一战，内蒙各盟旗王公，得傅作义、宋哲元支援而将傀儡德土击败。至此整个华北及内蒙，直至（民国）二十六年七月，皆能保持安定"。干国勋：《关于所谓"复兴社"的真情实况》（下），第 83 页。
81. 艾经武：《复兴社河南分社的片断回忆》，第 108、110—111 页。刘峙曾直接在许崇智（前孙中山军事总司令）手下工作，曾经率领部队在当时最重大的战役中与蒋介石的敌人作战。他后来是 1948—1949 年冬天淮海战役中被击败的 50 万国民党军队的战地总司令。Boorman, *Biographical Dictionary of Republican China*, 2:124—126, 391—393。
82. 艾经武：《复兴社河南分社的片断回忆》，第 109 页。
83. 同上书，第 107 页。
84. 外国记者认为，蓝衣社专门负责审查从中国进出的新闻，这也许是与其各个党部和通讯社的联系有关。Burton, *Chiang's Secret Blood Brothers*, P.310。
85. 艾经武：《复兴社河南分社的片断回忆》，第 114—115 页。相对来说，在河南很少有中国革命同志会的成员。许多复兴社的人甚至不知有其存在。那些确实属于同志会的人，则都是军校内党的骨干分子。Burton, *Chiang's Secret Blood Brothers*, p.310。
86. 艾经武：《复兴社河南分社的片断回忆》，第 112 页。
87. 萧作霖：《复兴社述略》，第 57 页。

88 据1933年县组织法，联保系统将100户人家置于"保"之下。每个"乡"有三个以上的"保"。有一个"保长联合办事处"，也被认作是"联保"。

89 艾经武：《复兴社河南分社的片断回忆》，第109页。这个组织的名称有时被简化为"忠义会"。

90 忠义救国会有它自己的办公处和小组，但没有自己的行政管理机制，而且经费很少。领导救国会的人要么是复兴社的，要么是中国革命同志会的。前沿组织的成员往往并不了解这个事实。萧作霖：《复兴社述略》，第24—26页。

91 同上书，第53页。

92 同上。

93 同上。

94 同上书，第27—28页。刘接管后，许多被派去搞特务站活动的高级骨干分子甚至不是复兴社的成员。

95 同上书，第28页。

96 同上。

97 沈醉：《军统内幕》，第53—54页。

98 同上书，第27页。

99 萧作霖：《复兴社述略》，第53页。

100 同上书，第29页。王新衡曾是全特务处的总书记，后来当了戴笠与杜月笙之间的联络人。

101 沈醉：《军统内幕》，第53页。

102 萧作霖：《复兴社述略》，第52页；艾经武：《复兴社河南分社的片断回忆》，第113—114页。

103 艾经武：《复兴社河南分社的片断回忆》，第112页。

104 萧作霖：《复兴社述略》，第51—53页。

105 同上书，第61—62页。

106 黄雍：《黄埔学生的政治组织及其演变》，第14页；萧作霖：《复兴社述略》，第62页。

107 早在1937年7月，蒋介石已经召开过一个由包括陈氏兄弟和戴笠在内的CC派和蓝衣社领导参加的会议。会后CC派应当只限于从事党的组织和行政管理方面的事务，而蓝衣社应当致力于军事和安全方面的活动。Chung, *Elitist Fascism*, p.113。

108 程一鸣：《军统特务组织的真相》，第223页。

109 萧作霖：《复兴社述略》，第70页。

110 同上书，第71页。

111 这种现象在蒋介石企图重组国民党政府，并通过建立政治协商会议的方法来扩展他的势力时，也出现过。

112 萧作霖：《复兴社述略》，第67页。

第十一章　1932—1935年的上海战

> 有些共产党人在酷刑下好像受不住刑而愿意出卖组织,当特务们高高兴兴地带着他去逮捕他指认的人员时,却反被利用而成为报警的信号,让领导机构和其他人安全转移。
>
> 沈醉:《军统内幕》,第 22 页

上海站初期

直到抗战时期,上海一直是戴笠特工活动的主要地区。甚至特务处在复兴社内部成立之前,戴笠就已经派遣了特工核心组——翁光辉、陈志强、王昌裕等,去上海城市的各个部门进行特工活动。1932 年 4 月特务处一成立,蒋介石就向戴笠布置了两项任务:反共和排除异己,这使上海更加成为戴笠的重要据点。他们利用城里的国际租界作为活动天堂和避风港。[1]

最初上海站以地方组织"股"的形式存在,站长是翁光辉。翁毕业于黄埔三期,曾当过海军情报员。[2] 翁的工作开始时比较简单[3]:领导分成三组的三四十个特工,他们分别由陈志强(翁的同学,从上海去黄埔军校,在这之前是个流氓,加入过帮会)、王昌裕(广东琼州人,黄埔五期)和徐昭骏(四川人,也是翁的同学)直接领导。后来,增加了一个由杭州训练学校毕业的特工组成的四组,由张人佑(温州人)直接领导。这些战地小组专门从事间谍活动,它们在上海的南市、法租界、国际租界(即英租界)和闸北(包括江湾和吴淞口)活动。[4]

那时上海站的活动经费非常微薄,每月只有200元,但它顺利地在刺斐德路、吕班路和西门路租下了房子。[5]特工们都有意变换地址,以防共产党发现——至少在特务处眼里,他们控制着上海的外国租界。

> 当时特务们胆子很小,生怕共产党进行报复打击,区部除几个组长能来往,一般组员都不知道区部设在什么地方。每天进出也怕人跟踪,连一部汽车都没有。当时只有行动组的一辆汽车,除了做绑票暗杀外平日都不准使用。[6]

开始,上海站与南京的特务处总部之间的联系非常简单。收集到情报以后,就用隐性药水抄写下来,用普通邮件寄往中央总部。[7]1933—1934年间,特务站和它的特工之间的联系也非常原始:外勤特工员使用的是没有特别掩护的普通邮箱,而信使的时间大都花在从一个个邮箱里挑拣出"直属通讯员"每周的情报信件。当沈醉在1932年加入特务处时,上海站一共只有170人左右,其中30人为内勤人员。

翁光辉当上海站区长时间并不长。他因为企图不先通过戴笠而直接向蒋介石发送一份重要情报,被撤了职。取代他的是原南京和杭州训练班教官余乐醒(又名纯云、增生)。余是湖南醴陵人,化名金鸣三。他在法国勤工俭学后又去了莫斯科中山大学学习"契卡"和秘密保卫工作。[8]他接管上海站后,该站扩展成为华东区站,并增加了一个特别行动组,叫作"华东区行动组"。行动组起初由20来个打手和帮会分子组成,他们都是有经验的抢匪和杀手,由赵理君率领,而后者善用酷刑和暗杀的本性最终导致了其本人的灭亡。[9, 10] 赵的办公地在法租界迈尔西爱路上的一座三层楼房里。他在外指挥的暗杀是直接在南京总务处监督下进行的，该总务处也掌有行动组的人事和财政权。但行动组在当地进行的绑架和秘密逮捕则由独立于南京的华东区领导。[11]

从原则上说，华东区负责江苏、浙江和福建地区的秘密特工活动。但实际上，除上海以外，任何区站都不愿接受大区的领导。于是，上海站不久便重新命名为"上海特区"，而大区下的基层组织则仍旧是收集情报的各个小组。到了1934年抗战爆发之前，一组仍由陈志强领导，二组由沈醉带领，三组是王昌裕，四组是张人佑。1934年吴乃宪成为华东区区长后，每个组与专门的区域挂钩：一组成了"南市组"，二组变成"法租界组"，三组是"国际租界组"（或英租界组），四组是"沪西组"。[12]

各组的活动

南市组设在南市中心的蓬莱路上，它的主要任务是监督、保护老城区的业务。小头目陈志强利用他的不法关系和他与警察及政府的关系，来执行特工活动并保护其他涉入贩毒而惹事的帮匪分子。他自己显然在贩毒中赚了外快，因为他有自己的专车，而且他的生活水准显然远远高出了他的秘密特工身份所能达到的。戴笠知道这情况，但他没有足够的关于陈不法行为的专门证据来惩治他。也许更重要的是，戴笠对南市组发送的关于那个地区的情报非常满意。因为，除了帮会以外，陈志强与城里的中国警察有特殊关系，而他手下的特工中有公安分局局长和侦缉总队的侦探。[13]

1933年当了二组头目的沈醉，是在1932年加入戴笠的上海站的。那时他刚离开学校，才18岁。他是由表兄余乐醒介绍的。而沈醉又把他的三个兄弟和两个表姐妹介绍进来。[14]

沈醉一开始被分配到通讯组,他作为小头目的任务之一,是负责秘密特务站和通讯员之间的交通。沈奉命在接受夹在报纸或小说里的情报和递交活动费时不要与通讯员交谈。但当他在茶馆或餐馆与多半三四十岁的情报人员碰头时,他们把他当弟弟,请他吃喝,并告诫他如何在艰难时世中照料自己。[15]

沈醉被任命为二组组长后仍旧负责了一段时间的通讯组。在那里有20多个正规特工在他手下工作,他们每人又有自己几到几十人的"眼线"(助手)。[16] 后来,又有一特工增加到了刘果庆(杭州特务训练班毕业,他来上海接受实地特工训练,结果发展了自己的工作网)手下的情报组里。还有一个由流氓和帮会分子参加的组,由阮亚丞领导。沈醉在1935年当了警备司令部侦查队第一组组长后,所有这些人员都由他交到了苏业光手里。于是沈醉除去领导二组情报活动的任务,还担起了在军事警察外衣下的"行动"领导任务。[17]

虽然三组的任务是在公共租界收集情报,它的头目王昌裕一直住在法租界,因为他嫌英国人统治的区域太乱。不过他最终还是搬进了国际租界。他在那里碰到前黄埔同学时,假装成一个公开反对蒋介石的人,他典型的抱怨是找不到工作。他的黄埔校友们嫌他烦了,要么想办法给他找工作,要么会借给他几块钱来支撑困境。颇有一些黄埔校友被他的状况打动,于是王昌裕得以在反蒋的圈子里拉上些很有意思的关系,他们会给他带来对戴笠的人事控制十分有用的消息。王还为广东籍的特务们发展了极为活跃的关系网。这些人大多数都住在虹口,其中有些人与广东的军阀、"新国民党"甚至"民主党派"建立了密切关系。而王昌裕的"眼线"或情报人员还在上海的三大广东饭店当招待,在广东人经营的大百货公司(先施和永安)当店员。戴笠对王的情报网络非常满意,便让他负责在国际租界的活动,直到抗战爆发。[18]

张人佑的四组设在西摩路静安寺一带,它名义上负责闸北、虹口和沪西,但绝对没有三组那么活跃。张本人是个间谍,毕业于杭州警察学校的秘密特务训练班,在上海城内没有很好的关系网。[19]

这种缺乏实际经验和公关网络的现象,是许多杭州训练班毕业生的共同特点。除了这一点之外,杭州训练班标志着戴笠为自己招兵买马过程中的一个巨大的转折。[20]尽管杭州特务训练班给了戴笠一个培养干部的机会,使他非正式的"间谍"组织成了一个真正的情报机构,但它无法培养高级间谍。既然大多数戴笠的特务是杭州训练班的学生,他们在上海的活动更像是实习性质而非间谍性的。他们偶尔在做的最多不过是社会调查和监视工作。张人佑的四组最后得到了两个与工人阶层有关系的精锐特务。一个是程慕颐,属杭校学生,他很能吃苦,曾住在沪西工人区当中,收集了可观的关于共产党前沿组织的情报。[21]另一个极为出色的特工叫陶一珊,是中央军事学校毕业生,当过吴淞商船学校的教员。陶在整个吴淞地区有非常好的关系,他关于那里的社会局势和商船学校里的情况报告受到戴笠的高度欣赏。[22]后来,张人佑因向杨虎借钱挥霍一事被戴笠撤职后,程慕颐接管了四组。1935年,四组杀害了共产党江苏省委的几个领导成员。[23]

随着上海站活动的扩展,每个小组的活动已无法局限在原定的地区内了。因为他们的目标经常在城里的各个区域之间穿越。唯一的分工便是在监视工作上。[24]

如沈醉的二组,它的任务是监视共产党嫌疑分子、民主党派人士和反蒋组织,因为这些人与活动大都在二组负责的法租界里寻找庇护。[25]

无须说,那些嫌疑分子们当然不会把活动局限在法租界之内。结果,二组经常在上海城的其他区域里运转,而各地区间的边界线及其控制范围在他们眼里就完全乱了。对特务处的特务们来说,以进步分子的面目充当"肇事者"[26]是家常便饭。因为用这样的办法,他们很容易吸引城里其他特工组织的注意,从而赶来对付进步人士或共产党人。但由于双方的特务都用了对方不知道的化名,而且都装作是亲共产党分子,于是双方便开始了一场无形中打击自己人的秘密战。有好多次，二组在即将执行绑架前被区部告知，要绑架的目标原来是为别组工作的自己人。[27]

秘密特工的社会渊源

特工组织，尤其在 20 世纪 30 年代初的上海，是一个大杂烩。他们中有律师、教授、银行职员、记者、无业流氓，甚至有帮会头目们。其中许多人参加特工组织是因为家庭的关系。如我们所见的沈醉，1932 年他刚从浙江乡下出来，与秘密特工挂上钩是通过他亲戚、上海站成员余乐醒。其他人跟沈醉差不多幼稚，由他们组成的小型而非正式的特务队伍往往敌不过老练而机智的共产党：他们受像周恩来这样杰出干部的领导，能轻而易举地击败这些持枪行凶的年轻对手。的确，尽管秘密警察制造了白色恐怖，但他们往往非常拙劣。偶尔，当他们在上海马路上追捕轻易脱逃的"颠覆分子"，或坐着破旧的司蒂倍克汽车，持枪追捕又新又快、很容易超过他们的汽车时，真像无声电影里的小丑警察那样滑稽。

戴笠故意压低上海特工的经费：他们每月只有 30 到 100 元工资，再加奖金和补贴。虽然一个组长可以另外有每月 100 元的特别费，但还是人不敷出，于是大家都设法去得奖金。每当沈醉向戴笠抱怨特务处的人员收入太少，戴笠总是一本正经地说："我们是干革命工作，不能讲享受，应当艰苦一点。"但有一次戴笠发脾气，格外直言不讳地对沈醉说：他故意把特工员们的工资压低，这样他们就可以努力工作来挣奖金，从而变成一种提高效率的刺激制度。[28]

自然，低工资也容易导致贪污。[29]起初很少有特务能赚外快，因为大多数人都没有可捞外快的公职。那时，除了极少数的人有军事委员会或参谋部身份外，上海站的特工员没有合适的证件允许他们拘捕可疑分子，也就无法敲诈勒索。于是，年轻特务的最大愿望之一就是有一个公职，不管是当幌子还是正规工作都行，这样便可以有额外收入，并且有机会来敲诈勒索了。[30] 沈醉到警备司令部侦探大队工作的第一天，在抽屉里发现一个"红包"，上面写着"请笑纳"，里面有200元钱。他觉得奇怪，就问侦探大队长翁光辉怎么回事。翁微笑着说不知道。从那以后，沈醉的抽屉里再也没有出现红包。但沈醉发现，同办公室对桌的林之江经常在打开抽屉后脸上浮现笑容，然后把什么东西从里面拿出来装进口袋里。[31]

因为没有警察的权力和掩护，戴笠的人就往往装作记者，这样他们就可以有说得过去的理由来提问和照相。例如，张人佑就装成《温州日报》上海办事处主任。还有许多特工的确是记者，甚至还出版报刊杂志。二组的特工毛仿梅是上海大报《晨报》的摄影记者，他利用记者的照相设备拍摄了民主党圈子里的"眼线"（他们也是正式受雇佣的记者）从进步人士那里偷来的文件。[32] 另一个《晨报》摄影记者高巩白（他在学生运动和文化活动中非常活跃）是特务处的特工，而《火炬》的主编崔万秋也是。[33]

沈醉自己也打着湖南湘光通讯社记者的幌子，使用陈庚和陈仓的化名。他还在法租界霞飞路巴黎电影院对面开了一家女子书店，并在那里出版了一份叫《女子月刊》的杂志，在南阳和闽广一带发行。他一直用此刊物作掩护，蒙骗了许多记者，他们都对此信以为真，甚至在他成了警备司令部侦缉队队长，经常从事绑架和谋杀活动后仍然如此。[34]

监视

上海站特工们最麻烦的任务是全面监视。戴笠对这套任务特别重视：它既是一种社会控制的方法，又是一种对蒋介石的敌人的惩罚手段。因为被某个人物的政治活动激怒，委员长会吼叫着命令："把他监视起来！"这命令会通过戴笠下达。于是上海站下面的某个组就会组织起一个专门针对那个人的监视来。但那时每个组只有十几个外勤特工，而且尽管每个特工会把他的亲友们拉进来做帮手，也还是人手不够。结果，大多数的监视都是断断续续的。组长们尽量对戴笠隐瞒这一事实，好让戴以为某个人是在持续的监视之下。其实，监视只是阶段性的，其记录和报告也是假造的。事与愿违的是，由于特工们人力有限，散布全城，无法有效地监视国民党政权那么多的嫌疑敌人，反而产生了秘密警察戒备森严的气氛，给公众造成秘密特工的活动无处不在的印象。[35]

对待重要的嫌疑对象则有所不同。例如，沈醉的人持续监视黄炎培先生在法租界华龙路环龙路口的"中华职业教育社"，想探出与这位著名教育家兼记者接触的"反革命分子"来。[36]方鼎英在建立"抗日同盟会"后遭蒋介石贬黜，也受到长期监视。[37]薛笃弼因抗拒政府的妥协政策而辞职去上海当律师，并提出过统一抗战的主张，于是一组人马被派去专门监视他在法租界的住宅和办公室，而且还有"肇事者"到他那里假装爱国，寻求他的支持。[38]

军阀及其代表们也遭到严密监视。20世纪30年代初期，大军阀们在南京和上海享有与外交官相等的地位，他们派遣使者代表其利益并替他们谈判。[39]比如，四川的一个军阀由一个叫周迅予的黄埔四期毕业生当联络人，在上海的"一品香"饭店设立了办公处。一品香饭店基本上是四川人在上海的据点。那里的常住客人是两个老四川：谢无量和曾统一，他俩在那儿住了多年，即使饭店老板换了，他们也还在那儿住。四川老乡在那里非常放松，无话不谈。于是，周意识到这是他收集关于四川（那里被不同的军阀割据得非常分散）情报的好机会。在周迅予被戴笠的人吸收做秘密特工后，这个机会就变得更加重要了。但周是如此忠诚于四川，以至于成了个双料特务，为双方刺探情报。因此戴笠对周一直不完全信任，后来当他发现周对他保留情报时，便将他扔进了军统的一个秘密监狱，从此周便彻底销声匿迹了。[40]

文化渗透

出版书籍和文化活动也受到军统的特别注意，虽然这应当属于 CC 派的任务——而且这最终变成了中统局的管辖范围。一个二组的特务贾谨伯——四川人——经常把"反动"书籍和小册子带到城里的中国区来骗取进步人士的信任（他在出版界有很好的关系），他的报告引起戴笠很大的兴趣。这个特务头子还对邹韬奋的"生活书店"（他在那里安插了一个特务的儿子当学徒工，想在那里发展一个长期的暗哨——但这希望被抗日战争打破：这个暗哨与他的上司失去了联系）以及协助保护过鲁迅的"内山书店"特别注意。但军统无法渗入日本书店——为此戴笠不断地责怪贾谨伯。[41]

二组的另一个特工崔万秋（前面提到过，《火炬》主编），他是通过文化界的情报网获取情报的，而且还向写拥护政府政策文章的记者们提供津贴。崔的关系之一是张春桥——他曾用"狄克"[42]的笔名写文章攻击鲁迅。作为住在法租界的二组特工，崔每月有 80 元的收入加上津贴。沈醉总是亲自递送这笔经费，曾经有几次他在崔的客厅里看见女演员蓝苹。因为崔总是把沈醉领到房子后面的厨房或亭子间，在那里交接钱和情报，所以沈醉从来也没有与这女演员互相介绍过。众所周知，这位演员后来改名叫江青。[43]

虽然，在 CC 派强迫他们靠边之前，蓝衣社这个更大的组织在上海地区非常成功地渗透到了中学和大学，但上海站本身只是控制了几所学校。有一个肇和中学是杨虎创办扶植的。学校里的一小部分教师直接为戴笠的特工工作。但他们因为跟杨虎——1927 年清洗的刽子手——有关系而很难在学校里影响大部分学生，或者与教育界的进步人士联系上。[44]

上海站确实在法租界建立了一个无线电通讯学校,但戴笠命令这所"三极无线电传习所"只能用来训练无线电报务人员,不能用它来搞特工,特工人员也不能用它来作掩护。⁴⁵

在招生和利用大学生方面,上海站也不太得力。1934—1935年间,在秘密特务们眼里,最爱闹事的大学是暨南大学。于是,除了在暨南大学外面开一家咖啡店作特工活动的掩护外,上海站所能做的仅是把一些装模作样好像是在暨南大学学习的南洋华侨学生吸收为特工。这些人对寻欢作乐比对当学生更感兴趣,这些半专业的特工经常佩戴手枪来引起年轻女子的注意,他们中最优秀的能弃学加入军统,成为职业特务骨干分子。⁴⁶

复旦大学也被认为是一个"反革命"活动的热点,渗透到其中也非常困难。二组的人吸收了历史系的教授姚名达为特工。姚和一些学生当了几年的情报人员。但开始时最有效的间谍活动是通过吃吃喝喝来进行的。⁴⁷在戴笠的命令下,一名前黄埔军校生陈绍宗和他的妻子一起在大学后门开了一家餐馆,这家餐馆由于学生多来这儿吃饭而生意兴隆。陈曾在大学教授过军训,所以他与学生已有一些关系。他利用上海站提供的经费,以慷慨让学生顾客记账的方法来扩展这个关系网。这个餐馆有两个小房间,一个用来开宴会或聚餐,另一个常租给学生开会和商量政治问题。陈经常让他十岁的女儿以招待茶水为名去偷听学生的谈话。然后陈会把她偷听来的情况写在饭票上,让他坐在柜台上的妻子交给二组来吃饭的信使。就这样他收买了一些学生。这些学生又提供一些人的名单,于是秘密特工便不时对名单上的人进行监视。⁴⁸

吴乃宪在1934年当特务处上海站区长的时候,向进步人士渗透的活动倍增。吴本人是黄埔一期生,因为背叛邓演达而受蒋介石器重。蒋和戴笠后来企图利用吴来与"第三党",即"中国国民党临时行动委员会"建立关系。他们想用这种方法在国民党内部抵消对手力量,并以此来靠近仍与统一战线中的老"左翼"有联系的共产党地下组织。这类活动一般总是在南京特务处总部的直接监督下进行。戴笠在首都的人员独自与上海的"第三党"人士建立了联系，多少越过了上海站的正规渠道而直接与吴乃宪合作。[49]

吴乃宪在上海站的副手是区书记张师，此人原为共产党员。戴笠希望通过张的地下工作经历使特务处能够渗透到共产党核心内。那时上海站的经费增加了50%，而且还给增加了一名区"督察"。[50] 但吴乃宪和张师像程慕颐一样都不能吃苦，都不能住到共产党组织的自卫系统的工人区中去。吴和他的副手比他们的前任要更谨慎，他们把办公处从法租界迁到了国民党控制的南市老西门那儿。然而，因为上海市的中国区域被认为如此肮脏和不卫生，以至于吴和他的助手们都住到了法租界环龙路上的一座秘密住宅里，他们的地址在上海站里只有两个人知道。部分由于上海站领导人的脆弱，他们没有能够成功地渗透到共产党地下组织里去。但对他们打击更大的是，至少到1935年他们还不掌有惩治蒋介石敌人的行警权。[51]

警方关系

开始，在侦探方面，上海站尽量利用他们与上海警方的私人关系得到帮助，来执行特务处的使命。1933年的公安局长文鸿恩和他的侦缉队长卢英，都不大情愿和戴笠合作。[52] 于是戴笠不得不依靠一组组长陈志强，利用他的青帮关系来与侦缉队的个别侦探拉关系。但随着陈与警官们的关系逐渐加强，他的野心也开始膨胀。两年之内，戴笠解散了陈的一组，把其组员分散到其他各组，将陈调出上海，提升他为陕西省公安厅侦缉队队长。[53]

后来，上海市公安局的新局长蔡劲军，非常愿意与戴笠合作。慢慢地，他也让特务处的特工担任"警士教练所"的一些职位。后来戴笠将他的特务陈质平安插到公安局训导主任的位置上，并把另外两名特务安排到警察学校指导员的位置上。[54] 不过，由于卢英的犹豫，戴笠对公安局侦缉部门无法直接控制。[55]

奇怪的是，戴笠和他的特工们在法租界有幸顺利地利用起那里的警方力量。这主要是由于法国当局为了控制租界里的本地人而严重依赖中国区域里的帮会分子做侦探的缘故。其中关键人物之一是一个帮会的小头目，叫范广珍，他跟那里所有的包探一样是巡捕出身，后来被提升为"探目"。正如秘密特务二组组长所指出：范的社会关系很复杂。[56] 不仅因为他是帮会分子当了侦探，而且他在替国民党情报部门工作的时候仍然对他的法国老板忠心耿耿。戴笠意识到：范对法国殖民当局比对他的特务处更加效忠，但他显然又感到假如对他施加太大的压力，他有可能会牺牲与中国人的关系来维持他与外国主子的基本关系。于是，戴笠只是在万不得已的情况下才会使用他：偶尔让范广珍用他广泛的信息网来搜索地下组织，或当上海站在法租界进行绑架时让他做一下掩护之类。[57]

由于范广珍不可靠，戴笠觉得有必要在法国警察内的中国侦缉部门里找到可信赖的关系。于是戴笠找了黄埔老同学阮兆辉，阮原来在南京鸡鹅巷特务处总部当交通员。[58] 戴笠给了范广珍500元贿赂费，使阮没有像其他侦探那样先当巡捕就得了个包探的职位。一旦得到包探的职位，阮便在上海站机构里成了范的上司，尽管在名义上他在警察机关里是范的助手。这使范为难起来，因为他不愿与二组有直接联系，怕因此影响他在法国租界里的侦探身份。从阮那儿接到命令后（这样比较合适些），范就让新来的人与帮会头子建立关系。[59] 于是，上海站对一些在法租界寻求庇护的进步人士进行监视。而且后来，他们也能利用侦缉队的侦探来保护因某些原因而易受逮捕的特务处情报人员。[60]

上海工部局和法租界警察各自的侦缉队都不直接归戴笠管辖。特务处在上海地区仍然缺乏直接的行警权力。所以，要是秘密特工想正式逮捕和审讯嫌疑分子，这个嫌疑分子就得受非法绑架并被秘密押送到南京。[61] 直到1935年，蒋介石终于决定把两个重要的执法机构——宪兵侦缉部门和交通警察——交给军统管制，上海站结构上的这个弱点才得到改变。[62]

收买侦查队

1935年初，蒋委员长把"淞沪警备司令部侦查队"的指挥权交给了戴笠，而军统上海站头目吴乃宪被任命为整个侦缉大队的大队长，侦缉大队设在城市中国区的方斜路白云观内。[63] 从理论上讲，整个上海地区的军事侦探现在都归特务处指挥了。但事实远非如此，变化只是行政上的表面文章而已。也就是说，上海站站长吴乃宪只是在名义上有了个侦查队长的头衔。假如秘密特工头子想要在夺取头号位子以外有所成就，那么他就得用把自己人安插在"督察"位子上的办法，来控制侦查队中层的职位。

吴乃宪的侦查队长的位子被翁光辉取代后，在其中安插自己人变得至关重要。翁上任时带了四名特务处的人员来当"督察"：沈醉、程慕颐、林之江、倪永潮。在把警备司令部的侦探人队变成秘密警察半军事的政治机构的计划上，这些新督察们立刻遇到了两个障碍：常务副队长的抵制和队里普通侦探的不合作。[64]

副大队长彭伯威是杨虎的人。1927年大清洗以来，他一直替杨虎管海员工会，在海关官员和检查员中有极可靠的关系网，因为他们是通过他得到工作的。只要彭当侦查队的副大队长，戴笠的利益就会受到阻碍。结果，下一次换大队长时——王兆槐接替了翁光辉——戴笠便把彭伯威挤走了，并让当时一组组长杨凤歧代替他。[65]

常规"稽查员"是军事警察里的老手，也是将工部局警察变成白色恐怖工具的计划的障碍。从他们的意识和训练来说，军事稽查员们主要致力于维持地方法律和秩序。对他们来讲，把侦查队变成一个恐怖和暴力的工具，利用其拘捕权来代替非法绑架，不按照正常的审讯程序而施加刑罚，是令人不能容忍的。[66]

然而，要撤销或取代这些稽查员并不那么容易。仅从一点来看便能说明原因：他们中间有许多人都与法租界的警察和上海市警察发展了密切的工作关系。这使特务处的特工们在英租界逮捕嫌疑分子方便了不少，但同时上海站的特工们又非常谨慎，不愿因突然甩开在宪兵队里的朋友和旧故而引起外国租界警察的怀疑和敌意。于是他们决定慢慢地物色侦查队的侦探，一旦有可能，就挑选军警侦探们加入上海站当特工。

王兆槐当了侦查队长后，有十多个前秘密特工被陆续派来当侦探，而一些原侦查队重要的稽查员，如朱又新、王开明等，则被吸收为地道的军统特工。一旦他们的顾虑排除后，军警侦查部门便成了一个真正的秘密警察机构，成了替军统上海站服务的机构。每当上海站要把一次绑架变成逮捕，侦查队只要向警备司令部要个许可证即可，后者是有求必应。偶尔案情实在出格，秘密警察便会向军法处要一些装门面用的法律依据。

军法处的处长是陆京士，杜月笙的弟子，他与侦查队长王兆槐非常接近。要是秘密警察准备释放一个被打得奄奄一息的犯人，他们就让军法处接管。陆京士非常愿意答应，但他手下的人非常不高兴，埋怨说他们被迫成了上海站侦查队的遮掩。结果，戴笠的人索性得到了无可非议的逮捕权，这实际上等于取代了上海市政公安局的权力，使他们有恃无恐地在南京的直接指挥下将军统在这些地区变成了令人恐惧的恶魔。现在，他们可以毫无顾忌地就地把政治犯投进监狱严刑拷打了。[67]

戴笠用和夺取警备司令部侦查队相同的方法夺取了上海的交通警察部门：1935年秋，他使吴乃宪被任命为京沪杭铁路稽查头子。这是一个很重要的管理职位，它意味着把吴的军警侦查队长的责任交给翁光辉，把上海站负责人的位置交给王新衡。[68] 不久，中国蒸汽商业航海公司的警察侦缉处也交到了戴笠的人手里，戴笠直接从南京向里面的关键位置安插了人手。从此以后，特务处的人就可以免费坐火车和轮船旅行了，而且每当秘密特工的囚犯从上海转移到首都时，上海站的特工们都能得到铁路警察的全面支持：他们会把卧铺车厢里的特殊包厢给他们秘密使用。[69]

王新衡

获得侦查队和交通警察的人马使上海站的工作量和责任都急剧增加，该站在新负责人王新衡的有力领导下蓬勃发展。王在莫斯科中山大学学习过，他是宁波人，与在上海的宁波商人有许多联系。他与上海的地下社会也非常接近：他既是杜月笙的密友，也是青帮组织"恒社"中一个受欢迎的客人。[70]

由于这些关系，王新衡能吸引很多人加入秘密特工组织，其中有到苏联留过学的学生、商人、工人阶层的头面人物、帮会分子、上海邮政总工会的成员、作家和艺人等。新的地区秘密办公处在虹口、闸北和沪南建立起来。十多个独立的"站"与军事调查组挂上了钩。一个大规模无线电站建立起来，成为一个通讯枢纽。总的加起来，上海站扩增了5倍，人员从100增加到了500，他们全职在办公处或实地工作。[71]

戴笠让一个像王新衡这样的共产党叛徒来担任上海站区长的要职，反映了他的一种信念：没人比前共产党员更适合来对付共产党的地下组织。从这点来看，王新衡只是共产党的背叛者之一。其他还有在30年代成为特务处高级特工的梁干乔、谢力公、叶道信、陆海防和程一鸣。他们肩负着渗透和粉碎共产党的地下机构的主要责任，他们希望接触到共产党在城市里的一些边缘或前沿组织，因为这些组织是唯一有公开迹象而且可能被侦查出来的部分。[72]

这并非一件容易的事。即使有许多精明的特工装作进步人士来攻击政府的政策和报刊，也不容易。二组最能干的间谍之一——湖南人苏业光，[73] 原是共产党员，曾积极地参加了"民主党派"的活动。尽管他经常极其尖刻地公开批评挖苦蒋介石，发表了许多文章来揭露社会的阴暗面，但仍然蒙骗不了新国民党里的任何积极分子，而且根本无法渗透到共产党的各种前沿组织里去。[74]

共产党的反间谍工作

对国民党特务组织无法渗透到左翼地下组织中去的一种解释是，共产党有自己极其有效的安全系统，这一系统是莫斯科间谍系统和共产党自己创造的结合物。上海地区的反间谍工作由陈赓将军领导，他在1927年南昌起义中受重伤后来到了法租界，得到著名外科医生、宋子文的表兄弟牛惠林的医治。陈赓痊愈后便消失在厚重的掩幕里。[75] 国民党特务不知怎么获悉了他在城里，尽管戴笠让陈赓黄埔一期的同学吴乃宪负责此案，这位共产党重要领导人仍从他们的指缝中间滑了过去。[76]

从此，国民党的特工们不得不加倍努力来追踪著名的共产党人。这些共产党人无论是否受到监视，总是在放弃一个安全地点时销毁所有的踪迹。[77] 实际上，陈赓的工作人员安排了反监视，密切注意着国民党方面重要人员的住处和方斜路上侦查队的总办公处。[78]

陈赓将军在上海地下工作最显著的成绩，是1931年1月他为共产党第四届全会安排的警卫。为了在国民党特务极其敏感的眼皮底下（他们对共产党的秘密会议有所耳闻，但不知道是在哪儿召开）安全地让所有代表到会，陈赓设立了一个假医院，里面有医疗设备、医生和护士。代表们绑着绷带贴着膏药前来，或盖着毯子被抬进来，而戴笠的特工们对此根本没有起疑心。[79]

当共产党人被捕时，他们受到可怕的酷刑。根据戴笠征得蒋介石同意的运作程序，被特务处逮捕的共产党人完全由特务处负责。这些共产党人从来没有被送到其他机构审讯过，而总是被戴笠的组织指控、判决和惩罚。[80]这当然不合法，就像一个秘密警察后来回忆的那样，1934年上海站的特工们理所当然地认为，若有幸抓住一个共产党，就要照例对他上刑，然后把他杀了，除非他答应改变立场。[81]

这使得掩盖错误变得很容易。其中有一次，一派不知道另一派在干什么：上海站的一个组的外勤特工们对一个姓马的人发生兴趣，于是他们自己就装成"进步人士"努力向马靠拢，认为他是个重要的地下共产党干部。一个20多人的别动队在军统组内成立，并在马的各种嗜好上花了上千元。然而，这似乎都值得，因为马有关于地下共产党，包括他自己是共产党华东区重要领导人的可信的情报。这份情报被及时地送到了戴笠手上，他对特工组的成功高兴至极，便把这一情况直接报告给蒋介石。现在，他们断定抓到了共产党的一条大鱼，这组特工员决定以逮捕马，并迫使他受审来结案。但当他们把他抓起来审问，说自己是上海站的特工时，马立刻告诉他们他自己也是假装的"叛徒"，在为特务处在上海的其他特务们工作。这些特工迅速与那组特工核实，发现他说的是实情。他以前倒是个共产党员，但此刻是作为一个"叛徒"在为上海站的其他组工作，那组的特工本身也以为他是在向敌人的网络渗透呢。

戴笠得知这场误会后，火冒三丈，骂上海站的特工员是"饭桶"。结果，区长王新衡又把负责马案的领头人痛骂了一顿，并威胁要对他们没有向他汇报行动进行处罚。但为时已晚：蒋介石已被告知军统要逮捕一个共产党华东局[82]的负责人。因为不愿丢丑，戴笠狡猾地对沈醉说，他相信马真的是他所假装的共产党负责人。戴笠说："这个家伙竟敢用我们来掩护他的活动，好在发觉尚早，不然要吃他的大亏！"既然犯罪和判刑都全由军统决定，马先生便被押送到南京，成了残酷的牺牲品。自此以后，戴笠坚持：将来所有关于发现新的共产党踪迹或假装进步人士的事件,都得详细报告特务处总部。[83]

歼灭"打狗者"

当然,上海站也有它成功的时候。其中最著名的胜利之一,是对付共产党自称为"打狗团"的暗杀队,它专门致力于谋杀"叛徒",以此来惩戒他人。[84]

1935年二组抓到了一个地下共产党员,他们说服他当了特工,来提供有助于抓捕上海地区共产党组织的高级领导的信息。但此人很快在共产党内受到怀疑,而最终被暗枪击中后倒在徐家汇附近的一个空地里。当警察发现此人时,他虽然受了重伤,却并没有死去。那时戴笠正在上海,于是他决定利用这个双料特工来设一个圈套。他们在上海的一家小报上编了个故事,[85]说秘密特工关押了一个共产党人,此人在法租界的一家医院从病危中开始复苏。戴笠的计划是让共产党暗杀队真的杀死这个受伤的人,然后他自己的特工们便可以跟踪杀手们从而找到他们的秘密据点。

这个计划差一点儿泡汤。二组的一队特务装作人力车夫或小贩在医院入口埋伏起来。到了第五天,有两个人提着水果来"看望"这个受伤的人。他们进去不久就传出枪声。两个特工立刻冲了进去,发现病人躺在血泊中,已经死去。当他们在医院的楼层里搜寻这两个刺客时,其中的一个从医院大门跑了出来。二组的其余特工们便在后面追踪起来,有的骑自行车,有的奔跑。尽管骑车的跑得比别人快,但还是丢失了追踪目标:他消失在拥挤的胡同里。在附近徒劳地搜寻了半天以后,沮丧的特工们回到了机关里,一想到戴笠的怒火他们就胆战心惊。但正当他们告诉戴笠鸡飞蛋打时,两个步行的特工来了电话。他们由于跑得慢跟不上别人而决定坐电车回机关。但在经过福熙路时,其中一个特工偶然瞥向窗外，却正看见刺客中的一个正非常镇静地在路上走着。于是他们从下一站跳下车，回到那里，在一家银楼找到了刺客，现在他们正在那儿监视他。[86]

戴笠立刻命令对那家店铺进行全面搜查。侦查队长杨凤歧、组长徐鹏飞和沈醉几乎带了整个大队的特工去与法租界的华人侦探会合。然后，他们包围了银楼，冲了进去。里面的人全被突然逮住：三男一女，还有六支枪和弹药。其中的一个就是去医院行刺的人。戴笠想亲自审讯这些共产党人，但法警坚持他们必须先审，因为这些人是在法租界地盘上被捕的。戴笠同意后，法警审讯员得知，这些人是"打狗团"的主要人员，他们在整个上海地区惩治共产党的叛徒。既然他们的惩治对象是为国民党工作的特工，这些囚犯被交给了戴笠在警备司令部的人手里。后来他们又被押送到南京判了死刑，被处决了。[87]

特务处在"诺林事件"中的角色

显然，"诺林事件"是20世纪30年代初上海最令人惊讶的间谍案，甚至到了今天它仍是一个神秘的故事。[88] 海莱尔·诺林（Hilaire Nuolens）的真名是雅可夫·儒德涅克（Yakov Rudnik），他是共产国际联络部（OMS）经验丰富的特工人员，在上海他以法文和德文教授身份工作，而实际上他在领导共产国际远东局的组织部（FEB）。[89] 在妻子塔尼娅·诺林（Tatyana Noulens）的协助下，他的职责范围包括：

> 共产国际执行委员会（CEEI）与中国共产党（CCP）之间、CEEI与FEB之间、FEB与CCP之间、FEB与远东其他共产党之间所有的通讯（不仅有密码电报，也包括信件、包裹、非法印刷品等）。他必须把从大都会贸易公司收到的汇款分发给FEB、KIM（共产青

年国际)、CCP 等。公寓和房子,无论是用来居住,还是干"业务"(用于 FEB、其他军事部门,或 OMS 的编密码和存档这类互不相连的活动),或者是开会(FEB 和 CCP 成员的会议,与信使或与远东其他共产党人的会议各自有独立分开的地点),都得由他来租借。掩护点的地址、邮箱和电报地址也是如此。公寓里配有家具和佣人,一旦某个特工人员离开后便立即撤销。去 KUTV(东方工人大学)的学生和共产国际的人员,都得经过上海。总之,所有与安置、财经和通讯有关的活动都在诺林的管辖之下。[90]

他持一份偷来的比利时护照到了上海,用的名字是凡·德·克吕森(van der Cruyseen)。[91] 他在上海有 10 个不同的住处,8 个邮箱,7 个电报地址,2 个办公室,1 家商店和 10 本储蓄簿,共有储蓄 50 万元——这在当时是极为巨大的数目,在大萧条时期尤其惊人。[92]

警方首次察觉到诺林的存在,是从一个叫约瑟夫·独克劳(Joseph Ducroux)、化名为色基·拉·富朗(Serge Le Fran)的法国共产国际信使途经新加坡时被警察逮捕开始的。在他的随身物品中,他们发现了一个电报地址(Hilanoul, Shanghai)和一个英租界的信箱号码。[93] 这个号码是一套复杂的通讯暗号,它后来被发现是由两套电码组成:一套用来与在亚洲的共产国际人员联系,另一套用来与莫斯科和欧洲的共产国际领导人联系。[94]

与此同时,根据他们自己的线索,中国调查人员开始发现共产国际的这个网络。此案始于在湖北省逮捕了一名共产党嫌疑分子。他的名字叫关兆南,军统在武汉的审讯人员反复企图让他开口,但他在酷刑下一直拒不屈服,后来南京派了个司法官员说服他给共产党上海支部写信,让他们派信使来与他联系。[95]

上海很快答应,并派遣了一个叫陆独步的人到达武汉,他马上被戴笠的人带走。虽然他在拷打下很快招供,但陆所能告诉他们的关于共产党上海支部的内部情况非常少,因为他只负责党的外部联络通讯工作。于是戴笠决定利用他来引诱其他地下人员出笼,并将这个倒霉的共产党人带回上海,让警备司令部的侦查队看管。然后特务们让陆照常按照他的接头程序,在南京路的东亚旅馆登了记,并给他的哥哥写了一封信,告知自己的近况。

与此同时,上海站的特工们住进了陆独步的房间和隔壁的房间里。次日,陆独步的哥哥陆海防来到了旅馆,径直去了陆独步的房间,连门都没敲。一推门,陆海防就看见了在椅子里睡着了的特工员,他立刻悄悄退出而没有惊醒那个打磕睡的特工。但隔壁房里由沈醉率领的特务发现了他,便朝着正在下楼梯的陆海防冲去。陆差一点就溜走了。他混进了拥挤的先施百货公司,在人群里不见了。但狡猾的沈醉躲在边门旁,当这个共产党员企图从边门溜走时,沈醉扑了上去,他拼命挣扎,但沈醉终于给他戴上了手铐。[96]

事实证明逮住陆海防意义重大。首先,他出乎意料地很快就招供了。被捕的当天,他先被带到上海工部局警务处的老闸捕房,几个小时后又被引渡到警备司令部的侦查队。戴笠亲自监督审讯。还没有人碰他一下,光是在他面前摆出刑具,陆海防就自愿向军统出卖了他的上级。他是大家所知道的老共产党员中,投降最快的一个。其次,戴笠的人不久便发现,他在党内的职位非常特殊:他是共产国际在远东的最高领导人的英语翻译。[97]

沈醉后来说,是陆海防向法国警察出卖了诺林。[98]其实,是上海工部局警务处在1931年6月15日,在这个苏联间谍的一个位于四川路上的公寓单元里把他逮捕的。但陆海防的确与特务处的特务们进行了密切的合作,尽管他的妻子咒骂他为"叛徒"。[99]接着,他又出卖了一名左翼作家联盟的共产党员,还有一个正在拍电影《自由神》绰号叫"黑牡丹"的年轻女士,她曾在杨虎和张群支持下去过德国留学。[100]陆把所知道的关于他的上级的情况都供了出来,但并没有太大的价值。一开始,警察对他们的囚犯什么也发现不了。此人先说自己是瑞士人，叫 Germain Xavier alois Beuret，后来又说叫 Paul Ruegg。[101]

在这期间，与他被逮捕的妻子的泼辣好斗相反，诺林保持了一种寡言而不失尊严的态度。[102] 开始戴笠不得不向蒋介石坦白他不知道此人是谁，虽然他怀疑此人就是英国人正在寻找的共产国际远东情报局领导人。最后，诺林和他的妻子被带到武汉受审，被南京的法院判处死刑。后来改成无期徒刑，但诺林夫妇因间谍罪最终只服刑了五年。日本人占领南京后，诺林夫妇被释放出狱自找赎金。他们在上海短暂地再现之后又消失了，也许去了苏联。[103]

中国报纸将对诺林的审判称为"怪西人案"，它使上海的媒介十分着迷。当诺林夫妇在 1932 年 7 月 2 日开始绝食时，宋庆龄和杨铨还有沈钧儒都去南京监狱探望这对夫妇，然后给政府写信要求释放他们。一封信上这么说："要是你们拒绝诺林们［被释放］的要求，迫使他们继续绝食，全世界革命和自由的舆论将会认为是国民党杀害了他们。这样屠杀他们便是与德国的纳粹完全一样了。"[104,105] 虽然政府拒绝了他们的要求，但他们最终还是放弃了绝食，不过诺林夫妇都不承认有罪。他们坚定的态度，使众人眼里坚贞不屈的共产党员形象更加完美了：他们在拷打之下甚至不会吐露自己的姓名。[106] 这一形象后来在小说和故事中继续存在，尤其是 1949 年后在中华人民共和国出版的作品里。如《红岩》中描写了共产党囚犯面对审讯"面不改色，心不跳"，双眼射出"冷峻"的目光。而徐鹏飞（其原型是 1934—1935 年的上海站特工二组组长），在小说里被描写成心惊肉跳神经质的样子，以为只有用突然和极其残暴的方法，才能打乱一个"坚强"的犯人的从容不迫：

> 徐鹏飞暗自吃了一惊，像突然出现了不祥的征兆。那种旁若无人的气派使他感到棘手。他尽力排除涌向心头的杂念，盘算着："对付这样的人，只有用迅雷不及掩耳的手段，才能摇撼他的意志，摘

掉他那颗镇定的心！"[107]

的确，大多数人在秘密警察酷刑的折磨下迟早会招供。但也许是他们对审讯的经历早有训练和准备，共产党囚犯似乎最擅长的是提供假情报来帮助其他的组织成员躲开。比如，往往一个共产党特工在侦查队受刑，他会假装透露地方党组织的地址，但这个地址距离真正的地点有一两个路口之遥。然后秘密警察就会对这个完全无害的地点发动突击，而那里与真的地点离得那么近，使真地点上的党领导警觉地安全转移到别处，等到秘密警察察觉出上当，为时已晚。[108]

逮捕共产党人

"变节"的沈醉在中华人民共和国得到改造后出版的书中写道：1933年5月，国民党秘密特工侦收到一份关于诗人兼儿童故事作家应修人（他在苏联待了几年，回中国后一直在为共产党做地下工作）秘密约会的情报。当这位左联成员作家为一个秘密使命到昆山附近的一座楼房时，武装警察正在等他出现。在紧接着发生的搏斗中，他被从窗户里抛出去摔死。应修人是上海左翼文化界第七个被秘密警察非法杀害的人士。[109]

但一般说来，上海站的特工越跟共产党地下特工打交道，就越怕接近或逮捕他们。[110] 这些特工的谨慎是有道理的。曾经是共产党员的特工们有时会发现，当他们企图与以前认识的共产党人结交的时候，他们有被当作叛徒殴打或被杀的危险。上海站行动组副组长王克全有一次在浦东工厂区碰到两个以前在他手下工作的人。为了说服他们跟他一起加入特务处，王就把他们带到一个僻静处，想劝说他们，结果被他们用自己的枪打得半死，直到巡逻的警察来到把那两人吓走为止。从此以后，王克全像其他许多"叛徒"一样，为保全自己再也不敢与以前认识的共产党员接触了。[111]

沈醉本人在一次逮捕共产党人的事件中开始认识到与共产党地下特工斗争的危险性。那是在1935年夏天的一个晚上，他带领十几个特务去江湾地区逮捕一组在那里召开秘密会议的共产党人。他们在接近开会地点时被发现了。这组共产党员立刻分散开来，只剩一个人用枪在后面抵挡这些秘密警察。一阵枪战后，沈醉的胸部被这个共产党员射中。虽然后来枪伤得到痊愈，但沈醉从此终身带着这个伤疤。[112]

沈醉痊愈后，当年冬天又带着两名特工去曹家渡逮捕一名有共产党身份嫌疑的作家。因为嫌疑分子是个文人，似乎没有什么威胁，所以当他们在房东的协助下进入他的房间时，大家都非常放松。这位作家请他们允许他穿上衣服，快要离开时，他突然拿起一顶帽子从里面掏出一个手雷，然后拔掉上面的保险栓。这时谁也不敢掏枪。而这位作家同时向门口靠近并突然关上了灯。接着是砰的一声。特工们都肯定是他扔下了手雷，便趴下躲避，但并不见爆炸。当他们打开电灯时才发现，这个作家已经不见了，而他们却被锁在房里。等沈醉和他的特工们终于破门而出时，附近的工厂正是换班之时，人群中根本无法再找到这人了。[113]

对上海站的人员来说，扣押散发反日宣传品的进步学生或突袭出售亲苏文学刊物的书店，要比侦捕一个知名的共产党人安全得多。根据沈醉的叙述，1932—1935年他在上海站通讯组的几年里，30多个"直属通讯员"中没有一个是共产党干部，而且一共也只有两个人不过是共产党外围组织的成员。沈醉说，他在上海的六年中没有任何成功渗透到共产党组织的例子。[114]

军统上海站的这一失败，不断地刺激着戴笠。[115]一次他在召集上海站区长、书记和组长在四马路的杏花楼吃晚饭时发脾气说："这样搞下去，我们工作要垮台。你们怎么连一个共产党的组织都打不进去？"[116]

戴笠的指责显然反映了蒋介石的不满，尽管国民党秘密警察非常成功地迫使某些共产党关键人物变节。[117] 后来这两人也都不会忘记：到了 1931 年，中国共产党中央委员会已经从法租界全部转移到了江西的崇山峻岭，而上海站对此却一无所知。这是一个情报工作上的巨大失败，即使后来他们掀起的对涉嫌国民党政权的敌人的绑架和暗杀风潮都无法予以弥补。[118]

具有讽刺意味的是，国民党反间谍的成功无意中调节了共产党内部的权力结构，从而为 1935 年遵义会议后毛泽东上升到至高无上的地位打下了基础。[119] 这是因为，蒋介石的秘密警察切断了共产国际上海局与莫斯科共产国际常务委员会之间的电信通讯，"［中共］中央委员会完全孤立于外部世界，这对党在今后的发展造成了不可估量的影响。当这种孤立持续到 1936 年决定共产党和工人党发展战略战术的共产国际第七次代表大会的时候，它甚至体现出了更加巨大的意义"。[120] 尽管王明在向代表大会阐述中国必须结束内战，而毛泽东却得以自行其是，积聚力量，形成了一个新的乡村战略，这一战略最终使他战胜了蒋介石和蒋在上海及上海以外的追随者们。

注释：

1. 沈醉：《军统内幕》，第 37 页。开始有 30 多个"直属通讯员"，他们都有正式的工作，而且有很多各方面的关系。他们最初是兼职特工，许多人后来变成了专职的，在区长领导下与特务处总部保持各自单独的通讯。"通讯"一词也指新闻特工，实际上有许多间谍在报界和媒介工作。同上书，第 39 页。
2. 军统的地方组织原先分为四大地区站：华东、华南、华中和华北，曾经在每个省都有自己的"省站"，每个地区站都通过自己的无线电或用隐形药水写成的文件直接向"总处"汇报。
3. 那时他的特务站是城里许多反间谍站中的一个。见 Wakeman, *Policing Shanghai 1927—1937*, pp.132—161。
4. 沈醉：《军统内幕》，第 37—38、44 页。第四组叫作"沪西组"。并见 Chung, *Elitist Fascism*, p.113。
5. 支付"直属通讯员"的经费，包括房租和会议室的费用在内，约为 100 元出头一点。剩下的用来买照相器材。一年的正式经费在几个月里就花完了（因为全职特工的月薪为 100 元，显然正式的年经费必须靠额外资金补充）。沈醉：《军统内幕》，第 42—43 页。

6　同上。
7　同上书，第38—39页。逐渐地，密写药水变得越来越复杂，情报量也越来越大。到了1934年，南京总部开始每天派信使去上海收集情报。于是，用药水抄写和寄往鸡鹅巷的程序就没有必要了。
8　江绍贞：《戴笠和军统》，第41页。
9　赵理君（四川大足人），原名曹理君，黄埔五期毕业，因与河南CC派冲突而遭刘子龙暗杀。章微寒：《戴笠与"军统局"》，第132页。
10　按此处章微寒记述有误，赵理君因暗杀中统人员等被蒋介石下令处决。见本书第十二章开头的引文。——编者注
11　沈醉：《军统内幕》，第38、147页。与此同时，中统也有自己的非法绑架活动，使得城里的恐怖气氛更加浓重。孟真：《中统与我》，第122页。
12　沈醉：《军统内幕》，第44页。
13　同上书，第48—49页。
14　Ye, *The Liu Geqing Affair*, p.19.
15　沈醉：《军统内幕》，第41页。
16　同上书，第44页。沈醉直到1935年一直负责交通，直到他当了淞沪警备司令部侦查队督察和行动组长时才放弃这一职责，南京总部派了王湘荪接替他。同上书，第37、42页。
17　同上书，第50页。
18　每当沈醉在国际租界和虹口有监视或调查任务，他总是先到王昌裕那儿，让他介绍门路。沈醉：《军统内幕》，第40—50页。
19　同上书，第50页。
20　据陈立夫说：戴笠的机构没有一个名字。一开始蒋介石让他做些工作。有时戴笠会作为私人助理或参谋与蒋在一起。然后蒋先生让他在杭州组织一个警察学校。戴笠的机构由于警校而变得具体起来。中央军事学校的毕业生被送到那里，毕业以后戴笠开始使用他们，于是他逐渐地组织了自己的人员干部队伍。正是在那时，陈发现戴笠在从事特工活动。Chen Lifu, *The Board of Organization, 1932—1935*. File in Chen Lifu Materials, p.76.
21　沈醉：《军统内幕》，第50页。
22　同上书，第40页。国民党从日本人手中夺回上海后，陶当了淞沪警备司令部稽查处处长。程一鸣：《对沈醉〈我所知道的戴笠〉的补充、订正》，第250页。
23　程一鸣：《对沈醉〈我所知道的戴笠〉的补充、订正》，第50页。
24　同上书，第44页。并见沈醉：《我所知道的戴笠》，第14页。
25　上海的几乎每个特工都曾有过监视进步人士或反蒋分子的经历。他们大都搞不清为什么要监视某个嫌疑分子。监视的对象往往被告知为"反革命"或"反动派"。沈醉：《军统内幕》，第78页。
26　此处"肇事者"指故意装成进步激进分子来诱发他人对政府和蒋介石不满的言行，然后予以打击。
27　沈醉：《军统内幕》，第50—51页。
28　同上书，第54页。
29　戴笠本人从来没有被认为有贪污的现象，至少在金钱方面。据对爱泼斯坦1985年3月5日在北京的采访。
30　沈醉：《军统内幕》，第54页。其他组织里特工们的工资相当于一般政府官员。抗战中，军官们拿的是降了10%的"国难薪"，军统特工的工资则没变。此外，总部特工还有加班津贴，从总体上讲，他们的工资要比当时一般政府相同级别的人员高出40%—50%。外勤特工若成功地完成了绑架和暗杀，还会有额外活动费和资金。"只要肯出卖人格和良心，

总是不会失业的。"沈醉：《我所知道的戴笠》，第 18—19 页。除了领取特别津贴以外，有才干的年轻军统特工还能很快得到提升。黄康永：《我所知道的戴笠》，第 161 页。

31　沈醉：《军统内幕》，第 55 页。
32　"当时在上海的一些进步的集会都有这些记者混在里面去搞特务活动。"同上书，第 45 页。
33　《火炬》是《大晚报》的副刊。同上书，第 42 页；沈醉：《我所知道的戴笠》，第 15 页。
34　沈醉：《军统内幕》，第 48 页。这并不奇怪，沈醉甚至可以瞒住自己的母亲。一次他与行动组一起执行一个绑架任务时，他们的汽车撞了一辆人力车上。虽然沈醉是工人装扮，但坐在那辆人力车里的他的母亲还是认出了他，便叫起他的小名来。沈醉立刻用上海话骂了回去，侮辱了自己的母亲。后来他回家以后，母亲告诉他说，在路上看见一个工人模样的人跟他很像，但挨了他一顿骂。沈醉则假装无辜。戴笠知道这事件后，很赞赏他的随机应变能力。
35　同上书，第 81 页。
36　同上。
37　同上书，第 80—81 页。
38　同上书，第 80 页。开始特工们被告知将对薛笃弼实行特别行动，但后来命令变成简单的监视。作为律师，薛笃弼经常接待前来找他的被上海站特工绑架的人员的家属。他在法租界金神父路金谷村的住宅和在爱多亚路的办事处都受到严密的监视。
39　同上书，第 40—41 页；沈醉：《我所知道的戴笠》，第 15 页。
40　戴笠是利用了周的妻子来侦查周的。沈醉：《军统内幕》，第 46—47 页。
41　同上书，第 45 页。
42　"文革"中，崔在香港发表了关于他在上海的文章，其中提到他和狄克与蓝苹的关系。当时在监狱里的沈醉被提审，让他说出所有关于崔的情况。显然提审员们对崔与毛夫人的关系感到困惑。沈醉：《我所知道的戴笠》，第 15 页。
43　沈醉：《军统内幕》，第 41 页。
44　该校校长关素之偶尔会为上海站执行秘密任务。同上书，第 52 页。
45　同上书，第 53 页。
46　同上书，第 40 页。杨虎的一个姨太太曾经介绍了十几个南洋学生给戴笠，包括苏振通和刘果庆，戴把他们送到杭州警察学校受训。
47　沈醉：《军统内幕》，第 48 页。很久以后，1936 年大学的校长办公室开除了 6 个左翼学生。根据《东京日日新闻》（*Nichi Nichi*）透露（1936 年 9 月 9 日），这使学校"置于法西斯蓝衣社的影响之下"。被开除的一个女学生的父亲是上海的高级官员，她因此自杀。邹韬奋在《生活日报》的头版刊登文章对她进行悼念。Shanghai Municipal Police(International Settlement) Files, D—7332, 9/9/36。
48　后来陈绍宗担负起整个江湾地区教育机构的情报工作，其中包括一个女子体育学校和一个法律学校。沈醉：《军统内幕》，第 40 页。
49　沈醉：《军统内幕》，第 41 页；江绍贞：《戴笠和军统》，第 41 页。
50　区督察员叫陈慈，后来当了蒋介石的驻外大使，每个月的经费从 200 元增加到了 300 元。沈醉：《军统内幕》，第 43 页。
51　同上。张师也许没有能力渗透到共产党内部去，但对于收集共产党活动的情报，他则有不错的主张。戴笠因而器重他，并将他调到南京总部任书记长。他的地区书记的位置先后被徐进、姚则崇和郑修元接替。
52　同上书，第 49 页。戴笠多次设法吸收卢英入军统，以对侦缉总队进行控制，但卢一直不愿加入。
53　同上。

54 此二人为杨华波和黄加持。
55 沈醉：《军统内幕》，第 49 页。
56 同上书，第 45—46 页。
57 同上书，第 46 页。
58 到了那时，原总部 53 号地址在本巷子里又扩展了几处楼房，成了四条巷。外勤特工不许进入这些新扩展的房子里，他们得使用旧地址，在那里打电话到四条巷，然后有人来接才行。沈醉：《我所知道的戴笠》，第 18 页。
59 阮兆辉自己"没有什么社会关系"，于是范的关系"都变成了阮的关系"。沈醉：《军统内幕》，第 46 页。
60 同上。
61 沈美娟：《戴笠新传》，第 249—250 页。
62 沈醉：《军统内幕》，第 43 页。
63 本地人把白云观叫作"茂山殿"。同上书，第 70 页。并见沈美娟：《戴笠新传》，第 237 页。
64 沈醉：《军统内幕》，第 51—52 页。
65 同上。杨的一组组长由沈醉接替，二组组长徐鹏飞这时也在侦查队任职。
66 同上书，第 71 页。他们自己的刑事侦查程序因此而受到挫折。但当沈醉报告说他们需要用更多的力量来解决刑事犯罪问题时，戴笠立刻说："你以为我们掌管这个组织仅是为了替别人抓一些小偷小摸吗？"
67 沈醉：《军统内幕》，第 43、52、74 页；郭绪印：《旧上海黑社会》，第 99 页。
68 沈醉：《军统内幕》，第 43 页。秦承志当了军统的区书记。戴笠把吴乃宪调走也许是因为他对华东区无力渗透到共产党前沿组织里而不满。江绍贞：《戴笠和军统》，第 41—42 页。
69 铁路警察苏州段段长韩尚英被指定协助上海站把犯人押送到军统。沈醉：《军统内幕》，第 43—44、52 页。
70 王新衡后来负责戴笠在香港的活动。此信息由叶文心提供。
71 沈醉：《军统内幕》，第 44 页。王新衡任上海站头目一直到抗战爆发前夕，那时他被周伟龙取代。
72 沈醉：《我所知道的戴笠》，第 8 页；沈美娟：《戴笠新传》，第 279—288 页。
73 苏亚光是湖南新化人。
74 沈醉：《军统内幕》，第 44—45 页。
75 陈赓经潮州和香港来到上海。牛惠林，圣约翰的毕业生，尽管他对陈赓的身份感到怀疑，但他最终没有举报他。穆欣：《陈赓同志在上海》，第 34—35 页。
76 吴乃宪受命负责这个案子，是因为他被认为能辨认出他以前的同学。上海站没有陈赓的照片。沈醉：《军统内幕》，第 81 页。
77 同上。虽然二组集中监视徐家汇的孝友里和打浦桥，但还是让共产党嫌疑分子漏网了，这是由于共产党自己出色而极为谨慎的保安程序。
78 国民党特务在侦查队驻地附近逮捕了三个共产党特工。
79 穆欣：《陈赓同志在上海》。
80 沈醉：《军统内幕》，第 51 页。
81 曾扩情：《何梅协定前复兴社在华北的活动》，第 142—143 页。
82 当时并无华东局这一说法。此处有误。——编者注
83 沈醉：《军统内幕》，第 51 页。1933 年 4 月，沈醉带领一个小组计划在法租界绑架一个共产党嫌疑分子。因为他的情报人员指错了人，使他们错抓了个骑马师。由于不肯认错，军统就把此人投入南京的监狱里直至抗战爆发他们撤出城市时才释放。沈醉：《我所知道的戴笠》，第 10 页。

84 Wakeman, *Policing Shanghai 1927—1937*, p.154; Xu, *The Invisible Conflict*, pp.84—89.
85 沈醉：《军统内幕》，第 53 页。
86 同上书，第 63—64 页。
87 同上书，第 64 页。
88 见 Wakeman, *Policing Shanghai 1927—1937*, pp.147—151; Litten, *The Noulens Affair*，全书。
89 FEB 与盖哈特·艾斯勒（Gerhart Eisler）领导的共产国际政治局同级，负责中国"红区"以外的亚洲共产党活动。上海组织部的功能犹如一个巨型调节机器，它向本市和亚洲各地输送人员和经费，使用和撤除秘密安全据点等。Finch, *Shanghai and Beyond*, p.317。
90 Litten, *The Noulens Affair*, pp.502—503。
91 而且他还有许多化名：Charles Alison, Donat Boulanger, Samuel Herssans 和 W.O'Neill。
92 Litten, *The Noulens Affair*, p.503, p.508。
93 同上书，第 493 页。
94 所使用的普通译码中加进了一些关键的句子。这两本译码被《圣经》和孙中山《三民主义》的译员所发现。Finch, *Shanghai and Beyond*, p.318。
95 那个官员的名字叫周养浩。
96 沈醉抓住他时，他就咬沈醉的手腕。沈醉便用手枪柄猛击他的嘴部，把他的门牙敲掉了。然后沈醉把他与自己铐在一起直到他的助手赶来。沈醉：《军统内幕》，第 64 页。
97 同上书，第 65—66 页。
98 同上。
99 同上书，第 67 页。沈醉带着陆海防去见他的妻子，他们进去时发现她正在烧毁文件。她怒斥自己的丈夫说："你没有死掉？你有脸这样来见我，我没有脸见你这个叛徒！"陆请她跟他们一起走，她看了沈醉一眼说，除了把她抓起来，她是不会跟他们走的。沈醉只好不再劝说她，与陆回了办公处。他告诉戴笠说最好再等几天，等她平静下来后再劝说她。戴笠下令立刻逮捕她。等沈醉再去时，她早已不在了，所有的文件也都销毁了。戴笠对此并没有太发火，因为他说那天他们逮住了一条大鱼，溜掉一条小鱼关系不大。还有，这对沈醉来说是一次很好的教训：父子和夫妻关系对共产党人来说与对国民党人不一样。
100 同上。作家的名字叫袁殊，他被逮捕，他的作品被没收。"黑牡丹"姓程，四川万县人。她与四川军阀王陵基的姨太太很要好。当下令逮捕她时，她躲在王的家里。后来她逃到了苏州，最终在那里被捕。她被捕后，关押在侦查队部。她受到优待，区长王新衡和侦查队长土兆槐都去看她。戴笠也想去跟她胡调。他听说她为他的部下唱歌，非常嫉妒，强调说他的部下应当小心共产党的圈套，要他们与年轻美貌的女子保持距离。
101 沈醉：《我所知道的戴笠》，第 9 页；Litten, *The Noulens Affair*, p.494。
102 诺林始终是非常专业的特工，他对逮捕他的官员们说："我知道你有义务要履行，但你须明白我也有我的，那就是尽量让你的工作无法进行。"Finch, *Shanghai and Beyond*, p.317。
103 沈醉：《我所知道的戴笠》，第 319 页；沉醉：《军统内幕》，第 68 页。诺林夫妇留下了一个儿子杰米（Jimmi），他被置于史沫特莱夫人（Agnes Smedley）和宋庆龄的名义保护下，1936 年后他在苏联孤儿院长大。20 世纪 60 年代他以 Dimitri Yakovlevitsch Moiseenko 的名字在苏共中央委员会与瑞士和比利时共产党之间做联络工作。Litten, *The Noulens Affair*, p.510。
104 Li Helin, *Lu Xun and Soong Ching Ling*, pp.3—76。
105 此处提及的诺林的故事，如 1931 年被捕、民权同盟营救等，均是牛兰（Naulen，即 Paul Ruegg）的故事。而"怪西人"及陆海防等，是另一案，发生于 1935 年。作者将二者混淆了。——编者注
106 鲁迅在 1934 年替日本一家杂志《改革》写的一篇文章《中国事二三》里说：诺林先生和

夫人被当作共产党或动乱分子投入了南京的监狱，他们进行了三四次的绝食斗争，没有用。他们不理解中国囚犯的心态。一位官员惊诧地说："他们不吃饭，那我们干什么？"这与我们慈善的政府无关，而节约一点粮食对监狱还有好处。假如甘地没有选一个好地方（绝食），他便会彻底地失败。Li Helin, *Lu Xun and Soong Ching Ling*, pp.3—76.

107 罗广斌、杨益言：《红岩》，第 156 页。
108 后来军统培训班的教官对学生说，不能仅满足于单单得到地址，而应该继续审问，用详细的问题来询问住宅的性质、报警系统如何等等。然后，派特工装成维修人员或管道工去那里探虚实。沈醉：《军统内幕》，第 22 页。
109 Neale Hunter, *The Chinese League of Left-Wing Writers*, pp.248—249.
110 沈醉：《军统内幕》，第 68—69 页。
111 同上书，第 71 页。
112 同上书，第 69—70 页。
113 同上书，第 70—71 页。
114 同上书，第 42 页。这个说法值得怀疑。
115 他每次到上海时，都会对军统无力渗透到共产党组织而"大发脾气"。
116 沈醉：《军统内幕》，第 42 页。
117 这些人物包括共产国际上海局的领导人李竹声和盛忠亮。"他们被捕后受到枪决的威胁，便参加了国民党秘密警察。他们把自己知道的所有情况和交授给他们的事情都交待了。这导致了白区许多领导干部的被捕，中央和地方组织的垮台，以及许多重要文件的丢失。"Otto Braun, *A Comintern Agent in China*, p.79.
118 沈醉：《军统内幕》，第 37—38 页。可以设想，一些共产党中央委员会的成员还是隐蔽了下来，起码政治局转移到了山区。
119 Wakeman, *Policing Shanghai 1927—1937*, p.156.
120 Braun, *A Comintern Agent in China*, p.79. 但须注意：共产国际与张国焘之间仍有无线电联系，当然也还有信使。

第十二章 行刑队

> ［赵理君］由于杀人成性，他在河南与中统特务发生摩擦，竟将中统的一个行动督察专员、中学校长等六人，秘密逮捕活埋了。以后经中统查出确实证据，陈立夫等向蒋介石哭诉要求严办，戴笠还想进行庇护，由于蒋介石为了使中统特务继续为他在反共反人民方面卖力，才决定将赵枪决。这个为蒋介石杀了十多年的刽子手，最后还是被他的主子杀掉。戴笠痛哭几场外，以后每经成都总要到龙泉驿军统公墓去凭吊一番。
>
> 沈醉：《军统内幕》，第 58 页

劫持

绑架是秘密特工的专长，它直接受戴笠控制。绑架的范围很广，尤其对军统上海站来说。[1] 赵理君是华东行动组组长，他在上海负责秘密逮捕时，曾经下令劫持和杀害的人数不胜数。[2] 自然，重要的绑架事件还是在特工们的头脑中留下了记忆，而且还成了典型的榜样用到了军统训练场的训练项目里。学员们在那里还学习在现代绑架技术中不可缺少的驾驶技术，秘密特工骨干分子还受到七八个小时的额外特殊训练，学习 30 年代初实际绑架中积累的经验。[3]

到了那时，特务处的特工们夸口说他们能够在任何地方、任何时候绑架任何人。[4] 但事实并不总是如此，特别是在上海这类大城市，那里没人能躲过他人的眼睛，而且在上海站的经费增加到他们买得起汽车之前，绑架行动往往需要步行。[5] 这就更说明劫持要在行人堆里进行，于是蒙骗就变得绝对必要。往往是，一个特工穿一件自制的黑外衣，携一条装有铁砂等物的橡皮管，装作强盗的样子把受害者击昏过去。然后，另一个在附近的特工，会从人群里冲过来，装成是他的亲戚的样子把被击倒的受害者从强盗那儿拖开，然后拦一辆黄包车，大声叫着去医院。一旦离开人群，这名特工便对驾车人说要把受害者先送家里，于是就把他送到另一个地方，然后这个昏迷的受害者便由其他特工带走审问。[6]

一旦他们有了足够的汽车，戴笠的人就开始用起了典型的黑社会手法。他们会用枪顶在背后，把受害者抓进一辆等在一边的车里。这个方法并非万无一失，有时受害者会在他们把他扔进车里之前逃掉。戴笠曾对几次这样劫持未成的事件怒火万丈，于是强调上海站的特工们必须在他们自己中间练习互相劫持来完善实地操作。逐渐地，上海站的特工们发展了一套四步骤的绑架法。他们总是先对目标进行跟踪，一直到掌握其日常行动规律为止。然后他们在附近停一辆车。等他们的"肉票"走在马路上时，一个特工从后面上来，同时另一个特工从正面向这个倒霉的人走去。当两个特工碰到一块儿时，一辆车同时从一边开来；司机把车停下，让引擎空转，后座上的特工打开边门；同时，在后面跟踪的特工拔枪顶住受害者的后背，正面的特工冲上来对准他的小腹猛击。后面的特工趁"肉票"低下身喘不过气时，用一只手压住他的背，不让他直起身来。车里的特工随即伸手把他们的猎物拽上车的后座。仅仅片刻，这辆汽车便又平静地穿行在车流里，而车两边的特工随即融进了人流中，似乎什么也没有发生。[7]

他们也发明了一些"软"办法,那是为了让戴笠满意。因为戴笠既要他的特工们在光天化日之下的拥挤马路上抓人,却又不要引起过路人的注意。为了避免亮出武器,上海站的外勤特工们学会了如何用揿捺穴位来使受害者暂时瘫软。靠人行道一边的两个秘密警察会假装对受害者开个朋友之间的玩笑,好像他们是熟人一样:一个特工从后面用双手蒙住受害者的眼睛,再用大拇指用力掐耳根下的"命门"穴道使之无力喊叫。另一个特工便走上来用力抓住"肉票"说:"这一下你猜不到是谁了!"于是这两个特工就连拉带推地把这个晕头转向的受害者拽进车里,让旁人以为是旧友重逢呢。[8]

还有一种方法对阔气而讲排场的人特别有效:使用美人计,让旁人以为这是个风月案。一个女特工衣着风骚地扮成情妇样,从人群中向目标靠拢后,大哭大喊地说他为另一个女人而把她甩了。当这个受害者无一例外地坚持说她是看错人了的时候,另一个女特工从一旁的车里出来,装作是这个被甩了的女人的朋友,劝他同她们一起回去谈谈。受害人有口难辩,另外两个特工——这次是男的了,从一边的人群里出来说:"怎么?你们又吵起来!你们在街上吵太不雅观,还是大家回去好好商量吧!"显然,受害者会以为最简单的办法是到车里去解释这个误会。一旦进了车,这不幸的"肉票"便永远地消失了。[9]

有时需要当机立断。例如,在上海地区负责桂系的陈六安被列在上海站绑架名单上。沈醉在对陈的住宅进行监视时,见他携一箱子从前门出来,显然是在找一辆出租车去火车站。沈醉立刻奔出弄堂,装作陈家佣人的样子叫了一辆车来。当车在陈家门口停下时,他又赶快跳下,装作司机助手,帮着打开车门请陈上车在后座坐下。车一离开陈家,开到其他两个特工的守候点时,沈醉就叫司机停车。这些秘密特工便上车,掏出手枪,威逼司机把车开到警备司令部。陈惊恐的抗拒毫无用处,司机不敢抵抗武装侦探,只得服从他们把车开向他们指定的地点。[10]

这些精心设计的绑架并未在上海的中国区施行,在那里抓人是通过秘密警察通常的逮捕方法，而且往往是在夜间。[11] 但在法租界和英租界则通常如此。虽然持有公安局或警备司令部正规侦探身份的特工可以要求并且得到租界或中国区的警察的帮助来逮捕人，但戴笠不愿通过他们运作。[12]

受害者

戴笠不愿在上海向外国警察求助的原因之一是大多数逮捕是在傍晚进行的，被捕人被拘留到次日，然后才能递送引渡要求。这使记者有时间来调查案件，并在戴笠无法控制的地方报纸上刊登出来。于是上海站替赵理君行动组工作的特工们（该组后来由沈醉领导）得到执行"秘密逮捕"的命令，实际就是政治绑架。这使外国警察对犯人毫无掌握权，而关于这些犯人被捕的事件也完全对地方报纸封锁起来。[13]

戴笠对媒体报道的厌恶不无道理：它们把他的秘密王国暴露于光天化日之下，从而捆住了他的手脚。其中最著名的例子之一，是1933年5月14日作家丁玲的消失：那天警察突然袭击了她在昆山路上的寓所，在众目睽睽之下抓走了她和她的丈夫冯达及他们的一个共产党朋友。[14, 15] 这种半公开的绑架受到人权保护联盟秘书长杨杏佛（即杨铨）的抗议，但对抗议的答复是官方的沉默，而杨本人不久却遭到杀害。[16]

另一个也许更有名的例子是1936年发生的刘芦隐案件。刘芦隐被认为是王亚樵的人，那年冬天，他作为陈济棠、胡汉民和其他"广东系"成员的代表被派到上海。刘像蒋介石所有的敌人一样知道他可能上了黑名单，为了安全，他选择法租界住下。于是从戴笠那儿传来命令，要上海站执行绑架，并把他带到南京秘密审讯后枪决。[17]

第一个任务是找到刘的踪迹。沈醉的特工了解到刘的一个姓华的姨太太住在贝当路附近，刘大多数晚上都在她那儿过夜。沈醉带着手下的特工们上了站里的司蒂倍克车，朝着法租界贝当路开去，突然他发现刘芦隐和他的女人正坐在一辆崭新的绿色福特轿车里从对面开来。特工们立刻来了个急转弯。但福特车加快了速度，他们的旧法国车赶不上，让目标在上海的马路上消失了。但沈醉记住了车牌号，便带领人马在全城找起来。他们在国际租界福州路附近的三马路扬子饭店门口发现了这辆福特车。沈醉带人包围了饭店，当这对男女在半夜出来时，特工们拥上来，把刘和他的女人强押进了他们的司蒂倍克车里。

他俩拼命抵抗。姓华的女人尖叫救命，刘在车里扑向前座正要开车的司机，和他搏斗起来。结果在汽车开走以前，一个英国警察赶到，把他们全部抓起来带到上海公共租界工部局老闸捕房关起来。当然，特务处的特工自有警察证件来对付，并在短时间内将刘芦隐引渡到武汉，把刺杀杨永泰的罪名加在他头上。杨永泰是政治研究团体的领导，湖北省政府主席。一般认为他是在1936年10月5日参加了美国领事的招待会后，在汉口渡船上被成燮超刺杀的。[18] 但因此案如此公开，戴笠不好再安排秘密审判抢先将刘处决。于是，刘芦隐的命运便交给了武昌地区法院刑事部门，经过公开审判，刘被判处十年徒刑，剥夺民权五年。[19]

除了著名案件以外，戴笠刺杀队的受害者们大都为无名的学生和工人。工人往往在工厂外被逮捕，特工们不敢进去捉人，因为怕遇到他的同志们的抵抗。[20] 只要可能，劫持就在晚上进行，这样在受害者的失踪被发现之前，他们可以有更多的时间来逼供。[21] 一旦到了特务处手里，工人和学生就消失了，他们在刑讯者手中秘密地受折磨，而刑讯者一般不知道他们猎物的真正身份。[22]

刑讯

在上海，刑讯室是在长满虱子的犯人棚子后面。除了一小部分当场向军统投降的被捕者以外，其他所有人都照常受到酷刑折磨。用刑的是在一个部门头目（监察员或副队长之类）监督下的一队特别警卫，而没有合法的"审讯员"在场。[23] 换句话说，没有人阻止刑讯成为一种对受刑者的残害方式。就像被囚禁者们说的："只有好好走进去的，难得有好好走出来的。"[24] 受刑是必然的程序，上刑是审讯过程中永远存在的威胁，就像小说《红岩》里特务头子徐鹏飞审问共产党员许云峰时那样。[25] 在审讯中，当共产党特工表现出明显的高傲时，徐鹏飞忽然让墙上的一扇铁门打开，从里面的拷打室射出一阵耀眼的亮光，同时传来一阵血腥气，那是被打得奄奄一息的许云峰的助手，他也被特工抓进来了。

> 冰冷的水泥磨石地面上，横躺着一具血肉模糊的躯体，脚上还钉着一副沉重的铁镣。鲜红的血水，正从那一动不动的肉体上往水泥地面滴落……
>
> 几个胸前露出黑毛的人影，提着带血的皮鞭，把一件黄皮夹克掷向那毫无知觉的躯体，突然发出一阵令人心悸的狞笑。[26]

施刑过程中各种残酷的细节在小说里得到反复描写。它给秘密世界的主子——戴笠和他的干将们，最终带来一种内心深处的变态的权力感。[27]

> 鞭子在空中呼啸，落在肉体上发出低钝的响音……从转椅上欠起身来，点燃一支香烟，慢慢吐出一口烟圈，他倾听着这阵惨叫，像倾听一曲美妙的音乐。他的脸上，浮现出一丝几乎看不见的冰凉的冷笑。若干年来，他习惯了这样的生活。如果任何时候，听不见拷打的嚎叫，他会感到空虚和恐怖。只有不断的刑讯，才能使他感觉自己的存在和力量。[28]

这个坐在转椅里的人就是略为改头换面的徐远举少将，军统的"噬血魔鬼"之一,他在 1948 年任军统西南局二处处长兼军统保卫处处长。

反复谈论军统行刑队的这种恐怖性并非是件愉快的事,但我们如果不简要地审视一下作为戴笠领导的国民党秘密特务常规程序一部分的刑讯和施刑人,[29] 便永远无法理解受害者的经历是如何的可怕,他们的消失是如何的令人恐怖。当然,不能仅从心理变态上来分析刑讯者,尽管典型的刑讯者往往是虐待狂。有些刑讯者也许心理变态,但研究结果表明"大多数并非心理学意义上的虐待狂,也就是说,他们从残酷的折磨中并不获取性兴奋"。而是环境使一些人变成刑讯者,它包括"一种狂热的意识形态上的偏执,它把极度的邪恶归罪于其他一些团体,而把这种意识形态的信徒当作社会正义的卫士;一种对权威毫不置疑地服从的态度;以及刑讯者从他同伙那儿得到的公开和无言的支持"。[30]

例如,1970 年在雅典的特别审讯中心或在波亚悌监狱(Boyati)当施刑人的,都是像泰奥朵若·泰奥费罗亚纳克斯(Theodoros Theofiloyannakos)上校那类疯狂反共的人,他们对囚犯的身体状况"完全无动于衷"。[31] 在审判泰奥费罗亚纳克斯上校的法庭上,检察官说:"我相信,若发生地震灾难的话,在全希腊只有一个人会把它归罪于共产党,那便是泰奥费罗亚纳克斯上校。"[32]

与这种疯狂的自信并存的是,在警校生中"力图唤醒兽性"的残酷化过程。[33]

> 假如在合适的环境中采用正确的学习过程,任何人都是潜在的刑讯者。用强烈的虐待狂冲动来解释是不确切的,而认为只有虐待狂才能执行如此暴烈的行为也是一种谬误,是用舒适的理性来轻松我们自由化的头脑。[34]

以下是乔治·坎巴纳斯(Georgios Kambanas)1975 年作为 ESA 的一个下士和狱吏在法庭上的证词:

我们一从基本训练中心到达 KESA，刑讯就开始了。他们把我们从军用卡车上揪起来，然后像扔麻袋那样把我们扔下去。毒打开始了，他们让我们吃我们军帽上的带子……他们用皮带和警棍打我们……毒打从不间断。他们在军车里，在演讲厅里，在课堂上打我们……我想到提出调离 ESA，但我意识到我也就配干这个……我就用毒打犯人来救我自己。[35]

一个前 ESA 士兵说他们的训练"具有把受训者变成'机械兵'的效果"；一个被 ESA 的人逮捕过两次的牙科学生认为，军队中的刑讯者"受过专门的训练，以使法西斯渗透到他们的个性中……他们并非是奇异的怪兽，而是一种训练制度的结果"。[36] 沈醉在形容他自己把对犯人的折磨习以为常的时候说，他们正在变成"失去了人性的人"。[37]

上海站牢房的审讯室被很厚的栅栏隔开。很粗的麻绳悬吊在木梁上。麻绳的一端用来拴住囚犯被捆绑在背后的双手拇指。只要一声"吊！"麻绳就被拉起，这个人就被吊离地面。一开始受害者的脚尖可以着地，麻绳被固定在钩子上，审讯继续进行。几分钟后受刑者便满头大汗。假如这时还没有供词，刑讯者就会叫一声——就像古代的衙役宣布下一道刑罚那样："扯！"受刑者的身体便悬空吊起，整个身体的重量于是便落到了两个拇指上。在受刑者大汗淋漓时，刑讯者却在一边轻松地坐着抽烟，看着受害者在痛苦中挣扎。要是受刑者还不招供，通常疼痛会让他失去知觉。[38] 然后受刑者的身体被放下来，浇上一盆冷水。直到受刑者醒过来再次被吊起。通常，吊一次就足以让犯人把所知道的吐露出来。[39]

特工们所使用的这些内部人的行话（残忍的黑话）非常说明问题：要是"吊"还不够的话，那么军统的刑讯者们会挪向下一步——"炒排骨"。[40] 受刑者依然被吊在大梁上，脚尖着地，双腿被绑在一起，以防他踢人。[41] 他的衣服被扒光后，背脊贴在墙上。一个刑讯者会戴上粗厚的皮手套，然后慢慢地用力按压受刑者的肋骨，一方面制造摩擦，一方面挤压内脏。这种酷刑的幸存者不仅以后会长时间地忍受胸内疼痛，而且当时的疼痛并不会使其昏厥，所以特务处的审讯者好用此刑，直到很久以后他们学会了用电刑为止。[42]

灭绝人性

用刑的基本心理方法是把世界分成"我们"和"他们"。找替罪羊和贬低他人是达到这一目的的重要手段。刑讯者们必须相信他们的世界是正义的，才能对受害者疯狂地施暴。这种信念的结果之一是，审讯者把受害者视为自找苦吃，这些受害者的受刑实际上是罪有应得。在刑讯者看来，受刑者越是痛苦，就越有理由上刑。这种思维方法并不罕见，一般并不会引起人的残忍。然而这种精神状态是虐待他人的前提，于是，对那些会把受害者当作对社会秩序的威胁或导致种族污染不纯的人来说，它成为灭绝人性的心理条件。[43]

刑讯者大多数是被制造出来的，而非天生如此。他们被逐渐地推向这种变态的精神状况之中。大赦国际的报告说，由看守变成施刑人，往往开始于在审讯室外面当警卫，听到里面传来的毒打声。他们被调到关押室后，目睹了受害者如何遭到污辱。终于，如果他们称职，便会"突然积极地参与"，自己毒打犯人。[44]

正像刑讯者"失去了人性"那样，他们会让受刑者感到自己失去了精神力量，感到他正在失去他身体的完整性。戴笠使用两种刑法——"老虎凳"和"踩杠子"，达到使受害者残废的目的。[45]军统的审讯者们专门这样来对付共产党嫌疑分子，让他们终身致残。"特工们为了强迫革命人士招供出新的线索，总是想尽办法折磨革命人士的身体。"[46]他们既有着践踏和摧残人体的欲望，又追求科学效率。像沈醉这类向新手教授"行动技术"的秘密警察,总是热衷于发展更有效的刑法。新的刑具发明后一两天之内,他们便在上海站牢房里的犯人身上进行试验,以完善他们的技术,然后将其加进军统训练项目里去。[47] 从心理学看,这种对"从事刑法业务"的"专业"和似乎"超脱"的兴趣,便是罗伯特·列夫顿称为"两面性"的一部分:这些人"形成了一整套感情和习惯",既与其邪恶角色相适应,又使其能够在下班以后回到日常的自我。两面性是终日作恶的关键,它可以解释人们如何能陷入那种与其生活中的其他部分如此背道而驰的活动中去。[48]

但两面性并不是一个完全神秘的过程。随着刑讯室内一个个禁区的打破,刑讯者变得日益残忍,兽性大发。例如,军统的刑讯者还吃人肉。戴笠的特工们会以某些人"胆小"为借口,把受害者的心和肝挖出来炒了吃,说"吃了人心可以壮胆"。[49] 在戴笠的纵容下,他们还经常强奸年轻妇女,尤其是共产党嫌疑分子。戴笠认为这是对特工们好好干的一种奖赏或鼓励。[50]

刑讯者的类型范围显然超出了通常的具有性变态或性狂热的人。然而,曾经出席对希腊 ESA 官员审判的大赦国际的代表们评论说:

> 虽然施刑人的性变态经常十分引人注目而且应当得到反对刑讯的善良的人们的谴责,但重要的是要看到,这些个人的变态并不是一套刑罚制度产生的原因。相反,一旦为了那些当权者的政治需要而制造出一套刑罚制度,统治者的部下会表现出他们通常无法做出的行为模式来。社会嫉妒与性侵犯便是其中的两个方面。[51]

总之,在一个军统官员看来,秘密审讯女犯人,尤其是倔强激进的年轻女学生,便是用制造性器官疼痛和羞辱来"发泄兽欲"的机会。[52]

军统特工们把最为疯狂残酷的行为用在他们看守的女犯人身上:用针刺入她们的乳头,将竹签插入她们的指甲,用藤条抽打她们的阴部。

这些酷刑最终都得到戴笠准许，他自己正是采用了相同的残酷手段来对待崔正瑶的（她丈夫在 1935 年 11 月企图刺杀蒋介石，结果却伤了汪精卫）。[53]

性羞辱几乎是家常便饭。年轻的良家女子被扒光衣服，特工们则围观取乐。不过，在极其罕见的情况下，一个女子偶尔也能反过来羞辱对她施刑的人。沈醉讲起过一个关于徐远举在重庆审讯女共产党员江竹筠的故事。在她轻蔑地拒绝回答徐的问题后，他便采用了惯用的手段（他宣称女犯人十有九个会在此法下招供）：他命令手下的人扒去江的衣服，但她并没被吓倒，而是大声斥责：

> 你们以为用这种卑劣的手段扒光我的衣服羞辱我就能使我害怕吗？让我告诉你们，别忘了你们是女人生下来的。你们的妈妈，你们的妻子，你们的女儿和姐妹难道不是女人吗？你们如此羞辱我，也就是羞辱了地球上所有的女人，羞辱了你们自己的母亲！要是你们连自己的母亲姐妹都不顾，那就让人扒光我吧！[54]

这时，在一旁观察的沈醉"轻轻地碰了一下徐的脚，'你能不能用其他方法来对付她？'"这时徐才住手，下令使用在她指甲里钉竹签的屡试不爽的刑罚，但即使是那种剧烈的疼痛，最终也没能让江招供。[55]

灭迹

受害者经常被折磨致死。确实，南京方面一贯的命令是，要是被绑架来的嫌疑分子在审讯中拒绝招供的话，那就将其杀害，然后将尸体埋掉或毁掉。[56] 无数人落到了行刑队的手中后便永远地消失了，以至于 1949 年后，有许多人声称军统的行刑队曾使用镪水池来溶解尸体。其实，在1945—1949年秘密特工在重庆的鼎盛时期,并无这个必要。因为尸体干脆被整个埋掉(而且常常是活埋),只是偶尔会把尸体肢解或烧了以防死者被辨认出来。[57] 不过,在抗战前的上海,戴笠的人不愿让租界的警察发现死者的尸体,从而向外国揭露刺杀队的罪行,于是便对镪水池进行了"试验",但他们发现这种方法太费时间,而且比预想的要麻烦。[58]

所以他们偏用一种廉价简单的处理法:"移尸嫁祸"。军统杀了人以后,尸体被肢解,然后装入一个箱子里。特工们用汽车把箱子抛到一个荒芜的地方或在马路上雇一辆人力车把箱子拉到火车站或旅馆之类的地方。送车子的特工先跟上一段路,然后溜掉。车夫到了指定地点见物主没来,以为发了洋财,有的就会把箱子拉回家里。等到打开一看,才发现其中惨不忍睹。[59]

刺杀队还使用其他方法来处理受害者的尸体。有时,他们制造出情杀或奸杀的错觉:特工们会把男性死者的生殖器割下来塞入他的嘴里。还有时,他们干脆把尸体装入麻袋扔进黄浦江。戴笠更喜欢"移尸嫁祸"的处理,他认为,对于1928—1936年间成千上万个成为秘密警察恐怖活动的猎物,并落入赵理君及其虐待狂们的刑讯室里的人来说,这是对其最简单干脆的处理方法。[60]

注释:
1 甚至在力行社成立之前,戴笠已经派翁光辉、陈志强和王昌裕去上海建立地区办公处,后来他们的黄埔同学徐昭骏也加入进来。江绍贞:《戴笠和军统》,第40页。
2 赵理君,化名陶士能,四川人,是黄埔五期毕业生。抗战期间曾任军统本部行动处行动科科长。沈醉:《军统内幕》,第147页。该行动组还包括王克全、李阿大、过得诚,他们全都是杀人越货的惯匪。江绍贞:《戴笠和军统》,第41页。
3 沈醉:《军统内幕》,第23页。
4 同上。
5 同上书,第60页。可以理解为什么上海站所买的第一辆汽车被用来作绑架用。

6 同上。
7 同上书，第 58—59 页。
8 同上书，第 60 页。
9 同上书，第 91 页。抗战前夕有三人被顺利地用此法绑架。
10 同上书，第 60 页。
11 同上书，第 62 页。在绑架涉及地区之间的边界马路时，只要受害者一踏出中国区，绑架一个共产党嫌疑分子就成了公开的逮捕。沈醉：《我所知道的戴笠》，第 10 页。
12 从另一方面讲，绑架会使法租界和国际租界的警方感到恼火。有一次蓝衣分子企图绑架一个胡汉民手下的人，法警如此愤怒以至于他们想用中国侦探中的红帮分子来打击宣称支持蓝衣社的青帮分子。Shanghai Municipal Police Files, D—4685, 8/7/33。
13 沈醉：《军统内幕》，第 58 页；《我所知道的戴笠》，第 10 页。
14 逮捕由特务处特工马绍武一手操纵。他是前共产党特工人员，在顾顺章的逼迫下投降国民党。马在此案发生一个月后被共产党枪毙于法租界丁香花园。Faligot and Kauffer, *Kang Sheng et les services secrets chinois*(1927—1987), pp.104—105。
15 绑架丁玲一案是中统所为。此处有误。——编者注
16 Hunter, *The Chinese League of Left-Wing Writers*, pp.249—250。杨铨在 1933 年 6 月 18 日早上被赵理君杀害。程一鸣：《军统组织的真相》，第 204 页。
17 沈醉：《我所知道的戴笠》，第 13 页。
18 *Political Study Clique—Assassination of Yang Yung-tai*, file in Chen Lifu papers, p.5。陈立夫认为，与此案同时，还有一个刺杀他本人的阴谋。刺客们策划在他参加胡汉民的葬礼时对他行凶。同上书，第 6 页。并见：Despatch No.441 from Consul-General Josseyn, Hankou, May 17, 1937, in "Records of the Department of State(Internal, China), 1930—1939", 00/14131, June 25, 1937; "Blue Shirt Society." Report prepared by D.I.Sih Tse-liang.Shanghai Municipal Police Files(International Settlement), D—4685.18/7/35。其他资料说王亚樵是刺客。王在那段时间里领导了一个极可怕的政治暗杀团体。福建人民政府被击败后，王亚樵与李济深和陈铭枢结伙成立了"民族革命同盟"，其机关报《大众日报》致力于反蒋抗日。章微寒：《戴笠与"军统局"》，第 137—138 页。
19 沈醉：《我所知道的戴笠》，第 13—14 页；《军统内幕》，第 61 页。关于审判和判决，见 Consul-General Josseyn, Hankou, May 17, 1937, in "Records of the Department of State (Internal, China), 1930—1939", 00/14140, July 31, 1937。
20 为了方便，秘密逮捕总是在一个工厂的领导或黄色工会的干部协助下进行，他们让这些人提供受害者的照片。逮捕学生也使用相同的手法，先将其骗出校园（否则他们的同学会阻拦逮捕），说有家属或者朋友的电话。沈醉：《军统内幕》，第 61—62 页。
21 这在世界上也许是常规的做法。希腊警察（Elliniki Stratiotiki Astynomia，简称 ESA）在"上校"们领导下总是倾向于在晚上进行逮捕，那时被捕者已经昏头转向了。"逮捕似乎常常发生在晚上，没有逮捕证，在检察官员的率领下，由一车 ESA 的人员进行，往往还伴随着毒打。到了总部，被捕者通常被带到指挥官那里，被威胁说要受重刑。为了恐吓他，会把他关在一个看守室里，墙上挂着棍棒、鞭子和笞杖。" *Torture in Greece*, p.16。
22 沈醉：《军统内幕》，第 55 页。
23 1932 年依萨克司（Isaacs）概括国民党刑讯的方式：毒打；用煤油、尿和粪便灌入受害者的鼻孔里，然后警卫用膝盖撞受害者的肚子；把受害者绑在椅子上，不时给予电击；在指甲缝里钉竹签让指甲撕裂；火烫，不时让其关节脱臼；"老虎凳"——中国古代的上刑方法，"膝盖以下的韧带会因此而断裂"；将被囚禁在铁笼中关几个星期到数月，使其只能像动物一样爬行；单铐镣或双铐镣；割除男女生殖器。Isaacs ed., *Five Years of Kuomintang*

Reaction, p.14。

24 沈醉：《军统内幕》，第 74—75 页。并见：Rissov, Le dragon enchaîné, p.152。

25 "1964 年，罗广斌和杨益言写的小说《红岩》出版后在全国引起了轰动……小说里的反面人物徐鹏飞、沈养斋和严醉的原型是出自徐远举、周养浩和我本人。虽然作者在描写这三个人物时增加了一些艺术处理，但他们的个性，他们的特点、为人，以及言行举止都基本符合事实。" Shen Zui, A KMT War Criminal in New China, pp.161—162。

26 罗广斌、杨益言：《红岩》，第 160 页。

27 《红岩》中有许多这样的例子。

28 同上。

29 重庆时期处理政治案件的程序是：第一、二处的股长会宣布他的意见，即密捕、公开逮捕还是制裁（也就是暗杀）。第二、三处（行动处）从二处收到署名命令后，得经过戴笠同意后方可执行。邓葆光：《我所知道的戴笠和军统》，第 151 页。

30 Goleman, The Torturer's Mind, p.16。根据这个对 25 个在希腊军政府时期当过宪兵的人的详细研究，这些人是在其军事训练开始的几个月里被挑选出来当施刑人的，因为他们表现了"对权威的彻底服从，即使当一个命令显得缺乏逻辑"。并见：Haritos-Fatouros, The Official Torturer, pp.16—19。

31 Torture in Greece, p.39.

32 同上书，第 14 页。希腊军政权被推翻后，其成员受到审判。用审判结束时检察官的话说，他们介绍特别审讯中心"不是作为一个刑讯地点，而是国家教养所。他们自认为永远正确，继承了中世纪宗教裁判所的衣钵"。

33 同上书，第 38 页。

34 Haritos-Fatouros, The Official Torturer, p.19.

35 Torture in Greece, p.38。ESA 指 Kentron Ekpaidevseos Stratiotikis Astynomias（希腊军事警察训练中心）。

36 同上书，第 37 页。

37 沈醉：《军统内幕》，第 58 页。

38 "刑罚既包括肉体行为，也就是让受刑者遭受到疼痛的折磨，同时又是个语言行为，即审讯……立于信息的需要是肉刑的动机的说法来自于提问的口气和方式，而非它的内容；不论提问的内容有多么无关紧要，提问者故意把问题问得好像是这些问题激发了残忍，对问题的回答好像至关重要。" Scarry, The Body in Pain, pp.28—29。

39 沈醉：《军统内幕》，第 75 页。

40 对希腊施刑者的研究表明，他们已成了一个"紧箍的团体"，有一套"专门针对刑讯方法和技术的语言"。他们之间互以外号相称，谈起自己团体以外的人来就像是在谈论"一个不同的世界"一样。Goleman, The Torturer's Mind, p.16。并见 Haritos-Fatouros, The Official Torturer, p.13。

41 一个年轻的共产党员宁死不屈，他在受审中踢了一个审讯人。"当然，这人被毒打致死。"沈醉：《军统内幕》，第 75 页。

42 同上。

43 这是对阿维·斯道伯（Ervin Staub）有关过程描写的概述。罗伯特·列夫顿（Robert Lifton）认为，纳粹医生们认为自己在医治对雅利安人的种族污染。"他们持有一种医学信仰，在他们的眼里，自己的残酷具有生物学上的道理。" Goleman, The Torturer's Mind, p.16。

44 同上。

45 一般来说，刑罚的术语来自于文明的三个方面：模仿对某项专门技术的发明（电话、飞机、留声机），文化活动（舞蹈、生日庆祝、茶会），以及文明化了的自然界（小兔子、鹦鹉笼子、龙椅）——在阿根廷、巴西、希腊、菲律宾和越南可找出这类例子来。Scarry, *The Body in Pain*, p.44.

46 沈醉：《军统内幕》，第 76 页。
47 同上书，第 121 页。
48 Goleman, *The Torturer's Mind*, p.16.
49 沈醉：《军统内幕》，第 58 页。
50 同上。
51 *Torture in Greece*, p.32.
52 沈醉：《军统内幕》，第 76 页。
53 沈醉：《我所知道的戴笠》，第 12 页。
54 Shen Zui, *AKMT War Criminal in New China*, p.163.
55 同上。并见沈醉：《军统内幕》，第 76 页。
56 沈醉：《军统内幕》，第 56 页。
57 同上。秘密特工杀害了中共四川省委书记罗世文后，烧毁了他的尸体以防死者被认出。
58 同上书，第 56—57 页。沈醉在上海站通讯组工作时，有一次去行动组给赵理君送信。那里外人一般进不去。他到时发现赵和他手下的人忙作一团，正在对一个共产党嫌疑分子的尸体进行"试验"。因为他在受审时高声大叫，特工们怕他惊动了邻居，于是他们决定杀了他，并把他的尸体用"化骨水"处理掉。
59 沈醉：《军统内幕》，第 57—58 页。
60 依萨克司（Harold Isaacs，当然他是个有党派倾向的人）估计，在 1927—1932 年间成为警察恐怖"直接受害者"的数目达 100 万以上。他说在 1928 年 1—8 月间，27699 人被正式判处死刑。Isaacs ed., *Five Years of Kuomintang Reaction*, p.4. 并见 Gourlay, *"Yellow" Unionism in Shanghai*, pp.111—112.

第十三章　行刺

> 戴笠残忍嗜杀，不仅任意杀害共产党人和爱国民主人士及一切反蒋者，对军统内部成员，只要稍一触犯他和他的帮规，就无生路，其间被秘密处死者，当以千计。
>
> 章微寒：《戴笠与"军统局"》，第 138 页

革命暗杀

企图进行政治暗杀的第一个中国革命者是史坚如。作为一个志士，他在 1900 年 10 月企图刺杀旗人出身的广东总督德寿。[1] 虽然史对自己自杀性的努力并无完整的想法，但其他受到日本无政府主义和俄国虚无主义影响的人在 1902 年开始宣扬一种关于自杀恐怖主义的理论。烟山专太郎（Kemuyama Sentaro）曾著有《近世无政府主义》（*Kinsei Museifushugi*），中文版译为《自由血》，一个在早稻田学习的中国学生杨笃生从中获悉了俄国革命志士从事暗杀活动的情况。结果杨协助湖南学生领袖黄兴建立起第一支暗杀队。在这支暗杀队和其他行刺团体的基础上，"北方暗杀团"于 1905 年成立。[2]

"北方暗杀团"的成员吴樾在 1905 年 9 月企图在北京火车站炸死一个政府改革五人团，该刺杀团因此而著名。结果，吴樾却把自己炸死。但他在身后留下了一篇声明，发表在同盟会的刊物《民报》上，题为《天讨》。全讲"刺杀主义"，文中引用改革志士谭嗣同的语录，并以崇敬的口气提到由陈胜领导的反秦专制的农民起义，把他们当作具有浪漫主义色彩的"侠"。3

起初，关于革命志士行刺的概念既来自于国际革命新世界，也是对古代富于忠义和自我牺牲精神，并发誓为其主人报仇雪恨的游侠传统的沿袭。从 1907 年徐锡麟刺杀安徽巡抚恩铭，1911 年在广东发生的暗杀孚绮和凤山事件，到 1912 年 1 月彭家珍刺杀良弼，尽管每一事件的起因有所不同，但这些案子多少都继承了上述两个传统，而辛亥革命前夕发生的汪精卫谋刺清朝摄政王载沣（醇亲王）的著名事件，使这种潮流达到顶点。4

清朝被推翻后，政治暗杀并未终止。但就像臭名昭著的袁世凯暗杀宋教仁一案那样，它已不再打着革命的幌子。而且，在这个政治分裂和重组的时期，个人野心无限膨胀，具有"好汉"传统的冒险者们毫不犹豫地在武装人员中挑起头来，他们或给一些人当雇佣军，或者紧跟另一些人，心甘情愿地充当争权夺势者的爪牙。戴笠正是这样一个头目，而且他并非是个独一无二的例子。5

王亚樵

比如，30 年代初期，"蚊子小报"的读者对王亚樵的名字越来越熟悉，王后来被《上海时报》定为"头号公敌"：他是一个神秘的人物，"著名的刺客，是一些政治暗杀中的凶手"。6 王亚樵是江亢虎的中国社会党安徽支部的负责人，其父亲是个村医，一边行医，一边贩卖棺材。

1913年，王亚樵为了逃避地方军阀，来到上海。他凭着一支手持利斧的"敢死队"，控制了一些工会组织，成为安徽帮的领袖。"敢死队"后来跟随他到了军阀卢永祥手下。1923年被任命为"浙江纵队司令"后，王亚樵收下戴笠为弟子之一，还把他请到家里来。据后来在台湾进行的几次采访，戴笠认为王具有非常罕见的政治威望。因为这位"刺杀王"能以温暖关怀对待部下而受到拥护。据说戴笠专门学王的这一点，从而缓和了他冷峻生硬的领导作风。[7]

在上海警察档案里，王亚樵于1923年春，在占领长江三角洲的武装斗争中，首次作为一个雇佣军首领出现。[8]但不久，他似乎又来了个"极端"的转变：先是布尔什维克革命的同情者，然后又与具有社会民主性的"中国民族革命联盟"结合，还成了十九路军特工部的头目。[9]

那年11月，一贯对布尔什维克的危险高度警惕的上海工部局警务处，开始对王亚樵与一些有亲俄倾向的中国工会组织的活动警觉起来。1923年11月7日，中国劳工总工会（办公地点在上海枫林桥附近）给苏联在北京的代表发了一份贺电，对苏维埃共和国成立六周年表示祝贺，并代表西南军阀向俄国寻求结盟：

> 六年前的此日俄国变成了一个共和国。中国劳工们荣幸地利用此机会向你们表示祝贺，并传达我们对你们成功的希望，而且我们请求你们立刻离开北平来南方与西南政府签署俄中贸易协定。中国与俄国的友谊将因此而得到巩固，而两国的人民也将因此受益。[10]

作为总工会组织者和主席的王亚樵亲自主持了起草这份电报的会议。[11]无论王亚樵作为一个工会领导的动机如何的崇高和爱国，他同时也深深卷入了上海地区对非法毒品垄断的尔虞我诈当中。在给俄国代表起草电文的那次会议三天后，负责上海市中国和淞沪管辖区的中国警察厅厅长被暗杀。1923年11月10日对徐国樑厅长的谋杀，是一个叫李

第十三章 行刺

达生（音）的人干的。李化名郑一鸣（音），是王亚樵的部下，据说他是奉了主子命令行动的。因此王被认为是下了暗杀令的人，因为谋杀既可以解决一个法律纠纷，又可除去徐国樑这个对上海地区庞大的贩毒走私网络决不心慈手软的警方官员。[12]

法律纠纷是指当时在江苏督军（也是南京的军事主管）齐燮元将军与浙江军阀何丰林将军之间的争斗。[13] 根据齐将军的代言人在暗杀发生15天后发布的官方说法，何丰林对徐国樑被齐督军任命为警察署总署长一事产生嫉妒。[14] 但齐燮元本人却很快承认，暗杀徐国樑的主要原因与贩毒有关。在1924年1月8日《中国北方每日新闻》（North China Daily News）[15] 的一篇采访中，齐督军说：

> 从某种意义上徐将军是一个官方鸦片走私集团的障碍。他力图阻止走私但成效甚少。实际上，他想暴露那些与走私有关的人的努力导致了他的死亡。但是，他得以在死亡前向政府当局报告了这个官方集团，而且他披露说，那些负责该集团生意的人为了战争需要钱并想杀死他。[16]

两个缘由明显地连在一起：要是开战的双方有一方能够在上海垄断毒品市场，那么从中取得的暴利便能用在军备上，从而保证最终成功地夺取这个城市正在进行的对毒品买卖的控制权。既然齐的用意在于确保这笔资金来源不落入敌人之手，以往的反鸦片活动便也不过是阻止浙江军阀卢永祥和何丰林获取额外资金的全面政策的一部分了。[17]

因此，齐督军的政府一宣布在上海成立一个由徐国樑领导的阻止走私鸦片和军火的警察机构，何丰林便马上在淞沪地区也建立了自己的一个受其军队管辖、名义上控制走私的办公处来与之抗衡。而实际上这个办公处不仅没有阻止走私，相反却对其予以纵容。办公处的头目由卢永祥的总参谋长提名，这个参谋长本人便是个走私犯，他的同谋是上海三大帮会的头子：杜月笙、黄金荣和张啸林。[18]

这些帮会头子和浙江军阀们一起，成立了一个公司，购买了一些汽船和机动船，组织了一支小船队来走私毒品并贩卖给批发商。由于受到军阀士兵的保护，毒品商们每年能获利 100 多万元大洋，并与他们的军队庇护人共享这笔收入。其中 40% 的赢利，即每日约 1000 元大洋的收入，落入督军衙门的手里，还有 40% 归法租界的帮会分子们，其余的 20% 给杭州当局。[19]

徐国樑厅长拒绝分享这些赃物。当他了解到来自淞沪警备司令部渠道的秘密贿赂时，便把负责操作的人训斥了一顿，并威胁要揭露他。[20] 这一事件再加上徐厅长引以为荣的清廉（"众所周知徐厅长没有从鸦片走私中接受分厘"），应当是他被杀死的原因。[21] 据一种说法，有人与王亚樵联系安排这场暗杀。于是王又同两位宪兵联系，答应付他们每人 4 万元大洋来行刺。然后他们又找了第三个人，此人在上海兵工厂的侦缉队里有关系。最终是这个第三人动手，将徐国樑刺死。王亚樵对此案的涉入似乎很快就得到证实：他突然离开了上海而出现在杭州的一位军官那里，有人说那是对他安排了暗杀的奖赏。[22]

奖赏并没能持续。1924 年 9 月，王的靠山、浙江军阀卢永祥被打败后逃往日本。于是，王亚樵再次带领 200 多个部下来到上海，并重新当起了安徽帮的头子来进行诈骗活动。戴笠很快对王不再抱幻想。显然，王不是戴笠原先以为的那种具有战略远见的人，而最多不过是个绿林首领而已。于是，这个未来的秘密特务头子与王告辞，踏上了那条很快将他引向黄埔军校的道路。[23]

这以后，王亚樵在一个个著名的暗杀事件中露面。1930 年 7 月 24 日，前轮船招商局的业务经理赵铁桥被暗杀。据警方的报告，刺客是王亚樵手下的人。王亚樵的兄弟王述樵在上海当律师，后来被上海工部局警务处逮捕。[24] 一年以后，1931 年 7 月，几个持枪人在上海北站企图刺杀宋子文，但在行刺中却错杀了他的秘书，王亚樵被指控也是这次暗杀的幕后策划者。²⁵ 还有一次,以自由职业者为名的王亚樵被认为制订了谋杀前来调查 1931 年九一八事变的国际联盟成员的计划。但谋杀计划由于上海工部局警方的严密监视和保卫而未能得逞。²⁶ 显然,王亚樵具有多方面的后台,他在中央政府悬赏 10 万元大洋捉拿他的通缉令发布后可能曾向这些人求救。²⁷ 1932 年,王向福建人民政府主席陈铭枢将军请求保护,从此他成了陈将军的追随者,当了他特工部门的头目。1933 年"福建事变",李济深和陈铭枢在该省成立独立政府之后,王亚樵表示要替蒋介石干,让蒋的秘密特工范汉杰安排他向总司令投诚。但当蒋把这件事交给戴笠办时,这个秘密协议告吹了,因为王对戴笠公开表示蔑视。于是这位刺杀王便向蒋介石的敌人桂系寻找靠山。²⁸

其实,靠山和受庇护人之间的关系只是名义上的。就像后来恐怖主义时代的"卡洛斯",²⁹ 王亚樵一直我行我素,自作主张,凭着自己的本钱来独立行动。这使他在某种意义上成为三四十年代一个具有浪漫色彩的刺客。我们将会看到,后来傀儡政府和日本殖民者也开始了政治谋杀。³⁰

暗杀组织

然而,暗杀更多的是集体行动。执政党为"歼灭"共产党而成立的秘密组织是一种政治工具,强调盲从和一心无二地服从蒋介石和国民党中央。³¹ 参加"剿共"组织"上海市政同志会"的男女们必须进行会员宣誓,填写登记表,并同意遵守一系列复杂的与亲友、他人和组织内其他人员交往的保密纪律。³² 至于谋杀技术,30 年代特务处的刺客们越来越倾向于使用秘密特工暗杀队和团体训练单位的现代手段,而非具有传奇色彩的个人英雄模式。³³

在华中为戴笠的秘密特务机构执行政治谋杀的主要秘密人员,全部由包括小组领头毛森在内的军统临澧特训班的毕业生组成并领导，他们在那里受到使用刀枪技术的集体训练。[34] 同样的集体纪律也用于特务处华北区行动组的成员，如白世维、黄泗钦和陈恭澍。[35]

据说蒋介石对特务处华北区行动组的绑架和暗杀活动非常满意，尤其是他亲自向戴笠布置的谋杀吉鸿昌和张敬尧的行动。[36] 暗杀张敬尧的命令是在河南军阀开始与日本人勾结后下达的，而戴笠将这个任务交给了特务处华北站站长郑介民执行。[37] 郑又把这项行动交给了行动员白世维负责，后者是黄埔军校七期毕业生。[38]

在特务处的仰慕者们的心目中，白世维（旗人后裔）是个传统豪杰的典范。"因为他具备燕赵之士的气质，慷慨豪爽，胆大心细，沉着勇敢。"[39] 1933 年 5 月的一个早晨 8 点，白世维和他的同学王天木以及陈恭澍在北平北场大街甲 18 号的一个秘密据点与郑介民碰头，郑对白说：

> 此去必须达成任务！最低限度也要做到同归于尽，千万不能落到日本人手里，增加政府的困难，给日本军阀以侵略的借口。此去生还的机会不多，若不幸牺牲，你对家庭有什么交代？

白回答说：

> 家有父母，两个哥哥，老婆和一个不满周岁的女儿宗蕙。我家尚有薄产，生活不成问题，若不幸牺牲，希望政府对我的父母妻女略加照顾，就死而瞑目了。[40]

张敬尧在北平六国饭店租下了几个房间。当天，白世维带着"尊严和行刺的决心"，找到了这个军阀的据点。他冲进去将军阀击倒。[41] 军阀女伴的尖叫声引来了饭店侍从和经理，白世维咄咄逼人的举动吓得他们居然让刺客在眼皮底下逃走了。张将军被刺客的枪弹击中，死在他女伴的怀里。顺利逃走并在抗日中幸存的白世维，1949年后成了台南市警察局局长，而且最后当了台南市参议院参议。[42]

戴笠的另一个暗杀目标是吉鸿昌。《塘沽停战协定》签署后，冯玉祥在1933年5月组成了20万人的"察哈尔民众抗日同盟军"，吉鸿昌担任副司令，由此与蒋介石发生冲突。蒋介石迫使冯玉祥辞去总司令的职位后，包括吉鸿昌在内的副总司令们被诱降。[43]但当逮捕他们的命令下达时，国民党负责这一行动的将军不肯下手，反而给吉鸿昌提供前往天津的交通工具，吉在天津相对安全的租界区里安身。为了躲避蒋介石的特工，他在法租界的国民饭店租了38号房间。[44]

蒋介石让戴笠谋杀吉鸿昌后，这位秘密特务头子便安排了特务处华北区行动组组长陈恭澍负责下手。[45]1933年11月9日，陈与另一个行动组特工吕一民到国民饭店刺杀吉鸿昌。谋杀失败了。[46]吉仅被一颗流弹击中肩头，而另一个人王化南却被错杀了。此事件导致了法租界的警察逮捕吉鸿昌，按照蒋介石的命令，吉被引渡给中方并遭送到北平宪兵部。在何应钦作为"北平军事委员会"委员长调查了此案后，吉鸿昌承认自己是共产党员，但他拒绝投降。于是，1933年11月24日，据说他因此而英勇就义。[47]

杀害吉鸿昌被认为是军统早期戴笠在华北地区的重大成功之一。[48]他在南方最著名的类似成就——后来被特务处夸耀为"杰出之作"——是1933年6月18日在上海法租界杀害杨杏佛。[49]

谋杀杨杏佛

谋杀杨杏佛事件与"中国民权保障同盟"的成立密切相关，因此也与国民党左翼领袖邓演达的死有关。1931年8月19日，国民党左翼领袖邓演达主持第三届党干部培训班的结业式。这给蒋介石的人一个逮捕邓并将他投入监狱的机会。邓演达在监狱受到总司令本人的审讯和惩罚。被捕4个月后，蒋介石下令杀害邓演达。于是，12月29日，蒋的警卫头目王世和在南京麒麟门外的沙子岗悄悄地将邓处决。不过，蒋的重大政治对手之一的消失是无法长期对公众隐瞒的，消息传开，群情激愤。[50]

邓演达之死作为蒋的秘密特工侵犯公民权利的又一个例子，使反对政府侵犯人权的斗争更加激烈了。1932年12月，一组包括蔡元培、宋庆龄、鲁迅、马相伯、沈钧儒和史量才在内的全国最有声望的知识分子，共同组织起了"中国民权保障同盟"。其总干事和副会长是很快在全世界自由和进步的圈子里名声渐起的杨杏佛。[51]

杨杏佛（杨铨）毕业于清华大学，曾就学于美国哥伦比亚大学。[52]他在中国民权保障同盟任职的同时，还兼职为上海政治分会和中山陵工程委员。那时他和妻子赵志道住在上海法租界环龙路铭德里7号，离亚尔培路331号同盟办公处不远。杀害杨的决定显然来自蒋介石，这既缘于对杨介入同盟活动的不满，也是为了杀一儆百。[53]

同盟在上海和外国报纸上刊登的邓演达被害的英文布告激怒了蒋介石。[54]而且，1933年初，在九一八事变和一·二八事变之后的动荡中，杨杏佛去过华北呼吁全国统一抗日。蒋介石对此非常恼火。于是1933年3—4月间，戴笠从他的领袖那里接到了刺杀杨杏佛的命令。这位特务头子立刻在上海建立了指挥部，亲自监督执行这一计划。[55]

戴笠的第一个步骤是监视杨杏佛，以找出杨的行动规律。他的特工很快就发现，杨杏佛每天要去法租界外的一个地方练一两个小时的骑马。他们立刻制订了一套接近他并在他练骑马时行刺的方案。蒋介石不同意这个方案。他认为，杨必须在法租界内被杀，这样他的死对宋庆龄会有很大的影响。戴笠理解这次谋杀的主要目的在于恐吓同盟的其他人员，自然同意蒋的想法，他随即制订了在法租界行人相对稀少的中央研究院附近谋杀杨的计划。[56]

行刺队由行动组组长赵理君带领，他随身带了李阿大、过得诚和施芸飞等人，彼此宣誓绝不被活捉。[57]1933年6月18日，刺客们躲在亚尔培路中央研究院国际出版品交换处门口。当杨杏佛的汽车在大门口一停下，刺客们立即上前开枪。杨杏佛连中10枪。混乱中刺客之一过得诚转了向，被赵理君意外击伤。结果过被法租界警察逮捕，他的不被活捉的誓言没有实现，但后来终被戴笠的特务灭口。其余的刺客全逃跑了。受致命伤的杨被送到金神父路上的广慈医院，在那里他因伤势过重而死。[58]

杨杏佛的被杀是个"著名事件"。宋庆龄发表了激动人心的讲话：

> 这些人和他们雇来的打手们以为靠武力、绑架、施刑和谋杀，他们可以粉碎争取自由的斗争……但是，斗争不仅远远没有被粉碎，而且我们应当更坚定地斗争，因为杨铨为了自由而失去了他的生命。我们必须加倍努力直至实现我们的目标。[59]

鲁迅以悲伤的语气写了一首哀悼诗：

悼杨铨

岂有豪情似旧时，
花开花落两由之。
何期泪洒江南雨，
又为斯民哭健儿。

杨杏佛的葬礼，是在6月20日一个夏日雨天举行的，宋庆龄和鲁迅冒着生命危险前去吊唁。[60]

那段时期，宋庆龄受到持续的监视，而且戴笠的特工多次企图收买她的女佣，但都失败了。负责监视她的便衣特务也只记下来往人员的汽车牌照，从来没有跟踪来访者到他们的住处。不过，特工们报告说，宋庆龄并没有被杨杏佛的死吓倒，而蒋介石对她无所畏惧的态度恼怒至极，命令戴笠用车祸来威胁她的生命安全。为此沈醉安排了一系列技术细节（包括把他们汽车的前窗玻璃换成防震玻璃，因为汽车将被用来作惩罚的工具）。但在最后一刻蒋介石开始顾虑起来，他怕自己的秘密特工会不慎将宋庆龄撞死，而他的夫人和宋子文会因为他害了他们的姐姐而跟他大吵大闹，于是他取消了这个计划。[61]

宋庆龄在杨杏佛被杀后表现出的无所畏惧，促进了国际舆论反对蒋介石政权的过分行为。假如谋杀对恐吓其他进步人士的确有效的话，它也使委员长的政府声名狼藉。1933年7月19日，《上海晚邮信使》（*Shanghai Evening Post and Mercury*）[62] 发表了一篇题为《55个中国领导人被"法西斯分子"列入谋杀黑名单的神秘文件——蒋总司令被称为是"蓝衣社"谋杀活动的命令者以巩固个人权力》的文章。据说被杨杏佛之死激怒的公众现在又对这份"神秘的文件"感到不安，此文件应该是从蒋介石的"秘密蓝衣社或中国法西斯组织"中泄露出来的，上面有所有关于暗杀的指令。看来，伊罗生（Harold Isaacs）的《中国论坛》（*China Forum*）从广州共产党中央新闻社（中央社）直接收到了一份该文件的复印件。据《中国论坛》报道，该文件（注明日期为6月15日，即杨杏佛死前三天）不仅列出了要谋杀的中国共产党领导人，而且还把蒋介石在国民党内部的对手作为目标，如胡汉民。[63]

共产党的反击

当然，共产党也不乏自己的谋杀计划和实践。他们在上海党的特工部有自己的行动组织，其职责包括惩罚叛徒。30年代，当时的记者们报道了几百个由受过特殊训练，携有城市地图、特殊武器和具体行动计划的共产党刺杀队执行的刺杀"叛徒"、作坊工头、侦探、帮会头目、黑帮分子和国民党特工的事件。[64]

最耸人听闻的案件是谋杀顾顺章一家,因顾于1931年投奔了国民党。顾在南洋兄弟烟草公司工作,曾任共产党特工部负责人,先在周恩来手下,后在周之上工作。[65] 顾带有一副花花公子气,属臭名昭著的青帮,是伪装和欺骗的老手。他经常化名化广奇以著名魔术师身份出现,能在十来个外国租界秘密活动而不被警察发现,这使他具有传奇色彩。[66] 他在汉口被中统特工逮捕后变节,对共产党保卫机构来说是一次可怕的打击。[67] 共产党凭着他们在中统局内部高层的地下关系,得以挽回某些损失。[68] 但顾顺章的变节(他接着在国民党特务机关内当了前共产党人"自首"团体的头目)导致了大批共产党员被捕被杀,如共产党总书记向忠发等。[69]

出于自卫,中共中央政治局在1931年9月的一次会议上决定惩罚顾,并把这项报复任务交给顾以前的一个部下王世德。[70] 王在外国人看来像一个"有肺结核的裁缝",他把顾顺章的妻子、岳父母和一个兄弟都杀了,并把他们的尸体埋在法租界一所公寓的地下。[71] 顾年轻的儿子安生(音)没有被杀。[72] 王世德被当局逮捕后,协助租界的警察把顾的尸体从埋尸点挖了出来。结果,周恩来被指控为罪犯并上了上海工部局警务处和公安局的通缉名单。[73]

在国民党与共产党之间的整个秘密战争中,双方都坚决地否认对方的指控。[74] 依萨克斯发表的由中央社发布的蓝衣社文件,被国民党发言人称为毫无根据,是共产党人"反政府机构"伪造的谎言。[75] 上海市市长吴铁成甚至就《大美晚报》刊登诽谤蓝衣社的文章向美国驻上海总领事提出正式抗议。[76]

然而谋杀政策并没有被废弃,起码根据蚊子小报的报道是如此。1933年8月12日《小公报》宣称搞到了蓝衣社的一份谋杀计划,计划表明他们一直在训练特工以对付蒋介石的敌人。

自从他们从庐山回上海等待蒋介石的指示起，社里地方上的杀手们越来越活跃了。该社总部正在大批地训练秘密特务人员，而在所有区域选择谋杀成员来执行任务的程序也已完成。[77]

这份周密的计划列出 57 个特务，他们被分成 14 人一组，分别由戴笠和赵永兴领导：法租界六组，英租界五组，全城内的中国区有三组。[78] 这些恐怖分子据说都携有手枪，大都装扮成黄包车夫、算命先生、小贩和城里其他下层人。他们的任务是摸清总司令黑名单上的人员的情况，并随时把他们杀掉。[79]

这些耸人听闻的说法让老百姓议论纷纷而又担忧不已。无论这些说法是否属实，有足够的迹象表明，政府的又一个重要反对者将遭戴笠特工的杀害。蒋介石不顾舆论的反对，在这些报道发表时已经下令，准备谋杀人权保障同盟的第二号领导人：《申报》的主编史量才。[80]

谋杀史量才

史量才被列上黑名单是出于三个原因。[81] 一是因为他继续介入民权保障同盟，而且他的报纸大张旗鼓地抨击政府谋杀杨杏佛。[82] 第二是因为史量才坚定地公开支持抵抗日本侵略的强硬政策。1932 年 1 月 28 日上海爆发日本侵华战争以后，同蒋的胆怯截然相反，史量才自己出钱公开向勇敢保卫上海的第十九路军捐献巨额军饷。[83] 第三个原因与政府的"党化"教育政策有关，这项政策由新上任的教育部长朱家骅执行，此人因其警察背景而被学术界视为不祥之兆。朱在柏林大学获地质学博士学位，并"被认为是个纳粹式政府的崇拜者"。[84]

1932 年朱家骅成了教育部长后，他的中央大学校长的职位由"反布尔什维克同盟"的重要成员、国民党主要的右翼理论家段锡朋继任。中央大学的学生强烈反对段锡朋的上任。当段以校长身份出现时，学生造了反。他们殴打新校长，并把他逐出校园。作为报复，政府逮捕了包括学生领导人王志梁和钱启明在内的60多名学生。史量才的《申报》积极地攻击政府的这些措施，谴责这是镇压蒋在国内的反对派，并用拒绝组成统一战线抵抗入侵者来从日本人那里争取时间的整个策略的一部分。[85]

《申报》副刊主编黎烈文在他的"自由谈"专栏里揭露了这些罪行，从而激怒了蒋介石及其支持者们。国民党社会事务局局长、右翼运动领导人吴醒亚要求解雇黎烈文，被史量才拒绝。这三个原因加在一起，特别是《申报》把蒋对内迫害人权斗士和对日妥协两点明显地联系起来，是对蒋介石的直接挑衅。[86] 结果，1933年秋冬时节，蒋对戴笠下令暗杀史量才。那时史量才正在上海最权威的机构之一上海市临时参议会任会长。[87]

戴笠原计划在上海实行暗杀，但因史量才住在租界，很难绕过那里的警察保护。然而，1934年10月，史量才决定带全家离开英租界，去杭州度假，在西湖租了一座别墅秋水山庄。戴笠迅速行动起来，成立了一个由赵理君率领的六人行动小组，并将其派往杭州。[88]

除了密电给浙江省警察局局长赵龙文要求配合以外，戴笠还从南京鸡鹅巷53号派出特务处司机张秉午开一辆黑色别克牌轿车去杭州警察学校。[89] 在教官金民杰的协助下，汽车被重漆成别的颜色，车牌也换了，像是一辆南京盐业银行的车。[90]

1934年11月14日，史量才和他一家结束度假，准备坐自己司机开的汽车回上海住所。这队人中还有史的妻子沈秋水、儿子史永赓、侄女沈丽娟和儿子的同学邓祖询，他们经沪—杭公路返沪。汽车驶到海宁县翁家埠附近的博爱镇时，被一辆横在公路上的汽车挡住了去路。那辆汽车的牌照是"京字72号"，是金民杰从警察学校弄来的。史的司机黄进才放慢了车速，快停下时，前面那辆车的门开了，凶手们持枪从里面跳下。在一阵子弹扫射下，司机和邓祖洵被打死。其他人逃向附近的田野。史夫人和沈丽娟都被枪弹击伤倒下。儿子史永赓得以安全逃脱。但史量才被当场枪杀，凶手们将他的尸体抛入一个干水塘里，然后上车一溜烟逃走了。虽然警报器很快响了起来，但警察头子赵龙文故意事先召集湖墅和小河分所的警察别动队和汽车检查站人员会议，好让赵理君和他的人在回江苏的路上不受停车检查之扰。这时戴笠已经得知使命顺利完成，因为赵龙文通过戴笠的内弟毛宗亮给特务处发了密电："一部二十四史，已在杭州购得。"[91]

蒋介石和戴笠虽然机关算尽，却万万没有想到残害史量才并殃及其家属这一事件在国内外引起了巨大轰动。[92] 著名人士一个接一个地对这一恐怖主义行为表示愤慨，上海市参议会集体辞职，以示抗议。[93] 虽然他们的辞职被上海市政府拒绝，但南京方面不得不做出一些姿态来平息公愤。蒋介石给史量才家属发了一系列表示哀悼的唁电，并责成浙江省政府主席鲁涤平捉拿凶犯归案。赵龙文假装积极办案，并悬赏1000元通缉罪犯。但后来他不得不跟孔祥熙出国，参加1937年英王乔治六世的加冕典礼，以躲避舆论的谴责。[94] 由于此案一直未破，鲁涤平被撤销省主席的职务，调任军事参议院院长，不久在耻辱中病死。[95]

政治谋杀很快就与抗日的恐怖主义密切相连：先是在长城抗战期间和之后的华北，然后是卢沟桥事变后的华南。而与此同时，"刺杀王"王亚樵，继续刺激着公众的想象力，尤其是在发生于1935年11月南京国民党第四届六中全会期间刺杀汪精卫的轰动事件之后。[96]

汪精卫受伤

谋杀汪精卫的企图是那年公众遇到的最令人瞩目最戏剧化的事件。

11月1日，中央委员会开始了它的正式开幕式，委员会成员们到台上排队，准备让官方和媒介的摄影记者拍摄他们出席的照片。蒋介石本来也应当参加照相仪式的，但开始拍照时蒋介石正在厕所里。[97]其余的知名人士便排列在最高领导人、也就是此时的汪精卫周围。当摄影师们准备拍摄时，一个持有"晨光通讯社"记者证的摄影师，捣鼓了一下相机后，只见突然一闪，接着爆发出一声枪响，汪精卫当即受伤倒地。实际上，那架相机是个伪装起来的武器，掩藏着一把小手枪，通过镜头发射。[98]

汪精卫倒下后，会议厅立刻一片混乱。汪的警卫开枪击中了那个摄影师，另外两个在台上的国家领导人张学良和张继也上前抓住摄影师，并把他摔倒在地。[99]幸亏汪精卫没有受致命伤。但他的妻子陈璧君对此不肯罢休，她愤怒地指控蒋介石策划了这场谋杀。蒋对这一指控感到恼火，他把戴笠找来，下令不惜任何代价找出幕后策划者。[100]

戴笠亲自审问了受伤的刺客孙凤鸣，他首先要弄清这位摄影师是怎样搞到记者证作为正规记者出席开幕式的。孙的回答把戴笠的调查引向了两个截然不同的方向。其一将他引向了戴笠自己在力行社的同志们，并进一步指向蒋介石本人；其二从黄埔蓝衣社成员转向蒋在十九路军中的对手们。

孙凤鸣先承认说在中央军事学校内有个同谋。结果发现，这个同谋就是力行社总书记、酆悌的助手陈光国本人。戴笠立刻向蒋介石报告这一情况，蒋似乎对陈的介入非常吃惊，于是他立即召集力行社全体干事和监察员会议。据参加会议的干国勋说：

> 当召开力社全体干、检会报，到齐坐定后，他［蒋介石］举目遍视，问酆悌为何未到？无人答报，他即命戴笠去召他，片刻来了，甫坐下，蒋先生说："陈光国是何人叫你用的？"酆未答复，自是默认是他用的。蒋先生很生气地说："像这样重要的人员，你不请示，也未提会通过，真是'愚而好自用'，他竟牵涉在刺汪先生案

内,你既不要我的性命,我也不要你的性命。"会场气氛顿形紧张,酆说:"请领袖处罚。"蒋先生说:"处罚就能了事吗?"贺衷寒当即起立满面流泪说:"酆同志一向忠实,此次失于疏忽,犯了大错,我们大家都应负责,请领袖处罚。"[101]

酆悌的性命由于戴笠调查的第二条线索而保了下来。在审讯中孙凤鸣还供出了晨光通讯社成员,包括社长华克之、主编张玉华和部门主任贺波光在内。这三人立刻上了戴笠特务处和陈立夫中统局的通缉名单。[102]

戴笠的特工在南京抓住了张玉华,他在企图从沧州饭店逃走时跌断了一条腿。同时,中统局特工在审讯了贺波光的女友后,[103] 在丹阳一带逮住了贺。但军统和中统都无法逮捕华克之,他住在英租界,在他们到达之前已经逃之夭夭。[104]

总而言之,华克之是同谋这一事实把谋杀策划者们同"刺杀王"王亚樵联系了起来。华克之作为王的左右手而著名,他曾卷入一系列谋杀日本海员和文职人员的活动,包括1935年和1936年杀害中山(Nakayama)和田港(Taminato)的行动。

这一联系又把调查引向了十九路军的顽固分子,因为国民党当局有理由相信,这些谋杀是共产党勾结了前十九路军军官在陈铭枢将军拥有的布林顿饭店里故意策划的挑衅行为。1934年11月,上海公安局要求上海工部局警务处协助对前十九路军军官进行监视,跟踪在火车站来来往往的嫌疑分子,尤其是对饭店进行专门查访,以出其不意地捉拿刺杀人员。据中国当局说,这种高度警惕的理由是,他们获悉中国、日本和朝鲜的共产党们决定"与包括一个姓楚的在内的十九路军军官们勾结,在上海建立一个小组,谋杀重要的国民党领导人和日本要人,包括HIJM的部长,以达到让国民党难堪并在中日之间制造严重分裂的目的"。[105]

刺杀王

谋刺汪精卫事件发生之后，有关共产党阴谋的看法消失了，国民党警察当局开始感到十九路军的小组在独立地活动，但得到了王亚樵及其他职业杀手们的协助。特务处的特工们得知王亚樵已经逃往香港，而且媒介的报道把王亚樵与他在"改组派"中的庇护人陈铭枢和李济深联系起来，是他们对王下令谋杀蒋介石或汪精卫，甚至干脆把两人都杀了。[106]

但这种联系仍没有什么说服力，直到后来，戴笠的侦探们从对张玉华和孙凤鸣的审讯中终于得到直接的证据。这二人在医院里每天受到有关余立奎是否是同谋的审讯，因为余和在香港的"改组派"有密切联系。但对案件的真正突破是在逮捕了孙凤鸣的妻子崔正瑶后，她是在四川路上的新亚酒店被发现的。戴笠亲自审问了她。这是他本人很少直接参与的残酷施刑的一个案子。当崔正瑶招供后，她不仅出卖了余立奎，而且还供出了周世平和胡大海等。他们的"改组派"身份，终于使陈璧君相信蒋介石并非谋杀她丈夫的幕后指使。[107]

陈璧君对蒋介石的宽恕也许救了鄧悌的命。当然，鄧本人在蒋亲信中的地位，加上贺衷寒的求情（贺代表所有人向蒋请罪），也起了作用。但最终是孙凤鸣透露的所有与"改组派"的联系才使蒋介石的否认变得可信，也使鄧悌免遭蒋对他的满腔怒火。结果，只有陈光国因与孙的关系而被秘密枪毙，而鄧悌只是被免了力行社总书记的职务。但这也是秘密进行的，因为当时公众的注意力全都集中在王亚樵与谋杀汪精卫阴谋的可能关联上。[108]

一旦崔正瑶肯定了王亚樵在谋杀案中的角色，"刺杀帮可怕的首领"若在戴笠手下、由郑介民率领的特工员们自由行动的香港和澳门继续待下去，他自己就会面对逮捕或谋杀的危险。[109]于是，在李济深的帮助下，王亚樵于1936年7月离开香港，来到梧州河西边，住进了省长黄旭初的一座宅子里，并接任了梧州陈铭枢将军部队里的特务警察队的领导职务。[110]

但是，郑介民在逮捕了余立奎并把他的妻子"转变"为特务处特工之后，已近在咫尺。王亚樵刚到达梧州便处于国民党秘密特工的监视之中，但他似乎对此并不在乎。他很快就适应了梧州的生活，还在这个有点儿颓废、死气沉沉的地方城市里，把他的小老婆金石心安顿在河边天东街14号的一座客栈里。[111]

那年秋天，金小姐决定乘西河摆渡船去香港买衣服。她一踏上这个英国的殖民地便被戴笠的特工陈质平发现了，他最终把这个美丽的年轻女人吸收为特务处特工。陈质平——他后来当了蒋介石驻菲律宾大使——把她介绍给特务处最精明能干的外勤特工王鲁翘。1936年11月17日，王鲁翘和金小姐两人一起坐当夜的渡船回梧州。[112]四个夜晚之后，11月21日周日，王亚樵与桂系的两个军官在外面玩。[113]三人都喝得醉醺醺地一块儿去天东街金小姐那儿。夜里11点左右，他们到达王亚樵小老婆的住处不久，只听见五声枪响传出。警察和保安队的官员冲向出事地点，但当他们赶到时，刺客们和迷人的金小姐全都无影无踪了。他们在地上发现王亚樵的尸体，他中了三枪并被捅了两刀。[114]

远在上海的警官们非常怀疑这位"刺杀王"就这么被真的杀了。最初的报道说，被杀者是一个40岁左右的中国男子，而王亚樵当时是55岁左右。还有人说，在"双十二事变"中蒋介石刚被扣留不久有人在西安还看到过他，作为白崇禧和桂系派的代表正与杨虎城将军磋商。[115]但过了一段时间，王亚樵被杀似乎已确定无疑，而王的尸体被埋在梧州河对面的高尔夫球场边上。梧州地方首脑派人去调查事件时，他们未被准许进入天东街的那幢房子，而且，不久公安局从军队方面得到指示，停止对此案的调查。[116]

于是，无论王亚樵到底是由于企图谋杀汪精卫受到报复，还是因为桂系的官员怕无法控制"刺杀王"而将他杀死，王亚樵反正是从历史舞台上消失了。1937年抗日战争全面爆发后，恐怖主义出现全新的转折。到了那时，由于动机复杂而思想混乱的特务组织彻底取代了个人英雄豪杰，政治谋杀也随之将以全然不同的面目出现。

注释：

1. 史坚如是广东番禺人，参加了孙中山团体后三次企图谋杀德寿，在第三次行刺时被捕遇害。Krebs, *Assassination in the Republican Movement*, pp.49—50。"政治刺杀作为死亡的一种形式，经过一人或数人的密谋，突然发生在涉身政治的某个人身上。" Tretiak, *Political Assassinations in China*, p.637。

2. 替黄兴的"中国华兴会"撰写重要声明的《新湖南》的杨认为："在改组社会时，我们并非只是简单地重新组建旧社会。我们必须摧毁旧社会并清除之。" Krebs, *Assassination in the Republican Movement*, pp.53—54。

3. 同上书，第45、55页。

4. Tretiak, *Political Assassinations in China*, p.644。虽然传说汪精卫没杀掉是由于他英俊的长相打动了隆裕皇太后，但更可信的解释是日本人的秘密干涉使汪精卫免于一死。据公众所知，民政部尚书肃亲王被汪精卫关于他的动机的热忱讲话所感动，而把死刑改为终身监禁。肃亲王后来还到监狱去探访他。Boyle, *China and Japan at War*, pp.17—18；Brooks, *Spies and Adventurers:Kawashima Yoshiko*, pp.2—3。

5. 这类领袖中有一些成立了私人情报组织，如广西派的"乐群社"。庞敦志：《控诉桂系特务》，第11—13页。

6. *Summary of Wang Yao Jao*, p.1。并见：*Notorious Gang Chief Shot Down*。

7. 江绍贞：《戴笠和军统》，第13—14页；沈美娟：《戴笠新传》，第196—198页；杨者圣：《特工王戴笠》，第18—19页。

8. 1923年3月安徽督军给浙江省当局发了一份电报，警告他们说王亚樵在湖州招兵买马。虽然王亚樵曾给省督军马联申发过电报，说他因病困在上海几个月，但这个说法并没有得到上海工部局警务处的证实。*Summary of Wang Yao Jao*, p.2。王经常被媒介认作"一个暗杀团"和一个叫作"宏顺会"的"可怕的秘密社会"的首领。据说他是一系列暗杀活动的后台老板，并在南方和长江流域指挥着许多帮会活动。王亚樵应生于1883年的广西。（但也见 *Summary of Wang Yao Jao*, p.3; 沈醉：《我所知道的戴笠》，第11页；蔡少卿：《中国秘密社会》，第337页；书中说他生于安徽。）并见 Letter from J.W.Platt, Asiatic Petroleum Company to Director of Criminal Intelligence, Police Headquarters, Hong Kong, December 28, 1936, in Shanghai Municipal Police Files, No.D—5374, 28/12/36。

9. *Notorious Gang Chief Shot Down*。

10. Shanghai Municipal Police Files, No.D—5374, 14/11/23。

11. 同上；*Summary of Wang Yao Jao*, p.1。

12. Confidential Report, 9/4/24, in Shanghai Municipal Police Files, No.D—5374。

13. *Summary of Wang Yao Jao*, p.1。

14. Confidential Report, 9/4/24, in Shanghai Municipal Police Files, No.D—5374。何将军还顾虑

若浙江和江苏军阀之间开战,徐国樑可能是个危险人物。

15 应为《字林西报》,此处有误。——编者注
16 摘引于 Shanghai Municipal Police Files, No.D—5374。
17 Confidential Report, 9/11/24, Shanghai Municipal Police Files, No.D—5374.
18 参与卢永祥的鸦片走私活动的主要军事官员包括:前缉私队队长余业丰(音),卢的警卫团长的外甥毛洪烈(音),卢永祥的儿子卢小嘉,浙军第二师师长周凤岐和一个浙江军阀潘国强。Martin, *Warlords and Gangsters*, p.24。
19 Confidential Report, 9/4/24, Shanghai Municipal Police Files, No.D—5374.
20 徐差点儿跟这个姓王的官员在一个妓院里因吵架而打起来。Confidential Report, 9/11/24, Shanghai Municipal Police Files, No.D—5374。
21 同上。
22 同上。又一个报告说王出现在湖州隶属嘉兴湖州警备司令的第一警卫营中。Report from Director of Criminal Intelligence, 14/4/23, Shanghai Municipal Police Files, No.D—5374。
23 杨者圣:《特工王戴笠》,第20—21页。
24 *Summary of Wang Yao Jao*, p.2.
25 同上。并见被引入 Shanghai Municipal Police Files, No.D—5374, 26/11/36 的1936年11月25日《华美晚报》。
26 这是根据被军统逮捕的一些犯人的口供得来的消息。*Summary of Wang Yao Jao*, p.3.
27 同上书,第1页。
28 沈醉:《我所知道的戴笠》,第13页。
29 卡洛斯(Carlos),六七十年代最神秘、最"杰出"的政治刺客,曾成功地执行了一系列国际性谋杀。
30 王亚樵后来被怀疑于1936年夏天在上海闸北的其美路(今四平路)暗杀了日本商人萱生矿作(Kayō Kosaku)。
31 在1932年6月14日的一份报纸上刊登的对蓝衣社的介绍中,列出了蒋的56个对手,他们都是谋杀的对象。Tien, *Government and Politics in Kuomintang China*, p.61.据在军统干了31年并担任过警务行动处处长的程一鸣说,所有政治暗杀都必须得到蒋介石的准许。在暗杀一个政治人物之前,连戴笠也得获得总司令的批准才行。程一鸣:《闻一多被暗杀的内幕》,第198页。
32 该组织根据国民党"剿共"委员会的密令成立于1934年5月。它应有90个五人小组,领导委员会由吴开先、杨虎和彭公哲组成。"Rules and Regulations of the Shanghai Municipality Comrades Association for the Elimination of Communists", pp.1—3。
33 不过,研究历史上的成功暗杀行为,是特务训练的重要部分。例如,在讨论暗杀时,临澧训练班的教官们总爱强调暗杀杨杏佛和史量才时使用的手段。沈醉:《军统内幕》,第23页。
34 同上书,第34—35页。毛森手下的得力干将为黄炳炎、袁铭鼎、季仲鹏和李人章,他们都是入临澧特训班毕业生。其他临澧毕业生,如张明选(重庆警察局行警处处长),他的副处长周万孚和雷天元(主持中美合作所渣滓洞大屠杀的司法科科长)在抗战时被分配到首都军统的暗杀行动处。
35 沈醉:《我所知道的戴笠》,第8页;章微寒:《戴笠与"军统局"》,第135页;关于白世维在陈恭澍北平行动组作为核心成员的重要作用,见江绍贞:《戴笠和军统》,第59页。
36 冯美铨:《解放前军统在西安和银川的组织与活动》,第74页;程一鸣:《对沈醉〈我所知道的戴笠〉的补充、订正》,第239—240页;江绍贞:《戴笠和军统》,第63页;沈醉:《我所知道的戴笠》,第8页。
37 沈美娟:《戴笠新传》,第212—213页。关于蓝衣社在华北和东北的暗杀名单,见

Coble, *Super-Patriots and Secret Agents*, p.10.

38 章微寒：《戴笠与"军统局"》，第 137 页；乔家才：《浩然集》，1：55。
39 乔家才：《浩然集》，1：55。
40 乔家才：《浩然集》，1：55—56。
41 程一鸣：《军统特务组织的真相》，第 203—204 页。
42 乔家才：《浩然集》，1：56—57；章微寒：《戴笠与"军统局"》，第 137 页。
43 吉鸿昌将军曾领导冯玉祥的第二军在张家口外抵抗日军。吉将军从日军手里收复多伦的胜利，震撼全国。但蒋介石却把这视为对他对日妥协政策的打击，便派"嫡系"部队将吉将军 20 万人的部队包围，强行要求他们投降。程一鸣：《军统特务组织的真相》，第 204—205 页。
44 章微寒：《戴笠与"军统局"》，第 135 页。吉鸿昌上了蓝衣社的黑名单，因为他涉嫌与共产党有关系。他在中华人民共和国作为一个杰出的共产党员受到赞美。Coble, *Super-Patriots and Secret Agents*, p.20。
45 陈恭澍毕业于黄埔军校，为天津本地人。章微寒：《戴笠与"军统局"》，第 135 页。天津特务站那时由于王天木被戴笠囚禁而处于某种混乱状态。他的站长继承人被神秘地毒死了。陈恭澍：《英雄无名：北国锄奸》，第 152 页。
46 作为行动负责人，陈恭澍知道下次只要有一点儿错，戴笠就会惩罚他。不久，被扣留在特务处的一个据点里的一名情报人员逃了出来，他告诉北平的警察他被秘密特工绑架了。当这消息被媒介获悉时，戴笠派特工去逮捕陈恭澍，陈便与其兄弟一起逃到内蒙躲了起来。但陈知道没法永远躲下去，便用密码在一家报纸上登了广告，表示只要戴笠不杀他，他将自首。戴笠用广告回答，许诺予以宽恕。于是陈"从躲藏中出来"。他的上司只对他说让他去向南京某监狱的狱长报到。陈去了那儿，却被扔进监狱里过了一段时间。
47 章微寒：《戴笠与"军统局"》，第 135 页；程一鸣：《军统特务组织的真相》，第 205—206 页。
48 此事件不久之后便发生了陈恭澍和王文谋杀石友三未遂事件。石友三与天津日本特工有密切的联系。江绍贞：《戴笠和军统》，第 70—71 页；Coble, *Super-Patriots and Secret Agents*, p.20。
49 沈醉：《军统内幕》，第 147 页；*Aemorandum on the Blue Shirt Society*, p.8。
50 邓演达的秘书也被戴笠的人秘密逮捕入狱。8 年后苏联囚犯科斯坦丁·利索夫（Constantin Rissov）在军统贵州的息烽监狱碰到了这个囚徒，人称"闻教授"。闻后来在监狱里教授关于孔子的课程。Rissov, "Le Gragon enchainaé", p.177—178, p.190。关于集中营本身，见李任夫：《军统特务机关息烽集中营黑幕》，第 110—114 页。为了美化自己，戴笠和他的集中营监狱被重新命名为"学校"，而囚徒被称为"修养人"，而且他们互相之间以"同学"相称。当囚犯被释放时，又被称为"毕业"。息烽这类大集中营被叫作"大学"。潘嘉钊：《蒋介石特工密党及其他》，第 37 页；李任夫：《军统特务机关息烽集中营黑幕》，第 14 页。
51 章微寒：《戴笠与"军统局"》，第 132 页。
52 杨杏佛是江西临江人。
53 沈醉：《军统内幕》，第 56 页。
54 布告由宋庆龄起草，史量才发布。
55 沈醉：《军统内幕》，第 147 页；章微寒：《戴笠与"军统局"》，第 132 页。
56 沈醉：《军统内幕》，第 147 页。
57 沈美娟：《戴笠新传》，第 222—223 页。
58 同上；沈醉：《我所知道的戴笠》，第 9 页。
59 Li, *Lu Xun and Soong Ching Ling*, p.111.

60 同上书，第 112 页。那天鲁迅离家时特地没有带钥匙，以示准备一去不复返。
61 原计划是，当宋庆龄的车在红灯前停下时，沈醉的车从后面撞击。沈醉：《军统内幕》，第 78—80 页。
62 应为《大美晚报》，此处有误。——编者著
63 "Mysterious Document Marks 55 Chinese Leaders on Death List for Assassination by 'Fascists'", *Shanghai Evening Post and Mercury*, July 19, 1933, Shanghai Municipal Police Files, No.D—4685, 25/7/33.
64 Finch, *Shanghai and Beyond*, pp.320—321.
65 五四运动中顾顺章是一个工会领导人，在 1927 年三次上海工人大罢工中当过工人纠察队队长。Chang, *The Rise of the Chinese Communist Party*, 2:174; Stranahan, *Underground*, pp.105—107。
66 关于顾顺章地下活动的例子，见张国焘对他在 1931 年春天从上海到鄂豫皖苏区旅行的描写。当时，顾顺章"实际负责共产党中央委员会与各苏区之间的通讯网络"。Chang, *The Rise of the Chinese Communist Party*, 2:174—175。
67 Boorman, *Biographical Dictionary of Republican China*, 2:307。在这之前被逮捕的共产党员，如恽代英（上海某地区支部书记），本来已成功地隐瞒了身份，却被顾顺章出卖并最终遭枪杀。（4：94）。
68 有关具体细节，见 Wakeman, *Policing Shanghai*, p.152。
69 *The Fascist or "Blue Shirt" Party in China*, pp.1—2.
70 《中国共产党的透视》，第 316 页；李天民：《周恩来评传》，第 106—108 页；Xu, *The Tragedy with in China's Communist Palace*, p.15。
71 Finch, *Shanghai and Beyond*, pp.321—323.
72 Faligot and Kauffer, *Kang Sheng et les services secret schinois*, p.93.
73 Xu, *The Tragedy with in China's Communist Palace*, p.15.
74 即使中统特工装作更倾向于使用温和而非粗暴的方式。他们不得不承认，在白色恐怖期间，尤其在上海，他们经常依赖包括绑架和暗杀在内的强硬手段。陈蔚如：《我的特务生涯》，第 133—134 页。并见 Snow, *The Long Revolution*, pp.185—186。
75 "Publication of Baseless Reports Against Ciang Kai-shek." "Minbao", 21/7/33。引自 Shanghai Municipal Police Files, No.D—4685, 21/7/33。
76 Shanghai Municipal Police Files, No.D—4685, 1/8/33。在一个公开讲话中，吴铁成说那些评论"绝对没有根据"，它们是用来破坏中央政府和国民党主要领导人之间的关系的。同上书，21/7/33。
77 《小公报》1933 年 8 月 12 日："蓝衣社准备谋杀行动。"引自 Shanghai Municipal Police Files, No.D—4685, 14/8/33。
78 同上。赵永兴可能是赵理君的化名。每组的地点也指定了：法租界的霞飞路、花园里、金神父路（今瑞金二路）、杜浪路（今福建南路）等；英租界的静安寺、愚园路、康脑脱路（今康定路）、新闸路等，以及中国区的龙华、南岛和高崇庙。
79 同上。
80 章微寒：《戴笠与"军统局"》，第 133 页。
81 钱芝生：《史量才被暗杀的真相》，第 70—71 页。
82 程一鸣：《军统特务组织的真相》，第 206 页。据上海工部局警务处档案，史也被列为根除对象，因为他被指控"拒绝蓝衣社欲在其报社安插特务的要求"。*Memorandum on Blue Shirt Society*, pp.8—9。
83 新闻界谴责上海警卫部队在一·二八事变中，实际上帮助日本军国主义者杀害了那些被"严

禁制造动乱"的爱国者。在当时的一本小册子里，有一张照片上有一队被国民党士兵持枪押着的30个穿长袍的学生。照片的文字解说写着："政府不许我们抵抗。"文新新闻部编辑：《上海的烽火》扉页，并见该书第2页。

84 Vincent to Gauss, Foreign Relations of the United States, Diplomatic Papers(1942, China), p.218;Wen Hsin-Yeh, "This Alien Place", Chapter 5.
85 章微寒：《戴笠与"军统局"》，第133页。
86 钱芝生：《史量才被暗杀的真相》，第76—77页。也许还有其他一系列要谋杀他的原因。1934年11月，青帮头子杜月笙发现蒋介石、宋子文和孔祥熙囤积了大量的银子准备在英国出售。杜月笙对史量才透露这一秘密后，蒋企图收买史，以使他保持沉默，但未遂。其次，在蓝衣社和青帮之间发生了几次剧烈冲突后，杜月笙在蓝衣社企图接管《申报》时，支持了史对此的抵制。杜月笙答应保护史量才不受报复，但蓝衣社到底还是执行了暗杀。Chung, Elitist Fascism, p.207.
87 沈醉：《军统内幕》，第150页。
88 赵理君在此被称为曹立峻；王克全后来在抗战中成了重庆卫戍总队侦缉队队长，他最终畏罪自杀。
89 张秉午，河北人，抗战时任军统局汽车大队长。章微寒：《戴笠与"军统局"》，第134页。
90 同上。
91 章微寒：《戴笠与"军统局"》，第134页；沈醉：《我所知道的戴笠》，第9页。
92 Coble, Super-Patriots and Secret Agents, p.16.
93 Henriot, Le gouvernement municipal de Shanghai, pp.90—91.
94 赵龙文还代表中国参加了国际警察委员会的一个会议。他的部下们希望他回国后接管全国警察学校。Vollmer, Correspondence:Letters from Frank Yee, May 14, 1937。
95 章微寒：《戴笠与"军统局"》，第134页。
96 沈醉：《我所知道的戴笠》，第11—12页。
97 "Assassination Attempt Versus Wang Ching-wei", file in Chen Lifu Materials, p.1.
98 手枪被形容为"三号左轮"枪。沈醉：《我所知道的戴笠》，第12页。
99 Boorman, Biographical Dictionary of Republican China, 1:19.
100 沈醉：《我所知道的戴笠》，第12页。蒋还命令陈立夫与戴笠联合调查，限其在一周内破案。"Assassination Attempt Versus Wang Ching-wei", file in Chen Lifu Materials, p.2.
101 干国勋：《关于所谓"复兴社"的真情实况》（上），第71页。
102 沈醉：《我所知道的戴笠》，第11—12页。
103 贺的女友王文桂（音），在秘密特工从通讯社部分焚烧的文件里发现了她的住址后，在浦东被捕。"Assassination Attempt Versus Wang Ching-wei", file in Chen Lifu Materials, p.5.
104 沈醉：《我所知道的戴笠》，第11—12页。Shanghai Municipal Police Files，No.D—5374, 26/12/36。与发生在1936年7月10日其美路的萱生矿作谋杀案有关的被捕的嫌疑分子，对国际租界的警察说，他们受雇于华克之，而后者从王亚樵那儿接到执行计划的指示。Summary of Wang Yao Jao, pp.11—12。
105 Shanghai Municipal Police Files, No.D—6312, 1/12/34。
106 Summary of Wang Yao Jao, p.4。另据《大美晚报》上的一篇文章说，被称为"陆军准将"的王亚樵被南京当局怀疑是谋杀的"肇事者"，他为躲避逮捕而逃到了香港和澳门。"General Shot for Plotting", Shanghai Evening Post and Mercury, December 2, 1936。引自Shanghai Municipal Police Files, No.D—7045, 3/12/36。
107 沈醉：《我所知道的戴笠》，第12页。
108 干国勋：《关于所谓"复兴社"的真情实况》（上），第71页。

109 《声名狼藉的王亚樵》，《社会日报》。引自 Shanghai Municipal Police(International Settlement) Files, No.D—5374, 1937。

110 Letter from J.W.Platt, Asiatic Petroleum Company, to Director of Criminal Intelligence, Hong Kong Police, December 28, 1936, Shanghai Municipal Police(International Settlement) Files, No.D—5374；《声名狼藉的王亚樵》，《社会日报》。引自 Shanghai Municipal Police (International Settlement) File, No.D—5374, 1937。据一份 1937 年军事委员会组织系统表，特务警察包括了情报、商业、公共安全、走私、调查和"警报"部门。同上书，D—8039a/25, 23/9/37。

111 Confidential Report from the Asiatic Petroleum Company Agent in Wuzhou, February 23, 1937, Shanghai Municipal Police(International Settlement) Files, No.D—5374, 3/3/37.

112 沈醉：《我所知道的戴笠》，第 13 页。陈质平在 1950 年后来到美国，在旧金山住下。1984 年 2 月他在伯克利的 Alta Bates 医院死去。

113 桂系军官的在场，导致了一种猜测：王亚樵正在威胁李济深（因为李怕自己在谋杀汪精卫案子中的角色被王泄露给蒋的人），所以李济深安排了对王亚樵的谋杀。Letter from J.W.Platt, Asiatic Petroleum Company, to Director of Criminal Intelligence, Hong Kong Police, December 28, 1936, Shanghai Municipal Police(International Settlement) Files, No.D—5374。

114 "Wang A Chiao Murdered at Wuchow", *Nichi Nichi*, November 26, 1936, Shanghai Municipal Police(International Settlement) Files, No.D—7065；"刺杀团领袖被杀"，《华美晚报》，同上书，No.D—5374, 26/11/36；"General Shot for Plotting", *Shanghai Evening Post and Mercury*, December 2, 1936, 同上书，No.D—7045；"Notorious Gang Chief Shot Down", *Shanghai Times*, November 26, 1936, 同上书，No.D—7045；*Summary of Wang Yao Jao*, p.4。郑介民的枪手史克斯，被特务处消息说成是刺客。章微寒：《戴笠与"军统局"》，第 138 页。

115 Shanghai Municipal Police(International Settlement) Files, No.D—5374, 26/12/36.

116 Letter from J.W.Platt, Asiatic Petroleum Company, to Director of Criminal Intelligence, Hong Kong Police, December 28, 1936, Shanghai Municipal Police(International Settlement) Files, No.D—5374.Confidential Report from the Asiatic Petroleum Company Agent in Wuzhou. February 23.1937. Shanghai Municipal Police(International Settlement) Files, No.D—5374.3/3/37.

第十四章 警察学校

> 后来我发现,这个卑鄙家伙戴笠,曾在 1932—1937 年期间当过中国警察学校校长,而那个在华东杭州地区的警察学校为整个中国训练了所有高级警察官员。他们认为必须有个国家警察。我想,这有点像[美国的]国民警卫队。但他们接受的是警察业务训练,而且他们还有美国和英国来的助理教官,但整个机构的老板便是这个戴笠。中国人都看重的事情之一,他们都尊敬的人之一,是他们的教官。他们把教官当作整个世界,当作他们的父亲。一旦成了个教官,你便永远是教官。于是戴笠在警察学校训练出来的成千上万的人,不管他们后来怎样了,他们都成了——而且仍然是戴笠的学生。
>
> 海军上将梅乐斯:《纽约州警察长协会会议开幕式上的讲话》
> (1957 年 7 月 24 日)[1]

培训间谍

中国现代历史学家们对在太平洋战争中由戴笠将军和海军上将梅乐斯领导建立的中美合作所的故事已经相当熟悉了。[2] 战争末年,中美合作所被美国媒介当作一个中美合作游击抗日的成功典范来颂扬，而它的黑暗面——戴笠那些由美国军事和警察顾问训练出来的无恶不作的秘密警察，最终用他们的"科学"技术来对付共产党的事实——则过了很久才暴露出来。[3]

这部分是由于当时负责该项目的美方，有意在训练戴笠的高级特工单位的人事安排上不让中方插手。[4]部分还因为，20世纪80年代以前，西方历史学家们更容易得到国民党关于中美合作所的正面叙述资料，而对共产党历史学家们尖锐指控美国介入训练蒋介石反间谍干部的"内部"分析则难以获悉。[5]然而，现在，不仅有可能对国民党军统局与美国海军情报局和战略业务局联盟的性质有更加深入的了解，而且可以认定，早在1941年日本袭击珍珠港之前十年，美国对中国警察的训练就开始了。

现代间谍是培训班和专业学校的产物。从契卡问世开始，间谍和特工都无一例外地始于这样一个特殊形式：培训机构和短期培训班的开办，使之从完全的民政性质正式转为彻头彻尾的特工性质。[6]军事学校的经历要比专业情报训练班更加深厚持久，但后者的经历更加动荡不安，尤其是，为了掩护便衣特工的秘密身份，必须培养至关重要的绝密性。"间谍王"戴笠早就意识到这种专业训练形式的重要性，而且在开办了黄埔校友会办公处不久，他又成立了一个专门的"训练所"来发展他的秘密特工骨干。[7]

秘密特工训练系统仅仅在抗战爆发以后才独立地蓬勃发展。在这之前，以及在紧接着发生的太平洋战争（事实证明，那时美国的援助至关重要）中，戴笠的训练单位必须在幕后以及在20世纪初中国发展起来的正规警察学校的内部，与现代警察力量携手合作。[8]

现代警察

中国的第一支警察力量于1898年的"百日维新"期间建于湖南省府长沙。[9]虽然长沙保卫局在百日维新之后被反改革力量解散,但现代警察力量于义和团暴动、外国人占领北京期间,在帝国主义者的支持下重新出现了。清朝皇室逃往西安后,八国联军便建立起"安民公所"来执行警察工作、修路和其他市政任务。[10]公所的高级官员都由外国宪兵担任,而常规的巡捕则由中国人充当。1901年9月联军撤走以后,安民公所被"善后协巡营"取代,它是1902年"公巡总处"的核心,并很快成为华北其他警察力量的模型。

袁世凯(1901—1907年任直隶总督)是华北欧洲式警察力量的主要资助人,他用占领北京的欧洲人与日本人的警察模式取代了传统的衙门捕班。袁从省府保定开始,在警务总局下面安排了500个溃散的士兵。天津在1902年9月被从八国联军手中收复后,袁便把这个城市当作他的警察总部,他既想用这股新力量来安抚民心,又想为省府提供一个绕过当时仍拥有自己本地武装和乡村团丁的地方力量。[11]

天津新设立的警察称为"巡警"。"巡"的意思是视察或巡逻,"警"当然是警告的意思。从词源上讲,"巡警"一词介于传统"巡捕"和现代"警察"之间。"警察"一词最早来自于1872年到欧洲学习西方警察制度的日本人,他们递交了在明治时期的日本建立警察机构的建议,后来这些建议成了1874—1875年间的法规。[12]大约在1915—1925年间,"警察"一词开始普遍用于中国。

日本顾问

1901年清政府开始派留学生去东京学习明治的控制系统,从此日本的警察模式便遍及中国。明白这一点，对警察一词的日本来源就没什么奇怪的了。这些留学生回国后，有许多当了警官或教官，被分配到由袁世凯这类强硬的省政府官员或更直接忠于清王朝的改革派们新建立的军事学院和警察学校去。[13]

后者的领导机构之一是北京的警察训练单位，它由总理衙门的满洲首领靖王在日本警察专家川岛浪速（Kawashima Naniwa）的帮助下建立。川岛浪速本来的合同是为这个新学校指导警察训练，但他不久便在清政府最后的维新活动中当起总顾问来。川岛浪速在1902年递交的一个备忘录里提出了1905—1908年间改组警察计划的基本纲要。备忘录本身阐明了该计划的原则基础：

> 没有一个国家没有警察系统。它是军事力量的补充。其一是为了保护国家利益和权利而准备抵御外侮。其二是为了执行国家法律和法令而用此工具进行内部控制并约束人民。这是国家最强大的两股力量，没有它们，国家便一天也无法生存。[14]

除了建立后来成为国民党政治统治的象征——军队和警察这两个羽翼以外，川岛浪速的备忘录还呼吁建立一个直接对皇帝负责的全国警察系统。就像川岛浪速明确指出的那样，中国的这个新警察系统是按照欧洲的中央警察模式建立的，尤其类似荷兰和柏林的警察。[15]

为了得到欧洲的财富和权力，清政府在1905年颁布成立培训警察官学校的命令，来实施川岛浪速的提议。1905年10月8日，在战争部资深军机大臣徐世昌主持下，巡警部成立；1907年绿营兵被废除后，巡警部合并到民政部内，所有警察工作都属警政司管，而正是这个司，20年后成为戴笠在国民党内政部里权力的主要行政核心。[16]

在1907—1911年的革命期间，巡警部成了清王朝警察力量的典范。[17] 袁世凯死后，北京的警察也被立为全国的模范。1917年4月由内政部在北京召开的"警务会议"上，巡警部大出风头。7个月之后，内政部命令各省开设警察培训学校。但由于当年各个军阀大打出手，中央和地方政府无暇顾及管理警察的具体事务，改革的努力中断了。在这方面，早期民国历史重复了晚清历史：尽管日本模式和欧洲榜样提供了中央集权制的可能，但在中国不首先进行军事统一便很难施行警察统治。更加有效和长期的警察改革，还得等到北伐完成和南京新政府成立后才能实现。[18]

国民党公安局

假如说北京巡警部在某种意义上是北洋军阀的全国性模式的话，国民党在1927年成立的相应机构便是广州的公安局。公安局是受到当时美国警察机构名称启示所起的一个名字。广州公安局是由孙科建立的，北伐前他把美国的市政管理系统在广州付诸实施。国民党执政后，除了南京都市警察总部以外，所有的警察部门都乖乖地把它们的名称改为"公安局"。[19]

名称一致，行政管理也统一。1928年全国警察专家委员会成立，由首都的4个官员和8个省级官员组成，归内政部警政司领导。[20] 次年颁布了有关规章制度，要求对所有警官和警校学生实行教育。于是警察学校纷纷在浙江、江苏、山西、广东、江西、湖北、陕西、山东、云南、河北、甘肃、察哈尔、青海、福建和广西建立起来。[21] 全国委员会按理每年开四次会，但实际上他们从未碰过头或召开正式会议，后来这个组织干脆解散了。[22]

1931年在全国重开警察改革的讨论。1月里，内政部在南京召集了讨论警察管理的第一次全国内政会议。次年12月召开了由来自各省市100多个代表参加的第二次全国会议。这些代表提出了关于开始实行警察退休金制度，使用新式武器，雇用女警察和统一按手印制度的提案。[23]

这段时期内，日本的警察制度一直享有极高的声誉。1930 年内政部举行了一次考试，从高级警校第十五届选拔了 10 个最优秀的毕业生，去东京接受内务省警察训练学校的培训。当年浙江警校也派了 21 个最优秀的毕业生去日本。[24] 但欧洲警察模式仍为基本模式。1929 年全国警察委员会成员之一王达瑞（音）利用参加 9 月在巴黎召开第五次国际警察会议的机会，研究了欧洲警察体系。他认为维也纳的警察部队最为优秀，值得模仿。于是 1930 年浙江省政府主席邀请了鲁道夫·缪克（Rudolph Muck）博士和奥地利的其他警察专家担任警察管理和培训的顾问。同年浙江警校毕业班的 10 个学生被派往维也纳学习，而到了 1932 年，鲁道夫·缪克博士成了南京中央政府的警察顾问，同时也是改组上海公安局的顾问。[25] 两年后，由鄞悌率领的一个委员会被战争部派往英国、法国、意大利和德国去考察。1935 年力行社核心干部组及蓝衣社核心成员李士珍，也被派到国外去研究欧洲、美国和日本的警察制度。[26]

1930 年被邀请到中国的司法专家之一是加州伯克利警察署警官吴兹（A.S.Woods）。[27] 吴兹之所以被选拔为顾问帮助改组南京都市警察，是因为奥古斯特·涡孟（Auyust Vollmer）的 V- 人[28] 对美国地方警察署来说，就像代表了国家警察力量概念的艾德加·胡佛（Edgar Hoover）的 G- 人[29] 一样，他们使伯克利警察署成为世界最杰出的警察部门，名声越来越大。[30]

奥古斯特·涡孟及美国式的警察专业化

奥古斯特·涡孟是美国的"警察专业化之父"。他 1876 年生于新奥尔良，8 岁时丧父，10—12 岁期间，母亲把他带回她的出生地德国生活了两年。少年时的涡孟热衷于拳击、摔跤和游泳。他在"新奥尔良学校"学习了一年的秘书业务，后来全家迁到旧金山，又在 1890 年搬到了伯克利，这个高大强壮的小伙子在那里开货运车。五年之内，不到20岁的涡孟在伯克利开了一家商店。但1898年4月美国向西班牙开战后，他便决定参军，到菲律宾作战。[31]

那年夏天，涡孟参加了美国进攻马尼拉和占领马拉特（Malate）要塞的战斗。1898年秋天，他帮助过马尼拉警察；次年2月，阿奎纳多（Aguinaldo）党人兴起，涡孟自愿到一只装甲船上，用大炮轰击菲律宾游击队，并由于到敌后执行反阿奎纳多游击队同盟的联络任务而荣获特殊声誉。涡孟服役期满后回到加州，但这个强壮而无畏的一米八汉子对室内工作没有耐心，而且不安心当一个平民百姓。[32]

1905年1月，一些积极参政的伯克利公民问涡孟是否愿意以改革为基调竞选市警察局长。29岁的涡孟答应了，而且当选了。他所采取的第一个重要步骤是关闭城里最大的中国赌场和其他各种赌场。与此同时，他开始一系列行政和技术革新，使伯克利警察闻名全国。是奥古斯特·涡孟带头使用起自行车巡警，首次创造了定期巡逻制度，从洛杉矶的一个私人侦探那里学会了电话报警和直线报警机并予以实施（他还通过选民专门投票，集资建立了一整套警报系统），设立起档案制，完善了手印存档方式，启动了测谎器的发明，首次在巡逻车里装上无线报话机，并开始任命大学毕业生当巡警。[33]

奥古斯特·涡孟名声日噪，特别是在他当选为国际警察局长协会主席后，不仅答应在美国其他城市改组司法机构，而且接受了外国政府的邀请，改革它们境况不佳的警察部门。比如1926年，涡孟应古巴总统谢拉德·马乔多（Gerardo Machado）的邀请去了哈瓦那。他到达时，古巴总统把他当作治疗社会症结的职业医生，对他说："你是警察部门的医生，我们这里需要你。"[34]

涡孟在建立了警察训练学校并设立了电报通讯系统，以此治疗了这位古巴独裁者的司法机构的症结后，回到伯克利。这时他收到了又一个外国政府的请求帮助：这次的邀请来自于南京的国民党政府。据说涡孟警长把吴兹上尉叫到办公室来,对他说:"上尉,这封信来自中国南京的警察局长。他们需要实在的帮助。你来干这项工作如何?"[35] 于是,吴兹于 1930 年作为一名警察顾问去了中国,为中央政府和广东省内政部工作。留在伯克利的涡孟则在加州大学发展起犯罪学,并训练越来越多前来向他学习警察管理的学生。[36]

涡孟的中国学生

那年涡孟的外国学生中有一个叫酆裕坤的人,在加州伯克利大学学习了 6 个星期的暑期特别课程"警察组织和管理",然后在秋季进了密歇根大学。他是那里 15 个被中国派来学习市政管理的学生之一。1930 年 11 月,酆从安娜堡(Ann Arbor)给奥古斯特·涡孟写信说,他对"发现犯罪原因和预防方法"感兴趣,而且他希望在著名犯罪学家瑞蒙·富思第克(Rayomnd Fosdick)的文章所提供的美国数据的基础上,做一个犯罪统计的比较研究。[37] 在接下来的 1931—1932 学年里,酆上了加州伯克利大学的犯罪学课程,次年夏天他回到中国,用涡孟犯罪学的科学方法帮助他的同胞们改革警察体系。[38]

作为一个归国留学生,接受过最先进的警法训练,酆裕坤不可能默默无闻。他立刻在 1932 年 7 月应邀拜见南京的警察局长陈焯将军。不久以后,他受到蒋介石的接见。他向蒋递交了两份中文报告:一份是"世界警察力量现状",另一份是关于研究"中国所有警察力量状况"的计划。[39] 这以后,他当了很短一段时间的南京交通处处长,改革了城市交通规章制度。1933 年 3 月,酆第二次到了陈局长的办公室,当了他保安处的一个"特别秘书"。[40] 他马上翻译了一篇关于警察专业化的文章,刊登在《刑法和犯罪学杂志》上,并在大学里讲授被他的美国教授推崇的警察工作的"科学基础",推广涡孟的观点。[41] 当然,他也力图寻求涡孟的帮助,效仿伯克利警察署的通讯系统,在南京装起了直线报话机,以引进最先进的刑警技术。[42]

1934年3月酆裕坤受浙江警校校长赵龙文邀请,去杭州当警察训练部主任。[43]浙江警察学校是新国民党政府培养干部的主要机构之一。它在北伐刚结束时由朱家骅领导建立,朱在1926年是中山大学的行政管理头目,协助戴季陶在学校中进行对左翼分子的大清洗。次年他被任命为浙江省民政厅厅长,他是在这个职位上建立浙江警校的。作为"地方自治专修学校"的校长,朱家骅保证了警校有足够的资金来源。当他于1930年从省政府去职时,他确保了该学校掌握在他所信任的人手中,此人便是史承志。不过,史承志担任警校校长的时间到1932年止,王固磐于1933年接替了他,而赵龙文又在1934年成了该校校长。[44]

酆裕坤是被任命在警校担任要职的回国留学生之一。另一个在国外受训的警察专家是梁帆(音)博士,他原是学农业的,也是一个秘密特工,在里昂警察实验所当过法国法医学家洛咖(Locard)博士的助理。[45]梁从里昂结束学习回国时,身边有两个法国女人:一个是他的妻子;另一个是侦探,她后来当了浙江警校女警察的头儿。他同时带回来的还有一整套警察实验室技术设备,包括发射学、毒品学、手迹分析以及指纹调查所需要的所有器具和化学材料。这些设备构成了中国在上海国际租界警察部门以外的第一个法医实验所的基础。尽管后来梁作为法医学家的能力受到怀疑,但他当时立刻在警校里开起了警察实验最新技术的课程。[46]

第三个重要的回国留学生是涡孟的另一个弟子,叫余秀豪(Frank Yee)。余是广东人,在旧金山的华人圈子里很有名气,他请涡孟在这个名牌警察学校给他推荐工作。[47]于是涡孟给酆裕坤写信谈了余秀豪的事。当余乘坐的"威尔逊总统号"远洋轮到达上海时,酆裕坤与他的"许多表兄弟们"一起在码头上迎接他。[48]试用期过后,他在浙江警察学校得到一个职位。他后来发现,这职位是"全中国这类工作中最重要的",

而且即使在蒋介石眼里也是"所有这类警察学校"里最重要的。[49]

浙江警察学校

浙江警察学校坐落在上杭江十来亩的"大片土地"上,那里可以容纳 500 多个学生。[50] 据余秀豪形容,入学的 350 个男女学生都是高中毕业生,年龄在 20—30 岁之间。他们全都享有良好的待遇,除食宿之外,每月还有 15 元的津贴,并装备有"步枪、左轮手枪、机关枪、自行车、马匹和汽车"。[51] 学校的特征无疑是军事化的。学生在早晨的军号声中起床,升国旗,由军事教官带领进行操练,由"从中央政府来的人"作为"指导员"教授"政治训练"课程。[52]

和涡孟在伯克利的模式一样,浙江警校本身与地方警察力量密切联系。当时在杭州的警察署有 2000 来名警察,他们被分成 8 个分所,每年有 100 万元的经费。1934 年 9 月 1 日以后,警校校长赵龙文同时担任了杭州公安局局长,余和酆,加上另一个从柏林警校毕业的学生被任命为他的机要顾问。[53] 在赵领导的"设计委员会"的建议下,设立了军校生制度,让警校的学生熟悉杭州警察署的职责范围。到了 1935 年 1 月,余秀豪已经按涡孟在伯克利创造的巡警模式建立起了一套巡逻制度。[54] 杭州警察署的正式成员强烈地抵制新制度,但在酆裕坤的支持下,余成功地于 1935 年 4 月 1 日在西湖一带开始实施巡警制,于是在两个月之内,犯罪率下降了 50%。[55]

从余的角度看,他们在浙江警察学校的领导地位给了涡孟的学生们一个黄金机会,他们看到"伯克利的制度和精神被传播到了中国"。[56] 他告诉涡孟:"我们的学校本来只受日本和奥地利影响,因为学生们只被派到上述的两个国家去过。现在,你可以说输入了新鲜血液。也就是美国模式,更具体地说,是伯克利的模式。"[57] 他还请涡孟告诉他"在著名的［伯克利］研讨会上"结识的其他朋友们，他准备通过翻译关于罪犯调查和秘密特工方面的最新出版物，引进警犬的使用，建立现代警察实验室和进口新发明的测谎机，"使整个中国警察管理现代化"。[58]

受过美式训练的人员的改革并不是一帆风顺的。在给涡孟的信中，余经常埋怨他的教官同事们，甚至包括酆在内，对全盘接受他的革新犹豫不决。[59] 但酆裕坤同意协助余为浙江警校起草一个新的教学计划，并将经济、心理、防止犯罪、城市政府、无线电、警犬等课程加入了常规教育中，扩充了由"蒋委员长发起的"新生活课程。余和酆还按照伯克利警训项目设计了一年级教学提纲，其中必修课包括打靶、游泳、自卫（柔道）和军事科学。[60]

第二年学生可以从四个系中挑选一门作专业：管理、刑事侦查、外事和妇女警训。余是管理系的主任，该系的课程包括学习英国、欧洲大陆和日本的警察制度、警察人事、防止交通事故、数据统计和警察记录、无线电通讯和警察力量分布。[61] 刑事侦查专业设有法医化学、摄影、罪犯鉴定、警犬、密码术和警察记录。其他两门专业远远没有它们发达，尽管外事专业课程中列有欧洲历史、世界外交、无线电和心理学。[62]

到了1934年秋天，浙江警察学校已经非常著名，并正在成为全国的楷模。9月里，教员们得知南京的全国警察学院和中央军事学校合并成一个单位，浙江警校就成了"本领域中唯一的一个全国机构"，于是招生便在全国进行，其中有些学生是来自地方警察机构的警官，经过余从伯克利学来的包括"军队智力测验"在内的身体和心理测试。[63]

全国警察训练

初冬，当余和酆正在等待向蒋介石的特殊拜见以介绍他们关于全国警察改革计划时，他们也得到了上海市市长吴铁成这类重要的地方官员的喝彩：

> 我们立刻被邀请到上海接管一些重要职位。吴市长对我在上海警察杂志《警光》上的文章尤其欣赏。但控制全中国警察组织的特派员们绝不会同意我们离校。我们和［酆］裕坤［和梁帆］一起负责全中国的警察教育。[64]

吴铁成市长在上海市政府里喜欢用广州人，他器重余可能因为余是广东人。总之，中央政府——当然包括戴笠本人——不会让那些在国外受过最佳训练的专家们成为重要城市警察力量的顾问，因为他们自己想最终对警察力量进行控制。浙江警校是用来为全国树立标准的，而非用来支持地区和省级机构。所以，当浙江大学向余提供一个教书的职位时，他不得不因为自己在浙江警校的全日制职位而谢绝。[65]

作为全国性机构，浙江警校也管辖庐山和江西北部山区的游览胜地的治安，蒋介石在那里有避暑别墅。[66] 庐山那时已被用来作为反叛乱的训练区，设有"军校庐山特训班"。特训班的一些毕业生被分配到邓文仪领导的反共调查机构南昌行营的同时，戴笠也组建起由连谋领导的一支特殊干部纵队（康泽协助组建该纵队，因为他更加正宗的军事背景使戴笠非常嫉妒，于是戴迫不及待地想把他从警察部队调到半军事组织里去），为特务处培养特工。[67] 夏季里，这个地区会有两万多旅游者，他们很容易成为窃贼的猎物。于是警校学生便有了一个合乎逻辑的实习执法的机会，他们能加强总司令所偏爱的山区的治安，同时还能够向英国租借的古岭领地的外国人管理的警察部队显示：中国人完全能够管理自己。

1934年7月，酆裕坤奉命带领近100个浙江警校第二届毕业班的警察到庐山地区巡逻。次年夏天，酆裕坤和他的人员干了件出色的事：建立了存档和其他刑事调查程序，这使他们破获了一些著名的疑难案。[68]

余秀豪也不落后，他与学生一起爬上了 3000 米左右的古岭峰，避开了山脚下的炎热，一头扎进了警察工作当中。用余从伯克利带回来的指纹和摄影设备（他们还希望能有一架涡孟发明的测谎机），这些警校生成功地独立进行了盗窃调查，还协助推广了蒋介石的新生活运动。[69] 他们的成绩如此优秀，以至于英国人在租借区撤除了他们的行警权而让中国人来管辖。于是浙江警校生被树立为全国典范，为江西、湖南等其他地区的警察作出了榜样。各省官员们被他们的成绩所打动，秋天回去后便举行选拔性考试，从中挑选出 20 个男女去浙江警校接受类似的训练。[70]

不管余有多么直接和坦率，他对自己的导师丝毫没有提起浙江警校最神秘的特点之一：虽然警校是个致力于培养正规警官的省级机构，但它实际上也是戴笠自 1932 年建立起来的全国秘密警察机构的一部分。警校校长赵龙文就是戴笠的一个特工，而且全校所有的政治指导员都是特工处的干事。[71]

戴笠和浙江警校

戴笠在 1932 年夺取了对浙江警校的控制权。当时第二届学员刚刚毕业，住在雌镇楼 30 号的校友会宿舍等待分配。[72] 利用蒋介石授予他在浙江警校特训班的"政治特派员"的权力和与政府直接的无线电联系，戴笠带着一队特工驻进了警校。这队特工中有王孔安、毛人凤、毛宗亮、赵龙文、胡国振、谢厥成、罗杏芳和刘乙光，他们在那年假期里完全控制了整个学校。王孔安被任命为政训处书记长，毛人凤任秘书，而毛宗亮则充当了通讯官员。[73] 其余的人被任命为政治指导员。到了 1932 年秋天，戴笠在政治处的外表下建立起一个秘密特工特别训练班级，分成甲、乙、丙和通讯班。每个班级的学期为 6 个月，由 2 到 30 个人组成，他们将是特工处的基干人员。于是，"军统后期的许多高层特工分子"——

在 20 世纪 40 年代中这类"高干"有毛森、肖勃、杨超群、阮清源、丁默邨、章微寒、娄兆元和黄雍——在 1932 年至 1935 年中都在浙江警校接受过他们最初的地下训练。[74]

乙训班由每年从警校毕业班里挑选出来的 30 个学生组成。他们的班长是刘乙光，他也是该期班的政治教官。训练班结束后，毕业生被派到蒋介石警卫组当便衣特工。[75]

三班，或丙训班，是培训掩护人员的，即女特工。从警校毕业生里挑选出来的 6 个女生被送到特训班，该班由警校正科的女生指导员章粹吾主持。[76] 这些学生在分配到特工机关当"掩护关系人员"之前，专门学习理发、烹调等课程。[77]

一班或甲训班，是几个培训班中最重要的，其毕业生被分配到特工处当骨干，在头头的领导下直接运作。戴笠在名义上是训练班的教官头，一班由警校的二班和三班的毕业生及已经在特工处当现行特工的人员组成。实际教官头是余乐醒，他指导在雄镇楼 30 号的训练班，他也教特工理论和如何使用毒品及吗啡的课程。前共产党员谢力公教军事地理、国际间谍和密码；李世璋教政党及其派系；梁翰芬教痕迹学；殷振球教爆破学；管容德教速记；叶道圣教情报学；朱惠清教看相；王文钊教摄影；金民杰教擒拿；刘金声教国术；曾惕明和黄泗钦教驾驶；谭金城教骑马术。日文课由霍淑英和一个叫山田一隆的日本人负责。[78]

主要的课本则是从共产党那儿学来的。在苏联留学过的王新衡，翻译了两本俄语书[79]：《格伯乌》（即 GPU）和《契卡》。[80] 学生们还读顾顺章（共产党在保卫方面的头目，1931 年在汉口向陈立夫和徐恩曾领导下的特工处叛变，后来投奔到戴笠手下[81]）写的《特工理论和技术》。顾顺章关于布尔什维克秘密特工的知识，由于他在共产党乡村和城市支部当联络负责人的实践而完善起来。[82] 实际上，前军统官员们认为顾的信息对戴笠如此宝贵，这也许是他丧命的原因。据他们说，顾顺章作为最大的共产党"叛徒"加入"中统"不久就被谋杀了。虽然此案未破，但研究中统的历史学家们认为，刺客是陈立夫派的。因为陈立夫不能原谅顾向戴笠献计，于是陈要防止"间谍王"向这个共产党人榨取秘密。但陈立夫对此否认，他向本书作者提示：必须除掉顾顺章，因为他是个杀人狂。[83]

到了1935年，浙江警校完全处于戴笠的控制之下。同年，蒋介石宣布将浙江警校与江苏警校合并，成立一个"中央警官学校"。[84]这个合并对戴笠来说既意味着挑战也带来了机会。[85]

中央警官学校

蒋关于创立一个中央警校的决定，是出于要用一个全国性的警察制度来联合地方控制系统的远见。1936年蒋介石召集了一个"地方高级行政人员会议"讨论地方警察的治安问题。[86]会议的背景是中央政府与地方领导之间对维持保安队的长期争议。[87]地方官员自然偏向保存由他们自己资助控制的地方武装，而中央政府的代表则反对保安队，他们力争成立一个由新的国民党政府领导和培训的正规警察部门，但要地方出资。

蒋介石在听取了两边的意见后，决定采用警察制。正如余秀豪在给涡孟署长的信里说的那样："现在委员长非常关心在中国改善警政的问题。他要取消所有的保安队、宪兵、等等，而把维持内部治安的责任在三年内交给警察。"[88]行政院积极地通过了这项要求各省在警政司规定的原则基础上提交警察改革计划的提议。警政司宣布：第一，在1936年底以前取消保安队，并在三年中将他们的职权逐渐移交给正规警察；第二，在解散保安队的同时，将它的资金转到县警察部门；第三，地方警察的各种级别制将尽量统一；第四，在无力供养正规警察的贫穷偏僻乡村地区，执法权将归前保甲互助单位；第五，为提高警察素质，对警察服务人员的要求将逐渐提高，小学毕业将是受雇用的起码条件；第六，警察的月起薪将为 10 元；第七，高级警官将一律在新中央警察学校学习；第八，正常的警察招收将从各省市的训练班中挑选；第九，被解除的保安队的武器将转到正规警察部门供他们使用。[89]

显然，这个自上而下合并的重要工具之一是中央警官学校，它"受命把旧保安队的某些部分取消后将其改变成警察"。[90] 正当这个新的全国性组织取代各省的地方机构时，浙江警校正式关闭，并把它的第五届学生转到了南京。[91] 现在，赵龙文的学生（也就是戴笠的学生）名义上是中央警校 40 岁的校长李士珍的学生了。[92]

李士珍是中国的首席警察专家。李于 1924 年毕业于黄埔军校，在浙江保安队当过队长，1931 年在日本警察学校完成正科训练。1935 年，李士珍率团去欧美 19 个国家考察他们的警察制度，回国后被任命为南京的"警官高等学校"校长。1936 年 9 月，他接替陈立夫在新中央警官学校任教育长。[93]

李马上开始建立他自己的校园。他在南京郊外麒麟门附近选了一个地点，在那里盖楼房、建设备，并招收学员和学生。[94]

> 学员班分批调自各省、市、县原有警官再加以新式教育：如指纹、户口、侦讯、擒拿、追踪、交通、信号、警犬训用等……学术，修业期半年；学生招考高、初中程度学生，施以警察各科教育、思想政治训练、外文教学、军事常识操课、体能训练等。修业期三年，旨在革新警政。[95]

同蒋介石一样，李认为现代国家的基础是有一支出色的警察队伍。他对中央警校 1943 年毕业班的学生说："假如你要建立一个新国家，那你首先得建立一个新社会。假如你要建立一个新社会，那么你首先必须建立一支现代的全国警察力量。"[96] 李士珍还把行政领导与学术结合起来。[97] 他从欧洲回来后发表了一篇有关世界警察制度的重要调查报告，并且出资和主持了"中华警察学术研究社"。[98] 可见他的业务资格无可挑剔。[99]

然而，戴笠还是一心要在中央警校内（学校坐落在南京郊外一幢价值 25 万元的"巍峨的"新大楼里[100]），用争夺警政训练权来排挤李士珍。于是，为在学生中贬低李士珍的权威，戴笠让自己首先成为"校务委员会"的成员。[101] 然后，他利用手中的秘密特工权力，在警校内建立了一个特工委员会，并自任主席。特工委员会的成员包括王固磐、酆裕坤和赵龙文等他的弟子和亲信们。[102] 而且他还把前浙江警校教官如胡国振、卢振纲和余秀豪安插到新中央训练机构的教职员中。此外，为了使自己掌握学术专业权并与李士珍的警察科学组对立，戴笠还成立了一个"中国警察学会"，该学会踊跃地介入与李士珍"中国警察学术研究社"的各种辩论中。[103] 李士珍的全国警察制度改革是建立在涡孟的伯克利调查问卷基础上的，为在竞争中战胜李，戴笠需要在内政部的国家警政政策上获得控制权。[104] 为此，他把酆裕坤安插到中央政府中管理各省警察项目的警政司司长的位子上。警政司"负责计划、领导和监督全中国的警察"。[105] 在这个位子上，酆裕坤"控制了省属民政厅的警政科，掌握了警察系统的人事权"。[106] 他还在首都警察部队内部安插了戴笠的秘密特工支部。[107]

在酆裕坤晋升的时候，他在伯克利的同学余秀豪被安排到警政司负责警察教育、防火、外事、刑侦和"特工"。在给涡孟的信中，余把他们的新职位当作伯克利警察改革的胜利的象征。[108] 他说："从此以后，整个警察管理和教育都将完全由 V- 人控制。"[109] 既然那时"伯克利的 V-人"都是戴笠特工处的特工，中央警政控制的一些方面就落到了戴笠的特工手中。结果，在 1936—1937 年期间，这位秘密警察头子通过操纵内政部训练项目和人事安排，将其影响扩展到了九江、郑州、武汉、洛阳等城市的警察局。[110]

酆裕坤在扩展中起了绝对关键的作用。作为内政部级别最高的警政官，任何时候只要戴笠需要用中央政府的司法权把正规的警察单位变成秘密特工队，酆裕坤就可以把自己单位的名称借给他使用。这一点在抗战爆发后尤其明显。1941 年，戴笠要把重庆警察局侦缉队扩充成一个大队，并把它置于前上海站头目沈醉的领导之下。当戴笠把这一要求向重庆警察局局长唐毅发去后，唐自然向内政部警政司请示。

当时主管全国警察工作的内政部警政司司长酆裕坤，是军统特工，这个司也由军统掌握，戴在写信给唐的同时，还打了个电话给酆，说明他要改变这一制度，酆在电话中诺诺连声尊命办理。[111]

于是不到一星期，戴笠的助手和门徒沈醉就被任命为重庆侦缉大队队长。[112]

唐毅本人是戴笠接管四川警察过程中强有力的关键一环。唐原是刘湘总部情报处处长，后被任命为四川警备司令部谍查处处长。[113] 虽然唐有大烟瘾，而且是哥老会成员，但他因向省政府书记王缵绪提供了一个讨其欢心的妓女而得宠。他被指定当王的特别助理，从此便跟戴笠联系上了，后者把他当作一个正规特工。1938 年，唐毅是改革后的成都警察局局长，这就在四川执法核心内给了戴笠充分的自由。[114]

中国秘密特工从法律教育机构中招收特工的计划，与美国联邦调查局警察长培训项目同步发生。从某种意义上说，它们共有的长处是，二者都有着在地方执法机构中普及警察专业化的目标。余秀豪向涡孟汇报说，从 1936 年 9 月 15 日起，在南京，"全国各地的高级警官将在警校接受速成复习培训"，而其他警官将于夏季在庐山参加一个特别训练班，那里的教学大纲是余编写的，其中包括涡孟关于美国警察系统的教科书。[115] 除此之外，还有余秀豪的讲座，到全国视察，以及酆裕坤频繁"强调警政的重要性和人民与警方合作的必要性"的广播，[116] 以及内政部警政司引进美国最先进的鉴定中央化和记录存档程序化方面的措施。例如1937年初,酆裕坤与埃德加·胡佛联系,了解美国联邦调查局如何整理和处理指纹。南京国民党政府也开始建立自己的中央指纹局。[117]

引进最新的警察技术,将确保现代化的管理效率同中国政府长期以来对地方上的半军事化体系进行全国性控制的目标结合起来。从这个角度出发,回国留学生对改革的热忱,正好与蒋介石集中他自己的权力,要把警察和军队当作他政府统治的两大羽翼的决心不谋而合。作为中央警校的校长,蒋介石在1937年对毕业班的学生说:

> 我们的国家有两股重要力量,军队和警察。一个用于国防,另一个用于治安。就像一架飞机要有双翼才能飞行,但因为现代警察责任范围的复杂性,因为他们是唯一持续与公众保持联系的公共人员,所以警察的职位对我们的社会甚至更加重要。[118]

作为一个国家的武装力量,中华民国的警察在最广泛的意义上促进了中央集权。[119] 但作为一个制度本身,警察从来不是一个统一的行政工具。

蒋介石全面发展警察是为了抵制地方上的军事竞争。[120] 但他也狡猾地用此来支持他的随从们在全国执法系统中的相互斗争,以防止他们为个人官僚利益而滥用司法权力。在与李士珍争夺对中央警察学校控制权的同时,戴笠还与陈立夫争夺对邮电检查的权力。[121] 这些官僚暗中斗争的结果最终都无疑取决于委员长的支持。到了最后,尤其是在政府情报机构和军事系统的秘密特工相互之间,为了争夺优势而激烈斗争的时候,还是戴笠对主子的个人效忠最起作用。

注释：

1. Milton E.Miles, Personal Papers, hoover Archives.
2. 中美合作所的故事一开始是由梅乐斯自己讲述给美国听众的。Miles, *A Different Kind of War*. 而夏勒（Schaller）的杰作《美国十字军在中国》（*The U.S.Crusade in China*）为它提供了广阔的时代背景。写过很多关于自己前老板戴笠畅销书的沈醉，发表过一篇特别说明真相的关于中美合作所的文章：《中美特种技术合作所内幕》。
3. Caldwell, *A Secret War.*
4. 有关训练单位内部的细节，见汤淘：《中美合作所第六特种技术训练班内幕》，及仲向白：《我所知道的中美特种技术训练第三班——临汝训练班》。梅乐斯只让"对东方完全不熟悉的年轻人"去中国。George K.Bowden, "Memo to Colonel W.J.Donovan", 22/2/43, OSS Papers, p.2。
5. 关于国民党的观点，见"国防部情报局"编辑：《中美合作所》。而关于中国大陆相反的说法，见天声辑：《美帝直接指挥的中美合作所》。来自中华人民共和国的最新观点，见邓友平：《江西中美合作所集中营》。
6. Westley, *Violence and the Police*, p.155.
7. 黄雍：《黄埔学生的政治组织及其演变》，第15—16页。戴笠的特工训练单位设在南京洪公祠，叫作"参谋本部谍参谋训练班"，由申听蝉管理。它的学员为黄埔毕业生，其中有徐远举、何龙庆、陈恭澍、田动云、廖宗泽和陈善周。陈恭澍是"特务警员训练班"负责人，他每周三次向戴笠汇报学员们的政治倾向。江绍贞：《戴笠和军统》，第59页；沈醉：《我所知道的戴笠》，第8页。
8. 虽然有人认为在正规警察改革和秘密警察训练系统之间应该有明显的区别，但我认为，1932年以后二者有紧密的联系。有关前者观点，见Mackinnonn, *A Late Qing-CMD-PRC Connection*, p.6。
9. 有关中国警察现代化历程，见Wakeman, *Policing Shanghai*, pp.16—24;Li, *The Development of the Chinese Police during the Late Ch'ing and Early Republican Years*, pp.25—26。
10. 日本则例外地设立起自己的宪兵站。
11. "有证据表明，袁世凯显然把警察视为超出省衙门之外，对当地绅士进行渗透和对百姓保持直接联系的手段。"Mackinnon, *A Late Qing-CMD-PRC Connection*, p.4；Mackinnon, *Police Reform in Late Ch'ing Chihli*, pp.82—83。
12. "警察"一词在中国古典文学中出现过，但不是现代一般意义上的理解。Li, *The Development of the Chinese Police during the Late Ch'ing and Early Republican Years*, p.6, pp.14—15。
13. Li, *The Development of the Chinese Police during the Late Ch'ing and Early Republican Years*, pp.6—7.
14. 同上书，第33页。
15. 同上书，第33—34、47页。
16. 同上书，第6、38—39页；Yee, *Police in Modern China,* p.29。1942年的警察系统直接归内政部管辖，那时便属于汪精卫政权。Office of Strategic Services, Research and Analysis Branch, Survey of China R & A, No.746, 19 June, 1943(reprint of 15 May, 1942 edition), p.74。
17. 清朝被推翻后它的特质仍然保持着。1914年8月，袁世凯下令将该部由经内政部提议的部长领导，并将人数增加到1万，以此扩充其权力。Li, *The Development of the Chinese Police*, pp.39—42。

18　Yee, *Police in Modern China*, pp.31—32.
19　同上书，第 30 页。在南京政府统治下，省警察队的建立也是为了与土匪斗争。
20　Yee, *Police in Modern China*, 第 30 页；常兆儒：《国民党统治时期的警察制度》，第 338 页。
21　《内政部呈行政院整顿警官高等学校方案》，1929 年 1 月 28 日。引自朱汇森编辑：《警政史料》，第 1、488—490 页。1931 年九一八事变后，许多这类单位因缺乏资金都被迫关闭了。
22　Yee, *Police in Modern China*, p.33.
23　同上书，第 33—34 页。
24　同上书，第 35 页。
25　Yee, *Police in Modern China*, p.35. 缪克建议成立特别的外事警察。他还建议上海当局为北京招收 500 名警察。Shanghai Municipal Police(International Settlement) Files, No.D—3433, 1/4/32。Microfilms From the U.S.National Archives. 关于浙江警校最优秀毕业生被派往维也纳一事，见 August Vollmer, Correspondence:Letters from Frank Yee, dated 25/7/34, *Bancroft Library*(CB—403)。
26　Yee, *Police in Modern China*, p.35；干国勋：《关于所谓"复兴社"的真情实况》，第 70 页。鄷悌于 1936 年被任命为驻柏林武官。Kirby, *Germany and Republican China*, p.137。
27　Yee, *Police in Modern China*, p.36.
28　V 为涡孟英语姓的首字母，V-人（Vmen）即涡孟的人，后来被用作警察的代称。——译者注
29　埃德加·胡佛，美国联邦调查局创始人，因为他们出色的业绩，这些人被称为 Gmen。G 为英文"政府"的首字母，G-人，后来被用来泛指政府的人。——译者注
30　Carter, *Police Reform in the United States*, p.3.
31　Parker, *Crime Fighter:August Vollmer*, pp.1—22.
32　同上书，第 23—37 页。
33　同上书，第 35—60 页。
34　同上书，第 168 页。
35　同上书，第 170 页。
36　Carter, *Police Reform in the United States*, pp.68—70。余秀豪（Frank Yee）向正在计划成立一所警校的广东内政部推荐了吴兹上尉。
37　August Vollmer, Correspondence:Letters from Frank Yee, dated 23/11/30.
38　同上书，3/12/33。
39　同上书，2/8/32。
40　同上书，12/9/33。
41　例如，1933 年 11 月鄷裕坤在金陵大学演讲，并在演讲中传递奥古斯特·涡孟的照片。同上书，3/12/33。
42　同上书，25/3/34。
43　同上。
44　章微寒：《戴笠与"军统局"》，第 86 页。朱家骅在 30 年代还被任命为中统局名义局长。
45　Yee, *Police in Modern China*, pp.37—38。梁帆有时被认作龙方（音）或龙帆（音）。"他也是一个非常能干的侦探，因为他在里昂的整个时期里一直是个秘密特工。"August Vollmer, Correspondence:Letters from Frank Yee, dated 22/1/35。并见日期为 27/4/36 的信件。
46　August Vollmer, Correspondence:Letters from Frank Yee, dated 18/6/35.
47　有关余秀豪在旧金山华人圈子里的名气，见 1934 年 1 月 1 日《中国时报》（元旦丛刊）上关于他的文章。
48　August Vollmer, Correspondence:Letter from Yukon, dated 25/3/34;August Vollmer,

Correspondence:Letters from Frank Yee, dated 25/5/34.
49 August Vollmer, Correspondence:Letters from Frank Yee, dated 25/7/34, 13/11/34.
50 Report by Superintendent Tan Shao-liang, Shanghai Municipal Police Files, No.D—7675 A2/4/37.
51 August Vollmer, Correspondence:Letters from Frank Yee, dated 2/8/32.
52 指导员，即政治指导员，实际上都是戴笠的特工，我们在以后将会看到这个事实。有些教员是从维也纳警察学校留学回来的学生。August Vollmer, Correspondence:Letters from Frank Yee, dated, 30/6/34, 10/9/34。
53 August Vollmer, Correspondence:Letters from Frank Yee, dated 13/11, 18/12/34.
54 同上书，18/12/34。并见 Yee, *Police in Modern China*, pp.39—40。
55 弗兰克·余在给涡孟的信中形容他的计划引起了"批评的风暴"。August Vollmer, "Correspondence:Letters from Frank Yee", dated 22/1/35. 有关巡警制成功的情况，见 Letters from Frank Yee, dated 22/1/35。
56 余请涡孟把这个消息转告给伯克利的警察长奥兰多·威尔逊（Orlando Wilson）。August Vollmer, Correspondence: Letters from Frank Yee, dated 25/1/34。
57 同上书，25/7/34。
58 同上书，25/7/34, 10/9/34。
59 "当我到达杭州时，我满怀改革精神，发誓实施一个良好中国的警察教育。但因为裕坤的英国训练背景，他比较保守，更不用提那些老教官了。"同上书，2/1/35。
60 同上书，10/9/34。一年级的学生还必须学市政管理、中文写作、公共演讲、两门外语（从英语、法语、德语、日语和俄语中任选）、社会问题、社会调查、心理学、公共卫生、法律、物理、化学和指纹学。
61 这门课的教学大纲列在本书附录里。同上书，10/9/34。
62 同上。
63 同上。
64 同上书，25/7/35, 22/1/35。《警光》（*Police Light*）可能是季刊。Yee, *Police in Modern China*, p.38。
65 August Vollmer, Correspondence:Letters from Frank Yee, dated 2/1/35。
66 同上书，25/7/34。
67 军官培训项目原是为前北洋军阀的军官们设立的，目的是在他们中间培养起类似蒋介石与他的黄埔军校生之间享有的那种"师生"关系。黄雍：《黄埔学生的政治组织及其演变》，第 10 页；曾扩情：《何梅协定前复兴社在华北的活动》，第 134 页；沈醉：《我所知道的戴笠》，第 8 页；干国勋：《关于所谓"复兴社"的真情实况》（中），第 100—101 页。
68 Yee, *Police in Modern China*, pp.39—41。
69 余在信中对涡孟说："可惜，我们没有一架测谎器来对付那些乱撒谎的嫌疑犯。"August Vollmer, Correspondence:Letters from Frank Yee, dated 1/8/35。
70 同上书，30/6/34, 6/4/35。
71 邓元忠：《三民主义力行社史》，第 155 页。并见 Tien, *Government and Politics in Kuomintang China*, p.60。
72 章微寒：《戴笠与"军统局"》，第 86 页。
73 同上书，第 86 页。沈醉：《我所知道的戴笠》，第 8 页。
74 黄康永：《我所知道的戴笠》，第 155 页；沈醉：《我所知道的戴笠》，第 8 页。
75 章微寒：《戴笠与"军统局"》，第 86—87 页。
76 章粹吾，男性，他的助理是戴学南。章微寒：《戴笠与"军统局"》，第 88 页。

77 同上。
78 章微寒：《戴笠与"军统局"》，第 87—88 页。
79 王新衡后来在军统香港区当头目，在抗战时期他曾与杜月笙密切合作。
80 1937 年抗战爆发后，斯大林和蒋介石同意合搞一个苏 - 中联合情报计划。根据该计划，苏联将向中国派遣几百个军事顾问。后来在重庆成立了一个由郑介民领导的"中 - 苏特种技术合作所"。Yu, *Merican Intelligence*, p.127；程一鸣：《对沈醉〈我所知道的戴笠〉的补充、订正》，第 242 页。
81 中央调查统计局编辑的《消灭共匪红队案子经验简述》："有关顾顺章等破案经过"。调查局档案，276/7435/59400。
82 中国国民党中央组织部调查科编辑：《中国共产党之透视》，第 316 页。
83 据 1988 年 9 月于台北对陈立夫的个人采访。关于前中统特工的一个说法，见章微寒：《戴笠与"军统局"》，第 87—88 页。虽然中华人民共和国的许多学者认为顾顺章是被周恩来派出的刺杀队杀死的，但国民党调查局在台湾的资料表明，顾顺章于 1936 年因企图重新加入共产党而被杀。徐恩曾：《我和共党斗争的回忆》，调查局档案文件，No.6002，并作为司法行政部调查局文件列入档案，1953:276.07/3777/C, 21b；中央调查统计局编辑：《中共特务部长顾顺章之自首及其予中共之打击》。调查局档案，276/7435a/19930。并见 Faligot and Kauffer, *Kang Sheng et les services secrets chinois*, p.104。
84 南京第二档案馆，12/157/1939（《中央警官学校几个省市警察训练所概要》），pp.1—3a。
85 章微寒：《戴笠与"军统局"》，第 86 页；Yee, *Police in Modern China*, p.41。
86 Yee, *Police in Modern China*, p.36。
87 广西省领导尤其倾向让地方武装既充当警察和半军事化单位，又担任地方官员。Chen, *The Militia of Kwangsi*, p.59。
88 August Vollmer, Correspondence:Letters from Frank Yee, dated 6/8/36.
89 Yee, *Police in Modern China*, pp.41—42.
90 August Vollmer, Correspondence:Letters from Frank Yee, dated 14/5/37. "六个星期前余写道：'把全国各地所有保安队改编成警察的计划已经拟定，中央警察学校正在加紧准备提供三年大规模的必要的警察补充培训。'" August Vollmer, Correspondence:Letters from Frank Yee, dated 3/24/37。
91 "自从它的工作被南京的内政部接管后，警官培训学校便不存在了。"Report by Superintendent Tan Shao-liang, Shanghai Municipal Police Files, No.D—7675A, 1/4/32。
92 黄康永：《我所知道的戴笠》，第 155 页。
93 刘诚志是教务处长。干国勋：《关于所谓"复兴社"的真情实况》（上），第 70 页。李士珍的任命可能得感谢陈立夫，后者把他看成同盟者。
94 同上。抗战中该校搬到了重庆南边的一个叫弹子石的地方。
95 同上。
96 《大公报》，1943 年 2 月 11 日。
97 关于李士珍对全国警察训练的影响，见南京第二档案馆，12/158/1938（《警察补习及警长警士教育规程》）。
98 该书由商务印书馆出版于 1937 年。*Who's Who in China*(sixth edition), p.129。
99 陈允文：《中国的警察》，第 3—6 页。
100 August Vollmer, Correspondence:Letters from Frank Yee, dated 10/9/36.
101 黄康永：《我所知道的戴笠》，第 155 页。
102 李士珍在警察系统里有自己的特务组织，那是用来"防奸防谍"的。黄雍：《黄埔学生的政治组织及其演变》，第 17 页。
103 章微寒：《戴笠与"军统局"》，第 89 页。
104 关于涡孟的调查问卷，见南京第二档案馆，12 (5) 719/3—1936。《警察月刊》，第 11—18 页。
105 August Vollmer, Correspondence:Letters from Feng Yukun, dated 7/11/36.
106 章微寒：《戴笠与"军统局"》，第 89 页。警政司的职权还包括防火、训练民团和"剿匪"。酆裕坤担任了这个新职位后，开始"改革各个警察机构的征募组织，修改有关处理轻罪的警察法，并设计全新的警察制服。"August Vollmer, Correspondence:Letters from Feng Yukun, dated 7/11/36.
107 程一鸣：《军统特务组织的真相》，第 195 页。
108 August Vollmer, Correspondence:letters from Frank Yee, dated 10/9/36.
109 同上书，6/8/36。
110 沈醉：《我所知道的戴笠》，第 8 页。并见 Tien, *Government and Politics in Kuomintang China*, p.60。
111 沈醉：《军统内幕》，第 108 页。
112 同上。
113 在刘湘情报处工作的更重要的一个人是哥老会主要成员冷开泰。Stapleton, *Government and the Gelaohui in Chengdu During the Republic*, pp.14—15。
114 熊倬云：《反动统治时期的成都警察》，第 120 页。
115 关于培训全中国警校教育长的计划，见 August Vollmer, Correspondence:Letters from Frank Yee, dated 10/9/36, 27/10/36。
116 同上书，dated 5/1/35。
117 August Vollmer, Correspondence: Letters from Feng Yukun, dated 23/3/37。
118 Yee, *Police in Modern China*, pp.38—39。蒋通常身兼数职，对此当时有人把他比作普鲁士大帝弗里德里希二世，"就像那位事无巨细、大权独揽以至于连旅行者们都得亲自向他申请阅兵式的好座位的普鲁士君王那样，蒋在二战中坚持要审查重庆飞机旅客的名单"。Finch, *Shanghai and Beyond*, p.178。蒋同意当中央警校校长后，警校的楼房和设备预算增加了三倍，达 150 万元。August Vollmer, Correspondence:Letters from Frank Yee, dated 4/2/37。
119 无须赘述，这是 1935 年前川岛（Kawashima）宣言的回声。
120 Mackinnonn, *A Late Qing-GMD-PRC Connection*, pp.6—7。
121 在安排邮政审查员上，军统与 CC 派发生了一系列争斗，直到特检处成立，戴笠才控制了邮电检查。章微寒：《戴笠与"军统局"》，第 89 页。

第十五章　躺进棺材

在日军轰炸浦城的时候，出现了一队大学生，他们兴奋地走着，喧闹而无所顾忌。但当有人小声说了句"戴笠"，他们顿时噤若寒蝉，明显被震慑住了。我在华盛顿读到过关于戴将军的材料，所以对有关他的情报并不稀奇，但我听说将军的名字有时被用来吓唬孩子。我在四周烈火燃烧中问他这事，他承认说这对他有用。他无意恐吓孩子，但他的名字有时震慑住了骗子、走私犯和叛徒们。他告诉我："正义的威慑力比枪管用。"

海军上将梅乐斯：《一场不同的战争》，第54页

争夺资源

虽然中国在国共两党之间的内战最终以革命的群众路线告胜，但在戴笠和蒋介石所经历的时期，政治统治的关键似乎既在于通过现代技术和组织纪律来保证效率，也在于建立或者培养文化和政治上的一致性。要想迅速有效地达到政治目的，与其靠一群目不识丁的贫农大军，还不如拥有一批相对人数较少，但有组织、可以信赖、掌握着现代技术和雄

厚的物质基础,具有很强控制能力的信徒。

我们已经看到,控制中国的警察力量是戴笠一贯想要占据的资源之一。因为警察为他的秘密特务活动提供了合法的外衣,也因为地方公安局为他渗透到城市的政治体系铺垫了道路。[1] 有人声称"到了1933年全国重要城市的警察人事都在戴笠手中",虽然这也许有点夸张,但从1932年起,戴笠的影响便开始惊人地渗透到许多公安机关中。[2]

但是戴笠从来不放弃竞争。整个这段时期,他的权力是逐渐增长的,但总受到陈果夫和陈立夫的制约。[3] 他们也指挥着自己在党内的秘密警察团体——在1938年后,它被叫作中央党部调查统计局,简称"中统"。[4] 中统除了自己在中央、省市和地区的机关以外,还管理交通部统计调查局、财政部税务局、内政部司法人员培训机构和县长培训机构、外交部外交俱乐部、教育部和中国驻外机构的特务,局长是陈果夫的外甥徐恩曾。[5] 徐毕业于上海交通大学,曾在美国学习电气工程。在徐的眼里,戴笠的特务处不过是个由草莽和大字不识几个的流氓组成的团伙,除了放火杀人之外什么也不会。[6]

陈氏兄弟

但若从徐恩曾的舅舅们即陈氏兄弟的角度看,戴笠的特务处一开始就是蒋介石用来抵消他们的秘密监视力量的。例如,约翰·卡特·维森特(John Carter Vincent)在1942年报道,"(戴笠的)组织有时被用来制约CC派控制的党内警察,它表明了蒋介石控制国民党政策的一个基本原则,即用制衡来保持各派力量的均等。"[7]

陈立夫自己宣称,对戴笠独立的秘密特务的存在,他只是在它正式成立了两年之后才听说。直到1934年,陈立夫以为他作为中统(先在他和他兄弟控制的国民党中央组织部下,后直接归军事委员会管)局长,是情报活动的唯一领导人。他所知道的是,戴笠是蒋介石的一个特别警卫,负责蒋的个人安全。"无论蒋先生到哪里,戴笠都派人去做预先准备。个人警卫的头子的地位非常敏感……警卫中也有间谍。"[8]

但当陈立夫把中统交给徐恩曾时,他发现戴笠培养了另一个独立的、与他的组织平行的秘密特工机构,而且是奉蒋介石之命。

在我把中央调查局交给徐恩曾不久后,蒋在没让我知道的情况下要戴笠领导一个单独的机构。你看,当只有一个秘密警察机构时,我们的工作效率非常高。我想蒋先生要用其他机构来制约我们。[9]

开始我们一点也不知道戴笠的机构。我是怎么知道的?戴笠对别人说蒋先生分配给他调查工作。中统局的人对我说戴笠变得活跃了。我局里的同志们自然不高兴。他们感到蒋先生不信任他们。我这么对他们解释:我们的工作是中国人所谓的"耳朵和眼睛"。我问他们人有多少眼睛和耳朵。当然是两个。所以,我说,执行我们的工作得要两个机构。我对他们说别对这个并存的组织存疑心而要与它合作。[10]

开始陈立夫对戴笠的活动假装视而不见。他回忆说:"我假装不知道。后来蒋先生下令所有的事情都得经我之手,但尽管他这么命令,体制并不这么百分之百地运作。我不在乎。"[11]

实际上他很在乎。他后来坦率地承认。

我被置于一个困难的处境。如果我不向蒋先生打听戴笠,那就显得我工作不得力。

但另一方面,如果我问了,又显得我多心。总之,几个星期后我发现了戴笠的情况,我对蒋先生说戴笠说蒋先生要他做调查工作。我问蒋先生这是否属实,他好像很尴尬。他说戴笠在做某种工作并要我指导他。[12]

这使陈立夫处于更艰难的境地。说穿了，谁愿意负责限制戴笠危险而残暴的工作？

> 我对知道戴笠的机构并不十分积极。为什么呢？我对这类工作已经感到十分厌倦。
>
> 我去见戴季陶先生。我只要有问题，我总是去找戴先生谈，他是个思想非常深刻的人。他总是给我很好的建议。我对戴先生说我这个人不适合这个工作。他提醒我说当一个人进了庙——戴先生是个虔诚的佛教徒——他会看见微笑的大肚子弥勒佛菩萨，但在他后面的人会看到他捧一杖吠陀经。当他向庙再走近一点，他会看见一个微笑的如来佛坐在中间，但从两边看去，他会看到十八罗汉显得凶恶并把持着各种武器。这意思是：我善良而微笑，但你要是不听话，我持有一巨杖；你最好小心些！戴先生对我说我最好还是做这个工作。要是我不做，谁来控制这些掌有强大武器的人呢？他把这工作比作一把利刀。当它由别人来掌握时，也许会非常有害，但假如由我的人来看管，他们就不敢做坏事了。我能够减少危险。没人更合适这个工作了。戴先生先是谈了解决问题的总原则也谈了我很和善的事实。我就像弥勒佛。他的意思是这是领导凶恶的人所需要的类型。我接受了他的建议。[13]

陈立夫可能对蒋情报组织并行竞争的制度颇为不悦，但他的战略家本能使他对制约平衡还是非常欣赏的。

> 当然，蒋先生信任戴笠。负责这样工作的人必须绝对可靠。假如戴笠稍涉及哪怕是最小的麻烦，那也将是灾难性的。从一方面看，

蒋先生监视他，从另一方面看，他要我也监视他……我自己的看法是，戴笠绝对可靠，但加倍检查、小心谨慎总没错。[14]

自然，陈立夫也非常怀疑，自己对戴笠实际上到底有多少控制力。"我实际上有没有指导戴笠的机构？当出现重要问题时，我跟戴笠一起商量并指导他。"[15]

联合机构

事实上，陈立夫的控制是相当间接而且带协商性的。在1935年的某个时期，一个特别秘密委员会（也叫密查组或调查组）在陈立夫的领导下成立，它专门协调蒋介石的情报活动。[16] 据陈立夫说：

> 在1935年建立的一个联合组织是为了促进协调中央和军事的调查局。它直接归蒋先生领导。我是联合组织的头。我的副手是陈焯，[17] 他在军委做过重要工作……这个联合组织由三个科组成。第一科由徐恩曾领导。它的大多数人员都在组织部的中央调查统计局有现任职位。二科由戴笠领导，他们大多数人员的工资来自于军事机构。三科，由丁默邨领导，相对比较小。它有特别资金支持。[18]

一科负责所有"不带军事性质的反共工作"，带军事性的归二科管。

戴笠的机构或工作组属于军委。它的任务一方面是保护蒋先生，另一方面是执行蒋先生布置的任务。这逐渐朝着军事方向发展了。戴笠的人在军队单位和军事组织里并在一些军国主义的领土上工作。但是，这个机构也对付共产党和日本人。他们的工作属次要地位。

他们主要的工作是消灭在军队里替共产党或日本人工作的间谍。[19]

三科负责国际情报，尤其是关于日本的情报。[20]

这个神秘的、"没有名字"的"联合组织"的任务是协调各个科或局的活动，尤其是中统和戴笠的"特务处"之间的活动。协调是通过每周由陈立夫召集的"讨论战略大纲"的会议执行的。

> 设立这个联合组织的原因之一是由于这两个局经常在办同样的案子。我们要通过联合组织把结果具体化使相互核对成为可能。当然，有时，重复也是必要的；因为两个局都被分配管理一些案子。联合组织的名字叫什么？两个局真正重要的人……这是一个私人关系问题。[21]

该组织也许还审阅了一些个别机构的报告，尤其是当他们在处理蒋介石同时向两个局的人布置任务的时候。[22]

不论在当时还是以后，陈氏兄弟对戴笠的秘密特务都瞧不起，认为他的人过分地依靠残暴和恐怖手段，针对敌人的运作程序又太缺乏精确的判断力。陈立夫一般在大学生中为中统招收人员，而且常常雇用曾在苏联受训过的前共产党员做他的特务，理由是他们比任何人都更加理解敌人的世界观。尽管戴笠后来掌握了余秀豪和其他人从美国带回来的，或由梅乐斯将军和中美合作所提供的最新的"科学"调查技术，但他却永远无法摆脱其残暴无情的形象。用维森特的话来说，戴笠在别人眼里一直是"国民党后期压制倾向的个人体现"，没有陈立夫那种精细微妙的耶稣会般的名声。[23]

戴笠知道陈立夫对他的蔑视，特别是在他的局暂时与中统合并到中央军委第二处后。[24] 戴笠对陈立夫那时对他的"藐视"从未释怀，尤其是在他手持帽子接受检查的时候。他此后多年一直怀恨在心。[25]

邓文仪与南昌机场纵火

在蒋介石内部圈子里的黄埔同志们中间，戴笠更直接的竞争对手是邓文仪。我们已经看到，邓文仪是蒋的一个"狂热信徒"，他反共的坚决态度使他到了经常唾沫四溅、胡说八道的程度。在黄埔圈内，他被认为是最疯狂的"清党"鼓吹者，由于在四一二政变中拥蒋有功，被任命为总司令的侍从室长。他死心塌地，哪怕蒋有时对他不好，他也还总是站在领袖的身后，虔诚地为其主子服务。他积极地在其他黄埔学生中筹款以出版蒋介石的文章，同时起劲地印刷各种"剿共"手册，如《"剿匪"手册》和《"剿匪"主要文献》。[26]

1932 年之前，邓文仪在侍从室的位置对于控制反共间谍来说十分关键。戴笠组织的日常报告总是送到侍从室第六组去，这个组由邓文仪控制。[27]1932 年后，邓掌握了南昌行营总部调查科。[28] 但 1934 年夏天的南昌机场纵火案使邓文仪的权威受到挑战。

一架正在南昌机场修理的军用飞机着了火，火焰蔓延到了机场的营地和楼房，烧毁了整个机场，那是蒋介石持续轰炸江西苏维埃的基地。[29] 邓文仪的调查科奉命调查此案。与此同时，上海报界的传说是，纵火是航空局的官员干的，目的是掩盖他们贪污国家资金的证据。但邓的调查组没有发现这种说法的根据，于是他们就此向南昌发电，而这份电报被截收后向报界透露了出来。

上海报纸立刻发表了这份被泄露的文件的摘要，并指责邓文仪接受了航空局的贿赂而掩盖整个机场纵火案的真相。尽管邓文仪本人声称这是他的对手们为了控制航空局而制造的阴谋，但他无法向蒋介石证实他的无辜。[30] 没有太多的纠缠，总司令便下令开除了航空局的官员，解除了邓文仪所有的公职。[31] 戴笠马上接管了邓的反间谍角色，把自己的特务处与南昌行营的有关科合并，于是他总算让自己的部下列入了正规军事供给制。[32]

扩充特务处

这时戴笠已经在中国 26 个城市建立起地区性特务单位、省站和基层的组。[33] 在南京租界地区、铁道通讯组和财政部密查组也有特务单位。[34]

在南昌机场纵火事件和邓文仪被贬黜后，戴笠不仅接管了南昌卫戍部队的调查部，而且马上开始在中国军队的所有治安和宪兵机构里扩展他的特务组织。[35] 例如在宪兵总部，他设立了梁干乔和张炎元领导的政训处。他从自己的特务中任命了"政治训练员"，安插在各个宪兵连内。各省的保安处还奉命成立谍报股，股长是该地区特务处的头目。[36]

戴笠最终控制了首都警察厅调查科，它在名义上由赵世瑞领导；上海淞沪警备司令部侦查大队由吴乃宪、翁光辉和王兆槐先后任大队长；浙江省保安处调查股由翁光辉任股长；京—沪、沪—杭铁路局警察署由吴乃宪任署长；最后，他还控制了禁烟督察处密查组。而且，到了 30 年代末，大多数省警察部门训练科和侦查队的重要运作部门都把南京的特务处当作他们自己的"总处"而直接向它汇报工作。[37]

在这个至关重要的改组之后，邓文仪还是继续当力行社的助理书记，[38] 但他失去了自己在秘密警察领域中的机会，甚至也失去了对那方面的兴趣，并整个转向了宣传工作。1936 年，他又当起了复兴社的书记长，用他自己赤裸裸的话说，他准备像戴笠成为蒋介石政权的希姆莱一样，成为它的戈培尔。"我对特工到底是外行，太不行了，要做希姆莱只有雨农才够格。"[39]

戴笠不喜欢被比作希姆莱。在寻找自己合适的角色上，戴笠是个戏剧性的大师。在这个生活阶段，他喜欢把自己比作孙子眼中的间谍大师和战略家：为政治车马开道，让国家列车在他身后平稳地前驶。[40]虽然后来他发展了一套比较周全、深受儒家影响的关于特工职业道德的理论，但在1934年他的指导思想只有四个要点。[41]他用手迹形式散发给他的下属们四个要点：1．坚持三民主义；2．运用推理，讲究理性；3．培养感情维系；4．遵守纪律。[42]

戴笠对领袖的忠诚

这四个要点旨在培养对领袖个人的感情。在1932年之后，对领袖的个人崇拜迅速地体现出来。跟纳粹元首一样，不论蒋介石是否在场，都会受到人们致敬，并伴随着鞋跟有节奏地撞击。"1933年后直到太平洋战争结束，每次会议上只要提到委员长的名字，人们便会起身立正。"[43]所以戴笠的特务处总部大会堂里装饰有强调理解领袖的担子和对他集体支持的充满感情的口号：

> 秉承领袖意旨，体念领袖苦心
> 团体即家庭，同志如手足
> 需要即是真理，行动即是理论[44]

戴笠勉励他的特务们采取一种强调个人能动性的哲学："要具有死的意志，干的决心！"[45]但与此相矛盾的是，他们在同时又被告知，要被动地即无条件地服从领袖的意志：情报人员不得有自己的政治观点。他们应当把领袖的意志当作自己的意志。[46]

领袖的概念对戴笠的世界观特别重要。它包括了不同的传统观念。一方面，蒋介石的弟子们、前黄埔军校毕业生，对他们的校长保持了崇敬之心。但这种忠诚超越了孔学范围，它要求总司令的追随者们抛弃自我。蒋介石对弟子们的要求结合了19世纪末曾国藩"强健孔教"那样的狂热的忠诚，主张建立在现代军事秩序和革命精神基础上的个人自我约束。[47]蒋把自己树为这种约束的榜样，其信徒必须自觉地效法领袖严格的自我控制和永恒奉献的高标准。他们得在对领袖事业的服从，在完全献身于领袖的过程中，通过领袖本人对他们的赞许，直接地、逐个地去寻找自己生命的意义。[48]

1933年9月20日，蒋介石在江西星子县对干部们作的"如何做革命党员"的讲话中，把这种对"领袖的信仰"与国际法西斯主义相提并论[49]：

> 法西斯蒂最重要的一点，就是绝对信仰一个贤能[50]的领袖。除他之外，再没有什么第二个领袖或第二个主义，就是完全相信一个人！一切事情要他领袖来最后决定，我们现在就要认定中国非有一个领袖，非大家绝对信仰这一个领袖，不能改造国家，不能完成革命。所以以后你们要知道：法西斯蒂的特质，就是只有领袖一个人，除这个人之外没有第二个。所以一切的权力和责任也都集中于他领袖一个人，当然领袖自己要有伟大的人格，和革命的精神，来做一切党员的楷模！而每个党员，也务必能直接为领袖，为团体，间接则为社会为国家，为革命主义而牺牲一切！我们哪一天入了这个革命的团体，亦就自哪一天起将我自己的一切权利、生命和自由幸福都完全交给团体交给领袖了！绝没有第二个思想和第二个精神，只有这一点，我们才可以真正叫作一个法西斯蒂！
>
> 这一点是最要紧的，大家回去要拿这个意思切实告诉一般同志：现在革命不能如从前一样散漫，第一就是要问你有这个对领袖绝对的信仰没有？能不能将自己的一切统统交给领袖？既做了这个革命团体的一分子，这一点一定要先做到，然后我们这个团体和中国的

革命,才有希望。

一方面党员要将自己的一切交给领袖,另一方面领袖不仅对于革命和整个团体要负责任,就是对各个党员所有一切的事情,也要负责任。不仅对党员本身的事情要负责任,就是对党员的家庭的事情,也都要负责任。不仅是对党员生前的职责要负责任,而对于他身后的一切善后抚恤,尤其要负责任。总之,只要你真能信仰领袖,尽忠团体,努力革命职务,其他所有公私一切,都会由领袖来负责,团体来负责!大家明白了这个道理以后,就再也不要患得患失,恋家惜眷,愁穷叹苦,或是怕自己牺牲了以后,家眷儿女没有人照顾,身后一切的事情,没有人办理。总之,党员个人的一切,无论他生前与死后,自有团体和领袖来为他负责,自己不要再为自己个人来打算,要完全为团体,为主义,为革命,为领袖而努力![51]

这便是当初使这批忠实的追随者们进入秘密组织力行社的目的,对于后来并入戴笠的军统当中的特工部门来说,这是个必须永生铭记的信条。[52]

家规

戴笠是蒋介石的秘密替身,他像传统中豪门的"家长"一样统治着手下的特务们。戴笠一而再再而三地强调这个组织是个"大家庭",强调模范团体精神的重要性。他表示要亲自对部下的生死承担责任,以换取他们对特工工作的忠诚和献身精神。[53]在特务处 1935 年 1 月初于杭州西湖畔召开的一个集体讨论会上,虽然采纳了克格勃或盖世太保的运作技术、间谍方式和组织形式,但戴笠拒绝接受它们的组织精神。戴笠强调,中国秘密特工必须建立在中国的"仁"和"义"以及"忠"和"孝"

戴笠与母亲蓝月喜

1924年孙中山主持黄埔军校开学典礼后与蒋介石合影

宋庆龄和上海南洋模范中学童子军

黄埔一期步兵科潘学吟的毕业证书

抗战爆发,青年参与救亡运动

抗战期间贺衷寒赴第五战区宣慰

赫伯特·雅德利 (Herbert Yardley)

胡蝶（上海王开相馆拍摄）

上海青帮头子：张啸林（右二）、杜月笙（右一）

"CC派"掌门人陈立夫(美国《生活》杂志拍摄)

1945年戴笠随同蒋介石视察重庆特警班

二战时期美国宣传画

中美合作所军官培训班学习情况

中美合作所军官培训班训练情况

戴笠与梅乐斯于中美合作所参加圣诞节晚会

戴笠的葬礼

的概念上。"我们的同志们在仁义的原则上集合起来,我们的集体团结是通过忠诚和义务建立起来的。"[54]

传统家长身份从另一方面显示了戴笠是以一种贵族主人的过于殷勤来对待他门庭中的"贵客"的。戴笠经常引用古语"士可杀,不可辱",尽量对他周围精干的外勤特务、高级官员和来往的学者们体现自己的仁慈和关怀,但他对自己的学生(也就是所有从特训班出来的人)和下级,则要求绝对的服从和彻底的奉献,并以极端严厉的纪律约束他们。[55]

对违反他规定的人,戴笠以三种形式给予惩罚:口头警告、禁闭、由行刑队枪毙。尽管他讲究礼仪,但他是个极易发怒而尖刻的人,这也许是他故作谦恭的姿态和本能的意志之间的不协调所致。[56]他经常发脾气,发起来便会破口大骂,斥责他的部下破坏了他的"家规"。[57]这些规定代表了家长对他的家人发布的指导个人言行的命令,包括禁止赌博和打麻将,但最有名的是在抗战中禁止结婚。[58]据奥利佛·卡德维尔(Oliver Caldwell)说:

> 非常奇怪的是,戴笠对部下受女人影响感到嫉妒。他自己的组织里有女人,她们既是秘密特务,同时也照顾他的部下生理上的需要,但他强烈反对婚姻或永久结合。[59]

戴笠引用《汉书》里的一句话:"匈奴未灭,何以家为?"以此禁止军统的男女在把日本人赶出中国之前在局内或局外结婚。[60]

为了执行他的规定,戴笠在特务处内部设立了一套复杂的监视系统。大量的人员被分到柯建安领导的督察室下的内部督察职位上,他们的职责有重复性。这个指挥连锁系统显然直通戴笠本人。[61]所有内部监视机构的报告都由戴笠本人亲自审阅,不管报告人的级别如何。任何时候只要有人违反了"家规",便会遭到斥责,然后接下来便经常是在戴笠的监狱或集中营里关禁闭。[62]关押的时间不限,尽管戴笠对"绅士"们非常礼貌，但没有人——哪怕是他组织里级别最高的人——能够逃脱惩罚。[63]

军统的监狱系统

戴笠的监狱和集中营确实非常值得研究一番。

蒋的将士们解除了新四军的武装并将他们逮捕投入了集中营（叫作劳动营）。有一段时间，不光是戴笠（他被讥称为中国的希姆莱）的"正规"秘密警察，而且连国民党的警察都在抓人。据说集中营有十几处，它们不仅用来囚禁共产党员和企图前往延安共产党根据地的学生，而且还关有共产党和国民党之间的所谓"中间党派"的代表，以及那些仅仅因为批评了政府的人。[64]

这些监狱是"塞满了受过刑法而奄奄一息的男女的囚笼，这些人有的在里面多年，而且本应根据1937年统一战线的规定予以释放的"。[65]后来陈立夫对一个采访者说：

有多少被捕嫌疑分子被送到那些机构去？大多数。我认为结果怎么样？很好。我会告诉你为什么。大多数共产党员都是昏了头的。一旦被抓住，他们就出不去。共产党员使用各种手段：金钱、女人，来拽人"当新成员"。大多数人加入共产党是因为暂时昏了头，而不是因为他们有信仰。我怎么得出这个结论的？从我与你的对话中。共青团？不见得。我看到过许多左翼青年。这并不是我一个人的结论。其他审问过嫌疑犯的同事们也这么看，如张道藩。这就是我们为什么使用改造机构。这些是中国机构——苏联人不会使用它们。他们的政策是要么用要么杀。[66]

最凶险的监狱包括何辑生狱长管理的益阳监狱、周养浩狱长的息烽监狱[67]、福建建瓯由曹飞鸿看管的"东南看守所"和西安蒋坚忍的"东北青年劳动营"。[68]

东北青年劳动营是根据总司令1940年2月1日的命令设立的（见附录1）。[69]它来自军事委员会的战争干部培训军第四团的特训纵队的编制。特训纵队的队长是萧作霖，后来被蒋坚忍将军取代，蒋被命名为集中营的"教育长"。[70]有300多个高中生和大学生被地方政府、第三十四军和山西国民党机构逮捕，被列入三个"大队"。[71]他们每两周一次的政训课意在驳斥共产党在延安抗大宣传的观点。接下来的三年里，劳动营持续扩展了各种功能。1944年它被组建成西北青训纵队，但仍在胡宗南的总体领导下。[72]

集中营的确存在。除了对付政治上任性的青年以外，它们还是戴笠内部惩罚制度的一部分，这种制度早在特务处创立初期（上海特务站开始扩充的时候）就开始了。为监禁持不同政见的嫌疑分子和不听话的部下，戴笠在南京一个连他的高级特务都不知道的秘密地点设立了特别监狱。[73]上海的犯人被送到火车站，他们不戴手铐，但脸的下半部被用棉纱口罩遮起来，而且戴上墨镜。他们几乎全部受到酷刑，有的甚至终身残疾。[74]

通常，被捕者的一只鞋里会被布满钉子，使他们靠着负责押送的两个特务之中的一个跟跄着走路。他们从来都是在最后一分钟里坐进夜班车，然后在开车时被塞进没有厕所的卧车车厢里。到南京的一路军统押送人员都十分紧张，因为连他们也不清楚他们自己是否会被送去坐牢。一旦到达地点，便与秘密警察在车站外碰头，交接他们押送的犯人，然后，要是他们走运的话，就可以离开了。而许多倒霉的军统特务则恰恰是在他们把犯人交给军统接收委员会的时候自己也被捕了，然后他们在戴笠的监狱系统里待上多年，如果他们想最终出狱的话，他们被命令在监狱里收集政治犯的情况。[75]

像周伟龙、余乐醒或谢力公这样的军统高级骨干起码被关过一次。戴笠的一些最精干的特务,如许忠午、楼兆蠡等甚至被关过八次监狱。[76] 只要戴笠乐意,他可以随时给予第三种制裁。[77] 戴笠可以任意对人判处死刑。[78] 如 1941 年,在军统被处死的几百人中,有三十多人是因为违反了军统纪律而被处死的。[79]

不过必须理解,戴笠的惩罚并非胡来。[80] 在他自己的组织(说到底这个组织是由一批野心勃勃和难以驾驭的冒险者组成的)内部,犯错误的人知道会受纪律处罚。[81] 他们显然明白自己的错误或违纪行为和戴笠制裁的关系。事实上,他们知道这是由蒋介石亲自监督的内部纪律惩罚制度的一部分,但这个制度从头到尾都由戴笠个人执行。[82] 天津站站长王天木就是例子之一。[83] 像行动组其他有经验的枪手一样,王也是河南人,但他家住在北平,他在那里也有一处住宅。[84] 1934 年王为局里的事去张家口,所以当北平发生"惊人"的谋杀案,并被认为是天津站的特务干的时,他并不在场。后来在北平侦缉队宣布破案后,关于此事的新闻风波才平息下来,但谋杀案的真相和细节对公众来说则是个谜。[85]

在北平还被这个案子的新闻搞得晕头转向时,特务处北平站站长陈恭澍收到了戴笠从南京发来的电报,让他为自己在北平的旅馆租一个房间,而且不能让任何人知道。戴笠到达的当晚,两个人从东长安街上的中央饭店买了外卖的食品带到戴将军的房间当晚餐。在晚餐时随便谈了谈后,戴笠便详细询问了陈恭澍关于王天木的情况,那时王还在张家口。当陈准备走的时候,戴笠说:"我在这儿等着天木从张家口回来。我有些事情要跟他谈谈。我准备离开北平的时候会打电话通知你的。"次日王天木从张家口回来了,当晚戴笠通知陈他准备回南京。陈到火车站去送他时吃惊地发现,他已把王天木逮起来了。[86]

这之后王天木没有回到他在天津的职位上。[87] 相反,王子襄被指名取代王天木站长的职位。一个月后,戴笠电报命令北平站"护送"天津站书记、王天木的前助理，回南京结案。这样，天津站行动组就解散了，其他外勤特务要么辞职，要么受到处罚。[88]

戴笠向蒋介石写了个关于这一案件的特别报告。据戴笠的私人秘书毛万里说，整个报告只有几百字。但戴笠为此花了整整一夜，从傍晚到天亮，一字一句地写这个报告。戴笠扼要地叙述了整个事件，含蓄地指责前天津站站长，然后列出了王天木以前的功绩与成就，最后向蒋建议三点：一、死刑；二、终身监禁；三、给他一个赎罪的机会。蒋采用了第二个建议。王天木于是被监禁在老虎桥供特务处使用的"丙地"军事监狱。"丙地"专门关押长刑期犯人，王天木在那里一直关到沦陷时戴笠才把他放出来，派他到上海去做地下工作。[89]

戴笠的秘密警察工作实际上是终身性的。[90]你一旦成了特务处或者是后来的军统局的成员便再也不会被解职，也不能辞职。谁要是向戴笠请求允许退休便会有长期监禁的危险。[91]特务们相互说："我们组织里的同志，只有活的进来，睡在棺材里出去。"[92]

注释：
1 沈醉：《军统内幕》，第 73 页。
2 此话出自蔡孟坚，他在 30 年代是武汉公安局局长。见 Tien, *Government and Politics in Kuomintang China*, p.60。1930 年蒋介石在武汉行营卫戍部队中成立了一个侦缉处，由杨庆山领导。杨是武昌三镇的流氓头子。夏仲高：《杨庆山与武汉侦缉处》，第 106 页。
3 陈立夫的权力在这段时期增长得极快。在 1929 年 3 月国民党第三次全国代表大会上，他当选为中央行政院成员，同时任国民党南京中央总书记。1931 年 12 月，他被任命为国民党中央组织部副部长，1932 年升为组织部的部长。Boorman, *Biographical Dictionary of Republican China*, 1:207。
4 黄雍：《黄埔学生的政治组织及其演变》，第 16 页。"该系控制了党内警察，即一个调查在国家和省政府党干部言行并对全国的教育机构和教育进行监视的一个秘密组织。" Vincent to Gauss, "Foreign Relations of the United States," *Diplomatic Papers*(1942, China), p.217。抗战中，中统有一个专门关押持不同政见青年的监狱，设在重庆东部四川师范学校的防空洞里。恽逸群：《三十年见闻杂记》，第 45 页。
5 刘恭：《我所知道的中统》，第 62—63 页。徐和陈在美国时经常在一起，他们一起去过费城、芝加哥、华盛顿和尼亚加拉等地。Chang and Meyers, *The Storm Clouds Clear Over China*, p.24。

6 刘恭：《我所知道的中统》，第 70—74 页。
7 Vincent to Gauss, "Foreign Relations of the United States", Diplomatic Papers(1942, China), p.222.
8 "The Board of Organization", 1932—1935, file in Chen Lifu Materials, p.82. 戴笠作为蒋介石最信任的私人保卫助理，他上升的障碍之一是蒋的侍卫长王世和。直到戴笠能够证实他的情报准确无误之前，王不让他见蒋。江绍贞：《戴笠和军统》，第 24—25 页。
9 "The Board of Organization", 1932—1935, file in Chen Lifu Materials, p.76.
10 同上书，第 77 页。
11 同上书，第 87 页。
12 同上书，第 77 页。1987 年 6 月 23 日陈立夫在台湾天幕的家里接受采访时重申过这点。
13 "The Board of Organization", 1932—1935, file in Chen Lifu Materials, pp.78—79.
14 同上书，第 82 页。
15 同上书，第 79 页。
16 见本书第四章有关密查组的论述。
17 "在北伐中，他是总司令部计划行动师师长。" "The Board of Organization", 1932—1935, file in Chen Lifu Materials, p.85.
18 同上。陈焯负责联合组织的特别资金，它在军事委员会"特别资金"中有独立的小规模预算。这实际上帮助了戴笠。因为据陈立夫说："我们的局总是享有地位，而戴笠的没有。所以联合组织的成立给了戴笠的组织一个更具体、更系统化的形式。"同上书，第 86 页。
19 同上书，第 77—78 页。
20 同上书，第 86 页。
21 同上书，第 85—87 页。有七八个人参加每周的会议。
22 "你知道情报报告是要经过详细审阅的。这些报告中，也许只有三份会送往南京。我们看了三份之后，也许决定有两份是不准确的，只有一份会送到蒋先生那儿。"同上书，第 83 页。
23 "Foreign Relations of the United States", Diplomatic Papers(1942, China), p.222.
24 章微寒：《戴笠与庞大的"军统局"组织》，第 296—297 页。
25 沈醉：《我所知道的戴笠》，第 7—8 页。
26 萧作霖：《复兴社述略》，第 64—65 页；Tien, *Government and Politics in Kuomintang China*, p.59。
27 沈醉：《军统内幕》，第 200 页；Chang and Meyers, *The Storm Clouds Clear Over China*, pp.224—225。
28 这是与特务处同时在力行社内部成立的另一个特务小组。它的正式名字是"军事委员会委员长南昌行营调查科"。程一鸣：《军统特务组织的真相》，第 191 页；章微寒：《戴笠与庞大的"军统局"组织》，第 284—285 页；江绍贞：《戴笠和军统》，第 33 页。
29 蒋利用这些军用飞机部分是为了轰炸，同时也用于战地情报和传递信件。赣南的地形不适于轰炸。
30 邓文仪：《从军报国记》，第 227—230 页。
31 邓文仪于 1935 年再次受重用，被任命为国民党政府驻莫斯科的军事武官。当年秋天他回南京述职后，突然被蒋介石下令于 12 月返回莫斯科与潘汉年和共产党进行联络。张云：《潘汉年传奇》，第 137 页。
32 Blue Shirts Organization, p.2；邓文仪：《从军报国记》，第 180、227 页；文强：《戴笠其人》，第 202 页；沈醉：《我所知道的戴笠》，第 7 页。特务处与调查科合并后，戴笠的人员倍增。抗战爆发时，总部和外勤特务的总人数达到 3000 人左右。沈醉：《我所知道的戴笠》，第 18 页。

33 "站"一般设在省府。特别组设在小型重要城市如苏州,在那里特务单位的管辖范围还包括无锡、昆山、常熟、武进等县。每个单位都有情报、行动和通讯科。程一鸣:《军统特务组织的真相》,第194—195页。

34 江绍贞:《戴笠和军统》,第34页。并见 Burton, *Chiang's Secret Blood Brothers*, p.310。

35 沈美娟:《戴笠新传》,第190—193页。宪兵内部特务的工资由地方宪兵单位或军队的调查科支付,但得向戴笠汇报并由他控制。

36 例如,省站站长谢厥成(江西)、蔡慎初(安徽)、翁光辉(浙江)、刘艺舟(河南)、张超(福建)、桂运昌(贵州)、廖树东(湖北)等都是特务处在各地区的头。与此同时,戴笠还把简朴安插在武汉行营第三科科长职位上,并任命王孔安为四川行营第三科科长,张严佛为西安行营第四科科长,他们都相应兼任了各地谍报网的负责工作。江绍贞:《戴笠和军统》,第34—35页。

37 沈醉:《我所知道的戴笠》,第7页。在各省市的警察机构中有马志超、史铭、赵龙文、杨蔚和南京警察局长王固磐等高级特务。江绍贞:《戴笠和军统》,第35页。

38 这也许是他在力行社宣传部的职位。

39 萧作霖:《复兴社述略》,第66页。关于戴笠是希姆莱方式的信徒,见《戴笠之死》,第6页。

40 黄康永:《我所知道的戴笠》,第167页。

41 这些道德规范甚至实施于军统的监狱系统当中,犯人们经考试后被监管人员分类,作为对那些可以信赖的人的奖励和优待。关于中国传统审考制与孔学的关系,见 Dutton, *Policing and Punishment in China*, pp.104—105, pp.120—121。

42 章君谷:《戴笠的故事》,第11页。这四点可能出自复兴社誓词。

43 "这个做法是从武汉警备司令部的一个官员开始的,他名叫叶蓬,后来在湖北汪精卫政府中任职。"马五先生:《政海异闻与麻将艺术》,第180页。只要听见"领袖"一词,力行社成员就得起立敬礼。魏大铭:《评述戴雨农先生的事功》,第43—44页。

44 黄康永:《我所知道的戴笠》,第159页。

45 章君谷:《戴笠的故事》,第18页。

46 同上书,第19页。

47 关于"强健孔教"(muscular Confucianism)的说法,见 Schwartz, *In Search of Wealth and Power*, pp.15—16。

48 "你们要用我本人的精神作榜样,完全忠诚献身,把我当作你们自己思想和行动的模范。"蒋介石对庐山军官团的讲话。引自中国国民党中央委员会党史委员会编:《先"总统"蒋公思想言论总集》,11:577。

49 庞镜塘:《蒋家天下陈家党》,第92—96、156—165页。

50 "贤能"一词源于《礼记》。

51 蒋介石:"如何做革命党员——实在为革命党员第一要义"引自中国国民党中央委员会党史委员会编:《先"总统"蒋公思想言论总集》,11:566—567。

52 关于蒋介石对特别行动的着迷,见 Li, *Lu Xun and Soong Ching Ling*, pp.3—76。

53 章君谷:《戴笠的故事》,第14页。

54 戴笠:《团体即是革命家庭》,第314—323页。并见刘培初:《浮生掠影集》,第58—59页;魏大铭:《评述戴雨农先生的事功》,第58—59页。

55 章君谷:《戴笠的故事》,第12—13页。

56 沈醉讲起过一个军统特务为贵宾置错家具的事。戴笠正要用脚踢他,梅乐斯进来了。戴笠立刻改变了态度,用客气的声音对这个官员说:"今晚不给我准备好全部用的藤沙发,你明天就会活不成。"然后他又再加上一句:"办不到就要你的命!"当然家具最终是搞到了。沈醉:《军统内幕》,第270页。

57 黄康永：《我所知道的戴笠》，第 160 页。

58 一个例外是他下面的一个部门头目与司徒雷登秘书的妹妹的婚姻。新娘傅小姐是个前共产党员。沈醉：《军统内幕》，第 100 页。

59 很难说这是因为他嫉妒女人的影响，还是因为这可能阻止特务们有合法儿子，或是因为这会威胁特工安全。一种可能的解释是，戴笠对利用"裙子"来对付他的敌人习以为常，他怕对方会利用同样的方法在军统中瓦解他的特务。

60 这可能与戴笠在 1939 年妻子病逝于上海之后所过的单身生活有关，尽管他在战争时期与女演员胡蝶过从甚密。"国防部情报局"编：《戴雨农先生全集》（上），第 278 页。禁婚的规定起于 1940 年，直到 1945 年才取消。但戴笠仍说，"我们的许多同志在恋爱上花时间"。同上书，第 390—391、411、478—479 页。违反禁令者受 5—10 年的监禁。沈醉认为，约有 40—50 对男女在 1940—1945 年中因此而被监禁。沈醉：《我所知道的戴笠》，第 123 页。黄康永认为有 100 对左右。黄康永：《我所知道的戴笠》，第 160 页。

61 江绍贞：《戴笠和军统》，第 37—38 页。乔家才，黄埔毕业生，在太原参加了军统，1940—1941 年在重庆军统总部当内部纪律执行官的头。乔家才：《戴笠先生的人情味》，第 14—15 页；沈醉：《中美特种技术合作所内幕》，第 22 页。

62 见杨顺仁：《志士与炼狱》。

63 但我们必须记住，对黄埔学生来说从来没什么合法权利的概念，尤其对他们的校长或者是他的替身来说更是如此。

64 Report of Edgar Ansel Mowper to Col.Wm.Donovan, autumn, 1941, p.36, in General William J.Donovan, Selected Oss Documents, 1941—1945.Microfilm Record Group 226。但林语堂对胡宗南集中营极端美化，他把集中营的干净整洁拿来与美国的大学校园相比。Lin, *The Vigil of a Nation*, pp.135—140。

65 Epstein, *The Lin finished Revolution in China*, p.130。这个臭名昭著的集中营关押了大批因企图到红区而被捕的学生。在去延安的路途中，爱泼斯坦（Israel Epstein）、涡特（Votaw）和其他记者们被送到西安城外胡宗南管辖区的"劳动营"。爱泼斯坦后来说，他们当时并没有被狱中其他囚犯的说法蒙住：这些人说他们只在此服役两年。后来对从那里逃出来到延安去的人的采访证实了爱泼斯坦他们的怀疑。（1985 年 3 月 5 日在北京对爱泼斯坦的采访。）中国进步作家当时宣布，囚犯中包括了成千上万的"爱国青年"。《戴笠之死》，第 5 页。有关胡宗南在华北的军事力量，见"Influential Elements in the Kuomintang and National Government", *China Records*, January 1943, p.19。

66 "The Board of Organization", 1932—1935, file in Chen Lifu Materials.Materials relating to the oral history of Mr.Chen Lifu, done with Miss Julie Lienying Howe as part of the Chinese Oral History Project of the East Asian Institute of Columbia University between December 1958 and July 2, 1968.

67 桂运昌，军统东南训练所助理所长，被监禁在息烽阳朗坝监狱。被释放后他一听到这个监狱的名字就会吓出冷汗来。黄康永：《我所知道的戴笠》，第 160 页。

68 林志光：《福建青年训导营（集中营）的内幕》，第 47—49 页；章微寒：《戴笠与庞大的"军统局"组织》，第 119 页；Galdwen, *A Secret War*, pp.22—23。在重庆城外北碚温泉附近还有一个声名狼藉的集中营。囚犯们除了听讲三民主义和蒋介石讲话以外，还要学习了解中国政治结构、国民党历史和"共产主义的邪恶"。他们还接受会计和其他秘书技术的训练。总共约有 300 个 15 到 50 岁之间的囚犯。一般的监禁期为一年左右。刑罚包括用细竹片抽打 300 下，以及在无光线的木笼里关押几个星期。"Concentration Camp System in China", Memorandum prepared by Philip D.Sprouse U.S.Consul, Kunming, OSS Report XL—22034, 27/9/45. Office of Strategic Services Archives, War Department.U.S.National Archives,

Military Reference Division。

69 力行社创始人之一干国勋坚持说从未有过集中营。干国勋：《关于所谓"复兴社"的真情实况》（下），第35、5、83页。

70 其他人员包括副监狱长邱是英和涂克超、主任秘书邱良训、总务组组长夏威、政训组组长刘如心、教育组组长平德鹤和一些政治指导员及一些杂志的编辑，如《抗战与文化》和《黄河》。曲云章：《国民党军委会西北青年劳动营的真相》，第124、128页。

71 犯人中还有第四团的成年士兵，他们被认为在政治上不可靠。

72 曲云章：《国民党军委会西北青年劳动营的真相》，第127—129、138页。

73 这座监狱由黄埔五期毕业生苏子鹄管理，具有讽刺意味的是，他的绰号叫："顾人道"。1934年后此监狱扩大为两个监狱。沈醉：《我所知道的戴笠》，第11页。到了1937年，在南京就有三个秘密监狱："甲地"指江东门的军事监狱，相对比较松一些；"乙地"在羊皮巷一所旧平房里，那里对犯人非常严厉；"丙地"在老虎桥模范监狱内，用来关押重犯。江绍贞：《戴笠和军统》，第38—39页。

74 沈醉说用此法押送了50—60个犯人，其中20个左右是军统特务。沈醉：《军统内幕》，第76—77页。

75 他们往往被一种"妙法"关进监狱：军统官员持一密封信件，在到达南京监狱时交给监狱当局。但那信有可能指示监狱逮捕持信者本人。沈醉：《军统内幕》，第77页。

76 黄康永：《我所知道的戴笠》，第160页。

77 人们可以从葛明达的日记中感受到这种病态的不安全感。据该日记记录作者因违反了临澧训练营的穿衣规定而被判处死刑。葛明达：《军统百日记》，第170—173页。

78 戴笠本人可能也面临这种危险。他的领袖以杀人成性著名，特别是在他年轻的时候，人们曾悄悄传说"他喜欢杀人"。

79 1940年，光是被戴笠下令处决的军统外勤特务就有26个。章君谷：《戴笠的故事》，第13—14页。根据1941年4月1日的数字，军统的全部成员有"成千上万"，这个数目包括在敌后游击队里工作的人。1940年军统的人数剧增，据戴笠自己的估计，约增加了四分之一。"国防部情报局"编：《戴雨农先生全集》，第265—266、311—312、319—320页。

80 戴笠的政策是胡萝卜加大棒，用他自己的话说是"恩威并济"。军统的特务从监狱里释放后往往得到晋升。程一鸣：《军统特务组织的真相》，第198页。

81 他们也意识到（起码在高层），军统执行处罚须经蒋介石批准。陈达：《以杀人为儿戏——戴笠签发的两封电报》，第80页。

82 《戴笠之死》，第1页。

83 沈美娟：《戴笠新传》，第251—253页。

84 王天木，也叫王仁锵，并经常化名郑士松，毕业于东北讲武堂和日本明治大学法律系。他原先在浙江当情报官，也是十人团成员之一。江绍贞：《戴笠和军统》，第59页。

85 关于北平的谋杀案是如何与王天木及其手下人联系在一起的，很久以前曾有个故事叫"箱尸案"，它在北平发表，所隐射的事件正是这个案子。所以北平侦缉队破案的说法是假的。陈恭澍：《英雄无名：北国锄奸》，第126页。

86 同上书，第124—126页。

87 这可能还与王和陈合写《蓝衣社内幕》一书有关。戴笠看过这本书的手稿（该书后来在日本人占领上海时出版。陈恭澍：《蓝衣社内幕》）。结果陈恭澍因泄密被监禁，直到戴将军任命他为上海站第三号头目为止。他负责收集共产党情报，并在共产党里面安插特务。程一鸣：《对沈醉〈我所知道的戴笠〉的补充、订正》，第244页；徐有威：《关于"蓝衣社"的几点辨析》，第72页；陈恭澍：《抗战后期反间活动》，第555—556页。

88 陈恭澍：《英雄无名：北国锄奸》，第126页。

89 同上书，第 127 页。
90 "忠义救国军"的士兵须向戴笠宣誓终身效忠。想离开的人起码会被监禁 5 年，然后才被释放，或由中国大约 100 个权势人物中的某一个来担保释放。Strategic Service Unit, War Department, CIDXL 36249, OSS Archives RG#226。
91 这便是军统督察股的工作为何如此重要的原因。特务们知道他们处于不断被监视的状态，既被军统督察员监视，同时也受自己同事们的监视，他们被鼓励互相"打小报告"。任何想离开的迹象都会马上被侦探查到。程一鸣：《军统特务组织的真相》，第 195 页。
92 黄康永：《我所知道的戴笠》，第 161 页。另一个说法是"活的进来，死着出去"。原保泰：《戴笠与蓝训班》，第 162 页。（黑手党入党宣誓是："我活着进来，我将必须死着出去。" Edmund Mahony, "F.B.I.Tapes of Mafia Initiation Played in Court", *San Francisco Chronicle*, July 5, 1991, A4; Fox Butterfield, "Twenty-one Indicted in New England as Core of Organized Crime", *New York Times*, March 27, 1990, A8）当然，军统并非具唯一要求"一朝为特务，终身为特务"的组织。而且，自愿退出在感情上也十分困难。"老牌特务们说，他们舍不得放弃追逐目标的那种无可言喻的快感和进入暗藏世界的神秘感。也许更重要的是，只有他们以及告密者才真正理解置身于一个案子当中是怎么回事。他们知道，一旦他们离开了这个安静的圈子，那么从某种奇怪的意义上说，他们将永远孤独。"Kerr, "Chasing the Heroin", B-2。

# 第十六章 裙带

> 无钱法不灵，有钱买得鬼推磨。政治谁能少得了钱，古今中外恐怕都是一样吧。
>
> 戴笠对军统特务们的讲话[1]

礼仪

戴笠为了维持"纪律"而下令杀死的秘密特务男男女女几乎达2000人，可是他们在死后却令人哭笑不得地被追认为"烈士"。[2]戴笠认为如此被处决的军统特务"用他们的生命维持了集体纪律的尊严和完整"，他们为军统"家庭传统"永恒的纯洁而死。[3]他给这些被杀者的家庭及其孤儿寡母一样的生活费、学费及其他费用。而这也是国民党干部家属待遇的一部分，它是蒋介石在1933年福州一次悼念"剿共"阵亡者仪式的讲话中立下的。[4]

戴笠当了军统局的正头儿后，每年都要在军统总部召开十天的"四一大会"，由全局内部特务参加，纪念特务处成立并悼念死去的特务。会议召开之前，他会向各省市的军统机关"负责人"发出秘密邀请。这些被邀请的客人代表他们的机关,到达后被庄严地引入大礼堂,在那里等待最重要的悼念者——蒋介石。[5]

随着年代的推移,"四一大会"变得越来越讲究,仪式也越来越复杂。军统总部迁到重庆后,建起了一个"烈士灵堂",参加十天纪念日的人会在礼堂里看到悬挂的横幅,上面写着:碧血千秋,浩气长存;继续光荣历史,发扬清白家风。

由蒋介石主祭,戴笠陪祭,向殉难者(病故的人)和殉职者(死于工作的人)及殉法者(因违法而受到制裁的人)哀悼。祭奠仪式后,蒋介石向在场的高级特务巡视一周。他离去后,与会者会捐以钱物和衣服等表示慰问。然后由戴笠主持会议,向到会人员讲话,宣讲军统成立的过程,讲述最高领袖对他们如何关怀。[6]

戴笠讲话完毕后,400多桌的宴会开始,上的菜都是经过戴笠亲自挑选的。每次都要祝酒:首先为蒋介石的健康,其次是为戴笠的健康,然后是祝全体人员身体健康。最后,戴笠让值星官叫声"开动"!特务们才坐下开始会餐。宴会上还有文艺节目,由军统自己组织的剧团表演。庆祝会要持续好几天,第一天的庆祝要到深夜后才散场。第二天休息一天后晚上仍有宴会。第三天休息,晚上在军统办事处举行宴会和文艺晚会。第四天分小组讨论工作问题。讨论一般持续四五天。最后一天,戴笠要率领军统局科级以上干部和各地代表向郊外的"无名英雄墓"(墓碑特意不刻名字)献花圈,标志会议结束。会后。戴笠率领各地代表去中央训练班接受蒋介石召见,于是十天的纪念活动便全部告终,各地代表们回原单位。[7]

虽然这些仪式严肃的儒家基调被戴笠庄严昂扬的讲话强调出来(尤其在1941年之后),但在此之前他对部下的言论则要简明实在得多。[8]人们会对他在十多年前的30年代的一些对话粗俗扭曲的内容感到吃惊。那些对话暴露了他平庸的文化水平,但却显示了他精明敏锐的头脑以及随意歪曲格言和操纵周围关系的能力。[9]他那时的语言明显出自一个沉迷《三国演义》传统的人，言词不出"江湖"和绿林帮匪的范围，听上去则像个"幕友"。当然，他比衙门跑腿的要高过一头，但他的语言像是小职员的，而不像个有学问的人的。[10]

江湖

最显示戴笠战略眼光、最说明他受封建传奇和草莽智慧影响的一个例子，是1944年春节胡宗南在西安马陵公馆设宴一事。宴会后，大家谈起《三国演义》。胡宗南和他的客人，尤其是梁干乔、范汉杰和蒋坚忍，都从容不迫地从演义讲到《孙子兵法》。戴笠开始哼哼哈哈，装作不通经典。但在众人鼓励下，他异乎寻常地讲起了他的观点。他说，首先他不像范那样读过这么多的中外名著，也无法从实战角度对德国军事家克劳塞维茨谈出个所以然来，因为他不是一员战将。但他对《孙子兵法·用间篇》中"得间为主"这句话倒颇有些看法，认为《孙子兵法》是古今超绝的一篇"武经"，篇篇句句都好。[11]

据当时在场的一位听众说，戴笠谈起孙子来兴致勃勃，讲到"军事间谍"和"军事情报"时更是滔滔不绝。[12] 说到底，还是"攻心为上，攻城为下"。在这方面，戴笠最推崇的英雄是中国历史上最早的"间谍王"、《三国演义》中的诸葛亮（孔明）。在他的眼里，诸葛亮几乎是指导刘备如何创建帝国"大业"的神仙。[13]

孔明作为魔法大师的本事最生动地体现在小说描写他于建兴九年二月（公元231年）出师伐魏一节当中。孔明"簪冠鹤氅，手摇羽扇，端坐于四轮车上"，与司马懿对峙。他的左右二十四个精壮之士，各穿皂衣，披发跣足，由扮作天蓬模样的关兴率领；孔明在他们的护卫下，用计施法，摆脱了追击的魏兵，令司马懿仰天长叹："孔明有神出鬼没之机！"[14]

毛斯·罗伯茨（Moss Roberts）对罗贯中经典著作的权威翻译，是用了毛宗岗的修改本。在该版本中诸葛亮被"神化"了,其梅林[15]般的神机妙算贯穿小说始终。这在某种程度上解释了这位中国现代"间谍王"、阴谋诡计的运用高手对"卧龙"的迷恋。[16]戴笠甚至有点出乎意料地告诉宴会上的其他客人,说他将来有时间要写一本诸葛亮传记。[17]

显然,戴笠讲这番话时还得把听众的素质考虑进去。他在抗战前吸收的特务们大多是没有受过太多教育的男女。尽管他再三强调《孙子兵法》里所讲的情报工作的极端重要性,但在民国时期间谍和反间谍都是名声不太好的职业。[18]许多早期吸收来的特务——尤其是从老百姓中招来的——大都来自社会底层:诈骗犯、打手、江湖艺人、小贩、狱卒、刽子手、窃贼和帮会分子。这些特务经常摇身一变装扮成糖果贩、挑夫、街头小贩、餐馆或旅馆的侍者、家佣、摆报摊的或人力车夫,被派到外面去执行任务。

而且,管制文化活动的高级特务们也没有受过当时一流的教育。从现有的关于这些官员的资料来看,这些特务大多数在20世纪初,在与五四运动的蓬勃思想隔绝的环境中接受了地方性的传统教育。当然,戴笠上过浙江省师范学校,该校在1919年以前教授传统文学课程还免收学费,于是吸引了家境贫寒的学生。[19]秘密特工的其他一些要人,从邓文仪、赵龙文到刘培初和乔家才这类中级干部,自幼研习经史,崇拜《三国演义》和《水浒》中的英雄好汉,可以毫不费力地引经据典。[20]可是和那些毕业于上海或北京的大学生相比,这些人不仅在入学考试中缺乏数学和英语的竞争力,而且对文化反叛及深受知识分子欢迎的西方化城市生活方式抱着矛盾的态度。[21]

跟戴笠一样,这些人的文化世界受了传统英雄好汉和历史典故的影响,这些影响转而又对南京时期的特务处的成形起了作用。戴笠要寻找具有《史记》里形容的"鸡鸣狗盗"的能力,或具备许多通俗小说里形容的"飞檐走壁"的勇猛武艺的人。[22]

到了1940年,戴笠对这些超凡的武艺仍然非常相信。那时在重庆的军统已经成为由专业密码员和秘密特务组成的机构，配有短波无线电报话机和汤姆森机关枪。戴笠在反复斟酌后邀请了一些道士参加他的组织，还请了一个武师到局里，把他当作《江湖奇侠传》（当时非常流行的武侠小说）中主角的化身。[23] 为了寻找"江湖好汉"，军统从浙江中部的山区嵊县招来了强盗绑匪，上海的许多帮会分子和诈骗犯都来自那里。[24] 有一次，一个关押在武汉军事监狱死牢里的窃贼被释放出来，接受了几个月的间谍培训后被分配到特务处工作。[25] 可以肯定，戴笠在总司令眼里最大的本事之一，便是他启用这些渣滓，将他们变为当局工具的能力。

那些年代戴笠对部下战略指示的重点可用五个字概括：裙、办、师、财、干。[26] 他对这些词的解释直截了当，一目了然。裙，不能再明显了。戴笠经常说，在"玩政治"方面，总离不开"裙带关系"。[27] 只要有可能，就应该尽量地去发现这些关系，甚至去创造它们，然后利用性关系去实现你的意志。而在"外交"方面，则指战国时代周游列国的"说客"，在今天说来，就是军阀们驻上海或北平的办事处处长，专"办"他的事务。这类人是"千里眼，万事通"。与此同时，你得知道如何结识和操纵为高级领导人服务的各种"师"，就是军师、绍兴军师爷之流，即现在为统治中国军队的将军们当"机要秘书"和"参谋长"的这些人。假如你抓住了他们，其他一切都好办："上下通气，一通万通"。[28] "财"很重要，它是压阵脚的。而"干"，是指同时做上述的所有事项。"当然五字诀同时都抓到手是没有的，破竹过关，要一节一节因势利导地去干。"[29]

戴笠作为秘密警察头子的本领，也从他会迅速地从一个角色转换成另一个角色的能力中体现出来，而这一点又在于他能够判断出对方的反应和他们当时的感受的技巧。他对人性的了解使他清楚地看到别人内心的阴暗面，而他对自己内心的阴暗面则处之泰然。而正因为他愿意承认甚至迁就自己身上的恶习，他自认为是掌握人类灵魂的大师。戴笠对利用"裙带关系"的热衷也说明了他玩弄女人的本能，至少迄今为止对他持有否定态度的传记作家是这样写的。当然，为了迎合读者的胃口，他们可以任意制造哗众取宠的材料。[30]

戴笠和女人

贬低戴笠的人说，戴笠不仅总与某个女特务有纠葛（如邹志英），而且还不断地威胁他部下的妻子或姐妹，所以只要他对这些家属发生兴趣，他的部下会马上告诫这些女人躲开。[31] 据说戴笠尤其热衷于类似1934年在天津租界刺杀军阀孙传芳的施剑翘这类当代女侠客。[32] 施剑翘的父亲施从滨是孙传芳部队在安徽的一个师长，被孙杀死，所以她所做的一切就是为父报仇。结果，施剑翘为了复仇大胆刺杀孙传芳，使她成了一个广得人心的名人：侠义孝女，合二为一。[33] 当时的人把她比作游侠小说《儿女英雄传》中的女英雄何玉凤。而公众则认为她是戴笠军统的一个高级特务，这似乎是误解。[34]

戴笠还对日本女间谍川岛芳子产生过兴趣，她曾在热河一带女扮男装指挥过伪政府骑兵队与中国游击队作战。[35] 但是，假如这些关于他的桃色新闻可信的话，那么戴笠对任何种类或年龄的女人都会发生兴趣。不管是佣人还是他最优秀的学生，是女特务还是医生，是朋友的妻子还是合法或非法的妓女，只要他看上了就行。[36] 前军统的特务们说，戴笠在许多地方有住宅的原因之一，就是供他随时随地、随心所欲地玩弄女性。[37]

戴笠自己的婚姻并不幸福。他与毛秀丛在1915年秋天结婚，那时戴笠才19岁，是浙江省第一师范学校的学生。戴笠形容他的妻子是个"乡下人"。据说她非常固执僵硬，勤劳节俭，正直而胸无大志，甘于平庸生活。虽然早在30年代她就疑心戴笠有风流韵事，但她对他忌惮如虎，从来不敢跟他争执。最终因为他的外遇，他们分居了。戴笠按照他的典型做法，把毛秀丛的兄弟毛宗亮提拔为总管，任命他在各个训练营地和军统内部当合作社经理一类的职务，负责买饮料杂物。尽管戴笠对毛宗亮非常依赖，但他看不起这个小舅子，而毛宗亮也觉得自己的姐姐是最不幸的一个人。分居后，毛秀丛就病了，并于1939年死于上海。[38]

戴笠的助手们宣称，他们对戴笠玩弄女性感到非常尴尬。[39]每次他坐车外出视察特务站，总有各种女性陪同，而他的随从官则被迫做起中间人来。一位前秘密特务说："我虽四次做过他的随行人员，却从没有人敢提起他这些有关污辱女性的事。"[40]

但并非所有的性关系都这么随便。随着时间的推移，特别是在他生活的后期，戴笠似乎变得比较稳定并且有点重感情起来。在他战前活动的高峰期，据说他身边有两个主要的女特务：赵霭兰和叶霞弟，他经常同时携她俩外出。比如，每当外地情报组送来紧急报告时，戴笠会从他所在的任何地点亲自连夜坐车去南京向蒋介石汇报。在这些长途夜行中，通常有两个司机轮换开车，戴笠往往在坐在后座的赵霭兰和叶霞弟中间休息。[41]

叶霞弟毕业于浙江警察学校特训班。她在三机无线电学校当事务员时，戴笠看上了她。后来戴笠决定让她住到上海警备司令部司令杨虎的公馆里，学一套上层风度。戴笠是杨家的密友，也是杨家在环龙路公馆的常客，他对这位国民党将军能够在身边围起一大堆女人替他应付社交的能力非常羡慕。他对杨虎的情妇们能够牺牲色相，并奉命对将军的要客给予性便利印象非常之深。在叶霞弟学会了这方面的做法后，戴笠替她安排到美国学习政治经济学。她回国后，他又安排她在成都华西大学教书。后来据一个对戴笠最苛刻的传记作家宣称，戴笠把叶霞弟嫁给了他最好的朋友胡宗南当妻子。[42]

这事是真是假且不说，但戴笠把自己的另一个女特务也许配给了一个朋友。赵霭兰结果嫁给了军统电讯处处长魏大铭。[43]但联姻对这些女人来说并不总是如意的。1940年戴笠引诱他的英文秘书余淑衡,虽然这个年轻的湖南女人已经与军统的一个重要特务订了婚。[44] 戴笠说要跟余结婚,但两年后他迷恋上了影星胡蝶后,马上用送她去美国学习的方式把已经怀孕的余淑衡抛弃了。[45]

尽管这可能有夸张的成分,但戴笠在生命的最后年月里的确为这位女演员所倾倒。[46] 当戴笠对胡蝶一见钟情时,胡蝶已经嫁给了上海的商人潘有声。[47] 为庆祝他们的"婚姻"(戴笠最终想以合法的形式认可他们之间的关系),这位秘密特务头子在重庆郊外的杨家山购置了大片的地产来建造一座景色华丽的公馆,以示对这位大都市影星的崇拜。在重庆雾蒙蒙的傍晚,戴将军和他的情人会梦幻般地沿着刻有"喜"和"寿"字的水泥道漫步,徜徉在用糜费上万两银子的热带植物和异国树木装点的"神仙洞"里。[48]

不过,对戴笠作为军统秘密特务头子享受和使用"裙带关系"这一点并不应过于渲染。他与自己的私人职员和秘书的亲密的个人关系,是他用可靠的关系来确保机密的一种普通的方式。这些习惯对戴笠来说,也保证了他在"内部"网络中心对收集情报和汇报机密的全盘控制。因为他最嫉妒别人侵占他的机密来源,并以此越过他而直接抵达他权力的主要源泉:总司令本人。其最好的例子之一,就是翁光辉事件。

翁光辉事件

1932年上海法租界的警察搜查了共产党的一个地下据点,查获的材料中有一份共产党的报告,报告中叙述了江西省红军的部署和装备及其他军事情况。法国警察署的中国侦缉队队长范广珍是青帮分子,也是戴笠工资单上的人。于是他把一份秘密报告送到了他的主管上司、上海站站长翁光辉那里。翁光辉立刻意识到该文件的重要性,决定不向戴笠汇报这一情况，而把这份极其重要的情报直接送到蒋介石手里。

翁光辉毕业于黄埔三期，随后曾在革命军的一艘军舰上当舰长。他得知当时有一艘中国军舰在上海造船厂检修，便决定占有这艘舰艇，直接把它驶往九江，然后在那儿登陆到庐山，亲自将报告送给委员长。但是军舰一离开上海，他在上海站的一个部下就向戴笠报告了这一情况，戴笠果然大怒，他下令准备好一架飞机，以最快的速度从南京飞到九江。当翁光辉的军舰入港时，戴笠率领一支特务分队已在那里等着了。军舰一靠码头，戴笠立刻上去把翁光辉扣押起来，他搜走了秘密报告，并威胁这个特务站站长说，要对他施以酷刑。翁光辉居然逃脱了死刑，但被撤了职。[49]

从此以后，戴笠确保自己在每个秘密特务组都有个负责内部监视的间谍，这些间谍的名字无人知晓，于是其他特务就不敢绕过他而自己去找委员长了。[50]这样，戴笠便积极地捍卫了自己在蒋介石眼里必不可少的地位，同时使自己成为对蒋政体的其他领导人安全的主要卫护者。于是军统便堂而皇之地对周末去上海寻欢的南京要员们采取保护措施。任何人被看见在他们的门前闲逛或在他们的汽车旁边溜达，秘密特务就立刻会把他们作为嫌疑分子逮捕。事后证明，这些嫌疑分子几乎无一例外完全是无辜的，但他们还是照常被关上几个月的监狱。这些人在漫长的关押期间为早日出狱而行的贿赂，还为关押他们的特务们提供了额外收入。[51]

秘密特工壮举

1931年9月23日，有人在上海火车站谋刺宋子文。宋当时头戴自己常戴的巴拿马草帽，成了显而易见的靶子。他把草帽扔到了一边，然后躲进入群，藏在一个钢架后面，幸免一死。[52]但他的秘书唐腴庐被杀。

凶手逃走了。1934年4月,一个"眼线"与特务处上海站联系,通报了凶手的情况。戴笠立刻派出两个最精锐的特务沈醉和程慕颐来调查此案。"眼线"把他们带到了苏北,嫌犯在盐城当保安队长。在"眼线"的帮助下,他们把他骗上一条小船后便抓起来审讯。

用刑之下,此人招供说,刺杀宋子文是奉了"刺杀王"王亚樵之命。他还招供了另一个同谋:宋子文的前司机,现在扬州的一个机械厂工作,结果这个前司机被逮捕。这二人被带回上海后,戴笠向宋子文出示第二个人的照片。宋不但肯定了司机的身份,而且还要给沈醉5000元奖赏。但在戴笠暗示下沈醉把支票还给了宋,并说保护部长是他们的责任。此后宋子文深感欠戴笠一份情,后来戴笠得到蒋介石的允许,可以越过财政部而得到宋的签名,从此宋不止一次地批准了军统要求中国银行拨付活动经费的申请。[53]

但戴笠在那些年代最成功的秘密特工行动,是在东南征服国内的军界人士:1933年镇压福建反叛和1936年颠覆"华南王"。1933年11月,李济深和陈铭枢领导十九路军在福建建立独立政府,要推翻蒋介石。[54] 这对蒋介石政权造成了最严重的一次威胁。戴笠意识到福建反叛的严重性,便立刻亲自前往浦城南面80公里的建瓯。[55]

戴笠携带了一队以郑介民为首、张炎元为辅的特务。特务队被叫作"策反组",分成四小组,由莫雄等人领头,到福建人民政府控制的地区招募策反人员,颠覆反叛事业。戴笠自己由沈醉陪同,在厦门外的度假岛鼓浪屿设立了办公处,岛上到处是外交官、商人和传教士的寓所,他们在那里躲避福建沿海的暑热。策反组遵循戴笠的指令而尽量争取叛军。结果他们收买到了两个关键的军官:十九路军参谋长黄强和参谋处长范汉杰。在反叛开始的头几天里,戴笠的人就得到了敌人的密码,使这位"间谍王"能在鼓浪屿的寓所里侦收十九路军所有的战役部署计划。此外,戴笠还争取到了驻马尾的团长,从而打开了通向福州的大门,使蒋介石的军队于1934年1月轻取福州。反叛被迅速平息,这使戴笠在总司令的眼里变得更加重要。[56]

"华南王"即广东军阀陈济棠,他与胡汉民一起领导建立在广州的新国民党。1936 年 5 月胡汉民死后,陈济棠参加了 1936 年 6 月反对南京政府的武装起义,造成广西军阀对蒋介石政府的直接挑战。[57] 戴笠又一次带领郑介民亲自前往南方镇压他主子的敌人。郑介民携巨款前往香港,将这笔用来行贿的款子委托给戴笠的一个特务邢森洲。一个复杂的阴谋随即展开。戴笠的人通过在南京的教育部长朱家骅(曾任中山大学校长)说服了广东航空学校校长与陈济棠的空军司令黄光锐拉上关系。

与此同时,戴笠把他的一个最优秀的女特务,前上海舞厅舞女黄佩贞,[58] 派去引诱黄光锐。"裙"加"财"的确生效。邢森洲向黄光锐保证,他每次把陈济棠空军的一架飞机交给蒋介石便可得两万元。6 月 30 日,7 架飞机从广东起飞投向了蒋介石。不到三个星期,7 月 18 日,又有 82 架飞机离开了白云机场,逐站向北飞往南昌。这支由 150 多名飞行员和机械师组成的队伍加入了南京政权,使广东空军一蹶不振,陈济棠感到大势已去,当日"华南王"宣告辞职,乘一条英国船逃往香港。[59]

戴笠因此再次得到蒋介石的赞扬,这种赞扬由于特务处早先破了宋子文被刺案而被立刻转化为财政方面的信用。自此以后,戴笠在中央银行向宋子文或向上海分行行长贝淞荪提款,只要凭蒋介石的一张字条,便不必经过任何财政部的手续。[60]

西安事变

假如说戴笠活动的唯一目的是强化他与委员长的关系的话,那么对他来说最关键的时刻便是 1936 年的西安事变。1936 年 12 月 12 日,蒋介石在西安被少帅张学良和杨虎城将军软禁。当他们迫使蒋介石在统一战线下与共产党谈判的时候,国民党政府酝酿着反攻,包括轰炸西安城。[61]

蒋夫人阻止了轰炸，并命令忠于他们的军队不要从潼关要道进攻渭河谷。[62] 她的解决方式是飞往西安。同行的有她哥哥行政院长宋子文、蒋的澳大利亚顾问端纳（Donald）和自告奋勇的戴笠将军。[63]

蒋的这位军事情报头子痛苦地意识到置身于共产党及其同盟者手中的危险。[64] 说到底，戴笠对杀害成千上万地下党和"反革命"负有无可推卸的责任。[65] 但想到蒋介石本人曾在1922年"永丰号"巡洋舰事件中亲自"赴难"营救陷于广州的孙中山，[66] 他决心要为领袖的困境"赴难"。那时孙中山被陈炯明的军队包围在广东总统府，年轻的蒋介石决定赶去营救，这使蒋深得孙中山信任，成为他的革命继承人之一。[67] 此刻，戴笠相信这个后来史称西安事变的事件将是对他个人忠诚于蒋介石的一个类似的"严峻考验"，于是他怀着"永丰号"般的历史信念离开了首都。[68]

在离开南京去"效忠"蒋介石之前，戴笠在曹都巷特务处大礼堂召开所有副科长以上人员会议。戴笠曾发动过对张学良的情报战，遭到惨败。他作为负责领袖安全的官员，对自己完全没有预见到这场危机深感内疚。他含着眼泪对部下说："此去凶多吉少。"飞机于1936年12月21日离开南京飞往西安，戴笠带了两支左轮手枪，满怀与校长共生死的决心。当他们终于到达西安见到蒋时，他冲向前去，跪在总司令面前抱住领袖的腿失声痛哭，责骂自己保护领袖失职。[69]

戴笠戏剧性的行为可能有些过分，但他在西安的出现对说服张学良释放蒋介石及陪同总司令回南京起了关键作用。据当时的外国情报消息透露：没人比戴笠更能说服少帅，一旦他们回到南京国民党管辖区，他将受到国民党秘密特工保护。[70] 不过，这"保护"后来成了中国历史上最长期的软禁，但张学良的命是给保住了，而杨虎城和他的一家则最终被军统的刽子手们杀害。[71]

蒋介石当然被戴笠愿冒生命危险赶来西安与他会合而感动。他在事变中的日记《西安半月记》中多次提到了戴笠的名字，而且多年后他在别人面前仍然经常赞扬戴笠在危难中对领袖的忠诚。[72]

与此同时，那些在西安事变中未能前来援救领袖的竞争对手们在蒋的眼里因此而失宠。比如，委员长认为，邓文仪和贺衷寒在那两个星期中表现动摇。于是蒋回到南京后，便把他们及另一些人全都降职。[73] 1937年夏天抗战爆发后，对邓文仪只给了个战时干部训练班第一团团长的职位。后来他当了成都军校政治部门的头儿，二战后他总算被任命为国防部新闻局局长。但他因为没有与戴笠一起在1936年的西安事变中"深入虎口"，在蒋介石那里或在黄埔派中再也没有恢复地位，直到十多年后他才被重新任命为侍从室书记。[74]

戴笠在西安事变中还另有所获。作为负责张学良前途的人，他接管了少帅的部下如陈旭东、吴骞和王化一等一些要员，把他们安排在军统工作。[75] 此外，一批来自东北的警卫、助理、厨师、佣人以及与张的随从有关的家属们都被置于戴笠的管辖之下，这些人后来对他非常有用。比如，张学良的妹妹嫁给了陈箓的儿子，陈箓后来在日本人占领时期接受了梁鸿志的傀儡"维新政府"外交部长的职务。戴笠正是通过她和她的东北保镖们，安排了对这位外交部长的暗杀。[76]

西安事变还使戴笠与蒋夫人接近起来。回南京不久，戴笠就发了慢性阑尾炎，住进了上海宏恩医院动手术。手术后，宋美龄亲自来探望他，转达蒋对他早日康复的希望，并关照医院人员对他给予最优厚的照顾。[77] 自此以后，戴笠与蒋夫人之间建立了亲切的关系，他经常给她的秘书和佣人送钱送礼来打开自己的"裙带门路"，以保持与蒋介石的亲密关系。[78]

显然，西安事变对戴笠来说意味着个人的凯旋。戴笠开始对自己在CC派的竞争对手、间谍头子徐恩曾展开了决定性的攻势。[79] 事变以后，戴笠被蒋介石认作最可靠的卫士，而在其他人眼中，戴笠的组织及其活动对于"蒋作为党的政治领导人的幸存必不可少"了。[80]

抗战更加坚固了这两个人之间的同盟。随着战势的发展和蒋介石成为国家的拯救者，戴笠迅速地在全国担当起更重要的角色。日本征服中国的企图,最终为戴笠提供了扩展他秘密王国的机会。现在,"间谍王"及其部下的地下活动有了新的内容。他们也将自己进行恐怖活动和暗杀阴谋的专长用于抗日战争中。[81]

注释:

1. 文强:《戴笠其人》,第 190 页。
2. 人们悼念死去的特务。在追悼仪式上,他们的孤儿们大声抽泣,军统官员们会献诗哀悼。唐纵在 1941 年写道:"志决身歼,入虎穴而取虎子;前赴后继,有成仁必致成功。"唐纵(手稿,姚孔行编辑):《从结识戴笠到任职侍从室——唐纵失落在大陆的日记》,1:109。
3. 戴笠:《革命精神与革命技术》,引自"国防部情报局"编:《戴雨农先生全集》(上),第 397—405 页。
4. 蒋介石:《后死者的责任》。引自中国国民党中央委员会党史委员会编:《先"总统"蒋公思想言论总集》,11:160—162。关于戴笠与其完全一致的说法,见"国防部情报局"编:《后死者的责任》,《戴雨农先生全集》(上),第 309—314 页。
5. 黄康永:《我所知道的戴笠》,第 164—165 页。并见章君谷:《戴笠的故事》,第 14 页;"国防部情报局"编:《戴雨农先生全集》(上),第 265—312、319—320 页。
6. 黄康永:《我所知道的戴笠》,第 165—167 页;"国防部情报局"编:《戴雨农先生全集》(上),第 265—312、399—401 页。
7. 黄康永:《我所知道的戴笠》,第 165—167 页;"国防部情报局"编:《戴雨农先生全集》(上),第 399—401 页。
8. 戴笠典型的引语是孟子的"苦其心志",这被他引用在军统的刊物《家风》和《清白》上。这两份刊物是特务们必读的。黄康永:《我所知道的戴笠》,第 158—159 页。
9. 例如,他关于通过理解别人来分析自己的建议,就显出这些特性。见唐纵(手稿,姚孔行编辑):《从结识戴笠到任职侍从室——唐纵失落在大陆的日记》,1:109。
10. 我得感谢叶文心的这个看法。
11. 文强:《戴笠其人》,第 189 页。
12. 同上。
13. Roberts, *Afterword*, p.976.
14. 罗贯中:《三国演义》,第 780—781 页。
15. 即传说中公元 6 世纪英国国王亚瑟的预言家和魔术家。
16. Roberts, *Afterword*, pp.939—941。
17. 文强:《戴笠其人》,第 189—190 页。
18. 在 20 世纪 30 年代初,由于"主导的政治环境和社会气氛",公开招收秘密特务人员被否定了。"国防部情报局"编:《戴雨农先生全集》(上),第 22 页。
19. Yeh, *Provincial Passages*, pp.95—97, pp.100—101.
20. 邓元忠:《三民主义力行社史》,第 62 页。
21. 关于这种生活方式的讨论,见 Yeh, *The Alienated Academy*, Ch.6。
22. 魏大铭:《评述戴雨农先生的事功》,第 42 页。成语"鸡鸣狗盗"出自《史记·孟尝君列传》。

孟尝君是战国时代齐国王子，他作为使者到强大的秦国去。得知他是个非常有力的人，秦王便要杀他。于是孟尝君派身边的随从去秦王的宠妃那儿求援。作为援助的代价，这位妃子要一件狐裘，孟尝君曾在以前把它送给秦王为礼。于是，孟尝君的一个随从扮作一只狗在夜晚潜入宫殿财宝库，窃走了狐裘。妃子说服秦王放走了孟尝君。但秦王不久就后悔起来，并派人去追赶已奔往秦国边境的孟尝君。孟尝君及其一行在天亮之前到达了边境驿站。边境上张贴的公文规定，出境城门得到天亮第一声鸡叫时才能开。于是孟尝君的一个随从就学起了鸡叫。他装得如此之像，以至于所有的公鸡都以为是天亮了，便跟着叫起来。就这样孟尝君一行得以早早离去。等秦王的人到了边境时，孟尝君已经出了秦国的边界。司马迁：《史记》，75卷，第2354—2355页。

23 沈醉：《我所知道的戴笠》，第132—133页。《江湖奇侠传》的作者是向恺然，以笔名"平江不肖生"出版。小说人物柳迟取材于实际生活中一个叫柳惕怡的人，他被特务李肖白推荐给戴笠。

24 见项强伟一案。章君谷：《戴笠的故事》，第12页。

25 魏大铭：《评述戴雨农先生的事功》，第41—42页。

26 文强：《戴笠其人》，第190页。

27 "裙带"关系并非指性关系，而指通过一个人婚姻关系建立的网络。传统上的"裙带关系"指君王与其后妃家庭间的关系。利用裙带关系的目的是通过一个重要的男人的妻妾或朋友而拉他的关系。

28 戴笠组织的另一个座右铭是："秘密领导公开，公开掩护秘密。"章微寒：《戴笠与"军统局"》，第119页。

29 这是对"过关斩将，势如破竹"的解译。原指《三国演义》中关公逃离曹营一幕。文强：《戴笠其人》，第190—191页。

30 人们也许会想起"题中应有之意"这一句话。对性、酷刑和变态的涉及，也许曾满足了某些读者的需要。中国还有着以性变态进行人身攻击的悠久传统。

31 戴笠在1938年引诱了邹志英，在对她进行肉体上的蹂躏之后把她关进了息烽监狱。1942年戴笠玩弄了某部下30多岁的妻子，这个部下得知后把妻子削了发。事后戴笠特准这位部下休假3个月，并发给他10瓶多种维他命和300元钱。戴笠有个特别私人秘书王汉光，他专门照顾戴笠这方面的事情。余亦麒：《胡蝶与戴笠》，第36页；黄康永：《我所知道的戴笠》，第164页。

32 另一个例子是女童子军杨惠敏，她曾在1937年"八一三"上海沦陷时，在闸北的一个仓库上插上了国民党党旗。戴笠吸收了她做情报工作。黄康永：《我所知道的戴笠》，第162页。

33 关于当时小说中这类女豪杰的讨论，见 Wakeman and Yue, *Women in Recent Chinese Fiction*, pp.879—888。

34 前北平站站长写道："一种说法是，施剑翘是军统局的一个特务，是奉命行刺。笔者当时在天津工作，对此事并不知晓。最近我询问了那时所有的前同事，对此无人有所闻。"陈恭澍：《英雄无名：北国锄奸》，第110页。

35 黄康永：《我所知道的戴笠》，第162页。川岛芳子由于村松梢风（Muramatsu Shofu）20世纪30年代的畅销小说而闻名。小说名为《男装丽人》（*Dansô no reijin*）。Brooks, *Spies and Adventurers:Kanwashima Yoshi-hiko*, p.540。

36 无须多说，戴笠的这种过分的性行为，尤其涉及他的女特务时，对他作为一个"间谍王"可能并不利。

37 黄康永：《我所知道的戴笠》，第164页。

38 章君谷：《戴笠的故事》，第16页；文强：《戴笠其人》，第178页。

39 太平洋战争中，戴笠派特务到国外替他的情人购买内衣、睡衣、尼龙丝袜、化妆品、眉笔和香水之类的物品。黄康永：《我所知道的戴笠》，第163页。

40 同上书，第164—165页。

41 沈醉：《我所知道的戴笠》，第24页。

42 同上书，第19—20页；沈美娟：《戴笠新传》，第261—265页。

43 沈醉：《我所知道的戴笠》，第24页。

44 余淑衡是南京中央大学和军统特训班的学生。他们成了情人后，戴笠把她的母亲、兄弟和一个姐妹带到了重庆，让他们住在军统在磁器口缫丝厂的办公处。沈醉：《我所知道的戴笠》，第4页；余亦麒：《胡蝶与戴笠》，第36页。

45 黄康永：《我所知道的戴笠》，第164页。

46 据当时的大众媒介的报道，胡蝶还与张学良有染。这位享有英雄盛名的少帅专门要一位影星"佳人"做情人。黄仁：《胡蝶的婚外情》，第37页。

47 潘有声（英文名字 Eugenc Penn）因用妻子的牌子卖瓷器而闻名全中国。日本人占领上海后，他们夫妇飞到了香港。在重庆，当戴笠与潘的妻子结交时，特务们恐吓潘不许对此事张扬。戴笠还用一个设在昆明的"战时货物运输局"顾问的职位收买了潘有声，让他在那里监管巨大的走私网而不回重庆。黄仁：《胡蝶的婚外情》，第37页；沈醉：《我所知道的戴笠》，第4—5页。

48 余亦麒：《胡蝶与戴笠》，第36页。

49 上海区站的范围扩充到华东地区，被重新命名为华东区站，翁光辉被余乐醒取代。江绍贞：《戴笠和军统》，第40页。

50 沈醉：《我所知道的戴笠》，第15—16页。

51 沈醉：《军统内幕》，第72页。

52 刺杀的企图可能与宋子文和杜月笙之间争夺对上海毒品买卖的控制有关。见Jonathan Marshall, *Opium and Gangsterism in Nationalist China*, p.33; Sues, *Shark Fins and Millet*, p.70。

53 黄康永：《我所知道的戴笠》，第71—72页；沈醉：《军统内幕》，第71—72页；沈醉：《我所知道的戴笠》，第12—13页。后来戴笠奖赏了沈醉和程慕颐每人500元。关于宋子文不畏暗杀的名声，见Oakes, *White Man's Folly*, p.77。戴笠在一些给宋子文的私人信件里谈到他们的个人关系。见T.V.Soong Papers。

54 沈美娟：《戴笠新传》，第228—233页。

55 建瓯是中美合作所六处后来的所在地。

56 章微寒：《戴笠与"军统局"》，第92—93页；沈醉：《我所知道的戴笠》，第16页；文强：《戴笠其人》，第188页。戴笠还收买了一些地方武装司令参加了"讨逆军"。

57 沈美娟：《戴笠新传》，第298—310页。

58 黄佩贞，后来改名为卢励吾，原是上海娴娜舞厅的舞女。她后来嫁给杨虎的交际副官王政。

59 章微寒：《戴笠与庞大的"军统局"组织》，第295—296页。

60 文强：《戴笠其人》，第188页；章微寒：《戴笠与"军统局"》，第93页；沈醉：《我所知道的戴笠》，第13页。贝淞荪于1941年被任命为中国银行代理总经理。1944年他陪同孔祥熙参加了在布雷顿森林（Bretton Woods）召开的联合国金融财政会议。他是建筑师贝聿铭的父亲。1982年他在纽约去世。Boorman, *Brographical Dictionary of Republican China*, 3:65—67。

61 在12月11日与内政部长一起到达西安的余秀豪，和蒋的其他随从们一起被抓了起来，差点被杀。他给涡孟的一封信中写道："感谢上帝，总司令没在逮捕中被杀。否则整个城市将被夷为平地，因为事情发生仅三小时后便有30架飞机前来在空中盘旋。"August Vollmer, Correspondence:Letters from Frank Yee, dated 5/1/37.

62 军政部长何应钦主张动用军队。蒋夫人和宋子文反对。陈立夫对西安事件的反应是：与潘汉年联系，力图使共产党对张学良和杨虎城施加"温和的影响"。陈本该陪同宋去谈判的，但因病而无法前去。Boorman, *Biographical Dictionary of Republican China*, 1:208—209。

63 戴笠与一队能"飞檐走壁"的"真正好汉"组成的突击队探讨了营救蒋介石的可能。"国防部情报局"编：《戴雨农先生全集》（上），第46—48页。

64 戴笠也知道，假如他不前去西安救助蒋介石，那么蒋若幸存的话他就有可能面临死刑。幸亏，张学良给戴笠写信，邀请他干涉。Xu You Wei and Philip Billingsley, *Behind the Scenes at the Xi'an Incident:The Case of the Lixing She*, pp.290—293；萧作霖：《西安事变时河南分社的活动》，全书；文强、沈醉和黄家驹：《复兴社在西安事变中分成和战两派》，第281—285页；沈美娟：《戴笠新传》，第318—328页。

65 Jiang, *Sorrow and Devotion Flow on Rain flower Terrace*, p.4.

66 原保泰：《戴笠与蓝训班》，第162页。

67 1922年6月16日，陈炯明的军队围攻孙中山在广东的总统府。蒋介石当时在上海，他得知这消息后立刻去了广东，并与孙中山一起登上了永丰舰赴香港。事后孙对蒋说，他活不到十年了，而他蒋介石则还有半个世纪："我希望你能为我们的信仰斗争，并为了革命好好照顾你自己。"中国国民党中央委员会党史委员会编辑：《先"总统"蒋公思想言论总集》，第1、10页。

68 "国防部情报局"编：《戴雨农先生全集》（上），第46—48页。余秀豪从西安回来四天后写道，西安事件是"对一致拥护总司令及国民党政府稳定的一次严峻考验"。August Vollmer, Correspondence:Letters from Frank Yee, dated 5/1/37. 无须赘述，这也是情报工作上的一个惨重失败，戴笠得竭尽全力挽救自己。

69 章微寒：《戴笠与"军统局"》，第94页。

70 当然，张学良根本不能肯定，蒋或戴会兑现他们不得已许下的诺言（Personal communication, Hans Van de Ven）。

71 *Blue Shirts Organization*, pp.2—3；沈醉：《杨虎城将军被囚禁和被暗杀的经过》，第87—92页。

72 沈醉：《我所知道的戴笠》，第16页。

73 戴笠在12月25日从西安回来后，开始制裁那些失职的官员。军统西北区区长王新衡、特务处情报科副科长刘维明都被指控为事先没有察觉这场危机（因为他们对从西北来电只批了个"阅"字），结果都被免职监禁。章微寒：《戴笠与"军统局"》，第94页。

74 萧作霖：《复兴社述略》，第66页。

75 沈醉：《我所知道的戴笠》，第16页。

76 Wakeman, *Shanghai Badland*, p.62.

77 胡宗南和宋子文也前去探望，但相比较而言流于形式。沈醉带领一组特务去医院担任他的警卫。他们坐在病房的周围抽着烟，不时与女护士调情。同上书，第16—17页。

78 黄康永：《我所知道戴笠》，第159页。

79 Yeh, *The Liu Geqing Affair*, p.8; Yeh, *Dai Li and the Liu Geqing Affair*, p.548.

80 Tien, *Government and Politics in Kuomintang China*, p.60.

81 徐肇明：《汉奸周佛海勾结军统及其下场》，第19页。

第十七章　战争与别动队

> 你们年轻人必须热爱你们的祖国，不能帮助日本人或当一个叛徒。现在南岛他们需要一些年轻的便衣战士。假如你愿意加入我们的行列，你就跟我来。
>
> 别动队招生员（1937年9月）[1]

戴笠和杜月笙

1937年夏天爆发的抗日战争为戴笠扩展他的秘密王国提供了一系列的机遇。正如他的前助手沈醉后来讽刺的那样，"国难当头，大交鸿运"。[2] 战争在全国蔓延，阻碍了南京自上而下统一扩充军事和警察的计划，而且沿海地区的丢失切断了蒋介石不可弥补的资金来源。但由于日军的占领区支离破碎，戴笠能够见缝插针地把他的组织延伸到地方的公安和半军事力量中去，而两个相连的战时经济又使秘密警察得以从戴笠控制的黑市和交通运输中获得新的资金来源。战争还把特务头子与杜月笙这类帮会分子撮合到一起，使军统更加依赖于来自毒品买卖的非法赢利。[3]

当时的人说，戴笠早在1921—1923年在上海当流氓时就认识了杜月笙。1927年秋，蒋介石从国民党政府辞职并暂时解散了他的秘密调查单位，两人之间的关系变得密切起来。几乎身无分文的戴笠又到上海来寻找生财之道，结果他到了老朋友杜月笙那儿求援。那时，杜月笙已是个"名人"，他两次给了戴笠50块钱来对付困境。事实证明，戴笠的穷困并不长久。但在蒋介石恢复了权力并重组他的私人秘密特工之后，戴笠一直记着杜月笙的慷慨。[4]

这一时期，蒋政权开始在上海与杜月笙合作进行鸦片交易。从实际角度说，把鸦片买卖集中在一个团伙手中，将这个难题与其他国事分开，更加方便，这样如果出丑，便于抵赖。不再有盲目的竞争，交易变得井然有序，巨额的收入悄悄地汇来。[5] 新国民政府在南京一成立，财政部便开始对鸦片进行正式垄断，这种垄断在1927年8月20日延伸到了江浙地区。开始杜月笙反对这个计划，因为这对他控制的大公司利益形成威胁。然而后来杜与国民党之间达成协议：后者将上海地区的垄断权交给大公司的一个叫"三鑫公司"的子公司，国民党军队保护其活动安全，并收取保护费。[6]

前面提到，戴笠开始动用这笔收入的一部分来支付蓝衣社内的特务处的经费。CC派也通过杜月笙赚取了钱财。为对抗CC派——用前蓝衣社成员对蒋介石政策的概括说法，即"以毒攻毒"——戴笠与杜月笙结盟为兄弟，并开始吸收青红帮分子加入特务处，以此来加强他与帮会和毒品走私的联系。[7]

财政部1927年与杜月笙的协作总体上并不稳定，因为走私量如此之大，赢利如此之高，以至于协议双方都经受不住它的巨大诱惑。到了1931年，世界经济萧条开始严重影响中国经济，中国本身每年生产1~2万吨的麻醉性毒品，即全世界非法毒品供应量的7／8以上。作为鸦片及其制品的来源，中国取代了中东，控制了美国市场。事实上，美国的大部分海洛因来自于上海和天津的实验室。[8] 在约有10万人染上鸦片瘾的上海，杜月笙的人操纵着 10 个这样的炼制厂。[9] 其中最大的两个每天赢利 4 万元。[10] 每月光是支付国民党军队对这些工厂的保护费就要 40 万元。

1931 年 5 月，杜月笙在南京与蒋介石见面。蒋向这个帮会头子提出，如果杜的青帮能够参加"剿共"，他愿出 100 万元。他还答应与帮会分子分享政府在全国对鸦片的垄断，作为对地下社会投入 600 万元的回报。不过，支付给这青帮头子用的是财政部宋子文那里贬值了的政府债券。[11] 在管理鸦片秘密垄断的协议上，宋也没有表现出诚意。这位正在想方设法支付蒋的"剿共"战役巨额军费的财政部长，对麻醉毒品眼红起来，开始计划用管制局没收来的鸦片垄断市场。[12]

尽管南京当局在 1931 年 6 月 18 日颁布命令：所有的官员都必须服从法律，不得进行鸦片买卖，但宋子文及其支持者们仍然继续建立他们对鸦片的全国性垄断，预计这项垄断每年能给政府带来 1 亿元的额外收入。在一些省份内，鸦片买卖公司应运而生，用来储存没收来的毒品的仓库也在安庆、大同和芜湖纷纷建立起来。这些仓库并非由它们所应属的鸦片管制局负责，而是由宋子文的特别税务局控制。[13]

三鑫公司

1932 年 7 月，财政部安排了一个在江苏市场公开销售鸦片的方案，江苏省政府授权在当年 9 月 1 日公开出售没收来的毒品。杜月笙与省政府的代表们谈判后获得了对上海市场的鸦片垄断，后来又在汉口的一次会议上答应直接向财政部上交 300 万元，以获取政府对从四川过来的货船的保护，从而将垄断扩展到了全国。[14] 接着，杜月笙在南市建立了一个新批发公司——三鑫公司，为上海的毒品零售商供货。据说三鑫公司每月向中国地方当局和其他机构支付 20 万元。这个毒品销售的庞大计划的用意之一是保护特工。这有两层意义。从地方上讲，杜月笙三鑫公司的业务与中国市政治安力量的腐败利益密切相关。据英租界的一份警察报告说：

> 他意识到武装保护对运送鸦片必不可少，任命杨虎将军为上海保安队司令。然后保安队成立了一个"特工部"，接管了已"收摊"的三鑫公司的工作。但是，特工部在1932年12月，奉吴铁成市长的命令由公安局兼并了。[15]

在全国范围内，杜月笙同时加入了戴笠的力量而在上海建立了一个"大运公司"。该公司在经销"航空奖券"上赚了一大笔，并取代三鑫公司成了最大的鸦片商。戴笠从赌博行业和毒品买卖得来的利润被用来补贴秘密特工活动的经费。[16]

与此同时，宋子文继续尽力扩展南京政府对鸦片的全国性垄断。1933年1月，再次任财政部长的宋子文，把汉口的特别税务局划归蒋介石的总司令部直接管辖。2月，鸦片管制的一切权力全都交到了军委会主席蒋介石手里。[17] 同年，中国当局缴获了大量的吗啡，汉口税务局对鸦片船只的纳税在1600万元以上。[18] 国民党已经开始有规律地把缴获的鸦片送到杜月笙那儿去提炼海洛因。[19] 这时英租界的特别署发现，蒋介石决定把这批新缴获的吗啡提炼和出售，据说是用于医疗目的。其实，"所获赢利是为蓝衣社之用"。[20]

规定给杜月笙提炼吗啡和海洛因的时间是六个月。这段时间，他设在南市的加工厂得到承诺，会受到政府当局的全面保护。杜月笙从中看出牟利的机会——这可以帮助他筹集为维持垄断而答应支付蒋的巨款。想到现在可以毫无顾忌地经营毒品，他便与张学良的弟弟、天津警察署长张学明暗中达成了协议，把张学明在天津储存的吗啡的一大部分运到南市的工厂去提炼，以取代被蒋介石的人没收的那部分供应。据上海工部局警务处报告，吴铁成市长"为默许这场骗局"而每月收入1万元。[21]

当六个月的规定时间期满时，吴市长向蒋介石申请延期，因为毒品市场不景气，为提高他们的利润得延缓提炼。蒋批准了申请，但到了中秋时，他获悉了杜与张学明合作的骗局（也许是从戴笠那儿）。[22]

蒋介石本来就已经为罪犯圈子公开谈论政府与地下社会在毒品买卖上的合谋而恼火。他立刻从南京派遣了一支宪兵队去袭击和占领杜月笙在南市最大的吗啡工厂，他们在那里缴获了价值150万元大洋的毒品。突袭的事一传到杜月笙那里，杜便对警备司令部副官长温建刚施加压力，让他下令撤军。撤军令上盖有上海市市长吴铁成将军的钢印。但是，宪兵队不仅没有识相撤兵，反而待着不走，而且还把吴铁成的命令转给了蒋介石，蒋大为光火，追问吴怎么回事。[23]上海工部局警务处关于这个事件的报告解释说："市长为自己开脱，说他不知道有吗啡工厂，而且他的钢印通常是由副官保管，仅供公用，他不知道有人用了它。结果温建刚被押送到南京，最后被枪毙。不知杜先生自己如何摆脱了他在这场风波中的责任。"[24]

到了1934年，中国政府在鸦片上的年收入超过1亿元。[25]贪婪的宋子文决定利用杜月笙的挫折，与帮会分子争夺对上海市场的控制。他自任上海鸦片管制部门的主任，还招收了一支由几百个精干警察组成的特别队伍来实现他下的赌注。他失败了，这也许是由于杜月笙愿意迎战他的赌注，其实说穿了这本是蒋介石的赌局。过了不久，宋子文的鸦片警察队就解散了，而蒋介石的秘书长杨永泰与杜月笙谈成了一个在南市重开吗啡工厂的新协议。[26]自此以后，所有来自重庆和宜昌的毒品原料的提炼，全都垄断在杜的药剂师手中。[27]

同年，杜月笙继续青云直上，他拥有的头衔有：海陆空总司令部参议、上海地方协会会长、中汇银行董事长、上海市参议会议长、法租界纳税华人会主席、上海中国商业丝棉贸易协会主任、上海股票交易所成员、上海市商会常务监察、中华蒸汽商业航海公司常务委员会成员，以及《申报》《时事新报》《商报》和《新闻报》董事会主席。[28]

全国对麻醉毒品的关注

次年，即 1935 年，蒋介石的军队进入贵州，追剿长征中的共产党。要是蒋想制服西南地方派和桂系的话，那他就会摧毁他们对鸦片的垄断。美国驻华武官约瑟夫·史迪威（Joseph Stilwell）报告说：

> 通过确保对鸦片走私的控制，蒋希望增强中央政府对各个不可靠的省份在政治上的控制权……没有一个地方政府不靠鸦片收入生存。假如中央政府能够控制一个省的鸦片供应，那么这个省将永远无望反叛成功。[29]

通过史迪威的观察，很容易看出为什么蒋介石把他在贵州的军事战役转变成一个制造中央政府对鸦片垄断控制的机会，为什么不让鸦片通过广西运到南方，却转而把它运到长江流域，再顺流经汉口运到上海。在国民党进入贵州后被任命为财政专员的本地人李仲公，被任命为鸦片垄断的头目。与此同时，杜月笙及其鸦片企业被授予从贵州外销鸦片到汉口和上海的垄断权。1935 年 5 月，为确保全国整个鸦片系统控制在个人管辖范围之内，蒋介石撤销了全国鸦片管制委员会，并取而代之亲自负责全国鸦片管制。[30]

蒋对贵州鸦片的控制迫使桂系转向云南另找货源。作为报复，南京政府在云南和当时还未建完的汉口—广州铁路之间架起了公路。但即使在 1935 年秋天公路告竣之后，云南的鸦片商队仍然走穿越广西的老线路，因为那里的过境税低多了。尽管如此，广西的军阀们仍感到经济上的压力，而蒋的钱匣子则不断地膨胀起来，其收入来自于他和杜月笙之间在鸦片垄断上的特别协议和上海麻醉毒品生产的利润。[31]

随着中日在毒品走私方面的竞争日益激烈，上海的提炼和零售出现了前所未有的衰竭。1937年1月1日，蒋介石宣布了新的法律，惩罚使用鸦片提炼品的人。据上海工部局警务处的报告，这是日中毒品走私控制战中的一次新高潮。中国政府最终有效地垄断了鸦片交易，但因为华北的提炼厂和日本军方对它的保护，日本人在吗啡和海洛因的走私方面获得越来越多的控制权。[32]

还有，毒品和间谍之间的联系也越来越密切。日本在东北扩展其影响，他们的特工单位与麻醉毒品之间的关系越来越紧密。1937年卢沟桥事变后，日本人入侵华中，随即开始通过招募杜月笙的人或者直接将自己的特务打入走私网中的方法，接管华南的毒品网。[33]

上海争夺战

1937年夏战争刚爆发，杜月笙便利用在1932年一·二八事变中建立起来的上海市地方协会，领导组织抗日力量。[34]杜月笙显然是想获得"爱国者的光环"，他主动提出，在长江下游用沉没他大达轮船公司的船只来阻挡日本军舰，同时还向捍卫上海的中国将军们提供他的防弹汽车。[35]但比起他与戴笠秘密协议在死守上海之中及之后组织反日地下抵抗运动来，那些被广泛宣传的壮举便显得逊色了。[36]

卢沟桥事变一发生，戴笠就把他的注意力转到了上海。他在上海最关键的特务是警备司令部侦查大队的队长王兆槐，他也是杜月笙的弟子，恒社成员。[37]在那以前，上海站的主要任务集中在反共和对付蒋介石的其他敌人的活动上，所以对日本人的情报收集得很少。[38]当时沈醉是特务处虹口行动的负责人，他在日本人圈子里只有一个级别很低的特务：东有恒路上的当铺店老板。其余在"小东京"的情报人员都是双料特务，他们作为汉奸在替日本人工作。特务处只能从日本人布置给中国特务的任务性质里去琢磨日本人的意图，以便至少对敌军的方向有所察觉。但这些情报往往都虚无缥缈。比如，卢沟桥事变后，一个酒醉后的日本特务说："只要几天工夫，上海便是我们的了，那时你们的工作可要大大地忙起来！"[39]

几天后的 1937 年 8 月 13 日，上海真的爆发了战事。当中国难民潮水般涌向城北苏州河边的本地人区域时，戴笠意识到他们的军事情报有多么糟糕。他立刻命令备有无线电台的特务渗透到虹口、闸北和吴淞口去，但成效甚微。因为日本人很容易发现这些逆人流而移动的特务们。[40] 沈醉组建起一支由 8 名特务组成，包括他的兄弟在内的小分队，并将其活动站设在虹口。但他们在几个星期内就被日本人发现而不得不疏散。沈醉和他的无线电报务员裘声呼把他们的电台藏在裘刚满周岁的小孩的推车里逃了出来，从此再也没能回到那里，而且在很长一段时间里，整个虹口区没有一个特务处的特务。[41]

虽然如此，在闸北的浴血巷战中，戴笠仍然赢得了游击战胜利的形象。通过他与地下社会的关系，这位秘密特务头子鼓励帮会和黑社会组织武装反抗入侵者。[42] 开始，他们完全是一群乌合之众，在日军面前不堪一击，曾经企图炸沉停泊在黄浦江的日本旗舰"出云"号的计划也未果。[43] 但不久，他们开始组织比较正规的半军事化的队伍，把上海之外的军队骨干召集起来，在 1937 年 8 月下旬和 9 月初成立了一支别动队。[44]

城市游击队

根据上海工部局警务处收集到的秘密情报，蒋介石的军事委员会决定在 9 月初组织一个"非常时期服务团"来对付上海的汉奸和间谍。上海虽已有保安队，但在 1932 年 7 月日本人撤离之后，它主要替市政府

充当警察力量。⁴⁵

现在，为了在前线和敌后与日本人作战，蒋介石决定创建一支城市游击队伍。军事委员会相应地为这支力量拨款 50 万元，归国民党第八十七师司令王敬久统筹。他在江阴的司令部已开始在一个"军官训练班"为情报工作培训军校生，该训练班也是特务处"入门训练"的一个程序。上海战事爆发后三天，240 个军校生被作为特别部队派往龙华小学。⁴⁶

王将军的"非常时期服务团"的副司令们是直接向蒋介石汇报的上海市公安局局长蔡劲军将军和杜月笙，杜立刻想让这个新组织为己所用。

> 接到任命和指示后，王敬久将军和蔡劲军将军发现这同他们目前的位置以及他们应当积极参与的工作不合适，于是就把组织这个新单位的事情交给了副司令杜月笙先生。在组织这个单位的过程中，杜先生意识到这是一个将自己部下安插为部门头目的机会，便将龙华军事法庭首席法官陆京士先生和上海总工会主席朱学范任命到这些位置上。⁴⁷

但杜月笙把他部下的名字提交给军委会后即遭到否决，这使他非常光火，而且这对陆京士和朱学范也是极大的侮辱。⁴⁸

由于杜月笙一时无动于衷，上海公安局局长蔡劲军将军决定干预，在忠义会（上海工部局警务处的密报人把它形容成一个由"黄埔军校生组成"并由蒲风鸣领导的团体）的帮助下，他在公安局内部设立了服务团办公处。蒲风鸣和蔡将军后来成立了两个团：防护团和特务团。⁴⁹

防护团在苏州河南北两边的活动有所不同。在城北，尤其在虹口，他们组织了一支"上海枪手队"，主要由无业游民组成，他们用毛瑟步枪或手枪在敌后袭击日本人。⁵⁰ 在苏州河南面的南市，防护团由征募来的市民组成，主要任务是挖防空洞。南市的每个户主每天都要出一个人去防护团劳动，该团由蔡将军在露香园路的一个办公处的副官指挥。[51]
到了9月，已有300多个征募来的人在干活，共挖成57条防空壕。[52]

特务团的办公处设在南市蠡园路旁属于绍兴府的一个私立学校里。[53]
特务团由蔡将军的前指挥官刘槐指挥，两个副指挥官一个是公安局监察
员陈伴农，另一个是前公车售票员张国权。[54]特务团的正式成员大都从
无业工人那儿招来，月薪9块钱，外加可以容纳1000人的学校提供的
免费食宿。到了1937年9月下旬，有400人加入该团。[55]

特务团还有一个调查处，由30人组成，归杨福林领导。这些人被
安置在老西门外西林路上的精勤小学里住。其中有个以前当过小学校长
的人叫傅多马，他说，刘槐派他去打听日本便衣特务在英租界的活动情
况。他还被派去调查中国"汉奸"的情况。要是能找到足够的证据，
就让中国警察逮捕这些汉奸，然后把他们押送到特务团办公处进一步
受审。[56]

苏浙行动委员会

在蔡将军手下的两个团中无疑有戴笠的人，特别是在特务团的调查
处里。但这个秘密警察头子的注意力主要集中在杜月笙弟子们在工会、
商团和地下社会的网络上。显然是戴笠在9月底使这个受侮辱的帮会头
子和他的青帮随从们回到军委会的正轨上来，并在10月初说服蒋介石
为了将帮会分子转为半军事组织而成立了一个"军事委员会苏浙行动委
员会"。[57]

苏浙行动委员会由蒋介石亲自主持，其成员包括杜月笙、黄金荣、
王晓籁、张啸林、杨虎、梅光培、向松坡和陆京士，戴笠是书记长，他
在法租界的善钟路上设立了办公室。委员会分成参谋处、政训处、情报
处、训练处和总务处。各处处长均由特务处的人担任，如陈旭东、汪祖

华、谢力公和余乐醒。[58]

该委员会的当务之急是培养干部和征募民兵。于是在松江和青浦办起了培训支队队长的特训班。[59]10月初，戴笠利用委员会的权力为别动军总支队部组织了一个总司令部。[60]这个后来以"淞沪别动总队"著称的司令部设在市南枫林桥附近的沈家宅1号。虽然在名义上这个组织由杜月笙领导，但戴笠是它的真正头子，英租界的警察把他认作"蓝衣社领导"。[61]杜月笙的"外交"助理、山东来的青帮老军阀刘治陆，是别动总队的名义副司令。[62]但各部门的关键职位全由戴笠的人担任：陈旭东当参谋长，方超任参谋处处长，周伟龙负责政训，周家礼是经理处处长（后由谭良甫担任），周济文为总务处长，余乐醒管技术室。余还和谢力公一起负责松江和青浦的训练点。[63]

别动队

淞沪别动总队由5个支队组成，每个支队有500到3000人，总共有8000名民兵。每个支队又相应分成3个队，每个队又再分成中队、小队和股。股及其以上的队长们都是戴笠特务处的特务或者恒社的骨干。[64]

别动总队的普通成员来自社会各界：上海商店的店员、帮会的地痞流氓、国民党溃兵、上海沦陷后倒闭工厂的失业工人和工会成员等。[65]此外，除了吸收新成员，别动队还兼并了前保安队的单位，如重组南市纵队。9月初，领导别动队第五支队的陶一珊，被南京任命为上海市所有训练中心的头目，其办公处设在淞沪警备司令部内。[66]

陶一珊上校的工商界人士组是穿黄咔叽制服、配毛瑟枪和手枪的支队之一。[67]二支队驻扎在南市鲁班路东亚体育学校，奉命帮助警察维持法律和秩序。[68]但据恽惠芳（他因为1932年的恐怖活动而在英租界的警察中闻名）的证词，他的别动队支队的目的，是"仅仅捕捉汉奸"，据说这些汉奸被移送到了附近的中国警察局。[69]

三支队分配给上海总工会主席朱学范（他的任命曾经被军委会否决过），以保持对劳工的控制。[70] 其他劳动阶层的组织有陆京士领导的邮政和海员支队，还有一个码头工支队。[71]

喜欢指责的人后来把别动队形容成一群"乌合之众"，无能力抵抗日本人的正规军。[72] 不过，杜月笙的干将们，如陆京士和水祥云，还是暂时放弃了他们"阴暗角落里的耗子"般的秘密角色，各个衣冠楚楚，俨然一副时势英雄的模样。[73] 但他们的光辉并没有持续多久。别动队本来应当护卫苏州河南面梵王渡、曹家渡直到日晖港一带，但日本人一向苏州河南岸发动进攻，他们便溃退了。[74]

戴笠在中国城区沦陷之前逃到了法租界海格路的办公处。但他力图效仿成为爱国典范的团指挥谢晋元在1932年捍卫四行仓库的壮举，希望重整旗鼓，奋勇保卫南市。[75] 可是他在上海的特务们有许多都放弃了他们的指挥岗位而躲到外国租界去了。上海站站长周伟龙向戴笠保证，他会在法租界里建立一支潜伏区的敌后队伍，来骚扰敌人。戴笠还命令他的同乡姜绍谟组织地下间谍单位，在日本人占领上海后收集和传递情报。[76]

为安全起见，这些间谍组织得完全与别动队分开，它们只通过龚仙舫向戴笠直接汇报。龚曾是特务站上海站的人事负责人，现在被任命为特务处与上海之间的主要联络人。但这些秘密地下支部要么被日本反间谍机构破坏和粉碎，要么成了为傀儡政府工作的汉奸秘密特工机构。[77] 而且，戴笠为了资助这些地下行动，在围绕毒品走私的地下中日关系的错综复杂的网络里越陷越深。

随着日本军队渐渐进入上海市中国区域，抵抗运动的主要领袖纷纷离沪。1937年11月，市长俞鸿钧、宋子文、钱新之和王晓籁都偷偷去了香港。[78] 杜月笙在那里与他们会合，并很快为蒋介石组织起地下情报组织，其经费部分来自他和戴笠建立的名叫"港记公司"的麻醉毒品工业。[79]与此同时，日本人一占领上海的中国管辖区，他们的特务机关（tokumu kikan）就开始以这个被分割的城市为据点，在"国统区"和沦陷区之间迅速扩张他们自己的毒品走私。[80]

上海别动队在日本军队面前溃不成军。大多数武装单位逃往苏皖边界，尤其是屯溪和歙县等地，投奔了前湖南土匪陈士虎这类的军阀，或者当了"游而不击"的游击队员；要不就是被戴笠组织起来加入了最终被美国人武装起来的"忠义救国军"。[81]

别动队最后一支分队于1938年2月1日从上海撤出时向上海报界发了一封告别信，说他们离开租界是"为了外国租界居民的安全"。[82]那时戴笠已经逃离上海，经香港到了长沙，"苏浙行动委员会"彻底垮了。[83]上海的战争成了一场地下斗争，而接下来的34个月，直到日本偷袭珍珠港，恐怖活动在租界里一直秘密开展。戴笠又一次收获巨大。

注释：
1 审讯林德富的记录，见 Shanghai Municipal Police Files, D—8039A, 28/9/37。
2 沈醉：《我所知道的戴笠》，第20页。
3 "鸦片是中国军政所有权力的主要支柱。"Joseph Stilwell，引自 Marshall, *Opium and Gangsterism in Nationalist China*, p.25。关于军统中一些双料特务和毒品贩与日本人在韩城（西安附近）秘密交易而被逮捕的细节，见"Discovery of Japanese Agents among High Officers of the First War Zone", Dispatch from Edward Rice, second secretary on detail at Sian, to George C.Atcheson, Nanking, 4/7/45; "Allegations hat High Officials in Shensi are Engaged in Espionage for the Japanese", Report from Edward Rice, to Patrick J.Hurley.OSS Report XL—12387, 5/6/45.Office of Strategic Services Archives, War Department U.S.National Archives, Military Reference Division。
4 徐铸成：《杜月笙正传》，第98页；郭绪印：《旧上海黑社会》，第99页。
5 Finch, *Shanghai and Beyond*, pp.294—295.
6 Sues, *Shark's Fins and Millet*, pp.70—72。比如，在1930年，由财政部长宋子文安排，有700箱波斯鸦片在上海交给了杜月笙。货船享受了军队的保护，而财政部和海军相应收取回扣。Marshall, *Opium and Gangsterism in Nationalist China*, p.32。
7 黄雍：《黄埔学生的政治组织及其演变》，第15—16页。戴笠也与其他帮会头子勾结起来，如在南市工厂里制作"红丸"和吗啡的刘治陆和向松坡。沈醉：《我所知道的戴笠》，第19页。注意，如本书前文所指出：还有一些说法认为戴笠和杜月笙是在1928年结盟为兄弟的。

8 Marshall, *Opium and Gangsterism in Nationalist China*, p.20, p.27.
9 同上书，第 32 页。最大的吗啡工厂设在浦东对面高桥村杜月笙的宗祠里。
10 同上书，第 34 页。
11 同上书，第 33 页。
12 同上书，第 21 页。宋子文实际上在 1931 年 6 月辞职了，因为他不能为"剿共"战役筹备足够的资金。他表示，如果能找到进款的其他来源，他可以考虑复职。
13 *Memoranum on Mr.Tu Yueh-sung*, p.21.
14 同上书，第 5 页。根据该协议，从四川、贵州和云南来的鸦片应由政府保护运送到长江流域。当鸦片到达汉口时，便由青帮代表们提取，然后在上海等地区分发。Marshall, *Opium and Gangsterism in Nationalist China*, pp.23—24。
15 *Memorandum on Mr.Tu Yueh-sung*, pp.5—6.
16 章微寒：《戴笠与"军统局"》，第 92 页。
17 宋子文被重新任命为财政部部长可能标志着他和杜月笙之间的部分和解。在那个"战役"中，宋得到上海工会的支持，那是一个地方纳税人和上海市民联盟的组织，由杜月笙控制。Marshall, *Opium and Gangsterism in Nationalist China*, p.46.
18 同上书，第 21 页。1933 年国民党控制下的所有税务局收纳的鸦片税总数每月达 3 亿元。
19 同上书，第 33 页。1933 年南京当局从十九路军处缴获了几百吨的中东鸦片后，把其中的大部分给了杜月笙去提炼海洛因。
20 *Memorandum on Mr.Tu Yueh-sung*, p.6.
21 同上。
22 沈醉认为戴笠应当对温建刚之死负责。沈醉：《我所知道的戴笠》，第 19 页。
23 Marshall, *Opium and Gangsterism in Nationalist China*, p.34.
24 *Memorandum on Mr.Tu Yueh-sung*, p.8.
25 Marshall, *Opium and Gangsterism in Nationalist China*, p.22.
26 人们可能想知道陈立夫在这场阴谋中扮演了什么角色。后来陈立夫谈起杜月笙时平静地说："只要我在上海，他总是对我非常彬彬有礼。" Changand Meyers, *Opiumand the Politics of Gangsterism in Nationalist China*, p.99。
27 Marshall, *Opium and Gangsterism in Nationalist China*, p.34.
28 上海市年鉴委员会编：《上海市年鉴》（X—25）。最后那个头衔是在戴笠的人谋杀了这些报纸的出版人史量才之后给了杜月笙的。
29 引自 Marshall, *Opium and Gangsterism in Nationalist China*, p.25。关于广西政府对鸦片走私的依赖，见 Bianco, *The Responses of Opium Growers to Eradication Campaigns and Poppy Tax*, p.8。
30 Marshall, *Opium and Gangsterism in Nationalist China*, p.22, p.34.
31 同上书，第 26—27 页。
32 同上书，第 24—25 页。
33 在杜月笙操纵的鸦片和间谍的秘密世界里，最重要的人物之一是叶清和（即 Paul Yi）。叶是福建毒品垄断的头子、Ezra 一带的主要毒品商。虽然按理说他由于和日本人做麻醉毒品生意应当被国民党处决，但在杜月笙向国民党军队交了巨额赎金后，他被南京政府于 1937 年秘密地释放了。叶是连接日本和台湾牵涉福州—厦门走私的浪人（ronin）的主要环节。他的兄弟叶谦顺，在香港为日本秘密特工工作。Marshall, *Opium and Gangsterism in Nationalist China*, p.39。
34 费其（Finch）后来把杜月笙的地下抵抗活动比作路齐·鲁齐亚诺（Lucky Luciano）在盟军进攻墨索里尼的意大利时的贡献。Finch, *Shanghai and Beyond*, p.303。

35 Boorman, *Biographical Dictionary of Republican China*, 3:329;Marshall, *Opium and Gangsterism in Nationalist China*, p.38;Scott, *Actors Are Madmen*, p.61.
36 徐铸成：《杜月笙正传》，第 95 页；Pan, *Tracing It Home*, p.70。
37 徐铸成：《杜月笙正传》，第 99 页；沈美娟：《戴笠新传》，第 331—332 页。
38 当时，沈醉为此专门问戴笠他们是否应该继续把注意力集中在共产党嫌疑分子身上，那段时间里被侦查大队在十六铺和浦东用"汉奸"名义逮捕的共产党嫌疑分子有 10 多个。戴笠回答说，他们不应该仅局限于抓共产党分子，但这项工作也不能全部放弃。沈醉：《军统内幕》，第 82 页。并见 "Blue Shirts to Suspend Anti-Japan Activities, " *Shanghai Times*, January 21, 1936, n.p. 关于"汉奸"的概念见 Wakeman, *Hanjian(Traitor!)*, pp.298—341。
39 沈醉：《我所知道的戴笠》，第 20 页。
40 同上书，第 20—21 页。
41 沈醉：《军统内幕》，第 82 页。
42 沈美娟：《戴笠新传》，第 335—339 页。
43 沈醉：《我所知道的戴笠》，第 22—23 页。
44 徐铸成：《杜月笙正传》，第 95 页。
45 Shanghai Municipal Police Files, D—3648, 27/7/32.
46 同上书，D—8039A, 10/9/37. 关于这些培训单位与特务处的关系，见徐铸成：《杜月笙正传》，第 100 页。
47 *Emergency Period Service Group Report*, p.1.
48 同上书，第 1—2 页。
49 *Emergency Period Service Group Report*, P.2.Shanghai Municipal Police Filcs, D—8039A, 10/19/37. 蔡将军在 1938 年被日本情报部门认为是蓝衣社谋杀行动的负责人。内务省警察局（Naimusho Keihokyoku），《外事警察概况》（*Gaiji keisatsu gaikyo*），193.29, pp.32—33(August, 1938)。关于蓝衣社的恐怖活动，包括消灭汉奸，同上书，186.39—41 (January 1938)，189.24—26 (April, 1938)，及 190.59—61 (May, 1938)。
50 Shanghai Municipal Police Files, D—8039A, 10/9/37.
51 该副官被认为是沈心抔。
52 *Emergency Period Service Group Report*, pp.3—4.
53 1937 年 9 月 11 日，上海工部局警方从法租界警察那里得到情报说，特务处办公处在九江路 545 华芜（Hwa Ngoh，译音）坊内。这是大公新闻社的地址，该社与朱学范领导的上海总工会有密切联系。Shanghai Municipal Police Files, D—8039A, 12/9/37.
54 曾在中国公共汽车总公司工作过的张国权与一个叫陈伯龙的警察监察员一起住在南京大西门。后者可能就是陈伴农在文中提到的那个人。张于 1937 年 8 月 25 日被上海工部局警务处因煽动罪逮捕。他被交送到中国区当局手里，后来被释放了。*Emergency Period Service Group Report*, pp.2—3.Shanghai Municipal Police Files, D—8039A, 28/9/37.
55 *Emergency Period Service Group Report*, pp.3—4.
56 傅多马，27 岁，定海人，于 1937 年 8 月 20 日加入特务团。"八一三"战事爆发后，他搬进了闸北长兴里关闭了的新光小学（他原是该校校长）。傅于 1937 年 9 月 16 日被捕。Shanghai Municipal Police Files, D—8039A, 10/9/37.
57 徐铸成：《杜月笙正传》，第 99 页；沈醉：《我所知道的戴笠》，第 21 页。
58 沈醉：《我所知道的戴笠》，第 21—22 页。
59 张选烈：《我所知道的军统青浦特训班》，第 180—185 页。
60 郭绪印：《旧上海黑社会》，第 100 页。
61 *Shanghai Special Service Corps Arrest*, p.3.

62 章微寒：《戴笠与"军统局"》，第 100—101 页。
63 同上。戴笠为余乐醒增设了行动组和第四组。第四组由杭州特训班甲班毕业生组成，其中有张人佑、程慕颐和倪永潮。江绍贞：《戴笠和军统》，第 41 页。
64 徐铸成：《杜月笙正传》，第 99—100 页，*Shanghai Special Service Corps Arrest*, p.2；沈美娟：《戴笠新传》，第 341—342 页。
65 章微寒：《戴笠与"军统局"》，第 100—101 页。上海商团早在 1937 年 2 月就成立了。见 Wakeman, *The Shanghai Badlands*, p.22。
66 *Shanghai Special Service Corps Arrest*, p.1；章微寒：《戴笠与"军统局"》，第 101 页；沈醉：《我所知道的戴笠》，第 21—22 页。日本人投降后陶一珊任上海军统警官。Eddie Liu to Miles, 7/1/48, Miles, Personal Papers, p.2。
67 Shanghai Municipal Police Files, D—8039A, 10/9/37.
68 这支队伍分成 2 个支队，然后再分成由 20 人组成的 6 个支小队，其中有 5 个支小队在南市活动，1 个在闸北。后者驻扎在长乐里，由八十七师军官王映明指挥。
69 Wakeman, *The Shanghai Badlands*, pp.22—23.
70 *Shanghai Special Service Corps Arrest*, p.2.
71 沈醉：《我所知道的戴笠》，第 21—22 页。
72 章微寒：《戴笠与"军统局"》，第 103 页。
73 徐铸成：《杜月笙正传》，第 100 页。
74 同上书，第 101 页。
75 谢团长领导了第十九路军 400 名将士为捍卫四行仓库对日本人进行了最后一道防线的抵抗。在描写他们的英雄故事里，一个女学生送了他们一面中国国旗，他们把这面旗帜插在战壕上。台湾的学校至今仍然讲授这个英雄殉难的故事。
76 这一单位被正式称为"上海特区第二区"。
77 沈醉：《我所知道的戴笠》，第 25 页。戴笠不时地另外派出熟悉上海情况的特务组，其中有周希良、毕镐奎和朱山猿等领导的小组。沈醉：《军统内幕》，第 29 页。
78 徐铸成：《杜月笙正传》，第 95 页。
79 1937 年 12 月杜月笙到武汉见蒋介石，蒋任命他为中央侦缉委员会香港负责人。杜月笙同时也利用红十字会办公作掩护，每月从国民党政府那儿领取 50 万元来收买潜在的汉奸，防止他们为日本人工作，除了在戴笠和王新衡同日本人之间安排和谈外，杜月笙也是偷窃和泄露汪精卫与日本人协议文件的主谋。他还安排了乔治·叶（George Yeh）逃离日本占领区。叶后来任中华民国外交部长。章微寒：《戴笠与"军统局"》，第 147 页；Marshall, *Opium and Gangsterism in Nationalist China*, p.38；徐铸成：《杜月笙正传》，第 5—8 页。
80 在中国的"国统区"和"沦陷区"表面上被封锁的地区之间巨大的走私贸易是中日战争的一个突出特点……天津由日本人控制的提炼厂利用来自东北广阔的罂粟地的鸦片供应，使中国市场充斥了海洛因。日本人在很大程度上用此资助了他们的战争。Marshall, *Opium and Gangsterism in Nationalist China*, p.41.
81 沈醉：《我所知道的戴笠》，第 22—23 页。
82 "Woosung-Shanghai Special Chinese Corps Leaves Shanghai"，《大美晚报》（*Damei wanbao*）, February 1。Shanghai Municipal Police Files, D—8039A, 4/2/38。报纸评论说，"多数汉奸的丧命可能是别动队行动的结果"。
83 章微寒：《戴笠与"军统局"》，第 101 页。

第十八章　训练营

> 革命的青年，快准备，智仁勇都健全！掌握着现阶段的动脉，站在大时代的前面！贫贱不能移，威武不能屈，维护我们领袖的安全，保卫国家领土和主权！须应当，刚强沉着，整齐严肃，刻苦耐劳，齐心奋斗！国家长城，民族先锋，是我们！革命的青年，快准备，智仁勇都健全！
>
> 临澧训练班班歌，军事委员会调查统计局局歌[1]

战地情报

上海市政府于 1937 年 11 月倒台后，戴笠被召到南京。当然，他知道首都不久将陷落于来自东南部的日军。于是他立刻开始准备城市的地下工作。想到战事爆发后在上海设立军事情报网所遇到的种种艰难，戴笠把南京指定为特区，由他最信任的一个部下钱新民任区长。他告诉蒋介石，钱担任这个关键职务完全可靠。他还设立了两个秘密电台，由女报务员主持，准备在南京被敌军占领以后潜伏下来。[2]

南京沦陷以后，作为二局头子的戴笠在全国军事情报收集方面变得日益重要。在那以前，戴笠办公室的使命是所谓的"军事静态调查"。在实际工作中，它被分为两部分活动：由一组外勤特工进行"搜集"活动；而由二局的另一组人员对前者的情报进行"查证"。[3]

搜集情报通常是由有军职的特工们负责。他们的责任有两重性：实地搜集关于共产党的情报，并汇报他们自己所属的军事单位的情况。关于共产党的报告被送到戴笠的办公处（先在武汉，后移至重庆），然后经分类后再发送给复兴社地方网络或其他军事机构中的特工去证实，以便采取行动。关于各个军事力量的报告包括了当地的"保安团"、该军事实体的战斗力（马匹数量、武器量、人员的体质状况）、士兵的政治背景和道德品质（是否吃喝嫖赌等），以及官员们的"思想状况"。这些报告送到内勤人员那里，他们有规律地跟踪观察这些具体单位在战时与和平时期的能力。尽管前一种报告被认为比后一种报告更紧急，但二者被指定用同等速度发送。因此，戴笠的特工系统在通讯的清晰有效方面保持了应得的声誉。二局的官员们夸耀说，在外勤特工与戴笠的总部间接收和转发信息的速度上，没有任何一个军事单位能够与他们相比。[4]

战争爆发后，戴笠在此基础上又增加了一个重点：向蒋介石提供军事动向及国民党将军们的活动。为此，他建立了一些"战地调查组"，将它们派到江湾、罗店、浏河、杨行等地。每组至少有一个以大队部政治官员作掩护的头目、一个配有小型无线电收发报机的报务员、一个密码员、一个内务人员，他们都是来自特务处总部的正规特工。若有需要，也会通过"毕业生调查处"从受过中央军事学校训练的无业军官中征调人员。只要有需要调查和汇报的战役，他们便奉命前往。由于这些人的军事背景，他们能够有效地与前线的军事人员联络。战地调查组还负责监视军人的任务。[5]

蒋介石把戴笠的日常战地报告视为他所得到的关于前线最可靠的情报。但他也许信错了戴笠。虽然戴笠每晚都派信使坐火车去南京送报告，供蒋介石每早审阅，但情报本身并不见得来自第一手观察。战地调查组的人员，甚至组长们，只是在"营部"层次上受欢迎，但不允许到前线连排的阵地中去。担任罗店和浏河战地调查组头目的沈醉，好几次要去前线观察，都被一位旅长阻挡，因为那旅长要向南京隐瞒无法收复被日军攻陷的一块阵地的实情。[6] 只是在整个战线崩溃后，沈醉从对其他官员的采访报告中，才逐一将失败的原因比较准确地勾画出来。[7]

随着日本人渐渐逼近南京，戴笠撤到了汉口。他的情报机关设在前日本租界南小路的一所小学里。[8] 他会偶然去湖南、贵州或重庆，但总是尽快回来审阅特工们送来的报告，并尽力确保他对战时不断发展的间谍网的控制。就是在汉口法租界的住宅里，他获悉了南京大屠杀的详情。他还得知了南京特区区长钱新民投靠日本人的消息，听到这个消息时，戴笠又震惊又恼怒。[9]

早在日本人包围南京以前，钱新民便把特区总部迁到了河对岸的浏河。南京一陷落，钱新民便携带"首都"特区秘密特工的名单投奔了日本秘密特务机关（tokumu kikan），并帮助日本人到处逮捕军统特工。只几天工夫，戴笠在沦陷城市内开展地下情报活动的成果便被破坏殆尽。南京的网络被钱新民彻底暴露了，因此戴笠责备自己是个"瞎子，看不见这个人的真相"。这位秘密特务头子再一次为使总司令失望而感到万分沮丧，他对最早向他报告钱新民投敌的沈醉说，他因为担保了一个"完全没有良心的人"而在蒋介石面前丢尽了面子。[10]

南京沦陷后，在国民党内部发生了一次大改组。1938年2月4日，蒋介石成立了一个"党员监察网"来"检查党员们是否真正在做布置给他们的工作"。据陈立夫回忆，"蒋先生觉得党员们没什么用。共产党员起着决定性的作用，但我们的党员没有。他们对执行命令粗枝大叶而且松弛散漫。蒋先生觉得有必要检查他们，督促他们"。[11] 与此同时，随着越来越多的军人入党，而且省政府主席们也当了中央执行委员会成员，国民党被置于一种战备状态。[12] 1938年3月至4月，在武昌珞珈山召开的国民党临时全国代表大会上，蒋介石以全票当选为党的"总裁"。[13]

军统的正式成立

戴笠的特务处名义上仍置于陈立夫在军事委员会下设立的中央调查统计局之下。[14] 在那年冬天的一段很短的时间里，中统被重新命名为"大本营第六部第四组"，徐恩曾被称为中将和组长。[15]

然后，1938年3月29日，蒋在党代会上宣布，中央调查统计局成立，简称"中统"，隶属于国民党中央委员会的一个办公处。这个全新的组织原是陈立夫主持的联合机构的第一处，将由徐恩曾领导。可以肯定，它的大多数成员和特工都来自于原组织的情报部门。同时，戴笠领导的调查处（原联合机构的第二处）仍属于军事委员会，但被重新命名为"军事委员会调查统计局"，简称"军统"。于是，戴笠的军统终于正式成立了。[16]

由于戴笠在国民党内的浮浅资历和在黄埔圈子里的低级身份（说到底，他仅是黄埔六期的一个学员而已），蒋介石怕一旦任命他为军统的正局长，其他部门会不服气。于是总司令便暂时任命他的侍从室长（侍从室主要由蒋介石的警卫人员组成）为军统局局长。在名义上，戴笠开始只是军统的副局长。[17]

事实上，戴笠对军统拥有绝对的指挥权。军统成立后头两年里的名义局长贺耀祖、钱大钧和林蔚文[18] 都非常明白蒋介石的意思：戴笠应该全权负责军统，而且他们不应过问军统的工作、人事或财政这些方面的问题。每年4月1日纪念特务处成立日的时候，局长会到军统总部来听戴笠的年度报告，然后就离开了。大多数在总部外面工作的外勤特工甚至都不知道在局里还有职位比戴笠更高的人。总之，到了1940年，戴笠大权在握，终于被任命为正局长。[19]

军统刚成立时并非是个很大的组织。当戴笠在1938年获得军统统治权时，它只有四个"处"和两个"室"，共有100多一点的"内勤人员"和不到 2000 的男女"外勤人员"。其中有些处与原蓝衣社的第二处有重叠。复兴社特务处副处长郑介民,仅在新成立的军统里任秘书。而早先的科或股都合并到了军统的情报、行动、司法和电讯处里。[20]

老竞争对手 CC 派

三四年前就开始的蓝衣社与 CC 派的竞争和敌视随着改组遗留了下来。[21] 尽管战时需要团结一致,这些机构在正式分开并互相独立后,仍保持着这种分裂状态。据陈立夫说:

> 中央调查局负责社会,军统负责军队。很难在这之间清楚地划分。两个组织经常办同一个案子。他们经常碰到并发生冲突。他们就像两个在黑暗中摸索而碰撞的人那样。我们与共产党不同,那是单独的一个组织,它的工作没有被划分开来。难的是,每个局都很容易侵犯另一个局的领地。常常是,一个将领的部队逮捕了把他的地区作为活动根据地的共产党人,但如果"军方"宣称那是它的领地,那你就无法进入。[22]

虽然这两个情报局互相写对方的报告,但中统并不敢对军统进行渗透。[23] 而且,尽管一些军事将领对戴笠比对徐恩曾和陈立夫更感到害怕,但中统在军队里也不直接开展工作。[24]

> 中统局在军队单位里进行工作吗?没有。它的政策是"不碰军队"。不然事情就会变得复杂并冲突起来。不过,要是中统局得到信息说军队单位的某个人与共产党串通,而且这案子由于时间关系很重要,就会有更详尽的调查。如果调查结果证明存在这种串通,

它会报告戴笠，好让他采取行动。[25]

可以想象，军统也不试图对中统进行渗透——起码在总部这一层上。在地方，戴笠经常利用中统设立的调查机构，他的人有时会与中统的特工在一个具体的单位中密切合作。总而言之，两者间的关系一直非常僵硬。在这一点上，陈立夫的遗憾尤其说明问题。

> 戴笠的特工是否与政训处或者他所负责的军队单位里的特别党部合作？不见得。军队中存在好几条不同的政治路线——它们不见得在某一点上汇合。这与苏联军队单位的政委制不同。我们的情况是，每件事都取决于它所涉及的人。举例说，比如，我是戴笠派遣的一个特工，你是由政训处派出的，在那个特定的单位里还有另一个人是军队党部的书记。假如我们是朋友，我们知道我们每个人都是被中央当局派来的——有时是可能知道这点的——于是我们可以密切合作。一切取决于个人的关系。[26]

在戴笠和陈立夫之间竞争尤为激烈的领域是通讯，以及对电报和邮检的专门控制。当然，陈立夫对自己在无线电和密码上对国民党北伐战争的贡献是非常骄傲的。这个情报工作的技术性符合他当时及后来对中统——中国的 FBI（美国联邦调查局）——的想象。[27] 但戴笠对这一领域也非常垂涎，二者的争斗最终导致了"联合机构"的创立，而原军事委员会调查统计局三处的独立存在，显然是这两个机构之间妥协的结果。

因为，除了负责收集外国情报，由丁默邨[28]负责的三处还肩负邮电调查。在1937年的某个时期，三处的名字被改为"特检处"。并且，次年，当这些单位都迁到了内陆后，蒋介石把特检处置于军委总参谋长的领导之下。[29] 后来，随着中统在抗战期间逐渐失去了对通讯的控制，特检处开始向军统汇报工作。于是戴笠获得了对邮电检查侦收的控制权，这在重庆时期对他的秘密警察体系具有非凡的意义。[30]

军统的扩展

这个在战时建立的独立的军统局，终于为戴笠提供了他长期等待的机会：扩张他秘密的特务王国。[31] 几年内，也许是在他被正式任命为正局长时，戴笠已经把军统局扩展到了有 10 个处和许多相应的办公室、地区站和小组的机关。[32] "区"成立于 1941 年，决定权就落到了区长手里，区长直接向戴笠汇报工作，而且区长在改组了的军统中变得越来越重要。[33] 例如，地区的监察员负责人事、财政、广播和电码设备、地区情报和实地运作。一旦区监察员得到戴笠的批准执行一项计划，所有其他部门就会得到通知，要准备全力支持该计划的执行。换句话说，一个区内的行动计划被置于军统机关内各个部门的需求之上。[34]

与此同时，办公处的人员超过了 1000 人，他们被分配在 8 个处、3 个区和几个室里。[35]

每个室与处同级。甲室是戴笠的私人秘书办公室，由特务头子最信任的人组成：张毅夫、何芝园和译电员毛宗亮；乙室也叫秘书室，但它向戴笠的副手毛人凤[36]和郑介民负责；丙室是计核室，张冠夫负责监督内部财政。

除了这三个部门以外，还有两个非常重要的室。机要室——原来的译电科——由军统内职位最高的女官员姜毅英负责。[37] 其中大多数成员都是江山人，[38] 所以他们可以在工作中用他人无法听懂的方言交流，这些人普遍地被认为文化层次较低。另外，稽查室是个高层次部门，由郭寿华（后来是廖华平）领导。它相对由数目较小的一批办公处人员和一大批对外的"秘密督察"组成，他们直接向戴笠和定期的"周督察"汇报对全国军统人员的秘密监视情况。[39]

结果，在扩充办公处人员的同时，外勤人员也在继续增长。[40] 就连那时的外国观察家都意识到戴笠及其秘密特工的重要性。

国民党军事委员会的一个鲜为人知的机关，是中央调查局。它是一个超级的情报和反情报机构，无疑它存在于党和政府的所有机关当中。这个局由戴笠将军领导，据说他是唯一的一个能在任何时间、任何地点见到总司令的人。[41]

这个人事上的巨大扩张的实现主要是通过军统的训练营和间谍学校——戴笠日益把这些单位看成是建立一个现代间谍系统的关键。[42]

训练

到了 1935 年夏，戴笠已在杭州警官学校内成立了一个"特别训练班"。[43] 学员们主要来源于特务处内文化层次较高的干部，他们被分配在六个纵队中的一个。一到三纵队是训练普通秘密警察或治安人员的；四队训练"全能型的特工"；五队训练驾驶员；六队是无线电通讯人员。[44] 此外，"特务"一词并不是军统人员们对自己偏爱的称呼。他们都知道它来自于日本语 tokumu，而他们喜欢用苏联特工对自己的称呼：从事"革命工作""革命保卫工作""情报工作"或"调查统计工作"。[45]

四队最享有声望，它设有密码术、侦查和监视、爆炸、摄影、驾驶、射击、政治和外语（通常是英语和日语）课程。毕业生们要经过一场特殊的、在半夜举行的加入军统局的仪式：在一个寺庙里，他们在阴暗的青灯笼下对着蒋介石的画像鞠躬，宣誓忠于三民主义，保证在需要的情况下为领袖献出自己的生命。然后，学生们饮鸡血酒来结束仪式。许多毕业生后来当了情报员，在全国各地的特务处（后来是军统）工作。[46]

1938年，戴笠又"强调指出，军统这门工作，不是一般人可以胜任的，所以必须经过训练和思想考核以后，才敢放手使用"。[47]在他的指导下，接下来的七年中，军统培训了20万基础干部、50万人的武装队伍，并在100期特训班中至少训练了5000名通讯人员。[48]

沈醉叙述过一段有关戴笠的轶事，这段轶事非常能说明戴笠对建立和垄断特务训练班特别偏执。那是在抗战早期，大批的流亡学生为特工招生提供了新的人才来源。上海刚一沦陷，沈醉就向戴笠报告说，前共产党人、十人团成员之一梁干乔在郑州建立训练班，为此他收容了800多个从沦陷区来的无法再继续上学的学生。梁向胡宗南借了几百支步枪，请宪兵团帮助培训，这使他建立一个精锐的半军事化干部队伍的用意暴露无遗。[49]

戴笠立刻写了一封亲笔信交送到梁那里，命令他把所有这些有文化的爱国青年送到湖南。这位特务头子打算在那儿建一所军统训练学校，好使用因中国沿海失陷而形成的这批人才。[50]沈醉递交了这封信后，梁干乔立刻意识到戴笠已经把这些新人才武断地掠夺走了。他气愤至极，把信摔到地上，命令沈醉到中正中学去当学生的训练官。

三天以后，首都警察厅保警大队长杨清植持戴笠的另一封更加霸道的信到了梁干乔那里，这时这个前共产党人终于明白，他除了向军统特务交出这些受过良好教育而且能上台面的人员以外，别无选择。梁还认识到，由于想亲自指导训练为军统工作的学生，他已经失去了戴笠对他——最早变节而来到蒋介石特工部门的一个前共产党人——的信任。在中正中学与沈醉发生了最后一次冲突后（据说梁大叫："你们都滚！明天一齐给我滚！"），梁干乔去西北投奔胡宗南。他后来到耀县当反共专员，在一次战斗中死去。[51]

临澧训练班

戴笠在湖南筹建的训练班位于长沙外临澧县的一个旧中学校址:这个军统重要的干部培训学校在它于1938年3月成立时,只是以"训练班"的形式存在。[52] 1937年该学校的计划小组开始行动的时候,军统还没有正式成立。于是戴笠使用了军委的权力,把它命名为"军事委员会特别训练班"。[53] 但军委办公厅不予以承认,他便只好利用自己中央警校教务委员会主任的职权把它改名为"中央警官学校特种警察人员训练班"。[54]

军统第一期毕业生被吸收到这个中央警校里,但在军统内部他们只被称为"特训班"成员。[55] 学员们后来使用"临训班"或"临澧训练班"来称呼他们当时的训练班,他们对自己是军统新特工训练学校的首届学员的身份都极为骄傲。因为,他们自然都强烈意识到,这几乎相当于黄埔军校。而且,戴笠决心要把军统最优秀的人才送到临澧当教员,使这一点更加明显。毕业后这些男女便成为其他训练单位的骨干,如后来指导兰州特训单位的廖华平[56]、任黔阳特训班副主任的吴琅和任东南特训班主任的金树云。[57]

副主任余乐醒关于情报工作的讲话,更加激发了临澧训练班学生们的优越感。资历较深的老特工余乐醒,把他们的新职业与《三国演义》里的主角诸葛亮的使命相比。"诸葛孔明是我们国家历史上情报工作方面最有成就最出色的组织家和实践家。"[58] 他不仅在三国之间建立了"科学情报网",而且还采用了"最有才华的高级特工人员",同时他本人还是一个杰出的分析家和非凡的实战统帅。[59]

虽然几百个学生都是通过已在特工部门里的亲友介绍进来的,但并非所有的新生在刚到达临澧,穿上灰军服和领取12元月津贴时,都能意识到他们是进入了军统的。[60] 从郑州梁干乔那里来的800多个年轻人被告知,他们是参加了国民党军队"总监部技术人员"训练班。[61] 他们中许多人无家可归，而且他们在刚到达临澧，对湖南还人生地不熟时就被派去与教员一起修建学校的楼房和盖一个能容纳上千人的草竹大礼堂。也许在主任余乐醒为取悦戴笠，把礼堂的一部分命名为"雨农堤"的时候，他们才意识到训练的真相。[62]

余乐醒实际上只不过是训练班的副主任，戴笠是名义上的主任。而教务处长谢力公是戴笠派去抵消余乐醒对学生的影响的。在这些学生终于明白了自己是进了间谍学校后，他们变得十分不安起来。[63]他们是逐渐明白训练真相的。当学生们在3月到6月间接受"入伍训练"（主要是观察他们的政治思想状况）时，他们的家庭背景受到调查，本人的个性也受到考察，以确定他们将来最合适的工作。当他们到了"分队训练"，而且看到他们学的都是搜查和逮捕、绑架、暗杀等技术时，许多人害怕后悔起来。[64]

最强烈的抵制来自于一个女生组，她们是戴笠让胡宗南从长沙中央军校第七校园招收来的。[65]这些女青年以为她们是弃笔从戎抗日救国，当她们得知是在受训练变成特工，其敌人还包括共产党时，她们便要求回原校。戴笠和余乐醒对此的反应都非常慎重。因为她们是胡宗南招收来的，而且家都在长沙附近，这些青年女子没有受到赤裸裸的胁迫。相反，谢力公和政训教官花了一整天时间，对她们讲为军统工作的重要性以及将来晋升的各种可能性。最后，她们勉强答应留下来接受训练。在著名女特工如吴毓坤、赵世英、彭家萃、吴奎元、吴舜华和凶狠的中队长安占江（她丈夫因惹恼了她而被她用手枪打死）的监护下，她们逐渐成为军统的骨干和外勤特工。[66]

自此以后，所有的新生都得签署一个自愿加入军统组织的表格。就像戴笠说的："只要你开始就给他们的脖子上圈套，以后你就可以驾驭他们了。"[67]

临澧训练班六个月的培训初期，相当一部分精力都花在"思想教育"上，而且，据当时在总务处工作的沈醉说，大部分政训都是关于反共的。[68]

政训教官头儿汪祖华企图说服学生相信，共产党说他们对日本人打了胜仗是骗人的。[69]学生们对他的说法感到怀疑。但是，这位政治指导员和七个中队（每队有140个学生）的政治教官一起坚持说共产党正在秘密地搞一场反对国民党的反动战争，是国民党以它的"革命集团"和军事统计局在打一场抗日战争。"除国民党外，没有任何一个党派是革命的和抗日的。"[70]

临训班的政治教官们还花很多时间来调查学生们的政治言行，没收"进步"书籍和杂志，如《新华日报》，还检查他们的邮件。这类窥探尤其让那些自己的情书被截收的学生气愤。后来，学生们想让附近的商店帮他们收信，而店主则被告知不要帮学生的忙，或者把他们的邮件送到政治教官那儿偷偷地打开检读。[71]

尽管临训班当局竭力想对训练班的存在保密，但他们不久就发现，许多人都知道县里有一个很大的特工训练班。甚至有的信来自共产党延安的鲁迅艺术学院，假装是来自前训练班的学生的，这些信要求学生们趁早退出训练班，以免为时过晚。这些信被发现后不久，临澧队部就开设了"禁闭室"，来对付违反纪律者或者威胁逃走的学生。[72]

对共产党诱惑的恐惧甚至蔓延到了教官们本身。关于对共产党进行渗透的课程被认为是特别敏感的部分，因为教授这课程的有些教官，如曾经在黄埔军校当过政治指导员的廖华平是前共产党员。在这些课上，他们使用从邮检或警察搜查中没收来的共产党文件，来给学生讲一些马克思主义术语，好让他们能装作"进步"的样子。与此同时，教官们还得使用这些教材诽谤共产党的意识形态，使学生对马列主义有抵抗力。作为前共产党员，他们想让学生们理解马克思主义的力量，但他们害怕其他军统同事们会误以为这是秘密左翼政训，是要学生们接受再教育。他们知道戴笠在他们中间安插了密探，这更增加了他们的恐惧。戴笠第一次来到校园时，他漫不经心地提到连总队长陶一珊有晚饭后打牌的习惯。这使每个人都意识到他对这里保持着密切的监视。[73]

戴笠第一次来临澧训练营地是在1938年秋天。余乐醒要给他一个好印象，于是让学生们作为警卫向戴笠的汽车致敬，由两个中队的学生担任警戒，三步一岗，五步一哨。当戴笠的车到达县城附近时，一声立正的口令发出，随着几处同时传出了立正号令。而站在交通要道的武装学生也立刻开始执行断绝交通的任务。戴笠在来之前收到了一大堆对余乐醒不满的小报告，他已经火冒三丈。当他到了县城，看到接待的阵势这么讲究，他的脾气当场就爆发了。他一边从车里出来，一边大声地质问余乐醒，这套森严戒备是怎么回事。他说，他们又不是过去的军阀！要是领袖蒋总司令知道了这些可笑的阵势，那你余先生就完了！他不让余乐醒做任何辩解，一路发脾气一直发到班里，把在场的学生都吓坏了，他们都感受到了他们主任的威风的可怕。[74]

让戴笠如此愤怒的小报告来自他的密探，报告形容了余乐醒作为副主任的出色工作。余对特工有广泛的知识，这使他一开始就赢得了学生们的敬意。由于他给所有的新生们上基础间谍课，所以在赢得他们尊敬和忠诚的同时，他结识了他们中间的大多数人。在训练开始的几个月里，余和学生们非常接近，这使想成为学生们唯一的领导和导师的戴笠非常嫉恨。

于是，在他访问的第二天，戴笠故意对汇集在礼堂里听讲的教官和学生们贬低余乐醒。他不仅专门指责副主任，而且还骂总队长和总教官们，说他们过着花天酒地的生活，把太多的时间花在女人身上，而忽略学生们。他说教官和队长们中有不少人与女生发生不正当性关系。他严厉地指责总队部强迫所有的学生学会游泳，结果淹死了一个湖南籍女生；还有，一个学生在跟朝鲜的空手道教官学拳击时被打伤致死。不过，他高度赞扬前共产党员廖华平，说他在政训课上力图使学生理解：要是不歼灭"赤匪"，那在将来大家就死无葬身之地。[75]

访问的第三天，戴笠对各个学生小组训话。他告诉他们，军统是国内最革命的组织，他们自己的前途很光明。他还专门查看了"他的"学生的记录，并提拔了一些他认为应受嘉奖的学生，同时下令把那些小报告里说得最坏的人禁闭起来。但是，戴笠对学生们的控制并没有使余乐醒垮掉。戴笠访问临澧后回到了汉口，关于余的声望的新报告又送到了军统总部。于是戴笠决定用陶一珊取代余乐醒。但这并没有解决问题。虽然在1938年5月至6月里陶一珊尽最大可能来管理学校，师生们似乎对余被撤职感到非常难过。最后，为了重振他们的士气，戴笠软了下来，在7月下旬恢复了余乐醒的职务。[76]

自然，对师生们来说，整个事件只是提醒了他们戴笠有着无所不在的耳目，而且增强了他们对戴笠私人独裁专制黑暗面的认识，这很快地成为他们终身面对的一个事实。然而，临澧的学生们虽然对他们将来作为秘密警察的个人安全感到忧虑，但他们还是被间谍课程深深吸引：无论是学习如何迅速拔枪射击、撬锁和开手铐，还是在长沙街头上练习发现和甩掉跟踪等。[77]

他们部分是由于受到现代间谍技术吸引，部分也因为受了传统武艺的诱惑。戴笠本人就非常器重中国的拳击师，例如一个叫李克炼的临澧学生是个气功师，他能在腹部放一块大石板，别人用铁锤将石板击碎，而他的腹部却丝毫不受损伤。戴笠后来任命李克炼为军统重庆技击班副主任。在临澧班的毕业典礼上，戴笠还对朝鲜空手道教官[78]让一个十多岁的孩子在几秒钟里失去知觉的掐指术印象深刻。当戴笠在武术教官的表演后斥责他时，别人都以为他们的头子讲人道，怕把这小孩子弄死。其实，戴笠发火是因为他不想让那位武术教官在众人面前泄露这种"高招"。[79]

间谍术

不管后来的专业训练是什么，所有的学生都得上由副主任余乐醒教的一门叫作"特工常识"的课，学基础间谍技术。[80] 课程包括收集情报和评价分析、秘密情报组织的部署和领导特工、盯梢和摆脱跟踪、发送情报、特别行动、侦察、伪装、邮电材料调查和使用毒药与炸药。[81]

一旦学生们上了这门基础技术课，他们就应当能够选择将来的专业了。实际上，根据每个人的才智，他们被分配到现有的中队去：最优秀的到精锐间谍部门，差一点的到游击队去。假如是一个特别聪明警觉的人，他就有可能被选入"情报队"。一个脑力差点但明显强壮勇敢的人，会被分到"行动队"，受过军事训练的学生被派到军事情报的"谍参队"。其余比较一般的则进入"军事队"，他们在那里学习游击战术，这些游击战术是从叶剑英在湖南南岳的共产党游击干部班抄袭来的。[82]

女生们一开始要么被分去学情报工作，要么变成特别行动特工。1938年7月，临澧特训班还设立了特别小组：通讯组和会计组。那以后，大多数女生都参加这两项的训练组。有一些会被选为"工作太太"，陪同如傅胜蓝（他在投敌成为杭州傀儡市长之前，负责军统在上海的地下行动）这类的大特工去日占城市工作。[83]

情报队里的高级课程由在德国和意大利留学过的官员教授。还有一些关于军火和炸药的辅助课和示范，由刘绍复和黄林玉讲授；收集情报由谢力公主讲；沈醉负责间谍术；总部的电讯员负责无线电通讯和电码；摄影由军统摄影师教授。[84]

行动队教它的学生使用武器（暗藏的匕首、手枪、斧头、带毒的短剑等），进行逮捕、暗杀、监视和盯梢。领导了多次绑架和逮捕的上海老手沈醉，讲授抓嫌疑犯的实际细节：要是三个人抓他们两个，该如何行动；如何把一个人从三四层的楼上抓下来；体质不同的受害者对抓捕会有什么不同的反应等等。特工们学习如何先痛击对方使其无力反抗，而并不把他们打伤致残使他们无法走出楼房，但要让他们无力叫喊或拒捕。在课上对这类技术的示范，有时会让抵挡教官武术招数的学生受伤。在这种情况下教官们往往感到面临着考验，在学生面前他们要保持"权威性"和"可信性"而不能丢脸。这便是一个学生最终被他的朝鲜武术教官金先生打死的原因。[85]

教学重点是在实际而具体的案子上。开始，行动队的学生接受爆破方面的训练，但军统很快发现，要把一个秘密特工变为一个爆炸专家需要至少六个月的额外训练。而且，训练中经常发生爆炸事件，有时还造成伤亡。更实际的做法是，把爆破专家与受训的特工分开来，让前者为实地训练的特工们制造炸弹这类器材，特工们只接受基础技术训练，能够引爆就行。重要的是教会他们辨别各种黄色炸药的威力，而这可以在临澧外的乡村很容易地进行，尽管这可能骚扰在附近居住的农民。[86]

在这些特别行动课上，学生们不能记笔记。假如他们没有理解某一点，他们可以让教官再重复一遍。教官们奉命鼓励学生在课外找他们寻求帮助。通过这种方法，班里的"骨干"们可以发现热衷于暴力和阴谋诡计的学生，这些人是教官们能够为高级工作"培养"的真正合适的"专门人才"。[87]

全部课程应是一年，但是戴笠面对战争，有时会耐不住而给临澧打电话，命令让最优秀的学生马上就到实地工作。他尤其关心的是确保他的军统干部被派到"战地服务团体"或其他重要的抗日组织中去，否则这些团体或组织会被共产党或其他"进步"领导人控制。于是，当1938年夏战地延伸到江西，一位妇女代表那里的抗日组织在人员方面求助时，戴笠下令让训练班立刻派遣一支女生小分队去参加那里的团体。[88]另100个学生被从第五和第六中队里挑选出来，派到华南参加正在上海内陆腹地加紧反日活动的"忠义救国军"。[89]

"忠义救国军"

"忠义救国军"起源于戴笠成立的、杜月笙组织的苏浙行动委员会下的"别动队"。[90]这些工会成员和地下社会分子被日本人赶出上海分散后，戴笠派了周康去重新集聚力量。他们从残余部队中收容了2000多人，在溧阳重整后迁往休宁，然后扩充成由何行健和汤毅生带领的两个"教导团"。1938年又增加了阮清源的第三团，于是整个团体被命名为"忠义救国军"，由俞作柏（即俞一则）中将为总指挥，指挥部设在安徽广德金山里。[91]

俞作柏是前广西派的一个军阀，在1928年的蒋桂战争中被蒋介石收买。[92]"忠义救国军"后来扩大到10万人；尽管它由于反对共产党领导的新四军的活动而在中国进步人士中臭名昭著，但在1938年秋天，它的确有效地在长江三角洲开展了抗日游击战。[93]1938年夏，有无数可靠的报告说，在该地区内陆坐船或卡车旅行的小股日本人受到袭击。尽管日军维持了他们通讯线路的通畅，但美国观察家们报告说"游击队活动给日军造成的伤亡很大"。而且，在当年9月和10月临训班的学生加入了"忠义救国军"以后，游击活动的水平明显提高了。[94]

当然，与此同时，日本人正在缩紧对武汉的包围。戴笠几次去湖南南部见蒋介石，蒋当时正在衡山南岳召集国民党中央委员会会议。在蒋介石把军委总部迁到战时首都重庆之前，戴笠还去了四川替领袖安排保卫措施，并在海关巷设立他的军统办公处。[95]然而，一旦这些安排完成后，戴笠个人的主要责任便是在日本人占领之前摧毁武汉的城市设施。结果，又有100个临训班的男女学生被挑选出来随沈醉到武汉，他们在一所叫南小路的小学旧址驻下，全部都穿上便衣。然后戴笠告诉他们：在武汉保卫战中他们将发挥军统的特殊作用。在接下来的日子里，他们直接在戴笠领导下工作，任务是确保不把公用设施留给日本人。[96]

临澧的最后日子

沈醉回到了临澧，他继续在那里负责 700 来个学生 12 个月的训练工作。在 1938 年至 1939 年冬季的最后一个月中，戴笠匆匆从长沙赶来，对临澧训练营地做最后一次视察。他此行有三个目的：参加毕业典礼，把训练班迁到湖南西边的黔阳，以及永久地免去余乐醒在训练班的领导职位。⁹⁷

也许是因为最后一点已经得到解决，这次戴笠显得比较和蔼。他的所见所闻似乎都让他高兴。他赞扬了学生和教官，讲了毕业生未来的新任务。在毕业典礼上，除了武术表演让他光火以外，他显然对学生们所表演的技术感到满意。⁹⁸

戴将军甚至被他们那个有点别扭的班歌吸引住了。那是一个在德国留过学的教员编的，他受了德国褐衫党党歌的启发。戴笠的耳朵被这些词句吸引："革命的青年，快准备，智仁勇都健全！"他尤其喜欢这句歌词："维护我们领袖的安全，保卫国家领土和主权！"结果，他决定把这首歌当作整个军统的局歌，下令每个重要会议，包括每年 4 月 1 日军统纪念大会上，都得唱这首歌。显然，从他长辈似的愉悦中可以看出，戴笠把临澧毕业生当作自己特别的子弟，他们在后来都得到了他的重用。⁹⁹

这 700 个毕业生每人都得到了少尉的头衔和薪水待遇。¹⁰⁰ 第一情报队的一些"文化程度较高"的成员被派到重庆外语训练班深造。大多数人被派到西南后方，其中大部分分到了四川的军统办公处。一小部分被留下来在特训班当干部，并迁往黔阳。¹⁰¹

骨干

作为临澧特训班的延伸，黔阳特训班是军统五个正规干部地区训练班的第二个——另三个是息烽特训班、兰州特训班及东南特训班。从1939年到1945年，这些训练单位培训了约1.35万名的军统情报、谍报、行动、电讯和游击战专业人员。

此外，还有一套军统干部和情报人员的中央培训系统培训了军官、驻外武官、电讯人员、共产党组织和战术的专业人员、以外交职业为掩护在国外活动的外事专家，以及德文、法文、英文和日文翻译。

重庆最有声望的中央培训机关从临澧、黔阳、息烽、兰州和东南训练班里挑出了250个最优秀的毕业生，加上军统区各站的头目，对他们再进行一次为期六个月的严格的高级情报技术训练。该训练由戴笠最有经验的教官和美国战略局及海军情报局下属的中美合作所的50个官兵教授。军统训练系统中级别最低的单位，用一个月的速成班（专门对收集情报和联络工作进行初步培训）培训了从各个重要的国民党中央政府部委推荐来的500个官员和行政人员，以便让他们在这之后成为军统的密探。无须赘述，许多人都这么做了。

第三套地方培训系统的设立是为了培养在西北与共产党斗争的特工侦探和反间谍专家，同时也培养到台湾去工作的专家，以协助美军进攻该岛。[102] 最后，还有一套军统控制下的海外培训机关，培养派往印度支那去抗日（在有些情况下是抗法）的越南特工和作为军统特工被派往缅甸、马来亚半岛和菲律宾的华侨。

在中美合作所成立以前，训练机关的核心仍是培训"骨干"的临澧—黔阳—息烽—兰州—东南系统。这些训练点是戴笠"王国"的核心，而他把它们视为自己的班子，把自己当作主任，而把每个班的领导当作"副主任"。[103] 有点奇怪的是，这些特训单位成了他整个秘密"王国"的缩影。在这些训练点初建时，戴笠会任命他自己的特工作为当地的县长，这既是为了准备成立训练点，也是为了保护和隐藏它的存在。这些单位经常设在各种师范学校里，这类学校曾经产生出一批权力欲极强的野心家，戴笠本人、胡宗南、贺衷寒和其他许多人都属于这类人。这位"主任"每次视察训练点（他每年都去）都像是皇帝巡行似的。

在他居住重庆的八年里，戴笠访问了当地的每个训练点，参加了特地安排在他的访问日程中的毕业典礼。在军统内部，这叫作"出巡"。有两辆特地为特务头子备好的专车，以便他可以轮换乘坐。他的随从包括一个副官、一个秘书、助理、私人厨师、一个洗烫衣妇、电报员、密码员，再加上人事、情报、行动、训练人员和警察，他们有自己的车辆。两三辆卡车的便衣警卫和从军统指挥部选来的武装警察警卫。于是，戴笠像一个总督一样到"他的"训练单位垂巡（这些单位往往坐落在一个由"他的"县长管辖的县），来显示对"他的"学生的所有权。[104]

我们已经从余乐醒的遭遇中看到，要是教官们的威信超过他的话，戴笠会对他们怎样嫉妒。即使在戴笠最后一次撤换余乐醒以后，他仍一直不能原谅余对自己的挑战，尤其当临澧的毕业生继续对他们的前副主任表示敬爱时。每次余乐醒到重庆来，起码有上百个临澧毕业生会为他组织一个宴会，并邀请他在宴会后讲话。余总是敦促他的学生们努力为军统工作并对戴笠要忠诚，但这丝毫不能使这位特务头子解气，他最终把余乐醒投入了军统的监狱，把他关押了一年多。[105]

训练单位的派系

戴笠如此忌讳在他本人以外的这种师生关系，是为了防止在他的特工系统里形成帮派。从理论上讲，军统的人事规定禁止任命朋友在自己同级或手下工作。但事实上，要知道一个科或处，或者一个局的负责人的推荐是否出于个人原因是很难判断的。为了防止个人小集团的组成进而反对他，戴笠必须在不断庞大起来的军统的各个部门当中拥有自己的亲信集团，来监视潜在的对手。[106]

而这个戴笠亲信集团的来源正是临训班的第一期毕业生，其中有些成为他机要室（也称为甲室，有意模仿蒋介石的侍从室——据说是抗战时期最重要的政府机关）的秘书。还有十多个人被分到人事处，其他的很快被提拔为股长或副股长。很快，军统总部的每一个处、局，或小组中，都有临澧毕业生在里面身居要职。在外勤方面也是如此，起码有十来个县的稽查所的头儿都是临澧毕业生，他们在上任后不久便被提升为上尉或少校。[107]

比临训班毕业生有更多年经验的老特工对这些提升非常不满。他们说："现在真成了非澧（礼）勿视，非澧（礼）勿用的世界了。"而临澧毕业生也故意让老人们知道他们是"戴笠的学生"：他们管特务头子叫"戴主任"而非"戴先生"。这些年轻的中学毕业生对老特工们粗俗腐化的生活嗤之以鼻，毫不迟疑地予以汇报。[108] 他们之间彼此的称呼也从来不是像军统一般人之间那样叫"同志"，而是以"同学"相称，而且要是他们碰到了以前临训班的队长，他们会以"老师"相称，而不用军统授予的军衔来称呼。[109]

由于一些黔阳训练班的学生曾经与临澧的学生在一起直到训练结束，黔阳班的毕业生想借临澧班的光。他们坚持说"临黔不分家"。但临澧派只想自成一体，只与总部以外其他来自临澧的人结帮，每次只要有临澧毕业生从外省来重庆，他们就会在一起聚餐，以保持彼此的联系。其实，把每个核心训练单位当作一个特殊团体区别对待，显然是戴笠整体计划的一部分：他把临澧毕业生分到重庆，黔阳的分到西南地区，而兰训班的毕业生则成为西北地区干部的主要来源。[110]

但是，渐渐地，一些包括毛人凤这类精明的头目在内的老特务开始意识到，他们可以用兰训班的毕业生来平衡在重庆的临澧派。他们把越来越多的兰训班毕业生安排到重庆，一个新的派系开始在他们周围形成，与临训班毕业生分庭抗礼。[111]后来,息烽的三个训练班的毕业生任职军统,形成了又一个对立派。但即便如此,临澧毕业生仍保持了他们是"戴笠的学生"的特殊优势。而且,从临澧训练班成立到国民党在内战中失败的11年里,至少有5个人在戴笠和他的委员长的部门里被提升为少将。[112]

注释:

1 沈醉:《军统内幕》,第15页。
2 沈醉:《我所知道的戴笠》,第25页。
3 以下的分析基于周震东:《戴笠特务渝三课,蓉组,及西康组在军事方面的活动(1935年—1936年)》,第281—282页。负责"外部事务"的单位被分成秘密与公开两部分。前者纵向领导后者,不准许有横向关系,而且只有在必要的情况下才提供有关信息。任何人泄露机密,哪怕是对直系家属都会受到监禁、刑罚或者死刑的处罚。程一鸣:《军统特务组织的真相》,第194页。
4 若发生紧急案子,总部会派遣一个"参谋"去地方上的"剿匪总部"做第一手调查。他的汇报通过无线电或电报发给戴笠,然后呈送蒋介石。
5 沈醉:《我所知道的戴笠》,第23页。
6 在上海附近有好些非蒋介石嫡系的国民党军队在作战。他们的指挥官会不惜代价阻挡沈醉的介入。
7 沈醉:《我所知道的戴笠》,第24页。
8 戴笠的私人公馆在巴黎街8号。沈美娟:《戴笠新传》,第361页。
9 在上海,钱新民的动向可能被他的部下出卖给了日本人。沈醉:《我所知道的戴笠》,第25页。
10 沈醉:《我所知道的戴笠》,第25页。沈醉经常想证实,戴笠并不像传说的那样,是个有效率的特务头子。当时正值国难当头,成百个特工人员被围捕、折磨或杀害,在这种情况下,沈醉可能过分地强调了戴笠很在乎丢面子。
11 "KMT wartime Organization Problems, Youth Corps, etc." In Chen Lifu Materials, p.70.Materials relating to the oral history of Mr.Chen Lifu, done with Miss Julie Lien-ying "How as Part of the Chinese Oral History Project of the East Asian Institute of Columbia University between December 1958 and July 2, 1968".
12 战争爆发后,军官们被要求加入国民党。
13 据陈立夫说,如果蒋当选为总裁的话,"其他军事统治会占上风,这样党会更加处于'半死'状态。所以有必要使掌权者蒋先生成为党的领导。" In Chen Lifu Materials, p.90。蒋的当选自然而然地使汪精卫的地位下降。Ch'I, *Nationalist China at War*, p.207。
14 刘恭:《我所知道的中统》,第59页;张文:《中统二十年》,第1页。刘恭可能是中统人事科的一名高级成员。
15 刘恭:《我所知道的中统》,第60页。
16 沈醉:《军统内幕》,第2页;沈醉:《我所知道的戴笠》,第28页。
17 黄康永:《我所知道的戴笠》,第155页。对中统来说,中央执行院的总书记便自然而然地是它的局长。刘恭：《我所知道的中统》，第 60 页。

18　这几个名义局长中钱大钧最有声望。他曾在黄埔军校任职，也是中央军校武汉分校的教务长。西安事变中他与蒋一起，并在他的警卫抵抗叛军时受伤被捕。太平洋战争后，钱当了上海市市长。Boorman, *Biographical Dictionary of Republican China*, 1:374—375。贺耀祖也是蓝衣社的主席。Maimusho Keihokyoku, *Gaijij keisatsu gaikoy*, 5:57; 并见 "Blue Shirts Organization", OSS Report XL—47361, 20/3/46. Office of Strategic Services U.S.Army Nantional Archives, Military Reference Division。

19　沈醉：《军统内幕》，第 3 页；章微寒：《戴笠与"军统局"》，第 96 页。

20　沈醉：《军统内幕》，第 iii 页。

21　"The Nationalist Youth Party", Memorandum in Shanghai Municipal Police(International Settlement), No.D—4040, n.d.

22　"The Board of Organization", 1932—1935, Chen Lifu Materials, p.81.

23　同上书，第 83 页。"要是军统发现我们这么干，那就太糟糕了。"

24　同上书，第 81 页。

25　同上书，第 80 页。

26　同上书，第 79—80 页。

27　恽逸群：《三十年见闻杂记》，第 46 页。

28　丁默邨后来成了汪精卫傀儡政府的秘密警察头子。

29　那时该处还奉命负责防谍工作。沈醉：《军统内幕》，第 128 页。

30　刘恭：《我所知道的中统》，第 60 页。

31　Ch'I, *Nationalist China at War*, p.211.

32　地区自上而下的正式等级是：区、站或特别组、组。每一层的具体工作人员被称为"直属通讯员"，但他们全都直接向戴笠本人汇报工作。程一鸣：《军统特务组织的真相》，第 194 页。

33　程一鸣：《军统特务组织的真相》，第 194 页。大城市也被称为区，如南京、上海、香港等。

34　邓葆光：《我所知道的戴笠和军统》，第 153—154 页。

35　同上书，第 153 页。三个区为上海（建于 1941 年）、海外（建于 1942 年，由黄天迈领导），以及华北（建于 1943 年，由马汉三领导）。

36　毛人凤在《红岩》里被藐视为无足轻重的人。

37　沈醉：《军统内幕》，第 3—4 页。

38　美娟：《戴笠新传》，第 259 页。

39　"周督察"们每周六碰头，起草向戴笠发送的周报，戴笠用这个报告作为每周一训话的基础，并以此来了解每个干部的思想，指导全盘组织工作。邓葆光：《我所知道的戴笠和军统》，第 154 页。"既鞭策勇者奋进，又自设绳索加以羁绊，是相当矛盾的一种措施。"引自江绍贞：《戴笠和军统》，第 38 页。

40　沈醉：《军统内幕》，第 83 页。沈醉认为"戴笠相信特务越多越好"。据沈醉说，除了集中在重庆罗家湾和磁器口总部的 1400 个特工外，还有 5 万常规领薪特工（运用人员），再加上约 50 万的间谍和报信人，这使军统成了当时世界上最大的间谍组织。同上书，第 4 页。官方的资料宣称，戴笠的外勤特工在 1945 年多达 10 万。《戴雨农先生年谱》，3：305。

41　Military Attachcr Report:China(#373). From American Embassy Chungking to Military Intelligence, Division War Department. Subject: "Organization of the High Command of the Chinese Army". Gary May, *China Scapegoat*, p.262.

42　章微寒：《戴笠与"军统局"》，第 121 页。

43　首届"特训班"开设于 1932 年。章微寒：《戴笠与庞大的"军统局"组织》，第 285 页。

有关以后各班的名单，见第286—288页。并见沈美娟：《戴笠新传》，第184—185页。
44 戴笠是训练班的主任，余乐醒是副主任，王孔安是党的副书记。王方南：《我在军统十四年的亲历和见闻》，第167页。
45 葛明达：《军统百日记》，第167页。
46 同上书，第140—141页。设立在警校附近雄镇楼的四队的队长是王德龙（音），政治教官董益三，教官有谢力公、梁翰芬、余秀豪和汪祖华等。
47 沈醉：《军统内幕》，第29页。
48 章微寒：《戴笠与"军统局"》，第96页；黄康永：《我所知道的戴笠》，第155—156页。在重庆一个地方就有30多个"特务训练班"。沈醉：《军统内幕》，第11、83—84页。
49 这段以及下面的叙述，引自沈醉：《我所知道的戴笠》，第25—26页。
50 许多这些单位的应征者开始以为自己只是受训当普通军官或警察。当他们发现是进入了特务的铁的纪律网时，大家都感到非常震惊。程一鸣：《军统特务组织的真相》，第210页。关于训练单位表，见第212—215页。
51 胡宗南有自己的特工，他在西北与军统进行激烈竞争。冯美铨：《解放前军统在西安和银川的组织与活动》，第75—77页。
52 它同时也被叫作临澧训练班。见葛明达：《军统百日记》，第166页。
53 1937年夏，戴笠派余乐醒到长沙鹅塘为训练营地做筹备工作。章微寒：《戴笠与"军统局"》，第121页。
54 杨者圣：《特工王戴笠》，第226页；沈醉：《军统内幕》，第10页。
55 他们所受的前一半训练无一例外地包括基础军训，然后的一半教育便完全是特工训练。程一鸣：《军统特务组织的真相》，第211页。
56 关于"兰训班"的训练课程，见原保泰：《戴笠与兰训班》，第160—162页。
57 沈醉：《军统内幕》，第14页。老资格特工、湖南站长李人士和军统第一处处长杨继荣都来讲过一两次课。
58 葛明达：《军统百日记》，第167页。
59 同上书，第168页。余乐醒还提示说诸葛亮对刘备的忠诚是有条件的，所以他要求学生们在做政治选择时要有远见而谨慎。
60 葛明达：《军统百日记》，第28页。伙食每月才三四元。新生中有一小部分是由已在军统工作的亲戚介绍来的。
61 沈醉：《军统内幕》，第11页。
62 同上书，第10页。
63 总教官是刘绍复和廖华平。章微寒：《戴笠与"军统局"》，第121页。
64 沈醉：《军统内幕》，第10、16页。
65 关于训练女特工，见沈美娟：《戴笠新传》，第260—261页。
66 沈醉：《军统内幕》，第12、15—16页。
67 同上书，第16页。
68 同上书，第11—12页。几乎在临训班所有的授课过程中，教官们用来描述特务工作的例子无一例外地都与共产党有关。
69 同上书，第11页。汪祖华在军统内是有名的"反共宣传家"。
70 同上书，第18页。并见第16、21—22页。
71 同上书，第17页。
72 同上。
73 同上书，第24页。
74 同上书，第25页。

75 同上书，第25—26页。
76 同上。与此同时，戴笠设立了一个主任行政办公室，由丁若萍负责。他还任命谢力公为教务处处长。这两个位置都是为了平衡余乐醒影响力的。并见仲向白：《我所知道的中美特种技术训练第三班——临汝训练班》，第133页。
77 沈醉：《军统内幕》，第20—21页。
78 同上书，第13页。
79 同上书，第27—28页。
80 他们使用的基础理论著作是《孙子兵法》，尤其是《用间篇》。程一鸣：《军统特务组织的真相》，第211页。
81 沈醉：《军统内幕》，第13、17页。
82 同上书，第12、24—25页。这些技术是戴笠的两个特工陈震东和王百刚"偷"来的。他们设法进入南岳学校当学生，当时在统一战线之下，南岳学校名义上是一所国民党学校。后来他们因偷盗一大笔现款被抓住，让戴笠给枪毙了。
83 同上书，第13—14页。
84 同上书，第13页。
85 同上书，第18—21页。另一个例子是，一个学生被怀疑向其他同学出卖假药后，作为一个"实习品"被临训班的教官们在礼堂里当众审问。当他固执地坚持说自己无辜时，审问者觉得他们的审问技术受到了怀疑。当着一群目瞪口呆的观众，他们逐渐从审问转向了酷刑。"这种无法无天的做法，对这个班的学生毕业后的所作所为的确起了很大影响，他们感到这个机关具有一切特权，根本不管什么法律。"
86 同上书，第18、21页。这也是一种很好的安全实习，因为炸药制造者从来不知道他们的炸弹被准确放置的地点。
87 同上书，第23—24页。
88 同上书，第28—29页。
89 同上；仲向白：《我所知道的中美特种技术训练第三班——临汝训练班》，第133页。
90 关于通过别动委员会而建立的共产党和国民党情报活动之间的联系，见Stranahan, *Underground*, p.219.
91 裘雨萍：《我所知道的忠义救国军》，第124页；章微寒：《戴笠与"军统局"》，第101—102页。
92 徐铸成：《杜月笙正传》，第101页。
93 阿英编辑：《文献》，卷三，1938年10月12日，G6；沈醉：《我所知道的戴笠》，第22页；*Chung Yee Guerrilla Band*, p.1."它本身没有军饷，靠设卡收税，抢劫掠夺，压榨搜刮民财，来养活这支反共反人民的特务武装部队。它分布在太湖沿岸，杭、嘉、湖、澄、锡、虞各县掳掠行商，强奸妇女，无恶不作。"章微寒：《戴笠与"军统局"》，第101页。并见Wakeman, *The Shanghai Badlands*, p.128.
94 Records of the Department of State Relating to the Internal Affairs of China, 1930—1939, 893.00 Shanghai/122(November 1938). 并见Shanghai/117 June 1938, pp.10—11和Shanghai/121 October 1938, p.14.
95 戴笠的私人住宅在中四路151号。沈醉：《我所知道的戴笠》，第27页。
96 沈醉：《军统内幕》，第29页。
97 同上书，第26—27页。这时他们已经开始招收第二期临训班的学生，并成立了一个中队。这些学生后来会称自己是"临训班"的，但他们实际上是黔阳班的。
98 这只是后来许多典礼的第一个。整个战时，这些典礼都办得非常庄严。锦旗飘扬，牌楼林立，新刷的墙壁，以及新铺修的进出训练营的道路。仲向白：《我所知道的中美特种技训练第三班——临汝训练班》，第 132 页。
99 沈醉：《军统内幕》，第 14—15 页。
100 同上书，第 30 页。他们的起薪是每月 40 元。
101 同上书，第 28—30 页。
102 1938 年春，张国焘从延安叛逃到军统西北局，当了"时事研究室"主任，该研究室专门负责收集共产党在延安地区的情报。其他在陕西榆林和汉中的军统组织负责对付进步青年和知识分子。程一鸣：《军统特务组织的真相》，第 226 页。
103 黄康永：《我所知道的戴笠》，第 156 页。
104 同上书，第 163—164 页。
105 沈醉：《军统内幕》，第 32—33 页。后来，戴笠摔死，国民党在内战中失败，毛人凤力图劝说余乐醒到台湾去，但余不愿离开大陆。结果毛命令军统上海站逮捕他，但余在秘密警察工作的一个前学生向他报了信，余投靠了共产党。
106 同上书，第 31 页。
107 同上书，第 30 页。
108 临澧毕业生向戴笠提供的这些情报，在军统的年会上戴笠对老特工的批评中反映出来，这让老特工们非常不舒服。同上书，第 31 页。
109 同上书，第 30—31 页。
110 控制青海地区的军阀马步芳一再拒绝允许蒋介石的特工在他的管辖区行动。结果，除了在青海有一小部分完全隐蔽的单位以外，军统只能在马属地区外建立一个"西宁情报组"，由军统在兰州的西北区官员程一鸣领导。程一鸣：《对沈醉〈我所知道的戴笠〉的补充、订正》，第 241 页。
111 1945 年 5 月，程一鸣从兰州被调到重庆领导军统总部的第三处。该处负责警察行动，由三个科组成：警政、肃奸和行动。同上书，第 240 页。
112 沈醉：《军统内幕》，第 35—36 页。关于后来训练的单位，包括"国防部情报局"训练班、保密局训练班和雄村中美训练班，见程一鸣：《军统特务组织的真相》，第 215—218 页。

第十九章　密码战争

间谍之所以使我们感兴趣，是因为这个行业保障了秘密知识，而秘密知识就等于力量。

不过，这种保障往往只是空头支票。在战时真正有用的情报来自于破译德国和日本的密码。破译密码和电子及卫星情报至今仍然是"硬"情报的主要来源。其余的来源则是"情报人员"，他们显然大都依赖于对其他情报机构的渗透和反渗透。

威廉·法夫[1]

第一步

戴笠的第一个秘密通讯服务培训班于 1930 年组建于杭州警察学校。[2] 其培训程序参照了契卡和克格勃手册。[3] 杭州的无线电训练班在开始时并没有无线电设备，它的二三十个学员来自警察学校的第二届正规毕业生。[4] 这些警校生完成学业时，显然对无线电通讯这行并不感兴趣，于是培训机构又在上海设立了招生办公室，招来的人员在那里接受初级无线电培训，然后再从中选拔一些人去杭州警察学校无线电通讯处报到。[5]

第二至第五届的学员大都是从上海三级无线电学校招到杭州来搞特工的。第六届培训的是国民党政府航委会防空情报台的通讯员。第七到第十届的学员也来自于上海杨永奎的三级无线电学校及北京刘醒悟手下的天行无线电学校。[6]

杭州的培训机构仅是戴笠发展其高效的情报通讯网络的第一步。[7]他远远落后于自己在政界的对手陈立夫。陈拥有自己独立的情报处,即中央统计局,并正在中国的各大主要城市建立一套完整的转播站系统。[8]直到1932年以前,戴笠自己的特工部一直要依赖中统秘密电台网络来发送情报。当然,它们和陈立夫的报告相比,只能屈居次要地位。[9]

顾顺章的变节,结束了中统对短波电台的垄断。[10]1931年春,顾透露,陈立夫的反间谍机构被共产党渗透了,这个情报界的灾难导致了蒋介石授命宋子文的外甥温毓庆,在自己的办公室内组建一个秘密小组,作为力行社特务处的一个部分来破译敌人的密码。[11]温的密码分析组"侦收演译系统"的活动得通过"军委会特种技术研究室"来与其他间谍机构协作。[12]

由于自己手下的人要在温毓庆那里受训,又因为军统的电台通讯取决于中统的监视设备,戴笠变得越来越恼火。[13]因此,他在1933年宣布,在上海建立自己的无线电学校,由胡宗南力荐的魏大铭主持。[14]

魏大铭

魏大铭毕业于通讯部的通讯技术训练所。[15]早在李一范掌握了全国商业电台时,在他手下工作的魏大铭就成了国际和商业电台所有报务人员的"报务员领班"。他受命领导戴笠的特务通讯处,工作范围包括人事培训和密码分析。

魏起草了无线电学校的培训计划,并当了特务处通讯科的头头。他看到自己的搭档主要是由专业人员组成,他们的注意力集中在密码、电台及密码分析的技术方面。一线人员的功能在于,他们渗透到内部物色情报人员,通过关系搞情报,并警惕各种现象和信号,而密码培训组则强调了独立执行任务的重要性,那些任务基本属于技术性质。[16]

魏也负责收集和发展工作。这是一项十分紧迫的任务,因为5瓦的地面发报机和15瓦的电台对秘密情报人员来说,携带起来太重,不方便。1933年晚春,魏大铭的培训组制造了一种小型的收发机,它除了电池和耳机以外,不超过冰棍那么大。这个小型的电台效果很好,戴笠决定在庐山把魏大铭引见给蒋介石,向蒋示范这套设备,并要求对他的通讯助手的发明授予军奖。这次对蒋的示范非常成功:这个小型电台可以越过庐山山脉接收外面的信息,而常规的15瓦的电台却无法穿越接收。蒋介石同意制造这种设备,并授权戴笠让魏大铭在南京白鹭洲西石坝街29号建立特务处通讯总台。[17]

作为戴笠特工通讯的头目,魏大铭(他的妻子曾是戴笠的一个情妇)成了众所周知的"戴笠的灵魂",[18]他对军统有无法估量的重要意义。魏的密码分析人员在福建事件中破译了第十九路军的密码,从而向蒋介石提供了关键的战略方案来镇压该省的反叛;最终也是由于他们的需要而使戴笠如此依赖英美"盟国"情报机构的技术援助。[19]

当然,从更广泛的层次上看,通讯情报对蒋介石似乎也同样重要。他很快看出这对自己的统治有着多么关键的意义。事实上,蒋把秘密电台的侦收看成是一种家庭垄断。在1939年下半年,只有3个人能看到那些特殊的情报报告:宋子文、孔祥熙及蒋本人。宋子文后来回忆:由于引进了电台侦收业务而使蒋在对付李宗仁、阎锡山、冯玉祥、李济深和陈铭枢中占了上风。他向罗斯福总统夸耀说:"我因为建立了一种有效的侦收业务，使蒋介石了解了敌人的动向，而为他打赢了两场内战。"[20]

蒋对通讯情报的独占刺激了他在军队和秘密特工部门的头子们竞争的本能。蒋的总参谋长何应钦向温毓庆要一份每日破译报告，但蒋不同意透露这些报告，于是这间接地促使了何将军组建由王敬碌（音）领导的情报收发处，收集和破译日本外交部的情报。[21]

这使中国军队的总参谋长直接与蒋手下由温毓庆领导的部门发生了竞争。温被任命为交通部下属的通讯处负责人，并奉命在1936年3月1日设立一个专门监视和侦破秘密发报的办公室，即"密电监译所"，仅向蒋一人汇报。在四五个月里，这个办公室侦破了日本外交部的电码；1937年日本与中国开战时，中国方面已经拥有了十几个侦收日本外交通讯的秘密电台。[22] 总而言之，温毓庆的密电监译所总是占据上风。尽管在1937—1938年间，每个月都有徐恩曾（中统）、戴笠（军统）、海军上将杨宣诚（军事情报）、王芃生（国际研究院）和温毓庆参加的情报会议，但由于温在技术和训练设备上的优势，总是由他说了算。[23] 于是，为了自我防卫，戴笠感到他应当在国外寻找更先进的技术来加强自己的破译能力。[24]

青年时代的雅德利

赫伯特·雅德利于1931年发表了回忆录《美国黑室》（*The American Black Chamber*），叙述了他作为一个美国密码员破译日本最机密的电码的经历。《美国黑室》很快被电码分析家首领伊藤利三郎（Ito Risaburo）翻译出来，并在日本出版，成为畅销书。[25] 与此同时，中国驻华盛顿的副武官、戴笠的特务肖勃少校让人把《美国黑室》翻译成中文本寄送给魏大铭。魏转而让戴笠注意起雅德利这个美国人破译日本外交密码的情况。[26]

雅德利于 1889 年出生于印第安纳州的沃辛顿，他是个铁路电报员的儿子。在中学里，他是班长、校报编辑、橄榄球队的队长。他 23 岁时到华盛顿，在国务院当电码员。1916 年 5 月，他出乎意料地发现自己能够破译上校郝斯发给总统威尔逊的一份密电。他还意识到，那些密电都是通过穿越英格兰的电缆发送的，并且受到英国皇家海军的日常监视。由于这会使美国所有的电文都遭到英国侦收，他便把此事报告了上司，并提出了弥补美国弱点的方法。于是，他立即被战争部视为能力超群的电报员而出人头地。1917 年 6 月 29 日，作为一名少尉，他被提拔领导军事情报第八处（MI8）主管战时所有的密码和译码工作。[27]

雅德利拼命工作，编制出一种新的密码，为美国在世界各国的武官和情报人员的通讯安全提供了保障。他还建立一种特殊的译码系统，以此破译出 10735 件外国政府发送的电文。1918 年 11 月 11 日第一次世界大战停战协定签署时，雅德利在巴黎的克里庸旅馆里主管一个密码局，替美国参加凡尔赛会议的使团编制所有通讯密码，同时窃收其他各国使团发送的报告。[28]

第一次世界大战结束后，美国 1912 年的广播法再次生效。[29] 该法规定，政府确保收发电文的无线电台只向他们自己的接收者本人透露电文内容，以保证通讯秘密。但因为雅德利最终从事的是侦收外国有线电报通讯，而非他们的无线电台信息，所以并不违法。[30] 总之，雅德利在 1919 年回到美国之后，马波罗·丘吉尔（美国军事情报主任）建议把 MI8 转换成一个由战争部和国务院联合资助的局。总参谋长培腾·马其将军同意了这个建议。于是，一个密码编制公司，即所谓的商业电码企业，在赫伯特·雅德利的领导下，于纽约东 38 街 3 号一幢红砖楼里正式开张。这就是后来著名的"黑室"。[31]

开始时，西联电报局拒绝向政府提供它收发的电报。不管怎么样，法律毕竟规定了这么做的雇员会受到惩罚。丘吉尔将军说服了西联的局长纽克·卡尔通，使他为爱国而不顾法律。从此之后，每天早上政府的信使会来收集电报,把它们送到军事情报处,并在当天西联下班前送回来。邮寄的电报也以同样的方式与西联达成了协议。而且,W.E.罗思威特和罗伯特·W·格莱特还以丘吉尔将军的名义,说服了负责北美和南美之间通讯的全美电报公司也照此办理。到了1920年底,黑室已经完全依赖美国电报业的非法合作了。[32]

此时,在才华横溢的同事弗里德里克·利威森的帮助下,赫伯特·雅德利已经破译了日本外交部的密码。[33] 这一秘密成果后来在1921年11月14日开幕的华盛顿海军会议上,对国务卿查尔斯·伊文思·赫斯起了至关重要的作用。雅德利的密码侦译人员从7月起便跟踪日本对该会议的准备工作,并开办了每天在华盛顿和纽约之间的信使业务。会议的关键是各强权所能拥有的战舰吨位量。赫斯暗中愿意接受与英国对等的数量,但希望与日本是10∶6的比例,而日本只同意10∶7。11月28日那天,黑室破译了一份外务省给日本代表团的电报,该电文说10∶6作为退路也还可以接受。美国了解到了日本人手里的牌,便强硬起来。12月10日,日本终于答应了10∶6的比例而使谈判告终。雅德利的密码破译对赢得这场谈判起了决定性作用。[34]

尽管雅德利硕果累累,但黑室的存在还是不堪一击。它部分取决于国务院对它的秘密补助。1929年国务卿史迪森决定,"君子"不宜阅读他人的邮件,于是密码机构关闭了,正值40岁的雅德利失业了。实际上,雅德利出版那本引起肖勃少校注意的畅销书的目的,正是为了挣钱养活家庭,并满足曾与他一起在黑室工作的情人艾德娜·冉瑟娅的需要。[35]

雅德利提出,在中国工作的年薪是一万美元。肖勃少校答应了,但不同意他携艾德娜·冉瑟娅同往。雅德利对能去中国工作实在感到兴奋,便接受了肖勃的条件,于1938年9月出发去远东。他以一个皮货出口商的身份,用赫伯特·奥斯本的名字旅行。[36]

雅德利于1938年11月到达香港,由于汉口即将沦陷为日本占领区,当天去往汉口的航班中断了。戴笠在香港的情报人员、一个姓凌的先生从电台里收到他上司（雅德利私下里管戴笠叫"砍手"）的新指示，于是三小时之后，他们就坐船前往法属印度支那的海丰。然后又与另一个秘密情报人员接头，由他一路行贿通过海关。雅德利和凌等了三天，又坐上了每周只有两趟的窄轨火车去昆明。[37]

雅德利在重庆

从昆明通往重庆的班机一般要提前一个月预定，戴笠的特工人员为这两人在美国飞行员驾驶的高辛烷燃料的飞机上安排了座位，飞向战时国统区的首都重庆。在重庆，他又与戴笠其他的特工人员碰头，然后雅德利和凌又驱车沿着一条两旁塞满了人力车的窄道，穿过这个城市的西门，来到一座有四层楼面，俯视着代表城市北界的"小河"的单元楼房前。[38] 雅德利住进了该楼第三层一个带有客厅、办公室及全西式厕所和卫生间的套房里。[39]

但这只是一个暂时的住处。1938年12月，雅德利搬进了一座盖着瓦顶，用从庙宇的废墟中偷来的石块建造的公馆里。

到这公馆来，得走一条从河边大道分叉出来的狭窄而泥泞的小路，在臭气冲天的竹棚贫民窟里走上半英里。到头后，再爬上台阶，通往装有狮子的石拱门，来到一座破败的寺庙，然后是一堵石墙，上面有用木桩横锁住的木制大门。门上写着中国字，意思是快乐之家。你拽一根绳子摇铃，一个中国警卫从门缝里张望，然后取下木桩。这时你再爬上台阶，来到一座有石墙的花园，里面有棕榈树掩映、篱笆遮挡的石头茶桌。再穿过一汪泉水，水面上的牌楼写着"密泉"。然后，再爬40个台阶，便来到了这所公馆的入口处。[40]

雅德利被告知，这座公馆本属于重庆市市长，"他在我来到之前很快被神秘地挤了出去"。[41] 这座公馆居高临下，俯视着长江和雅德利着陆的机场，距离德国、法国和英国的使馆只不过几百码远。这座官邸俗称"神仙洞"，下面有一个从岩石里凿出来的洞穴，据说古时候和尚们在那里藏匿他们的年轻姑娘。现在它是一座防空掩蔽所。[42]

这座房子包括 20 间装有松木地板、家具简陋的房间。里面没有洗澡间、电炉或壁炉，仅在地下室里有用来做饭的木炭炉。雅德利的卧室在房子东侧顶层，里面灯光昏暗，肥大的四川老鼠到处肆虐。

> 仅在几天前，一只老鼠把我们一个警卫的新生婴儿咬死了。孩子的母亲措手不及，那老鼠扯下了小孩的一个睾丸。尽管在我的坚持下设下了各种逮鼠器，老鼠还是在阁楼里到处乱窜，没有一个夜晚我没被跑到身上来的一两只老鼠弄醒。虽然我让人把我住的地方的所有的洞都堵住了，还是有我无法发现的洞口。[43]

对雅德利来说，时光仿佛停滞不前。整个 12 月份，在"一支警卫和佣人队伍"包围中的雅德利，尽量每天在密码上花几个小时，但他主要在等待从长沙来的一批学生，好全面开始破译工程。[44]

在这段空隙里，雅德利竭力想引起军统的联络官们对将东莨菪碱和异巴比妥钠用作"真血清"的兴趣，但却毫无结果。尽管这些东西通过了西北大学罪犯侦查局的检验，但在美国仍为非法用品。他在戴笠的副手曾将军那里的运气倒更好一些。曾被雅德利燃烧笔的示范迷住了，命令化学人员在这所重庆公馆花园里僻角上的一个作坊中生产这些东西。[45]

虽然武汉沦陷，长江中游失控，但这个"中国黑室"却大为兴旺起来。[46] 温毓庆领导的侦察台从长沙向西转移到了桂林和贵阳，最终转移到了昆明。魏大铭继续派遣军统人员参与这项侦察电台的工作，但他把邱沈钧手下共 30 人的一批学员调出来，和雅德利一起，到设立在接待这位美国密码专家的神仙洞里的"秘密演译训练班"工作。[47]

自然，同时还存在一些其他重要的密码单位。原来的杭州警察学校的训练班在抗日战争爆发后转移到了武昌，武汉沦陷后，它便与临澧训练班合并了。[48] 一个武汉独立培训班在高级指挥的支持下成立，每届有 100 个学员。其毕业生不是分配到军统的密码电台就是分到其他地区性的台站工作。1940 年，这个培训单位转移到了遵义，在魏大铭的领导下开展工作。[49] 此外，在浙江中部的金华还建立了两个重要的通讯机构，培训戴笠家乡江山来的电台和密码人员。这些来自江山的老乡说的是几乎让人完全无法听懂的方言，他们被编入由密码专家竺笠民领导的密码处，或是进入由毛万里教授的"译电人员训练班"，然后被分配到军统电讯处当密码员，或到敌后"独立电台"去工作。这些电台员和密码员通常把他们的情报直接送到重庆，而不与本行中其他局的人员接触。[50]

不管怎样，雅德利的班子在整个 1939 年里不断扩张。那年共有 200 多个学员接受了培训，重庆的黑室截收了发往日本军队的 2000 多万条秘密的广播和电报通讯。其中约有 2 万条得到专门的研究和估价。最大的突破是在 1939 年年终，雅德利和魏大铭破译了日本空军的密码，向羽翼未丰的中国空军和陈纳德的飞虎队提供了日本一次重大空袭的情报。[51]

在这些成绩面前，雅德利感到自己没有得到应有的赏识，而且工资也太低。他开始想家，时而大量喝酒，时而滴酒不沾。他开始想办法挣钱，打算要么把钱送到美国，要么直接支付艾德娜·冉瑟娅的开支。[52] 与此同时，驻重庆的美国副武官大卫·白锐特上校获悉了关于雅德利在战时首都活动的小道消息。战争部 G—2 的负责人 E.R.W. 麦克勃上校证实了这些消息，但他告诫白锐特，在接触雅德利时要谨慎，因为军队已经建立了一个秘密侦收部门，来破译日本的军事和外交密码。而雅德利同样谨慎，因为戴笠警告他别同他本部以外的外国人或中国人搭档。[53]

白锐特和雅德利的第一次见面是在 1940 年 2 月 22 日。雅德利告诉这位美国武官，他准备在中国待下去，很有可能被派去领导一个新的全国性的中国黑室。他也谈了向美国战争部秘密提供日本军事动向的可能性。白锐特从麦克勃上校那儿得到了谨慎的批准后，在 3 月 8 日又与雅德利见了面。雅德利答应提供关于破译日本密码的全部技术信息，以换取每年 6000 美元的报酬支付给艾德娜·冉瑟娅，冉瑟娅扣下 2000 美元留给自己，其余的再转交给雅德利。[54]

虽然雅德利把他写给戴笠的一份列有 19 套日本密码的备忘录交给了另一位美国武官威廉·马叶少校，战争部还是拒绝了这位侨居国外的密码专家的提议。那时，美国的情报官员已经肯定，而且后来也得到证实，戴笠是知道这些秘密会面的。事实上，马叶少校应戴笠本人邀请来面谈雅德利的工作。当戴笠自己提出向美国提供破译密码的结果时，马叶少校对此感到意外。但在 1940 年 6 月，关于这方面的进一步合作开始之前，雅德利表示想离开中国。由于健康状况日下，加上为了他收藏的伦敦杜松子酒在日本人的一次空袭中遭毁而沮丧，雅德利决定回家了。瘦了 40 磅并因空袭而缺乏睡眠的雅德利于 7 月 13 日离开重庆，他没有想到美国的信号情报局已经开始在翻译日本最机密的外交密码"紫码"上有了突破，[55] 而且戴笠也已经开始实现他集通讯情报于一个办公室的计划，而雅德利在这个新的机构里已经没有太多用场了。[56]

雅德利回到了华盛顿，与艾德娜·冉瑟娅团聚，并在信号部临时工作了一段时间后，成为加拿大监察站的密码分析家。他在那里待的时间不长，后来他又回到华盛顿，在 13 街和 H 街之间的拐角上开了家叫"贺德"（Le Rideau）的法国餐馆，接着又当了物价管理局的一名配给执行员。[57] 1945 年他与人合写了一本小说《天下乌鸦一般黑》（Crows Are Black Everywhere），是关于一个女记者在重庆的历险记。12 年之后，又出了一本叫《一个扑克牌手的教育》（The Education of a Poker Player）的畅销书。他在 1958 年 8 月 7 日去世，并作为荣誉军人被礼葬于阿灵顿国家公墓。[58]

雅德利给戴笠带来了密码术，尽管他才华横溢，他还是无法向军统提供欧美训练出来的通讯专家所具有的全面的技术。戴笠想用建立一个专门的军统黑室来战胜自己在中国情报界对手的努力暂告失败。

密码战争

1940年初春，戴笠向蒋介石建议将密码破译集中管理，蒋同意了。1940年4月1日，一个叫作"特种技术研究室"的全国密码中心成立了。但是，使戴笠失望的是，温毓庆被提拔为这个研究室的主任，并由魏大铭和毛庆祥（蒋的机要秘书）做他的副手。在温和魏之间立即展开了一场控制研究室的斗争。1940年6月初，温毓庆为体检去了香港，从此一去不复返，这为密码中心代理主任魏大铭调进他自己由雅德利训练的密码分析人员敞开了大门。[59]

在追踪温毓庆途经香港去澳大利亚的路上，发生了戴笠一生中最耻辱的一段经历：戴将军被香港的英国警察逮捕并被当作一名普通的囚犯监禁过夜。[60]在温离开重庆去香港后，戴笠将军立刻随之跟踪而去，欲把他召回来。戴笠一到启德机场，便看见乘客们正穿过机场，准备乘泛美公司的飞机去马尼拉。他一眼认出了其中的温毓庆，温正在与美国驻重庆的海军武官麦考上校握手。片刻以后，恼怒至极的戴笠却被机场的英国警察扣住了。警察们是从戴笠手下一名特务的妻子提供的照片上认出戴笠的。戴立刻被抓了起来，扔进了坐落在九龙的警察总监狱。[61]

由此导致一系列的活动：军统情报人员纷纷向重庆报告，说英国人在日本人的威慑下逮捕了戴笠；蒋介石政府因此动用了所有的外交手段。次日早晨，香港警察署长亲自确保了戴笠的释放，并转达了香港总督邀请他去府上做客的信息。然而，戴笠将军坚决拒绝在没有中国高级官员在场的情况下出狱。鉴于这种情况，国防部的一位将军从重庆飞来，目睹了戴的释放，并陪同他返回国统区。这段遭遇使戴笠对英国及其情报部门深恶痛绝，并在很大程度上促成了未来几个月里同美国间谍机构的联系。[62]

在重庆仍有雅德利的学生。魏大铭使用这些专业人员再加上日本的战俘，破译出日本空军的一些密码，在通讯战线再传捷报。通过对这些军事信号的监听得出的情报表明，日本正在准备偷袭珍珠港的太平洋舰队。据说，戴笠命令他在华盛顿的军统头目肖勃少校通过中国首席武官郑得权向美国海军情报处传达这一信息。据后来中国方面的说法，美国人显然把它看作是个奇怪的念头而感到可笑，他们不相信魏大铭的特种技术研究室具有获得这种重要情报的能力，于是对此信息未加理睬。[63]

在中国国民党人的记忆里，1941年12月7日对珍珠港的偷袭震惊了美国战争部。美国信号情报界，尤其是海军情报署突然对戴笠刮目相看。为了解日本的军事密码，他们立即开始争取与中国的合作，而美国海军也开始积极亲近起肖勃少校来。[64]

美国人在珍珠港事件后倾向戴笠时，正值这位中国特务机构头子本人在国民党内部的低潮期。在这之前的1941年3月，一组反军统情报机构的官员向蒋介石递交了一份申诉状，指责戴笠在管理上为所欲为。被军统的放肆所激怒的蒋撤销了魏大铭的职务，并任命他的前秘书毛庆祥领导特种技术研究室。[65]

作为一个缺乏理工或电子技术背景的政治人选，毛庆祥带了一批在欧洲受过教育的律师和文科人员前来。这引起了特种技术研究室专家们的不满，他们在珍珠港事件之后公开对毛及其下属表示蔑视。但当戴笠企图利用这种不满而对毛进行公开挑衅时，蒋介石站到了他的秘书一边。1942年1月，蒋介石下谕："命令所有来自调查统计局（即军统）的人员于（1942年）2月底之前离开（特种）技术研究室。"[66]

这是对戴笠沉重的打击，他比以往更加意识到，若要在向蒋介石汇报的军政情报方面战胜自己的对手，就必须获得美国的电台技术。[67]当时的局势，就像一个亲共产党的观点所表示的那样：

> 戴笠除希望美帝方面多供应一些当时军统所急需的无线电通讯器材外，更希望美帝能把它专搞密电码翻译的一个叫作"黑室"的机构与设备，分一部到重庆来，以便偷学到美帝的那一套东西，而把自己所懂得的侦译日本空军的一点经验保留起来作为本钱不让美帝特务学过去。[68]

总而言之，中美双方均感到在获得信号情报方面进行秘密而谨慎的合作时机已经成熟。于是，即将诞生的中美合作所的舞台渐渐成形了。

注释：

1. William Pfaff, "Secret Nature of Spies' Business Invites Folly", Miami Herald, December 16, 1986, 21a. 除了信号情报和地图绘制领域外，对战时间谍行业进行挖苦已成为一件时髦的事。关于相反的观点，见 Persico, *The Kreml in Connection*。
2. 章微寒：《戴笠与庞大的"军统局"组织》，第 288 页。
3. Yeh, *The Liu Geqing Affair*, p.22. 据我们所知，戴笠的情报机构从未采纳过克格勃爱用的一次性密码簿制度。这是目前人们知道的最安全的密码系统，因为只有收发双方才有密码簿，而且每页只使用一次。首先由一个密码簿指定密码的含义，如"防御"可以是 3765。该数码随即与一次性密码簿中的第一组当中的一个数字相加，如 1196，构成双重保密的总数 4961。这被称为费布罗纳奇制，又称"中国算术"。根据这种制度，9 以上的数字不进位，从而造成随机分布。Wright, *Spycatcher*, p.227.
4. 第一期学员可能只有 12 名，其中 10 名毕业于杭州警察学校。江绍贞：《戴笠和军统》，第 36 页。
5. 同上书，第 37 页。这个更有效的部门于 1933 年 3 月 18 日开始运作。
6. 章微寒：《戴笠与"军统局"》，第 88 页。第一期学员毕业后，训练班搬到了雄镇楼 30 号。整个培训课程起初为 6 个月，在第三期后延长为一年。
7. 1927 年 8 月 26 日孙传芳对南京的进攻最终使国民党领导阶层相信了使用短波电台的重要性。何应钦和白崇禧由于使用了电台而赢得了龙潭战斗的胜利。Chang and Meyers, *The Storm Clouds Clear Over China*, pp.108—109.
8. 这个通读网络可能包括了郑来（音）在 1928 年用于从上海传送银行情报的发射机。该机曾引起英国警察和情报人员的注意。Shanghai Municipal Police Files, 9686, October 22,

1928;November 7, 1928。

9　通讯部经营的商业电台充斥着航运和贸易信息，而且这些编码传递的信息并不受到保护。Yeh, *The Liu Geqing Affair*, p.21。

10　Xu, *The Invisible Conflict*, pp.56—64。

11　Yu, *American Intelligence*, pp.114—116。温毓庆是个优秀的人选。他有哈佛大学的博士学位，曾在清华大学任教，后到财政部关税局工作。

12　章博寒：《戴笠与"军统局"》，第128页。

13　同上书，第128—129页。戴笠曾命令魏大铭派他手下20名人员和温毓庆一起工作，其中有陈祖舜、竺笠民、赵世康和杨仕伦。后来，魏大铭派陈祖舜到温毓庆创建于长沙、战争爆发后迁移到桂林和昆明的侦察台工作。

14　Yeh, *The Liu Geqing Affair*, pp.21—22；乔家才：《戴笠将军和他的同志抗日情报战地一、二集》，第1、76页。

15　他的原名是魏金生，家乡在浙江平湖。章微寒：《戴笠与"军统局"》。第128页。

16　乔家才：《戴笠将军和他的同志抗日情报战地一、二集》。引自Yeh, *The Liu Geqing Affair*, p.22。

17　江绍贞：《戴笠和军统》，第37页。

18　这并不说明魏大铭喜欢戴笠。见Coble, *Super-Patriots and Stecret Agents*, p.17。

19　章微寒：《戴笠与"军统局"》，第128页；程一鸣：《对沈醉〈我所知道的戴笠〉的补充、订正》，第241—242页；章微寒：《戴笠与庞大的军统局组织》，第296页。英国的情报大多来自对信号的截收。1939年以前，英国情报局主要的截收台设在香港湾昂船洲岛的一片荒野上。Aldrich, *Britain's Secret Intelligence Service in Asia During the Second World War*, pp.186—187。关于香港的特工运作的情况，见《二次大战香港华人特务警察队特刊》，香港：1949。

20　T.V.Soong Archives(Hoover Institution)，引自Yu, *American Intelligence*, p.112，并见pp.119—120。

21　Yu, *American Intelligence*, p.120。

22　该所每天截收二三百份电报，并能破译其中的60%—80%。同上书，第119页。该所也同其他单位协调进行破译活动。原保泰：《戴笠与兰训班》，第162页。

23　Yu, *American Intelligence*, pp.120—121。王芃生是当时中国最主要的日本专家。Boorman, *Biographical Dictionary of Republican China*, 3:391—393。《民国人物大辞典》，第56页。

24　章微寒：《戴笠与"军统局"》。第128页。

25　该书激怒了日本当局，因为雅德利在书中透露，美国人在1921年的海军会议以前已经侦破了数以千计的东京官方电报。雅德利接受了7000美元后，向日本大使提供了黑室电报的副本，并答应不公布美国人在会议上是如何利用截收到的情报迫使日本接受了对自己海军不利的协议的。日本外务省内部的一份秘密备忘录谴责该书的出版为"赤裸裸的欺诈行为"。Leyton, *And I Was There:Pearl Harborand Midway*, p.30, p.41。

26　程一鸣：《军统特务组织的真相》，第221页；程一鸣：《对沈醉〈我所知道的戴笠〉的补充、订正》，第241页。

27　Bamford, *The Puzzle Palace*, pp.22—23。

28　同上书，第23页。

29　该法是在1912年7月8日美国签订国际电报条约后制定的。

30　它所涉及的是1910年建立商业法庭的法律。该法律规定电报公司为公共邮递机构，并禁止把任何委托给它们的信息透露出来（36:1 Statute sat Large 544—553）。经1920年交通法确认（41：1同上书，第474页，与David Kahn的私人交流）。

31 Bamford, *The Puzzle Palace*, pp.24—28。该公司确实编制出了一套颇为赚钱的商业密码,被称为"统一贸易密码",畅销一时。
32 同上书,第 29 页。
33 雅德利于 1919 年 12 月 12 日破译了该密码。
34 Bamford, *The Puzzle Palace*, pp.25—27.
35 Yardley, *The Chinese Black Chamber*, pp.xiv—xv。他还通过在纽约皇后区进行房地产投机赚了一些钱,但他急需另一笔钱来养活他的妻子(他们后来于 1935 年正式分手)和 5 岁的儿子杰克。
36 同上书,第 xv—xvi 页。
37 Yardley, *The Chinese Black Chamber*, pp.6。"在我们滞留(海丰)期间,神通广大的砍手很周到地为我们安排了娱乐活动。他的部下带我们到出租舞女酒吧,请我们喝香槟,还有一个漂亮的、牙齿发黑的安南女郎陪我一直尽兴地跳舞到凌晨两点。"
38 用图克曼的话说,重庆"地处突出于长江和嘉陵江交汇处的一座石崖上"。Tuchman, *Stilwell and the American Experience in China, 1911—1945*, New York:The Macmillan Company, 1970, p.261。
39 Yardley, *The Chinese Black Chamber*, pp.7—8。
40 同上书,第 15 页。雅德利用罗马字母拼出的街名是 Shien Tung Cai。同上书,第 31 页。
41 同上书,第 14 页。
42 同上书,第 14—16 页。
43 同上书,第 16 页。
44 同上书,第 xvi—xvii、16 页。为了娱乐,雅德利经常光顾政府为外国人开的重庆宾馆,在那里喝酒,并同西奥多·怀特(Theodore White)这类人打牌。怀特当时在为国民党政府做宣传工作。
45 同上书,第 18、26—28、34 页。
46 真正的"黑室"是附属在公馆里一个叫作"豁芦"的绝密单位。"豁"字在此也含有破译密码的隐意。它直接归戴笠领导,所有的成员都不允许与外界有任何联系。张成新:《戴笠与重庆豁芦》,第 158—159 页。
47 章微寒:《戴笠与"军统局"》,第 128 页。
48 同上书,第 126 页。该单位设在武昌平阅路 30 号。戴笠是挂名领导,魏大铭是他的副手和实际负责人。每期学员约 30 人。
49 章微寒:《戴笠与"军统局"》,第 126 页。
50 舒季衡:《国民党军统局在天津的特务活动概况》,第 169—176 页。Yeh, *The Liu Geqing Affair*, p.20, pp.22—23; 章微寒:《戴笠与"军统局"》,第 126 页。
51 Yu, *American Intelligence:The O.S.S.(Office of Strategic Services)* in China, pp.121—123.
52 根据梅乐斯道听途说来的消息,雅德利在这一时期曾"和姑娘们厮混"。Miles Papers, Box 3, "Notes"。
53 Yardley, *The Chinese Black Chamber*, p.xviii.
54 同上书,第 xviii—xx 页。
55 首次对"紫码"的获悉是在 1940 年 9 月。在 1941 年春,美国开始与英国互通这份密码。Hinsley, *British Intelligence in Second World War*, p.115。
56 同上书,第 xviii—xxii 页。
57 据说加拿大政府在温斯顿·丘吉尔的坚持下解雇了雅德利。Smith, *OSS*, p.246。
58 Yardley, *The Chinese Black Chamber*, pp.xviii—xxiv.
59 温毓庆在香港一直待到 1941 年 12 月,然后他逃到美国,在宋子文设在华盛顿的中国国防物资办公室做助手。D.C.Yu, *American Intelligence*, p.124。

60 Miles, *A Different Kind of War*, p.130；沈醉：《我所知道的戴笠》，第 27—28 页。

61 英国人对香港的军统电台和杜月笙的间谍活动格外注意，这些都进一步引起他们对戴笠的厌恶。他们怀疑戴笠准备在日本人投降后取代他们。关于这一点，1943 年约翰·帕顿·戴维斯（John Paton Davies）在给史迪威的一份备忘录里说，美国在把日本赶出缅甸和马来亚半岛时，无形中帮助了英国恢复他们在那里的王国。"美国的年轻人为什么要为英国和他们的卫星国法国及荷兰收复殖民地而死呢？" Aldrich, *Intelligence and the War against Japan*, p.5。并见 Chan, *China, Britain and Hong Kong 1895—1945*, p.266;F8767/G, 3/9/41, in FO 37—27710 British Foreign Office Records。

62 唐纵（手稿）、姚孔行编：《从结识戴笠到任职侍从室——唐纵失落在大陆的日记》，第 113—114 页。Miles Papers, Box 3, "Notes"。

63 群众出版社编：《蒋帮特务罪行录》，第 1 页；章微寒：《戴笠与"军统局"》，第 104 页。奥德锐其（Aldrich）坚决否认存在预先警告的说法，也否认关于丘吉尔和罗斯福的"出卖理论"。该理论的要点是：英国和美国不仅都破译了日本外交密码"紫码"，而且也破译了其海军运作密码"JN—25"。事实是，这两个国家的确对 JN—25 有突破，但此密码在 1940 年 12 月被 JN—25b 取代了，然后，在 1941 年又相继被 JN—2b7 和 JN—2b8 取代。Aldrich, *Intelligence and the War against Japan*, pp.60—72。并见 Stafford, *Roosevelt and Churchill*, pp.116—124。

64 黄康永：《我所知道的戴笠》，第 168 页；沈醉：《中美特种技术合作所内幕》，第 214 页。

65 不过，魏大铭确于 1942 年在福建建瓯的井歧建立了一个东南电讯班，由他直接领导，但常务由他的副手朱定邦负责。章微寒：《戴笠与"军统局"》，第 126 页。

66 Yu, *American Intelligence*, pp.124—126.

67 Smith, *OSS*, p.66.

68 沈醉：《军统内幕》，第 231 页。

第二十章　戴笠、梅乐斯及中美合作所的成立

梅乐斯是个非常阴险狡诈的人，也是一个中国通。他在和戴笠"合作"的几年中，主奴关系是处得非常之好的。主子对奴才是宠爱备至，使得奴才们也恭顺异常。他很了解戴笠的为人，表面上是好胜逞强，骨子里又是另有一套。所以每次他和戴笠在有军统大特务参加的会议上，从不直接给戴笠下不去。每遇到不能解决的问题而要坚持他的意见时，他总是用"让我考虑一下"这句话敷衍过去，等到他回到办公室，便立刻以书面的备忘录通知戴笠。戴笠接到这类与他意见完全相反的通知，有时虽然还要发一下脾气，但过了一会儿便得完全依照这一通知去办，不敢坚持自己的意见。因为梅乐斯从来不当着戴笠的部下给他难堪，所以戴笠便往往可以向部下夸口他和梅乐斯之间不但完全平等，有时梅还得听他的。其实天晓得，我在那几年中从来没有看到哪一件稍许大一点的事戴笠能自己做主而不听梅乐斯的话的。

　　　　　　　　　　　沈醉：《军统内幕》，第266—267页

海军的关注

沈醉急于把戴笠描绘成一个对美国服从的人,但他对他身为军统头子的前上司跟美国海军官员梅乐斯之间关系的形容并不准确。梅乐斯从一开始就对戴笠作为中美合作情报业务的无可争议的领导表示坚决支持。这种支持不仅意在对战时合作中的中方利益的认可,而且也确认了他自己作为海军官员在中国舞台上的关键角色。[1] 美国军方尤其是情报局和美国陆军的确曾极力表明,在戴笠的军统和美国之间的共谋,第一个就是海军事务:

> 珍珠港事件之前,肖勃少校向美国信号团建议提供信号通讯方面的帮助。这个建议被束之高阁。珍珠港事件之后不久,有人找到陆军G—2,但谈判没有成功。这以后又有人与美国战略情报局(OSS)和海军情报局(ONI)联系。但结果不了了之,因为OSS和ONI都各有自己的打算。与海军准将梅乐斯有八年交往的肖少校与梅乐斯准将在一次鸡尾酒会上谈论了关于在中国沿海组织海上袭击的事。梅乐斯准将向莱希上将报告了这些建议,后者立刻予以准许。总司令也批准了。[2]

其次,根据梅乐斯准将接受的、美国政府批准的条件,包括情报局在内的中美合作所几乎完全服从于中国秘密特务头子的领导。正如邓诺文(Donovan)将军对总统罗斯福说的那样:"根据中美合作所的规定,我们于1942年4月到中国,但只作为戴笠将军的中国情报机构的伙伴……对戴将军来说,创建中美合作所是一个接受物资援助的机会,同时亦可得到保证,如果情报局必须得到中国认可,那么起码所有的活动都得在他的控制和持续的监视之下。"[3]

成立中美合作所的初步措施,是在美国对日宣战后于华盛顿开始的。

美国海军的当务之急是绘制太平洋中西部的气象图：这个任务要求来自亚洲大陆气象站的气象数据。当肖勃和梅乐斯在华盛顿某旅馆的一次鸡尾酒会上首次讨论成立中美合作所的问题时，这两人考虑了以美国人向国民党交换通讯情报来换取在中国建立气象站的合作，地点包括中国北部和西部在内，那里最适于观察西伯利亚和戈壁滩的气象模式。那次初步会面之后，梅乐斯征求了上司们的意见，并获得了他们对这个起初相对来说比较简单的计划的赞同。但肖勃却在其中预见到了更远大的机遇，于是他通知了重庆的军统。在蒋介石批准了戴笠与美国人建立关系后，美国使馆武官们和军事统计局的一组中国官员们之间，才举行了一系列更加正式和高层次的会谈。[4]

梅乐斯的中国使命

梅乐斯于1942年4月5日离开纽约，由西向东飞往中国。同机的还有埃德加·斯诺及各种军事人员。他们在巴西短暂停留，然后穿越大西洋到达非洲，直至开罗，再到卡拉奇，又途经孟买、科伦坡和加尔各答。在那里，从新德里与美国高级专员开会回来的海军陆战队上校麦克修（Mchugh）、驻重庆海军武官及美国大使高斯（C.E.Gauss）又加入了这一行列。[5] 他们乘坐的飞机是中国国家航空公司最后一架经曼德勒飞进重庆的飞机。飞机在昆明着陆，然后在嘉陵江上空惊险地飞行之后，最终到达重庆。[6]

在茅草盖起的海关棚子里，一名官员将梅乐斯拉到一边，问他是否认识肖勃。那人显然是戴笠的特务。在他把梅乐斯从其他旅客中拽走之前，麦克修上校向梅乐斯表示愿意用自己的房子来接待他。但梅乐斯已经决定与使馆人员和阿尔冈·路瑟（Alghan R.Lusey）领导下的情报局使团保持距离，于是他跟着戴笠的司机去了当地的一个旅馆。[7]

梅乐斯一到重庆便处于军统的监视之下。接送他到使馆并最终送他去拜访杨宣诚将军（中国军事情报头子）的褐色雪佛兰（Chevrolet）是军统的车子，司机也是戴笠的特务。这辆车还带梅乐斯、麦克修上校和杨宣诚将军去了戴笠的一个秘密住宅："一个有点像迷宫的房子"，到了那里，杨将军就把美国人交给了军统的一个助手，然后识趣地离开了，这使梅乐斯感到意外，因为严格地说杨的军衔高于戴笠。穿过一个又一个狭窄的通道后，他们终于被带到了一个客厅，被告知在那儿等着戴将军。[8]

将军只让我们等了不到一分钟，便带着微笑进来，露出了一嘴金牙。他是一个略显壮实的人，没我那么高，大约5.7英尺。他穿一身中山装式的黄马裤尼便服，上装扣到脖下，烫得非常平整，有一个高翻领。我觉得，他比肖少校给我看的照片要年老些。我所见到的照片中没有一张暗示过他那双分得很开而且犀利生动的黑眼睛。他说话很快，常常讲对我来说不知所云，甚至连麦克修也不熟悉的方言。但那个与将军一起进来的翻译轻车熟路，使我们的谈话十分顺利。我随身带了两件小礼物：一件是为肖少校带的Minox照相机，另一件是我给戴笠的个人礼物——一把38口径的短管自动手枪。它与我携带的那把完全一样，他立刻佩戴上了。[9]

会见中，梅乐斯感到自己一直被戴笠审视着，他尤其对美国海军军官们在科伦坡滞留感到好奇，那里是英国的盟国中国—缅甸—印度战区总部的所在地。梅乐斯后来意识到，这说明戴笠对美国人可能很接近英国情报机构而感到担心，后者在那时刚被挤出中国。[10] 显然，梅乐斯让他的主人放心，特别是在他表示想让将军替他在中国人控制的领土上安排旅行时。因为戴笠在结束谈话时向他保证，等原来的人一腾空，就会给他一个单独的住处。[11]

几天后他拨给梅乐斯住的公馆正是"神仙洞";原重庆市市长的住宅,先是让雅德利住,后来成了重庆警备司令的公馆。梅乐斯搬进神仙洞(就像刘镇芳所翻译的那样)的那天,他应邀参加戴笠将军的全局大会。中美双方交换气象报告、电台侦收情报以及在内陆水域布雷的计划的活动正式开始,并得到认真的实施。[12]

不久,戴笠为梅乐斯举行了必不可少的欢迎仪式,梅乐斯再次提出要在中国控制的地区和敌后至沿海地区旅行。戴笠的反应非常积极,因为,他把这看作是一个既能向梅乐斯显示军统统治的威力,又能将他们的合作计划推向崭新方向的机会。梅乐斯提出偕前上海全球无线电记者、现又代表重庆的阿尔·路瑟同行。戴将军想必对此感到扫兴。但他最终向梅乐斯保证,旅行的邀请也包括路瑟,同时做出了一系列安排,坐卡车或步行穿越东南部的悬崖峭壁到达福建省多岩石海岸的艰苦跋涉,由戴笠本人亲自带队。[13]

中国沦陷区

虽然梅乐斯很容易对一切产生好感,但戴笠在前往中国沦陷地区的旅途中仍然表现出色。日本人也许在白天控制了主要的通讯线路和城镇,但到了黑夜,在他们四周环绕行动的往往是走私大军、海盗、地方抵抗分子和向军统提供信息和资助的难民们。在绝大多数村镇里,地方执法当局表面上都支持汪精卫伪政府,但他们的警察头目往往都是军统体系的人,要不就是通过战前戴笠主办的警察训练班而认识军统的人。[14] 尤其是在华东地区,戴笠有他自己的"忠义救国军",其司令靠他提供物资和设备。当日本军队从密探那里得知附近有国民党军队和西方观察家,准备对其进行包围时,戴笠总是及时听到风声而得以转移到他们在沿海的另一个安全据点去。[15]

在仙霞岭以南，即戴笠的家乡保安镇所在的浙江边界对面的福建南部的浦城，日本人差点把他们抓住。日本飞机开始轰炸这个镇子，迫使戴笠他们放弃了驻地，在夜幕的掩护下躲进一片稻田。轰炸机飞过之后，戴笠转向刘镇芳，要他对梅乐斯——中文译名梅深冬——提出一个建议。[16]

告诉梅深冬，我想让他武装我的5万游击队并训练他们与日本人作战。他行不行？……美国对中国有很多需要：为你们的飞机和海上的船只导航的西北气象报告，关于日本人的意图和行动的信息，我们运河里和海湾的地雷，我们在海岸对船只的观察还有发送这些情报的电台……我有5万优秀的人……他们是从最恨日本侵略者的人中挑选出来的，但他们只有土造或者缴获的武器，而且大都没有受过训练。但如果我们能够满足你们的需要，那么你们的行动则要受到保护，而你们的人手不够。所以，我的人若能够武装起来并且受到训练，那他们不但能够保护你们的行动，而且也能够为中国效力。[17]

梅乐斯（他拒绝了戴笠给他一个中国军衔的提议）对此很感兴趣。戴笠等于是在提议建立一支5万多人的中国游击队，由中美联合指挥。路瑟对此感到怀疑，他主张谨慎从事，在与蒋介石的这个声名狼藉的特务头子进行合谋之前，应先得到华盛顿的批准。[18] 但梅乐斯认为他接受的"骚扰敌人"的命令就包括这一类的互相合作，而且戴笠既不是一个刺客也不是"一个使任何美国人都会感到耻与为伍的中国OGPU（苏联国家政治保卫局，又称'格别乌'）头子"。于是梅乐斯决定开始这项计划。[19]

中美会谈

虽然梅乐斯一行人的海军先遣队是在 1942 年 9 月到达重庆的,但戴笠和梅乐斯之间的正式会谈直到冬天,等这两人在戴笠磁器口的别墅里会面时才开始。[20] 军统这方面要求通讯设备、美国武器和交通工具,以及人员训练。梅乐斯同意了(他于 1942 年 9 月 22 日被正式任命为美国情报局远东协调员)。双方让美国把气象人员和设备,连同武器(史密斯和威森左轮手枪、可特 45 口径自动武器、汤姆森冲锋枪等)及给戴笠准军事力量的大量军火一起带到了重庆。[21] 戴笠对美国人的速度和大方感到非常满意,他觉得美国人与十分吝啬的英国人完全相反。但他也反复叮嘱梅乐斯照管军统"武装特务部队"的训练,他们也需要通讯和医疗设备。[22]

1942 年的最后一天,中国外交部部长宋子文开始执行梅乐斯—戴笠协议,它规定中美合作所的所长为中方,副所长为美方,双方均有对该单位行动计划的否决权。[23] 几天后,1943 年 1 月初,路瑟把协议草案带回华盛顿后,它便被打入冷宫,一直等到梅乐斯本人回到那儿,亲自要求执行这个协议,派遣一支海军先遣力量直接在金上将指挥下运作。陆军及海军情报局对这个协议提出质疑,结果马歇尔将军给重庆发信,建议梅乐斯及其他美国人直接归史迪威指挥,而戴笠及其中国部下则归中国战区名义司令蒋介石领导。[24]

史迪威将军反对双重指挥系统(在那时被称为"友谊工程")的想法,他认为这样做行不通。[25] "这样我们就得不到戴笠的合作。戴将军是个极端秘密和极端多疑的人,他不会允许在他和梅乐斯中间有任何人存在。"[26] 结果,史迪威建议梅乐斯对参谋长联席会议负责,并在戴笠之下。于是,美国参谋长联席会议另外颁发了一份指示,规定中美合作所和情报局不受战区司令指挥。初步协议是,戴笠担任中美合作所所长,梅乐斯为副所长,两人各自有对整体计划的否决权。[27]

为在美国逐级执行这个协议,梅乐斯必须被任命为情报局在中国活动的负责人才行。邓诺文将军一开始对这一结果有所抵触,但由于道格拉斯·麦克阿瑟没有把情报局包括在太平洋战区内,邓诺文就不得不为在亚洲的行动而在中国保持一个基地,这意味着"与梅乐斯和戴笠的不愉快的联盟"。[28] 就这样,他在1943年1月同意执行这项协议,尽管"很快,就连哪怕是情报局在名义上的独立都遭到拒绝。戴笠对情报局涉入任何中国内务感到疑心,他把自己的盖世太保收集到的情报直接通报给梅乐斯,而后者也不向情报局发这些情报,直到他完全肯定它们已先被发到了海军司令部为止"。[29]

到了1943年3月,中国方面强烈感到有必要在双方之间正式签署一份"合同"。[30] 这个举动本身说明,中国人认为,被美国人称之为"协议"的,是在一个平等合作基础上的安排。整整一个月戴笠的人日夜工作,准备中文版的合同,在把它递交给蒋介石之前由宋子文亲自审阅。[31] 蒋介石对"合同"一词非常在乎,他让自己的内弟为在美国进行最后的交换签字仪式做准备。[32]

中美合作所正式成立

与此同时,在华盛顿,梅乐斯与威廉·普奈尔[他解除了威利斯·李(Willis A. Lee)的上将职务]、杰夫·梅泽(Jeff Metzel)、一名情报局的代表和肖勃少校一起,把协议草案带给马歇尔将军,马歇尔在上面签上了自己名字的缩写。[33] 然后,总参谋长威廉·莱希上将(Willian Leahy)把该文件呈送给罗斯福总统,总统批准了。[34] 1943年4月15日,中美合作所的协议由代表美国的海军部长佛朗克·诺克斯(Frank Knox)和代表中国的宋子文正式签署。[35] 邓诺文将军、肖少校和梅乐斯也分别在上面签了名,协议给戴笠保留了签名的地方,他最终于1943

年7月4日在重庆补签上了自己的名字。36

中文版的中美合作所协议要求美国提供足够的武器来组建5个"特务武装部队"和80个"行动纵队"及"行动队"。将组织13个中美合作所训练班，加上4个情报站和一些气象台与无线电广播单位。37

美国版的协议申明："为了在中国沿海、沦陷地区和其他被日本人占领的区域打击共同的敌人，在中国组织了中美特种技术合作所。它的目标是，通过共同的努力，采用美国的设备和技术训练及以中国战区为基地，在远东各部分领土上的日本占领区里有效地打击日本海军、日本商船和日本空军，以及他们的矿区、工厂、仓库、车站及其他军事设施。"38 美国版的变动附带了美国海军参谋长威廉·莱希给梅乐斯的一封信。

> 你被告知，参谋长联席会议关注着中美特种技术合作协议的施行和在对日作战中非常措施的支持，以及史迪威将军和参谋长们之间互相交换的报告，史迪威将军曾在其中对由你代表美国在中国领导下参与采取这些措施而表示赞同。参谋长联席会议批准了这个安排，并希望你在对日作战中尽力与中国指定的负责当局合作。总统对此计划有所了解，并批准你根据协议作为美方的直接领导人。39

无论中美合作所对双方的军事价值如何，梅乐斯对军统局长坚定的支持，加上这份秘密而正式的协议，使戴笠将军在中国政府中的地位大大提高。沈醉照例把戴笠说成对美国过分屈从，但他准确地反映了戴笠由于得到美国人的认可而在蒋介石内部圈子里大受抬举。

梅乐斯很懂得戴笠的心理，他为了能永久利用军统这一组织在中国从事特务活动，除了在美国宣传戴笠的种种神话式的传闻和他在蒋介石身边的作用，使得戴笠感到浑身舒适以外，他还极力怂恿戴笠应当去美国游历一下。而最能使戴笠感激不尽、终生难忘的恩赐，是在开罗会议期间，罗斯福总统当面向蒋介石提出希望能见一见这个中国的希姆莱。

戴笠听到了之后，知道是梅乐斯替他在美国吹嘘的关系，才使他得到主子的主子的重视。他便愈加感到梅乐斯对他未来的前程关系太大，便更加俯首帖耳了。[40]

虽然沈醉不无夸张，但戴笠确曾与美国人保持一定的距离，以免被当作他们的走狗。于是，从中美合作所一成立，他在确保自己对其最高控制权的同时，又使梅乐斯以为具有领导权。实际上，尽管美国人不惜血本地训练、武装和部署了每一支游击队，梅乐斯对游击队的战地活动并无实际控制力。

注释：

1　梅乐斯于1917年参加海军，之后被派到美国海军学校学习，并于1922年毕业。"Milton Miles, 60, Admiral, Is Dead", *New York Times*, 26/3/61/p.93; "Admiral Miles Retires," *New York Times*, 15/1/58, p.14。

2　"Minutes of Meering with General Tai Li", 30 January, 1945, U.S.Army/Head Quarters/Chungking China, p.3, in General William J.Donovan, Selected OSS Documents, 1941—1945. Microfilm Record Group, 226.

3　Donovan to President re:OSS Position in China, SACO, and Tai Li, 11/06/44, pp.1—2, in General William J.Donovan, Selected OSS Documents, 1941—1945.

4　肖勃的建议送到重庆后，戴笠和杨宣诚将军（军令部二厅厅长）召集郑介民（军统局副局长）、周至柔（航空委员会主委）、何世礼、伍仁硕等开会。这些人得到委员长批准后便与美方联系，准予梅乐斯进入中国建立一个合作组织。章微寒：《戴笠与"军统局"》，第105页；群众出版社编辑：《蒋帮特务罪行录》，第1页。

5　阿德雷（Adler）后来把麦克修形容成美国武官中最聪明的人之一，说他由于情报工作做得好而总是"好像胸有成竹"。Sol Adler Interview, March 9, 1985。

6　Miles, *A Different Kind of War*, pp.25—28。

7　同上书，第28—29页。1942年邓诺文将军的情报局在重庆的代表是艾森·盖尔（Esson Gale），他是一位中年美国教授，曾在国民党盐税管理局工作过。他的"间谍"是与孔祥熙吃午饭，然后把饭桌上的谈话当作情报。他的副手是阿尔冈·路瑟，前合众社驻上海记者。（梅乐斯首次与路瑟见面是1942年4月在加尔各答，他得到路瑟承诺，不与英国人合作。）与此同时，邓诺文派遣费正清，通过美国在重庆的使馆组建一个独立的情报小组。Smith, *OSS*, pp.244—245;Aldrich, *Intelligence and the War against Japan*, pp.265—266。

8　Miles, *A Different Kind of War*, pp.30—31。

9　事实上，戴笠自那时起就佩戴了这把自动手枪，一直到死，这把枪便成了辨认他的方法之一。同上书，第31—32页。

10　关于英国和美国的情报机构在战时中国的竞争历史，值得专门研究。若想了解他们之间的关系，可以阅读下列材料：Miles, *A Different Kind of War*, pp.131—134; Smith, *OSS*, pp.247—248；章微寒：《戴笠与"军统局"》，第 106 页；和 Yu, *OSS in China*, pp.44—45, pp.164—166, pp.203—208。

11 Miles, *A Different Kind of War*, pp.32—33。当戴笠建议梅乐斯用化名并穿便装时，梅乐斯和麦克都非常意外。

12 同上书，第 33—35 页。刘镇芳是戴笠的英语翻译。另有一个叫 Peter Pan 的翻译被派给了梅乐斯。Lieut.Comdr.Charles S.Johnston, War Diaries Relating to Police and Investigation Unit, OSS Papers, 15/18/43, P.9。

13 同上书，第 39—40 页。麦克修上校和美国使馆的人员对此行非常怀疑，尤其是他们想到，英国情报官员曾经获准去沿海，但后来他们根本没有见着海岸线就回到了印度。麦克修说："没人能与中国秘密特务一起工作，因为他们强调对行动的控制。"梅乐斯的回答是："咳，这是他们的国家，也是他们的秘密特工嘛。"

14 在 1939 年至 1942 年之间，戴笠也是中央训练团警卫组的组长。黄康永：《我所知道的戴笠》，第 156 页。"美国人获悉，不论是沦陷区还是'国统区'，戴笠控制了所有地区的警察。日本人进入一个城市以后，总要有中国警察，而担任这些工作的都是戴笠的人。甚至在汉口、上海、南京这样大的沦陷城市，戴笠的长臂膀不知怎的总能牢牢地抓住警察大权。"Miles, *A Different Kind of War*, p.66。并见徐肇明：《汉奸周佛海勾结军统及其下场》，第 214—215 页；Shanghai Municipal Police(International Settlement) Files, D—8088, 17/9/37。

15 在上海外围的大多数镇子里，伪政府和中央政府的军队一般都非常亲善，他们在同一个餐馆吃饭，同一个澡堂洗澡，上同样的剧院。"Interview with Mao Tsu-p'ei".report from Harold Wiens.OSS Headquarters.Chungking. OSS Report XL-10952.31/5/45.Office of Strategic Service Archives, War Department.U.S.Nationa Archives, Military Reference Division, p.4。

16 Miles 一般被叫作梅乐斯，但戴笠管他叫梅深冬，因为冬梅是中国的国花，"它是一种开在死去的、毫无生气的冬枝上的花朵，预示了时来运转。"Miles, *A Different Kind of War*, p.36。

17 同上书，第 51 页。

18 路瑟告诉华盛顿，戴笠的组织"非常有效，使用它对我们很有好处；它也被认为十分残忍，它的核心人员给我的印象是一帮杀手。"Smith, *OSS*, p.246。

19 Miles, *A Different Kind of War*, pp.51—53。

20 同上书，第 92 页。沈醉：《军统内幕》，第 231—232、268 页。磁器口靠近缫丝场的杨家山，是中美合作所总部所在地。梅乐斯的办公室和住宅就在它背后的钟家山一带。蒋介石于 1942 年 12 月任命戴笠为中美合作所所长。黄康永：《我所知道的戴笠》，第 156 页。

21 Miles, *A Different Kind of War*, p.88。

22 沈醉：《军统内幕》，第 231—232 页。

23 "这个协议规定，美国负责训练游击队、情报组、气象组、破坏组和突击队，并利用美国设备和中国人员建立气象站、电台和电台侦收站。"Miles, *A Different Kind of War*, p.111。

24 同上书，第 113 页。

25 Durdin, *U.S.Cloak and Dagger Exploits and Secret Blows in China Bared*, p.5。史迪威在嘉陵江畔有幢四层楼房，里面安排了军统提供的佣人，他想必知道他对蒋介石充满藐视的评论被戴笠的特务们汇报给了委员长。Tuchman, *Stiwell and the American Experience in China*, p.261, p.359。

26 Miles, *A Different Kind of War*, p.114。

27 同上书，第 114—115 页。

28 邓诺文的情报局代表约瑟夫·海顿博士（Joseph R.Hayden）与麦克阿瑟的情报人员联系时得知，太平洋战区不欢迎情报局，而且麦克阿瑟将军无意进一步探讨此事。但情报局曾在菲律宾安插了一个海军情报官，但此人被麦克阿瑟逮住并送回了家。Smith, *OSS*, pp.250—251。当过菲律宾副总督的海顿与费正清紧密合作，一起在中国工作，他替国务院缩微拍摄了日本的报刊和杂志。1943 年邓诺文把他派到麦克阿瑟在澳大利亚的总部。Miles, *A Different Kind of War*, pp.88—89。

29 Ford, *Donovan of OSS*, pp.267—268。在 1943 年，梅乐斯除了戴笠特务提供的情报以外，不允许情报局在重庆的研究室处理任何其他情报。Smith, *OSS*, p.257。

30 梅乐斯访问过委员长，这个美国人"发现他是一个说话和蔼，很放松的人，根本没有我们通常所认为的一个独裁者所具有的逼人的个性"。蒋介石对梅乐斯说，与"他所信赖的戴将军"的特工的竞争变得太复杂了，有必要形成一个书面合同，并由两国的总统或有关方面的最高领导人签署。Miles, *A Different Kind of War*, p.86。戴笠极端小心地避使"合同"变成一个两国间"平等"的条约。沈醉：《中美特种技术合作所内幕》，第 216—217 页。

31 沈醉：《中美特种技术合作所内幕》，第 214—215 页。

32 沈醉：《军统内幕》，第 232—233 页；Smith, *OSS*, p.252；群众出版社编辑：《蒋帮特务罪行录》，第 2—3 页。

33 同上。约瑟夫·海顿博士认为这个协议"有损于美国总统的尊严"而表示反对。有关情况请见 J.R.Hayden to General Donovan, 13/5/43, OSS Papers, Reel 84。

34 由金（King）和马歇尔签名的转发信件解释说，总统批准了这个文件，由于保密缘故而未经参议院批准。Miles, *A Different Kind of War*, p.115。并见 Smith, *OSS*, p.251。卡德威尔（Caldwell）认为，罗斯福如此迅速地同意，是因为"罗斯福是海军的人，而莱希上将是他的亲密顾问"。Caldwell, *A Secret War*, p.58。

35 "中美特种技术合作协议"的密级于 1947 年 6 月 3 日由"绝密"降为"限阅"。国务院认为，如果中国政府对这份文件的降密不表示反对，便可以认为他们同意。Memorandum for the Secretary of State, from the State war Navy Coordinating Committee, 3 June 1947, in Confidential U.S.State Department Central Files, China, Internal Affairs, 1945—1949, L/14。

36 在签字时宋博士评论说："这个协议若没有飞机飞越喜马拉雅山脉运送供给，那就一文不值。"Miles, *A Different Kind of War*, p.116。参谋长联席会议向中美合作所提供了六架运输机，以使它能独立于史迪威的供给系统。Aldrich, *Intelligence and the War against Japan*, p.266。到了 1944 年 7 月，中美合作所每月接收靠飞机运输来的约 175 吨物资，其中大多数为小型武器、军火和高效炸药。Romanus and Sunderland, *United States Army in World War Ⅱ :China-Burma-India Theater*, 3:159。沈醉说，戴笠实际上是 1943 年 5 月在文件上签名的，当时亨利·路斯（Henry Luce）在重庆作为罗斯福总统的个人代表。沈醉：《中美特种技术合作所内幕》，第 217—218 页。

37 章微寒：《戴笠与"军统局"》，第 105 页。奇怪的是，戴笠受美国习俗影响，认为 13 这个数字不吉利。文强：《戴笠死前二三事》，载《中报》，1989 年 7 月 23 日。

38 Sino-American Special Technical Cooperation Agreement, Confidential U.S.State Department Central Files(China, Internal Affairs), 1945—1949, L/14。

39 未注明日期的备忘录，见 Confidential U.S.State Department Central Files(China, Internal Affairs), 1945—1949, L/14。

40 沈醉：《军统内幕》，第 267 页。

第二十一章　中美合作所训练营

> 美国小伙子们从小就接触工具、汽油发动机、电器、磁体和无线电，可这些士兵们得从头开始，学习使用像改锥这类的简单工具。任何能"砰啪"作响的东西他们都喜欢。但对燃烧弹，别看它破坏力强，他们却不相信这玩意。比如说，炸弹定时器可以在破坏者启动它之后几个小时甚至几天之后才引爆。但是，这些人对这觉得不过瘾，因为其结果难得有人看得到。
>
> 梅乐斯：《一场不同的战争》，第 154 页

训练游击队

在美国人看来，中美合作所的核心是它的训练项目。在中美合作所存在的三年里，共有 2500 个美国人轮流去中国服役，他们大多数是海军，认为自己的主要任务是训练中国游击队来与日本人作战。当然，其中有些人到了西北偏远的气象站工作，或在中国东南沿海地区从事海岸监视。中美合作所绝大多数的官兵被分配到重庆城外的"歌乐山"总部，或到遍布中国各地的 14 个分所去，他们把类似童子军战地训练的计划与谋

杀、破坏和小组作战的教程结合使用。[1]

虽然只有 26794 名学生正式从中美合作所训练营毕业，但其训练点号称为戴笠的军队培训了 4 万至 5 万名人员。[2] 战争结束后，梅乐斯断言，中美合作所的游击部队包括 9.7 万名中国人员和 3000 名美国人员。他宣称：这支强大的力量消灭了 7.1 万个日本人。[3]

无论这些说法的可信度如何，中美合作所的美国人员认为他们在中国的主要使命是训练游击队，使之最终成长为一支地下抵抗力量，以便在美国正规军最终登陆中国海岸时向日本人进攻。考察中美合作所的每一个单位，便会发现他们所通报的敌人伤亡人数并不准确，但这绝对没有贬低自愿为这项使命工作的美国人的英雄主义精神。当这些人在回顾自己的战争经历时，他们感到的是骄傲和对部下的钟爱。由于几乎所有这些美国人在赴华工作之前都对中国一无所知，也不会说最基本的汉语，所以他们有时对环境的误解往往令人觉得可笑。我们相信，当他们中一些人后来得知，自己在中美合作所鼎盛时期，曾经参与训练国民党政权中最恐怖的，专门以绑架、酷刑和杀害等手段从事迫害整个"国统区"里的进步分子的秘密警察组织的时候，他们想必十分震惊，或者无法相信。

文化差距

美国年轻人的这种极度困惑，部分缘于他们对体型略小的中国学员们怀有的好意和长辈般的慈爱，在他们看来，这些新兵往往像孩子似的，他们一方面行动迟缓，另一方面却又极为强硬凶猛。[4] 人们的第一印象往往是那些被中美合作所训练点招来的中国新兵们虚弱的健康状况。[5]

游击队新兵是戴笠从"忠义救国军"中或日本人的占领区里挑选出来的。[6] 从上海和华东地区招来的人员明显地非常卖力，因为他们在日本人的占领区受过苦，所以复仇心切。[7] 但从美国的标准来看，他们的体质"差得可怜"。新兵的平均身高为 5.6 英尺，体重是 140 磅。在这帮人中发生过几百例疥疮、结膜炎和溃疡等病案。[8] 由于这些人糟糕的视力，对眼力的要求不得不从 20/20 降低到 6/15。然而，这些人具有非凡的身体忍受力，这使人马上对他们产生好感。作为"有效的人的机器"，他们能够每天进行长达 48 到 56 公里的急行军，而且"攀登山路时几乎和在平坦弯曲的田间小路中行军一样毫不费力"。[9]

在教员们看来，中国新兵之所以优秀，正因为他们原始的适应力。中美合作所的训练官们经常讲起"坚韧"的中国脚，它们只穿草鞋而不穿皮底的鞋子。[10] 他们十足的"农民劲"，正如他们动物般的野劲那样，使他们成为出色而凶狠的黑夜杀手，他们非常习惯黑夜行动。于是，美国人"对中国游击队员令人难以置信的夜视力感到惊讶。他们完全像一只猫那样能在黑夜里看得清清楚楚"。[11] 被形容成"好学"和"精益求精"的中国新兵们，由于在使用手、脚和腿来击倒敌人方面的敏捷程度，他们很快就掌握了近距离格斗的要领。然而，这些形容针对的还是一种少年气，而非成年人的熟练。[12] 教官们报告说，中国人"带着美国孩子在沙地游乐场上的那种兴奋"参加袭击练习。[13]

在年轻的美国教官们和他们的"学生"之间的文化差距非常大。语言不通一直是个障碍，在缺乏称职的翻译和地区方言繁多的情况下尤其如此。[14] 许多教官以为自己很受欢迎，其实绝大多数只是勉强被接受而已。最糟糕的是那些认为必须"用美国军事方式来训练中国人"的教官。[15]

不过平心而论，美国人"把我们知道的所有技术都教给了那些接受训练的人"：单人格斗、爆破、无线电、摄影、医药，"甚至开始有点 FBI 的味道"。[16] 中国人的射击特别优秀，他们兴奋地使用由美国海军提供的新式、干净、快速的武器，换下了他们以往所熟悉的过时的德国、捷克和日本武器（就更不用说生了锈的中国仿制品和老掉牙的鸟枪了）。尽管有些美国人认为他们不应当提供 45 口径的汤姆森机关枪，因为它们对中国新兵的平均身材来说太重了，但梅乐斯决定，每个训练班的学生在训练毕业后，都应该有扛在肩上的汤姆森机枪或 30 口径的卡宾枪，或者有 38 口径的左轮或 45 口径的军用柯尔特式（Colt）自动手枪。[17]

自然，每件武器都占据了飞往歌乐山的运输机运送给中美合作所的货物吨位的一部分。戴笠要让他所有的外勤特务至少有一把枪。梅乐斯坚持，只有在训练完成后才发枪。关于这一点，这两人在整个战争中一直持不同意见。显然这是因为美国人"不论从军事角度还是从感情上都无法理解现代武器对中国的意义"，而戴笠的人全都具有一个"中国人特有的、为得到每一件可能得到的武器的执着的渴望"。[18]

1945 年 4 月一大批学生从第十班毕业了。由于美国军事指挥官无法区别中国人，他们担心美制的手枪和半自动机枪会落到那些冒充的毕业生手里。但怎么能在队列里，尤其是穿着一模一样军装的中国人中间把他们区分出来呢？巴尔的摩来的海军军医格锐夫上尉（R.L.Grief）想出了一个办法：

> 你们为什么不用紫药水在每个练习生的背上画个数？当每个人走出列队取枪时，你们看一下他的背后。假如背上有一个数，你们便可以确定他不是海丰警察部队的人，而是我们培训的军营战士。[19]

即使美国教官们能相当肯定当届学生的所属班级，但他们往往没有注意到，至少有些以前的毕业生一而再再而三地在各训练班中重复毕业。[20]

训练班

中美合作所的第一个训练点设在安徽商业中心徽州以南几公里外歙县雄村的一座山庙里。与军统的培训点一样，因其地名而被训练点成员们称为"雄村班"。[21]一开始只有6个美国军官和美国海军陆战队巴德·马斯特斯（Bud Masters）少校手下的军人。他们的设备是从重庆用6辆机动卡车拖来的武器和军火。但据说在不远处有6000名"忠义救国军"的士兵，附近还有戴笠的2000名"训练有素"的部队士兵，他们似乎都准备好了向训练班提供受训人员，不过据报道，他们都缺乏军火和军用设备。[22]

中美合作所的教官们用了6个月的时间来准备一个由320人参加的有关游击战的课程。然而令人失望的是，首批新兵们都不合格。据梅乐斯回忆：

> 戴将军的地区指挥官们负责提供人员，但他们转而要哄骗管事的团长们把他们派往这个新训练项目。结果，起先那些被派来的人往往是其所在的部队中最无用的人。只是在我们的训练点显示了其价值并且被全面接受后，他们才把我们真正要的那种人分配给我们。[23]

不过，招来的新兵们搞起走私和间谍来十分拿手，他们经常去上海替美国人搞来汽油、车胎、报纸，甚至面粉口袋——梅乐斯的人用它来运送一种俗称"杰弥玛大婶"，类似面粉样、用来制造炸药的物质。[24]到头来，这个训练班的记录有好有坏，部分原因是日本人把300个俘虏的美国海军陆战队士兵全都从当地迁走，导致营救美国战俘行动的失败。[25]

第二班——湖南洪江班，有意选在湖区，离中国海军训练学校水雷制造站不远。美国人计划使用包括海匪在内的中国内河水手和小型船只驾驶员作为海军力量。梅乐斯后来写道："我们从来没有放弃过这个想法，但也从未发展过它。"部分问题是"戴将军对船只一无所知，而且他对中国海军的人没有控制力——甚至连在内地的部分，如第二班附近的也没有"。[26]

第三班——临汝班，亦称牛冬班，设在河南，游击队可以在那里骚扰敌人的通讯线路。他们驻扎的山庙叫凤穴寺，豫西朝拜的人都知道这座庙。由于可怕的饥荒和战火，凤穴寺曾颓败不堪。有的和尚搬到了庙的另一面，有几个年轻的难耐饥饿，索性加入了中美合作所的训练班。[27]

由于在战斗中装备不足，临汝班的游击队没有牵制住敌人，相反，在日本人进攻时，他们便向西逃散。但训练班本身既表明了在美国人和中国人之间的距离，也显示了军统教官们对正确的政治训练的格外强调。[28]

在临汝训练纵队的美国教官们的军衔都不高，在上士和上尉之间。他们都不懂中文，完全依赖从军统翻译班来的八个翻译，然而这些华侨连最基本的军事词汇都不懂。[29]

结果，只有几个美国军官知道学员们的强制性政治培训，明白他们四周到处是军统的特工，或者意识到禁止中国军官同他们结交的命令。[30] 中国人都住在寺庙里面，而美国人则住在寺庙东边一块平地上建起的有12间屋子的西式房子里。他们的生活条件非常优越，还有厨师专门为他们做西餐，但他们很少与同住一个营地的中国人来往。仲向白在任临汝班政治教员的四个月里，从来没有跟一个美国人说过话。[31]

除了不能跟外国人结交以外，戴笠的部下也被禁止参加任何政治活动，并严禁"标新立异"。[32] 尽管这是国民党机构，但临汝训练点不允许有任何国民党团体，包括"三青团"在内。而且，每个学员都必须写一份自己的政治背景履历，并和政治指导员详细地讨论这份履历，政治指导员还在饭桌上或类似的闲暇时刻观察学员们的政治倾向。[33] 对军统的基本原则，如蒋介石是国家的伟大领袖，军统是全国"清白的"和"最革命的"部分，秘密特工是委员长的"耳目"，以及一个理想的军统特工必须既是个无名英雄，又要具有"革命的人生观"等等，[34] 任何人如果有所质疑，便被当作离经叛道者，打上"标新立异"的标签。

第六班是华安班，设在福建漳州。建于1944年8月。在这之前，中美合作所参谋长李崇诗陪同梅乐斯去了福建沿海地区，军统闽南站站长陈达元秘书接待了他们。[35] 这三位官员都认为在这个海匪和土匪出没的地区建立训练班非常重要。梅乐斯回到重庆后，说服戴笠在7月里亲自前往曾为出版中心的建阳，与陈达元和闽北站站长王调勋见面。[36] 戴笠不仅同意建立这个新训练班，而且决定成立一个"中美合作所东南办事处"来监管上海、定海、福州和漳州这四个重要情报站。[37]

华安班从一开始就充斥了陈达元和雷镇钟（他们都是训练班的副主任）控制的纵队之间的派系斗争，其中一个纵队长与戴笠的私人关系使这种斗争变得更加复杂。尽管美国教官们积极努力，这个训练项目仍非常松懈。虽然雷镇钟受过军队训练，但陈达元却是个农业专家，对军事一窍不通。[38] 军统的中国官员们还对中美同级官员的不同工资感到非常不满：前者每月200元，后者比前者高10倍。[39] 更有甚者，4个美国人的伙食水平相当于整个纵队180个中国人的伙食。美国人对整个训练班财政上的控制，显然无助于平息中国人对这种巨大的伙食差别的义愤。[40]

据训练班一个后来参加了共产党的中国军官说，在1945年7月中旬的一个短战役中，华安班在向日本军队进攻时受挫。但在8月份日本人投降后，华安班占领了厦门。到了年底，训练班改编成"别动军暂编纵队"，后来它跟随陈达元去了台湾。[41]

除此以外，还有九个战地训练点：修水（江西）、建瓯（福建）、玉壶（浙江）、东峰（福建）、息烽（贵州）、临泉（安徽）、焦岭（广东）、港口（浙江）、梅县（广东）。但最重要的训练点是中美合作所第九班，它设在离重庆约20公里的嘉陵江畔的总部歌乐山上。[42]

歌乐山

歌乐山是一片丘陵地带，它分成约6公里多宽、10公里深的3个盆地。[43] 一眼看上去，那是个"可爱的地方"，一个松树覆盖的山峦下

田园诗般的所在。⁴⁴3个峡谷与主要的山脉形成直角,每个峡谷中小小的农庄之间有潺潺流水相连。⁴⁵

从重庆歌乐山到沙磁区,毗连起伏的丘陵,广阔的山谷地带,长达13华里,纵横20余里,包括渣滓洞、梅园、杨家山、造时场、松林坡、白公馆、五灵观、红炉厂、王家院子、熊家院子、小杨公桥、朱公馆、步云桥、岚垭等地,都属于"中美合作所"的特区。⁴⁶

这个秘密隐藏的营地周围有电网环绕,武装巡逻守卫,对擅入者格杀毋论。⁴⁷"从步云桥到歌乐山的村落,全被封锁,不让老百姓通行。五灵观等地的居民,均被强行赶出。在特区范围内,除了持有特别通行证的美蒋特务外,一律不许进出。⁴⁸误入者便被抓起来杀掉。"⁴⁹

在整个战争中,戴笠的人在美国物资和资金的援助下,把梯田改造成了一片具有800幢房屋的基地。⁵⁰整个基地包括兵营、操练场、兵工厂、靶场、教室、警犬房、鸽棚、无线电通讯室、一个监狱和审讯设施。⁵¹这三个平行的山谷中以最南面的为最大。⁵²那里有戴笠的一些住所,它们是峡谷上面山坡松树林中的地中海式别墅。旁边是军统特务训练营。⁵³中间的盆地驻扎了美国人,他们有自己干净的食堂、西式的厕所设备(梅乐斯带了一个马桶到这片山丘,让人在当地的一个陶瓷厂仿造)、礼堂和舞厅,戴笠在那里举行由"漂亮而衣着时髦的中国女郎"主持的宴会。⁵⁴最后,北面也就是最小的山谷中设有一个"严酷的监狱,关于它有很多不幸的故事"。⁵⁵自然,这就是在《红岩》里描述的集中营和酷刑室"白公馆"。⁵⁶

在戴笠看来,中美合作所协议中最重要的条款之一,是按美国执法机构的模式对蒋介石的特工(尤其是对"刑事警察干部")进行训练。⁵⁷这个"特种警察人员训练班"将使戴笠组成他自己的调查单位,从而与陈立夫中央统计局的"中国FBI"抗衡。梅乐斯意识到,在这位中国将军的眼里,这便是美国人在中美合作所训练游击队项目中最重要的交换物。[58]

戴将军为了实现他的愿望而不惜一切代价。针对他的这种最真挚的愿望,我们开始"试行"FBI学校的模式。于是查理·强斯敦(Charlie Johnston)少校和4个精心挑选出来的专家带着大量的设备、充沛的精力和丰富的想法到达了。[59]

强斯敦(在其文职生涯中他是一个FBI特工人员,后来在布宜诺斯艾利斯当法律参赞)携带的专家小组后来扩展到了20多名成员,其中有前FBI特工人员、财政部的毒品稽查官、纽约市警察的排弹专家、火灾调查员、州警以及密西西比州的一个地区检察官。[60]这些"摧毁和保卫"的专家们奉命采用最新技术和手段(武器、测谎器、警犬、镣铐、喷妥撒、弹道学等),在监视、审讯和情报分析方面训练戴笠的高级特务。[61]

后来梅乐斯坦白地承认,在歌乐山"我们从来无法把警察活动与游击活动区分开来"。[62]

我们的理论是,尽量训练一些人来做我们需要做的事情。既然戴笠在30年代初建立了一所警察学校,五年来一直主管这所学校,而且从理论上说,中国所有沦陷区的警察都归他指挥,所以我们必须利用他们。于是我们在重庆组织了一个班,并把沦陷区各地的警察局长召到此地,给他们开办类似的课程。[63]

对于训练秘密警察,他的理由是,一旦他们回到沦陷区充当傀儡警察的头目,会在拯救成百名被击落的美国飞行员方面起到关键的作用,不然这些美国飞行员就会落到敌人手里。[64]但不论在当时还是此前,这种解释都无法平息这样的抨击,即,梅乐斯和海军情报局用中美合作所来训练戴笠镇压异己的秘密警察，有时甚至目击了对犯人的刑讯逼供。[65] 美国国务院和战略情报局都反对在中美合作所里组成一个"FBI 的学校"来训练戴笠的秘密警察，因为这像是"戴笠赤裸裸地要确保美方对国民党的内部政治压制的支持"。[66] 作为对这些抨击的回答，邓诺文将军通过梅泽上校命令梅乐斯把训练班"警察班"的名字改为"反间谍班"，并指示："这个班的作用应当尽可能地针对反对敌人的活动。"[67]

魏德迈的担忧

魏德迈（Wedemeyer）在接替了约瑟夫·史迪威担任中国战区的美国司令后，对第九班的秘密警察训练项目感到特别忧虑。在与戴笠的一次紧张的会面中，魏德迈告诉戴笠，他对"把美国的人力和设备用在政治组织上"非常关注。[68]

戴笠回答说，全国军事委员会下的军事统计局和国民党中央委员会下的中央统计局不同：后者主要涉及国内政治安全，而前者则从事战时秘密活动。戴笠说，为此，中美合作所的所有资产都用在了抗日上，除了对"在海军组领导下被称为第九训练班"的间接使用以外。[69]

但魏德迈强硬地坚持：他的意思是"不想让在中国战区里的任何美方人员或军事设备用于政治组织"。魏德迈和他的人员还对戴笠关于军统致力于军事目标的说法提出质疑。当代表魏德迈的 G—2 的海军中校阿格纽（Agnew）问"杀害叛徒是政治还是军事性质"时，戴将军说，那是军事性的，因为这直接影响到抗日行动。但魏德迈不以为然："这恐怕是政治性的，除非能把对待日本和共产党之间截然区分开。"[70]

换句话说，除非戴笠能够证明，被军统杀手谋害的共产党人是在为日本人服务，不然这种恐怖主义行动就是出于政治目的，被用来对付蒋的内部敌人。在这方面，魏德迈更加明确地指出"他不同意美国人卷入任何杀害或惩罚中国人"的行动。而戴笠只是简单地回答说："没有任何美国人会被要求那么做，他们的工作是训练中国人来做。"[71]

他们的确训练了那些人，尽管梅乐斯知道国务院对此表示反对。[72]事实上，中美合作所的训练班不仅继续培养毕业生，而且根据联合协议第十七条的规定，美国海军还同意为40个由戴笠精心挑选出来的军统学生到美国深造，提供衣食住行和学费。[73]无须赘述，这项计划直到日本投降后才开始执行。[74]

美国特别行动官员为了收集情报而训练警察，可到头来却被指控为同右翼独裁政权相勾结，这在历史上还是第一次。从这个意义上说，中美合作所训练戴笠秘密特工的项目都曾使战时美国情报机构的努力成为赤裸裸的犯罪行为。[75]"既然戴笠的许多职责中也包括蒋的军事情报头子，与他进行部分的技术合作是不可避免的。但中美合作所似乎远远地超出了这一点。戴笠很快就毫无顾忌地利用空运到歌乐山的美国武器来同新四军和其他爱国游击队作战。而梅乐斯的人则企图为戴笠的政治名声涂脂抹粉。"[76]

中美合作所

二战结束后，中美合作所的美国退伍军人——"稻田海军"的"老虎们"——以中国游击队教官为荣，他们作为国民党军事情报局的客人到台湾，去纪念他们的"后方公爵和永久的船长"米尔顿·梅乐斯与"大老板戴笠"的亲密关系。[77]大多数人对这个机构的黑暗历史似乎一无所知，然而在太平洋战争期间进步记者的笔下，以及在朝鲜战争时这段历史被反复宣传提及。正如麦克阿瑟将军在20世纪50年代的中国漫画中被描绘成一个外国魔鬼那样，中美合作所在当地的训练点被形容成美国对中国的入侵地，那里的人是强奸中国妇女和屠杀中国最优秀最开明的进步人士的野蛮动物。[78]

离西安附近的胡县东北处几英里处是中美合作所训练班，它由中国的"希姆莱"戴笠和美国人联合主办，自1945年以来，在西安被捕的爱国者们被蒙上眼睛或装在大麻袋里带到此地。农民们清楚地记得那些受刑的爱国者们撕心裂肺的叫喊声。这个地方一直被荷枪实弹地守卫着。没人敢走近它。县城解放后人们发现所有的囚犯都被国民党特务冷酷地杀害了并留下了成堆的尸骨。[79]

最声名狼藉的地点是歌乐山，后来共产党在那里建了一个博物馆，里面有一个堆积了94具尸体的坑，尸体上带有美国马萨诸塞州斯普林菲尔德（Springfield）制造的镣铐。[80]

据歌乐山的导游说，在歌乐山对进步人士进行"审判"时，梅乐斯在审判席上坐在戴笠的旁边——判决有时是建立在美国人逼出来的供词上的，这些美国人对受审的犯人用测谎器，或用喷妥撒注射进血管，使犯人失去控制力而说真话的方法。[81] 主要的审讯中心设在带有20间房屋的白公馆——据说其所处的位置也是唐朝诗人白居易故居所在地——后面的一连串山洞里（里面据说有一个镪水池[82]）。据中美合作所集中营16个幸存者之一说，白公馆是一个阎王殿，不幸的囚犯们在这地狱里"经受了48种刑法的7种"。[83]

岩洞本身被形容为一个"渣滓洞"，它本来是个煤矿，由17个长方形的牢房组成，15个男牢，2个女牢。门楣上写着戴笠的手迹："你的青春会过去，永不再来。想想你的处境，你还有多少时间。"[84] 作为答复，囚犯们在牢房的墙上写道：

燃烧的烙铁烤焦了我们的胸膛
削尖的竹签穿透了每一个指甲

> 冰水灌进了我们的鼻孔
> 电流击毁了我们的身体……
> 在地狱邪恶的火焰中
> 人得到锤炼
> 直到他的意志
> 成为金子一样坚硬光亮。[85]

当人民解放军第二野战军逼近重庆,并以出乎任何国民党指挥官意料的速度前进时,歌乐山监狱的看守们得到枪杀所有囚犯的命令。在这之前白公馆里已不断有枪杀:犯人被带到楼下,遭到机枪扫射。1949年11月27日的晚上,看守们在院子里焚烧中美合作所的文件,犯人们被带到了楼下的牢房。据幸存者之一回忆:

> 指挥官到了后,士兵们很快就在牢房前携冲锋枪列队。哨声响了。士兵们把他们的枪插进了牢房门上的方形窗口里开了枪。我们唱起了《国际歌》。有的喊起了口号咒骂蒋介石,开枪持续了约20分钟,直到歌声和喊叫声渐息时才停住。这时又响起了哨声。士兵们绕到后面,穿过后窗又扫射了几分钟。指挥官喊了停火。特务们进入牢房,对着囚犯的脑袋开枪。我在一个角落里,冲锋枪的子弹只伤了我的一条腿。对我脑袋开的枪没有击中,我就一动不动地躺在那里。他们以为我们都死了,但30多个人还活着。我们穿过牢房的门,冲到了院子里。约19个人在那儿被枪杀了,但我们14个人从墙洞里逃了出来。[86]

尽管到了那时中美合作所在形式上已不复存在,它的罪迹却被共产党关于歌乐山的最后大屠杀的故事永久化了。1949年11月27日,人民解放军到达的前夕,中美合作所训练和武装起来的警察们枪杀了两个监狱的囚犯，然后把他们的尸体与合作所的文件一起焚毁。[87] 就像上海报纸在朝鲜战争期间的反美高潮中说的："法西斯秘密特务组织的总部中美合作所，由美国海军梅乐斯和中国的'希姆莱'戴笠联合领导，以美国发明的酷刑和屠杀而闻名。"[88]

中美合作所的训练项目也为后来中央情报局（CIA）资助下的类似秘密特务活动开了先例。毕竟，CIA 的运作方式是在全世界训练秘密警察，尤其是 60 年代在拉丁美洲。[89] 至少有些在巴拿马运河区由"国际发展署"和"美洲学校"主办的警察训练项目发出的回声，与战时美国在华的中美合作所"稻田海军"的经历产生着共鸣。[90]

注释：

1 Deane, *Good Deeds and Gunboats*, p.118。中美合作所的学员们接受了实施破坏方面的指导，其中包括如何使用手榴弹、地雷、诡雷和公路地雷等。这些都是危险的课程，有时会发生死亡事故。Miles, Personal Papers, Box 5, p.4。

2 Deane, *Good Deeds and Gunboats*, p.118; Miles, Personal Papers, Box 5, p.13。国民党的中国资料声称，在 1943 年至 1945 年之间有 49180 名战斗人员在中美合作所接受训练。"国防部情报局"编：《中美合作所》，第 15、46、56、60 页。

3 他继续说道，这些国民党力量的残余仍旧在共产党控制的大陆上斗争——这一宣称反映了梅乐斯本人的反共狂热，也反映了内战前夕中美合作所的一些单位确实与戴笠的人一起向共产党游击组织发动进攻的事实。"那些对日作战的胜利直接归功于由戴笠在杭州训练出来的警察局长们领导的中国警察部门，而且我认为他们仍然在活动。我不敢肯定中国共产党是否杀害了所有这些警察局长。即使没杀也该杀，因为那些人依然忠实于戴笠和我，虽然戴笠死了。"Miles, Personal Papers, Box 3; *Address to the New York State Police Chiefs Conference*, p.182。中国共产党的资料宣称，大量的证据表明，戴笠受过美式训练的游击队曾被用来打击新四军组织。《戴笠之死》，第 7 页。

4 面对中国人表面上的粗野，坚持按自己速度办事的美国教官们往往迟疑不决。一个话很少、说起来很慢但课教得很好的美国教官说："你不能支使一个中国人，你不能催促他。一些美国人花了很长时间才懂得这一点，但你可以是他的朋友，走在他前头，引导他！"Miles, Personal Papers, Box 5, p.14。

5 第一训练班的首届游击队学员们在行走了几百里路后就落伍了，因为他们脚上起了水泡，鲜血淋漓，许多人虚弱得连枪都扛不动。Miles, *A Different Kind of War*, p.153。

6 "接受训练的中国人员从未短缺过。中美合作所的招生人员会装扮做苦工样，勤快地穿越日本人的封锁线到中国地方官那儿……要求这些地方官帮助提供合适的年轻人。"Miles, Personal Papers, Box 5, p.1。

7 根据中美合作所的记录,这些人主要都是苦工、农民以及"那些在游击队编制中看到有基本衣食的保证,并能首次和敌人势均力敌作战的机会"的小业主们。Miles, Personal Papers, Box 5, p.1.

8 临汝训练营10%的新兵因患严重疥疮而无法行走。Report of Major Arden W.Dow to director of OSS, CBI Theater, 20/3/44, OSS Papers, p.8。

9 所有这些都是在伙食极为糟糕的情况下进行的:每日两顿米饭(其中的一顿有个素菜),每周一次猪肉。Miles, Personal Papers, Box 5, pp.2—3。

10 同上书,第 3 页。美国官员声称,中国人把拥有皮鞋看作一件"有面子"的事。中国人抓住一个日本士兵后,皮鞋是最先缴获的战利品之一。

11 同上书,第 3—4 页。考金斯(C.H.Coggins)中校也是一位海军军医,他认为"他们卓越的夜视力是幼年在一没电二没灯、像烟囱一样布满烟灰的屋子里长期生活的结果"。

12 对教员们来说,这些中国新兵们"好像把这种训练只当成一个大玩笑"。许多人在课堂上睡觉,在书面考试中作弊,未经允许就把武器拆散而丢失了弹簧和枪栓,还有"随意旷课"的。Report of Major Arden W.Dow to director of OSS, CBI Theater, 20/3/44, OSS Papers, P.9。

13 同上书,第 2、4 页。

14 Miles, Personal Papers, Box 5, p.13。在战争中除了学工程和外语的以外,很少有中国学生被挑选出来。1941 年秋,每个大学外语系的三、四年级学生都被招来自愿为中国空军的美国飞行员当翻译。其中有些人后来替军统工作。到了 1944 年当翻译的学生数量达到 3267 人。Chang and Meyers, *The Storm Clouds Clear Over China*, p.276。

15 Miles, Persorlal Papers, Box 5, p.13。

16 但重要的密码得到谨慎的保护。Miles, *A Different Kind of War*, p.143。

17 同上。美国枪给了中美合作所的新游击队员们"个人的自豪和勇气,在其整个装备中要比其他任何因素都更加能激发其斗志"。但据道(Dow)少校(戴笠在 1944 年 2 月 29 日访问临汝训练营后,他是该训练点的指挥官)说:"戴将军和他组织里的人只对一件事情感兴趣,那就是得到尽可能多的武器和设备。我相信,由我们美国人提供的训练只是得到更多装备的一种掩饰。"Report of Major Arden W.Dow to Director of OSS, CBIT Heater, 20/3/44, OSS Papers, p.9。

18 Miles, Personal Papers, Box 5, p.10。

19 同上书,第 11 页。在 867 个受训的毕业生中有 757 人被授予枪支。

20 在北京长大、中文非常好的班克斯·豪考姆(Banks Holcomb)起码发现过一次,一些从中美合作所歌乐山毕业的人以前曾经受训过。Personal Communication from John Stewart Service。

21 第一训练班刚设立,美国人就听说英国指导的游击队训练点就在附近,后来他们搬到了福建浦城,直到战争结束。Miles, *A Different Kind of War*, p.150。

22 同上书,第 127 页。梅乐斯与戴笠谈了之后便与华盛顿通话,要求向歌乐山的训练班运送弹药、枪支、破坏用燃料及舷外发动机。但这些物资两年后才运到中美合作所。

23 同上书,第 149 页。

24 同上书,第 152—153 页;Lovell, *Of Spies and Stratagems*, p.48。

25 日本军事情报机构起码早在 1944 年 4 月就知道中美合作所训练点的存在。Miles, *A Different Kind of War*, p.16。

26 同上书,第 157 页。

27 仲向白:《我所知道的中美特种技术训练第三班——临汝训练班》,第 126 页。

28 同上书,第 127 页。除了由文强率领的从军统华北站来的一批助手以外,临汝班的大多数为中方服务的官员都是军统直接分配来的。只有一小部分少校军衔以下的军官不是从军统来的，但他们逐渐都参加了军统。
29　同上书，第 128 页。
30　中美合作所的有些美国官员抱怨中国人的训练课程把每三个月中的一个月拿来作政治训练。后来梅乐斯和戴笠达成的妥协是，把政治训练课放在下午。Miles, Personal Papers, Box 5, Training of Chinese Guerrillas, p.8。
31　仲向白：《我所知道的中美特种技术训练第三班——临汝训练班》，第 130 页。
32　同上书，第 129—130 页。
33　同上书，第 127 页。临汝学员的文化程度有很大差别。有些人是文盲，有些是中学毕业生，还有不少人上过大学。
34　同上书，第 130 页。由于仲本人在这些方面的不足（也许是有意在共产党读者面前打掩护），他不得不离开训练班，到洛阳干不太敏感的工作。同上书，第 131—132 页。请注意，在两次世界大战之间，全世界充满了秘密特务。"为了扬名或者发财，有名无名的秘密特务们恬不知耻地渲染自己战时的历险记。"当然，这些人物中的一个，便是邪恶的傅满洲。Miller, *Shanghai on the Mètro*, p.11。
35　同上书，第 150 页。汤淘：《中美合作所第六特种技术训练班内幕》，第 148—149 页。汤淘虽然不是军统成员，但他与军统人员密切配合，逮捕共产党地下特工，并被军统列为"外围分子"。李崇诗在抗战后成了军统上海站参谋。程一鸣：《对沈醉〈我所知道的戴笠〉的补充、订正》，第 246 页。
36　英国军事情报机构通过他们的中国站对这一企图有所风闻。MI 2/1753, in WO 208—2874, British War Office Records(London:Her Majesty's Public Record Office)。
37　这些情报站分别由庄心田、张元、王调勋和陈达元任站长。军统还在福建沿海设立了一些气象站、水文站和电台，并在建阳回龙寺和东峰各建了一所美军招待所，在建阳成立了一个中美所运输总站，由姜守全任总站长。为了替美国人可能发动的登陆做准备，训练班从上海以南到香港做了"也许是有史以来最全面的中国海岸观察"。Durdin, U.S. *"Cloak and Dagger" Exploits and Secret Blows in China Bared*, p.5；章微寒：《戴笠与"军统局"》，第 111 页；Secret Memorandum to Mr.Grew, 28 June, 1945 in Confidential U.S.State Department Central Files(China, Internal Affair), 1945—1949。
38　汤淘：《中美合作所第六特种技术训练班内幕》，第 153—154 页。
39　同上书，第 156 页。汤淘对美国士兵的淫乱大作文章。虽然他没有提到强奸或其他性行为，但妇女们是他们"凌辱"和"纠缠"的对象。
40　同上书，第 155 页。
41　同上书，第 160—162 页。当陈达元和他的部队占领厦门时，前汉奸和日本间谍林一平（即林顶立）给了他一个住处。
42　另外还有一个外围的第九班，即福建的东峰班。四川的歌乐山驻地由戴笠亲自领导。由于戴笠经常不在，临时主管官员是潘其武。Caldwell, *A Secret War*, p.65。
43　中美合作所的第一批人员于 1942 年 10 月 1 日驻进歌乐山。Miles, *A Different Kind of War*, p.97。
44　但是，天气不作美，山谷的气候简直"可怕"，这也是为什么美国的一些服务人员把它叫作"死谷"的原因。白天的气温可达摄氏 40 度以上。Caldwell, *A Secret War*, p.71。关于该地点的出色描述见 Carter, *Mission to Yenan*, p.162。
45　Caldwell, *A Secret War*, p.62—63.
46　章微寒：《戴笠与"军统局"》，第 106 页。
47　这个地点如此隐蔽。美国观察家们只是在美国海军人员偶然在重庆出现随即神秘地消失了之后，才意识到它的存在。"日本人完全知道，但是对美国和中国政府官员来说这却是一个绝对机密。"有一天晚上东京电台广播了在歌乐山的美国高级官员名单。"日本人能获得这一情报，只有一种可能，那就是戴笠组织中的人泄露出去的。"Caldwell, *A Secret War*, p.61。

48 关于越界的最耸人听闻的案子涉及了 4 个中学生，他们在转悠时误入该地区，被抓了起来。在他们"失踪"的那段时间里，他们受到酷刑折磨，并被一直关押到 1949 年 11 月 27 日，最后在白公馆被杀害。章微寒：《戴笠与"军统局"》，第 106 页；天声辑：《美帝直接指挥的"中美合作所"》，第 84 页。在小说《红岩》里，他们所经受的折磨，通过对小说人物胡浩的悲惨描写表现了出来。

49 章微寒：《戴笠与"军统局"》，第 106 页。戴笠坚持，包括美国服务人员在内，任何人一离开歌乐山就不能再进来。Caldwell, *A Secret War*, p.62。歌乐山地点一建立，磁器口就设立了一个表面上像是个普通商店的哨所，一过哨所便是公开的警卫线。黄康永：《我所知道的戴笠》，第 165 页。在歌乐山工作的人，如维修工、造纸工、鞋衣厂家、医院的技工或学校教师，所有的人都必须持特别通行证，或永久地居住在里面。这些人大多数是死亡军统特工（包括被戴笠杀掉的特工）的家属。Miles, *A Different Kind of War*, p.63。

50 Miles, *A Different Kind of War*, pp.83—84。

51 1949 年后，中美合作所机构的中央部分被改造成一个"美蒋罪行展览馆"，其中包括重建的牢房、酷刑室和一个据说用来溶解尸体的酸池。Deane, *Good Deeds and Gunboats*, p.116。

52 Caldwell, *A Secret War*, p.75。

53 天声辑：《美帝直接指挥的"中美合作所"》，第 84 页；Caldwell, *A Secret War*, p.75。

54 Smith, *OSS*, p.65。梅乐斯在戴笠的同意下坚持：在宴会和舞会以外，美国人和中国女人之间不能结交。这些女人大都是军统特工的家属，她们奉命在圣诞节这类特殊场合打扮起来招待西方人。Miles, *A Dirrerent Kind of War*, pp.138—139, pp.141—142。梅乐斯还强加给美国人一种貌似平等实则天真、无意之中居高临下的规定，要求他们必须像传教士那样遵守东方习俗。他鼓励这些西方人练习像中国人那样走路和蹲着，而不用椅子；让他们和中国人一起随便而自然地吃饭。他们没有自己的俱乐部，没有烈酒，被鼓励喝茶而不是喝咖啡。说脏话会受到批评，每说一个脏字会被罚款大洋一元。同上书，第 140 页。爱国者们对美国人把农民从特区赶出去的事实大作渲染。天声辑：《美帝直接指挥的"中美合作所"》，第 83 页。

55 Caldwell, *A Secret War*, p.75; Walker, *China's Master Spy*, p.165。

56 这个同诗人白居易联系起来的山间别墅，据说实际上是四川一个姓白的军阀建造的。在它变成军统的监狱后，许多原关在息烽的犯人被转移到此地。新四军叶挺将军曾经被关押在这里的洪炉厂，中共华南局书记廖承志也曾被囚禁于此。章微寒：《戴笠与"军统局"》，第 119 页；沈醉：《军统内幕》，第 123 页。

57 顺便提一下，在陈可友（中国的福尔摩斯）成为南京第四区队指挥之前，曾在此受训。他在战后在某市担任警官。陈是他女儿写的《昙花梦》一书主人公的原型。陈可友于 1985 年退休，住在福州。陈彬：《沉寂三十五年的"中国福尔摩斯"》，第 70 页。

58 沈醉：《军统内幕》，第 238 页。

59 Miles, *A Different Kind of War*, p.147。

60 歌乐山的学校于 1943 年 9 月 13 日开办。到了 1945 年，50 座楼房里共有 40 多个教官。Lieut.Cmdr.Charles S.Johnston, *War Diaries Relating to Police and Investigation Unit OSS Papers*, p.6; Aldrich, *Intelligence and the War against Japan*, pp.271—272。

61 Miles, Personal.Papers, Box 3, "Address to the New York State Police Chiefs Conference", p.174; Walker, *China's Master Spy*, p.163；天声辑：《美帝直接指挥的"中美合作所"》，第 84 页；Deane, *Good Deeds and Gunboats*, p.118。与此同时，梅乐斯于 1943 年春天在第

九训练点又设立了第二个高级训练项目,专门培训中国教官,以便在教授特别行动方面协助美国教官。这个"助教人员训练班"中的每个学员都曾毕业于军统自己的训练班,他们把这个干部训练班叫作"梅乐斯训练班"。该班的毕业生每人被授予一把刻有"梅乐斯赠"字样的短剑。章微寒:《戴笠与"军统局"》,第111页。

62 Miles, Personal Papers, Box 3, "Address to the New York State Police Chiefs Conference", p.181.
63 同上书,第180页。
64 同上。显然,梅乐斯对此也有他自己的顾虑,尽管和学校在他心目中的重要性相比,这种顾虑最终让了位。在第九班开班的那个早上,他给梅泽(Metzel)上校写信说:"我不能低估(为犯罪调查学而)继续开办这个学校的重要性。它所具有的政治含义是无法在纸上充分表达的。它对目前的战争和战后的发展,在中国和美国都有巨大深远的意义……其复杂性对我来说是巨大而可怕的,但我相信会非常值得。"Schaller, *The U.S.Crusade in China*, p.240。
65 中美合作所的美方人员对后一点表示否认。"但我从来没有见到任何酷刑的证据……而且我接连几个星期一天到晚与戴笠在一起。""我们纽约市警察局在中国的专家们说他干的与纽约的'招供部'没什么两样。"Walker, *China's Master Spy*, p.165。
66 Smith, *OSS*, p.254。史迪威派约翰·戴维斯(John Davies)向梅乐斯抗议第九班的开班。梅乐斯表示,史迪威有本事可以去向战部部、国务院和海军司令部告状。OSS也对此表示了不满,但训练班还是继续培训戴笠的特务。Schaller, *The U.S.Crusade in China*, p.240。
67 R.Davis Halliwell to General W.J.Donovan, "'Police Unit' under SACO", OSS Papers, 21/1/44.
68 魏德迈明确地说,他对第九班的调查与战略情报局无关。相反,他对战区的组织和协调的调查是经过委员长赞同的。"Minutes of Meeting with General Tai Li", 30 January 1945, U.S.Army Headquarters, Chungking, China, pp.4—5。
69 同上书,第5页。
70 同上。
71 同上。魏德迈对戴笠说:"他也不要美国人充当针对中国人的密探。"
72 Miles to Colonel Sin-ju Pu Hsiao, Washington, D.C., 5/2/46, Miles, Personal Papers, Box 5.
73 Lt.Commander Roy D.Stratton and Commander T.B.Nicken, "Chinese Students To Be Sent to America at Navy Expense", Miles, Personal Papers, Box 3, 15/2/45。他们中的1/3是学习警察手段,其他2/3学习财经、运输和商业管理等对中国战后建设有用的课程。海军方面估计,这个项目每年的经费(将从海军经费中支付)约为18万美元。
74 到了1946年3月,有20个学生集结上海,另外20个在内地等待批准。"中美合作所协议第十七条——支付与电离层项目有关之费用。"Miles, Personal Papers, Box 5, 20/3/46。海军支付给戴笠184260美元,算是来自海军工作资金的款项。军统挑选的特务中有郑锡麟、毛万里、董益三、李济中、黄加持、李人士、乔家才、刘镇芳、鲍志洪、聂琮等。黄康永:《我所知道的戴笠》,第169页。
75 "我认为,从美国的利益来看,中美合作所是一个灾难。"Caldwell, *A secret War*, p.45。
76 Epstein, *Unfinished Revolution in China*, p.350。并见 *Death of Tai Li*, p.91。戴笠对文强说,"皖南事变"之后蒋介石召开过一个绝密会议。会议的要点可以用其保密记录中的一句话来概括:"打才有出路。"文强:《戴笠死前二三事》,载《中报》,1989年7月23日。
77 *SACO News*, 13:15—22(March 1996) 及 15:42(Sept 1997)。尤其是:"General Dai Li, One Hundred Years", *SACO News*, 13:5—14(March 1996)。
78 People in Shensi Recall U.S.Crimes with Hatred, p.3.
79 同上。外国左翼记者们认为中国政府在西安的军事学校是"反共封锁和戴笠的盖世太保的大本营"。曾在日本人占领的上海当汉奸的合众社前中国记者艾美瑞·安(Emery An),

在西安军校主管英语教学。Epstein, *Unfinished Revolution in China*, p.315。

80. Deane, *Good Deeds and Gunboats*, p.122。第恩这么描述他参观坐落在重庆外的博物馆："我们转向一个角落并看见了刑具——钉入指甲里的竹签、据说是美国制造的一条软钢鞭、一个用于'披麻戴孝'刑罚的布满钉子的棍棒……据说戴笠的审讯人员夸耀说他们能让一个骷髅开口。"同上书，第 120—121 页。

81. Deane, *Good Deeds and Gunboats*, p.121。请见《红岩》里在折磨成岗一节中对"一个高个子、身穿白大褂、金发碧眼、鹰勾鼻子的人"的故事性描写。一个指控中国审讯者的、有一双灰蓝眼睛的金发魔鬼，被描写成装扮成医生的美国人。在描述用刑时，作者不断影射医生和药品。Starry, *The Body in Pain*, pp.41—42。

82. Starry, *The Body in Pain*, p.40。"在施刑中，世界缩小成一个单间或一系列的房间。在希腊叫做'客房'，在菲律宾叫做'安全房'，人们常常给刑讯室起的这类名字，唤起并引起了对通常情况下存在于人类避难所的慷慨而文明的冲动的注意。他们唤起对这种冲动的注意的目的，仅仅是将其作为灭绝它的前奏。"

83. "Pai's Mansion Pogrom by SACO Told by Survivor", p.2。中国人后来被告知，这个人间地狱是戴笠和梅乐斯合伙建立起来的。下文将会提到，这 16 个囚犯在被争取过来的看守的帮助下，于那个骇人听闻的大屠杀之夜逃脱。

84. Deane, *Good Deeds and Gunboats*, p.123。

85. 同上书，第 124 页。

86. Fu Boyong's Account, in Deane, *Good Deeds and Gunboats*, p.123。

87. Deane, *Good Deeds and Gunboats*, p.116。关于屠杀的故事在朝鲜战争爆发后不久又被重新提起：1950 年 7 月 16 日，在北京和重庆举行了悼念大会，哀悼"分别于 1946 年 7 月 11 日和 15 日在昆明被杀害"的中国民盟成员李公朴和闻一多"以及其他 20 多个在重庆附近中美合作所集中营被屠杀的"烈士们。*Shanghai News*, 15/7/50, p.2。关于闻一多被杀象征了"汉口统一战线精神"的泯灭。见 MacKinnon, *The Tragedy of Wuhan*, p.942。

88. *Shanghai News*, 31/2/50, p.4。

89. Agee, *Inside the Company*，全书。

90. 当第一个警察项目于 50 年代中期开办时，梅乐斯准将是巴拿马运河区的司令。对于相信"阴谋"说法的左翼人士来说，这足以证明中美合作所长期的邪恶影响。而梅乐斯准将后来于 1958 年在智利任海军武官的职位似乎又肯定了这一点：在那里"他又一次为反对革命而贡献力量，开始收集一个年轻有为的社会党政治家萨尔瓦多·阿联德（Salvador Allende）的档案"。Deane, *Good Deeds and Gunboats*, p.124。

第二十二章 间谍

　　还有一个极右派的冒险活动,它从一开始味道就不对头,而且我相信,将来美国人会对它感到羞耻的。这就是SACO(中美合作所),美方的领导是海军情报局米尔顿·梅乐斯上校(后来是海军少将)……中美合作所的任务是在正面战场上向日本人进行渗透,收集情报,组织一个沿海观察系统来报告敌人船只的活动,并为将来美国登陆做准备。当然,所有这些活动都是正当必要的。但中美合作所邪恶的一面在于其组织本身,后来它使这个机构变得面目全非。它的全权领导是戴笠将军,即国民党盖世太保遭人痛恨的希姆莱,扼杀中国人生活中任何进步事物的凶手,将里通外国的特洛伊木马派往日本阵营的大师。

　　爱泼斯坦:《中国未完成的革命》,第349—350页[1]

中美合作所的业绩

　　太平洋战争一结束,梅乐斯和中美合作所的一些最积极的美国军人便大肆宣扬该组织在中国战区的成功。[2]日本投降一个月后,梯尔门·德定（Tillman Durdin）在《纽约时报》上高度赞扬这些壮举：

> 美国人教会了中国人游击战的新技术并给他们新式武器……中国部队原来的使命是保护美国人及其气象站和情报无线电台，后来它发展成为庞大的游击队组织。在美国教官和顾问的帮助下，他们在长江流域和中国的东南地区广泛活动，袭击小股日军，破坏日本人的通讯系统，炸毁敌人在沿海和内河的船只并收集情报……中美合作所的中美人员在日本部队周围不断地活动，他们对日本人在华的每一个行动的监视，全面到了惊人的程度。沿海监视台对敌人船只动向的报告，为美国潜水艇击沉数十艘日本轮船提供了依据，并在一些最重要的海战中起到了关键的作用。[3]

沿海监视台的确非常有效，帮助美国潜水艇击沉数十艘日本轮船上所做的贡献当之无愧。中美合作所的特工还向第14飞行队提供了情报，协助他们轰炸日军的军需品供应站、船只、卡车、火车和部队，并从空中投放水雷，迫使日本船只进入易受美国海军攻击的水域。[4] 中美合作所的气象报告对美国海军在太平洋的战役来说也是必不可少的。比如，它使58特遣队能在日本本土上发起第一次全面进攻。[5]

但是，中美合作所作为游击队训练机构和情报机构的效力，仍值得怀疑。在其敬慕者眼中，中美合作所的成就是毫无疑问的：

> 日本人的食品运输遭到如此频繁的袭击，以至于许多日军部队中发生严重的供应短缺。在全国的许多地区，日本人完全被围困在他们的部队驻地，而不敢冒险进入乡村。从1944年6月到1945年7月，中美合作所的部队击毙日军2.3万人，击伤9000人，俘虏约300人，捣毁了209座桥梁、84辆摩托车、141艘船只和97个军械库与仓库。[6]

梅乐斯本人经常提到中美合作所一些英勇行为的例子：在海丰港准备向长崎运送大米的日本轮船上埋炸药的中国年轻特务，第一训练班 1943 年 9 月在江苏的大胆作为，包括刺杀伪省长和导致日本人损失九架飞机的上海袭击战等，绰号"人猿泰山"的约翰·麦特米勒（John Mattimiller）少尉对厦门码头的潜水袭击炸毁了一艘日本货船，等等。[7] 还有，戴笠本人被视为在华美国军人的主要保护人，他通过其无处不在的秘密特工和勇猛善战的游击战士们，确保了美国人在那里的生存。[8]

军统的现实状况

其实，很少有美国人参加中美合作所的游击战，因为军统官员曾警告他们说，在中国沦陷区他们会像大块头那样突显出来引人注意。结果，中美合作所没有真正属于自己的外勤单位，而必须依赖军统的行动队。对这些基层地方部队的指挥，按理应由美中联合组成的中美合作所内部的"军事作战组"负责，由军统正规特务全面控制。[9]

这个组所拟定的一切作战计划，均须先与军统商妥后才能发出去。尽管如此，各地武装特务头子还是不大接受，仍按他们自己的一套直接向军统请示。但为了要得到美帝的武器弹药与美式装备，则又不得不将每次对日作战的伤亡、战绩向中美所汇报请求补充。这些数字大多是经过一再夸大甚至捏造出来的东西，往往与他们报给军统的有出入。[10] 而美方却非常重视这些统计数字，并经常对这些单位进行武器弹药的补充，他们根据这些虚报的"成绩"便可向美国政府去要东西。[11]

至于简单的收集情报（说到底这应当是中美合作所在中国最主要的使命），官方的记录比这还差劲。[12] 梅乐斯起初对海军情报局从军统那里收集来的情报质量非常失望，这也许是他不愿与军事情报局史迪威将军和陈纳德（Chennault）将军的部下分享这份情报的原因之一。[13] 不过，在他对戴笠作了口头和书面的抱怨之后，军统便利用它与沦陷区"汉奸"的关系在上海、南京和华东其他地区来安排特别行动单位，使中美合作所特工能够在这些地方设置无线电发射台，用他们自己对日军活动的报告来补充军统的通讯系统。[14] 到了1944年，中美合作所的情报官员倍增到40名，于是戴笠觉得有必要指定军统的一名站长王一心来总管联合情报工作。[15]

中华人民共和国后来的说法是，中美合作所曾经出过优质的情报，尤其是在关于苏联和中共的活动方面。[16] 但在战争刚结束时，共产党文人们贬低了戴笠在这方面的成就，并把梅乐斯形容成"饭桶海军"的一个昏庸的首领，说他误把日本在河南北面的一号战役看作是又一个"抢劫行动"或是新兵军队的一次"演习战"。[17]

戴笠本人曾对中美合作所的贡献予以高度评价，这部分是因为他对梅乐斯在提供卡宾枪、手枪和冲锋枪的同时所提供的间谍器材非常欣赏。美国战略情报局的天才发明家斯坦利·洛威尔（Stanley Lovell）记得，戴笠和梅乐斯要他制造一种毒药，让中国妓女对日军高级将领使用。后来，他和战略情报局的细菌专家制作了一种跟普通大头别针差不多大小的胶囊丸，里面装了肉毒菌素，可以打开在饮料或食物里放毒。这些毒丸由海军军医塞西尔·考金斯（Cecil Coggins）带回重庆，供应给"戴笠领导下的中国谋杀和破坏学校"。[18] 梅乐斯还提供了其他伪装的武器，如与做薄饼用的面粉相似的炸药、伪装成照相机的枪等等，他提供的礼品中还包括他个人赠送给中美合作所中方人员的手表、衣服、巧克力和香烟等。[19]

戴笠还对中美合作所强化军统的通讯系统能力感到高兴。[20] 梅乐斯到达中国时，戴笠对电器设备的着迷达到了新的高潮。这个中国秘密特务的头子在重庆十里路以外的一个由稻田环绕的荒废的农舍里建立了一个绝密实验室。实验室的整个部门全都涉及密写：用果汁在一小卷胶片上书写，一旦洗印出来便是正常的照片。还有一些装置完全是为了把普通的商业电台的接收机转变成发射机而设计的：藏在自来水笔里的电报员的发报键，设计成上海产雨伞的天线，等等。实验室还为军统的外勤特务复制了微型的美乐时牌（Minox）照相机，并把纵火物伪装成肥皂和药品等。[21]梅乐斯的人员提供了更强大的无线电发射机和最新的电台侦收技术。他们到达歌乐山不久，便立刻架起了一台战地手提收发机，这台收发机需要稳定的120伏电源，电源来自一个发电机或采用重庆发电厂声名狼藉的不稳定电源。[22]1943年5月以后，无线电侦收工作直接由美国海军陆战队中校侯克姆（B.T.Holcomb）领导，他教授中美合作所的技术员们如何使用无线电方向测向器来侦查汉奸的电台，汉奸们用这些电台向日本人汇报陈纳德飞机从昆明起飞后的飞行目标。[23]

　　蒋介石的军事总部也设立了测向器，以查找敌人的发射电台。这些测向器由魏大铭的上海训练组"三机无线电学校"毕业生操作。[24]当然，正如我们看到的，戴笠已经有了一批优秀的通讯人员，而且军统破译人员对日本空袭重庆发出的警报几乎无一例外地准确可靠。英国人对中国国民党的早期警报系统十分佩服，以至于他们想征得蒋介石的允许，建立一支由英国和中国秘密特务联合参与的特别情报机构。[25]其结果便是"中英特种技术合作所"的成立，这个机构由周伟龙领导。[26]

信号情报

　　但是，在中—缅—印战区的英国其他情报单位，特别是在墨尔本的军事情报主任，不愿意同戴笠分享信号情报，因为他们怕这些情报落到敌人手里。"27 1943 年 6 月 11 日，军事情报主任向英国驻重庆武官麦肯（Machin）表示了自己的怀疑。接着，在 7 月 1 日，战争部向墨尔本发报说："我们充分意识到把情报交给中国人很不安全。印度、麦肯和我们都明白，给中国人的任何东西都会以某种方式最终到达日本人那里……麦肯收到情报后，既不重复，也不自动把它交给中国人。我们给他的都是绝密的情报，这些情报我们希望中国人在任何情况下都不知晓。"28

六个月后，联合情报机构规定了一个总体方针：只给中国人"直接有助于其抗日战争"的军事情报。29 但这个政策似乎完全建立在由种族主义而引起的怀疑基础上。MI2（英国军事情报局二处）承认"没有什么具体的证据表明交给中国人的信息曾被泄露"。并补充说："但是，基于对一般中国人心理的了解，人们严重怀疑泄露时有发生。"30

1944 年 6 月 23 日，麦肯给英国战争部发了一份密电，说中国人的军事情报主任郑介民递交给他一封何应钦给卡通·德·维阿特（Carton de Wiart）将军的信，建议在中方的领导下成立一个联合办事处来交换关于日本军事部署的情报。这个办事处同时还收集情报，并散发电台截收的电文，同时还把在中国战区进行活动的 SIS（秘密情报特工）和 SOE（特别行动执行队）的人员组织在一起。31 麦肯对郑解释说，第二种联合不可行，但他确曾建议实行第一个项目。不过，这会产生一个问题，那就是美国人的角色，他们一旦参与进来就有可能把他们"致命的嫉妒"也带进来。32

印度战区的总司令部提醒战争部，它过去曾强烈反对这种情报合并活动，因为这会使中国人进入美英的信号情报系统。考虑到英国军事情报机构对国民党情报系统不断向日本人泄露信息的怀疑，这个联合办事处的存在对印度战区总司令部和白厅来说，似乎都将是个极端的冒险行为。33

然而，英国不想完全拒绝中国。34 白厅的联合情报委员会认为，如果直截了当地拒绝中方会损害中英关系，于是相应提议建立一个中英结合的情报搜集机构，"其中不包括军事部署"。³⁵ 一旦 SACSEA（东南亚盟军最高司令部）在 1944 年 7 月 1 日明确表示，英国不准备与中国人分享信号情报，中国人便开始对合作失去兴趣。虽然如此，SACSEA 还是起草了在重庆建立一个中英联合情报搜集和交换局的协议，此机构的英方将向英国大使汇报。³⁶

对于有关这份协议的消息，美国人没有重视。8 月 3 日，美国军事情报主任比塞尔（Bissell）将军告诉 SACSEA，一旦这种协议生效，"美国情报机构便永远不会完全坦诚"。他还说，参加一个同中国人三心二意的联合情报行动对英国来说将是个错误，尤其是，这可能使国民党通过它来使美英之间产生不和。比塞尔坚持，绝不能让中国人看到这份章程。次日，也就是 1944 年 8 月 4 日，英国答应了美国的要求。白厅让 SACSEA 通知中国军事情报主任郑介民（当时他正在视察印度的情报工作），在目前的战局下不宜建立一个新的情报搜集机构。相反，双方应当仅在中国现有的中英情报合作基础上进一步交换情报。郑将军在 8 月 22 日得到如此答复，"他接到这个消息后没有表现出不满"。³⁷

"曲线救国"

盟国对大战中戴笠秘密特工的可靠性很怀疑，特别是军统与汪精卫傀儡秘密警察相勾结以后。当时，这种勾结被认为是国民党情报机构"曲线救国"的战略，即一方面公开与敌人的情报机构合作，另一方面在暗中把成千名低级双料特务渗透到日伪特务组织中去。³⁸ 据中国大陆资料，这个曲线政策曾被蒋介石和戴笠秘密采纳过，时间是从 1940 年 3 月 30 日汪精卫正式成为统一的傀儡政府主席到 1941 年 1 月皖南事变之间的某个时候。³⁹

实行"曲线救国"政策的关键人物之一，是军统南京情报组组长程克祥。1939年秋天，当汪精卫的"和平党"在上海愚园路1136弄壁垒森严的住宅里与影佐祯昭、犬养健（Inukai Ken）上校及日本特务机关梅花社的人员进行谈判时，程克祥开始铺垫与周佛海（政治委员会总书记，并在后来的汪伪政府任财政部长兼警政部长）及其内弟杨惺华（后来的汪伪财政部总务司司长）的关系。[40] 通过拉到的这些关系，程克祥成功地促成了周佛海的亲信罗君强（后来的汪伪税警总团长、汪伪安徽省省长，后又任南京司法部长）、熊剑东（后来的汪伪税警副总团长）投奔戴笠。[41] 程还说服了周佛海雇用彭盛木（军统南京情报组副组长）当他的机要秘书，使程克祥能够了解汪精卫与日本主子之间最机密的谈判。[42] 当汪伪政府1940年3月29日于南京成立后，彭盛木被任命为财政部顾问，继续为军统提供最机密的内部经济情报。[43]

无须赘述，这些错综复杂的关系使双方得以进行某种程度上的情报交换，从而证实了盟国对戴笠与日本情报机关进行秘密交易的怀疑。[44] 结果，对战争中最机密的情报，即已被美英破译的"极端电码"和"紫电码"，国民党当局却被蒙在鼓里。而且，作为开罗会议四强之一，中国的地位有所下降，在后来的英美苏国家元首汇集的德黑兰会议上也是如此。

在南斯拉夫局势上成为罗斯福总统顾问的邓诺文将军，在开罗会议上首次亲身经历了"中国问题"。陈纳德和史迪威将军也在会上权衡这个"友谊工程"的利弊。[45] 1943年10月下旬，罗斯福曾命令邓诺文在共产党控制的地区收集政治情报。在开罗会议前夕，邓诺文向总统概述了中国的情报状况。他认为："除非我们完全独立操作，独立于中国人及我们的其他盟国，否则我们美国的情报业务便无法开展。"罗斯福同意这个看法，并授权邓诺文告诉蒋总司令："必须让我们独立行动。"[46]

邓诺文的访问

这时，戴笠自己陷入了麻烦。一系列的事件使宋子文和蒋夫人对总司令的"间谍王"疏远起来，包括在国民党秘密警察机构里发现了康生的潜伏人员，在中国取消了特别行动执行队，[47] 以及华盛顿对军统采用盖世太保模式不断增长的抱怨，等等。结果，当"野比尔"邓诺文于1943年12月2日到达重庆时，他发现戴笠的地位已非坚不可摧。[48]

尽管如此，邓诺文仍受到隆重欢迎，包括在重庆警察协会舞厅里举办的满场英语流利、舞姿娴熟女士的招待会。[49] 紧接着招待会的是在戴笠公馆里的宴会。邓诺文竭力保持清醒，但他完全低估了自己的对手，认为对方不过是一个"具有中世纪情报工作概念的平庸的警察"而已。[50]

邓诺文以他典型的直率告诉中国的这位秘密警察头子：假如美国战略情报局得不到戴笠合作的保证，那他们将会独自在中国开展工作。戴笠听了勃然大怒，说：他将处死任何一个在中国领土上、在中美合作所以外活动的战略情报局特工。[51] 对此，邓诺文拍着桌子叫道："你每杀一个我们的特工，我们就会杀死你们的一个将军！"

"你不能这么对我说话。"戴笠吼着。

"我就这么对你说话。"

然而，邓诺文有口无心，一旦他把心里话说出来，戴笠倒镇静了下来，两个人旋即又握手言欢。[52]

宴会的次日，邓诺文将军见了蒋介石。对他们的谈话，没有太多的记录，但梅乐斯从担任邓诺文翻译的刘镇芳那里收集了谈话的要点。据肖勃说，委员长告诉战略情报局主任：

> 你是一个友好国家的高级代表，在这场盟国反对共同敌人的战争中，你在一个既是异国又是友邦的国家里运作。我们中国是一个主权国家，希望你承认这一点。美国人要求盟国怎么在你们的国家

里活动,我们也要求美国人怎么在我们国家里活动。你们不会让另一个国家的特务进入美国并开始活动。你们会坚决反对。同样,我们中国人也反对一个外国特务或情报机关进入中国并背着中国人工作。请记住,这是一个主权国家,你们的一举一动,都请注意到这一点。[53]

到了这一步,邓诺文除了同意把战略情报局的正式事务暂时交到梅乐斯手中外,别无选择。[54]

然而,与此同时,这位情报局主任开始探索在中国越过梅乐斯和戴笠以外建立独立的情报业务的其他可能性。在中美合作所内部,战略情报局的常规人员的十来个人归约翰·考林(John Couglin)上校领导,而梅乐斯则继续指挥海军人员(他因此在战争结束时晋升为准将)。[55] 在中美合作所之外,邓诺文和威廉·兰格(William Langer,战略情报局研究部主任)与陈纳德将军于1943年12月会见,探讨建立一支特别的第14飞行队来收集战术情报,以确定敌方目标。

AGFRTS

1944年4月,美国战略情报局和空军第14飞行队成立了一个名称非常晦涩的组织:第5329空军和地面部队资源及技术人员(5329th Air and Ground Forces Resources and Technical Staff),缩写简称AGFRTS,更常见的提法是Agfrts。他们包括战略情报局为在中国独立操作情报业务挑选出来的大批人员。[56]

中美合作所没办到的,AGFRTS办到了,而且其结果几乎立竿见影。战略情报局潜伏到敌后的特工人员们建立了广泛的秘密网络,为空军司令部和太平洋舰队提供了每日的天气和气象数据。对长江沿岸交通和沿海及铁路运输的实地无线电情报，使陈纳德的飞机能最准确地击中"热"靶，而且"目标研究分析"和对轰炸的破坏程度的估量，极大地帮助了陈纳德计划未来的进攻。[57]

战略情报局／AGFRTS的人员主要在中国的沦陷区收集目标的情况，同时也审讯敌人的战俘。[58]

邓诺文在向总统罗斯福的报告中尽量抬高自己的人员在实地的秘密活动的成绩，如在广州白云机场炸毁了数架飞机，在日本人进攻桂林时摧毁了数架桥梁，破坏了广东的一个煤矿，收集了沿海几处的天气预报等，但所有这些都无法与战略情报局在中西欧的活动相比。[59]

当然，平心而论，有几次他们还是极为成功的，甚至包括躲过了戴笠监视的绝密行动（斯塔行动与"蛤"行动等）。[60]但情报局的大多数活动对中国秘密特工当局来说都是非常透明的，后者可能曾经处死过一些为美国人工作的中国人。[61]

后来，邓诺文确保了将情报局在AGFRTS中的活动，向戴笠正式通报。[62]但这并没有减轻其侮辱所引起的痛楚，尤其是情报局使用了陈纳德的一些最优秀的人员，他们大都是传教士的后代，出生在中国，或者起码中文非常熟练，可以独自在那里生活。例如，海军中校沃佛德·史密斯（Wolferd Smith），先学的中文，后学的英语，并于战前在密歇根大学东方历史系获博士学位。又如，出生于北京并曾在那里受教育的查尔斯·斯泰尔（Charles Stelle）上尉在被派往重庆任情报官之前，曾在哈佛大学东方学系当教授，后来成了与中国共产党联系的一个重要环节。[63]

虽然戴笠欣赏情报局的训练功能，但他反对邓诺文的人，因为他们与共产党有联系，有时还在未经他允许的情况下独自展开抗日游击战，再加上他对情报局派到中国独自执行使命的高级人员（梅乐斯及其在中美合作所的部下管他们叫"面团")的疑心越来越重。[64]在各省里，情报局和中美合作所之间出现了一场事实上的"系列战"，同时在隔山的印度，情报局和戴笠的特务之间也进行着一场"秘密战"。[65]

到了1944年11月，邓诺文将军向总统汇报说，对于情报局来说，"没有任何重要的情报或行动来自于中美合作所。这可能是飞越喜马拉雅山脉的吨位有限的结果，但主要原因是他们的行动受制于那些坚决不让他们搞到情报的人"。[66]

总体来说，大多数研究中美合作所历史的学者都赞同这个结论。沈瑜在其"最后分析"中写道："从根本上来说，盟国的作战从这个合作项目中获益甚少。在中美合作所正准备将其重点从训练转移到行动上的时候，战争便结束了。"[67]然而，如果盟国的作战的确从中美合作所的这些秘密活动中受益甚少的话，那么戴笠自己的秘密王国则从中得到了极大的好处，它使这个中国秘密特务头子在二战中，比起在日本人刚开始发动侵略战争时，地位要强大得多。正如卡尔·霍夫曼（Carl Hoffmann）少校在1944年7月向邓诺文将军汇报的那样：

> 这个秘密警察网归功于戴笠的组织天才、足智多谋、巧妙狡猾，以及巨大的个人勇气和魅力。他不乏个人魄力，许多见过他的人都证明他显而易见的吸引力；他残酷地紧抿着的嘴，一双离得很近而锋利的眼睛和威严的风度。他40多岁，中等身高，健壮结实，军人风度，而且无疑显得非常权威。在社交上，他可以十分迷人，令人愉快，而且乐于合作。尽管他在驰骋中国履行自己的职责时可以是残酷无情的，但据说他的私人生活无懈可击。虽然他是当代中国的一个传奇人物，甚至连他本人的照片都从未有人见到过，在任何活动中他都极少出场，他的名字往往只是在耳语中被提及。然而他的狡黠远近闻名，令人生畏。这一切都是出于对他所坚持的匿名性的尊重。所有派系都意识到，他或者知道或者能够了解到他们在公开和私下

场合的贪污、腐化、无能或愚蠢，而只要他一点头，不管是哪个派系，其政治影响如何，失宠、贬斥甚或死刑便会接踵而来。[68]

总而言之，到了1945年，这位"间谍王"已经达到了他政治权力的顶峰：一座建筑在战时中国秘密经济结构之上的大厦。

注释：

1 在这段文字的边上有一个给梅乐斯的匿名评论。评论者显然是这个美国海军军官的朋友。他写道："在写了这类文章之后，这些犹太杂种们应该明白为什么整个世界都反对他们。" "File on Committee for Democratic Far Eastern Policy", in Miles Personal Papers。

2 梅乐斯在他组织里的方法成功了。整个上海和香港之间的沿海都被拍摄和探测下来并制成图表，为可能的美军登陆做准备。数千名日本人被击毙、击伤或被俘。209架桥梁、75辆卡车、84辆摩托车、141艘船只和河运工具，以及87个军库和仓库被摧毁。"Sratton, *Navy Guerrilla*, p.87。

3 据德定说，中美合作所向海军"最先报信"说一支日本特遣队正在进入后来发生了雷特（Leyte）海湾战役的地区。Durdin, U.S. *"Cloak and Dagger" Exploits and Secret Blows in China Bared*, p.5。即使对梅乐斯严厉指责的人也承认沿海监察站的重要性。

4 同上。

5 同上书，第1、5页；Stratton, *Navy Guerrilla*, p.85;Miles, *A Different Kind of War*, p.67。

6 Durdin, *U.S.Clook and Dagger Exploits and Secret Blows in China Bared*, p.5。《纽约时报》称中美合作所是"大战中美国海军最出色的活动之一：美军为搜集情报和反间谍参加了一个中美组织，并组织了到日本投降前夕有5万中国人和1800美国人参加的游击战"。另一个报告更加冷静，但也强调了中美合作所在收集情报方面的成就，见 Arden W.Dow, "Factual Report of SACO Activities", 6/2/45, OSS Papers, Reel 88, W.B.Kantack to General Donovan, 5/3/45。

7 Miles, *A Different Kind of War*, p.66, p.96。关于江苏的奇袭，梅乐斯写道："在向华盛顿准备关于这类小型破坏活动的报告时，我们尤其强调这个重要战利品。"同上书，第154页。

8 "我们这些在中美合作所的人受到的保护，有些恐怕都非我们所知；特别是当我们在他的手下的时候，在这一点上我们应该深深感谢他。我们大多数人都不知道此人的存在……他不断对我们的行动进行监视，毫无疑问，他永不松懈的谨慎机智和天才的努力保证了我们的安全。戴笠将军对我们的存在保密，使我们的伤亡几乎处于零，功劳匪浅。在战争期间，他确保了我们大约3000人的安全，这一不可想象的成就至今仍是个壮举。" "General Tai Li, One Hundred Years", p.5。

9 中美合作所内部的"经理组"由军统的毛宗亮和刘君实任组长。沈醉：《军统内幕》，第242—243页。"在我看来很明显，未经戴的许可，没有一个将军能和敌人交战"。Report of Major Arden W.Dow to Director of OSS, CBI Theater, 20/3/44, OSS Papers, p.12。

10 "这个组织不让我们知道沦陷区到底在发生什么事。"Report of Major Arden W.Dow to

Director of OSS, CBI Theater, 20/3/44, OSS Papers, 19。

11 沈醉：《军统内幕》，第239页。沈醉还狡黠地指出：由于这些假报告，"梅乐斯多次受到奖励，并不断得到升级"。同上书，第243页。

12 但还是有一些出色的中国特工在日本人占领的沦陷区活动。其中有个人装成傻子在主要的铁路调度场转悠，给空军第14飞行队的空袭提供导航情报。Caldwell, *A Secret War*, p.51。

13 "在整个战争中，对于在中国东南地区进行文化、军事和宗教活动的美国人来说，梅乐斯将军的'稻田海军'一直令人难堪。中美合作所的人有一次开车在某村撞倒了一个行人，然后扬长而去……还有一次，这些用谋杀和破坏武器武装到牙齿的'政府的低级官员'在中国一个旅馆里过夜，他们拒绝通报姓名、级别或组织。又有一次，据说梅乐斯将军命令他的部下不得与同一个地区里的美国其他军政机关交换情报。" *Death of Tai Li*, p.91。

14 戴笠还力图向托马斯·梅甘（Thomas Megean）主教（戴笠秘密地把他提升为军事情报中将）提供五个电台为"美国军事当局"发射情报，以此在华北建立他的情报网络。Confidential U.S.State Department Central Files(China, Internal Affairs), 1940—1944, 893.105/97。

15 当前沪西区长陈恭澍在航渡路76号汪伪特工总部被捕后，王一心在1941年11月奉命负责军统在上海地区的地下工作。汪伪特工总部先后由丁默邨、李士群和万里浪领导。南京市档案馆编：《审讯汪伪汉奸笔录》，第200页；沈醉：《军统内幕》，第240页；邓葆光：《我所知道的戴笠和军统》，第152页。有关陈恭澍的被捕和监禁及他与李士群妻子的暧昧关系，见陈恭澍：《抗战后期反间活动》，第522—523、556—557页。潘汉年在代表中共与国民党、汪伪政府和日本人之间的谈判中起了重要作用。Stranahan, *Underground*, pp.202—205。有关李士群与潘汉年更为不寻常的关系，见同上书，第360—361页。

16 戴笠还利用中美合作所的资金在厦门开了个食品杂货店作为情报交接点，为军统提供关于福建南方局势的准确情报。沈醉：《军统内幕》，第236、240、261页。并见 Walker, *China's Master Spy*, pp.166—167。

17 *Death of Tai Li*, p.92；《戴笠之死》，第7—8页。

18 其实这些药丸从来没有被使用过，因为当海军人员把它们用在驴子身上时，发现不起作用。而中美合作所的人却没有意识到：驴子和其他一些动物对这种毒素有免疫力。Lovell, *Of Spies and Stratagems*, pp.86—88。

19 沈醉：《军统内幕》，第267页。

20 同上书，第231页。

21 Miles, *A Different Kind of War*, pp.41—43, p.98。

22 同上书，第99页。

23 同上书，第196—197页。戴笠死后，国民党国防部的"特种技术研究室"在魏大铭的领导下继续进行这项工作。中美合作所取消后，它所使用的技术设备全都归属该研究室。章微寒：《戴笠与"军统局"》，第129页。

24 邓葆光：《我所知道的戴笠和军统》，第152页。

25 这并不说明在对待中国国民党方面，英国人放松了他们的警惕。"（美国）战区司令部相信英国在中国有几千名特工，他们的主要任务不是针对敌人，而是收集中国人的情报。" Romanus and Sunderland, *United States Army in World War* Ⅱ :China-Burma-India Theater, Vol.3, P.159。英国信号情报机构对从中国发到印度的信件进行日常截收和翻译，并将结果通报给他们的情报官员。FO 371—41680, China Intelligence Wing Report C—35/83, April 26, 1944, British Foreign Office Records, London:Her Majesty's Public Record Office。

26 程一鸣：《对沈醉〈我所知道的戴笠〉的补充、订正》，第242页。尽管中国人对英国在远东的企图有所顾虑，但他们还是参与了这个协议。比如，1940年1月，蒋介石告诉英国大使克拉克·科尔（Clark Kerr）：他们的新武官布克哈特（Burckhardt）上校"众所周知地亲日"。科尔否认了这一指控。F709/G(30/1/40) and F982/G(8/2/40), in F0371—24696, British Foreign Office Records, London:Her Majesty's Public Record Office。

27 奥利佛·卡德威尔（Oliver Caldwell）曾在 1944 年和 1945 年初为美国情报机构工作：寻找在军统内部的日本特务，他写道："有大量具体的证据表明在戴笠的组织和日本情报机构之间有直接联系。"Caldwell, *A Secret War*, p.62. 中国的左翼人士也指出，戴笠把"三民主义青年团"的名单出卖给日本特工，结果他们在名单中吸收了一些国民党特工来对中共进行间谍活动。《戴笠之死》，第 2 页。

28 British War Office Records, W0208—W32。"他们对在重庆的'中国总部的严重泄密情况'非常担忧。" WO to Machin, 1/7/43, Dispatch 1600。

29 美英情报部门奉命，在接待中国国民党人士访问盟军军事机构时，不要让他们进入特别敏感的区域。Washington to War Cabinet Office, London.JSMl421, 14/1/44.WWO208—432, British War Office Records。

30 MI2 Dispatch 29, 4/6/45, WO208—432, British War Office Records。并见 U.S.Military Intelligence Reports(China), 1911—1941, Report 9710, 8 Jan.1939, 2a。

31 关于 SOE 那段时期在华的金融方面的阴谋活动，见 Bickers, *The Business of a Secret War*; 在 Aldrich, *Intelligence and the War against Japan*, pp.286—287 中也讨论了 "Remorse" 和 "Waldorf" 行动。

32 FO371—41676B, British Foreign Office Records, London:Her Majesty's Public Record Office.

33 同上。

34 同上。东南亚联合指挥总部（SACSEA）怀疑这个关于联合情报机构的建议是出于中国人为控制英国在中国的组织，操纵在东南亚战区的中国特工，加强重庆对云南日益削弱的控制，平衡美国的力量，取得英国对中国单方面接近它的反应，并获得英国信号情报信息。SACSEA 还进一步对中方将由何人领导这个机构表示关心，尤其是想了解戴笠和王朋生之间的关系。

35 Memorandum by Cavendish-Bentinck of the Foreign Office, FO371—41676B, British Foreign Office Records. 那时，被认为是中国军事情报主任的郑介民正在访问印度。当他提到联合行动的可能性时，SACSEA 当局开始对他敷衍了事，但终于在 1944 年 7 月 27 日宣布，他们不能"无限制地对郑介民进行拖延"。FO337l—41676B, British Foreign Office Records, London:Her Majesty's Public Record Office。

36 FO371—41676B, British Foreign Office Records, London:Her Majesty's Public Record Office.

37 同上。

38 程一鸣：《军统特务组织的真相》第 231—233 页；沈醉：《军统内幕》，第 83 页；章微寒：《戴笠与"军统局"》，第 146 页。艾米莉·翰（Emily Hahn）对 40 年代的流言讥刺说，蒋介石"不断与汪精卫进行秘密联系"，这象征了中国人对间谍的着迷，但就戴笠而言，这并不过分。Hahn, *China to Me*, p.96。

39 《戴笠之死》，第 5、16 页。

40 "程克祥等关于与周佛海等发生关系及工作经过致军统局呈"，1946 年 9 月，《审讯汪伪汉奸笔录》，第 239 页；Boyle, *China and Japan at War*, p.261. 愚园路 1136 弄是一条死胡同，汪精卫、周佛海和李士群都住在那里。张云：《潘汉年传奇》，第 232 页。

41 熊剑东曾任康泽的淞沪别动队特遣支队队长。1938 年在上海被日本人逮捕后，他被汪精卫的秘密警察头子李士群说服加入了傀儡政府。章微寒：《戴笠与"军统局"》，第 144 页。

42 程也被认为是毒死李士群的幕后人。"军统局为证明周佛海'协助工作'致赵琛电"，1946 年 10 月，《审讯汪伪汉奸笔录》，第 186 页。

43 彭盛木，台湾人，曾在东亚公共文化学院任教授，他的日语很流利。Boyle, *China and*

Japan at War, p.261。戴笠还派遣唐生明和韩尚英渗透到汪伪政府中去,并派陈旭东与汪伪军政部长鲍文越秘密拉关系。章微寒:《戴笠与"军统局"》,第 145 页。

44　戴笠由于与杜月笙的关系而受牵连,后者在上海的大特工徐便城(音)"同时在为两边工作",而且他向日本人提供的情报要比向他在重庆的老板提供得多。杜月笙于1941年从香港逃往重庆后,便与戴笠合作协调情报活动。*Occupation of Shanghai*, G2 Memorandum, 8 October 1943, Cited in Marshall, *Opium and the Politics of Gangsterism*, p.41。

45　Smith, *OSS*, p.258.

46　Donovan to President re:OSS Position in China, SACO, and Dai Li, in General William J.Donovan, Selected OSS Documents, 1941—1945. Microfilm, Record Group 226, pp.2—3。邓诺文向参谋长联席会议重复了这个信息,但由于海军部的坚决抵制,联席会议在战略情报局主任与蒙巴顿(Lord Mountbatten)元帅一起从埃及飞往印度之前,发布了一份抗议书,并重申了中美合作所的独立性。Schaller, The U.S.Crusade in China, pp.237—238, p.258。

47　关于特别行动执行队在中国的训练使命,见 Aldrich, *Intelligence and the War against Japan*, pp.281—282。共产党也对这个行动进行了渗透。特别行动执行突击队的领导英国人约翰·克斯维科(John Keswick)有一个名叫彼得·帕沃洛斯基的苏联助手,他是共产国际的一个秘密特工。戴笠知道此事后,更加不相信英国人。Stafford, *Roosevelt and Churchill*, p.258。

48　Aldrich, *Intelligence and the War against Japan*, p.267。

49　群众出版社编辑:《蒋帮特务罪行录》,第 4 页。

50　Smith, *OSS*, p.258。并见 Taylor, *Awakening from History*, p.343。

51　于是他真这么做了,起码情报局有一个高级官员报告说,戴笠私下承认他下令谋杀情报局的中国特工。Smith, *OSS*, p.410。军统对每一个在中国的情报人员建立了档案。任何为情报局工作的中国人必须与在重庆的军统"磋商"。Memo to the Chief of the Information Branch, Central Planning Staff, Central Intelligence Group, c/o Colonel Cunningham. "On SSU Organization in China", May 17, 1946, Miles Personal Papers, Box 3, p.1。

52　Caldwell, *A Secret War*, pp.56—57。宴会后戴笠来到梅乐斯的住处对他说:"邓诺文要对在中国做的这些事情负责。"Memo to the Chief of the Information Branch, Central Planning Staff, Central Intelligence Group, c/o Colonel Cunningham. "On SSU Organization in China", May 17, 1946, Miles Personal Papers.Box 3, pp.1—2。

53　"On SSU Organization in China", May 17, 1946, Miles Personal Papers.Box 3, pp.1—2.

54　Donovan to President re:OSS Position in China, SACO, and Dai Li, in General William J.Donovan, Selected OSS Documents, 1941—1945. Microfilm, Record Group 226, pp.2—3.

55　Caldwell, *A Secret War*, P.57。Aldrich, *Intelligence and the War against Japan*, pp.267—268。AGFRTS 成立后,考林把他在歌乐山的办公室迁到了昆明,陈纳德将军的司令部设在那里。梅乐斯在中国被提升了三次:1943 年从海军中校被提到上校并从上校到准将,1945 年 8 月 13 日从准将被提为少将。这些晋升是战争中"临时"的,1946 年 9 月他被"降级"为上校,直到 1948 年才成为正规准将。他于 1958 年退休时,军衔为海军中将。Shen, *SACO Reexamined*, p.6。

56　Donovan to President re:OSS Position in China, SACO, and Dai Li, 2—3(June 11, 1944), Ceneral William J.Donovan, Selected OSS Documents, 1941—1945。Microfilm.Record Group 226, 2—3。并见 Corey, *Donovan of OSS*, p.268;Smith, *OSS*, p.261。

57　Corey, *Donovan of OSS*, p.268.

58　这些努力还通过在中国建立情报局的一个"士气工作分部"(Morale Operations Branch,简称 MO)得到补充,后者的这项任务由邓诺文于 1943 年秋天交给赫伯特·利特(Herbert Little,远东局局长)少校。于是利特到重庆去,征得戴笠对 MO 人员在中国活动的许可。

但当美国人请求合作时，军统人员则行动迟缓。MO 的代表们在 1944 年 4 月 1—23 日间与戴笠及其手下人员进行了第二次会谈，并起草了一份备忘录（经约翰·西伟士 John Service 通过），得到戴笠批准，这部分是出于他想得到功率更大的发报机。总之，根据协议的规定，MO 的中国分部必须在中美合作所的保护伞下运作。Annex B., *The Organization of The M.O. Section under SACO*, 24/5/44 in the OSS files, Reel 112。Smith, *OSS*, PP.69—70;Yu, *OSS in China*, pp.150—151。

59 Donovan to President re:OSS position in China, SACO, and Dai Li, 2—4, 12/6/44, 12/23/44, 2。Robert B.Hall to Donovan, enclosing memorandum by Gunnar G.Mykland, October 13, 1944, on October 20, 1944.General William J.Donovan, Selected OSS Documents, 1941—1945。Microfilm, Record Group 226.空军的地面援助力量战绩出色：他们建立了一条让走投无路的美国飞行员逃跑的线路。Caldwell, *A Secret War*, p.53。

60 "斯塔行动"是由《大晚报》（*Shanghai Evening Post*）老板及一个在中国非常成功的保险公司的主任斯塔（Cornelius V.Starr）负责的一个情报行动计划。这项行动于 1943 年归属英国。"蛤"是由孔拉德·徐（Konrad Hsu，因喜欢吃蛤而得此绰号）领导的另一个独立的秘密情报行动计划。徐利用了自己家族在中国的关系而向英国情报部门提供了一个私人通讯网。Stafford, *Roosevelt and Churchill*, pp.260—261。

61 Deane, *Good Deeds and Gunboats*, pp.117—118;Walker, *China's Master Spy*, pp.165—167。关于斯塔的"私人"间谍联网（这对他的保险业务至关重要），见 the memorandum from J.R.Hayden to Col.G.Edward Buxton, 17/6/42, and letter from James R.Murphy to AILusey, 22/12, 42, in General William J.Donovan.Selected OSS Documents, 1941—1945。Microfilm, Record Group 226。Entry 180;and George K.Bowdento Colonel W.J.Donovan, 22/2/43, OSS papers。

62 这些消息由 1944 年 10 月 18 日到达重庆的美国海军陆战队准将莱尔·米勒（Lyle Miller）转达给了戴笠。10 月 22 日，在戴笠举行的一个宴会上，米勒将军引起了中美关系上的一次重大危机：他要求中国人给他们送"歌女"，并当面侮辱蒋介石和中国，把中国说成是第十二级国家。戴笠威胁说要取消中美合作所计划，于是邓诺文将军于 1944 年 12 月被迫亲自到中国道歉。Yu, *American Intelligence*, pp.388—403;Memorandum dated 12/3/34 to the Joint Chiefs of Staffen titled *Operational Control US Navy Group China*, in Confidential U.S.State Department Central Files, China, Internal Aftairs, 1945—1949, L14;11/6/44, Donovan to President re:OSS position in China, SACO and Dai Li, 12/9/44, Donovan to Kung, 12/9/44, Donovan to Chief, Kunming, 12/12/44, Donovan to President, Intelligence Agreements with Kung, 12/12/44.Wedemeyer to Donovan, 12/13/44, Donovan to Dow Wede meyer, allin General William J.Donovan.Selected OSS Documents, 1941—945。Microfilm，Record Group 226:Miles, *A Difierent Kind of War*, p.161;Smith, *OSS*, pp.272—273;Aldrich, *Intelligence and the War against Japan*, p.275。

63 斯泰尔教授于 1951 年成了国务院情报部门的副主任，在 1951—1960 年间，是国务院政策规划局成员，并是 1960 年"禁止核试验会谈"的代表。Smith, *OSS*, pp, 261—261。

64 Miles, *A Different Kind of War*, p.161;Caldwell, *A Secret War*, p.58。

65 卡德威尔（Caldwell）宣称，军统特工绑架并差点杀死了第二十轰炸队的情报官。Caldwell, *A Secret War*, pp.118—119;Smith, *OSS*, p.270, pp.254—255, pp.265—266。1944 年夏，来自缅甸山区、在情报局 101 支队指挥下的一支克钦（Kachin）游击队越境进入中国，对抢劫了数个缅甸村庄的当地国民党士兵进行报复。这次突击在重庆引起轰动。在重庆，接替了 101 支队指挥卡尔·艾佛莱（Carl Eifler）和后来任中央情报局台湾站头目的瑞·皮尔斯（Ray Pccrs），接到了蒋介石的一份个人备忘录。此外，戴笠对情报局在西藏强烈支持藏独的依里亚·托斯妥耶／布鲁克·多兰（Ilia Tolstoy/Brooke Dolan）的代表团极为恼火。多兰后来成了战略情报局在中共那里的代表。Smith, OSS, pp.254—255, pp.265—266。

66 Donovan to Presidentre:OSS position in China, SACO, and Dai Li, 2, I/06/44. General William J.Donovan.Selected OSS Documents, 1941—1945。Microfilm, *Record Group*, p.226。卡德威尔报道过一次行动：美国人派了中美合作所的一组中国特工到上海建立一个情报网，但几个星期过去了，毫无动静。美方指挥发现，戴笠的特工们在50里以外的一个村子里待着。"他们有各种各样的借口，但其实是他们不愿作为美国间谍到上海去，那太危险了。而且，戴笠根本不愿让这次出征成功。" Caldwell, *A Secret War*, pp.58—59。

67 Shen, *SACO Reexamined*, p.6.

68 Maior Carl Hoffmann to General Donovan, SACO Tai Li Report, 25/7/44, OSS Papers, p.3.

第二十三章　战时戴笠的走私网

鸦片和其他麻醉品从满洲国和察哈尔运输到本地区，在那些地方种植罂粟是得到日本当局怂恿的。这种交易掌握在日本人和朝鲜"浪人"（游民）手中，他们在1935年以后对当地局势形成一种威胁。从河北东部把银子走私运出中国的活动十分猖獗，极大地破坏了南京政府为稳定货币制度所做的各种努力。[1] 此外，为了不让南京政府得到他们拼命想得到的税收，同时为了支撑日本自己疲软的市场，日本当局便与通州的傀儡政府秘密达成协议，按照协议，日货一不缴税，二不接受管理，而且可以源源不断地从河北东部涌入华北市场，通州政府对此现象须听之任之。[2] 即使有些货物通过河北东部当局设立的海关关卡，对这些货物所征的税也要比战时中国海关的税率低得多。可靠的数据很难得到，[3] 但关于走私程度的某些迹象可在一些国家向日本递交的强烈抗议中见到，这些国家的贷款和赔偿都有中国海关的收据担保。

勃尤：《中日之战》，第40页

全国走私网

战时的中国，按理分成国统区和沦陷区，中间穿插着走私犯出没的路线，它们通过盗匪的中转市场将这两个区域互相连接起来。[4] 位于河南与安徽两省交界处的界首镇便是这样一个非法的集市。"这里是边界，但人们并未感到是在敌人的枪口下生活。这里充斥着能赚且赚的人：这类奸商只能在一个发生战争的国家里见到。你在那里遇到的每一个人似乎不是商人就是某种代理。人们从沿海地区来，穿越黄河与长江从内陆省份来。这个城镇令人难以置信地繁荣。"[5] 于是，戴笠专门去了一趟界首，因为他想瓜分汤恩伯将军从走私贸易中强占的大笔"收入"。据说，戴笠在走访那里之后对汤将军建议说：把时间少花在贸易上，多花在军事目标上，这样会更加有益。[6]

其他地区，如产棉区，纺织原材料被用来交换沦陷区的成品货物，比如无线电电子管和其他必需品。[7] 另外，河北东部大量的走私活动，主要是围绕着毒品交易进行。[8] 自东北落入日本人手中之后成为走私中心的大连，也把毒品经营与其他走私活动结合起来，并派船不时在华北沿海一带上岸活动。[9]

尽管各地区的情况有所不同，但走私网却是全国性的。[10] 正如界首将安徽和河南连接起来那样，位于长江三峡口上的宜昌把四川和湖南及其下游各省连在一起，使那些省份能够向前者提供上游地区所没有的药品、棉线和染料。[11] 上游地区的港口也是如此，如万县和巴东，上游地区的盐、桐油、猪鬃、草药等通过那里运送到下游来交换棉纱、布匹、缝纫材料和家用五金等。[12]

江西是一个尤其重要的原产地，因为除了具有丰富的稀有矿物质（钨、锑、锡、锰、钼和银）以外，还出产大量的稻米和其他农作物（茶叶、苎麻纤维和菜籽油），以及来自已被日军占领的景德镇原皇家瓷窑的奢侈陶瓷。[13] 浙江沿海城市如宁波和温州，除了作为江西物资的转运港口以外，还往内地运送了大量的交通物资（如机动车、卡车、轮胎、工具和汽油）；[14] 而体积不太大的物资则用货车从东北沿京绥铁路穿过包头、兰州和陕西运到华中地区。[15]

走私与情报工作

日本人对走私的部分理由是，这为他们的中国特工装扮成商人打入国民党控制的地区提供了一个机会。[16] 这些特工人员为日本人服务的前提是：能够穿越敌人防线进行贸易。他们接受的命令是，既要打入中国的特工机构，又要向军统和中统递送假情报。[17]

自然，中国人也如此办理。他们甚至比日本人更严重地依赖走私的赢利来向政府缴税，尽管他们对暴露官方卷入海洛因交易不无顾虑。[18] 于是，阻碍公开在日占区和内地之间进行贸易的战时条件本身，使双方的特工人员得以从非法贸易中牟取暴利。而双方对这种非法贸易则以采购必需品（对日本人来说，主要是农产品和土特产，对中国人主要是医药和轮胎）或者情报工作需要为借口。[19] 说到底，是加强了特工机构的收入来源，同时也给了关系广泛的人和投机商们一个挣大钱的机会。[20]

国民党要员们通过各种由中国情报机构控制的运输公司中饱私囊。也就是说，战时的官僚资本主义导致了个人得利，同时也使中国间谍头子们——尤其是军事情报头子戴笠将军有望建立起巨大的非法王国：它从缅甸和阿萨姆邦（印度东北部的邦）延伸到云南、广东和福建，[21] 光是往国统区走私汽油，参与者就达50万人之众。[22]

稽查警察

戴笠的走私王国建立在一个索税制度的基础上,这种制度可以追溯到 30 年代早期税警的成立。[23] 1931—1932 年在宋子文当财政部长时,国民党政府建立了一个由王赓领导的"税警总团"。[24] 在一·二八事变中,王赓在上海被日本人逮捕,日本情报官发现了王身上携带的军事地图,从而泄露了第十九路军的部署,结果日军利用该情报在浏河登陆,挫败了十九路军的上海保卫战。[25]

王赓因此丢了官,而严重受挫的税警总团由张学良东北军的"讲武堂"学生补充。1936 年,税警团由黄杰任团长,但这支部队在 1937 年 8 月的淞沪抗战中被日本人击溃。上海沦陷后,幸存的税警团人员被调至宝鸡整训,并由孙立人任总团长。[26]

税警的主要竞争对手是军队的"交通监察局",当时由长沙国民党警卫司令酆悌控制。1938 年 10 月 15 日,长沙燃起的一场灾难性大火,使酆悌失宠,蒋介石一怒之下命令行刑队将酆悌枪决。[27] 这位丧命官员的"交通检查局"立刻被戴笠接管,两年后被改编成"战时货运管理局",亦称"运输统制监察局"。何应钦将军被任命为局长,而戴笠则负责该局的检查处。实际上,戴笠因为该局在整个国统区的 80 多个"检查所站"而真正掌权。[28]

这个部门是用来与敌人进行秘密走私交易并向军统提供其他财源的。[29] 戴笠的人员在各省建立了"货运管理处",而这些处又转而搞了个货运网叫"货运管理站",在当地的商号掩护下(如兴隆庄、协昌庄、振兴庄等)与日本特工部门操纵的中国傀儡商业机构勾结往来。[30]

国民党利用中央银行拥有的美制印刷机,伪造东北日本军队的临时证件和汪伪政府的纸币,在沦陷区购买物品。然后,"忠义救国军"的单位同交通管理站的雇员一起,再把买来的物品走私到内地卖掉,从中牟取暴利。[31]

联络人

国民党的走私活动依赖于在敌后淳安的一个由 20 多个主要的进出口商人组成的复杂网络。[32]1942—1943 年期间，这些公司联合组成了"进出口商联合会"，由前杭州市长赵志游任主任，掌管中美合作所诸多业务的汪烈炎任副主任。这个协会以联合企业的形式垄断了大米、大豆、桐油、猪鬃、松香、苎麻、毛竹和木材，以此与日本和汪伪特工机关组织的"岭南公司"（属日本梅花机关）、"吉记庄"（另一个日本特工机关）、"联成公司"（属汪伪政治保卫局）和"东南贸易公司"（属汪伪特工总部）勾结贸易，交换西药、棉布、卷烟、橡胶轮胎、五金和其他日用品。[33]

国民党公司与戴笠的交通审计员们密切合作。[34] 例如"美丰公司"实际上是苏—浙—皖边区管理处处长张性白成立的。[35] 1943 年，任中美合作所淳安办事处主任的张性白，向"美丰公司"与"震烈公司"（经理汪烈炎，由浙江银行资助）的合资企业私人投资 100 万元（总投资 1100 万元），来垄断苎麻、松香和桐油贸易。[36]

浙东货运管理处处长赵世瑞也是如此。他与负责当地监督的副处长们一起组织了"兴隆庄"，用他们三大仓库里储存的浙南地区的木材、松香、猪鬃、大米、黄豆、桐油、柏油等，与敌占区的日伪公司交换香烟、龙头细布、五金、西药和橡胶轮胎等。[37] 这些货物由"忠义救国军"张惠芳及其兄弟张俊良（音）率领的浦东地区行动总队以及陆安石的浙东沿海部队往返运送到国统区。[38]

赵世瑞在浙江走私中大发横财，直到他私自牟取暴利的事被戴笠的部下通报到戴笠那儿。戴将军怒火万丈，在 1945 年将赵抓起来，关进了建阳回龙寺（福建）的美军招待所，并用 14 辆道奇牌卡车把从赵那儿没收来的当时价值 4000 万元的物资运走。赵本人被一个军事法庭判处 5 年徒刑，但他未服满刑期，因为戴笠的接班人毛人凤于 1946 年将赵释放出狱。[39]

缉私

货运管理处是个军事单位，最终向蒋介石政府的军事委员会汇报。那么，负责稽查走私的政府机关又是怎么回事呢？原来，在 1940—1941 年间，英国顾问们劝告委员长以建立更有效的控制走私的方法来增加政府的收入。[40]

蒋介石因此便在财政部下设立了一个有 6 万名雇员的"缉私署"，由戴笠本人领导。[41] 缉私署在国民党统治的各省设有缉私处，在它下面又设有查缉所哨。[42] 这使戴笠在那段时间里全面控制了政府的秘密走私机构。[43]

在中国控制走私（除了由海关负责的关税征收外）是由戴笠手下的秘密警察掌握的。实际上，戴的组织凭着它的垄断地位，"控制"了不断增长的与敌人交易的大部分，而其他经营者只有在他们肯付费的情况下才获准参加进来。戴的手下发了横财，其组织本身也盈利数亿元，用于供给和扩展它邪恶的网络。这种"贸易"成为其资金的主要来源，而这笔资金如此庞大，以至于到了 1944 年，人们估计戴笠的工资单上约有 50 万名军官、特工和密探。[44]

然而，戴笠对缉私署的控制并非一帆风顺。他的一个负责缉私任务的主要人员——金润生，被他任命领导点验团，并接收税警总团。但孙立人不愿交权，想方设法将该团隶属于自己领导的第三十八军。对此，戴笠在税警总团第一团内建立了与之相对垒的组织，驻扎四川，并将这个组织和另外四个由他任命的人指挥的税警总团扩充为新的总部。[45]

更能说明问题，而且最终给戴笠惹出麻烦的挑战，来自于蒋介石本人的亲属们，他们在战时涉入走私的情况，被戴笠的缉私署通报到了委员长那儿。这些情况在追查著名的"林世良"案件中暴露了出来。[46]

林世良案件

林世良是蒋介石的连襟、一度曾任财政部长的孔祥熙的机要助理。林开始是通过上海青帮的地下关系与孔祥熙联系上的。[47]林世良被任命为中央银行信托局储运处处长后，负责在国外订购军火并办理经香港的接运业务。[48]中央信托局在香港的经理是孔祥熙的长子孔令侃，在滇缅公路通车后，他让林世良"管理"那里的运输物资业务。[49]

这个案子实际上涉及了一批与大成公司有关联的投机分子和奸商，该公司委托林世良的助手汪继方，把存在仰光的一批车胎和五金等运到重庆。这笔交易巨款的一部分被林世良转让给孔令侃和其声名狼藉的妹妹、惯于女扮男装的二小姐孔令俊。孔祥熙的大女儿孔令仪和女婿陈继思也有牵涉。这批货分几批装运，其中有两批被缉私署缴获。[50]

戴笠把这一消息电告蒋介石后，委员长怒火万丈，认为林世良是在利用他大姨夫的名义为自己进行走私活动。结果根据蒋介石的命令，林被逮捕，并被判10年徒刑后关进重庆的土桥监狱。与此同时，那些被缴获的物资，从原价约总共1600万元，暴涨到6000万元。根据规定，缴获走私货物的官员们可得充公物总额的10%作为奖金，用来改善该组织。戴笠的人还收集了林世良吃喝嫖赌等等劣迹。蒋获悉这些腐化行为之后，盛怒之下，在原判上改批"立即枪决"。[51]

林世良不愿替孔家负罪，于是他公开将走私阴谋归罪于孔令侃。孔令侃在父亲的怂恿下把此事整个闹到蒋夫人宋美龄那儿。这样，戴笠发现自己处于整个孔家和宋家的对立面,这两家要求蒋介石替他们解决此案。[52] 于是蒋介石面临着两难的局面:一方面是家族利益(在公众的眼里,四大家族代表了"官僚资本主义"的私人利益),另一方面是戴将军所称的对军事当局权威的冒犯(该当局现在负责原属国民党财政部长宋子文和孔祥熙的职权范围)。[53]

蒋介石最终站到了家族一边,尤其是当相互疏远的宋家和孔家现在因共同的敌人戴笠而联合起来之时。除了判决林世良以外,委员长还指责戴笠因心怀不满和泄私愤而越权行事。于是,1943年7月戴笠被免除了缉私署署长的职务,并由孔祥熙的人、戴笠"不共戴天"的敌人宣铁吾接替。[54] 与此同时,所有各省缉私处处长一概被撤换,军统的人统统遭到排斥。[55]

戴笠被解除缉私署署长之职,被中国的盟国美国误解为是对军统过度行为的处理,其含义超过了表面现象。驻重庆的美国使馆向国务院汇报说,人们普遍认为"委员长的秘密警察和宪兵及情报组织声名狼藉的头目戴笠"被解职是由于:1. 对高级官员的部下屡次擅自进行绑架、处决等,包括1942年秋天枪决中央信托储运处处长林世良,据信他把装运从缅甸到中国的政府供给品的卡车,用来替高级官员们装运"奢侈"用品;2. 该组织本身腐败的"缉私活动"同"高级官员们"的"腐败利益"相冲突;3. 国民党秘密警察内部发生的激烈争斗,其主要作用是对付"危险思想"领域;4. 因为日本人成功的反间谍活动,戴笠在沦陷区的情报组织遭到破坏;5. 对戴笠及其"盖世太保"的抨击。蒋夫人在她的访美旅程中对这些抨击有所耳闻,因此她得出印象认为,"美国人相信不是委员长,而是戴笠,通过对纳粹和日本警政制度的残酷应用而在实际上控制了中国"。[56]

戴笠的防卫措施

然而，在控制缉私署方面败给行政当局，并未能挫伤戴笠的整个运作机能。仅凭一点便可说明问题：他迅速确保了自己的王牌——军事必需——能胜于孔祥熙对财政部战时监控走私的依赖。1943 年 7 月，戴将军把税警办公室直接置于军委会之下，并把它改名为"别动队"，它的 11 个纵队分散在国统区的各个战区，奉命专门监视所有的地面运输。[57]

其次，戴笠使国民党军队的运输和通讯部门隶属于统一指挥之下，负责地面巡逻、地区监察站、邮电，甚至还有飞机通讯业务。同月，军事委员会的运输统制局检查局被改为军委的水陆交通统一检查处，由戴笠的部下吉章简任中将处长。[58] 后来在 1945 年，交通巡查处的范围扩展到通讯和航空（原戴笠军统三处的业务），归邮航检查处领导，刘番任中将处长。[59]

最后，戴笠抵制孔祥熙和行政官员急切想接管缉私监督的企图的另一个办法是在财政部内部扩展中美合作组织。1944 年期间，财政部战时货物运输局运输处处长是黄荣华。在美国侨居了多年的黄荣华，同时也是中美合作所运输处的头目。他负责管理整个华南地区的活动，向前线游击队运送武器，并将从沦陷区傀儡公司那儿采购来的物资运送回来。[60]

到了 1944 年至 1945 年间，这些车辆的装载便完全在戴笠的控制之下，他实际上拥有财政部货物运输局局长的头衔。[61] 这正如梅乐斯解释的那样：

> 任何一辆卡车都得出示载货单，准确地说明装载的货物，而且，在每一个检查哨所，必须出示货运单，卡车还要通过检查。而卡车司机常常通过让人搭乘来捞取外快，被称为"运输黄鱼"（一种贵重的佳肴），而戴将军本人的责任是对走私与间谍活动进行遏止（起

码做到了限制）。[62]

由此可见，中美合作所的美方领导直接了解甚至欣赏戴笠的走私王国，在日本投降时，这个王国已在战前的毒品贸易和战时美国的供给和运输资源的基础上建立了起来。它一时间盈利巨大，但这些盈利所滋养的社会因素，要么是促进了国民党当局的上层腐败，要么是促进了同样有害的秘密特务的高压政治，这种政治损害了内战前夕的政府合法性。许多年之后，历史学家们很快就看出在走私和秘密特工之间的关联，尤其是因为美国中央情报局和美越战争中非法毒品交易之间的联系。但在东南亚形成这种交叉关系的力量，早在美国秘密部队支持李弥的国民党九十三师在金三角区[63]的鸦片买卖之前就存在了。在中美合作所的抗日游击战高峰期，在戴笠的支持下，这些关系首次在中国交织为一体。

注释：

1 Young, *China's War Time Finance and Inflation*, 1937—1945, pp.3—4.
2 几乎所有的东西只要你出钱就可以买到。当战略情报署的官员奥利佛·卡德威尔（Oliver Caldwell）向中国情报特工们打听想购买一辆车时，戴笠的一个部下告诉他，他们可以从上海搞到一辆日本组装的1942年的别克牌（Buick）新车运到重庆，价格为300万法币或1.5万美元左右。Caldwell, *A Secret War*, p.102.
3 战略情报局估计，1940年一年内国统区和沦陷区之间的贸易总额为1.2亿美元。Madancy, *Propaganda vs.Practice*, p.35. 并见："Trade between Occupied China and Free China", Situation Report #6, Office of Strategic Services, Research and Analysis Branch, Far Eastern Section, R&A 553, June 16, 1942; RNA#2121 East China Coast, Nov.1, 1944(OSS Reel No.2, Document No.8), 47;Eastman, *Facets of an Ambivalent Relationship*, pp.278—279。
4 Ch'I, *Nationalist China at War*, p.171.
5 Pan, *Tracing It Home*, p.85.
6 梅甘主教对艾佛锐特·德伦姆莱特（Everett Drumwright）提起戴笠去界首的事，说："当然，众所周知，这些贸易的油水极大，所以许多中国军官（尤其是汤恩伯将军）都以各种方式参与这些贸易，而且这种贸易是在与中国傀儡政府（也许还有日本人）达成默契的基础上进行的。"主教（他在华北有自己的情报网）还补充说，他"听说"戴笠对汤将军在这个行当里的角色不满意。Dispatch No.2494 of Ambassador Clarence E.Gauss to Secretary of Station closing a dispatch of March 28, 1944, from Everett F.Drum wright, "Second Secretary

on Detail at Xi'an". Citedin May, *China Scapegoat*, p.473。

7 Report of an American Who Escaped from Peking on May 21, 1943, dated 31/7/43.General William J.Donovan.Selected OSS Documents, 1941—1945.Microfilm, Record Group 226, File No.62.

8 当时的文件表明，在国统区、沦陷区和共产党地区之间进出相对容易，邮政在中国的大部分地区继续正常地进行。OSS Documents R&A No.2121, Chapter 10, People and Government in East Asia(A Survey of Conditions in Fuchien, Chekiang, and Kiangsu).November 1944, OSS Reel 2, Document #7, 56。并见：Eastman, *Facets of an Ambivalent Relationship*, pp.227—278。

9 李正华：《"九一八事变"到"七七事变"期间日本在华北走私述略》，第 55 页。

10 关于杜月笙的"中国工业贸易信用公司"和"国家通济公司"，包括后者与日本军事情报的关系，见：Martin, *Resistance and Cooperation*, pp.11—12；及郭绪印：《旧上海黑社会》，第 103 页。

11 湖南向两边（国统区和沦陷区）送稻米，它每年产稻米 570 万吨，即相当于整个国统区谷物产量的 15%。

12 "Trade between Occupied China and Free China", Situation Report #6, Office of Strategic Services, Research and Analysis Branch, Far Eastern Section, R&A 553, June 16, 1942, pp.1—2.

13 同上书，第 3 页。世界最大的钨矿坐落在江西南部和广东北部的大庾岭中。其钨矿藏量估计为 100 万吨左右，纯度为 60%。

14 珍珠港事件之后，上海出现汽油紧急短缺。尽管上海人非常喜欢汽车，但那时却很难弄到汽油。虽然许多车的引擎很快改装成烧木料和木炭，有许多车仍然使用汽油，于是那些在自己的后院里埋藏了一桶桶汽油的"新贵"们，便在黑市上大发横财。陈存仁：《抗战时代生活史》，第 308 页。

15 "Trade between Occupied China and Free China", Situation Report#6, Office Of Strategic Services, Research and Analysis Branch, Far Eastern Section, R&A 553, June 16, 1942, p.1。关于其他走私线路，见：Eastman, *Facets of an Ambivalent Relationship*, pp.279—282。

16 这个信息来自于美国"反间谍团"对一名在汉口负责海军特工的日本上校的审讯。Report 9710, 8/1/39, 3a.U.S.Military Intelligence Reports(China), 1911—1941。

17 给日本人当特工的酬劳之一是提供向旅行者敲诈勒索的机会。"People and Government in East Asia(A Survey of Conditions in Fuchien, Chekiang, and Kiangsu)", OSS Documents R&A No.2121, Chapter 10, November 1, 1944, OSS Reel 2, Document #7, 56。

18 Caldwell, A Secret War, p.102。1941 年 4 月 5 日在军统总部召开的一次工作会议上，军统领导们注意到了从走私点穿越敌人防线的方便，于是把它用来作为派遣军统的特工进出敌占区的有利机会。唐纵（手稿）、姚孔行编：《从结识戴笠到任职侍从室——唐纵失落在大陆的日记》，第 109 页。并见：《戴笠之死》，第 2 页。

19 日本一旦控制了贯穿华中的南北铁路线，就能在中国的国统区和沦陷区之间制造障碍，而假如日本取缔在日本军队中的贸易和贪污行为，从而形成对国统区的有效封锁的话，那么国统区的经济便会陷入真正的困境。Situation Report#6, Office of Strategic Services, Research and Analysis Branch, Far Eastern Section, R&A 553, June 16, 1942。

20 军统湖北站的 400 个特工原来的办公处在武汉，这些人一直在搞走私。到了 1938 年 11 月，武汉办公处搬到了在恩施县的省办公处内，把游击队活动和走私贸易结合了起来。与此同时，武汉警察处于日伪武汉警察总监刘翰如的控制之下，直到他被傀儡市长张仁蠡（张之洞的儿子）解职为止。李楚桥：《回忆恩施时期的军统湖北站》，第 111—114 页；刘元学：《日伪武汉警察总监刘翰如》，第 82 页。

21 OSS XL13558, "China's Intelligence Activities in India", 10/7/45, p.2;Eastman, *Facets of an*

Ambivalent Relationship, pp.281—282. 沿海地区的走私贸易主要是那些从舟山岛沈家门开出的海盗船只在进行。其中有一些是日本人许可的"傀儡海盗",以此来促进有利可图的运送鸦片进入国统区的业务,并换取木材、稻米、桐油、纸张和黄金到沦陷区出售。除此之外,他们还把上海的旅行者运送到浙江、福建和广东的港口。Office of Strategic Services, Research and Analysis Branch, R&A # 2121 East China Coast, Nov.1, 1944(OSS Reel No.2, Document No.8), 38:246—247, 250;OSS Documents R&A No.2121, Chapter 10, "People and Government in East Asia" (A Survey of Conditionsin Fuchien, Chekiang, and Kiangsu). November 1, 1944, OSS Reel 2, Document #7, p.58。

22 OSS Documents R&A No.2121, Chapter 10, "People and Government in East Asia" (A Survey of Conditions in Fuchien, Chekiang, and Kiangsu), Novemher 1, 1944, OSS Reel 2, Document #7, p.41。

23 Walker, *China's Master Spy*, p.165。

24 宋子文原来命令西点军校毕业生曾锡桂训练税警部门。据说蒋介石把这视为宋争夺权力的象征,于是解除了这两人的职位,并让孔祥熙接替宋任财政部长。祝世康:《关于国民党官僚资本的见闻》,第 74 页。

25 章微寒:《戴笠与"军统局"》,第 115 页。

26 同上。

27 这场大火也许是蒋介石制定的"火烧"政策的一部分。长沙被烧了三天三夜,十几里以外就能见到冲天的火焰。有 5 万多家住宅被烧毁,无数人被烧死。但大火并未能吓住日本人,他们绕过了长沙,继续前进。蒋介石看到这场损失后,一怒之下决定牺牲部下,枪决鄷悌和省警察署长。马振犊:《血染辉煌》,第 210 页。

28 "这个局有 350 个控制单位和 60 个检查单位。戴笠颁发运送货物的许可证。通过公路、火车、或飞机输送人员、货物是在他的管辖之下。" Adeline Gray, "China's Number Two Man", RG 226, Tntry 139, Box 183, Folder 2449, OSS Files, National Archives Washington, D.C., p.15。比如,在西北,军统控制了各种"检查所",它们还负责航空检查所领导下的空中运输。程一鸣:《军统特务组织的真相》,第 226 页。据其他资料,戴笠在 1942 年当了该局局长,王抚洲为主任秘书(后被楼国威接替)。章微寒:《戴笠与"军统局"》,第 117 页。

29 这种活动后来扩展到了航空检查(包括对机票发行的控制),在汪精卫逃跑之后,航空检查归军统负责。这个航空检查机构最终归军事委员会下的水陆空交通统一检查处领导。军统战时的机构当中,空运部门是最大的肥缺,它的检查员们参与黑市的机票交易,并与重庆最大的珠宝商和黄金走私商直接做买卖。沈醉:《军统内幕》,第 124 页;章微寒:《戴笠与"军统局"》,第 113 页。

30 章微寒:《戴笠与"军统局"》,第 117 页。

31 同上。

32 其中包括在顾祝同将军保护下的"中联公司",江苏省政府委员王艮仲支持下的"统益公司",杜月笙的"通济公司"等。章微寒:《戴笠与"军统局"》,第 118 页。1941 年 12 月太平洋战争爆发时,杜月笙正在去重庆的途中,整个战争时期他都留在那里。他曾于 1939 年在重庆建立了一个棉纺厂和一个面粉厂,并在昆明建立了一个胡椒厂,所以他的部分时间用来投资这些合法企业,并发展中国商业银行。与此同时,他继续与戴笠合作搞地下活动。1942 年 3 月,杜成立了"中华实业信托公司",戴笠的交通警察协助他在华中和东南部地区采购货物到内陆销售。同上书,第 113 页;Boorman, *Biographical Dictionary of Republican China*, 3:329。

33 章微寒:《戴笠与"军统局"》,第 113 页。1938 年后,在中国活动的最重要的日本特工单位是"竹社"(tokumu kikan)或土肥原贤二(Doihara Kenji),其中有最精通中国的"中国老手"坂西利八郎（Banzai Rihachirô）。Boyle, *China and Japan at War*, pp.162—163。关于"东北劳伦斯"土肥原贤二见：Deacon, *Kempei Tai*, p.141。

34 1943 年春，在财政部交通管理处工作的朱惠清向戴笠建议，成立一个上海办事处来采购棉布和其他物资运到国统区。这个办事处由杜月笙的门生徐采丞和万墨林负责，他们与梅花社有密切联系。郭绪印：《旧上海黑社会》，第 102 页。

35 管理处由张性白的副手陈清贤（音）负责，坐落在淳安境内。同上。

36 同上。这个合资企业叫"美震公司"。

37 赵世瑞的绰号为"赵万万"，而他在温州的侄子赵子清被称为"赵千万"。他的副处长们是临海黄岩货管站站长童襄、龙泉货管站站长长寿廷。同上，第 117 页。

38 同上。绰号为"阿毛"的"张上校是个小个子，勇敢过人，在进入上海这类城市中心时，经常装扮成船夫或乞丐。他在本地被人们敬为英雄。战前他是个普通公民，虽然他目不识丁，却是普通老百姓当中最优秀的代表"。Adeline Gray, "The Loyal Patriotic Armv:A Guerilla [sic] Organization Under Tai Li", RG 226, Entry 139, Box 183, Folder 2449, OSS Files, National Archive[s], Washington D.C., pp.19—20。格雷（Gray）在珍珠港事件后逃离上海，1942 年 1—5 月待在浦东"忠义救国军"那儿。同上书，p.18。

39 赵世瑞被释放后，进入陆大将官班受训。章微寒：《戴笠与"军统局"》，第 117—118 页。

40 Eastman, *Facets of an Ambivalent Relationship*, p.277.

41 同上书，第 112 页。戴笠的副手是曾养甫，他的主任秘书是涂寿眉，运输组长是张炎元，政训组长是陈世贤，警卫组长黄毅夫，毛宗亮为经理组长，杨隆祐和郭斌先为总务组长，胡子萍为交通组长，陈一白为无线台总台长。黄康永：《我所知道的戴笠》，第 156 页。1942 年缉私处被置于军统的机要科之下，由王抚洲任处长。

42 稽查人员训练班设在重庆、衡阳和西安，由陶一珊等负责。他们来自军统的特工人员，被调到稽查部门当基干。章微寒：《戴笠与"军统局"》，第 114—115 页。

43 徐宗尧：《组织军统北平站和平起义的前前后后》，第 206 页。并见：Stratton, *Navy Guerrilla*, p.85。

44 Epstein, *The Unfinished Revolution in China*, p.238.

45 他们分别是贾幻慧、王庆云、何行键、汤毅生。章微寒：《戴笠与"军统局"》，第 115 页。

46 章微寒：《戴笠与"军统局"》，第 115 页。

47 青帮头子杜月笙在上海孔祥熙的家里参加了祈祷会，并于 1936 年受洗成为基督徒。Marshall, *Opium and the Politics of Gangsterism*, p.38。孔祥熙在南京中华门外建公馆时，要同由帮会分子控制的励志社领导之一黄仁霖打交道。黄把李骏耀介绍给孔当建筑监工，孔又提拔李为中央银行货币发行局局长。然后黄和李又把林世良介绍给孔祥熙。林世良非常能干，尤其是在对付运输工和卡车托运公司的老板们方面。孔以提拔林世良为事务科主任兼中央银行运输科主任作为对他的奖赏。

48 1937—1941 年间，香港是向国统区运输战略物资的重要入口。Chan, *China, Britain and Hong Kong, 1895—1945*, p.265。

49 章微寒:《戴笠与"军统局"》，第 115 页。

50 同上书，第 115—116 页。

51 外国观察家们认为是戴笠下的处决令。

52 孔家的侍从们（从副官到抬轿子的家丁）都佩有特殊证章或在制服背后印有特殊印记，表示是孔祥熙的人，以此仗势欺人。他们和军统在南温泉虎啸口山上、孔的别墅旁边的稽查所密切合作。

53 章微寒：《戴笠与"军统局"》，第 115—116 页。宋霭龄激烈反对戴笠。

54 文强：《戴笠死前二三事》（二），载《中报》，1989/7/23。

55 黄康永：《我所知道的戴笠》，第156—157页。
56 但临时代办补充说，据戴笠的一个私人朋友说，戴将军并没有被解职，只是被命令从那以后得局限在军统合法活动内，即"在沦陷区的军事和政治情报及反间谍活动"。他以前的政警活动据说被他的前内弟毛人凤接替。Atches on to Secretary of State, Chongqing, Sept.10, 1943, Foreign Relations of the United States.Diplomatic Papers, 1943, China, pp.112—113。
57 别动队是从原奋勇队发展起来的。当初它们由蒋介石组建于1939年9月，主要被用作游击力量。胡啸华：《从奋勇军到别动队》，第137—138页。
58 张炎元为少将副处长，并设立了两个交通训察总队，由石仁宠任少将总队长，而各地检查所/站仍保留原有建制。章微寒：《戴笠与"军统局"》，第113页。
59 同上。
60 沈醉：《军统内幕》，第243页，鸦片的运输往往由杜月笙的武装匪徒押送。Marshall, *Opium and the Politics of Gangsterism*, pp.41—42。
61 Walker, *China's Master Spy*, p.162.
62 Miles, *A Different Kind of War*, p.37。并见："Talk by Admiral Miles before the Conference of the New York State Association of Police Chiefs", Schenectady, New York, July 24, 1957, in Miles Personal Papers, Box 3。
63 金三角位于老挝、缅甸、泰国边境交界区。——译者注

第二十四章　战时重庆的军统

希特勒对官僚机构实行铁腕控制以垄断青年组织、商业联盟、教会，以及其他人民经济和社会生活的各个方面，并使用盖世太保来对付时而出现的持不同政见者。蒋介石政权与其不同，它在战争期间变得几乎完全依赖秘密特工，因为蒋对社会和政府无法从组织上进行控制。

齐锡生：《战时国民党中国》，第 225 页[1]

接管四川

在南京政府统治的十年中，四川一直处于国民党统治范围之外。在该省最大的军阀刘湘旗帜下，四川被军阀割据得四分五裂。[2] 但是，20 世纪 30 年代，当抗日战争日益逼近时，蒋介石开始考虑起这个三国时代"巴山蜀水"的要塞省份，准备将它作为未来国民党政府的堡垒。到了 1935 年 9 月，委员长已在四川建立了一支新的"剿匪"部队，后来由顾祝同指挥，并被重新命名为"重庆行营"。在这个行营内部，蒋的间谍大师戴笠设置了军统的"渝三科"，名义上归他自己领导，实际上由副科长陈绍平和监察员叶道信负责。[3] 设置在祠堂街旧军事衙门的渝三科,为一旦国民党撤退到此地并接管重庆做准备工作。[4]

谋杀刘湘

当国民党从南京撤退到武汉时,四川霸主刘湘意识到,这个由他自己和其他一批军阀控制的省,现在已处于蒋介石的枪口之下。[5] 当时刘湘刚患过急性胃炎,正在汉口的万国医院疗养。刘在病床上试图发起与第一集团军司令宋哲元和第三集团军司令韩复榘联手的三方军事同盟。当时宋哲元控制着河南南部的新乡和濮阳,韩复榘原为山东军阀,在河南南阳、湖北襄阳和陕西汉中驻有卫戍部队。刘计划在四川周围集结兵力,形成封锁线,再加上日本人的帮助,便可抵挡蒋介石入川。

戴笠对刘湘早已怀有戒心。他唆使四川军阀部队的一个将领范绍增对刘进行监视。据范绍增汇报,刘湘已向其将领们发布秘密电码指示,命令他们向湖北宜昌调遣部队,与对抗蒋介石的韩复榘部队衔接。刘湘本人也通过无线电通讯与韩本人保持直接联系。但军统一直没有能够破译他们的通讯密码。然而,范绍增向戴笠的电码译员送去了刘湘部队早期使用的一份电码本,使戴笠的人得到了破译电文的关键启示。破译的结果使军统得到了能够向蒋介石证实这两个军阀密谋的足够证据。委员长迅速予以打击。1938年1月11日,蒋亲自到开封召开军事委员会会议,以此诱骗韩复榘赶到河南省会,戴笠的部下在那里将他逮捕,押送汉口受军事法庭审判,并于1月24日被行刑队枪决。[6] 与此同时,军统收买了刘湘的护士,将这位四川军阀治胃病的药换成毒药。刘湘不久便因中毒而死在万国医院的病床上。[7]

我们必须充分意识到戴笠于中日战争开始后最初6个月里在四川兴风作浪的意义。他和他的组织在蒋介石本人的命令下,迅速控制了地方军阀的卫戍部队，蒋命令每一个警备处都归他的秘密警察的稽查处管辖；很快，在每一个能想象到的公共设施里，包括火车站、汽轮码头、汽车站、旅馆、茶馆、饭馆、电影院、公共澡堂和剧院等，都建立起了检查所，分别由一位督察长负责。从原则上讲，没人能躲过秘密警察的监视。[8]

戴笠秘密统治的范围发人深思：他是国民党控制国家政权过程中的一个核心人物呢，还是他的秘密机构形成了一个影子政府，最终使历经22年的民国统一政权无法得到巩固？例如，当戴笠设立了直接对中央政府负责的海关关卡的时候，他是否在重申中国凌驾于治外法权之上的权威？还是这仅仅是打着国家的幌子，只图面子上过得去？

军统以前在重庆的机构

军统的主要行政部门设在罗家湾19号，这是军统甲室（机要室）和戴笠办公的地方。但军统在重庆"公开"的办公地点是在望龙门湖南会馆，那里有军统的文书科、档案股和密函股。[9]文书科通常负责监察军统大多数的外勤单位，这些外勤单位在业务上归重庆卫戍总司令部稽查处领导。[10]

至于对重庆的控制，最大、最重要的特务组织便是军统的稽查处，它管辖13个县。[11]虽然该处只有500多人，但它的每个外勤特工都有20到几百人在为其工作。[12]稽查处由军统成立于1939年，当时它是武汉卫戍司令部的一部分，后来迁至重庆，在名义上成为重庆卫戍部队的一个单位。它的权力掌握在戴笠手中，而戴笠的背后便是委员长本人。结果是，重庆卫戍司令部的两个后任司令刘峙或王瓒绪，谁也不敢过问稽查处的活动。[13]

对戴笠来说，稽查处是一个考察和锻炼骨干的地方。[14]该处的处长无一例外由军统已经有过副处长经历的官员担任：陶一珊接替了赵世瑞，廖公劭又接替了陶，后来沈醉接替了廖，何龙庆最后又接替了沈。[15] 由于大家都知道，戴笠为了提拔他们而不断地对他们进行考察，所以在这些副处长们中间的竞争相当激烈，这个单位的工作风格也是高度紧张。稽查处的人为取悦戴笠无事不做，稍有成绩便向他汇报，对他总是随叫随到，甚至会不参加宴会而长时间待在办公室里加班。最终成为稽查处处长的沈醉尤其意识到戴笠的"神经质脾气"，于是他下苦功把所有悬案的细节都强记下来，以便能在上司半夜询问时，不查看任何案卷便可立刻回答。也许正因为如此，沈醉在年仅20岁时便被戴笠选为总务处处长。[16]

重庆稽查处被分成4个科。一科负责总务，设有事务、人事和文书三股。[17] 二科负责情报业务、侦探工作和航空检查等。[18] 从某种意义上说，负责电讯的三科最为重要。这个科有40多名专业人员，都经过魏大铭的中央通讯处训练。[19]

三科负责替重庆的军统部门购买所有的需求物资，这是非常花时间的事务，但他们主要的任务更加复杂，那就是监视重庆收发的所有电台信号。共产党人的办公处和《新华日报》的电台发射尤其受到监视。[20]

四科是司法科，科长是徐钟奇和胡藻。徐是戴笠的同乡，所以不管遇到什么事总是向他的上司汇报。这个科还负责警卫军统在重庆令人毛骨悚然的监狱。[21] 军统重庆站在望龙门的"看守所"是个臭名昭著的残酷监狱。这里关押的政治犯被指控的罪名非常微不足道：从偷听被认为"极端"的政治言论，到公开埋怨低工资和物价昂贵。而这些犯人又要受"老犯人"的欺压，后者手下有30多个犯人团伙，同他们的"头目"一起对其他犯人进行敲诈勒索，此即所谓"孝敬"。[22]

无须强调，在战时的重庆，望龙门的人员令人望而生畏。如果一个军统的特工在执行外勤任务时违法，遭到正常的司法部门问罪，他只需冷冷地说一声"望龙门的"就完事了。只要他亮出了身份，这位特工以后上剧院便不用再买票，坐火车或乘船也无须花钱，甚至连逛妓院和鸦片馆都可拒绝付账。[23]

四科的办公处与军统党政情报处连在一起，后者主要负责领导一组外勤特工员对学生组织进行渗透。但其主要任务由党政侦察组领导，对中共办事处、八路军办事处、《新华日报》和周恩来的住宅进行监视。[24] 但在这方面，他们并非十分成功。[25]

外事侦察组在名义上属稽查处领导，但实际上受军统直接控制，由军统规定它的经费与活动。它的头目孔杰和吴润荪，同时也是重庆警察局外事科的科长，因为戴笠坚持：在城市内的外事工作得归属到一个领导之下。与此同时，它是个绝密的单位：必须穿过警察局正常的稽查处办公处，才能从其后门进入。[26]

外事侦察组的主要任务是监视苏联大使馆、塔斯社和苏联商务代表团在重庆的活动。[27] 做外事工作的通讯员直接由军统高级官员控制，被认为是非常宝贵的人才。他们同时也与国际宣传处的魏景蒙和军统护照科科长曾广勋互相配合工作。[28]

这个侦察组还有自己的一个三组，叫作"社会侦察组"，它由戚玉鳞领导，其行动常常不受军统总部的直接指挥。它奉命通过惩治抢劫之类的重型罪犯来促进"社会治安"。与其他组不同，三组的人总是随叫随到。它的组员部分由流氓或帮会分子组成，许多人是在武汉被招募来的。由于在国民党军队从武汉撤退到重庆时，一大批武汉的小偷和流氓都跟着迁到此地，三组自己的前帮会分子在对付这部分地下分子方面，要比正规的警察局侦缉队更有效，虽然后者在重庆的黑社会中也有其自己的关系。于是逐渐形成了一种典型的战时局面："上游"的骗子们与正规的侦探大队密切合作，而"下游"的罪犯们则与社会侦察组暗中勾结。[29]

最后，侦察组还监管十几个侦察所和30多个侦察哨。它的"外部"权力非同小可。稽查所的人员，往往为了检查某个嫌疑分子的行李，便可以随意搜查任何住宅和旅馆。[30] 而且，虽然车辆检查名义上是集中在水陆交通统一检查处之下，但他们却能随意扣押任何车船。这成了在朝天门糖业公会楼稽查所人员可观的非法收入的来源。因为要负责水路交通，他们便建立起了自己的检查所来监视往下游来的木材和其他货运船只。每条船的船长都知道，只要稽查所的官员坚持，他们就得把整船的货物卸下船检查。因此倒不如向他们行贿，当然这便成了非法的关税。[31]

重庆警察侦缉大队

虽然稽查处与统一检察处竞争，但它的真正劲敌是重庆警察局的侦缉大队。[32] 警察局长的职位由徐钟奇和唐毅轮流担任。徐与蒋介石有直接联系，而且通过取悦孔家二女儿孔令俊来讨好孔祥熙。唐毅虽然不是军统的人，但与戴笠非常接近。[33] 当戴笠在1941年10月要扩充侦缉队为大队时，他给唐毅局长写了一封亲笔信，要求任命曾经担任过常德警备司令部稽查处处长的沈醉当大队长。唐毅立刻邀请沈醉来接管侦缉队，这个任命还经过前伯克利大学的学生、戴笠在内政部的特工酆裕坤的正式批准。这以后，沈醉便逐步地将侦缉队改编成了侦缉大队。[34]

侦缉大队的花名册上共有170名侦探，若再加上他们的"跑腿"，总人数便可达千人以上。在其固定人员中仅有十来名军统的基本干部，他们主要是一些与密探和黑社会罪犯们保持良好关系的刑事罪犯侦探。他们在审讯中从不拷打犯人，而且用军统的秘密工作人员无法理解的帮会内行话进行。他们的许多会议都是在侦缉大队部大门口外夫子池来龙巷的一家茶馆里开的。[35] 正规侦探在对付重庆的犯罪分子方面有出色的记录。[36]

但在沈醉看来，这些侦探在从事秘密监视和政治控制方面无能透顶。于是这位新队长便将日常的警察任务交给副队长沈夕峰去管，而自己则把一小批文化程度较高的侦探集中起来组成直属队，专门收集"党政情报"。这意味着这批人被剥夺了敲诈勒索捞"油水"的机会，于是沈醉便采取对执行军统特别任务表现优秀的人发奖金的办法来予以弥补。[37]

具有十足讽刺意味的是，恰恰是侦缉大队的惯常业务而导致了沈醉的辞职。当警察局长唐毅的一些物品遭窃之后，他命令沈醉立刻把东西找回来。沈醉没有在侦缉队的赃物保管室里找到这些物品，他便威吓几个分队长。三天之后，两个窃贼自首，赃物也找到了。沈醉不知出于什么心态，发出了一份正式的书面通知单，要失主像重庆普通市民那样前来侦缉大队总部认领失物。唐毅感到受了侮辱，怒火万丈，派遣了他的一个手下来沈醉办公室。当此人正从口袋里往外掏唐毅的名片时，沈醉以为他是在掏枪，便立刻拔出了自己的手枪，而且把那人痛打了一顿。事后沈醉立刻跑到戴笠那里，向他汇报了事情经过。戴将军听完之后，马上下令把沈醉从警察局调出来，到警卫司令部稽查处工作。当地的报纸把这个调动当作是对沈醉做侦缉大队长有功，得到提拔的表现。[38]

非正式的"前线"与"外勤"

戴笠在重庆设立的非正式机构各式各样，其中包括一个叫作"裕民米店"，实为大米囤积库的连锁粮食商店，以及在珊瑚坝机场附近的飞虹照相馆这类偷拍有反蒋嫌疑的旅客照片的照相馆。[39] 战时首都重庆的大多数饭馆老板都与军统有非正式的关系，但一些最大的则实际属于军统官员们掌管：皇后饭店是军统大特工许忠午开的（他还在打铜街开了一个舞厅）；邹容路上的新味腴餐厅和民生路上的味腴餐厅，为侦缉大队副大队长沈夕峰所拥有；而凯歌归菜馆是黄埔军校毕业生李岳阳开设的，此店是国民党高级军官常去的地方。此外，大多数旅馆的服务人员，尤其是在重庆最大的旅馆胜利大厦里的服务员，全都是军统特工的"跑二排"。[40]

这些非正式的掩护机构和半特工们都由重庆特区（即渝特区）管辖。该特区负责外勤，而它的外勤人员直接向稽查处汇报。渝特区由姜绍谟任区长，区部设在老街32号，此地在战前是西南军政公署第二处办公处，现在是军统在当地行动的"丑恶网络"或"巨大的无形网络"的中心。[41] 该办公室有40到45名高级情报官员，他们掌管军统在全市的所有人员，包括民主党派人士和一些从共产党那里过来的"叛徒"。特区本身被划分为5个地区组，其中最重要的是西郊组办公处，它负责监视共产党红岩村和《新华日报》办事处。由于西郊组无力收集关于共产党在红岩村的情报，姜区长向沈醉建议向他的特工颁发枪支（正常情况下便衣外勤人员不佩戴枪支），来诱惑共产党向他们开火。他说，这样，在混战之后，军统的人便可以冲进共产党的村子搜查他们的地盘。[42] 沈醉向他的上司汇报了这个计划，戴笠一听就火了，骂姜是"饭桶"，并指责沈醉本人赞同这种愚蠢的计划："你在胡闹！我们和共产党作斗争靠这些办法能达到目的吗？打死了算白打死，打伤了是活该！不准在这个上面去打主意！"[43]

所以，对军统正规特工的实际政治监视，戴笠的总部会予以相对严格的控制。但军统在"外围分子"活跃的地方则比较放松，而他们几乎遍布重庆，这些到处都是的密探和间谍非常起劲地搜寻有"进步"嫌疑的人，以维持他们作为军统"跑二排"的微薄工资。这些毫无纪律的监视人不仅利用与军统疏远的关系来进行敲诈；而且他们知道，假如不能在一年里起码搞到一两份情报，他们就会被除名。结果，普通的市民人人自危，怕被告发，他们知道一出门就会被盯梢，而且，起码在他们探访亲友时，爱管闲事的邻居会把他们的出现报告给上级秘密警察当局。与此同时，所有的信件、电报和电话全都受到监视。[44]

重庆的暗杀活动

军统暗杀行动的范围远远超出了重庆市,这无意中对中国的抗战产生了影响,而戴笠本人也未能预见到这一点。能够说明这个现象的最好例子,也许是刺杀汪精卫未遂事件,当时汪在逃离重庆后到了仍然属于法国在印度支那的殖民地河内。

这个事件对学中国现代历史的学生来说并不陌生。刺客们在1939年3月21日夜里溜进了汪精卫在河内的住宅。他们初看似乎得手:军统的特工员闯入汪的卧室,用冲锋枪对着床上睡着的人一阵扫射,那人当场毙命,刺客们随即逃之夭夭;然而,那天晚上不知怎么的,汪与他的私人秘书曾仲鸣换了个房间睡觉,于是曾成了汪的替死鬼。

当时国民党政府否认与暗杀有任何牵连,甚至在许多年之后,忠于蒋介石的人仍宣称:委员长对此一无所知。例如,陈立夫坚持认为,甚至连戴笠也没有涉入此事件:

> 谁杀了曾仲鸣?我不知道。外面的人说是戴笠把他杀了。我表示怀疑。假如是戴笠干的,他怎么能有权力干这样的事呢?他不应该有这个权力!谁能说出有谁指使了他?我不相信这是戴笠干的。我有任何证据吗?蒋先生很少——不,从来不想杀死任何人。从不?我想不起来他曾经这么干过。[45]

但戴笠确实指挥了这场行动。[46]而这场遭挫的刺杀至少把汪精卫推进了日本人的怀抱,并最终导致了一个傀儡政府在南京的成立。

至于在重庆市内,暗杀是"消失"的普通形式,它几乎将战时中国首都的持不同政见者扫荡殆尽。尽管外国人不时为躲避秘密警察迫害而前来向他们求救的中国人士寻求外交干涉,但即使像爱泼斯坦这类机敏的外国记者,对这种有选择性的恐怖主义的存在也一无所知。[47]不过,外国人圈子，尤其是魏德迈（Wedemeyer）将军和美国国务院，非常熟悉军统最臭名昭著的绑架案之一：费巩的失踪。[48]

1944年春，抗战中迁移到贵州湄潭县的浙江大学的费巩教授应复旦大学的邀请来重庆讲学。他是一个在美国受过教育的历史学教授，曾对中国知识分子的一份谴责独裁统治垄断国统区的声明表示赞同。此刻他置身于战时的首都，恰巧处于秘密警察的眼皮底下，他开始对自己的人身安全担忧起来，于是完全生活在与世隔绝的状态之中。然而，1945年3月5日早晨，费教授在复旦大学的一名学生陪同下，坐船到距离重庆不远的北碚温泉地赴会。当他们在千厮门码头等渡船的时候，这个学生上岸去买早点。等他回来时，费教授不见了。[49]

费巩没在会议上露面，复旦大学校方便将他的失踪报告到卫戍司令部，而后者将那个倒霉的学生拽来询问，算是做出了反应。在接下来的几个星期里，关于费巩失踪的谣言四起。他到底仅仅是失足落水呢，还是被戴笠的特工员绑架走，并被投入了秘密看守所里？政府的发言人极力否认后一种可能性，但公众和美国使馆都不相信这些否认。[50]

在教育界，费巩的失踪使许多知识分子的不安全感更加强烈了，他们为自己的命运担忧，害怕自己落入蒋介石秘密警察手中。与费巩一起在美国学习的40多名教授联名给魏德迈将军写抗议信，结果魏德迈向委员长本人表示了美方的正式关切。[51]

蒋介石那时已让戴笠查询此事，而戴将军便和中统头目叶秀峰以及宪兵司令张镇开会研究此事。[52]戴笠声称，这两人都没有逮捕过费巩。与此同时，魏德迈命令梅乐斯亲自调查此案。梅乐斯把这个任务向戴笠做了汇报，在梅乐斯向前纽约警察侦探克拉克（Clark）求助的同时，戴笠任命沈醉（他作为上海的大侦探被介绍给美国人）作为军统对此案的联络人。[53]

调查组追踪了一系列线索，毫无结果。与浙江大学校长竺可桢会面的结果是，建议他们查询政府的监狱和看守所。但当他们带着费巩的照片去查看了之后，被告知没有此人在此地待过。查询警察记录的结果也是如此。由于浙江大学的一个学生声称在巫山县见到费教授身着和尚服，这组侦探人员便在巫山地区的12个寺庙里查访，仍丝毫没有找到失踪教授的踪迹。克拉克和沈醉甚至到了下游地区，查看漂流到此地的尸体，也没有发现与费巩教授有丝毫相像的尸体。最后，谣传说费教授在重庆的中美合作所里被杀，尸体被扔进了硝酸池里。沈醉从来没有明确地反驳过这一说法。但在费巩失踪很长时间后，他一直坚持说，这个神秘的事件将永远不得其解。[54]

共产党在四川的活动

共产党反对国民党统治的活动，在每个地区并不完全一样。比如，在成都，共产党的活动要比在重庆活跃得多。1940年期间，由于前一年春天的干旱，成都地区庄稼严重歉收，于是导致了常见的囤积大米以及伴随而来的粮食暴动。不管共产党是否鼓动了这些骚乱，戴笠立刻认为这是共产党在捣乱，这便使他有了借口，命令他在成都地区的侦缉处特工们，对共产党人能抓就抓。[55] 在这场大搜查当中，负责八路军成都办事处的领导人及《新华日报》高级编辑罗世文以及共产党成都区域重要领导人车耀先先后被捕。两人受到严刑拷打，但都没有招供。最后他们被押送到重庆。其他十来个被捕的共产党领导人，被川康区军统特务队长刘崇朴活埋了。[56]

成都的大逮捕是军统在四川的一个早期行动，它意在显示军统在整个战时中国的有效实力。[57] 然而，在重庆市本身，在追踪共产党在国民党战时首都的地下活动方面，戴笠的组织似乎并不那么得力。[58] 据沈醉讲，军统在重庆的侦察部门从一开始就非常窝囊，因为它在情报方面所能依赖的，无非是一些来自于社会底层的"不三不四之流"，再加上几个民主党派当中一些中下层的人士而已。军统是如何对像郭沫若、田汉或曹禺这类人物的活动进行控制的呢?军统所能指望的只不过是对他们加强监视,并让其特工不时复查有关这些社会知名人士的情报的真实性而已。[59]

但这并不等于说军统在对付共产党方面毫无成就。在这一点上,第二次统一战线对他们不起作用。[60]作为重庆卫戍司令部侦缉队队长的沈醉,非常想抓获共产党人。每次如愿以偿,他都会得到奖励,例如他在江北附近的一个小型钢铁厂里对共产党人进行的那次突击。[61]不过,关于所谓共产党活动的假传闻,军统屡次弄巧成拙,并使无辜的人士受到无端的连累。如在1940年冬天的綦江案件当中,军统的审讯员用严刑打伤打死了500多人。[62]又如,有一次总统府连连下令,而结果证明,并无任何颠覆活动发生。[63]

军统监视的主要目标是共产党在化龙桥红岩村的办事处。军统为此专门在附近成立了一个特别稽查哨,由段楚田负责。但戴笠的人发现很难弄清有哪些人在他们的眼皮底下去了共产党的"老窝"。[64]后来,情节生动的小说《红岩》以及由此改编的电影对国民党秘密特工们的无能做了淋漓尽致的描写,同时又极力表现了军统(以及它后来的"保密局")是敌人的一个残酷而恐怖的组织,它应对无数受害者的死亡负责。[65]《红岩》的寓意之一是揭露军统的美国支持者,他们被塑造成阴险的美国"特殊顾问",躲在拷打审讯场面的背后,一心要"从人骨头里挤出油水来"。[66]这个反美的信息当中还夹杂了对共产党最终胜利的信心,它同50年代初朝鲜战争中的反美热潮遥相呼应。作为小说中的英雄,许云峰对毛人凤说:"马克思列宁主义也武装了中国共产党和中国人民,必然消灭一切反动派,包括你们这群美帝国主义豢养的特务!"[67]

共产党的保安

政府办的兵工厂由军统负责进行专门的监视，它还控制了部队军火部门的警卫稽查处。[68] 结果，地下共产党发明了一套复杂的、类似秘密社会使用的暗号作为识别方法和密码，来保持彼此之间的联系。折成三角形的手帕、叠成三层的方形的布、手表下面系一根白色带子、特别的招呼方式（拍打左胳膊肘并用右手做出中国字"八"的手势、摸一下对方的颈背或耳垂等等），都被用来表示"战斗到底，不被活捉，不恋父母，恪尽职守"。[69]

在蒋庞大的警察国家里，这些都是被压迫者的武器。共产党人积极在国统区的这些工厂里建立他们的支部，他们的最高领导则对国民党政权的国家军事和保安系统更感兴趣。到了1942年1月，周恩来及其在第二次统一战线下于重庆建立起来的办事处宣称：他们在四川、云南和贵州安插了5000多名特工。[70] 他和康生还向蒋的最高级的情报和反间谍机构进行了渗透。[71]（国民党中将阎宝航，是周和康领导下的间谍网核心人物，他是蒋介石的一个军事战略首领。[72]）阎将军将希特勒进攻苏联的准确情报提供给莫斯科，把日本在中国东北的整个军事部署拍摄下来，并把日本即将进行的珍珠港空袭通报了斯大林。[73]

另一项致命的渗透活动，是张露萍打进军统的通讯系统，使数百个军统电台站和上千名特工暴露给了共产党。这次惨败当时可能甚至促使了戴笠与美国人结盟，以寻求更好的反间谍措施。[74]

后来还发生了最著名的渗透事件。那是在内战最后阶段的淮海战役时期，军统（那时已经改名为"保密局"）的安徽站由唐玉昆领导。[75] 唐领导的主要单位之一是军统在正阳关的办公处，其负责人刘惠生参与了把地方保安团和零散的军事单位合并起来，成立一个由黄埔毕业生廖运升指挥的第一一〇军的工作。[76]

唐对廖的忠诚持怀疑态度，便命令刘惠生对他进行密切监视。刘马上把军统对廖运升的监视告诉了廖。与此同时,一个共产党情报官员张公侠开始接近刘惠生本人,他劝告刘改变立场并去说服廖运升秘密叛变。77 自此以后,刘惠生定期向共产党地下特工提供军统的情报,向山里起义的游击队们调拨无线电设备,并通过廖运升的安排使第一一〇军不与共产党部队发生军事冲突。78

蒋介石的国内敌人

戴笠和他的部下一直对国民党政权内部的阴谋活动非常警惕。其中最富戏剧性的事件发生在1943年委员长去开罗的时候。一群年轻的将军不仅策划推翻蒋介石,而且还要废除何应钦、戴笠、孔祥熙、陈氏兄弟,以及那些因腐败和渎职而著称的高级官员们。戴笠的特工在此计划实施之前闻到了风声。据说这个阴谋牵涉到200至600名官员。结果有16名将军被枪决。79

1944年在戴笠的权力高峰期,他除了任军统局正局长以外,还控制了下列机构:军令部第二厅、侍从室第六组、警卫组、军委会特检处、军委会水陆交通统一检查处、兵工署警卫稽查处、军委会别动军、军委会"忠义救国军"、警察站、警察培训单位、整个国统区各省和市及地方上的检查哨、军委会西南运输警务处、每个使馆的武官和助理武官,以及中国警察学会。80

到了1944年春天,戴笠不仅预见到与共产党之间的内战,而且他还以招募日本战败后的傀儡政府官员来与共产党作战的方法,积极在华北地区为重建国民党中央政权做准备。81 美国国务院认为:"根据可靠消息来源,戴将军说共产党问题对于中国要比日本问题更重要。"82

对于美国军方来说,最让人担心的是梅乐斯在中美合作所的部队有被用来对付共产党的可能性。在重庆人们越来越意识到,梅乐斯因个人与战略情报局的不和而与戴笠一起责怪情报局与中国共产党相勾结。这更加深了上述担忧。比如，7月中，梅乐斯指控战略情报局在上海向"共产党便衣人员"空投冲锋枪。[83] 他还坚持说，仔细阅读戴笠的情报档案可以证实，美国的外交官员们，如约翰·卡特·文森特（John Carter Vincent）"在牺牲中国国民党的利益，而且没有尽力维护美国的……利益"。[84]

这种对中美合作所干涉中国面临的内战的担忧，还因延安对国民党把美国援助的军火用于反共活动的指责而加剧起来。1944年夏末之前，如果共产党抱怨说"美国使用援助的军火来进行"反共活动，那么这几乎肯定是无中生有，目的在于先发制人，以防止真的出现这种情况。但到了1944年夏天，美国驻华海军得益于飞越喜马拉雅山脉吨位的增加，开始接收每月好几吨位的空运。美国驻华海军与戴笠的秘密警察密切合作，而魏德迈相信他们私下里提供了物资。[85] 按照美军战争正史：

> 1945年6月里，共产党又责怪起美国援助的军火被用于不正当目的。赫尔利（Hurley）大使认为这是延安在有意挑动内战，但魏德迈的G5部不这么认为，因此说服他们的司令对"美国驻华海军参与了中国即将发生的内战"的可能性做调查。[86] 于是魏德迈将军任命了一个由G1、G2、G3和美国驻华海军代表组成的委员会，由G5主持。[87]

委员会于8月22日汇报说，没有"令人满意的证据"说明美国驻华海军的人被部署到国民党或"忠义救国军"部队当中来反对共产党；不过，"如果共产党干涉抗日部队的行动的话，（美国人）可能会被用来交战。"[88] 但委员会还接着注明，美国设备"至少防御性地"被用来对付共产党，那些设备在援助军火协议以外的程序下武装了戴笠，而且没有关于调拨（武器给戴笠）的现存可靠记录。[89]

西南地区秘密特工的镇压

1945年的整个2月里,重庆爆发了一系列的示威和骚乱。戴笠和陈氏兄弟决定要不择手段地进行镇压。国民党秘密警察部队袭击了共产党办事处,扰乱了庆祝政治协商会议的集会,并殴打中国民主同盟的成员。[90] 在罗隆基这样的民主同盟领导人眼里,戴笠的力量是一心同日益上升的文明社会力量作对。"中国人民为把自己从秘密警察、地方上的腐败和压迫,以及对他们言论、集会、出版等自由的压制下解放出来的斗争,将是长期而艰巨的……现在在中国许多大城市里涌现了维护民权的组织。这样的组织无疑将随着时间的推移而在全国发展,但秘密警察有可能也在同时变得更加肆无忌惮和残酷无情。反动分子和他们的秘密警察现在开始了他们最后的顽抗,但最终他们将被历史不可抗拒的力量和人民的意志扫荡殆尽。"[91]

中国民主同盟最杰出的成员之一是李公朴,他是1936年11月22日因反对蒋介石安内攘外政策而被捕的"七君子"的热诚支持者。李在战争中继续在昆明从事反蒋活动,并被国民党的右翼视为是一个"左倾的捣乱分子"。云南省会昆明在1945—1946年间是激进学生运动的温床,而军阀龙云拒绝执行蒋介石消灭自由人士的命令,因为民主同盟在云南的势力异常强大,也因为在那里的四所大学(即西南联大)念书的流亡学生的数量异常之大,所以当凶手于1946年7月11日晚上在昆明的街上将李公朴刺杀时,自由人士愤怒了。[92]

蒋丧失合法性

当抗议席卷全省,而且逐步蔓延到全中国时,当局准备把陆军预备第二师从大理那儿调来，协助云南卫戍警备司令霍揆彰镇压抗议运动。最明智的策略应当是努力缓解左翼自由人士的愤怒，而身居庐山避暑别墅的蒋介石也许确曾考虑过这一点。但是，戴笠死后，秘密特工越来越无法控制。7月15日下午1时，李公朴的追悼会在云南大学的大礼堂里举行。悼念仪式的主要组织者是诗人、教授和民盟的副主席闻一多。仪式完毕后，闻一多在《民主周刊》的办公室里举行了一个记者招待会。会上他公开指控蒋介石本人策划了这场谋杀。[93]

傍晚5时稍过，闻一多和儿子闻立鹤一起离开了记者招待会，回他们在西仓坡西南联合大学教师居住区的家。在通向居住区的过道上，四个埋伏的人跳了出来，朝着闻一多的头部开枪。他儿子用自己的身体扑向诗人的身体，于是他也中弹了。凶手们跳上停在附近的一辆吉普车逃走了。[94]

全国震惊了。也许战后没有任何一个事件要比闻一多惨遭暗杀更能激起社会精英们反对蒋介石政权的呼声，它的影响蔓延到了美国海军部，海军部被控曾向戴笠的凶手们提供了专门的无声手枪。[95]甚至连蒋介石也意识到这场谋杀太过分了，于是他在几天内向昆明派去了高级军事人员，想尽量把影响控制在最小范围之内。[96]

负责调查的主要人员是军统自己的官员：军统局警察总署署长唐纵和淞沪警备司令部警察部门的稽查处处长程一鸣。从调查一开始，唐纵就对程一鸣明说了：他不是在调查李公朴被刺事件，这很明显地暗示了那是蒋介石本人下的暗杀令。[97]

调查的关键是那辆吉普车，它在谋杀的现场留下了车胎印，而且至少有一个人记下了车牌。程一鸣很快就判断出，暗杀是云南警备司令部稽查处的四个特工干的，其领头的是一个叫熊广福的人，而他又是接受了警备司令部司令霍揆彰的直接命令。[98]

在军统（此时已改称"保密局"）一个招待所里举行的会议上，程一鸣如实向唐纵汇报了他的调查结果。唐沉思良久，最后问道："你认为这个案件应该怎样办？"程一鸣提了两点建议。第一，必须告诉"老先生"案情已破，四个刺客全都是士兵。所以应当把这四人交到宪兵部门来调查和起诉。第二，既然唐纵与霍揆彰既是同乡又是黄埔的同学，他应该让霍将军通过保密局的电台直接向蒋汇报自己卷入此案的情况。[99]

一旦此案转到宪兵部门，它便落到了司令张镇的权力范围之内。张司令答应对此案全权负责，并建议用以下的谎言来蒙混过关：两个肩负保卫委员长安全任务的宪兵参加了李公朴的追悼会和随后的记者招待会。当他们听到闻一多攻击"国家元首"本人时，义愤填膺，便跟踪闻教授回家，在路上拔枪将他刺杀。总参谋长顾祝同被要求直接与在庐山的蒋介石联系，征得他对这个诡计的批准。委员长同意之后，宪兵部公布了这两个宪兵身份的凶手的名字——李文山和汤时亮，然后对他们举行公审。[100]

这就是8月25日由中央新闻社公开发表的说法，结果这两名宪兵被作为谋杀闻一多的凶手处决。但是，蒋介石最终还是无法确信这个骗局的可靠性，他怕这场阴谋迟早会被戳穿，而他在其中扮演的角色会被揭露出来。为防止这场阴谋的暴露，真正的凶手被软禁起来，霍揆彰被解除了云南警备司令的职位，而昆明警察局局长龚少侠被迫退了休。[101] 然而，所有这些弥补和预防措施，都没能抹去人们对闻一多被一个凶残暴虐的政权惨杀的记忆，而这个政权的非法统治者，便是委员长几乎无法驾驭的秘密警察。[102]

注释：

1　His-sheng Ch'I, *Nationalist China at War*, p.225.
2　Kapp, *Chungking as a Center of Warlord Power*, p.150.
3　在成都也成立了一个由何龙庆领导的"蓉组"。
4　周震东：《戴笠特务"渝三科"，"蓉组"及"西康组"在军事方面的活动》，第280页。
5　沈美娟：《戴笠新传》，第353—354页。甚至早在南京失陷之前，国民党已经指定重庆为战时的首都了。McIsaac, *The Limits of Chinese Nationalism*, p.46。

6 韩复榘被枪决的公开理由是把山东拱手给了日本人。而更直接的原因很可能是他或多或少卷入了这场军事结盟的阴谋。同上书，第 359 页。

7 程一鸣：《军统特务组织的真相》，第 206 页。刘湘死后，力行社创始人之一刘诚志成了军统在四川省的头目。虽然刘诚志的直系亲属于 1949 年逃到台湾［其女与德国杰出的汉学家马汉茂（Helmut Martin）结婚］，刘诚志本人于 1972 年死在抚顺监狱里。

8 章微寒：《戴笠与"军统局"》，第 103 页。

9 在城里还有一些军统的办公地点，如赣江路 82 号、海关巷 1 号、老街、石灰市、马鞍山和复兴关。此外，在郊外的磁器口还有一个主要办公点。黄康永：《我所知道的戴笠》，第 165 页。

10 所有关于第一和第二处行动的文件都得汇报给蒋介石（甲件）和戴笠（戊件）。邓葆光：《我所知道的戴笠和军统》，第 151 页。

11 稽查处设在重庆石灰市的职业学校内。这是个穷凶极恶的刑讯地点。路人不侧目相看，有人甚至宁可绕道也不愿经过此地。沈醉：《军统内幕》，第 88 页。

12 同上书，第 83 页。据沈醉估计，在抗战中的某段时期内，在重庆共有 2 万多名军统外勤特工、外围分子和他们的"炮二排"。

13 沈醉：《军统内幕》，第 87—88 页。刘峙在河南训练了一批他自己的秘密特工员，他计划把这些人员调入稽查处。这部分是由于他妻子的怂恿，因为这些人在河南替她搞到不少钱。但是戴笠不仅拒绝安插刘峙的秘密特工，而且下令解散刘的调查处。当刘峙的妻子对他的让步发脾气时，刘明确告诉她，在这方面蒋介石已经将权力交给了戴笠。卫戍副总司令郭寄峤也遇到了类似的情况：他对军统未经他批准随便抓人表示不满，当时任稽查处副处长的沈醉简单地对他说，军统是在军委会直接领导下，即蒋介石本人的命令下行动的。

14 同上书，第 88—89 页。向该处派人，往往被理解为是对军统骨干分子的一种考察。例如，沅陵警备司令部稽查处处长郭宗尧被怀疑有贪污罪，但证据不足，被调到该处察看一段时间后，又被调到中央稽查处当副督察长。再如，汉中警备司令部稽查处处长左明，透露了戴笠和蒋介石准备让汉中警备司令祝绍周出任陕西省主席的决定。戴笠最恨泄密行为，要处决左明，但左无意中说出他曾对祝绍周说起这一决定，戴笠便将他调到重庆稽查处，后来又任命他为警察局长。还有，黄加持与司令霍揆彰关系很好，而霍是戴笠的对立面陈诚的人，所以戴笠对黄有疑心，黄也被调至重庆察看，后因工作卖力而被调到贵州省缉私处当处长。

15 沈醉：《军统内幕》，第 88—89 页。戴笠提拔副处长当将来的处长的这一做法，是有意在正副处长之间制造不和，以便他分而治之。廖公劭是军统专门派去对付汪精卫政府里周佛海的秘密特工的官员之一。他本人被日本人逮捕后，又神秘地被释放回重庆。戴笠宽恕了他，并任命他为少将。同上书，第 104—105 页；程一鸣：《对沈醉〈我所知道的戴笠〉的补充、订正》，第 243 页。

16 沈醉：《军统内幕》，第 89—90 页。沈醉住在重庆的 6 年多里，担任过警察局侦缉大队队长、卫戍总司令部稽查处的督察长和副稽查长以及军统总务处处长。同上书，第 87 页。

17 同上书，第 90 页。其负责科长是季先训和王秋舫。

18 同上。该科先后由王希圣和宋廷均等任科长。

19 同上。该科先后由肖茂如和查绥之任科长。

20 同上书，第 90—91 页。蒋介石连看到共产党的《新华日报》都会十分憎恶，他经常斥责军统人员无能关闭该报纸。稽查处有时会派出一批流氓殴打报童并夺走他们的报纸。同上书，第 106 页。

21 同上书，第 97 页。它有一支由 30 多个看守和警卫组成的队伍，队员们只是士兵待遇，但他们在下班后常利用军统的特殊身份在重庆市内敲诈勒索。
22 同上书，第 113 页。
23 同上书，第 122—123 页。
24 改组先后由曹万道、易啸夫、萧志坚、雷和春任组长。
25 沈醉：《军统内幕》，第 91—92 页。
26 同上书，第 94 页。
27 该科也雇用了一小批西方人，包括一个高头大耳、入了中国籍的荷兰人，他给自己重新取了名字，姓刘，他的巡视区域包括外国记者俱乐部。（来自对爱泼斯坦的采访）
28 沈醉：《军统内幕》，第 94 页。外事侦察组的主要成员顾宜华曾奉命陪同蒋介石参加开罗会议。
29 同上书，第 94—97 页。三组成员们会到电影院敲诈勒索，说它们的电影具有颠覆性质，或者让女密探卖娼，自己在旁边拉皮条。这些违法活动已经不足为奇。至于有关在战时重庆"上游"与"下游"的区别，见 McIsaac, *The Limits of Chinese Nationalism*, p.50, pp.95—99。
30 旅店的人看见稽查所的人来了，便会喊道："王四心先生在不在家？"因为王、四、心三个字拼在一起便是繁体字的"憲"，即宪兵的宪。事故经常会发生，如军统的特工骨干谢力公的弟弟谢志磐被击毙的事件。戴笠对这类事故通常比较宽容："只要不闹出大乱子，个别人出事办个别的人就行了。"同上书，第 95—96 页。
31 沈醉：《军统内幕》，第 97—98 页。
32 同上书，第 108—109 页。但由于侦缉队长同时兼任渝特区组长，这种竞争在某种程度上得到缓解（见下文）。
33 同上书，第 102 页。孔令俊经常女扮男装坐着自己的专车在重庆耀武扬威地兜风，而且会毫不犹豫地把稽查处的处长当面称为"小小的少将"，在对方因她闯红灯而将她截下来以后，她会坚持要对方到孔府上卑微地道歉。
34 沈醉当了一个月的大队长，然后由许忠午、李连福、谈荣章等人先后接替。沈醉在任职期间，把各个分队改编成了中队，各小组改成小队。关于各队队长，见同上书，第 111、113—114 页。
35 沈醉的前任、被迫辞职的强硬的巡警蒲岗，就是在那里把侦缉队队长的职权移交给沈醉的。沈醉：《军统内幕》，第 108 页。
36 同上书，第 109 页。
37 这批队员中有重庆"大袍哥"首领之一石孝先的结盟兄弟李樵逸，以及与新闻界有很多关系的张克东。沈醉：《军统内幕》，第 110—111 页。一些"大袍哥"的成员也是"人民动员委员会"的人，他们直接向军统汇报。McIsaac, *The Limits of Chinese Nationalism*, p.180。
38 沈醉：《军统内幕》，第 115—117 页。1942 年戴笠决定再建立一个侦查大队，由王会云任队长，该大队部设立在民生路，200 多个队员中大多数是军统的特工，枪法优秀。他们的真正任务是在发生公众骚动、暴乱或其他"共产党发动的"阴谋活动等情况时，成为一支储备力量。他们时刻待命行动，防止日本空投部队突破重庆防线。同上书，第 106—107 页。
39 同上书，第 85 页；黄康永：《我所知道的戴笠》，第 157 页。
40 沈醉，《军统内幕》，第 84 页。
41 罗广斌、杨益言：《红岩》，第 107 页。
42 沈醉，《军统内幕》，第 118—119 页。
43 同上书，第 119—120 页。
44 同上书，第 86 页。关于这种监视的例子，见第 84、92、105—106 页。
45 "Departure of Wang Ching-wei", p.15, Chen Lifu Materials.

46 Wakeman, *The Shanghai Badlands*, p.60, p.166.

47 例如，爱泼斯坦等人为了保护一个中国人曾去会见澳大利亚大使艾格尔斯（Eggleston），也许由于这位大使向国民党当局表示了关切，救了那个中国人的命。爱泼斯坦，1985 年 3 月 10 在北京的采访。

48 OSS XL—7931, "Disappearance of Professor Fei Kung", George Atcheson, Chargé, to Secretary of State, 26/3/45 in Office of Strategic Services, U.S.Army.U.S.National Archives, Military Reference Division, p.2. 美国当局认为，费巩作为一个相对不甚知名的人士，是遭到了绑架，因为他"在法院没有朋友"，这使他的失踪"不会引起尴尬"，而同时"仍可以惩一儆百"。Atcheson to Secretary of State, 26/4/45, Enclosure 255, State Department Internal Papers。

49 同上；沈醉：《军统内幕》，第 261 页；章微寒：《戴笠与"军统局"》，第 137 页。

50 OSS XL—7931, "Disappearance of Professor Fei Kung", George At cheson, Chargé to Secretary of State, 26/3/45 in Office of Strategic Services, U.S.Army.U.S.National Archives, Military Reference Division, p.2.

51 沈醉：《军统内幕》，第 261—262 页。

52 叶秀峰于 1939 年 12 月被任命为中统局局长。《民国人物大辞典》，第 1254 页。

53 沈醉：《军统内幕》，第 263 页。

54 同上书，第 264—265 页；章微寒：《戴笠与"军统局"》，第 137 页。

55 军统站长廖宗泽与中统地方上的头目何培荣共同指挥这场行动。章微寒：《戴笠与"军统局"》，第 136 页。

56 同上书，第 136—137 页。1946 年，在国共谈判过程中，共产党代表团提出释放罗世文和车耀先。蒋介石命令戴笠处决他们。8 月 18 日，白公馆看守所所长陆景清把他们秘密杀害于"中美合作所"的松林坡附近。

57 "到了 1940 年，他们发展成了一个巨大的组织，几乎整个致力于战前活动并执行了清洗、逮捕，而且在全国进行了秘密谋杀。"Epstein, *The Unfinished Revolution in China*, p.129。

58 中统也是如此。Xu, *The Invisible Conflict*, pp.162—163。

59 沈醉：《军统内幕》，第 93 页。

60 同上书，第 35、100 页。有一个姓胥的特工在渗透到共产党在重庆的地下组织方面尤为成功。此人是临训班的毕业生，战争爆发后，他成了北宁铁路局警务处副处长，经常率领交通警察部队和游击队与铁路沿线的共产党游击队作战。他夸耀说，被他打死打伤的游击队员达 300 多人。后来，在国民党政权濒于崩溃时，他又在云贵边境组织反共游击活动。

61 同上书，第 94 页。在这一点上，军统内部的正规职权范围并不比手上具体的特工更为重要。例如，党政组在苏联商务代表团内培养了一个密探，尽管从分工上讲，这应由军统的外事侦缉组负责，但党政组却直接领导那名特工员。

62 綦江是国民党的一个特别干团，它的团长被怀疑有左倾向。军统的特工们仅凭着捕风捉影的证据，便指控他及其部下把秘密情报传递给共产党。章士钊：《书綦江狱》，第 64—65 页。

63 沈醉：《军统内幕》，第 93—94 页。

64 同上书，第 92—93、120 页。

65 《红岩》，第 120—121 页。共产党宣传机构在"文化大革命"结束很久以后仍继续颂扬《红岩》。1985 年 6 月 8 日，10 集电视连续剧《红岩》首次播映。那天，《北京晚报》发表文章说：这类反映了革命烈士坚定的共产主义信仰和崇高理想的电视剧，将会激起广大人民对这些革命烈士的深切悼念，并将激励他们对建设社会主义四个现代化的革命热情，这也是在广大青少年中进行爱国主义教育和革命传统教育的生动教材。谢桂昌：《中央电视台明晚起播 10 集电视剧〈红岩〉》。

66 《红岩》，第 188—189 页。

67 同上。

68 每个兵工厂都有自己的稽查处，由 20 多人和一个拥有 200 到 400 名士兵的警卫大队组成。那 20 多人直接向戴笠汇报，曾参与破获共产党的几个地下支部，并在昆明第五十二兵工厂内抓到 100 多个共产党积极分子。一个曾与第十兵工厂的人员有过交往的原工人回忆说："只要一听到稽查处对兵工厂进行的控制活动，人就吓得脸色发白。它非常可怕。许多人无缘无故地失踪了。" Howard, *Workers at War:Labor, in the Nationalist Arsenals of Chongqing, 1937—1949*, Draft Version, Ch.6, p.7;Mclsaac, *The Limits of Chinese Nationalism*, pp.146—149。

69 Howard, *Workers at War:Labor in the Nationalist Arsenals of Chongqing, 1937—1949*, Draft Version, Ch.6, p.10.

70 周恩来：《关于在西南各省建立一个坚固、强大和有战斗力的党组织》，1942 年 1 月在重庆南方局会议闭幕式上的讲话稿，引自《周恩来选集》（1），外文出版社英文版，1981 年，第 110—111 页。

71 1942 年 1 月，周恩来向中共中央南方局会议代表指示：最首要的是，必须掌握国民党中央和地方政府的常规活动和紧急措施，特别是他们秘密机构的活动。《周恩来选集》（1），外文出版社英文版，1981 年，第 129 页。当蒋介石的政府撤退到了台北以后，蒋在总结国民党失败的原因时，反复强调了共产党向高级军事和保安机关可怕的渗透能力。"他们无孔不入。" Eastman, *Who Lost China,* pp.663—664;Eastman, *Seeds or Destruction*, p.166。

72 罗青长：《周恩来是我党我军电讯、机要和情报工作的创建者和领导者》，第 77 页。

73 Yu, *OSS in China*, pp.42—43。

74 同上书，第 55 页。后来还发生了最著名的渗透事件。那是在内战最后阶段的淮海战役时期，军统（那时已经改名为"保密局"）的安徽站由唐玉昆领导。

75 唐玉昆，合肥人，曾在苏联留学。刘惠生：《一个军统人员的叛逆》，第 128 页。

76 这支在 1949 年 1 月组成的部队，一开始拥有七八千人。廖运升的兄弟廖运泽协助了这支部队的组建。同上书，第 127—128 页。

77 同上书，第 128—130 页。张公侠也叫张台望。

78 唐玉昆，合肥人，曾在苏联留学。刘惠生：《一个军统人员的叛逆》，第 130—134 页。1949 年 3 月，第一一〇军接到命令去杭州巩固国民党政权，那时共产党特工张公侠正在替廖运升当军事顾问。1949 年 4 月，解放军渡过长江后，第一一〇军被调往福建，并于 5 月 4 日在那里起义。

79 Schaller, *The U.S.Crusade in China*, p.455;Tuchman, *Stilwell and the American Experience in China*, p.255;May, *China Scapegoat*, p.94.

80 黄康永：《我所知道的戴笠》，第 157 页。

81 在抗战的最后一年中，共产党也想利用伪政府的官员。1945 年 2 月魏德迈将军收到朱德的一封信，该信注明的日期为 1945 年 1 月 23 日。信中要求向美国借贷 2000 万美元来摧毁或者收买傀儡军队。这笔贷款将在日本被击败后由中国共产党偿还。A letter from Zhu De to Wedemeyer, enclosing "Project and Budget for Destroying and Bringing over Puppet Forces during 1945." Enclosure No.2, Dispatch No.170, 2/23/45, from the American Embassy Chongqing, State Department Internal Affairs。

82 Dispatch No.2494 of Ambassador Clarence E.Gauss to Secretary of State enclosing a dispatch of March 28, 1944 from Everett F.Drumright, Second Secretary on Detail at Xi'an. 摘引于 May, *China Scapegoat*, p.470.Drumwright. 汇报说戴在前一星期从河南回到了西安。

83 Smith, *OSS*, p.275。

84 May, *China Scapegoat*, pp.208—209。根据《魏德迈报告》("*Wedemeyer Reports*")第317页，朱·皮尔逊（Drew Pearson）后来认为美亚（Amerasia）案件和西伟士（John S.Service）事件是戴笠的特工干的，说他们"在美国秘密活动，对付任何反蒋的人"！摘引于May, *China Scapeogat*, pp.277—278。

85 Romanus and Sunderland, *United States Army in World War* II: *China-Burma-India Theater*, Vol.3, p.385。

86 关于赫尔利"囫囵吞枣地咽下国民党宣传"的情况，见Caldwell, *A Secret War*, p.110。

87 "魏德迈的办事处对与延安保持友好关系如此敏感，以致成立了一个特别调查委员会来调查中美合作所的美国军官是否在帮助戴笠的游击队攻击共产党部队。"Smith, *OSS*, pp.275—276。

88 但到了1945年2月，美国军事报告说在浙江有一些共产党部队和"忠义救国军"之间发生团级的交战。据说戴笠命令"忠义救国军"部队停火，"因为使用美国武器……对付共产党会让中央政府难堪。假如戴笠真的有过这个命令的话，那么更可能的原因是防止把美国武器遗留给共产党军队。" Naval Attache to Secretary of State, Chongqing via Navy, 24/2/45, State Department Internal Affairs。

89 Romanus and Sunderland, *United States Army in World War* II: *China-Burma-India Theater*, Vol.3, p.385。

90 May, *China Scapegoat*, p.143。

91 OSS, XL 47370, "Chung King:Comments on Political Situation by Democratic League Leader", 21/3/46, p.2。

92 程一鸣：《闻一多被暗杀的内幕》，第199页。

93 同上书，第199—200页。

94 同上书，第198、200页。

95 据梅乐斯说这种指控来自周恩来。Miles Paper, Box 3, Notes, "Communists"。

96 同上书，第201页。这些人员中有总参谋长顾祝同、顾的主要助理冷欣、宪兵司令张镇以及中央军事办事处警卫处处长周剑心。

97 同上书，第198—199页。当蒋介石命令程一鸣飞到昆明与唐纵一起工作时，程刚被任命为粤汉铁路警察署署长，当时他正在去衡阳的途中。另有一些军统的老特工协助他一起工作，包括李毓桢（云南警务处处长）、王巍（保密局昆明情报站站长）及龚少侠（昆明警察局局长）。

98 同上书，第200页。

99 同上书，第200—201页。

100 同上书，第201—202页。

101 同上书，第202页。

102 据说戴笠要么"先斩后奏"，要么"只斩不奏"。当CC派对此提出抗议之后，蒋介石坚持要对所有的处决进行审批，但是戴笠仍然继续秘密杀害囚犯。李任夫：《军统特务机关息烽集中营黑幕》，第15页。

第二十五章　陨落之星

运筹决算有神功，二虎还须逊一龙。

罗贯中：《三国演义》，第一回

恐惧和多疑

黛安娜·拉里（Diana Lary）认为人人自危的主要原因，是中华民国的政治不稳定。

> 蒋介石拙劣地将国内的不安全感看成中国的关键问题，于是他坚持要反对共产党。但是，他没能意识到不安全感的关键原因是什么——不是共产党的煽动，而是不受控制和不可预测的军队。他对改变不安全气氛的无能……使许多中国人成天处于恐惧之中。[1]

对战时间谍活动深深的、令人胆战心惊的恐惧，加上在南京当政的十年里国共两党之间秘密冲突的多重基础，人们产生了一种近乎偏执狂的疑惧心理。的确，如果不能想象20世纪三四十年代里遍布中国的长期的间谍和反间谍的活动背景，就很难理解后来在1966年至1976年发生的"无产阶级文化大革命"中，在那个许多人被当作敌人"间谍"而受到关押、毒打，甚至杀害的时代，关于国民党阴谋诡计的传说的真实性到底如何了。[2]

警犬在恐怖和反恐怖的想象中一直扮演了某种角色。[3] 是作为"犬马"的戴笠本人首先把美国训练的德国警犬引入中国的。从此，张牙舞爪的恶狗形象便渗透了电影和电视对秘密警察的形容当中。在一个描写30年代江西地下共产党的电影里，赣州的秘密警察头子用一条咬人的狗来搜寻两个杀了一名国民党密探的共产党特工。先让这警犬闻了行刺的匕首，然后把它带到一个澡堂里，其中的一个共产党人在这个澡堂里洗去了身上的血腥味，接着又用酒洒在自己的身上。还有一个片断是在80年代上演的电视剧、老舍的《四世同堂》里，日本宪兵在北京用警犬来搜捕抵抗运动的一个英雄。在电视剧里，那条警犬疯狂地撕咬抗日爱国人士。

在延安的共产党人中展开反颠覆的运动，既是对戴笠迫害的正常反应，也是发动群众和在共产党内部强调团结的有效措施。1942年至1943年，由于王实味案件的悲剧，延安开始了整风运动，王被指控为敌人的特务。等到整风运动最后从党内的低级干部普及到了群众，老百姓已经开始相信，他们处在一个充满了间谍和秘密特务的世界当中，甚至连他们自己都不是好人。在延安整风运动的反特大会上主动认罪的人中，有90%以上是无辜的，而这个事实是共产党自己公布的。[4]

戴笠及美国军事代表团

对阴谋活动的惧怕也影响到了美国对战时中国的政策。在战争的最后一年里，美国战略情报局向邓诺文将军递交了一个武装延安的中国共产党游击队与日本人作战的计划。⁵ 大卫·巴雷特（David Barrett）上校奉命向毛泽东陈述美军的这项建议。⁶ 战略情报局在中国的负责人海普纳（Heppner）让他的副手威利斯·贝德（Willis Bird）中校将该计划送到延安。贝德中校和巴雷特上校于1944年12月15日作为美国军事代表团的指挥官到达延安。这不久，戴笠便对此有所风闻，于是梅乐斯在美国大使赫尔利于1945年1月访问歌乐山时，准备向他汇报这个秘密接触。⁷

赫尔利大使在访问中美合作所期间受到了隆重欢迎。在戴笠为大使举行的宴会上，梅乐斯使这位来自俄克拉荷马的石油家相信，美国国务院正在策划一场巨大的阴谋，准备向中国共产党提供军队和武器。⁸ 梅乐斯还主动向大使提供中美合作所的海军与华盛顿的直接无线电通讯联系，以越过重庆的大使馆，因为他们相信使馆被一心要打败蒋介石的亲共人士渗透了。1945年1月15日，赫尔利向罗斯福总统汇报说，他从中美合作所和戴笠那里听说有一个用美国伞兵为共产党游击队领路的计划。⁹ 在这位大使看来，这便增加了对共产党的承认并赞同他们摧毁国民党政府的目标。¹⁰ 赫尔利对鼓吹在国共之间采取中立政策的国务院驻外事务处"中国专家"进一步的抨击，预兆了冷战的来临。¹¹ 战略情报局历史学家罗伯特·史密斯（Robert Smith）认为：

> 委员长祝贺赫尔利对"美国总部阴谋家进行的清洗"。而清洗的确接踵而来。巴雷特上校被拒绝提升为陆军准将。国务院官员约翰·戴维斯（John Davies）和西伟士被"赫尔利风"刮出了中国。只有战略情报局得以幸免，这也许是因为邓诺文将军及时赶到了中国的首都，来平息愤怒的赫尔利。¹²

与此同时，魏德迈将军向中国战区的所有官员下令，在任何情况下不与中国政党进行协助、商议或合作。¹³

日本投降后

在日本投降的前夕，戴笠和梅乐斯离开了重庆去浙江，在淳安设立了中美合作所的一个高级办事处，由毛森领导。[14] 戴笠在浙江的做法是利用伪军来维持该省的治安。[15] 为了实现这个计划，他利用军事委员会的权力，将丁默邨（汪伪时期的浙江省长）、周佛海（傀儡政府行政院副院长）和李俊龙（音译，上海市市长）等前汪伪分子任命为该省负责维持地方治安的官员。[16] 与此同时：

> 美方协同军统局把特务武装部队，运到东南地区，抢夺杭州、上海、南京等大城市，把中美所特种警察训练班的学生，集中在上海、北平，改为特警班，加强刑事警察力量。中美所所属的特务武装部队，分别改编为交警部队，以后参加了反人民的内战。[17]

而中美合作所由王乐坡、陈昂林和阮清源指挥的部队则准备进入杭州和上海，一旦敌人投降便进行收复。[18]

日本投降后，这些部队加上崇明海盗张贵风（音）的人马，便一起开进上海来"接收"这个城市。[19] 而中美合作所的高级办事处也随之迁到了法国租界的杜美路7号，名义上由戴笠领导，而实际上由他的副手李崇诗控制。这一部署在国民党将军汤恩伯的第三方面军—正式占领这个中国最大的城市时便形成了。[20]

在华北也出现了同样的形势，戴笠迅速地采取了一系列防止八路军和新四军接受日军投降的行动。[21] 军统在华北的官员，如文强、张振武、陈仙洲等，则授权委任汉奸军事头目从日本人那里接管领土并维持地方秩序。[22] 戴笠还与通讯部长、银行家张嘉敖于1945年12月3日、4日会面，策划将他的2.5万人的"忠义救国军"部队改编成铁路警察，来监视和控制华北地区的通讯网络。[23]

东北区办事处

1946年初，文强被任命为军统东北办事处处长，该办事处对外以东北行辕督察处名义活动。[24] 该处作为核心组，与当时任中国国民党战区北平司令部司令的李宗仁密切合作。[25] 东北办事处的管辖范围从北平和山海关一直到锦州和新城。这是一个战略要地，因为国民党和共产党的军事将领们都在力争承德，以便占领沈阳。[26] 在这场具体的竞争中国民党胜利了，而一旦沈阳成了他们的，戴笠便在"东方文化研究社"（该社名义上由一位前东北中正大学校长领导，而实际上受文强控制）的公开名义下开始设立军统分支东北办事处。[27] 所有投奔军统的日军逃兵都得到这个单位报到，然后办事处为他们提供身份证、护照及旅行证件。[28]

军统的沈阳站还控制了一个秘密通讯单位———"特研会"，[29] 它雇用了20多个曾在日本皇军远征司令部里负责监视共产党的密码分析员。这些密码员在北京被抓获，然后被送到沈阳，安置在平马路上的东亚烟草工厂后面。[30] 他们在中山公园北侧的无线通讯天线对准延安方向。虽然他们侦收了好几百份电报，但最终仍无法破译解放军的密码。戴笠死后的1946年6月，被临时召到北平的文强最后决定关闭这个单位，把这些日本密码员打发回家了。[31]

尽管东北办事处把相当一部分精力花在了反共上，但他们大部分的工作是用于招募日本居民和东北的战俘当情报特工。[32] 作为东北办事处日韩组表面上负责归国事务，实际上包含了一个由刘治泽和张瑞领导的秘密特工机关。张瑞把潜伏在东北的日本情报头子福田德次郎（Fukuda Tokujirô）引诱出洞。[33]

当时，据信有多达 10 万人的关东军潜藏在长白山一带，因此在保安成立了一个叫作"日军招降组"的特别办事处，专门负责遣送他们归国。在该办事处的支持下，福田将军组织起一个日本工作队，该队真的进山寻找失散的日军部队，希望能说服他们投降。1946 年 10 月，文强还组织起一支由军统、中统、三青团和国际问题研究所情报团体构成的军事先遣联络组。这个联络组不仅指导了一个辅助福田将军在长白山工作的日本特工队，而且还安排释放了一系列日本战犯，让他们替国民党做情报工作。[34]

这一安排中最关键的人物是新里一郎（Niizato Ichiro），张瑞在沈阳与他进行联系。新里一郎不仅向文强透露了那些躲藏在长白山里的许多关东军部队的躲藏地点，而且两人还探讨了用投降日军来对付在东北的共产党的可能性。[35]

与日本人建立密切关系的计划中的最后一个要素，是在东京成立一个"日本国民党"支部。1946 年 7 月，军统派遣了一些日本特工回东京建立东方文化研究所，来作为这个活动的掩护。军统希望最终在美军占领的日本设立它自己的中国联络办事处，由张瑞任办事处武官。由于国民党在内战中战败，这些计划便泡汤了。[36]

赦免

早在 1944 年，重庆政府就暗示，汪伪政权中"案情较轻者"可能会受到赦免。[37] 其中最突出的大赦例子是蒋介石于 1947 年 3 月 26 日将周佛海从死刑判决改为终身监禁。这之后不到一年，周佛海死在南京老虎桥监狱。由于他在战争中努力帮助戴笠，并在日本人投降后在长江下游地区维持了秩序，便多活了 11 个月。[38]

在处理战时债务的初期，戴笠亲自赦免了一些著名的汉奸，其中有几个是为傀儡政府情报部门工作过的臭名昭著的秘密特工。[39] 在有些情况下，如被监禁的"满洲国"电影明星李香兰等，戴笠对她们"温柔"相待，给予她们各种特殊的待遇。[40] 而在另一些情况下，他则通过中美合作所把他们送到美国侨居。[41] 他最臭名昭著的干涉跟那些与汪精卫的遗孀陈璧君有联系的广东汉奸们有关。这些人全都是地方参议，在另一些将其叛国行为揭露出来的议员们的要求下，他们被何应钦关进了监狱。[42] 但戴笠声称他们是"地下英雄"，在秘密抗战中立过"丰功伟绩"，把这些"汉奸"转移到了军统的招待所，让他们过着奢侈的"狱中"生活，享受各种优待，而且既未受审，也未受罚。[43]

最后，约有2720名汪精卫政权的军政要人被处死，2300人左右被判无期徒刑。[44]

戴笠、梅乐斯及冷战

中美合作所于1946年3月1日在潘其武与美方参谋签订的合同精神下正式解散。所有物资归军统使用，而美方则协助赶运由军统局指挥的特务武装赴东南占领上海和浙江北部。美方还答应从冲绳向秦皇岛运送3000吨武器，同时向南京、天津和北平的警察部队输送中美合作所警察培训班的毕业生。据说梅乐斯曾告诉戴笠："日本这个敌人是打败了，但我们还要帮助中国战胜另一个凶恶的敌人，那就是共产党。"[45]

与此同时，对于马歇尔将军主持的和谈，戴笠深怀偏见。他说，问题的关键是相对的军事实力。延安跟重庆一样清楚这点，而美国人却异想天开。在这一点上共产党具有优势，因为他们更能对外国人采取温和立场。"共产党的软功夫比硬功夫强，软功夫能迷惑人"，也就是说他们更能迷惑世界舆论。[46]

然而，尽管蒋介石在国内越来越不得人心，但美国公众却越来越拥护蒋，把他看作国统区的最后最美好的希望。当冷战不断加剧时，美国驻华海军参加戴笠反共活动的事实成了一枚荣誉勋章，而梅乐斯则越来越像电影《泰利和海盗》[47]里的人物。

朝鲜战争停战十年之后，罗伊·斯特拉顿（Roy Stratton）在其著作中曾描述过一种传单（这种据传说曾经出现过的印刷品，似乎没有一份被保存下来），在对日战争时期它们传遍整个亚洲，向官员、警察和地下分子悬赏"不论死活——100万美元"，来追捕中美合作所的领导人物，因为他们既是共产党也是日本人的敌人，"追捕者是日本军队和中国共产党的部队，被追捕的是戴笠中将，中国国民党秘密警察头子，以及他的美国副手米尔顿·梅乐斯上校（后来以海军中将军衔退休）……在他们手下有10万游击队、2.5万名海盗，以及3000名美国技术人员和教官，这位中国将军和美国上校让日本人和中国共产党吃尽了苦头。他们跟陈纳德将军一起上了东条英机（Tojo Hideki）和毛泽东的死刑名单"。[48]

定位

在1946年春天流传着许多关于戴笠将来计划的说法。有些人相信他会继续充当蒋介石的一个忠实奴仆，另一些人则想他会退休回老家孝敬母亲，而第三种传说认为他会从事业余爱好，去领导一个疏浚黄河的工程。[49]其中没有任何一种说法可以得到证实。但可以肯定的是，蒋介石准备召集他的秘密特工头子们开会，以确定战后政府保密组织的各种角色和作用。在这一点上，不止一次几乎被委员长"允许"自杀的戴笠陷入了深深的忧郁和沮丧之中。[50]根据戴笠自己的理解，他肯定蒋想利用召开这个会议来废除军统组织。[51]正如他对一个亲信说的那样：伴君如伴虎。[52]

因此，在蒋和他的情报头目们举行高级会议之前，戴笠大肆活动，在全国甚至国外争取同盟。1946年2月12日,他坐一架C—47式飞机离开重庆去上海、苏州、南京、北平、济南和青岛,表面上是为了"肃奸",实际上则是去鼓动何应钦这类军界要人共同对付即将面临的摊牌局面。[53]

当然,美国海军是他在国外的主要支持者。[54]事实上,美国海军的一些高级将领希望将戴笠提升为中国海军总司令。[55]美国第七舰队柯克上将于1946年3月在北平受到戴笠问候时几乎把这话说了出来。[56]接着,戴笠在柯克的访问上花了大量的工夫:命令部下替他定制专门的中国海军制服(由上海的裁缝精制);有专门陪同的故宫之游;以及由风流妩媚、英语流利的舞伴作陪的招待会。[57]

然而,当戴笠于3月初还处在诸般筹备之中时,他接到了一份由毛人凤转交的蒋介石的电报,正式列出了即将举行的会议的出席人名单:宣铁吾、李士珍、黄珍吾、陈焯、叶秀峰、郑介民、唐纵,以及戴笠本人。在这七位被邀请者中,有三位——宣铁吾、李士珍、黄珍吾——是戴将军多年的对手。[58]而且,写在蒋介石电报背后的一个注提醒戴笠说,在重庆会议期间,宣铁吾、李士珍和黄珍吾会"捣鬼"。这个注的署名是"以炎",它是毛人凤的代号之一。[59]

李士珍的名字为什么列在戴笠的前面?宣铁吾难道不是戴笠不共戴天的敌人?而且,李、宣、黄难道不都是黄埔一期或二期的"老大哥",而戴笠则不过是他们的六期后生而已。当戴笠把自己的助手文强召到他在北平的住宅特别会面的时候,这些问题显然在折磨着他。[60]

文强发现他的上司怒气冲冲。戴笠把背后写有注的电文给文强看,然后他拍着胸脯说:

> 我辛辛苦苦在外面奔波劳累,一心为校长,想不到会有人乘机捣鬼,落井下石,想端我的锅。同室操戈。实在欺人太甚!请为我

拟一复电，说我处理平津宁沪的肃奸案件，事关重要，无人可以代理，请宽限半月才能返渝面陈一切。[61]

他镇静下来后，又接着对文强说：同时要表达对宣铁吾、李士珍、黄珍吾捣鬼必须揭发的意见，措辞要委婉一些，不要露出与人争长短的痕迹。[62] 然后戴笠要文强把电文稿在发出之前交送他过目，并命令他别对任何其他人提起这些事情。[63]

文强一边考虑着电文的措辞，一边琢磨起委员长电谕的意思。这些人无疑是敌人，不仅是戴笠的敌人，而且是蒋本人潜在的敌人。蒋是否有能力抵挡这三个"老大哥"再加上陈焯？陈焯直到孙中山死后蒋一举领先之前，差不多是与蒋介石平起平坐的。而郑介民和唐纵为何对这些人的"捣鬼"一无所知呢？难道戴笠的这个江山老乡毛人凤故意把这二人排除在外，以在他和戴中间形成一个共同防御性的小圈子？[64]

文强自然不敢对戴笠提出自己的这些疑问，但他感到有必要冒昧建议：对付这种危机的唯一办法是"以退求进"。戴笠问这是什么意思，文强答道：委员长在"下野"时三次采用了这一策略——他战略性地撤出政府以度"难关"。对戴笠来说，有很多办法可以达到同样的目的，尤其是内战即将爆发之际。要是戴笠能去美国待一阵，而在与共产党的武装斗争中美国人又被证明是不可靠的同盟的话，那么蒋介石就会把戴笠召回来，而那时戴对于这个政权的价值就会十倍百倍地增加。[65]

听了文强这一番话，戴笠逐渐露出笑容。文强讲完后，戴笠送他出门时对他说："我的老兄说得好，值得考虑，但别对任何人提这事。"文强回答说，要是戴笠真的出国，他希望将军别忘了带上他。戴笠大声笑了起来，但没有回答。[66]

戴笠之死

戴笠也许曾经考虑过文强的建议,但不仅在预计的重庆会议召开之前他来不及去美国,[67] 而且他急于回上海,看看情人胡蝶的离婚证书是否已经报到法院,好跟这位影星结婚。[68] 他还打算从上海飞到重庆,解除李士珍对中央警察学校的职权,并准备主持4月1日的首次战后军统成立纪念仪式。3月16日,戴笠携222号专机的机组人员从北平飞往天津,在那里过夜。[69] 但次日天气恶化。戴笠不理会飞行员的担心,坚持让他们在青岛加足了燃料向上海飞去。[70] 如果气候险恶的话,他们就在南京降落,假如南京也不行,就直飞重庆。除了戴笠和机组人员之外,飞机上的其他八位人员是:军统人事处长龚仙舫,[71] 总参谋学校毕业生、军统局专员金玉波,香港大学文学士、英文翻译马佩衡,三名保镖,一名密码员,还有戴笠的朋友黄顺柏。222专机于1946年3月17日上午11点45分从青岛起飞。[72]

当他们在空中飞行时,没有雷达的飞行员获悉上海机场正值暴雨如注。于是他转飞南京,但是那里也是滂沱大雨,雷电交加。空军派出了4架飞机导航,但云层太低,他们无法与222号专机取得联系。飞行员向地面发出了两次信号:第一次,222号专机准备返回;第二次:仍拟在南京降落。13点13分,该机发出信号说,他们正在降落。接着联络中断了。[73]

岱山村坐落于南京西南方向、距板桥镇约20里的江宁市马鞍山之中。3月17日下午,雷雨刚过后的天空显得格外阴沉压抑,乌云弥漫在草木覆盖的丘陵之上。午饭后不久岱山的村民们听见低得罕见的飞机引擎声响盘旋在布满了三丈高的树梢的地面上。不久,附近的居民就看见一架飞机撞在一棵树上,然后随着惯性又冲了200来米后便撞在一个山顶上,一声爆炸巨响后便是万丈火焰。[74]

显然岱山的村民无法立刻向南京报告这一事故。然而当局已经估计到情况不妙。天气刚好转，航空委员会、中国航空和美国海军一起协同进行搜寻。当地时间20点，美国飞机发现了222号专机的残骸。[75] 后来于当天晚上赶到岱山的军统人员，很容易就发现了马鞍山一带的飞机残骸，但无一人幸存。[76]

关于飞机失事的消息被压了五天。直到3月22日，军统的参谋长李崇诗有机会调查失事地点，戴笠的死讯才得以公布。《大公报》尤其谨慎地避免早下定论：

> 就本月十七日从青岛起飞的军用飞机在南京附近被发现坠毁一事，国家军事委员会调查统计局参谋长李崇诗，昨天（三月二十一日）从上海到达此地（南京）调查这架失事飞机的情况。据悉戴笠将军也在那架飞机上。因此，所有部门都对他的安全表示了极度关切，但他的下落有关部门尚未确定。[77]

《申报》则不那么吞吞吐吐：

> 据一位记者调查，国家军事委员会调查统计局局长戴笠将军乘飞机从北平途经青岛飞往上海，因飞机在南京西南郊外撞到马鞍山山头坠毁而死亡。据悉，他烧焦的尸体已被确认，并于二十二日装殓。[78]

尽管戴笠因事故而死已经被通告，但相反内容的流言却立刻传播开来。首先，有人相信，他的死并非出于事故。[79]《中央日报》在3月24日报道说：据有关部门透露的消息，不久前被释放的共产党重要领导人叶挺将军也在飞机上。在飞行中，据说叶挺和戴笠争执起来，并拔出了各自的手枪，随即而起的射击导致了飞机着火。[80]

还有人说，飞机坠毁是共产党的破坏。[81] 另一个猜测是，美国战略情报局在飞机上安置了炸弹。[82] 这个看法认为，飞机里一种气压计的保险丝被做了手脚，它被调成在 5000 英尺的高度上爆炸。[83] 尽管斯坦利·拉维尔（Stanley Levell）在诸如 222 号专机的原产地等重要细节上搞错了，但战略情报局的这位间谍用品发明家坚信，戴笠是这么被谋杀的：

> 在蒋介石政府中最招人恨的是戴笠将军，这位残酷的秘密警察头子，连中国人都管他叫"中国的希姆莱"。暗杀与处决是家常便饭，以至于人们只能耳语他的名字。日本人投降后，戴笠及其部下在重庆上了他的飞机飞往北平，去组织一场对所有据说与日本人合作过的中国人进行的大清洗。所有的人都感到这将是一场没有正义的大流血。有人告诉我，戴笠的飞机在飞到 5000 英尺高度时尾部爆炸了。[84]

更为普遍的说法是，那天戴笠根本就没有上那架飞机，而是假造了自己的死亡来挫败他的敌人。[85]

莱司特·沃克（Lester Walker）在《哈珀斯》杂志（*Harper's*）上撰文，把戴笠作为"中国的间谍王"介绍给美国公众。关于戴笠的死亡，他写道：

> 这个故事天衣无缝，但没人相信。新闻简报是 4 月 1 日发出的，也就是愚人节。那天你只要问任何一个中国人他今天的看法，他只会笑，说"这不可能"，也就是说，中国人认为这不可能，相反，他们相信，这位世界上最大的"间谍王"仍在养尊处优，而不可能被杀死。[86]

不过大量的证据表明，在残骸中发现的那个浑身烧焦、失去右手和右腿的遗体，是戴笠。军统自己的调查人员根据特别的牙板、羊毛内衣残片以及梅乐斯四年前在重庆送给他的38口径的短管自动手枪,确定了他们上司的身份。[87]就像沈醉对听了很多谣传的胡宗南说的那样:"经过多方调查,证实没有什么人对他进行谋害,的确是由于气候关系,驾驶员不慎撞在山上失事。"[88]

余波

对"蒋委员长信任的部下"戴笠的死亡,尽管大多数人感到惊恐不已,但仍反应不同。有人认为他的去世是中国的一大损失;另一些人则相信,这是苍天对一个建立了跟希姆莱最可怕的监狱一样残忍无情的集中营的人的报应。[89]在中央社以中国的名义发表了一系列对戴笠歌功颂德的文章的同时,其他评论者则指出,戴笠的恐怖主义打击,从对付共产党扩展到了普通老百姓。[90]

据说蒋介石在听到这一消息时掉了眼泪,但"自由派和左翼圈子在对这位爱国者和抗日斗士死亡表示遗憾的同时",希望政府能够利用这个机会来取消或改善这个"普遍被认作中国的盖世太保"的军统。[91]在左派竭力宣扬公众的"打倒特务"的要求时,上海的杂志《新文化》在庆祝一个新的未来:一旦戴笠身后的奴才们意识到是放下屠刀、立地成佛的时候了,应该赞美而不是压制个人自由,那时中国将由人民管治,一个和平的民主时代便会到来。[92]

虽然有这些虔诚的希望,然而那时戴笠的部下们已在他们自己中间开始了对其上司秘密王国的赃物的争夺战。[93]当然,也还是有一个正式的继承人的。

蒋介石任命郑介民为军统主任,毛人凤和唐纵当副主任。[94]但戴笠实在是无法被取代的,因为他从来不愿下放自己的权力,他对整个军统的许多部门都亲自过问,所以没有任何单独一个副主任能够独自担当起他的角色。而且，军统本身已经发展成了一个庞然大物，它的各个组织结构——尤其是它的经济单位——已经变得如此分散，到了战争结束时，甚至连精力过人的戴笠本人都几乎无法对军统进行全面控制。[95]

戴笠对这些黑夜部队控制的减弱，可以从他的特工们肆无忌惮的"五子登科"活动上看出来。[96]李宗仁将军在形容1946年占领北平时说：

> 让人最不能容忍的强加在当地百姓头上的不公正之一是秘密特工们任意使用"汉奸"一词，有意制造恐怖主义。他们这么做的目的在于对无辜的人进行敲诈。任何公民，无论是店主还是大学教授，都会由于被指控为曾与日伪合作、当过"汉奸"而立刻遭到逮捕。[97]

戴笠死后，其他秘密特务机构，如中统，赶紧用接管军统具体部门的方式来增强他们自己的力量和影响。[98]与此同时，军统被迫将它的许多贸易活动分散开来。军统继续直接维持公共治安和制约民政，但一个特殊的"自给计划"将经济企业分配给军统创办的许多新的商业公司，而创办这些公司的军统官员们则希望能利用他们秘密警察的关系来吓唬其他竞争者，以便中饱私囊，或者以此来没收被怀疑有战时汉奸罪的公司的财产。[99]

然而，这些暴发户，甚至那些具有广泛的外勤经验、领取高额津贴的军统高层领导人，都缺乏重建戴笠与黑社会同盟者的联系所需要的个人关系，而后者过去一直在帮助秘密警察的地下经济活动。[100]而且，这些敲诈勒索分子也失去了一个有力的朋友和庇护人。[101]到了杜月笙作为上海市政委员会、土地协会和商会的代表参加戴笠的悼念仪式的时候，这位青帮首领已经丧失了他的政治支柱。当杜在1949年最终离开上海去香港时，他仅是在救自己的命，而非仅仅为"恢复健康"。[102]

军统的瓦解

随着抗战胜利的接近，军统开始因派系斗争而分裂瓦解。[103] 其中一个主要裂痕是原训练班的区分，在临训班和任何其他人之间，这种裂痕尤其明显。军统首期训练班的毕业生，即最早在湖南临澧设立的特训班的毕业生，自认为是秘密特工的精英，是"天之骄子"，因此他们准备在战后为自己安排甚至更重要的职位。[104] 但1946年3月戴笠的死使他们难以抵挡外人的攻击：在全国战后的通货膨胀不可遏制之时，这些人中的一部分在军统的缩编中被裁减掉了。[105]

为了自卫，张明选、吴菊生、李葆初等20多人当年秋天在重庆发起了一个"滨湖同学会"。刘本钦和邓毅夫[106]在南京又联络了二三百人。尽管沈醉向他们提供了一些资金（他们要沈当会长），但这些特训班毕业生的存亡取决于他们的秘密警察工作。于是，沈醉把李葆初推荐给了毛人凤当人事部门的负责人；把刘本钦推荐给了"国防部"保安局长唐纵当人事头目；把刘子英推荐到"交通警察总局"主管人事。[107]

与此同时，在最上层的军统统一的结构中出现了三个省份派系：毛人凤领头的浙江派，"国防部"副部长郑介民为主的广东派，以及"内政部警察总署"署长唐纵后面的湖南派系。[108] 这三个派系起码在表面上都认为应该用阻止其他训练班的毕业生组成自己的校友俱乐部的方式来"抓干部"。尽管毛人凤正式下令只能成立一个统一同学会，他自己却一直以继续任命前临训班毕业生为各省站长的方式，当着滨湖同学会的"靠山"：钱霁林任贵州站长，吕世琨任重庆站长，董士立任西康站长，等等。[109]

总之，军统的末日已经屈指可数了。失去大陆之后，国民党政府开始重新组建特工机构。蒋介石最终以直接的统治取代了秘密的和地下的统治。本来，中统在军事委员会领导之下已经改名为"内政部调查局"，[110] 一到台湾，它又被命名为"司法行政部调查局"，简称为"司调局",由张庆恩和后来的沈之岳与阮成章领导。另外,军统在抗战胜利后由毛人凤领导,并于1946年夏天改名为"国防部保密局"。[111]但迁到台湾后,它变成了"国防部情报局",先后由张炎元、叶翔之、汪敬煦、张式琦领导。[112]

家人

戴笠的后裔结果更糟。他的弟弟云林(或春榜),一直是个多事的同胞,跟他们的父亲一样,他也是一个嫖客和赌棍。云林当过学徒、店员,并在江山的一个公共澡堂当差,一直到他的哥哥成为一个很有影响的人物为止。1936年,戴笠把云林带到西安,并把他介绍给警察局长马志超,马任命他为当地的税务局局长。那时,戴云林经常"征用"济良所的标致女子当他的丫头,并供他玩乐。[113]西安事变之后,戴云林逃到了甘肃,当了三个月的景泰县县长,后来被造反的农民赶下了台。他再一次倚仗兄弟的权势被保送到中央军校高教班,毕业后成了军统兰州办事处主任。

那年夏天抗战爆发后,云林逃回了家乡保安,又一次靠着哥哥的影响当上了"忠义救国军"的一个少校。虽然偶有战事,但他却轻易地活了下来,并且当上了当地的警察局长,自己成了"二老板",而且还征用了足够的土地(500亩地)来建造"雨农农场",成了大地主。[114]

戴笠自己的儿子藏宜,据许多人说不仅在习性上和书法上非常像父亲,而且也是个年轻的赌棍、好色之徒和花花公子。这也许是为什么这两人相处得非常糟糕的原因,尽管戴藏宜在很大程度上依赖他父亲的支撑,[115]这两人在藏宜的婚姻问题上存在严重分歧。[116]为加强与十人团的关系,戴笠曾希望儿子与王天木的女儿结婚,藏宜拒绝后,戴将军把他软禁在南京,强迫他跟一个从杭州警察学校来的教师袁伦立学英语。戴将军的母亲出来调解,眼泪汪汪地劝说戴笠让他的儿子回保安老家,藏宜回去后便与衢州（王村）一位年轻女子郑锡英结了婚。他慑于父亲的脾气，不敢离开保安，便在保安开办了一所"树德小学"，并自任校长。[117]

中日战争的爆发略微打开了藏宜的天地。上海的肇和中学迁出敌占区，转移到了离保安约28里的三卿口，不久藏宜便在该中学主办了一个剧团，开始成天泡在三卿口的肇和中学里，或与峡口建国职业学校的师生厮混。至于收入，他主要依赖父亲势力得来的一系列挂名职位：江山县参议会员、江山县银行董事长、交通总局少将专员。[118]

戴笠的飞机在南京郊外坠毁之后，戴藏宜卷入了家中对父亲财产的纠纷，搞得很不体面。藏宜非常想得到那两辆派克牌和别克牌汽车，以及戴笠在上海法租界拥有的一座花园洋房。派克牌轿车最后落到了军统南京站站长手里，但藏宜总算得到了别克牌汽车的钥匙和那座别墅，但他舅舅毛宗亮抢夺汪伪分子周佛海送给戴笠的贿赂品100根金条的企图未能得逞。[119]

在此同时，一个更为体面的机会出现了：蒋介石、宋子文、孔祥熙和梅乐斯送了戴藏宜1万美元，在衢州前国民党机场宿舍建立一个雨农中学来纪念戴笠。梅乐斯、胡宗南、汤恩伯、杨虎和姜绍谟等都当了校董事会成员，而戴藏宜则任校务主任。他利用该职位从中国银行杭州分行又榨取了5万元。[120]

为了纪念父亲，戴藏宜还希望在内战时期用组织反共民兵的方法来使父亲的使命永恒化。为此，他需要武器。1946年，他向保密局浙江站站长章微寒要求提供给他200支步枪和10支卡宾枪来武装保安特工纵队。该纵队由他本人和他的叔叔戴云林领导，备有无线电设备和几辆卡车。当战局急转直下，人民解放军开始进入江山时，戴藏宜企图逃向福建。但道路被共产党部队封锁住了，他几乎无法逃回保安。等他最终回到保安后，便与他叔叔一起组织了一个千人左右的大队，其中大多数是当地的土匪。这支大队分成两股力量突破了封锁，但戴藏宜于1949

年 9 月 9 日在大溪滩乡刘家山被共产党部队抓获；戴云林于当年 12 月 28 日在江西广丰鳌峰乡被捕。于是，戴笠的弟弟和儿子都被带回到江山的三卿口，在当地的群众大会上公审后被处决。[121]

戴笠之墓

1946 年 8 月初，蒋介石前往戴笠的临时墓地志公殿向他做最后一次悼念。委员长携宋美龄同行，他在询问毛人凤是否找到了一个合适的地点安葬遗体后，便与夫人开始朝灵谷寺走去。蒋夫人因为脚穿高跟凉鞋而无法多走，两人便返回了。

两星期后，蒋介石与毛人凤一起察看南京城外中山陵后面的烈士公墓，然后下山为戴笠寻找一个最佳地点。蒋亲自为他的这位随从选定了一处安葬之地。蒋介石这个一向被认为《圣经》不离手的基督徒，以对风水非常内行的样子指着中山陵东面的一个地方，解释说这是安葬戴笠灵柩的最佳之处，大家对此都感到非常惊讶。[122]

米尔顿·梅乐斯要求获准参加戴笠的葬礼，但乔治·C·马歇尔将军由于意识到即将在国民党与共产党之间开始的内战而禁止他以官方身份参加。[123] 于是，梅乐斯穿着便服从上海坐火车去南京目睹了他朋友的安葬仪式。[124] 随后，他给戴笠的母亲写信，表示对听到"我的长兄戴笠将军"死讯的"最深切的悲哀"：

> 他通过文字以及在我所听到过的他对同事们几百次的讲话中，体现出一种领导魄力、坚定信念和先进思想的结合，这是一个民主国家真正伟大的领导人的精华所在……他总是向我表示出对三个人的极端敬仰：孙中山总统、委员长以及您本人……他是一个杰出的领导……而我，您儿子的弟弟想要参加他在保安的葬礼。但从现实

角度讲这次不可能了。[125]

他在信的结尾与妻子艾玛（Emma）一起提出，愿意负担戴将军的养女淑芝在美国的教育费用。[126]

梅乐斯在1947年3月27日为戴笠扫墓时，向他最后一次致悼。那天，他在这个巨大的陵墓入口处庄严地种下了两棵梅花树。1949年，共产党部队挖了戴笠的坟并毁了他的遗骨，这两棵树也被拔掉了。四年之后，戴笠的前部下潘其武从台湾给梅乐斯写信说："为了纪念我们去世的领导，我们在离台北不远的山坡上建立了一个纪念堂。在其入口处我替您种下了两棵梅花树。"[127]

陨落

1989年春，在戴笠的飞机于南京郊外坠毁43年后，几百个他生前领导的情报特工员在台北集会，成立了一个"三十七联谊会"（即3月17号）。为了名副其实地纪念他们的上司，他们宣布这个联谊会的目的是形成一个同盟来"打击反革命势力"。联谊会的所有成员都有治安背景，他们被前台湾情报主任叶翔之召集起来，而后者的领导是曾任戴将军总督察官的乔家才。[128]

于是，晚年戴笠的形象包含了两个截然相反的方面。对于中国大陆的共产党人，他完全是一个邪恶的象征，魔鬼的化身。而起码对于在台湾的一些国民党人来说，他一直是个英雄人物：这位"间谍王"也许把中国从最凶恶的敌人那里拯救了出来。或许，不把戴笠从这两个极端来看倒能更好地表现他的复杂性。不过，在本书接近尾声时，一位中国朋友不带倾向地问："最终，他到底是坏人还是个好人？"

像戴笠这样一个模糊不清的异种是无法用如此简单的语言来概括

的。他曾一度是法西斯恐怖的象征,现代警察国家的化身,严格的儒家理想的执行者;在他永不休止的梦想中,他是传说中的中世纪那些在王朝颓落时应运而生的战略家们的一个雄心勃勃的继承人。在所有这些形象下面,戴笠在很大程度上是他所处的复杂时代的产物,身居传统与现代政治斗争的顶峰,坚信自己生必逢时,但终究难以摆脱命运的叵测无常。

想到戴笠对诸葛亮这个《三国演义》中最核心而且最暧昧的人物的崇拜,人们不禁会想起孔明在公元 234 年去世时,对自己在乱世之中毕生致力于平息反汉叛乱的反思。

"万事皆由天意,"眼看北斗之中的一星摇摇欲坠,诸葛亮无可奈何地叹道,"吾本欲竭忠尽力,恢复中原,重兴汉室,奈天意如此。"[129]

孔明的魔力此刻已无法挽救他,随着他将星的陨落,周围的魏兵鼓噪不止,这位卧龙逝于军帐之中。六个世纪之后,诗人杜甫写道:"长星昨夜坠前营,讣报先生此日倾。"该诗句未被选入杜甫诗集。诸葛亮终年 54 岁,而戴笠死时 49 岁。

注释:
1 Lary, *Violence, Fear, and Insecurity:the Mood of Republican China*, p.62;并见 Waldron, *The Warlord*。
2 这种背景,在 50 年代到 60 年代里,还刺激了无数中国读者的想象力,他们都是"充满了关于追捕国民党特务和敌人间谍故事"的"中国公安文学"的爱好者。Kinkley, *Chinese Justice, the Fiction*, p.245。
3 正如本书早先形容的那样,拷打在五六十年代的电影里经常出现。关于这类电影可以列出一个很长的名单来。比如,描写上海沦陷时期和内战的《永不消逝的电波》(八一电影制片厂),军统和中统特务与日本人和伪警察一起,企图摧毁共产党的短波电报发射台等。

4　Seybolt, *Terror and Conformity*, pp.68—69;Chen, *Reconsidering the Yan'an Way*, p.1.

5　John S.Service, Secret Security, OSS Papers.

6　开始，蒋介石反对向延安派遣代表团，但在美国副总统亨利·华莱士（Henry Wallace）1944年6月访问中国之后，蒋收回了他的反对意见。Smith, *OSS*, p.262。

7　Smith, *OSS*, p.273。通常，戴笠对美国在华的情报活动非常了解。Memo to the Chief of the Information Branch, Central Planning Staff, Central Intelligence Group, 17/5/46, 2, in Miles, Personal Papers, Box 3. 戴笠可能是从莫里斯·德帕思（Morris De Pass）上校那儿了解到美国军事代表团的消息的，后者接替了巴雷特上校的职位，但不久便由于其与戴将军的关系被免职。Letter to the Chair, Center for Chinese Studies, Berkeley, from Wilbur J.Peterkin（他在德帕思被解职之后成为美国军事代表团的团长）。

8　Aldrich, *Intelligence and the War against Japan*, p.270;Yu, *OSS in China*, pp.189—193.

9　确实有这样一个计划，魏德迈将军在1月24日获悉该计划。贝德上校的这份建议提出，在共产党管辖区部署由多达5000名美国人组成的别动队，并向2.5万名游击队员们提供装备，向民兵组织提供10万支乌尔沃思（Woolworth）式单发手枪。Romanus and Sunderland, *United States Army in World War* II :*China-Burma-India Theater*, Vol.3, pp.250—252。

10　同上书，第252页。

11　Schaller, *The U.S.Crusade in China*, p.239.

12　Smith, *OSS*, pp.273—274.

13　Romanus and Sunderland, *United States Army in World War* II : *China-Burma-India Theater*, Vol.3, p.253.

14　他们在途中由杜月笙陪同，杜在淳安一直待到日本人投降；当年9月3日他才回到上海。郭绪印：《旧上海黑社会》，第101—102页。

15　但人们不应当低估陈立夫在接收过程中的贡献。陈派特使向丁默邨传递信息说：广岛被扔了原子弹，战争马上就要结束了，我要你们所有的人都干三件事。虽然你们都是汉奸，但要是你们能完成这三项要求，我便可以保证你们不被处死。这三项要求是：在国民党到达之前不让中国共产党领导的新四军接管南京、上海和杭州；在宁—沪和沪—杭铁路沿线控制伪军，并允许国民党政府军队立刻进入上述地区。这些事项全都做到了。而丁本来是会被免于一死的，但他未经医生许可擅自离开看守，到南京玄武湖游玩了一趟。有个记者发现了他，于是报纸便批评政府对他过于宽大。因此蒋介石别无选择，只得下令将他处决。"Ting Mo-ts'un", file in Chen Lifu Materials, p.8; Chang and Meyers, *The Storm Clouds Clear Over China*, p.227。

16　丁转而又任命军统特工葛谷光为浙江省警察局局长。由徐朴城（第一军）和丁锡山（第十军）领导的汪伪部队被命令"就地待命，维持地方秩序"。而孙良诚、李明扬和李长江领导的其他汪伪部队则被收编到国民党正规军内。章微寒：《戴笠与庞大的"军统局"组织》，第111、149页；"Interview with Mao Tsu-p'ei", p.3, report from Harold Wiens, Oss Headquarters, Chunking, OSS Report XL—10952, 31/5/45. Office of Strategic Services Archives, War Department.U.S.National Archives, Military Reference Division.Chen Lifu concurred with this decision, "Ting Mo-ts'un", p.5, File in Chen Lifu Materials。

17　章微寒：《戴笠与庞大的"军统局"组织》，第112页。

18　与此同时，军统总部的程一鸣和内政部的鄞裕坤准备了一份名单，要在抗战结束后把名单上的人送到各地接管警察力量。程一鸣：《对沈醉〈我所知道的戴笠〉的补充、订正》，第247页。

19　到了那时，军统上海站处于混乱状态。在站长蒋伯诚被捕后，他的接班人毛子平（音）

也被抓获。毛在 1944 年 11 月越狱，并于 1945 年 3 月底逃离上海。"Interview with Mao Tsu-p'ei", report from Harold Wiens, OSS Headquarters, Chungking, OSS Report XL—10952, 31/5/45.Office of Strategic Services Archives, War Department。

20　上海站的情报负责人是赵志熙，行动负责人为程一鸣，人事由龚仙舫领导，罪犯调查归沈维翰，检查归廖华平，总务由郭斌负责。章微寒：《戴笠与庞大的"军统局"组织》，第 112、148 页；程一鸣：《对沈醉〈我所知道的戴笠〉的补充、订正》，第 246 页；Marshall, *Opium and the Politics of Gangsterism in Nationalist China*, p.42。

21　Aldrich, *Intelligence and the War against Japan*, p.368.

22　这些伪军头目包括孙殿英、孙良诚、门致中、张岚峰和李玉麟。章微寒：《戴笠与"军统局"》，第 149 页。并见王子晨、舒季衡：《军统特务头子戴笠来天津的活动情况》，第 210—211 页。

23　Gillin and Meyers, eds., *Last Chance in Manchuria*, p.145。这是军统改组后由马汉三领导的华北站总体计划的一部分。1945 年 11 月下旬戴笠访问天津，随后成立了一个新的统一的天津站，由陈仙洲领导。王子晨、舒季衡：《军统特务头子戴笠来天津的活动情况》，第 209—212 页。

24　当时文强拥有中将头衔，他也是警察部门东北地区的负责人及保安团的巡视专员。

25　戴将军的日本顾问之一是个名叫上田（Ueda）的前满洲铁路官员，他奉命组织一个"第 85 单位"，用熟悉平津地区情况、为当地老百姓所能接受的部队来取代第九十四军的南方单位。上田（Ueda）曾经是"黑龙会"的一个成员。"Shanghai Situation", OSS 47359, Feb.4.1946, p.5。Office of Strategic Services, U.S.Army.U.S.National Archives, Military Reference Division。

26　文强：《戴笠死前二三事》（1），载《中报》，1989 年 7 月 19 日。

27　关于这个研究社的成员，见张瑞：《原国民党军统东北区》，第 92 页。

28　同上。这个办事处坐落在沈阳和平区国际马路 16 号。

29　同上书，第 91—92 页。特研会（"特种问题研究会"的简称）由文强领导，他的副手是张树勋、陈旭东和王开江。

30　为了征集行动经费，军统在东北建立了三个雇用日本人和朝鲜人的企业：东北公司、福民碾米厂和东兴企业公司。张瑞：《原国民党军统东北区》，第 85—86 页。关于军统秘密涉入大韩民国秘密警察的情况，见第 96—100 页。

31　同上书，第 92 页。

32　同上书，第 84 页。

33　福田德次郎为日本皇军陆军中将，曾任日本驻华盛顿武官，能说流利的英语、法语和德语。同上。

34　同上书，第 88—89 页。文强为释放这些人辩解说：虽然这些人是战犯，但现在他们与我国合作进行重要的对日工作。同上书，第 88 页。与国民党政府合作反共的最重要的日本官员有十政信（Tsuji Masanobu）上校（一个知识极为渊博的情报官，也叫石原莞尔，即 Ishiwara Kanji 的追随者）和冈村宁次（Okamura Yasuji）将军（他执行了三光政策，但他在内战战略上指导了国民党政府后，被上海的一个法庭宣判无罪）。Boyle, *China and Japan at War*, p.331。

35　同上书，第 92 页。

36　同上书，第 86—87 页。

37　Boyle, *China and Japan at War*, p.331.

38　南京市档案馆编辑：《审讯汪伪汉奸笔录》，第 273、294—295 页。

39　1946 年 3 月 18 日的《民主报》（重庆），引自 U.S.Consulate General (Chung King), "Chinese

Press Review"。据当时被关在监狱里的陈恭澍回忆说，在北平 26 个人被处死刑的那天，他以为自己也会被处死的，那些人大都是军统的特工。陈恭澍：《抗战后期反奸活动》，第 564—565 页。关于报界对上海地区处理汉奸案子迟缓的批评，见：《大公报》，46, 1, 19, 及《时事新报》46, 1, 30, 2, 引自 U.S.Information Service, *Chinese Press Review*, American Consulate General, Shanghai, China。

40 《戴笠之死》，第 10 页。
41 同上。他曾想让新新公司总经理李泽飞往美国，但由于淞沪警备司令部总监察员毕镐奎的阻止而未能得逞。
42 这些"汉奸"们包括桂章、李辅群、许廷杰和郭卫民。《戴笠之死》，第 12 页。何崇校：《国民党第二方面军肃奸专员办事处与广东肃奸委员会》，第 142—143 页。
43 《戴笠之死》，第 12 页。
44 Boyle, *China and Japan at War*, p.333.
45 黄康永：《我所知道的戴笠》，第 169 页。并见章微寒：《戴笠与庞大的"军统局"组织》，第 112 页。Chief of Naval Intelligence, *Future Handling of Business Concerning the Chinese Government*, 18/4/47, in Miles Papers, Box 3; "China Convicts American, 67, as Taiwan Spy", *New York Times*, August 24, 1986, pp.1—11。
46 文强：《戴笠死前二三事》(2)，载《中报》，1989 年 7 月 23 日。
47 美国动画片，描述冷战时期的美国反共活动。——译者注
48 Stratton, *Navy Guerrilla*, p.84.
49 Walker, *China's Master Spy*, p.169.
50 政治协商会议对取消秘密特工机关的呼吁也使他紧张起来。
51 1946 年 2 月，戴笠在即将去北平之前把程一鸣叫到办公室，然后关上门对程说："我告诉你一件事，只有你一个人知道。因为共产党在'双十协定'中提出取消特务机关，美国人也劝领袖决定取消本局，派了叶秀峰、张镇、李士珍、宣铁吾、郑介民、唐纵和我共同研究取消本局。"程一鸣：《军统特务组织的真相》，第 202—203 页。
52 文强：《戴笠死前二三事》(2)，载《中报》，1989 年 7 月 23 日。
53 朱元亨：《戴笠坐机失事纪实》，第 249 页。他尤其希望，在他被迫向蒋请假赴美以免成为委员长的打击对象时，能够争取到何应钦的支持。文强：《戴笠死前二三事》(3)，载《中报》，1989 年 7 月 25 日。戴笠在于 1946 年 2 月底飞往天津的途中，以贪污和色情丑闻的罪名逮捕了军统华北站的几个头目；3 月中旬第三次去天津时，他又惩治了一些在肃奸中纳妾的国民党将军。王子晨、舒季衡：《军统特务头子戴笠来天津的活动情况》，第 213—215 页。
54 据说戴笠希望继续享有美国的军事援助以抗击共同的敌人——共产党。沈醉：《军统内幕》，第 278 页。
55 梅乐斯于 1945 年 9 月从美国回来，他在海军上将李（Lee）的支持下，竭力支持戴笠当中国海军总司令。黄康永：《我所知道的戴笠》，第 168 页。这可能与美国海军希望在青岛建立一支独立于美国陆军顾问团的军事顾问小组有关。由于马歇尔和佛莱斯塔尔（Forrestal）的支持，这场斗争一直持续到 1946 年，最终在 1947 年 2 月后成立了一个联合顾问团。"Navy Department's Position Concerning Draft Agreement for United States Military Advisory Group to China", February 4, 1947, in U.S.State Department, Files 893.20。
56 当时据信戴笠打算与这位美国官员讨论"剿共"事宜，后者正在作退休前的最后一次访华。戴笠在美国第七舰队奉命协助蒋介石输送部队接管华北时与柯克结下了密切友谊。徐宗尧：《组织军统北平站和平起义的前前后后》，第 207 页。
57 戴笠命令三位军统官员黄天迈、马汉三、张家轻负责筹备。文强：《戴笠死前二三事》(1)，

载《中报》，1989 年 7 月 19 日。关于戴笠对华而不实的制服的在乎，见程一鸣：《对沈醉〈我所知道的戴笠〉的补充、订正》，第 242—243 页。

58 "戴笠对黄珍吾不满，据说黄宣布的首都警察厅长一职，不是戴笠的推荐，而是宣铁吾、李士珍向蒋介石说过话，这未免使戴感到面子上难堪。"文强：《戴笠死前二三事》（2），载《中报》，1989 年 7 月 23 日。关于宣铁吾自己设立的一套由青帮负责的间谍机构，见 Chung, *Elitist Fascism*, p.209。

59 Chung, *Elitist Fascism*, p.209。

60 那个住宅是什锦花园。文强：《戴笠死前二三事》（2），载《中报》，1989 年 7 月 23 日。

61 同上。

62 同上。这份电文一直没有送到蒋介石的手里。后来毛人凤在戴笠的葬礼上对文强说，因为他觉得电文里的一些措词不太得当，所以就一直没有将此电文送到委员长那里。

63 同上。

64 同上。

65 文强：《戴笠死前二三事》（3），载《中报》，1989 年 7 月 25 日。

66 同上。

67 戴笠的确向第十一战区司令孙连仲提起赴美的可能性。同上。

68 黄康永：《我所知道的戴笠》，第 158 页。

69 原来的飞行员被从该机上撤换掉了。赵新：《戴笠摔死前后》，第 274—279 页。

70 军统上海站那时的办公处设在杜月笙的弟子们建立起来的一座高大的"新艺术"馆里，现在是一家豪华的餐厅。徐铸成：《杜月笙正传》，第 55 页。这座房子位于当时的杜美路上。关于这个办公处的细节，包括毛森对荣德生的绑架材料和肃奸，见程一鸣：《对沈醉〈我所知道的戴笠〉的补充、订正》，第 246—248 页，第 250 页；黄康永：《我所知道的戴笠》，第 170 页。

71 朱元亨：《戴笠坐机失事纪实》，第 249 页。

72 朱元亨：《戴笠坐机失事纪实》，第 249 页；黄康永：《我所知道的戴笠》，第 158 页；Pan Ling, *Old Shanghai*, p.95。

73 据黄康永说，联系于 12：30 分中断。黄康永：《我所知道的戴笠》，第 158 页。

74 朱元亨：《戴笠坐机失事纪实》，第 249 页；王直：《戴笠之死与江宁两山》，第 54 页；黄康永：《我所知道的戴笠》，第 158 页；"News of the Week", *The China Weekly Review*, 101.5:103(30 March, 1946)。为节省汽油，戴笠的飞行员显然是超低空飞行。文强：《戴笠死前二三事》（3），载《中报》，1989 年 7 月 25 日。

75 潘凌（音）声称，搜寻在雨中进行了 3 天之后才找到了 8 具尸体。我认为这在时间上和尸体的数量上都不准确。包括机组人员，尸体一共有 13 具。Pan Ling, *Old Shanghai*, p.196。

76 朱元亨：《戴笠坐机失事纪实》，第 249 页。

77 英译《大公报》，25/3/46，引自 U.S.Consulate General, Chinese Press Review, 3/16/46—9/27/46.Records of the Department of State Relating to the Internal Affairs of China, 1930—1939.Government Documents Library, Microfilm 31217。并见：U.S.Information Service, Chinese Press Review, American Consulate General, Shanghai, China, March 25, 1946, p.4。

78 1946 年 3 月 25 日的《申报》（上海），引自 U.S.Information Service, Chinese Press Review, American Consulate General, Shanghai, China, March 25, 1946, p.2。

79 其中最耸人听闻的说法是，北平站站长马汉三曾经与日本人密切合作，作为奖赏，他被授予从慈禧太后墓中盗出的宝剑。作为战犯受审的日本间谍川岛芳子（Kawashima Yoshihiko），则利用了宝剑来牵连马汉三。据说戴笠把宝剑带上了飞机作为指控马的证据，而马协助安排了飞机的坠毁。《上海谈》，1（1989）；《中外杂志》，327：40—44。其他说法暗示，是陈氏兄弟唆使飞行员干的，而飞行员自己则在撞机之前跳伞逃脱了。冯美铨：《解放前军统在西安和银川的组织活动》，第 75 页。

80 1946 年 3 月 25 日的《中央日报》（上海），引自 U.S.Consulate General Chinese Press Review, 3/16/46—9/27/46, "Records of the Department of State Relating to the Internal Affairs of China", 1930—1939.Government Documents Library, Microfilm 31217.U.S.Information Service, Chinese Press Review, American Consulate General, Shanghai, China, March 25, 1946. 并见《戴笠之死》，第 3 页。

81 Smith, *OSS*, p.276.

82 Caldwell, *A Secret War*, p.203.

83 "它和园林浇水管的直径差不多，装在一段充满炸药的管子上。所有的军用飞机在机尾都有检查点，这样我们的测高器会整齐地滑入机身后部，并落到翼肋间的支柱里，看不见。不管机场的高度如何，只要带有这个装置的飞机升到 5000 英尺上面，机尾就会爆炸。我们最大的用户是在重庆的中国部队，他们在许多日本飞机上安装了它。" Lovell, *Of Spies and Stratagems*, p.50。

84 《戴笠之死》，第 50 页。

85 同上书，第 3 页。

86 Walker, *China's Master Spy*, p.169.

87 "News of the Week", *China Weekly Review*, 101.5:103(30 March, 1946).

88 沈醉：《军统内幕》，第 207 页。并见《大公报》1946 年 3 月 25 日，引自 U.S.Information Service, Chinese Press Review, American Consulate General, Shanghai, China, March 26, 1946。

89 《戴笠之死》，第 3—4 页。

90 同上书，第 4、6—7 页。

91 同上书，第 6 页。戴笠的支持者们强调，他在沦陷区的"恐怖活动是对付日本人及其傀儡的"；反对他的人则宣称，他把自己的大部分精力都用在与共产党斗争和追捕进步人士方面。"Death of Tai Li", *China Weekly Review*, 101.5:91—92(30 March, 1946). 并见《新华日报》，1946/4/7，引自 U.S.Consulate General Chungking, Chinese Press Review, pp.5—7。

92 同上书，第 3—4、9 页。

93 例如，从前的花花公子、现任交通警察总局局长的唐生明，被毛人凤怀疑与周伟龙一起阴谋接管在湖南和浙江的特别行动和警卫单位。（在日本人占领时期，唐在苏州和镇江指挥了一个 5000 人的傀儡保安大队。）周被逮捕，而唐差一点就没能躲过军统特工的暗杀队。沈醉：《解放前夕军统特务在长沙的罪恶活动》，第 191—193 页；黄康永：《我所知道的戴笠》，第 170 页；陈恭澍：《抗战后期反奸活动》，第 365 页。

94 《大公报》，3/30/46，引自 Shanghai, U.S Consulate General Chinese Press Review, 16/3/46—27/9/46, Record to of the Department of State Relating to the Internal Affairs of China, 1930—1939, Government Documents Library, Microfilm 31217。

95 在上海，戴笠及其部下抢占了极斯菲而路（Jess field）76 号公寓、日本人经营的"东方渔业公司"的房屋和机轮船队、大型锯木厂、三夹板厂、东方经济研究所及其图书馆、日本海军俱乐部、宝隆医院和 400 多辆汽车。黄康永：《我所知道的戴笠》，第 170 页；并见 Chen, *Making Revolution*, p.213。

96 这个使军统及其各个头目们大发横财的"五子登科"活动（即抢夺房子、车子、金条子、女子、票子）是在一个关于在最高经济委员会下建立一个赔款研究局的密令下被执行的。这个局的作用是：1．侦察、记录和辨认所有隐藏的日伪财产；2．核实和检查对战争赔款的要求；3．通常的经济情报活动。"赔款研究局"被授予的权限是：1．搜查私人住宅、公司、商店、办公室、商业机构、仓库、银行、车站等等；2．在局长的批准下调查所有公共和私人组织的记录和账目。Chinese Secret Document, n.d., in Confidential U.S.State Department Central Files.China:Internal Affairs, 1945—1946.

97 Tong and Li, *The Memoirs of Li Tsung-jen*, pp.440—441.
98 戴笠死后，其他秘密特务机构，如中统，赶紧用接管军统具体部门的方式来增强他们自己的力量和影响。但是，军统特工渗透并接管了胡宗南以前的特工机构。这些潜伏人员之一是冯美铨上校，他在西安失陷后投诚共产党，并将军统的人事名单交给了彭德怀和贺龙将军。冯美铨：《解放前军统在西安和银川的组织活动》，第 86 页。
99 《戴笠之死》，第 8—9 页。
100 后来李宗仁在写国民党收复北平时说："其中最糟糕的是由军事调查统计局局长戴笠将军派到北平来的秘密特工人员。他们公开宣称自己要比任何官员——不管其配有的级别或职位——都要高出三级。由于我是中国陆军的四星级将军，一个秘密特工会认为他比我高出三星！" Tong and Li, *The Memoirs of Li Tsung-jen*, p.44.
101 蒋经国的警察人员因操纵股票罪而逮捕了杜月笙的儿子杜维屏（当时其父亲为上海股票交易所的头目）。Shanghai Municipal police(International Settlement) Files, D—4685, p.43.
102 Marshall, *Opiuml and the Politics of Gangsterism*, p.43. 他的家庭成员包括 3 个姨太太，其中之一是电影演员孟小冬。那时杜患有严重的哮喘，他于 1951 年 8 月 16 日死于昏迷之中。由于他在香港居住未满 8 年，根据法律不能被安葬在那里，他的遗体被船运到台湾。1953 年 6 月 28 日，他被安葬在台北附近的一个山村里。孟小冬于 1977 年在台湾去世。江绍贞：《杜月笙》，编入李新和孙思白编辑的《民国人物专集》，p.319;Pan Ling, *Old Shanghai*, pp.230—231, p.233;Boorman, *Biographical Dictionary of Republican China*, pp.3:329—330. Scott, *Actors Are Madmen*, pp.163—164.
103 Chen Shuyi：《在武汉警察界里的战斗》，第 157—158 页。
104 关于临澧毕业生的期望，见吴智新：《军统见闻点滴》，第 77—78 页。
105 沈醉：《军统内幕》，第 33 页。
106 邓毅夫当过重庆侦缉大队部书记室主任。同上书，第 110 页。
107 这些特务头子们都非常合作，因为沈醉控制了军统在全国的一些设备和安全房。1948 年李葆初被任命负责在共产党统治的地区安置秘密据点。沈醉：《军统内幕》，第 33—34 页。
108 Yeh, *The Liu Geqing Affair*, p.20. 毛人凤在台湾去世后，他的位置由广东派成员张炎元接替，张被调到中央执行委员会第二组当主任后，叶翔之成了"国防情报局"局长。而郑介民则被任命为"国防部"副部长兼大陆工作处处长，后来他负责"国家安全部"，并负责统一"全国"的情报特工机构。唐纵最终被提升为国民党中央执行委员会秘书长。程一鸣：《军统特务组织的真相》，第 227 页。
109 沈醉：《军统内幕》，第 33—34 页。
110 该调查局局长是季源溥。赵毓麟：《中统我见我闻》；程一鸣：《军统特务组织的真相》，第 189 页。
111 邓葆光：《军统领导中心局本部各时期的组织及活动情况》，第 199—200 页。关于毛人凤为对付蒋介石而加强自己的地位，见徐好文与胡必林：《戴笠接班人毛人凤升官图》，第 66—67 页。
112 程一鸣：《军统特务组织的真相》，第 189 页；沈醉：《军统内幕》，p.iv。毛钟诗，戴笠的一个表弟，成了情报局三处的处长。政协江山县委文史资料研究委员会等编辑：《戴笠家世》，第 10 页。
113 文强：《戴笠其人》，第 178 页。
114 章微寒：《戴笠与庞大的"军统局"组织》，第 277—278 页；章微寒：《戴笠与"军统局"》，第 79—80 页；沈醉：《我所知道的戴笠》，第 4 页。
115　沈醉：《我所知道的戴笠》，第 3 页。
116　这发生在藏宜就学于厦门大学一年之后。文强：《戴笠其人》，第 179 页。但见章微寒：《戴笠与"军统局"》，第 80 页，张说他在复旦大学上了两年。
117　根据一些与藏宜敌对的说法，藏宜玩弄或强奸了一些教师，包括他的婶婶和侄女。文强：《戴笠其人》，第 178 页；章微寒：《戴笠与"军统局"》，第 80 页。
118　章微寒：《戴笠与庞大的"军统局"组织》，第 278 页。
119　沈醉：《我所知道的戴笠》，第 3—4 页。
120　章微寒：《戴笠与"军统局"》，第 80—81 页。章微寒：《戴笠与庞大的"军统局"组织》，第 278—279 页。
121　章微寒：《戴笠与庞大的"军统局"组织》，第 279 页；章微寒：《戴笠与"军统局"》，第 81 页；黄康永：《我所知道的戴笠》，第 153 页。
122　沈醉：《我所知道的戴笠》，第 171—172 页。
123　"Chinese Guerrill as Found Set to Fight", *New York Times*, 10/8/57, p.3.
124　Pan Ling, *Old Shanghai*, pp.196—197.
125　Letter to Madame Tai, Pao-an, Kiang Shan District, Chekiang, 20 March 1946, Miles, Personal Papers, Box 3.
126　同上书，并见徐宗尧：《组织军统北平站和平起义的前前后后》，第 147 页。
127　Pan Qiwu to Miles, 16 August 1953, Miles, Personal Papers, Box 3. 潘其武后来被任命为负责蒋介石在台北郊外住宅附近阳明山公园的警卫部队的头目。
128　《国际日报》，3/24/89。包括在大陆当选的"立法院"成员在内的这些顽固的元老们，有的以他们在"立法院"内国民党和反对党之间的争吵中拳打脚踢而出名。（与曹圣芬的个人交流）
129　罗贯中：《三国演义》，第 104 回。

跋 妖魔

我在十多年前开始研究戴笠和国民党特工。在那些年月里，我经常禁不住自问：你为何要花费这么大的精力来探究一个如此变化多端的人物？假如戴笠并非完全是个凶神恶煞，那么他充其量不过是个狡黠暧昧之徒而已。人们可以佩服他的勇气和能力，或者对他既能周旋于蒋介石叵测的政坛险滩之中，又能博得部下敬仰的本领表示尊敬。但是，在道义上，他永远是一个模棱两可的人——甚至对"委员长"本人来说他都是个谜。

难道仅仅是好奇使我如此聚精会神？用同时代人的眼光来观察戴笠，则好比在一房之遥看一条眼镜蛇。渐渐地，我不得不意识到，我是在间接地面对一股力量、一个妖魔，它像某些道家法师那样，不论过去还是现在，都能治理中国社会特有的内乱。

这又使我认识到，我对中国历史如此大量的关注全都在于展示，从而理解和抵制那蛇眼的迷惑力。"社会动乱""冲突和控制""重建帝制""管辖上海"和"毛主席宏伟的意志"——对这些命题的选择，此刻在我眼里都显得合情合理。出于一些连我自己也不甚明了的原因，描述那巨蟒的注视使我产生一种幻觉，好像我在同它搏斗。

可以说，我自己最终恐怕是戴笠无意中的猎物之一。当然，我这个安全处境下的奇想说明，通过描述戴笠，我不知怎么的便能想象自己在抗拒那恶魔冷漠的目光。历史学家们常常以此来平息他们遥远的噩梦并压住以往的惊骇。但难道我们从此便能高枕无忧了？

附录一 1939年下半年特训总队组织表[1]

总队队长：萧作霖少将。队部由萧在河南的旧部下组成。其中上尉以上的人员中，有90％是复兴社成员。

大队（2）队长和第一队副负责每个团的政治和军事训练。[2]

中队（5）第一、二、三队属第一团；第四和第五队属第二团。每队由一个队长、一个政治队副、一个军事队副领导。

区队（15）每个中队下面设3个区队。大多数区队长为中央军事学校第十四班的毕业生。

班（45）每个区队下设3个班。班长从学生中提升。班长中包括从延安"抗大"来的"变节分子"，即填写了"学生调查表"和"同党线索表"的前统战"进步人士"或共产党学生；还有那些对"一党，一个政府，一个领袖"论表示支持者。这些成员还包括那些有特殊政治关系的人。选拔班长由政治总教官和政治队副决定。

有4个协助招生的招待所，它们分别是在：陕西潼关黄河渡口特训总队青年招待所；河南渑池县南村黄河渡口招待所；甘肃兰州；河南洛阳。

每个招待所设主任一人，干事两人。许多干事是变节的前抗大学生。

在西安，学生们也被国民党从陕西的省县党部招来。在1939—1940年之间，共招收了500多名学生。

注释：

1 曲云章：《国民党军委会西北青年劳动营的真相》，第118—138页，尤见第118—120页。特训总队后为西北青年劳动营。
2 在总队的直接领导下还有两个独立团：一个在洛阳的西关，另一个在兰州。后者因为招生不足而未能成立。

附录二 1943—1945年间军统机关组织表

主　任　戴笠
参谋长　李崇诗[1]
秘　书　潘其武[2]

共有员工500多人。[3]主任之下所设部门：

(1) 对日经济作战室

主任：王抚洲，后来是刘启瑞。刘曾经是军统大通新闻社的记者，他因善于辞令且英俊而受戴笠重视。

秘书：邓葆光，后被提升为主任。

该室负责战时经济，包括制造在日占区使用的假钞票。它与中美合作所假币专家们合作过。由于该室当时对外勤特工人员有关沦陷区经济情况的报告需求量不断增加，所以其权限在战争期间不断扩大。这些需求包括对商业和其他企业的调查，调查数据被编入档案，以备将来查用。人们可以想象在抗战胜利后，在抢夺财物时这些报告和数据被使用的程度。[4]

(2) 医务室

主任：戴夏民。

他是戴笠的亲戚，专治性病，曾在上海行医。[5]一些医务顾问和医生当了军统的特工人员，如张简斋和陈逊斋医生。而在重庆的南京眼科医生魏光财则是个义务情报员，获准持枪。[6]

一处（军事处）

处长：鲍志洪；副处长：杜遽，胡屏翰。[7]

该处主管搜集军事情报，如安插军事情报人员，办查缉人员训练班。这些都是军事情报训练单位。一处还负责掌握别动军和"忠义救国军"军事指挥部。[8]

二处（政治处）

处长：王新衡；副处长：叶翔之，杨华波。

该处的任务是搜集党政情报。一处和二处是军统内勤工作的核心，共有工作人员300多人。二处处长审批所有进出重庆的航空旅行。比如，有人想购买机票，他就得填写特殊申请表，递交照片送航空检查所核实并签注意见，然后交到二处。如果是国内旅行，王处长得亲自审批机票；如果是飞往香港或出国旅行，那就得由戴笠或蒋介石批准。[9]

中共科

科长：叶翔之。

这个科的特殊使命是镇压革命运动。其责任包括对共产党嫌疑分子进行监视。科长有权命令外勤单位，如稽查处、警察局、邮电检查所、交通检查处和航空检查所，展开调查、扣留信件、没收物资、进行逮捕等。被捕者送到三处受调查。所有重要的案子都得向戴笠汇报，蒋介石本人则通过其侍从室了解对重要人物的逮捕。抗战结束后，叶翔之被任命为保密局行动处处长，负责逮捕共产党地下特工人员。他发现胡宗南的机要秘书是个共产党潜伏人员，就通报给了这个国民党将军，胡因此而非常尴尬，于是在得到叶翔之向他保证，不向蒋介石报告这个致命的安全上的漏洞后，私下处理了这一事件。[10]

党政科

科长：王方南。[11]

该科负责搜集各民主党派的情报，并在他们中间布置秘密情报员。其科长与中共科的科长具有同样的外勤权力。

国际科

科长：谢贻征，后来是汪日定。

该科负责对外侨和归国华侨的调查、监视与接待，也搜集与日伪有关的情报。它直接领导各地外事组和各战区的外事处。

特种问题研究所

所长：张国焘。[12]

三处（行动处）

处长：徐业道，阮清源（1942），沈维翰（1944）。

其最重要的任务是根据一、二处提供的情报执行暗杀、密捕等。所有重要的行动都由它下面的行动科和司法科执行，并由戴笠亲自指挥。

四处（电讯处）

处长：魏大铭；副处长：董益三。

魏大铭同时也是负责蒋管区电讯业务的军令部电讯处处长。[13]1942年戴笠在该处发现了一个由七人组成的共产党间谍网，其领导人是一个有魅力的年轻女子，叫张露萍，她于1939年冬由康生的延安社会事务部派到重庆，直接在叶剑英将军领导下行动。四处所有的人事表格、军统在全中国的电台站（包括频率、波长、密码簿）都落到了重庆周恩来的驻地。这七个共产党特工被捕后受到严刑拷打，但蒋介石暂时没有对他们处死刑。1944年12月日本即将进攻贵州时，他们最终在息烽监狱被处决。[14]

五处（人事处）

处长：李肖白，龚仙舫。

这是军统湖南帮掌握的权力部门。军统没有组织处，所以该处兼管组织工作。[15]

六处（经理处）

处长：徐人翼（为蒋介石亲自派遣）；副处长：郭旭。

它的前身是军统会计科，掌管资金运作。它的预算总出现赤字，这部分是因为在其自己的资金耗尽后，便从军统其他单位借债。军统的总开支估计高达全国总开支的30%，其比例之高，令人难以想象。[16]

七处（训练处）

处长：郑锡麟，是十人团成员之一。

该处负责军统的几十个训练班，为军统吸收、训练人员，并主管扩大组织方面的工作。

八处（总务处）

处长：杨隆祜，郭斌，沈醉（1943）。

该处的责任繁多而重大，包括管理庞大的汽车大队和仓库。[17]

警务处

原来是三处的缉警科。

布置处

由一系列办公处建立起来，在沦陷区工作。

特别委员会

设计委员会

惩戒委员会

策反委员会

考核委员会

特别办公室

特种政治研究室

在张国焘敦促下成立。

技术研究室

该室负责研究谋杀技术、纵火手段、毒药等。

经济研究室

负责收集和分析经济情报。该室副组长方圆在保安路开的一家拍卖行为他们的工作做掩护，同时专门注意寄卖人的姓名身份和住址。[18]

中山室

负责文娱活动。[19]

注释：

1 李崇诗于 1948 年成了军事情报副头子。Eddie Liu to Miles, Jan 7, 1948, Miles, Personal Papers, Box 2. 在这之前，军事情报负责人为郑恺民（音）。*Blue Shirts Organization*, OSS Report, XL-47361, 20/3/46(Source: "Yonkers, N.Y.").Office of Strategic Services, U.S.Army. U.S.National Archives, Military Reference Division Report 9710, 8/1/39, P.la。

2 沈醉：《军统内幕》，第 239 页。

3 关于 1945 年军统的人事花名册，以及"公共机构"、地方分支机构和国外情报站，见程一鸣：《军统特务组织的真相》，第 223—225 页。并见 "KMT Wartime Organization Problems, Youth Corps, etc.:Central Bureau of Investigation and Statistics", p.46, Chen Lifu Material。

4 邓葆光：《我所知道的戴笠和军统》，第 156 页； 康永：《我所知道的戴笠》，第 170 页。

5 邓葆光：《我所知道的戴笠和军统》，第 156 页。

6 沈醉：《军统内幕》，第 85 页。

7 鲍和杜都是郑介民从陆大毕业生中挑来的。

8 邓葆光：《我所知道的戴笠和军统》，第 150 页。

9 相对来说获准进入重庆比较有保证，但要得到离开的许可却非常困难，而且从委员长办公处签发书面许可必须有完整的信息和照片，以便于追踪。Oakes, *White Man's Folly*, p.274。

10 沈醉：《军统内幕》，第 208—209 页。

11 王方南于 1935 年在汉口加入了特务处。那年 10 月，他进入杭州警官学校的特别训练班，成了第四纵队的成员。该队训练高级特务干部。1939 年 6 月王毕业后，被调到南京洪公祠的特务处办事处，后来他回到汉口站当了一名情报员。王方南：《我在军统十四年的亲历和见闻》，第 140—141 页。

12 邓葆光：《我所知道的戴笠和军统》，第 150—151 页。它与特务电讯机有关的"特种问题研究会"（特研会）是两回事。后者在军统东北区站和文强的领导下在东北招募日本特工。张瑞：《原国民党军统局东北区"对日工作"的阴谋活动》，第 91—92 页。

13 邓葆光：《我所知道的戴笠和军统》，第 152 页。

14 Yu Maochun, *American Intelligence*, pp.32—34.

15 邓葆光：《我所知道的戴笠和军统》，第 152 页。

16 同上书，第 153 页；《戴笠之死》，第 5 页。

17 邓葆光：《我所知道的戴笠和军统》，第 153 页。

18 沈醉：《军统内幕》，第 85—86 页。

19 同上书，第 3 页。

附录三　中美特种技术合作协定[1]

中美两国为摧毁共同敌人求得军事上之胜利,特设立中美特种技术合作所,以完成此项任务,特由中华民国国民政府军事委员会委员长蒋中正特派:

国民政府外交部部长宋子文

军事委员会调查统计局副局长戴笠

驻美大使馆陆军中校副武官肖勃

美利坚合众国总统罗斯福特派:

海军部部长诺克斯

战略业务局局长陆军少将邓诺文

战略业务局驻华主任海军上校梅乐斯

双方代表彼此验明全权证书均属妥善签订合作协定条文如下[2]:

1. 为求在中国沿海、中国沦陷地区,及其他日敌各占领地区、打击吾人共同敌人起见,特在中国组织中美特种技术合作所。其目的在以中国战区为根据地,用美国物资及技术,协同对远东各地之矿产、工厂、仓库,以及其他军事设备予以有效之打击。

2. 本合作执行机构定名为中美特种技术合作所(以下简称本所),其组织系统与业务分配如附表。

3. 为便于业务之进行,美国愿意无代价供给一切物资,基于友谊而与中国合作，故在美国名为"有益合作"，在中国之英文名称为Sinc American Cooperative Organization 简称为SACO，此与英文Sockc发音相同，含有有效之猛攻或突击之意义。

4. 本所之工作人员均须宣誓努力打击日本，并对本所之组织与业务及其与本所有关之同盟各单位情形，保守绝对之秘密。

5. 本所设主任副主任各一人。主任由华方任之，副主任由美方任之。

6. 本所各部门之工作由主任副主任商讨决定之。

7. 本所负责人及全部职员因在中国执行业务，为求得行动方便及身份证明起见，均须呈请蒋委员长任命之。

8. 在美国训练业已成熟、绝对可靠、并已宣誓对同盟国家效忠之缅甸、泰国、朝鲜、台湾、安南等处人员，经美方提出、华方认可后，准在本所指挥下参加工作。惟此项工作人员在其工作目的地之布置与其工作之实施，应与本所之主要部门分开，以符秘密工作之原则。

9. 本所设有远程空中侦查队，配有飞机器材及研译判读照相之人员。此队之目的乃在中国沦陷地区及远东各占领地区内摄制并判读各项敌人活动之照片，使本所对凡能见到敌人之各项活动保持确切之认识，以便实施种种之打击。除驾驶员外，其设置之人员大部以华方分院任之。

10. 为便于在中国沿海各港湾实施布雷俾适时打击敌人船只起见，得由美方派遣飞机测量港湾地形并由华方派员参加其所测绘之地图与摄成之照片，专供本所使用并保管，不得携往他处，以免泄漏军事上之机密。

11. 本所设宣传组，对中国沦陷地区及其他日本占领区内之敌人与人民从事心理战争。其全部军需之器材由美方供给，如无线电发报机、录音机、特种摄影机、印刷机等，并由美方负责训练华方使用此项机件之人员。

12. 本所于重庆华盛顿两地派驻人员，办理中美两国情报互换事宜。自华送交美国政府之情报须先经主任审核认可后转报之。自美送中国之情报须先经美国战略局局长或全美舰队总司令之审核认可后转报之。

13. 本所收集对爆破、侦察、布雷，及其他直接对本所工作有用之情报，其中如有呈报两国军事当局之必要者，须先经主任副主任审核认可后分报之。

14. 本所奉准指定之发报台得与中国境外之美国海军无线电台通报，惟本所所有其他各电台则限制仅用于本所之各有关业务。

15. 本所以重庆附近为主要训练地区，遇必要时经双方同意，得于工作队所在地实施训练。

16. 本所各种训练人员，除由美方派遣技术训练负责人及各种技术训练之设计指导人员外，其他之教职员及学员均由华方派选之。训练课程及其进度由主任副主任商订之。受训人员结业后之派遣，经考试及实际测验及格后，由主任副主任决定分发之。

17. 本所对各受训学员及各部门之华方人员，其在受训与工作时间，均应有详尽之记录。凡成绩特别优异，在合作工作上有送美研习之必要者，经本所选定呈奉蒋委员长批准后，得送美研习。美国政府对该学员均供给居住学习及来回旅费。

18. 本所为侦察敌情，对于敌电、海陆空三部分之密码，均实施侦收研译。这项侦译工作由美方派员负责设计指导，由华方派员参加工作。侦收与研译之敌码，应由本所之主管部门在本所办理，以免宣泄。本所侦译敌各种密电码之结果，有呈报两国军事当局参考之必要者，须经主任副主任审核决定后，分报之。

19. 本所本部设于中国战时首都所在地重庆，并按实际情况之需要在各地分期设立前进工作队，办理有关爆破、侦察、望气象、对敌宣传，及其他有关本所工作之交通事宜。兹暂定下列各城市设立前进工作队：（1）赣州；（2）辰溪；（3）温州；（4）衢州；（5）漳州；（6）大亚湾；（7）海康；（8）北海；（9）广德；（10）立煌；（11）常德；（12）衡阳；（13）洛阳；（14）海州附近地区；（15）临沂附近地区；（16）兰州；（17）五原；（18）保山；（19）车里；（20）安西；（21）

拉萨；（22）迪化。

20. 各地工作队所需器材，为便于分配及修理，计于赣州、西安两地附近设立修理厂，由美方指派技术人员主持此二地之修理工作。

21. 本所所需用之爆破、无线电、武器弹药、交通、摄影、气象、化学、印刷、医药等，以及各项工作所需要之一切器材，均由美方供给并负责运抵重庆，交本所派员管理；其自重庆运往各工作地区运输均由华方负责。

22. 华方人员之薪给及其工作之费用，由华方负责。

23. 美方人员之薪给及其工作之费用，由美方负责。

24. 美方在华各级人员之办公室、实验室、住宅及用具概由华方供给。

25. 本所在缅甸、泰国、安南、朝鲜、台湾等地全部工作之进行，其费用由美方负担之。

26. 本所之组织或业务有变更必要时，由主任副主任会商分呈蒋委员长、罗斯福总统决定之。

27. 本协定经中国军事委员会蒋委员长及美国罗斯福总统授权双方代表签字后施行。其有效期间自协定签订之日起，至同盟国对日战争结束时停止。

28. 本协定缮中英文各二份。中英文有同等之效力。中美双方各持一份。

中华民国国民政府外交部部长

宋子文（签字）

美利坚合众国海军部部长诺克斯

Frank Knox（签字）

中国军事委员会调查统计局副局长

戴笠（签字）

美国战略业务局局长陆军少将邓诺文

William Donovan（签字）

中国驻美大使馆陆军中校副武官

肖勃（签字）

美国战略业务局驻华主任海军上校梅乐斯

Milton E.Miles（签字）

中华民国三十二年合西历 1943 年 4 月 15 日订于华盛顿

注释：

1 "国防情报局"编：《中美合作所志》，第 1970 页；《国防情报局》，第 19—30 页。
2 因原件是竖排版，故"如下"，原为"如左"，且无标点符号。本文中所有标点符号均由译者标注，以便当代读者阅读。——译者注

附录四　中美合作所训练班

第一班——雄村班

地点：安徽歙县雄村，歙县徽州南面5里远的山区里。约距杭州100里远的内地，离上海约200里。

驻扎地：乡村寺庙和宝塔内。[1]

使命：训练"忠义救国军"人员使用小型武器和收集军事情报、在上海进行破坏，以及拯救美国海军陆战队战俘。[2]

美方人员：美国海军陆战队（指挥官）John H.Masters少校（绰号"Bud"），以及包括Earle Dane在内的六至十位教官。[3]

中方人员：戴笠（主任），郭履洲（副主任），以及余万选、吴未生和马鹏飞等教官。[4]

学生来源：忠义救国军。

训练班期：3个月。

训练科目：（1）总理遗教；（2）领袖言行；（3）中国之命运；（4）党派分析；（5）情报学；（6）犯罪调查；（7）密码学；（8）爆破；（9）手枪射击；（10）国术擒拿。

活动：用了6个月建立训练班，训练"忠义救国军"部队。据报道有一些成功的破坏活动，包括袭击上海机场，摧毁了5架飞机和一些油箱。1943年9月，第一班派出了93名破坏人员，据报道他们炸毁了一辆火车，杀死了江苏省伪省长和特务头子。但是，在营救美国海军战俘的行动得以执行之前，日本人已经把这些战俘转移走了。[5]

第二班——洪江班

地点：原设立于1943年6月湖南南岳，后迁至洪江。在长沙附近，并距衡阳的机场仅40里，很容易得到供给。[6]

使命：训练游击队战士使用美国小型武器和爆破。训练水上袭击。

美方人员：海军上尉Claude I.Carroll（指挥官），陆军少尉L.J.Karwaski和J.E.Lazarsky，以及14个军人。[7]

中方人员：戴笠（主任），陶一珊和傅荣（副主任），郭宗尧和徐秋滨（教育长）。教员有陈砥澜。后来该班变成兽医训练班，林可胜成了副主任。

学生来源：别动军第四纵队何阮元部队，第七纵队陈士虎部队。后来的兽医班学生是从军医班毕业生中招收的。[8]

活动：虽然洪江班是中美合作所最多产的游击队训练中心，每期有300多个学生毕业，但它在水上袭击的训练没有成功。[9]

第三班——临汝班

地点：河南临汝县北面十里地的凤穴寺。由于日本人的逼近，它于1944年5月被迫迁到陕西户县一个叫牛冬的地方。毕业生管它叫"牛冬班"。[10]

驻扎地：山庙。

使命：训练武装特务，用炸毁桥梁、铁路和机场来摧毁在乎汉、陇海、津浦和其他地方之间的通讯线路。[11]

美方人员：Arden Dow少校（指挥官）及18名官兵。[12]

中方人员：戴笠（主任），周灵祥（临汝时期的副主任），文强和杨蔚（牛冬班时期副主任）。教育长是金树云和张树勋。主教员有肖骥和常惠卿。[13]

学生来源：来自于军统河南南方纵队（一个爆破单位）的大约200

名学生、别动军第六纵队以及来自于沦陷区并毕业于鲁—皖—豫—苏边区总部的临泉训练班的学生。[14] 到牛冬后，学生们从别动军第九、十和十一纵队派遣。[15]

训练班期：共训练5班，每班3个月。第一班有400个学生。

训练科目：由教员做的关于"领袖言行""三民主义"及国民党党史等的精神讲话的思想教育。[16]

活动：第三班于1943年8月坐卡车离开了重庆，经约6周行程后到达训练地点。毕业的游击战士并没有进行很多抗日活动，因为他们严重缺乏装备，一直到1944年3月才有能力转入行动。[17] 第五届学员在1945年8月日本人投降时还没有毕业，于是开往徐州，改编为交警纵队。[18]

第四班——陕坝班

地点：绥远陕坝。

中方人员：戴笠（主任），高荣、乔家才（副主任）；饶铁珊和刘人奎（教育长）；教务组长是林春云。[19]

学生来源：第一届从高荣的骑兵师抽调，第二届从傅作义部队抽调。

训练期：共两届。

活动："装备精良"。[20]

第五班——息烽班

地点：贵州息烽。

中方人员：戴笠（主任），邓匡元、何峨芳（副主任）；教务组长是陆遂初。

学生来源：别动军第三纵队徐光英部队。[21]

活动：毕业生后来被分配到淞沪司令部下的"忠义救国军"部队。这些部队集聚在钱塘江一带，对共产党新四军进行监视。[22]

第六班——华安班（胜云班）

地点：福建漳州华安。

驻扎点：农舍和当地祠堂。

使命：训练沿海部队和旧海盗以协助美军进攻。

中方人员：戴笠（主任），陈达元、雷镇钟（副主任），张卓峰（参谋长），毛简（秘书），何孝德（教务组长）。[23] 该训练班基本由军统特工或军统"外围人员"组成。

学生来源：有2000名学员为躲避征兵而加入。[24] 他们中有一部分是学生，但大多数是年轻村民——据共产党作家说他们是富绅的后代。后来招收的学员还包括广东福建边界一带由吴乌螺领头的海盗。[25]

训练班期：开始有四个训练单位，加上一些直属连队：爆破、突击、运输和通讯连。总共有600多名毕业生。后来也训练海盗，并扩编为水陆两个大队和两个中队。[26]

活动：其中的一届后来成了别动军的一个暂编队。[27] 内战结束时中美合作所的许多纵队被共产党部队消灭了。一些驻扎在厦门的残余部队，后来跟着他们的司令陈达元去了台湾。[28]

第七班——修水班

地点：江西修水。

中方人员：戴笠（主任），唐新（副主任）。

驻扎地：第三十集团军总部的管辖区内，受王陵基指挥。

学生来源：别动军杨遇春第二纵队。

活动：随王陵基的部队撤至武汉。[29]

第八班——玉壶班

地点：浙江青田油竹，1944年8月后迁至瑞安玉壶。

中方人员：戴笠（主任），赵世瑞、郭履洲（副主任），陈伯昂（英文秘书），陶凤威（教务组长），吴未生（教务副组长），夏国枝（总教官）。

学生来源：浦东"忠义救国军"张惠芳行动总队。

活动：训练结束后，该班改名为教导第一、第二、第三、第四营，并分别由李资深、吴公达、陶凤威和洪竹筠任营长。[30]

第九班——东峰班（该班与设在SACO总部歌乐山的"第九班"

或"FBI 训练班"不是一回事。后者在正文中有所描述。）

地点：福建建瓯东峰。

使命：特别突击队。

中方人员：戴笠（主任），林超（副主任），吴昭文（秘书），杨树桐（秘书），曹凤鸣（教务组长）。

活动：在攻打福州时，被日军歼灭。[31]

第十班——临泉班

地点：安徽焦岭。

使命：训练豫—鲁—苏—皖边区的游击队和周麟祥的别动部队。

中方人员：汤恩伯（主任，兼第一战区副司令和豫鲁苏皖边区中将司令），王蔚杆（秘书），王庆升（教育长），钱孟起（政训组长）。[32]

训练班期：三期毕业班。第三班毕业学生改编为豫鲁苏皖边区党政工作总队，由周麟祥领导。

第十一班——焦岭班

地点：广州焦岭。[33]

第十二班——港口班

地点：浙江淳安港口。

中方人员：戴笠（主任），张宝琛、毛森（副主任）。

学生来源：原属三战区中英合作所，后归中美合作所。

训练班期：训练了 7 个学生营。

活动：训练结束后，毕业生们归中美合作所由毛森领导的前进指挥部指挥。[34]

注释：

1　Miles, *A Different Kind of War*, p.149.
2　同上书，第 150 页。1942 年 12 月在华盛顿特区邓诺文的办公室曾经召开过一系列的会议讨论炸毁上海发电厂的计划。尽管奥尔曼法官是该发电厂的一个主要股东，但他极力推崇这个计划。戴笠在华盛顿的特工肖勃少校同意大体安排，建议这个行动要"引起那个地区的人的注意。他们也许能以更加直接的方法来实施这个行动"。这使戴笠阻止了这个行动，如果这一行动成功的话。蒋介石便会丢失一个重要的战后资产。见下列关于邓诺文的备忘录：Selected OSS Documents, 1941—1945:W.F.Allman to Donovan, 9/12/42:and Huntington to Donovan, 16/12/42. 关于肖勃在华盛顿的作用，见：Atcheson to Secretary of State, Chongqing, 10 Sept.1943, Confidential U.S.State Department Central Files(China, Internal Affairs), 1940—1944。

3　在 Old Lyme 对 Earle Dane 的采访，1987 年 7 月于美国康州。
4　章微寒：《戴笠与"军统局"》，第 107—108 页。
5　Miles, *A Different Kind of War*, p.128, p.154;Miles Papers, Box, 3, Address to the New York State Police Chiefs Conference.
6　Miles, *A Different Kind of War*, p.157.
7　同上。
8　章微寒：《戴笠与"军统局"》，第 108 页。
9　Miles, *A Different Kind of War*, p.159.
10　冯美铨：《解放前军统在西安和银川的组织与活动》，第 80 页。
11　仲向白：《我所知道的中美特种技术训练第三班——临汝训练班》，第 126 页。
12　Report of Major Arden Dow to director of OSS, CBI Theater, 20/3/44, OSS Papers, pp.7—19;Miles, *A Different Kind of War*, p.158.
13　章微寒：《戴笠与"军统局"》。第 108 页。
14　仲向白：《我所知道的中美特种技术训练第三班——临汝训练班》，第 127 页。
15　章微寒：《戴笠与"军统局"》，第 108 页。
16　仲向白：《我所知道的中美特种技术训练第三班——临汝训练班），第 128 页。
17　Miles, *A Different Kind of War*, p.158.
18　仲向白：《我所知道的中美特种技术训练第三班——临汝训练班》，第 126 页。
19　章微寒：《戴笠与"军统局"》，第 108 页。
20　Miles, *A Different Kind of War*, p.158.
21　章微寒：《戴笠与"军统局"》，第 109 页。
22　裘雨萍：《我所知道的忠义救国军》，第 124—125 页。
23　章微寒：《戴笠与"军统局"》，第 109 页。
24　政府为军队征召劳工导致了成千上万的老百姓"逃山"——逃入山里躲起来。Hung, *War and Popular Culture:Resistance in Modern China, 1937—1945*, p.170。关于国民党征召的生动叙述，见 Crook, *Prosperity Township, Sichuan*, p.30。
25　汤淘：《中美合作所第六特种技术训练班内幕》，第 151 页。
26　章微寒：《戴笠与"军统局"》，第 109 页。
27　汤淘：《中美合作所第六特种技术训练班内幕》，第 148 页。
28　同上书，第 163 页。
29　章微寒：《戴笠与："军统局"》，第 109 页。
30　同上书，第 109—110 页。
31　同上书，第 110 页。
32　同上。
33　同上。
34　同上书，第 110—111 页。

附录五 访谈陈立夫笔记

中山舰事件

中山舰事件发生的前几天，呼吁蒋介石离开广州的压力开始增大。据陈立夫回忆，汪精卫为蒋介石准备了去苏联的护照。他们计划坐船到香港，然后乘俄国货轮抵达俄国港口。蒋介石决定走，他们从广州总部要了车向码头出发。他们快抵达码头的时候，从来不违背或质疑蒋介石的陈立夫这时开口了，他说："我们不能走，不然战役就会失败。您必须返回。"蒋介石的回答是命令司机调转车头开回广州司令部。抵达总部之前，蒋改变了主意，说："不，我们得去苏联。"于是车子又重新调头开向码头。眼看就要到码头了，这时陈立夫终于说："那您如何实施总理的北伐计划？您将如何实现孙中山的计划呢？您将如何体现总理的精神？若您不留下计划北伐，您将如何向他交代呢？还有谁能做这些呢？"他说了这些之后，蒋介石又一次命令司机调转车头，向司令部开去。

正常情况下陈立夫一般从早上六点开始工作到半夜，他为蒋介石抄送、传递所有的通讯和电报等。蒋介石一般晚上九点入寝，但他交代过：若有要人来访，他，陈立夫，可随时来敲他卧室的门。那阵子，有一天半夜，一位访者临门，他是中共中央的一位成员，陈立夫仅认出他姓胡。

这位相识的共产党人对他说：他有重要信息传递给蒋介石。陈立夫因为得到蒋介石的指示：有要事可叫醒他，就去敲蒋介石卧室的门。他们在蒋的房间里做了很长时间的谈话，陈立夫没有参加。他后来估计他们的谈话是有关中山舰起义的阴谋。

这时，陈立夫已经撤换了蒋介石的私人秘书苏绍智。苏绍智自然能看到发送给蒋介石的所有情报，而且他能阻止蒋介石获悉所有可能关于起义的信息，他还能在蒋的活动安排上做手脚以使蒋难以预防对他本人的祸害。陈立夫被召来的原因之一，就是撤换掉苏绍智私人秘书的位置。陈立夫自己没有助手，他一个人独自承担了这个任务，他是蒋介石情报的单一渠道。1926年3月20日发生事变的那天，或前一天，蒋介石本应作为校长去黄埔工作。然而，从广州坐船驶向下游的途中，他看见从河的上游开来的中山舰，他用望远镜瞭望，发现舰艇上的大炮脱下了遮护，而舰艇是在没有得到他向黄埔下令的情况下在自行行驶。于是他立即命令他乘坐的船只调头把他送回广州。

（陈立夫评论说，那几天里蒋介石极度紧张焦虑，好像对即将发生的事件有什么预感或信息似的。）

与此同时，陈立夫本人不断接到汪精卫太太的来电，询问蒋介石在哪儿。等陈立夫回到司令部时，他简单地对汪精卫的太太陈璧君说，他不知道总统的去向。陈璧君听了很生气，在她第三或第四个电话里，她开始对陈立夫吼叫，然后"砰"的一声，很重地把电话挂断。与此同时，蒋介石在召集他自己的军队嫡系人马，准备把苏联顾问们汇拢起来，亲自对党实行控制。

起义开始后，组织部便是关键靶子。组织部共有32位成员，其中29名是共产党员。自然陈果夫接管了组织部，他一个一个地取缔了那些共产党人。

我专门问了陈立夫，在北伐中陈果夫的活动和他本人的活动之间的关系。他简单地回答说，他哥哥负责组织部，而他本人则是蒋介石的私人秘书，在整个北伐中他一直在蒋的身边。

情报和通讯

陈立夫对自己在中国建立了"FBI"（美国联邦调查局）很骄傲。他说他是根据蒋介石的命令办的。他们雇佣了掌握最先进技术的年轻人来干这个工作。这是因为陈立夫本人是学工程的，他曾在美国匹兹堡学习，他决定使用美国学成的工程师和科技人员作为他新"FBI"的人员，那个机构就是后来的"中统"。

我问他是否为下级人员设立过训练班。他说没有，因为他们只使用最优秀和受过良好训练的人，他们在工作过程中培训这些人员。稍后他补充说，当他们向各省扩展建立地方办公处时，他们的确为了向那些办公处提供人员而设立过短期培训课程。

显然技术层面是陈立夫热衷的强项。他的作为之一是开发了一种无线电通讯技术。他在美国听说过这项技术。当其中一个叫做李凡一（音译）的电器专业人员回国后，陈立夫试图在南京和上海之间建立无线电收发器。这个收发器运作很好，它后来成为蒋介石军事运作的关键环节。

比如，当蒋与孙传芳的斗争开始后，孙把所有从上海传出的电报缆线统统切断了。但是，陈立夫在上海有一名特工，他有一个独立而清晰无比的无线电收发器。于是，当何应钦千方百计想与在上海的白崇禧联系而屡遭失败时，陈立夫告诉他自己的这个特殊通讯渠道，可以使用无线电波。于是何应钦得以把自己整个战役计划发送出去，以协调打击孙传芳的各方力量，那场战争是由何应钦与白崇禧指挥的。

密码

　　陈立夫对无线电通讯的兴趣，也体现在他开发密码上。他宣称可以破译送到他手里的任何一套密码，这部分原因是因为他对数学和科学的爱好。他破译的手段之一，自然是运用名字组合，比方说城市的诸名称，这也是他破译军阀密码的主要方法。没有一个军阀的密码没有被他破译的，然后他立即向蒋介石或向某个他能够递送得到的军队司令传送破译的情报。他通常的做法是，在收到密码情报的 24 小时之内，把破译的材料送到领袖的手里。迅速、及时，是他团组的口号，他还训练了一批年轻密码专家来频繁改变这些密码。

　　同时，他还发明了破译密码技术，即用密码学技术来建立一套中国密码编制系统——每天都变化参数！这套系统在北伐中，对蒋介石以智取胜并打败军阀及中央政府的敌人至关重要。

　　曾经有一次蒋介石召集了陈立夫和他的部下，他对他们说：由于他们能够破译密码而获悉到情报，他们的战斗力相当于成千上万个兵力，所以他要奖赏他们十万元，其中陈立夫本人得到一万元。

顾顺章

　　陈立夫宣称，顾顺章是自己跑到国民党武汉警察局投诚的，蔡局长在《传记文学》里陈述过。陈立夫说，顾顺章不是被逮捕的，而是自愿投降的，因为他突然变心了，他突然仇恨他所有的共产党员。这个反复，是顾顺章个性中的典型特点，他本身是个变化无常的人，而且很可能是个心理病态的人。陈立夫说，你可以从他扭曲的脸孔上看到此人内心的仇恨与愤怒。他投向国民党后又回到上海，他若在路上碰到任何一个他以前保卫部门的下属，他都会冲上去抓住那人不放，直到那人被逮捕抓走。陈立夫说，由于他的叛逃，数千共产党人被抓捕。

当时上海的中共地下领导人指挥了报复任务。顾顺章的妻子被杀，她的尸体被埋在中共在上海法租界租的一座房子的地板下。陈立夫专门强调领导者参与了这个特别血腥的事件。我专门问了陈立夫，他是否肯定领导者本人双手沾满鲜血。陈表示他不肯定，但他强调是此人指挥或下令谋杀的。

陈立夫重点指出顾顺章丧心病狂的心理。于是我能轻而易举地把他颇具名望的魔术天才与他作为上海青帮显赫要员的素质连起来。总之，顾顺章反叛之后，他继续穷凶极恶地追捕共产党人。陈立夫说，他最终被国民党枪毙的原因是，他在杀害了成千上万他所仇恨的共产党人后，又想再反叛回到共产党那里。

我问陈立夫，他本人是否亲自审讯过顾顺章。他说没有，他说只是见过一次顾本人。但那唯一的一次让陈对顾狂野而邪恶的本性留下很深的印象。

皈依

陈立夫对于自己成功地"改造"了16000多名年轻共产党人回到国民党那里的事实感到非常骄傲。关键是让他们理解：他们是在跟什么战斗、为什么？那些原则和道德规范的理念意味着什么？若剥去共产党意识形态层面后，它们的实质是什么？陈立夫强调，得让他们学习中国历史、文化、中国传统价值观，一旦学了这些之后，他们就自动放弃共产党的信仰了。他说16000多个年轻人就是这么转变的，他们中间许多人后来在全中国范围内成了国民党地方支部的成员。

情报部门

我问起是否存在一个联合情报部门。他说，1934年各个情报部门分别在他、戴笠、丁默邨的领导下成立后，曾有过定期的联合会议讨论情报工作。但陈立夫强调说，当他的部下发现戴笠的部门同时也在跟他们做一样的情报工作时，他们非常不高兴。正如陈立夫在口述史里提到的，他因此去见蒋介石，他觉得应该让蒋介石知道，他陈立夫清楚戴笠在干什么，但同时不能显出有对立情绪。事实证明陈这样做是对的，后来他们中统的人得知戴笠获有全权运作后，觉得愤愤不平。陈立夫本人对部下的解释是：有必要一只眼睛盯着另一只眼睛，一个耳朵聆听另一个。也就是说：一眼一耳，它们双管齐下监视某个东西，蒋介石让其他人监视这个非常敏感的区域也是非常自然的。

与此同时，陈立夫偶然地发现，在蒋介石贴身人员中存在"机要"人组，这些人负责收集材料，正如后来所证实的，他们在为将来准备各种计划。

魏斐德

1988年9月19日于台北天目

参考文献

英文部分

"Admiral Miles Gets District Naval Post." *New York Times*, July 29, 1956, 18.

"Admiral Miles Retires." *New York Times*, Jan. 15, 1958, 14.

"Admirals at Book Party." *New York Times*, May 11, 1946, 25.

"Allegations That High Officials in Shensi Are Engaged in Espionage for the Japanese." Report from Edward Rice, second secretary on detail at Sian, to Patrick J. Hurley. OSS report XL—12387, June 5, 1945. Office of Strategic Services Archives, War Department. U. S. National Archives, Military Reference Division.

"Alleged Puppet Claims Credit for Activities." *China Press*, Mar. 16, 1946, 1.

"An Eyewitness: Japan Should Apologize Over Nanjing Massacre." *Japan Economic Newswire*. Dec. 12, 1993.

"Anti-Japanese Activity. [Document located in locked safe of the former Japanese embassy in Rio de Janeiro, Brazil. Enclosed in office memorandum from Mr. Hammond to Mr. Drumright, July 30, 1946.]In Confidential U. S. State Department Central Files, China, Internal Affairs, 1945–49."

"Argus Information and Intelligence Bureau." In Shanghai Municipal Police (lnternational Settlement) Files, D—254, 5/6/29. Microfilms from the U. S. National Archives.

"Assassination of Reformed Government Official." Miscellaneous Report NO. 89/39, dated February 19, 1939, in Shanghai Municipal Police(International Settlement) Files. Microfilms from the U. S. National Archives, D—9037, 21/2/39.

"Behind the Scenes of the Xi'an Incident: A Case Study of the Lixingshe", unpublished paper submitted to the China Quarterly, 1997[author unknown].

"'Black Hole of Shanghai' Described to Rotarians. " *China Press*. April 19. 1946. 1.

"Blue Shirt Society. " Report prepared by D. I. Sih Tse-liang. In Shanghai Municipal Police(International Settlement) Files, microfilms from the U. S. National Archives, D—4685, 18/7/35.

"Blue Shirts Organization. " OSS Report XL—47361, 20/3/46(Source: "Yonkers, N, Y, "). Office of Strategic Services. U. S. Army. U. S. National Archives, Military Reference Division.

"Blue Shirts' to Suspend Anti-Japan Activities. " *Shanghai Times*. January 21, 1936, n, p,

"Blue Shirts. " [document located in locked safe of the former Japanese embassy in Rio de Janeiro, Brazil. Enclosed in office memorandum from Mr. Hammond to Mr. Drumright, July 30, 1946].

"Blueshirts-Fascisti Movement in China. "Special Branch Secret Memorandum, June 20, 1933, in Shanghai Municipal Police(International Settlement) Files, No. D—4685. Microfilms from the U. S. National Archives.

"Blueshirts Organization. " Report from Nelson Trusler Johnson. Nanking Legation, to Secretary of State. May 8. 1937. In Records of the Department of State Relating to the Internal Affairs of China, 1930—1939, No. 00/14121(June 10, 1937).

"Chen Loh, Foreign Minister of 'Reformed' Rule, Killed. " *North China Daily News*, February 21, 1939, 1.

"Chen Loh, Minister of Reformed Government, Is Assassinated on Sunday. " *Shanghai Times*, February 21, 1939, 1.

"China Convicts American, 67, as Taiwan Spy. " *New York Times*. August 24. 1986. 1. 11.

"China Peace National Salvation Alliance Army. " Confidential Special Branch Memorandum, February 14, 1940, in Shanghai Municipal Police(International Settlement) Files, D—8155B. Microfilms from the U. S. National Archives.

"Chinese Guerrillas Found Set to Fight. " *New York Times*, August 10, 1957, 3.

"Chung Yee Guerrilla Band. " OSS Report XL—13248, 19/7/45, Office of Strategic Services Archives, War Department. U. S. National Archives, Military Reference Division.

"Concentration Camp System in China. " Memorandum prepared by Philip D. Sprouse, U. S. Consul, Kunming, OSS Report XL—22034, 27/9/45. Office of Stratetic Services Archives, War Department. U. S. National Archives, Military Reference Division.

"Control. " Anonymous document dated 22 September 1944 in Confidential U. S. State Department Central Files(China, Internal Affairs), 1945—1949.

"Cruiser Unit Gets New Chief. " *New York Times*. May 2. 1950. 16.

"Death Bullets Strike Down Puppet Minister in Shanghai Residence. " China Press, February 21, 1939, 1.

"Death of Tai Li. " *The China Weekly Review*, Vol, 101, No, 5(March 30, 1946), 91—92.

"Deposition of Dan Pau Nyi. " In Shanghai Municipal Police(International Settlement) Files, D—9037, 3/11/39. Microfilms from the U. S. National Archives.

"Deposition of Guo Zhiliang(Koh Tszu Liang). " In Shanghai Munici Dal Police(International Settlement) Files, D—9037, 26/3/39. Microfilms from the U. S. National Archives.

"Deposition of Ping Foh Chang. " In Shanghai Municipal Policc(International Settlement) Files, D—9037, 3/11/39. Microfilms from the U. S. National Archives.

"Deposition of Shao Fusheng(Zau Foo Sung). " In Shanghai Municipal Police(International Settlement) Files, D—9037, 26/3/39. Microfilms from the U. S. National Archives.

"Deposition of Sung Yah Shing. " In Shanghai Municipal Police(International Settlement) Files, D—8635, 24/7/38. Microfilms from the U. S. National Archives.

"Depositlon of Tsou Sue Kong. " In Shanghai Municipal Police(International Settlement)Files, D—8635, 26/7/38. Microfilms from the U. S. National Archives.

"Deposition of Tsu Zung Foo. " In Shanghai Municipal Police(International Settlement) Files, D—8635, 26/7/38. Microfilms from the U. S. National Archives.

"Deposition of Wong Tz Koo. " In Shanghai Municipal Police(International Settlement) Files, D—8635, 27/7/38. Microfilms from the U. S. National Archives.

"Deposition of Zau Liang. " In Shanghai Municipal Police(International Settlement) Files, D—8635, 26/7/38. Microfilms from the U. S. National Archives.

"Deposition of Zong Kwei Kong. " In Shanghai Municipal Police(International Settlement) Files, D—8635, 25/7/38. Microfilms from the U. S. National Archives.

"Deposition of Zoo Ts Au. " In Shanghai Municipal Police(International Settlement) Files, D—9037, 14/12/39. Microfilms from the U. S. National Archives.

"Dramatic Retraction in Liu Case. " *China Daily*, May 13, 1985, 3.

"Emergency Period Service Group Report. " Report of September 23, 1937. In Shanghai Municipal Police(International Settlement) Files, D—8039a. Microfilms from the

U. S. National Archives.

"Father, Son Stand Trial for Treason. " *China Press*, April 19, 1946, 1.

"Further Assistance to Japanese Military Police. " Report by DSI Crighton in Shanghai Municipal Police(International Settlement) Files. Microfilms from the U. S. National Archives. D—9037. 18/3/39.

"Further Crackdown Lurks Behind Dark Lenses", *Hong Kong Mingbao*, September 18, 1991, 8, translated in *Inside China Mainland*, 13. 11: 5—6(November1991).

"Further Statement of Dan Pao Yee. " Made to Japanese Gendarmerie Headquarters. In Shanghai Municipal Police(International Settlement) Files, D—9037, 24/10/39. Microfilms from the U. S. National Archives.

"Further Statement of Ping Foh Chong(II). " Made to Japanese Gendarmerie Headquarters. In Shanghai Municipal Police(International Settlement) Files, D—9037, 21/10/39. Microfilms from the U. S. National Archives.

"Further Statement of Ping Foh Chong(III). " Made to Japanese Gendarmerie Headquarters, In Shanghai Municipal Police(International Settlement) Files, D—9037, 24/10/39. Microfilms from the U. S. National Archives.

"Further Statement of Ping Foo Chang. " Made to Japanese Gendarmerie Headquarters, In Shanghai Municipal Police(International Settlement) Files, D—9037, 20/10/39. Microfilms from the U. S. National Archives.

"General Tai Li, One Hundred Years. " In SACO News, editor, Richard Rutan, La Quints, California, Issue No. 13, March 1996, 5—14.

"Graphic Summary of the Formosa Situation. " Office of Intelligence and Researlh Report, No. 5320, August 21, 1950 in D516.

"Hands Across the Blotter. " *The New Yorker*, March 24, 1945: 24.

"History and Methods of the Nanking Puppet Intelligence Section. " OSS Report XL—20586, Kunming, 24/8/45. Office of Stratetic Services Archives. War Department. U. S. National Archives, Military Reference Division.

"How the Foreign Minister Was Assassinated. " Xin Shenbao, November 9, 1939, translated in Shanghai Municipal Police(International Settlement) Files. Microfilms from the U. S. National Archives, D—9037, 9/11/39.

"Influential Elements in the Kuomintang(and National Government). " *China Records*, January 1943.

"Interview with MaoTsu-P'ei. " Report from Harold wiens, OSS Headquarters,

Chungking. OSS Report XL—10952, 31/5/45. Office of Stratetic Services Archives, war Department. U. S. National Archives, Military Reference Division.

"Japanese Demand Changes in Settlement Police as Terrorist Wave Continues Unabated. " *The China Weekly Review*, September 27, 1941, 108.

"Memorandum On Mr. Tu Yueh-sung, alias Tu Yuin. " Secret police memorandum, in Shanghai Municipal Police(International Settlement) Files, D—9319, 1/9/39. Microfilms from the U. S. National Archives.

"Memorandum on the Blue Shirt Society. " Special Branch Secret Memorandum, December 9, 1940, in Shanghai Municipal Police(International Settlement) Files, No. D—4685. Microfilms from the U. S. National Archives.

"Mexico Honors U. S. " *New York Times*, October 20, 1955, 19.

"Milton Miles, 60, Admiral, is Dead. " *New York Times*, March 26, 1961, 93.

"Minutes of Meeting with General Tai Li. " 30 January 1945, U. S. Army Headquarters, Chungking, China in General William J. Donovan, Selected OSS Documents, 1941—1945. Microfilm, Record Group 226, Entry 180[File no. , reel number].

"News of the Week. " *The China Weekly Review*, Vol. 101, No. 5(March 30, 1946), 103.

"Nine Suspects Arrested for Tseng Killing. " China Press, July 23, 1938, filed in Shanghai Municipal Police(International Settlement) Files, D—8635, 22/7/38. Microfilms from the U. S. National Archives.

"Notorious Gang Chief Shot Down. " Shanghai Times, 26 November 1936. In Shanghai Municipal Police(International Settlement) Files, D—7045, 26/11/36. Microfilms from the U. S. National Arehives.

"Outbreak of War Put into Perspective. " *China Daily*, August 22, 1985, 4.

"Pai's Mansion Pogrom by SACO Told by Survivors. " Xinhua: Beijing, Nov. 18 in Shanghai News, Nov. 21, 1950, 2.

"People in Shensi Recall U. S. Crimes with Hatred. "Xi'an, Nov. 26, Xinhua, in Shanghai News, Nov. 28, 1950, 3.

"Political Terrorism Unabated Here;Court Judges Threatened with Harm. " *The China Weekly Review*, September 21, 1940, 92—93.

"Private Groups Step Up Ai'd to 'Contras'. " *Washington Post*, May 3, 1985, A22—A23.

"Problems and Politieal Factors Involved in Central Government Control of Northeast China. " R & A No. 3690, U. S. Department of State, Intelligence and Research

Division, Shanghai, January 25, 1946.

"Progress Re Enforcement of Pao Chia System in the Settlement. " Report, April 7, 1942, Shanghai Municipal Police(International Settlement) Files, N—1437—1(6). Microfilms from the U. S. National Archives.

"Proposal for the Establishment of a Strategic Services Detachment from OSS China Theater in the Pacific Theater. " Doc #YK009—729, 7/29/45, 11 pages, in General William J. Donovan, selected OSS Documents, 1941—1945. Microfilm, Record Group 226. Entry 180 [File no. , reel number].

"Relations Between General Lung Yun, Chairman of the Yunnan Provincial Government and the Gentral Government;Possible Factors in the Appointment of Lung as Deputy Commander in Chief of the Chinese Armed Forces", dated February 27, 1945, in Department of State, Internal Affairs of China.

"Report Relating to Counterespionage Work in Kwangtung During November1925. " In Wilbur, C. Martin and Hao, Julie Lienying. *Missionaries of Revolution: Soviet Advisors and Nationalist China, 1920—1927*. Cambridge: Harvard University Press, 1989, 554—561.

"Rules and Regulations of the Shanghai Municipality Comrades Association forthe Elimination of Communists. " Special Branch Secret Memorandum, May 29, 1934, in Shanghai Municipal Police(International Settlement) Files, D—4685. Microfilms from the U. S. National Archives.

"Rules and Regulations of the Shanghai Municipality Comrades Association forthe Elimination of Communists. " In D. S. MacArdie's Report, 27 May 1934, in Shanghai Municipal Police(International Settlement) Files, No. D—4685. Microfilms from the U. S. National Archives.

"Shanghai Special Service Corps Arrest. " Report by Detective Sergeant Pitt, October 25, 1937 In Shanghai Municipal Police(International Settlement) Files, D—8039a. Microfilms from the U. S. National Archives.

"Sino-Japanese war in Shanghai. " *China Quarterly*, October 15, 1937, 609—627. "Statement of Dan Pao Yee. "In Shanghai Municipal Police(International Settlement) Files, D—9037, 23/10/39. Microfilms from the U. S. National Archives.

"Stepanov's Report on the March 20th Incident. " in Wilbur, C. Martin and Hao, Julie Lien-ying. *Missionaries of Revolution: Soviet Advisors and Nationalist China,*

1920—1927. Cambridge: Harvard University Press, 1989.

"Summary of Wang Yao Jao. " In Shanghai Municipal Police(International Settlement) Files. Microfilms from the U. S. National Archives, D—5374, 12/12/36.

"Terrorism Again Hits Shanghai. " *Shanghai* 1. 3(July 1941): 5—11.

"Terrorist Killings Cause Japanese to Restrict Movements in Hongkew. " *The China Weekly Review*, August 30, 1941, 393.

"The Blue Shirt Society and the Arrest of Yuan Hsueh Yi. " Report prepared by Detective Inspector Sih Tse-liang, June 29, 1935, in Shanghai Municipal Police(International Settlement) Files, D—4685. Microfilms from the U. S. National Archives.

"The Blue Shirt Society. " *Beiping Chen Bao*, date unknown. Translated in SpecialBranch Report, June 29, 1933, in Shanghai Municipal Police(International Settlement) Files, No. D—4685. Microfilms from the U. S. National Archives.

"The Fascist or 'Blueshirt' Party in China. " Special Branch secret memorandum, November 23, 1934, in Shanghai Municipal Police(International Settlement) Files, D—4685. Microfilms from the U. S. National Archives.

"The Ivanow Murder and Japanese Intrigue in the Local Russian Community. " *The China Weekly Review*, Sept 27, 1941, 97—99.

"The Nationalist Youth Party. " Memorandum in Shanghai Municipal Police(International Settlement) Files, D—4040, n. d. [1933?]. Microfilms from the U. S. National Archives.

"The Tai Li Organization in China. " Project Number 448, Political Branch of the War Department General Staff Military Intelligence Division, G—1. 19 August 1944, in Miles Papers, Box 39. Washington Naval Yard Copies provided by Professor Wang Xi, Department of History, Fudan University, Shanghai.

"Third Naval District Pipes Aboard New Commandant. " *New York Times*, August 1, 1956, 15.

"Three Admirals Shifted. " *New York Times*, November 30, 1949, 54.

"Ting Yung Hang Dies at 79;an Ex-Journalist and Scholar. " *New York Times*, 12 May 1987, D31.

"Trade between Occupied China and Free China. " Situation Report 6, Office of Strategic Services, Research and Analysis Branch, Far Eastern Section, R & A553, June 16, 1942.

"Twelve Detained in Terrorist Probe May Be Handed Over", *China Press*, July 30, 1938, filed in Shanghai Municipal Police(International Settlement) Files, D—8635, 1/8/38. Microfilms from the U. S. National Archives.

"Twenty-four Terrorist Suspects Land in Police Net. " *China Press*, July 24, 1938, filed in Shanghai Municipal Police(International Settlement) Files, D—8635, 27/7/38. Microfilms from the U. S. National Archives.

"U. S. Inaugural Group Reaches Mexico City. " *New York Times*, November 29, 1952. 13.

"U. S. Taught Torture, Execution to Latin American Officers. " *San Francisco Chronicle*, Sept. 21, 1996, A3.

"Vice Admiral Milton E. Miles, United States Navy, Retired. " Information of U. S. Navy Office Biographies Branch, 13 Feb. 1958, Files at Washington Navy Yard.

"Wang's Moral Crusade Short-Lived;Police Permit Gamblers to Resume Operations. " *The China Weekly Review*, June 28, 1941, 108—109.

"War Won at Expense of 20 Million People's Lives. " *China Daily*, August 21, 1985, 4.

"Wave of Local Terror Rises as Gunmen Kill Chinese Banker Here. " *The China Weekly Review*, August 23, 1941, 361, 373.

"Widow of Murdered Writer Files Lawsuit. " *China Daily*, October 15, 1985, 1.

"Xiao mie gongfei hongdui an chi jingyan jianshu"[A concise account of the experienee of the case of the elimination of the Communist bandits Red Brigade] in"Zhuanbian"[Turned]. In the Bureau of Investigation Archives, printed in Dec. 1933, Record No. 9771(245. 3/841/C. 1).

Adams, Leonard P. , Ⅱ. China: *The Historical Setting of Asia's Profitable Plague*. In Alfred W. McCoy et al. The Politics of Heroin in Southeast Asia. New York: Harper and ROW, 1972, 363—383.

Adelman, Jonathan R. "Soviet Secret Police. " In Jonathan R. Adelman, ed. , *Terror and Communist Politics: The Role of the Secret Police in Commuhist States*. Boulder: Westview Press, 1984, 79—131.

Agee, Philip Inside the Company: CIA Diary. New York: Stonehill, 1975.

Akashi Yoji. "A Botched Peace Effort: The Miao Pin Kosaku, 1944—1945", in Alvin D. Coox and Hilary Conroy, eds. , China and Japan: Search for Balance Since World War I. Santa Barbara: ABC-Clio, 1978, 267—288.

Aldrich, Richard J. "Britain's Secret Intelligence Service in Asia During the Second

World War", *Modern Asian Studies*, 32. 1: 179—217(1998).

——. *Intelligence and the War against Japan: Britain, America and the Politics of Secret Service*, Cambridge, England: Cambridge University Press, 2000.

Amnesty International Report on Torture, New York: Farrar, Straus, and Giroux, 1975.

Anderson, Dennis J. "Kang Sheng: A Political Biography, 1924—1970. "Ph. D. thesis, St. John's University, New York, 1973.

Annan, Noel. "Secret Sharers", *The New York Review of Books*, Vol. 44, No. 14, 25 Sept. 1997. 22—23.

Annex B. "The Organization of the M. O. Section Under SACO", 24 May, 1944, in the OSS files. Reel 112.

Anonymous. "The Elusive Manuscript of Chiang Kai-shek's Second Wife, Chen Jieru. " Unpublished manuscript submitted to *China Quarterly*, August 1992.

Argus. "Motives Behind the Reorganization of the Puppet Government. " *The China Weekly Review*, Sept. 6, 1941, 11, 28.

Band, Claire and William. *Dragon Fangs: Two Years with Chinese Guerrillas*. London: George Allen and Unwin, 1947.

Barber, Noel. *The Fall of Shanshai*. New York: Coward, McCann and Geoghegan, 1971.

Baumler, Alan. "Playing with Fire: The Nationalist Government and Popular Anti-Opium Agitation in 1927—1928", *Republican China* 21. 1: 43—91(November1995).

Bertram, James M. *First Act in China: The Story of the Sian Mutiny.* New York: Viking Press, 1938.

Bianco, Lucien. "The Responses of Opium Growers to Eradication Campaigns and Poppy Tax: China, 1900—1945", paper presented at the conference on Opium in East Asian History, 1830—1945. University of Toronto-York University, 9—10 May 1997.

Bickers, Robert. "The Business of a Secret War: Operation 'Remorse' and SOE-Salesmanship in Wartime China", Association of Asian Studies Meeting, San Diego, March 11, 2000.

Bird, Kai and Max Holland. "Capitol Letter. " *The Nation*, June 7, 1986, 783.

Blackstock, Paul W. *The Secret Road to World War Two: Soviet Versus Western Intelligence, 1921—1939*. Chicago: Quadrangle Books, 1969.

Blair, William G. "Four Are Convicted as Racketeers in Taiwan Gang. " *New York Times*, September 20, 1986, 6.

Bonnet, Elena. "My Secret Past: The KGB File", T*he New York Review of Books*, Vol. 39, No. 12, 46—49, June 25, 1992.

Boorman, Howard L. , et al. , eds. Biographical Dictionary of Republican China. 5 vols. New York: Columbia University Press, 1967—1971, 1979.

Boyle, John Hunter. *China and Japan at War, 1937—1945: The Polities of Collaboration.* Stanford: Stanford University Press, 1972.

Branch, Taylor, and Eugene M. Propper. *Labyrinth*. Harmondsworth: Penguin Books, 1982.

Braun, Otto. *A Comintern Agent in China, 1932—1939.* Stanford: Stanford University Press, 1982.

British Foreign Office Records. London: The Majesty's Public Record Office.

Brooks, Barbara. "Spies and Adventurers: Kawashima Yoshiko. " Paper presented at the Center for Chinese Studies Regional Seminar, Berkeley, 21 March 1987.

Buhite, Russell D. *Nelson T. Johnson and American Policy Toward China, 1925—1941.* East Lansing: Michigan State University Press, 1968.

Bunker, Gerald E. *The Peace Conspiracy: Wang Ching-wei and the China War, 1937—1941*. Cambridge: Harvard University Press, 1972.

Burton, Wilbur. "Chiang's Secret Blood Brothers. " *Asia*, May 1936, 308—310.

Butterfield, Fox. "Ex-General Provided Arms Channel. " *New York Times*, December 6, 1986, 7.

——. "Twenty-one Indicted in New England as Core of Organized Crime. " *New York Times*, March 27, 1990, A8.

Byron, John, and Robert Pack. *The Claws of the Dragon: Kang Sheng the Evil Genius Behind Mao and His Legacy of Terror in People's China*. New York: Simon and Schuster, 1992.

Cadart, Claude, and Cheng Yingxiang. *Mémoires de Peng Shuzhi: L'Envol ducommunisme en Chine*. Paris: Gallimard. 1983.

Caldwell, Oliver J. *A Secret War: Americans in China, 1944—1945*. Carbondale and Edwardsville: Southern Illinois University Press, 1984.

Carr, E. H. *The Bolshevik Revolution, 1917—1923*. London: Penguin Books, 1966. 3 vols.

Carte, Gene E. and Elaine H. Carte. *Police Reform in the United States: The Era of August Vollmer, 1905—1932*. Berkeley: University of California Press, 1975.

Carter, Carolle J. *Mission to Yenan: American Liason with the Chinese Communists, 1944—1947*, Lexington: University Press of Kentucky, 1997.

Chen Lifu Materials. Materials relating to the oral history of Mr. Chen Lifu, done with Miss Julie Lien-ying How as part of the Chinese Oral History Project ofthe East Asian Institute of Columbia University between December 1958 and July 2, 1968. [Access to these materials was afforded by Professor Martin Wilbur.]

Ch'I, His-sheng. *Warlord Politics in China, 1916—1928*. Stanford: Stanford University Press, 1976.

——. *Nationalist China at War: Military Defeats and Political Collapse, 1937—1945*. Ann Arbor: University of Michigan Press, 1982.

Chace, James. "Deeper into the Mire. " *New York Review of Books*, March 1, 1984. 40—48.

Chan, Lau Kit-ching. *China, Britain and Hong Kong, 1895—1945*. Shatin, Hong Kong: The Chinese University of Hong Kong, 1990.

Chang Kuo-t'ao. *The Rise of the Chinese Communist Party, 1921—1927*. Lawrence: the University Press of Kansas, 1971. 2 vols.

Chang, Iris. *The Rape of Nanking: The Forgotten Holocaust of World War* II . New York: Basic Books, 1997.

Chang, Maria Hsia. "'Fascism' and Modern China", *China Quarterly* 79: 553—567.

——. *The Chinese Blue Shirt Society: Fascism and Developmental Nationalism*. Berkeley: Institute of East Asian Studies, University of California, 1985.

Chang, Parris H. "The Rise of Wang Tung-hsing: Head of China's Security Apparatus. " *China Quarterly* 73(March 1978): 122—137.

Chang, Sidney H. and Ramon H. Meyers, "The Storm Clouds Clear Over China: The Memoir of Chen Li-fu, 1925—1992", manuscript, November 20, 1992.

Chardy, Alfonso. "U. S. Plans to Train Salvadoran Police. " *Miami Herald*, November 9, 1985, 18A.

Chen Guanfeng. "Li Promises Taiwan Greater Freedoms. " *China Daily*, March 7, 1985, 1.

Chen Jingbao and Chen Yanping. "A Sketch of China's Secret Service—Past and Present", *China Forum* 1. 12(Dec. 1991): 1—14.

Chen, Pin-ho. "The Militia of Kwangsi", The China Critic Vol. 18, No. 3: 58-60(July

15, 1937).

Chen, Yung-fa. "Reconsidering the 'Yan'an Way': From Rectification to Cadre-Screening and Spy-Hunting", paper given at Annual Meeting of the Associationfor Asian Studies, Boston, March 25—27, 1994.

Making Revolution: The Communist Movement in Eastern and Central China. 19, 65—67, 69.

Downton, Eric. Wars Without End. Toronto: Stoddart Publishing Col, Ltd, 1987.

Durdin, Tillman. "U. S. 'Cloak and Dagger' Exploits and Secret Blows in China Bared. " *New York Times*, September 14, 1945, 1, 5.

Eastman, Lloyd E. "Facets of an Ambivalent Relationship: Smuggling, Puppets, and Atrocities during the War, 1937—1945. " In Akira Iriye, ed., *The Chinese and the Japanese: Essays in Political and Cultural Interactions*, 275—303. Princeton: Princeton University Press, 1980.

——. "Fascism and Modern China: A Rejoinder. " *China Quarterly* 80: 838—842(Dec. 1979).

——. "Who Lost China? Chiang Kai-shek Testifies. " *China Quarterly* 88: 658—668 (December 1981).

——. "The Rise and Fall of the Blueshirts: A Review Article", *Republican China*, 12: 30—40(November 1987).

——. *Seeds of Destruction: Nationalist China in War and Revolution, 1937—1949.* Stanford: Stanford University Press, 1984.

Eastman, Lloyd E. , Jerome Ch'en, Suzanne Pepper, and Lyman P. Van Slyke. *The Nationalist Era in China, 1927—1949.* Cambridge: Cambridge University Press, 1991.

Eftimiades, Nicholas, *Chinese Intelligence Operations.* Annapolis: Naval Institute Press, 1994.

Eisenstadt, S. N. *Die Vielfalt der modern.* Gottingen: Velbruck Wissenschaft, 2000.

Elkins, W. f. "Fascism in China: The Blue Shirts Society, 1932—37. " *Scienceand Society* 33. 4(1969): 426—33.

Elvin, Mark and G. William Skinner, eds. *The Chinese City Between Two Worlds.* Stanford, 1974.

Engelberg, Stephen. "James Angleton, Counterintelligence Figure, Dies. " *New York Times*, 12 May 1987, D31.

Epstein, Israel. Interview. Beijing, March 10, 1985.

——. *The Unfinished Revolution in China.* Boston: Little, Brown & Co. , 1947.

Eskelund, Paula, and Schiff. *Squeezing Through!Shanghai Sketches 1941—1945.* Cornell: Wason Collection(D802C5E75).

Espinal, Rosario. "Labor, Politics, and Industrialization in the Dominican Republic. " *Kellogg Institute for International Studies*, University of Notre Dame, 1987.

Ezpeleta, Mariano. *Red Shadows Over Shanghai.* Quezon City: Zita Publishing Corporation, 1972.

Fairbank. John K. "Review: A Different Kind of War. " *Pacific Affairs* 41. 2(Summer 1968): 275—276.

Faligot, Roger, and Remi Kauffer. *Kang Sheng et les services secrets chinois* (1927—1987). Paris: Robert Laffont, 1987.

Feith, Herb. "Repressive Developmentalist Regimes in Asia", Alternatives 7: 491—506(1981).

Fewsmith, Joseph. *Party, State, and Local Elites in Republican China: Merchant Organizations and Politics in Shanghai.* Honolulu: University of Hawaii Press, 1985.

——. "Reponse to Eastman. " *Republican China* 9. 2: 19—27(Feb. 1984).

Field, Andrew. Personal letter. 1, November 1998.

Finch, Percy. *Shanghai and Beyond.* New York: Charles Scribner's Sons, 1953.

Fitzgerald, John. "Guomindang Political Work in the Armed Forces During the Guangdong Provincial Campaigns. " Papers on Far Eastern History. 32(September 1985), 71—98.

Fitzgerald, Oscar P. Checklist: Records of U. S. Naval Group China and Vice Admiral Milton E. Miles, 1922—1957. Washington, D. C: U. S. Naval History DiviSion, Operational Archives, 1967, revised in 1984.

Follett, Ken. "The Oldest Boy of British Intelligence. " *New York Times Book Review*, December 27, 1987, 5—6.

Ford, Corey. *Donovan of OSS.* Boston: Little, Brown and Company, 1970.

Ford, Franklin L. *Political Murder: From Teranocide to Terrorism.* Cambridge, Mass: Harvard University Press, 1985.

Foreign Relations of the United States. Diplomatic Papers, 1942, China. Washington, D. C. : Government Printing Office, 1957.

Foreign Relations of the United States. Diplomatic Papers, 1943, China. Washington, D.

C. : Government Printing Office, 1957.

Fromkin, David. "Daring Amateurism: The CIA's Social History", *Foreign Affairs* Vol. 75. 1(Jan/Feb. 1996): 165—172.

Fu, Poshek. *Passivity, Resistance, and Collaboration: Intellectual Choices in Occupied Shanghai, 1937—1945*. Stanford: Stanford University Press, 1993.

Gander, MacLean, et al. "The Murder of Henry Liu. " *Newsweek*, April 1, 1985, 10.

Gee, Kennson. "Effect of Freezing on Interior Remittances. " *The China Weekly Review*, August 23, 1941, 369.

Gentry, Kurt J. Edgar Hoover. *The Man and the Secrets*. New York: W. W. Norton. 1991.

Gillin, Donald G. and Ramon H. Myers, eds. *Last Chance in Manchuria: The Diary of Chang Kia-ngau*, translated by Delores Zen with the assistance of Donald G. Gillin. Stanford: Hoover Institution Press. 1989.

Gillin, Donald G. *Warlord: Yen His-shan in Shanxi Province, 1911—1949*. Princeton: Princeton University Press, 1967.

Gilln, Donald G. , with Charles Etter. "Staying On: Japanese Soldiers and Civilians in China, 1945—1949. " *Journal of Asian Studies* 42. 3(May 1983): 497—518.

Gittings, John. *The Role of the Chinese Army*, London: Oxford University Press, 1967.

Godley, Michael R. "Fascismo e nazionalismo Cinese: 1931—1938. Note oreliminari alo studio dei rapporti Italo-Cinese durante il perildo faseista. " Storia contemporanea 4. 4: 739—77(Dec. 1973).

Goleman, Daniel. "The Torturer's Mind: A Complex View Emerges. " *International Herald Tribune*, May 18—19, 1985, 16.

Goodfellow, Millard Preston. Personal papers. Hoover Archives. 4 boxes.

Gourlay, Walter E. "'Yellow' Unionism in Shanghai: A Study of Kuomintang Technique in Labor Control, 1927—1937. " *Papers on China*, Vol. 7, 103—135. Cambridge, Mass: Harvard University Committee on International and Regional Studies, 1953.

Gray, Adeline. "China's Number Two Man", RG 226, Entry 139, Box 183, Folder 2449, OSS Files, National Archives, Washington, D. C.

——. "The Loyal Patriotic Army: A Guerilla Organization Under Tai Li. " RG 226, Entry 139, Box 183, Folder 2449, OSS Files, National Archive, Washington D. C., 18—29.

Haritos-Fatouros, Mika. "The Official Torturer: A Learning Model for Obedience to the Authority of Violence. " Paper to be published in Journal of Applied Psychology.

Hauser, Ernest O. *Shanghai: City for Sale*. New York: Harcourt, Brace and Co. , 1940.

Henriot, Christian. "Municipal Power and Local Elites. " Republican China 11. 2: 1—21(April 1986).

Hershatter, Gall. "The Subaltern Talks Back: Prostitution, Reform, and Gendered Power in Republican China. " Paper prepared for the conference on"After 'Orientalism': East Asia in Global Cultural Criticism. " University of California, Berkeley, April 24—25, 1992.

Hinsley, F. H. *British Intelligence in the Second World War*. Abridged version. New York: Cambridge University Press, 1993.

Honig, Emily. "Women Cotton Mill Workers in Shanghai, 1919—1949. " Ph. D. Dissertation, Stanford, 1982.

Hooton, E. R. *The Greatest Tumult: The Chinese Civil War, 1936—49*. London: Brassey's. 1991.

Houn, Franklin W. *To Change a Nation: Propaganda and Indoctrination in Communist China*. East Lansing: Michigan State University, 1961.

Howard, Joshua H. "Workers at War: Industrial Relations in the Nationalist Arsenals of Chongqing, 1932—1949", Ph. D. thesis, University of California, Berkeley, 1998.

"Workers at War: Labor in the Nationalist Arsenals of Chongqing, 1937—1949". Draft Version, Chapter 6, 2.

Hudson, Edward. "Gen. Ho Ying-chin Dies at 97;a Nationalist Chinese Leader. " *New York Times*, 22 October 1987, B8.

Hung, Chang-tai. *War and Popular Culture: Resistance in Modern China, 1937—1945*. Berkeley: University of California Press, 1994.

Hunter, Neale. "The Chinese League of Left-Wing Writers, Shanghai, 1930—1936. " Ph. D. thesis, Australian National University, August 1973.

Isaacs, Harold R. , ed. *Five Years of Kuomintang Reaction*. Reprinted from the special May edition of China Forum. Shanghai: China Forum Publishing Company, May 1932.

Israel, John. "The Red Guards in Historical Perspective: Continuity and Change in the Chinese Youth Movement. " *China Quarterly*, No. 30(April-June 1967), 1—32.

Israel, John. *Student Nationalism in China, 1927—1937*. Stanford, Calif. , Published for the Hoover Institution on War, Revolution, and Peace by Stanford University Press, 1966. Stanford: Stanford University Press, 1966.

Jae, Hoon Shim. "A Question of History. " Far Eastern Economic Review, April 14, 1988, 34—35.

James Bamford. *The Puzzle Palace: A Report on America's Most Secret Agency.* New York: Penguin Books, 1983.

Jansen, Marius B. *Japan and China: From War to Peace, 1894—1972.* Chicago: Rand McNally, 1975.

Jenner, W. J. F. "Tough Guys, Mateship, and Honour: Another Chinese Tradition", *East Asian History* 12: 1—34(December 1996).

Jiang Yixin. "Sorrow and Devotion Flow on Rainflower Terrace. " *China Daily Supplement*, May 29, 1985, 4.

Johnson, Chalmers. *An Instance of Treason: Ozaki Hotsumi and the Sorge Spy Ring.* Stanford: Stanford University Press, 1964.

Jonas, George. *Vengeance.* New York: Bantam Books, 1984.

Jordan, Donald A. *The Northern Expedition: China's National Revolution of 1926—1928.* Honolulu: University of Hawaii Press, 1976.

Judt, Tony. "The Longest Road to Hell. " *New York Times*, December 22, 1997, A21.

Jud, Linda. "From Youth Gangs to Syndicate: The Chinese Mob at Home and A broad. " *San Francisco Focus*, December 1986, 80—81.

Kahn, David. T*he Codebreakers: The Story of Secret Writing*. New York: The MacMillan Co. , 1967.

Kaplan, David E. *Fires of the Dragon: Politics, Murder and the Kuomintang*. New York: Atheneum, 1992.

Kaplan, David E. , Donald Goldberg, and Linda Jue. "A Tale of Two Lees. " *San Francisco Focus,* December 1986, 82—83, 147—148.

Kaplan, David E. , Donald Goldberg, and Linda Jue. "Enter the Dragon. " *San Francisco Focus*, December 1986, 68—79.

Kapp, Robert. "Chungking as a Center of Warlord Power", in Katz, Barry M. . *Foreign Intelligence: Research and Analysis in the Office of Strategic Services, 1942—1945.* Cambridge: Harvard University Press, 1989.

Kelley, David E. "Sect and Society: The Evolution of the Luo Sect among Qing Dynasty Grain Tribute Boatmen, 1700—1850. " Ph. D. thesis, Harvard University,

1986.

Kerr, Peter. "Chasing the Heroin from Plush Hotel to Mean Krebs, Edward S. Assassination in the Republican Revolutionary Movement. " *Ch'ing-shih wen't'i*, 4. 6(December 1981), 45—80.

Kinkley, Jeffrey C. *Chinese Justice, The Fiction: Law and Literature in Modern China*. Stanford: Stanford University Press, 2000.

Krauss, Clifford. "The Spies Who Never Came in from the Cold War. " *New York Times*, March 7, 1999, WK3.

Kuhn, Philip A. *Rebellion and its Enemies in late imperial China, militarization and social structure, 1796—1864*. Cambridge, Mass, Harvard University Press, 1970.

Landis. Richard B. "Training and Indoctrination at the Whampoa Academy. " In F. Gilbert Chan and Thomas H. Etzhold. eds. . *China in the 1920s: Nationalism and Revolution*. New York: Franklin Watts, 1976, 73—93.

Layton. Edward T. *And I Was There: Pearl Harbor and Midway-Breaking the Secrets*. New York: W. Morrow, 1985.

Legge, James. *The Chinese Classics with a Translation, Critical and Exegetical Notes, Prologomena, and Copious Indexes*. Taibei: Wenxing shudian, 1966. 7 vols.

Lestz, Michael E. "Gli intellettuali del Fuxingshe Fascismo e dittatura del partito in Cina, 1932—1937. " *Storia contemporanea* 18. 2: 269—285(April 1967).

Lestz, Michael E. "The Meaning of Revival: The Kuomintang 'New Right' and Party Building in Republican China, 1925—1936. " Ph. D. dissertation, Yale University, 1982.

Li Helin. "Lu Xun and Soong Ching Ling", *Chinese Literature*, November 1981, pp. 107—116.

Liang, Kan. "The Te Ke in Shanghai: A Study of the Chinese Communist Secret Service, 1927—1934", *Chinese Historians* 6. 2(Fall 1993): 27—44.

Lin, Yutang. *The Vigil of a Nation*. New York: John Day, 1945.

Litten, Frederick S. "'Consider Your Verdict': Otto Braun in China", *CCP Research Newsletter*(Fall 1991): 5—9.

Litten, Frederick S. "The Noulens Affair", *China Quarterly*, June 1994: 492—512.

Lo Kuang-pin and Yang Yi-en. *Red Crag*. Beijing: Foreign Languages Press, 1978.

Loveil, Stanley, P. *Of Spies and Stratagems*. Englewood Cliffs, N. J. : Prentice-Hall, 1963.

Lu, Albert T. "The Unabated Smuggling Situation in North China", Information Bulletin 1. 11: 1—30(Aug 21, 1936), published by the Council of International Afairs, Nanking, China.

Luo Guanzhong. *Three Kingdoms: A Historical Novel*. Transl. Moss-Roberts. Berkeley and Beijing: University of California Press and Foreign Languages Press, 1991.

MacKinnon, Stephen. "The Tragedy of Wuhan, 1938. " *Modern Asian Studies* 30. 4: 931—943(1996).

Madame Chiang Kai-shek. *Madame Chiang Kai-shek Traces Ideals and Growth During Past Two Years of New Life Movement: Success Achieved.* The China Press Double Tenth Supplemen Shanghai, 1935, 17—19.

Marshall, Jonathan. "Opium and the Politics of Gangsterism in Nationalist China, 1927—1945. " *Bulletin of the Committee of Concerned Asian Scholars* 8. 3: 19—48(July Sept 1977).

Martin, Brian. "The Origins of the Green Gang and its Rise in Shanghai, 1850—1920", *East Asian History* (December 1991): 67—86.

May, Gary. *China Scapegoat: The Diplomatic Ordeal of John Carter Vincent.* Washington: New Republic Books, 1979.

Maze, Frederick W. "Japanese Smuggling in North China. " *China Quarterly* Oct. 15, 1937, 597—607. [SM64].

McAleavy, Henry. *A Dream of Tartary: the Origins and Misfortune of Henry P'u Yi.* London: George Alien and Unwin, 1963.

McCormack, Gavan. *Chang Tso-lin in Northeast China*, 1911—1928: China, Japan and the Manchurian Idea. Stanford: Stanford University Press, 1977.

McGehee. Ralph W. *Deadly Deceits: My Twenty-five Years in the CIA*. New York: Sheridan Square Publications, 1983.

McIsaac, Mary Lee. "The Limits of Chinese Nationalism: Workers in Wartime Chongqing, 1937—1945. "Ph. D. thesis, Yale University, 1994.

McWilliams, John C. "Covert Connections: The FBN, the OSS, and the CIA", The Historian, 53. 4: 657—678(Summer 1991).

Metzger, Laurent. "Joseph Ducroux, A French Agent of the Comintern in Singapore(1931—1932)", Journal of the Malaysian Branch of the Royal Asiatic Society Vol 69, Part 1, No. 270(June 1996): 1—20.

Meyer, Kathryn. "Soldiers of Fortune", unpublished paper, Berkeley, 1995.

Meyer, Kathryn and Terry Parsinnen, "Power and Profit", unpublished ms. , Lafayette College, 1997.

Michael, Franz. "The Significane of Puppet Governments", *Pacific Affairs* Pro. 4: 400—412(December 1939).

Miles, Milton E. *A Different Kind of War: The Little Known Story of the Combined Guerrilla Forces Created in China by the U. S. Navy and the Chinese during World War* II . Garden City. New York: Doubleday and Company, 1967.

Miles, Milton E. Personal Papers, Hoover Archives. Stanford, California.

Miller, Michael B. *Shanghai on the Mètro: Spies, Intrigue, and the French Between the Wars.* Berkeley: University of California Press, 1994.

Millett, Kate. *The Politics of Cruelty: An Essay on the Literature of Political Imprisonment.* W. W. Norton, 1994.

Office of Strategic Services, Research and Analysis Branch, Survey of China R & A No. 746, 19 June 1943(repring of 15 May 1942 edition).

Onraet, Renè. *Singapore—A Police Background*, London, Dorothy Crisp and Co. Ltd., n. d.

Pan, Lynn. *Tracing it Home: A Chinese Family's Journey form Shanghai.* Tokyo: Kodansha International, 1992.

Paxton, Robert O. "The Five Stages of Fascism", Journal of Modern History 70. 1(March 1998): 1—23.

Payne, Stanley G. *Fascism: Comparison and Definition.* Madison: Univ. of Wisconsin Press, 1980.

Persico, Joseph E. "The Kremlin Connection", *The New York Times Book Review*, January 3, 1999, 6.

Personal communication from William J. Flaherty, April 6, 1999.

Peterkin, W. J. *Inside China, 1943—1945: An Eyewitness Account of America's Mission in Yenan.* Baltimore: Gateway Press, 1992.

Peters, Edward. *Torture.* New York: Basil Blackwell, 1985.

Pichirallo, Joe. "U. S. Training Anti-Terror Units for Other Nations. " *International Herald Tribune*, March 25, 1985, 1.

Plate, Thomas, and Andrea Darvi. Secret Police: The Inside Story of a Networkof Terror. Garden City, N. Y. : Doubleday, 1981.

Rawski, Evelyn S. "Education and Mobility in Republican China. " Paper presented at the Regional Seminar in Chinese Studies, Center for Chinese Studies, April 11—12, 1986.

Records of the Department of State Relating to the Internal Affairs of China, 1948. 893. 105.

Records of the Department of State Relating to the Internal Affairs of China, 1930—1939. Government Documents Library, Microfilm 31217.

Reynolds, E. Bruce. *Thailand and Japan's Southern Advance, 1940—1945*. NewYork: St. Martin's Press, 1994.

Richelson, Jeffrey T. *A Century of Spies: Intelligence in the Twentieth Century*. New York: Oxford University Press, 1995.

Ristaino, Marcia R. Guide to the Scholarly Resources Microfilm Edition of the Shanghai Municipal Police Files, 1894—1949. Wilmington: Scholarly Resources, Inc. , 1990.

Roberts, Alfed Vaughan, Sum Ngai Ling, and Peter Bradshaw, comps. *Historical Dictionary of Hong Kong and Macau*. Metuchen, N. J. and London, The Scarecrow Press, Inc. , 1992.

Roberts, Moss. "Afterword: About Three Kingdoms", Luo Guanzhong. *Three Kingdoms: A Historical Novel*. Transl. Moss-Roberts. Berkeley and Beijing: University of California Press and Foreign Languages Press, 1991, 937—986.

Romanus, Charles F. , and Riley Sunderland. *United States Army in World War* II : *China-Burma-India Theater*, Vol. 3, Time Runs Out in CBI. Washington: Office of the Chief of Military History, Dept. of the Army, 1959.

Rosinger, Lawrence K. "Wang Ching-wei—The Techinique of a Traitor", *Amerasia* 4. 6: 271—275(August 1940).

SACO News, editor, Richard Rutan, La Quinta, California.

Schoppa, R. Keith. "The Structure, Dynamics, and Impacts of the Shanghai-Coastal Zhejiang Trading System, 1938—1944", paper prepared for the conference on Wartime Shanghai, Lyon, France, October 15—17, 1997.

Chinese Elites and Political Change: Zhejiang Province in the Early Twentieth Century. Cambridge, Mass: Harvard University Press, 1982.

Selected Works of Zhou Enlai, Vol. 1. Beijing: Foreign Languages Press, 1981.

Selle, Earl Albert. *Donald of China*. Sidney: Invincible Press, 1948.

Senate Select Committee to Study Governmental Operations with Respect to

Intelligence Activities, "Supplementary Detailed Staff Reports on Foreign and Military Intelligence", 94th Congress, 2nd Session, Report No. 94—755. U. S. Government Printing Office, Washington, 1976. Book 4, Final Report of the Select Committee to Study Governmental Operation with Respect to Intelligence Activities, United States Senate.

Shanghai Municipal Police(International Settlement) Files, Microfilms from the U. S. National Archives. [Reel number, C. I. D. registry no. , and date of document normally given.]

Shen, Yu. "SACO Reexamined: Sino-American Intelligence Cooperation During World War II. "Association of Asian Studies Meeting, San Diego, March11, 2000.

Sheridan, James E. *Chinese Warlord: the Career of Feng Y-hsiang*. Stanford: Stanford University Press, 1966.

Shillony, Ben Ami. *The Jews and the Japanese: The Successful Outsiders*. Rutland: Charles E. Tuttle, 1991.

Simpson, Christopher. *Blowback: America's Recruitment of Nazis and its Affects on the Cold War*. New York: Weidenfeld and Nicolson, 1988.

Smith, Bradley. *The Shadow Warriors: O. S. S. and the Origins of the C. I. A.* New York: Basic Books, 1983.

Smith, Richard Harris. *OSS: The Secret History of America's First Central Intelligence Agency.* Berkeley: U. C. Press, 1972.

Soong, T. V. Papers. Hoover Archives, Stanford, California.

Stafford, David, *Roosevelt and Churchill: Men of Secrets*. Woodstock: The Overlook Press. 2000.

Stapleton, Kristin. "Urban Politics in an Age of 'Secret Societies': The Cases of Shanghai and Chengdu", *Republican China* 22. 1: 23—64(Nov. 1996).

Staub, Ervin. "Social Evil: Perpetrators and Bystanders of Cruelty. " Paper presented at the meetings of the International Society of Political Psychology, Washington, D. C. , June 25, 1982.

Steiner, Zara. "A Question of Intelligence"[a review of David Stafford, Churchhilland Secret Service, Woodstock, NY: The Overlook Press, 1998.]*New York Times Book Review,* February 22, 1998, 10.

Stiffler, Douglas A. "Taking the Measure of the Wenshi Ziliao: Materials on the Zhongshan Gunboat Incident(March 20, 1926). Berkeley History Seminar paper,

Dec. 1993.

Strategic Services Unit, War Department. RG263 B22, F36 National Archives. 4202—China.

Stranahan, Patricia. *Underground: The Shanghai Communist Party and the Politics of Survival, 1927—1937*. Lanham: Rowman & Littlefield Publishers, Inc. , 1998.

Stratton, Roy. "Navy Guerrilla. " United States Naval Institute Proceedings, July 1963, 83—87.

Strauss. Julia C. "The Evolution of Republican Government", in Frederic Wakeman, Jr. and Richard Louis Edmonds, eds. , *Reappraising Republican China*. Oxford: Oxford University Press, 2000, 75—97.

Subcommittee to Investigate the Administration of the Internal Security Act and Other Internal Security Laws, Committee on the Judiciary of the U. S. Senate. T*he Amerasia Papers: A Clue to the Catastrophe of China*. Washington: Committee Print, 1970. 2 vols.

Susan Tifft. "A Critical Test for Taipei. " *Time*, April 15, 1985, 12—13.

Tatsuo Yamada. "The Foundations and Limits of State Power in Guomindang Ideology—Government, Party and People", in S. R. Schram, ed. , *Foundation and Limits of State Power in China*. London: School of Oriental and African Studies, University of London, 1987: 187—202.

Taylor, Edmond. *A Wakening from History*. Boston: Gambit Incorporated, 1969.

——. *Richer by Asia*. Second edition. Boston: Houghton Mifflin, 1964.

Ter Haar, Barend. "Rethinking 'Violence' in Chinese Culture", in Goran Aijmer and Jon Abbink, eds. , *Meanings of Violence: A Cross Cultural Perspective*. Oxford: Berg, 2000, 123—140.

Tien Wei-wu. *The Sian Incident: A Pivotal Point in Modern Chinese History*. Ann Arbor: University of Michigan Press, 1976.

Tien Hung-mao. *Government and Politics in Kuomintang China, 1927—1937*. Stanford: Stanford University Press, 1972.

Torture in Greece: The First Torturers' Trial, 1975. USA: Amnesty International Publications, 1977.

Tretiak, Daniel. "Political Assassinations in China, 1600—1968. " *In Assassination and Political Violence: A Report to the National Commission on the Causesand Prevention of Violence*, by James F. Kirkham, Sheldon G. Levy, and William J.

Crotty. New York: Praeger Publishers, 1970, 635—671.

Tong, Te-kong and Li Tsung-jen. The Memoirs of Li Tsung-jen. Boulder, CO: Westview Press, 1979.

Trotter, David. "The Politics of Adventure in the Early British Spy Novel", in Wesley K. Wark, ed. , *Spy Fiction, Spy Films, and Real Intelligence*. London: Frank Cass & Co. Ltd. , 1991, 30—54.

Tsou, Tang. "Interpreting the Revolution in China: A Venture in Cross fenilizing History and Social Science Theories. " Unpublished paper. University of Chicago, 1994.

Tuchman, Barbara W. *Stilwell and the American Experience in China, 1911—1945*. New York: The Macmillan Company, 1970.

U. S. Informations Service, *Chinese Press Review, American Consulate General*. Shanghai, China. (see also L12).

U. S. Military Intelligence Reports, China: 1911—1941.

Unger, Jonathan and Anita Chan. "China, Corporatism, and the East Asian Model", *The Australian Journal of Chinese Affairs*, 33: 29—53(Jan. 1995).

Van Slyke, Lyman P. *Enemies and Friends: The United Front in Chinese Communist History*. Stanford: Stanford University Press, 1967.

Van de Ven, Hans. "Introduction", in Hans van de Ven, ed. , *Warfare in Chinese History*. Leiden: Brill, 2000, 1—32.

——. "New States of War: Communist and Nationalist Warfare and State Building", (1928—1934) in Hans van de Ven, ed. , *Warfare in Chinese History*. Leiden: Brill. 2000, 321—397.

Wakeman, Jr. , Frederic. "A Revisionist View of the Nanking, De Cade: Confucian Fascism", in Frederic Wakeman, Jr. and Richard Lewis Edmunds. eds. , *Reappraising Republican China*. London: Oxford University Press, 2000. 141—178.

——. "'Hanjian'(Traitor)!Collaboration and Retribution in Wartime Shanghai", in Wenhsin Yeh, ed. , *Becoming Chinese: Passages to Modernity and Beyond*. Berkeley: University of California Press, 2000, 298—241.

——. "Urban Controls in Wartime Shanghai", in *Wartime Shanghai*. London: Routledge, 1998, 133—156.

——. *Policing Shanghai 1927—1937*. Berkeley, Los Angeles, London: University of California Press, 1995.

———. *The Shanghai Badlands: Wartime Terrorismm and Urban Crime, 1937—1941.* Cambridge: Cambridge University Press, 1996.

Waldron, Arthur. "The Warlord: Twentieth Century Chinese Understandings of Violence, Militarism, and Imperialism", *American Historical Review*, Oct. 1991: 1073—1100.

Waltner. Ann Beth. "The Adoption of Children in Ming and Early Ch'ing China. " Ph. D. Thesis, University of California at Berkeley, 1981.

Wang. Ke-wen. "Sun Yat-sen, Wang Jingwei, and the Guangzhou Regimes, 1917—1928", *Republican China* 22. 1: 1—22(Nov. 1996).

Wang. Ke-wen. "After the United Front: Wang Jingwei and the Left Guomindang", *Republican China*, Vol. 18, Issue 2(April 1993): 1—25.

Wark. Wesley K. "Introduction: Fictions of History", in Wesley K. Wark, ed. , *Spy Fiction, Spy Films, and Real Intelligence.* London: Frank Cass & Co. Ltd. , 1991, 1—16.

Wasserstein, Bernard. *Secret War in Shanghai.* Boston: Houghton Mifflin Co. , 1999.

Weiner, Tim."CIA Bares its Bungling in Report of Bay of Pigs Invasion", *New York Times*, February 22, 1998, 6Y.

———. "How U. S. Aided Death Squads in El Salvador", *S. F. Chronicle*, December 14, 1993: A1, A13.

Weinstein, Allen and Alexander Vassiliev. *The Haunted Wood: Soviet Espionage in America The Stalin Era.* New York: Random House, 1999.

Who's Who in China. Fifth edition. Shanghai: The China Weekly Review, 1936.

Who's Who in China. Supplement to the fifth edition. Shanghai: The China Weekly Review, 1940.

Wilbur. C. Martin. "The Nationalist Revolution: from Canton to Nanking, 1923—1928. " In John K. Fairbank, ed. , *The Cambridge History of China*, Volume 12. Republican China, 1912—1949, Part 1527—1720. Cambridge: Cambridge University Press, 1983.

Wu. Hung. *The Wu Liang Shrine: The Ideology of Early Chinese Pictorial Art.* Stanford: Stanford University Press, 1989.

Wu. Tien-wei. *The Sian Incident: A Pivotal Point in Modern Chinese History*, Ann Arbor Center: for Chinese Studies, University of Michigan, 1976.

Wymant, Robert. *Stalin's Spy: Richard Sorge and the Tokyo Espionage Ring.* New

York: St. Martin's Press, 1996.

Xiang, Lanxin. *Recasting the Imperial Far East: Britain and America in China, 1945—1950*. Armonk: M. E. Sharpe, 1995.

Xu Xiaoqun. "The Fate of Judicial Independence in Republican China, 1912—1937", *China Quarterly*, 149: 1—28(March 1997).

Xu Youwei and Philip Billingsley. "Behind the Seenes at the Xi'an Incident: The Case of the Lixingshe. " *China Quarterly*, 154: 283—307(June 1998).

Xu Zhaoming. "Hanjian Zhou Fohai goujie Juntong jiqi xiachang. "[Chinese traitor Zhou Fohai's unsavory alliance with the BIS and his final outcome]. *Wenshi ziliao xuanji*, No. 64, 202—216. Beijing: Zhonghua shuju, 1979.

Xu Zhucheng. *Du Yuesheng zhengzhuan*[A straightforward biography of Du Yuesheng]. Hangzhou: Zhejiang sheng xinhua shudian, 1982.

Xu Zongyao. "Zuzhi Juntong Beiping zhan heping qiyi de qianqian houhou". *Wenshi ziliao xuanji* , No. 68, 126—151. Beijing: Zhonghua shuju, 1980.

Xu, En-zeng. *The Invisible Conflict*. Hong Kong: The Green Pagoda Press Ltd. , 1962.

Yardley, Herbert O. *The Chines Black Chamber: An Adventure in Espionage*. With an introduction by James Bamford. Boston: Houghton MifflinCompany, 1983.

Yeh, Wen-hsin. Letter dated July 3, 1985.

——. *The Alienated Academy: Culture and Politics in Republican China, 1919—1937*. Council on East Asian Publicans, Harvard University Press, 1990.

——. "Urban warfare and Underground Resistance: Heroism in the Chinese Secret Service During the War of Resistance. " In Wen-hsin Yeh, ed. , *Wartime Shanghai*. London: Routledge: 1998, 11—132.

——. *Provincial Passages: Culture, Space, and the Origins of Chinese Communism*. Berkeley: University of California Press, 1996.

Yu, Maochun. "American Intelligence: The O. S. S. (Office of Strategic Services) in China", Ph. D. thesis, U. C. Berkeley, 1994.

Yu, Shen. "SACO in History and Histories: Politics and Memory", paper delivered at the Annual Meeting of the Association for Asian Studies. Washington, D. C. , April 9, 1995.

中文部分

1. 程一鸣：《军统特务的真相》，载中国人民政治协商会议广东省委员会编《广东文史资料选辑》第 29 辑，广州，广东人民出版社，1980 年，第 186—281 页。
2. 程一鸣：《闻一多被暗杀的内幕》，载中国人民政治协商会议广东省委员会编《广东文史资料选辑》第 23 辑，第 197—202 页，广州，广东人民出版社，1979 年。
3. 程一鸣：《程一鸣回忆录》，北京，群众出版社，1979 年。
4. 戴笠：《政治侦探》，国民政府军事委员会、政治部，1938 年。
5. "国防部情报局"：《戴雨农先生年谱》，台北，"国防部情报局"，1966 年。
6. 邓葆光：《军统领导中心局本部各时期的组织及活动情况》，载中国人民政治协商会议全国委员会文史资料研究委员会编《文史资料选辑》(86)，第 171—207 页，北京，文史资料出版社，1983 年。
7. 邓葆光：《我所知道的戴笠和军统》，载中国人民政治协商会议广东省委员会编《上海文史资料选辑》(55)，上海，上海人民出版社，1986 年。
8. 邓文仪：《从军报国记》，台北，正中书局，1979 年。
9. 邓友平：《江西中美合作所》，载《美国研究》，1988 年。
10. 邓元忠：《三民主义力行社史》，台北，实现出版社，1984 年。
11. 邓元忠：《三民主义力行社史初稿》，台北，《传记文学》杂志社，10/1981；39，4：65—69。
12. 方显廷：《战时中国经济研究》，第 69—720 页，长沙，商务印书馆，1941 年。
13. 费韵文：《戴笠的一生》，台北，中外图书出版社，1980 年。
14. 陈恭澍：《抗战后期反间活动》，台北，传记文学出版社，1986 年。
15. 陈恭澍：《英雄无名：北国锄奸》，台北，传记文学出版社，1941 年。
16. 蒋永敬辑：《北伐时期的政治史料：1927 年的中国》，台北，正中书局，1981 年。

17．陈蔚如：《我的特务生涯》，载张文等著《特工总部——中统》，第142—188页，香港，中原出版社，1988年。

18．程一鸣：《对沈醉〈我所知道的戴笠〉的补充、订正》，载《广东文史资料》第22辑，广州，广东人民出版社，1978年。

19．陈尚瞻：《徽州地区的复兴社》，载《安徽文史资料》第17辑，合肥，安徽人民出版社，1983年。

20．陈蔚如：《我的特务生涯》《中统内幕》，载江苏文史资料选辑第23辑，南京，江苏古籍出版社，1987年。

21．陈修和：《抗战胜利后入越受降日军见闻》，载中国人民政治协商会议全国委员会文史资料研究委员会编《文史资料选辑》第7辑（1960），北京，文史资料出版社。

22．陈达：《以杀人为儿戏——戴笠签发的两封电报》《纵横》载文史资料选辑（全国政协）第16辑，第80页，1986年。

23．有关日伪时期沪西区曹家渡镇组织自卫团情况报告、官佐团员名册。

24．陈果夫：《十五年至十七年间从事党务工作的回忆》，载《北伐时期的政治资料：1927年的中国》，台北，正中书局，1981年。

25．艾经武：《复兴社河南分社的片段回忆》，载中国人民政治协商会议河南省委员会文史资料研究委员会编《河南文史资料》第5辑，第107—114页，郑州，河南人民出版社，1981年。

26．陈达：《南昌沦陷时期军统潜伏工作的几次惨败》，中国人民政治协商会议江西省委员会文史资料研究委员会编《江西文史资料选辑》第14辑，第170—173页，1984年。

27．古僧：《戴笠将军与抗日战争》，台北，华新出版有限公司，1975年。

28．郭绪印：《旧上海黑社会》，上海，上海人民出版社，1997年。

29．"国防部情报局"：《戴雨农先生全集》2卷，台北，"国防部情报局"，1979年。

30．"国防部情报局"：《中美合作所志》，台北，"国防部情报局"，1970年。

31．刘恭：《我所知道的中统》，载中国人民政治协商会议全国委员会文史资料研究委员会编《文史资料选辑》第36辑，第59—117页，北京，文史资料出版社，1962年。

32．刘惠生：《一个军统人员的叛逆——我随110师起义的经过》，载中国人民政治协商会议安徽省委员会文史资料研究委员会编《安徽文史资料选辑》第24辑，第127—134页，合肥，安徽出版社，1985年。

33．罗广斌：《红岩》，北京，中国青年出版社，1977年。

34．干国勋：《关于所谓"复兴社"的真情实况》，台北：《传记文学》杂志：上，353：32—38（9/1979）；中，354：68—73（10/1979）；下，355：81—86（11/1979）。

35．葛明达：《军统百日记》，载中国人民政治协商会议江苏省委员会文史资料研究委员会编《江苏文史资料选辑》第21辑，第164—177页，南京，江苏古籍出版社，1987年。

36．张盛吉：《胡靖安的沉浮录》，载中国人民政治协商会议江西省委员会文史资料研究委员会编《江西文史资料选辑》第26辑，第152—158页，1987年。

37．章士钊：《书綦江狱》，载中国人民政治协商会议全国委员会文史资料研究委员会编《文史资料选辑》第7辑，第64—65页，北京，中华书局，1960年。

38．张新：《胡宗南其人》，载中国人民政治协商会议浙江省委员会文史资料研究委员会编《浙江文史资料选辑》第23辑，第79—151页，杭州，人民出版社，1982年。

39．张严佛：《抗战前后军统特务在西北的活动》，载中国人民政治协商会议全国委员会文史资料研究委员会编《文史资料选辑》第64辑，第78—113页，北京，中华书局，1979年。

40．郑庭笈：《黄埔五期"清党"的回忆》，载中国人民政治协商会议全国委员会文史资料研究委员会编《文史资料选辑》第9辑，第123—124页，北京，中华书局，1960年。

41．仲向白：《我所知道的中美特种技术训练第三班——临汝训练班》，载中国人民政治协商会议河南省委员会文史资料研究委员会编《河南文史资料》第5辑，第125—133页，郑州，河南人民出版社，1981年。

42．祝韵雅：《军统头目徐恩曾》，载中国人民政治协商会议全国委员会文史资料研究委员会编《文史资料选辑》第111辑，第156—173页，北京，中国文史出版社，1987年。

43．朱子家（金雄白）：《汪政权的开场与收场》，载香港《春秋》杂志社，（1959—1971），6期。

44．曾扩情：《何梅协定前复兴社在华北的活动》，载中国人民政治协商会议全国委员会文史资料研究委员会编《文史资料选辑》第14辑，第131—146页，北京，中华书局，1961年。

45．张瑞：《原国民党军统局东北区"对韩工作"的阴谋活动》，载中国人民政治协商会议辽宁省委员会文史资料研究委员会编《辽宁文史资料》第9辑，第96—100页，沈阳，辽宁人民出版社。

46．张瑞：《原国民党军统局东北区"对日工作"的阴谋活动》，载中国人民政治协商会议辽宁省委员会文史资料研究委员会编《辽宁文史资料》第9辑，第83—95页，沈阳，辽宁人民出版社。

47．原保泰：《戴笠与蓝训班》，载《延津文史资料》第1辑，第160—163页，河南，1987年。

48．徐肇明：《汉奸周佛海勾结军统及其下场》，载中国人民政治协商会议委员会文史资料研究委员会编《文史资料选辑》第64辑，第202—216页，北京，中华书局，1979年。

49．杨寿清：《中国出版界简史》，上海，永祥印书馆，1946年。

50．杨者圣：《特工王戴笠》，上海：上海人民出版社，1993年。

51．谢凤年：《桂系特务组织"广西省政府主席办公室"概况》，载中国人民政治协商会议广西壮族自治区委员会文史资料研究委员会编《广西文史资料》第12辑，第208—240页，南宁，1982年。

52．《新生报（夜报）》。

53．熊倬云：《反动统治时期的成都警察》，载中国人民政治协商会议四川省委员会文史资料研究委员会编《四川文史资料选辑》第16辑，第108—129页，成都，1965年。

54．萧作霖：《复兴社述略》，《文史资料选辑》第11辑，第21—71页，中国全国人民政治协商会议委员会文史资料研究委员会编，北京，中华书局，1960年。

55．文强：《"中原王"汤恩伯》，中国全国人民政治协商会议委员会文史资料研究委员会编《文史资料选辑》第32辑，第179—212页，北京，文史资料出版社，1962年。

56．吴福章：《西安事变亲历记》，北京，中国文史出版社，1986年。

57．文强：《戴笠其人》，中国人民政治协商会议委员会文史资料研究委员会编，第177—258页，北京，文史资料出版社，1980年。

58．天声辑：《美帝直接指挥的"中美合作所"》，载中国人民政治协商会议四川省委员会文史资料研究委员会编《四川文史资料选辑》第17辑，第82—88页，成都，四川新华书店，1965年。

59．汤淘：《中美合作所第六特种技术训练班内幕》，载中国人民政治协商会议委员会文史资料研究委员会编《福建文史资料选辑》第4辑，第148—163页，福州，福建人民出版社，1980年。

60．陶菊隐：《天亮前的孤岛》，上海，中华书局，1947年。

61．何宗校：《国民党第二方面军肃奸专员办事处与广东肃奸委员会》，载中国人民政治协商会议广东省广州市委员会文史资料研究委员会编《广州文史资料》，第24辑，第129—149页，广州，1981年。

62．萧作霖：《西安事变时复兴社河南分社的活动》，载吴福章编《西安事变亲历记》，第286—291页，北京，中国文史出版社，1989年。

63．张国栋：《细说中统局》，台北，《传记文学》杂志社，9/1989；55；3；122—137。

64．章君谷：《戴笠的故事》，台北，《传记文学》杂志社，1969；14；1：8—19。

65．黄仁：《胡蝶的婚外情》，台北，《传记文学》杂志社，9/1989；55；3；37—38。

66．黄雍：《黄埔学生的政治组织及其演变》，载中国人民政治协商会议全国委员会文史资料研究委员会编《文史资料选辑》第11辑，第1—20页，北京，中华书局，1960年。

67．良雄：《戴笠传》(2)，台北，《传记文学》杂志社，1990年。

68．李任夫：《军统特务机关息烽集中营黑幕》，载中国人民政治协商会议全国委员会文史资料研究委员会编《文史资料选辑》第28辑，第104—137页，北京，文史资料出版社。

69．赵新：《戴笠摔死前后》，载中国人民政治协商会议北京市委员会文史资料研究委员会编《文史资料》第35辑，第274—279页，北京，北京出版社，1988年。

70．王柔德：《国民党军委会别动队罪恶史》《蒋帮特务罪行录》，北京，群众出版社，1979年。

71．王柔德：《国民党军委会别动队》，载《蒋家天下陈家党》，第229—250页，香港，中原出版社，1989年。

72．经盛鸿：《民国暗杀要客》，南京，江苏古籍出版社，1989年。

73．王直：《戴笠之死与江宁两山》，载《江宁春秋》第5辑，第54—55页，江苏，1986年。

74．王安之：《军统"策反"汉奸周佛海的经过》，中国人民政治协商会议全国委员会文史资料研究委员会编《文史资料选辑》第64辑，第193—201页，北京，中华书局，1979年。

75．沈醉：《解放前夕军统特务在长沙的罪恶活动》，载中国人民政治协商会议湖南省委员会文史资料研究会编《湖南文史资料选辑》第18辑，第191—193页，长沙，湖南人民出版社，1984年。

76．沈醉：《我所知道的戴笠》，载《戴笠其人》第1—176页，北京，文史资料出版社，1980年。

77．沈醉：《杨虎城将军被囚禁和被暗杀的经过》，载《蒋帮特务罪行录》第79—92页，北京，群众出版社，1979年。

78．沈醉：《中美合作所技术合作内幕》，载中国人民政治协商会议全国委员会文史资料研究委员会编《文史资料选辑》第32辑，第213—261页，北京，文史资料出版社，1962年。

79．沈醉：《大陆生活30年》（2），香港，镜报文化企业有限公司，1983年。

80．沈醉：《军统内幕》，北京，文史资料出版社，1984年。

81．邵平、张元右、李英：《国民党"中统"在成都的反动新闻活动》，载中国人民政治协商会议四川省委员会文史资料研究会编《四川文史资料选辑》第24辑，第64—72页，成都，四川人民出版社，1981年。

82．沈美娟：《戴笠新传》，台北，国际村文库书店，1996年。

83．申元：《江山戴笠》，北京，中国文史出版社，1991年。

84．沈醉：《蒋介石准备暗杀李宗仁的阴谋》，载中国人民政治协商会议全国委员会文史资料研究会编《文史资料选辑》第32辑，第118—121页，北京，文史资料出版社，1962年。

85．余祥琴：《上海沦陷期间四年地下工作追记》，台北，《传记文学》杂志社。

86．余亦麒：《胡蝶与戴笠》，台北，《传记文学》杂志社。

87．良雄：《戴笠传》，台北，敦煌书局，1979年。

88．林美莉：《抗战时期的走私活动与走私实证》，见 Paper presented at the Academic Conference to Commemorate the 60th Anniversary of the July 7 war of resistance,Taibei,the July Academic Affairs Center of the Academia Sinica,18—20,1997.

89．林懈：《国民意见书》，载张丹和王忍之编《辛亥革命前十年间时论选辑》(2)，第892—921页，北京，生活·读书·新知三联书店，1960年。

90．林志光：《福建青年训导营（集中营）的内幕》，载《蒋帮特务罪行录》，第46—52页，北京，群众出版社，1979年。

91．徐宗尧：《组织军统北平站和平起义的前前后后》，载中国人民政治协商会议全国委员会文史资料研究会编《文史资料选辑》第68辑，第126—151页，北京，中华书局，1980年。

92．江绍贞：《杜月笙》，载《民国人物传》(1)，第314—319页，北京，中华书局，1978年。

93．江绍贞：《戴笠和军统》，郑州，河南人民出版社，1994年。

94．孟真：《中统与我》，载中国人民政治协商会议江苏省委员会文史资料研究会编《中统内幕》，第23辑，第116—126页，南京，江苏古籍出版社，1987年。

95．钱芝生：《史量才被暗杀真相》，载《蒋帮特务罪行录》，第70—78页，北京，群众出版社，1979年。

96．乔家才：《戴笠将军和他的同志抗日情报战地一、二集》，台北，中外图书出版社，1981年。

97．裘雨萍：《我所知道的忠义救国军》，载中国人民政治协商会议上海委员会文史资料研究会编《文史资料选辑》第39辑，第124—132页，上海，上海人民出版社，1982年。

98．曲云章：《国民党军委会西北青年劳动营的真相》，载中国人民政治协商会议全国委员会文史资料研究会编《文史资料选辑》第36辑，第118—138页，北京，文史资料出版社，1962年。

99．穆欣：《陈赓同志在上海》，北京，文史资料出版社，1980 年。

100．南京市档案馆：《审讯汪伪汉奸笔录》第 2 辑，南京，江苏古籍出版社，1992 年。

101．茅盾：《腐蚀》，成都，四川人民出版社，1981 年。

102．胡梦华：《CC 外围组织诚社始末》，载中国人民政治协商会议全国委员会文史资料研究会编《文史资料选辑》第 14 辑，第 147—165 页，北京，中华书局，1961 年。

103．钮先铭：《抗战时期中国情报战溯忆》，台北，《传记文学》杂志社。

104．陈廷湘：《论抗战时期国民党的政治建设》，北京，《抗日战争研究》杂志社。

105．刘建群：《银河忆往》，台北，传记文学出版社，1966 年。

106．章微寒：《戴笠与军统局》，载《浙江文史资料选辑》第 23 辑，1982 年。

107．沈醉：《我所知道的戴笠》，载中国人民政治协商会议全国委员会文史资料研究委员会编《文史资料选辑》第 22 辑，北京，文史资料出版社，1962 年。

108．黄康永：《我所知道的戴笠》，载中国人民政治协商会议浙江省委员会文史资料研究委员会编《浙江文史资料选辑》第 23 辑，第 152—170 页，杭州，浙江人民出版社，1982 年。

109．陈彬：《沉寂三十五年的"中国福而摩斯"》，载香港《镜报月刊》杂志。

110．沈重宇：《"四一二"事变在黄埔学校》，载中国人民政治协商会议广东省广州市委员会文史资料研究委员会编《广州文史资料》第 6 辑，第 77—79 页，广州，1962 年。

111．胡啸华：《从奋勇军到别动队》，载中国人民政治协商会议全国委员会文史资料研究委员会编《文史资料选辑》第 119 辑，第 137—151 页，北京，文史资料出版社，1989 年。

112．黄美真、张云编著：《汪精卫国民政府成立》，上海，上海人民出版社，1984 年。

113．文强、沈醉、黄家驹：《复兴社在西安事变中分成和战两派》，载《西安事变亲历记》，第 281—285 页，北京，中国文史出版社，1986 年。

114．文强：《孙殿英投敌经过》，载中国人民政治协商会议全国委员会文史资料研究委员会编《文史资料选辑》，第64辑，第114—166页，北京，中国文史出版社，1979年。

115．陈恭澍：《蓝衣社内幕》，上海，国民新闻图书印刷公司，1943年。

116．张选烈：《我所知道的军统青浦特训班》，载中国人民政治协商会议全国委员会文史资料研究委员会编，《上海文史资料选辑》，第58辑，上海，上海人民出版社，1988年。

117．林志光：《福建青年训导营（集中营）的内幕》，载《蒋帮特务罪行录》，第46—52页，北京，北京群众出版社，1978年。

118．李世杰：《调查局研究》，台北，李敖出版社，1995年。

119．徐铸成：《杜月笙正传》，杭州，浙江人民出版社，1982年。

120．钟建华：《靖安县志》，南京，江苏人民出版社，1989年。

121．蒋方震、刘邦骥：《孙子浅说》，上海，大中书局，1934年第4版。

122．何理：《抗日战争史》，上海，上海人民出版社，1985年。

123．何文龙：《中国特务内幕》，香港，风雨书屋，1947年。

124．庞镜塘：《蒋家天下陈家党：CC和复兴社》，香港，中原出版社，1989年。

125．阿英编辑：《文献》，上海，风雨书屋，1938年10月。

126．蔡杞材：《复兴社的军事处及护卫队》，载《湖南文史资料选集》第一期，第132—145页，1981年。

127．陈存仁：《抗战时代生活史》，香港，长兴书局，1975年。

128．陈允文：《中国的警察》，上海，商务出版社，1935年。

129．方舟：《国民党星子特训班概况——国民党中央陆军军官学校特别训练班演变概况》，载《江西文史资料选集》第12期，第64—74页，1983年。

130．冯美铨：《解放前军统在西安、银川的组织与活动》，载《西安文史资料》第四辑，第74—87页，1983年。

131．国防情报局编：《中美合作所志》，第19—30页，1970年。

132．黄楫清：《中国法西斯特务往哪里去？》，新华书店，1949年。

133．舒季衡：《国民党军统局在天津的特务活动概况》，载《天津文史资料选辑》第二十六辑，第158—200页，1984年。

134．粟鼎：《戴笠之离开黄埔》，载《全国政协文史资料选辑》，第22辑，1962年。

135．李楚桥：《回忆恩施时期的军统湖北站》，载《湖北文史资料》第十四期，第111—117页，1986年。

136．李新、孙思白编辑：《民国人物传》，石家庄，河北人民出版社，1991年。

137．李正华：《"九一八事变"至"七七事变"期间日本在华北走私述略》，载《云南教育学员学报》，1：55—65，1991年。

138．刘培初：《浮生掠影集》，台北，正中书局，1968年。

139．刘绍向、胡康：《湖北省保警组织及其与军统的关系》，载《湖北文史资料》第七期，第87—98页，1982年。

140．刘元学：《日伪武汉警察总督刘翰如》，载《武汉文史资料》第六辑，第79—83页，1982年。

141．罗广斌、杨益言：《红岩》香港，三联书店，1977年。

142．罗青长：《周恩来是我党我军通讯、机要和情报工作的创建者和领导人》，载中共党史研究室编《中共党史资料》，第三十六辑，第72—79页，1990年。

143．马五先生：《政海异闻与麻将艺术》，台北，自由太平洋文化实业公司，1964年。

144．马振犊：《血染辉煌》，桂林，广西大学出版社，1993年。

145．内务省：《外事警察报》，东京，警保局出版，1980年再版。

146．潘嘉钊、钟敏、李慕贞、侯俊华编：《蒋介石特工密档及其他》，北京，群众出版社，1993年。

147．庞敦志：《控诉桂系特务》，香港（九龙），南青出版社，1950年。

148．庞镜塘：《蒋家天下陈家党》，香港，中原出版社，1989年。

149．粟鼎：《戴笠之所以离开黄埔》，《文史资料选辑》，第170页，中华书局。

150．苏智良、陈丽菲：《海上枭雄：黄金荣与上海社会》，南京，江苏人民出版社，2000。

151．唐良雄：《戴笠与力行社》，载《传记文学》，36，2：98—119。

152．唐纵：《从结识戴笠到任职侍从室》，载《文学传记》第二期，

第十六卷，第 115—126 页。

153．王方南：《我在军统十四年的亲历和见闻》，载《文史资料选集》，第 140—166 页，北京，中国文史出版社，1987 年。

154．王子晨、舒季衡：《军统特务头子戴笠来天津的活动情况》，载《天津文史资料》第 26 期，1∶209—216，1984 年。

155．文新新闻部编辑：《上海的烽火》，上海，文艺新闻社，1932 年。

156．吴智新：《军统见闻点滴》，《国民党的文官制度与文官考试》，载《江苏文史资料》第 24 辑，第 192—203 页。

157．夏仲高：《杨庆山与武汉侦缉处》，载《武汉文史资料》第九辑第 106—112 页，1982 年。

158．徐好文、胡必林：《戴笠接班人毛人凤升官图》，载《传记文学》，61.6（1992，12）：64—72。

159．徐有威：《力行社的日本观研究》，载《中国研究月报》，1996 年 12 月。

160．杨顺仁：《志士与炼狱》，重庆，重庆大学出版社，1993 年。

161．余亦麒：《胡蝶与戴笠》，载《传记文学》，57，3:35—37。

162．章微寒：《戴笠与庞大的"军统局"组织》，载《传记文学》第五十四卷，第五期，第 87—100 页；第六期，第 100—151 页。

163．张文：《中统二十年》，载《中统内幕》（江苏文史资料），第 1—115 页，江苏，江苏古籍出版社，1987 年。

164．张云：《潘汉年传奇》，上海，上海人民出版社，1997 年。

165．赵毓麟：《中统我见我闻》，载《中统内幕》（江苏文史资料），第 211—257 页，江苏，江苏古籍出版社，1987 年。

166．周建安：《谷正伦国民党宪兵》，载《贵阳文史资料》第五辑，第 225—254 页，1982 年。

167．周震东：《戴笠特务渝三课、蓉组及西康组在军事方面的活动》，载《四川文史资料选辑》第 22 辑，1980 年。

168．祝世康：《关于国民党官僚资本的见闻》，《文史资料》，第 72—88 页，1960 年第 11 期。

169．朱元亨：《戴笠座机失事纪实》，载《衢州文史资料》（浙江）第 4 辑，1986 年。

致　谢

本书的研究得到伯克利大学中国研究中心、学术研究委员会、东亚研究院及沃尔特和爱丽丝·哈斯（Walter and Elise Hass）系主任基金会的赞助，并得到了中华人民共和国学术交流委员会、全国人文学基金以及美国新闻署的支持。

我真诚地感谢北京图书馆、北京大学图书馆、伯克利班克罗夫特（Bancroft）图书馆、大不列颠图书馆、台湾调查局档案室、剑桥大学图书馆、伯克利中国研究中心图书馆、哥伦比亚大学东亚图书馆、伯克利东亚图书馆、浙江省人民政府经济研究中心和经济体制改革办公室、伯克利政府文件图书馆、哈佛—燕京学院、胡佛研究所和档案馆、美国国会图书馆、美国国家档案馆军事参考资料部、中国社会科学院现代历史研究所图书馆、纽约公共图书馆、纽约公共档案所、南京第二档案馆、上海社会科学院、上海市档案馆、上海图书馆、华盛顿特区海军造船厂、康奈尔大学沃森藏书及耶鲁大学图书馆的许多档案员、图书馆员和学者在我查询资料方面给予的帮助。

在这方面，蔡少卿、戈定瑜、陈质子、已故的陈立夫、丘荣华（音）、周汉卿（音）、冯寿财、Suzanne Gold、韩伟之、胡绳、黄美贞、Richard C.Kagan、已故的李宗一、林碧照、马长林、倪梦熊、Andrea Sevetson、史梅定、舒国振（音）、孙江、王德华、王庆成、王熙（音）、已故的 Martinwubur、吴体乾、许有方（音）、张宗礼、郑祖安、朱弘和朱庆作都对我帮助甚大。

我的研究还得到了伯克利大学现在和过去的中国历史研究生的协助。他们是 Douglas Fix，David Fraser，Blaine Gaustad，Kenneth Koerner，Kevin Landdeck，Seung-joon Lee，Jen-ling Liu，Kong Dan Oh，商全，Douglas Stiffler，Jeffrey Wasserstrom，John Wiliams，Timothy Weston，徐国民和余茂春。还有两位年轻的学者丁岚和 Linda L.Su 也给予我很大帮助。Joshua Rosenzweig 在本书最后的校对阶段中作用巨大，对他在查找文献资料方面严谨的治学精神，我感激不尽。

我尤其感谢我的两个专业研究助理：Susan Stone 帮助汇编了本书最早的章节；Elinor Levine 在整个写作过程中为该书的表格、图片、附录查询各种资料并对书稿的最终汇编提供了宝贵的帮助。

我的同事叶文心首先向我介绍了关于戴笠的原始资料，并发现了班克罗夫特图书馆收藏的奥古斯特·涡孟（August Wollmer）的中国犯罪学学生的信件。Sherman Cochran，Sue Farquhar，Bryna Goodman，Thomas Grunfeld，David Kahn，Brian Martin，Marcia Ristaino，Bernard Wasserstein 和吴晓明，为本书提供了进一步的学术建议。由皇家基金会赞助的伯克利东亚研讨会成员也对本书的修改，尤其是在关于战时的密码一部分，作出了贡献。我对父亲 Frederic Wakeman Sr. 和其他教授们，如 Christian de Pee，Christian Henriot，Kenneth Pomerantz，Irwin Scheiner 及 Hans van de Ven 精读我的书稿尤其感激。特别是，我要感谢梁禾博士在精神上和感情上的慷慨鼓励。她对本书的中文处理远远超出了简单的翻译：这使她重新查阅了原始资料，并且促使她不止一次意味深长地追究我对前述历史事件的解释。

魏斐德
2001 年 8 月于旧金山

代后记：讲述中国历史

> 历史从不描述事情的结局，而向来是描写它们的进展过程。
>
> ——亨里希·李凯尔特：《自然科学概念形成的局限》，1929：427

> 企望壮阔便是创造历史。
>
> ——敦·德里洛：《历史的威力》，1997a：11

英国小说家安东尼·鲍威尔（Anthony Powell）用一幕伦敦的冬景引出他为数十二卷的杰作《伴随时光之曲而舞》的第一乐章：

> 在街角那头做工的人们为自己搭起了一块营地。营地一边三角架上的红色风灯，标志着路边通向地下排水道的地坑。这群人在工棚前燃烧着的焦炭堆旁围成一圈起来。其中有些人的手臂在胸前摆动，还揉搓着双手，整个样子像是在演哑剧：就像喜剧演员在用规范的动作来表达严寒这个概念似的。他们中间一个穿蓝色工装的细瘦个，要比所有的人都高。他长着一个长而尖的鼻子，样子很滑稽，犹如莎士比亚剧里的小丑。他突然站了出来，像是在主持一场祭祀。要往火堆里烤得发亮的焦炭上抛祭品了——这显然是指剩下的两条被报纸松松裹着的鲑鱼——火苗因此而呼呼地直往上蹿，阵阵烟圈

形成一股股迎着东北风的逆流。黑色的烟雾在房顶上飘荡，沉闷的天空中开始飘落轻柔的雪花。每朵雪花掉落到火堆上都要轻微地咝咝作响。火苗又熄灭下去了。此刻这些人像是接受了指令一般，都离开了火堆，待到了一头去，并开始朝着地坑吃力地探下身子。还有的在往防雨工棚的阴影处退去。灰色的、飘忽不定的雪花，尽管并不浓密，却还在掉落，一股苦涩油腻的难闻气味在空中弥漫。天渐渐地暗淡下来了。

不知为什么，雪花掉落在火堆土的情景总让我想起古代世界——古罗马军团的将士们裹着羊皮袄在火堆前取暖；山里祭坛上的贡品在冬季的烤架上烧得发亮；骑手们举着火炬在冰封的大海旁缓缓前进——尽管这些奇妙往事的零散片断已经从我们的生活中消失殆尽，却仍然勾起人们对真实的与想象的往事的回忆。这些对古代世界经典描绘的投影，以及那些从火堆旁离去的人们自身体态中的某些动作，都令人突然联想到普桑笔下的画面：四季诸神手挽手，面向外，和着那个长着双翼、花白胡子的赤身老人吹奏的曲调翩翩起舞。时间的形象引出了对死亡的沉思与对人的想象：人们就像是四季神那样面向外，他们交缠着的手在那儿别扭地挪动，他们的脚步在一系列清晰可辨的动作变化中缓慢而机械地踩踏，有时都显得有点儿莫名其妙：要么各自散开，似乎毫无意义地旋转，而伙伴们的离去只是为了再现，他们一再重复舞蹈形式：他们无法控制曲调，也许亦无法控制自己的舞步。

正如白胡子老人的乐器，鲍威尔的语言全然是抒情式的。然而我们知道，正是这语言紧接着引出了小说中关于公立学校岁月的叙述（无疑是通过作者本人、既带戏剧性又涵义丰富的直叙）。而作者的语言之所以气势壮阔，是因为它荡漾着汇聚了历史与神话的回音。这回音通过作者的回忆，将团聚在炭火堆前的修道工化作了闪亮火堆前暖手的古罗马军团的将士们。这一段落的力度正是来自于尼古拉·杰金（即作者）对窗外一幕真实情景形象性的叙述与一段神话般的、被想象出来的历史之间的张力。罗兰·巴特（Roland Barthes）在有关的论文《历史的话语》及《现实效应》中谈论了历史和虚构如何造成了对现实的幻觉。在他看来，历史和虚构均带有神话成分。汉斯·凯尔纳（Hans Kellner）认为，"这神话的实质便是历史向自然的转化，而我们当今神话的实质则是统治文化强迫世界的现实向着世界的形象转变的过程。"（凯尔纳，1987）

虚构与事实之间的张力

使我想到鲍威尔这一开场幕的，是我当时正在阅读史景迁的杰作《太平天国》（1996）的结尾。在我看来，在史景迁写过的所有令人赞叹的历史篇章中属这部最为精彩。史景迁的书这样结尾：

> 于是，在1864年末，不仅天王去世了，而且连他在自己身边建立起来的亲信诸王，北王和东王、南王与西王、翼王、卫王、忠王，以及洪的亲生儿子、幼年王洪天贵福在内，也都离开了人世。不过，要是上帝，我们的天父，因为洪的过世而悲伤的话，他并没有显露出来。连洪的长兄耶稣，也在装聋作哑。甚至连他的天母也在自己的王国里保持沉默，而她曾经在生产他时如此痛苦地嚎哭，并为保护自己的婴儿不受七头龙的吞噬而抗争过。
>
> 在西方人大批建立起来的城镇里。商船的桅杆和烟囱密集地林立水边，西方人随心所欲。他们有的在走钢丝；有的与同伙结伴绑腿，成三条腿状，一瘸一蹦地并行在跑道上；还有的握着独轮车手把——眼睫毛很不习惯地被遮眼布压着——欲抢先冲过喧闹的人群以搜寻那条他们自己看不见的终点线。围墙之外，在遮挡烈日的

天棚下,还站着一些人,他们在往弹子棒上涂粉末或在计算角度,一边等待着对手的下一步举动。而他们的同伴们,因被那无所不在的死亡气息而折磨得精疲力竭,于是离开兵营,向着"忘步泉"①走去。那里,他们凝视太平军闪烁的夜火,冰凉惬意的杯子在手中叮当作响,耳朵早已习惯了锣鼓信号的声音,不知不觉中他们坠入了遗忘。(331—332)

也许除了遮眼布压迫在睫毛上以外,这场以法国兵营为终幕的每一个细节,都已经在前面点明了。史景迁用来描述这些事件的素材细致到了点出了"忘步泉"的地步。可以这么说,这种具体是"历史性"的,但是其最终效果并不然,原因有二。其一,因为在这里,作者将自己的视角融入了条约口岸和战场的广角镜头之中,而且省略了我们在研究历史时所用来解释某一事件发生的原因或过程时通常交代的史实;其二,为了引出结尾,作者让我们返跳回1864年春天和初夏,即十四岁的洪天贵福在十一月十八日被杀的几个月前。我们接受这个倒叙,正如我们会接受小说里类似的"诀窍"那样,因为它能够反馈出存在于虚构和事实之间的多重性张力。换句话说,巴赫金(Midhail Bakhtin)在论述用对话方法来处理语言,并将它描述成含有两种互相作用的话音(用他自己的话来说也就是"多音词")时,指的也就是这个意思(格劳顿及克莱斯维斯:1994—66)。

当然关键是,两种作家:一边是小说家,另一边是历史学家——各自从自己的领域出发,在想象和事实中,在虚构和历史中间的某一地带相遇了。正因如此,保罗·里克尔(Paul Ricoeur)说:"一本历史书可以当作小说来读。"(里克尔,1988:186)这个中间地带便是叙述王国——不是叙述学。叙述学"代表结构主义者的倾向……从而把文本

---

① "忘步泉"(fountain of Maboul)是法国军人自己命名的营地里的一个喝苦艾酒的地方。"忘步"是法国驻北非军人从阿拉伯俚语选用的近译音词,"忘步泉"对他们来说是疯狂泉,是遗忘泉的意思。见史景迁,1996:330。——译注。

的结构条理看成是人[重新]调整自己存在的反映。"(524)与此相反，叙事被理解为是"按时间顺序整理材料，使它即使具有不同层次的附带情节，其内容的焦点仍能集中围绕于一件首尾连贯的故事。叙述历史区别于结构历史的两个根本要点是，前者的题材安排是描写性而非分析性的，它侧重的是人而非环境。"（斯通，1979：3）在叙事领域里，虚构和历史汇聚的两种情况都涉及到对观点的选择，以便反映与人的行为相关联的现实。历史学家们尽管在关于什么应该写入历史叙事这一点上可能另有无法解决的分歧，尽管在某一史学领域中众说纷纭，但他们在人的行为这一主属上却有着共同的兴趣（奥拉夫森，1970：186）。

也许，更确切地说"任何一个伟大的历史学家都会受某种理论思想的指导，只不过他不愿承认并且故意视而不见而已。这个不言而喻的理论准确无误地指引他，而且与一个人在行动时所运用的不言而喻的理论思想相当接近"（韦纳，1987：3）即使历史学家决定躲开那个与叙事相距甚远的想象王国，他们仍然全都会意识到"所有的历史都无一例外地都建立在叙述上，以确保它们所体现的内容会'有意义'"（凯尔纳，1987：29）。海登·怀特（Hayden White）指出，我们必须能够鉴别在"一种能够叙述的历史话语"与"一种使叙述具有故事性的话语"之间的差异：一个是纵观世界并能将其反映出来的视角，另一个是"装作让世界自己说话，作为一个故事自己来说"。怀特还说，对于叙事历史学家，"一个真实的叙述……其实对于题材的内容并无丝毫的增添，但却能体现真实事件的结构和过程"（怀特，1987：2，27）。

历史叙事的声音

我很早就迷恋上历史叙事——过去几十年中一直受到各种攻击的一种话语（克莱思，1995）。此处不是我列举自己年轻时代所研读的各种史书之地。足以说明问题的是,当我还处于孩童期时,父亲就指定我系统地精读古希腊和古罗马历史学家(希罗多德、修昔底德、塔西佗等)的著作,接着又指点我继续通读吉本、卡莱尔、麦考利,最后是施宾格勒和汤因比。父亲本人所受的也是古典文学和文学史的教育。当我十多岁在法国当青年学生时,又发现了法国19世纪早期的历史学家们,特别是米什莱和梯也尔等。大学的老师们向我推荐了马克·布洛赫(Marc Bloch)和其他一些德国历史学家和历史哲学家,尤其是麦奈克(Friedrich Meinecke)和狄尔泰。我了解到,如果叙事要有历史意义的话,那么就得与其背景相交织。这并不难领会。而我当初作为一青少年,难的是如何将历史与文学区别开来。当我从希罗多德读到修昔底德时,我并未意识到为什么后者要让他笔下的历史人物说话。"古代历史学家曾毫无顾虑地将编造出来的话置于故人笔下人物的口里。这些话并无文字来证明其真实性,而只是具有可能性罢了。现代历史学家已不允许自己有这种名副其实的奢侈的擅自行为。"(里克尔,1988:186)无疑,作为一个雅典文人中的精英,修昔底德说到底是一个通晓自己写作题材的历史学家。而罗伯特·格雷福斯(Robert Graves)却使我感到困惑。当他在写"克劳迪乌斯"或"我,贝利萨留乌斯公爵"(格雷福斯,1938,1984)时,他怎么能知道这些人物曾经是这么说的呢?后来我才明白艾柯(Umberto Eco)在《纽约书评》上发表的一篇论文中所强调的区别,即不管你的人物和历史背景如何逼真,一旦你插入了对话,你便从历史转向了小说(艾柯,1997:4)。这一点在思考中国历史时尤其会变得棘手,因为那时正史受到官方的青睐,导致"野史"十分流行。"在传统中国,受宠并占统治地位的叙述题材是历史。虚构性叙述,或者说中文所称的小说,是次等的、受到贬斥的一种题材……在中国晚期封建王朝的小说评论盛行以前,中国的叙述理论大都只是围绕于正史的写作。"(陆,1994:129)在我开始研究明清交替时期时,这个问题就更为突出,因为那个时期的野史实在太多。显然,在有些篇章里,作者谨慎地遵循史家惯例，不让自己的话从笔下人物的嘴里道出，而在另一些篇章中，事实与假想（即目睹和耳闻）间的界限便在笔者的想象中消失了，如史楚吾（Struvc，1993）。结果是，现代历史学家必须自己决定哪些说法更为"可靠"——哪个文本更忠实于受到公认的历史事实，在那一段时期满族人的征战当中，双方的行为常常带来惨重后果。"那么，这便是事情的关键所在；那些坚信评判性成分参与了历史记载实际形成的人以为，历史学家仅仅通过未经证实的评判性论断来整理和安排其手中的事实。但是，要是我们审视现有的历史著作的话，我们会发现这个论点并非属实。因为每一个历史事实都是在一个具体的环境里产生出来的，而这个环境又因此而引出其他的事实来。"（曼德尔鲍姆，1967：200）从某种意义上说，这是我在写《明清过渡期——1644年的大顺政权》（*The Shun Interregnum*）和《洪业》（*The Great Enterprise*）（魏斐德，1979，1985）的某些部分时所遇到的最棘手的障碍。第二个巨大困难是力图在描述中导出分析——把各种不同的叙述话音和它们特有的节奏，同那些必须是相对外在的、独立的分析性的话糅合在一起。于是我理解到这就是狄尔泰所指的"带感情保持距离"，实际上也就是用巴赫金的"多音词"对话式来写作。举个例子说，也正是因为必须交织这两种层次的声音，我发现《大门口的陌生人》一书要比我在这之前几年出版的小说难写得多。

叙事作为解释

要是我在很多年前读吉本或麦考利，我是无法预料其中的问题的。吉本在《辩护书》中理所当然地认为叙事和解释可以相提并论（吉本，1779；乌顿，1994：79）。而麦考利则宣布"历史是以小说开头、论文结尾"这一"普遍规律"。麦考利在他1828年出版的著名论文《历史》

中还提到。文学领域有两大规律：理性和想象。"它有时候是小说，有时候是理论。"（麦考利，1828）二者的作用各异，麦考利当然是意识到从其中的一方面转入到另一方面的困难性的。

>据说历史就是用实例教授的哲学。遗憾的是，哲学所具有的坚实和深度会因实例所具有的生动而丧失……[历史学家]必须是一个深刻而有独创力的论理者。而且，他必须具有足够的自控能力，才能避免按自己的设想来选择事实。如果一个人能够正确估计这些几乎无法克服的困难，便不会感到奇怪，为什么作家在叙述或者推想历史的时候总是遭到失败。（72—73）

二十多年以后，阿列克西·德·托克维尔对此表达了略微不同的看法。当他在构思一部帝国史时，他把自己的顾虑作为一种关切流露出来。1850年12月15日他从苏莲托给毕生的朋友路易·德·克果勒写道：

>历史学家的主要优点在于懂得怎样运用事实结构，但我不知道自己是否已经掌握了这门艺术。迄今为止我所能驾驭的是判断事实而非重述它们。在写一部名副其实的历史著作的时候，我只能偶尔发挥一下自己的专长，而且把它作为次要的手段，除非我放弃本专业文体而依赖叙述。"这些历史学家们[即米什莱、兰克、托克维尔及勃克哈德]，除了托克维尔以外，都没有把正式的解释性论证插入在正面叙述里。人们必须在他们写的历史故事的结构里找出相关的含义，以此提炼出其中的基本原则来。也就是说，解释性效果的轻重取决于情节安排的方式。"（怀特，1973：143）一个最让我烦恼的[巨大困难]来自于名副其实的历史和历史哲学的相互结合。我仍然不知道应该如何将二者结合起来……我担心它们会互相损害，我也缺乏无穷尽的技巧来选择所谓能够证明概念的事实，来

重述它们,以便有效地引导读者,让他们自然而然地从对叙事的兴趣中不断地思考,而我自己则无须多说,以便让作品中的人物变得鲜明可见。(德·托克维尔,1985:255—57)

托克维尔的历史范本是孟德斯鸠的《罗马盛衰原因论》(1734)。"可以说,人们阅读全书,虽然一口气通览罗马历史,却仍足以领悟那段历史而希望了解作者的解释,以便理解它们。"(257)不知怎么,只要我从文学的角度来对待历史而不是相反,这一点对我来说就不是什么大问题。在哈佛大学,我主修的领域是历史与文学,但我的重点是放在后者。后来我选了威廉·郎格的课,并被历史叙事的阐释力所吸引:心想,人怎能由此及彼,从阿加第尔到萨拉热窝。但当我开始逐渐进入历史学家的领域时,我发现,不管我作为一个文学学生还是作为一个成长中的小说家或者短篇故事的作家,英国和欧洲大陆哲学家们的基本宗旨同我的偏爱丝毫没有冲突。当然,那时我很难意识到,情节安排本身就是论述方法之一。"据说,历史家在他的故事里安排情节会冒犯19世纪绝大部分的历史学家……那时的理解是,'讲述发生了什么'而不掺杂重要的概念性成分或者对题材先入为主的指导思想。因为假如讲述正确的话,那么对于所发生的事件的解释便会自然而然地从叙述中体现出来,正如一个风景的布局能够从描绘正确的图形中显现出来那样。"(怀特,1982:142)

再如,柯林伍德(R.G.Collingwood)曾问,历史学家自己若没有切身经历怎么能"知道"往事呢?他自己的答案是"历史学家必须在自己头脑里重演往事"(柯林伍德,1956:282)。我把这看作是一个双向过程:一方面历史学家在头脑中重演往事,另一方面是移情性想象的描绘。后者是从狄尔泰的"再生产或再经历"(das Nachbilden oder Nacherleben)的概念中提取的。即把自我转移到所表达的人物或篇幅里。"任何一种对环境和外在情况生动而富于想象的预感都能刺激起我们的再经历……我们精神财富的重要一部分来自这种再经历,我们因此而受益于历史学家和诗人。"(选自纳什,1969:34)"当[历史学家们]在力图重现历史,即斟酌手段和目的的分量时,仍然会奥妙地受到小说文体的吸引。"(里克尔,1988:186)

历史再经历和理想的模式

Nacherleben,"再经历",指在满足美学意义上的冲动的同时仍然显得忠实于历史现实。柯林伍德对我说,这种情况是存在的,而我则像大卫·休谟提出人性持衡概念(贝利,1982:237)时那样,直截了当地接受了这种情况。但是由于我观念上的两个决定性的变化,这种自以为是,便有所动摇了。

其一是我决定研究中国历史。应该如何重组、如何再经历一个本不属于自己文化的过去呢?这对于研究中国的西方历史学家来说永远是个难题,而且这一点在欧洲或北美人写的关于中国晚期封建王朝和现代时期的那类历史文章中留下了很深的印记。一个解决方法是,将自己置身于在清朝和民国以前去"改变中国"的西方人之中(史景迁,1969)。这个方法在与费正清及其后继者们相关的史学派中十分流行。我自己当时的情况是,仍然得在历史和文学之间做痛苦的选择:我得在鸦片战争和太平天国的起源或者研究创造社之间做选择,以决定博士论文题目。我征求论文导师,即已故的约瑟夫·列文森(Joseph Levenson)的意见,哪个题目更好,他很巧妙地回答:"你最喜欢的那个。"后来,我决定写的论文不是关于从浪漫主义向共产主义过渡的中国文人,而是写在广州那些不用武力便无法进入中央王国的"大门口的陌生人"与珠江三角洲坚决要把他们拒之门外的抵抗领袖们之间的冲突(魏斐德,1966)。第二个决定性变化是,由于帕森斯以及在他之前的马克斯·韦伯的思想,美国的社会学实用主义占了绝对上风。我开始研究中国历史的时候,韦伯的社会学已经开始对中国研究领域产生了巨大影响。这主要是由其著作《中国的宗教》的英文节译本所引起的(魏斐德,1951)。列文森本人的许多见解便是取源于韦伯的著作,包括《外行的理想》与《官僚—君主政体的紧张关系》等(魏斐德,1976)。而我自己关于中国知识分子的论文《自由意志的代价》也是韦伯思想体系的反映(魏斐德,1972)。尽管韦伯对中国社会的理解不免有失片面和零碎,但他文笔中对理想模式的探索仍富有生气并奥妙贴切。不过那时在我看来,大多数追随他的学院派社会学家们都陷入了枯燥寡味的分析之中。他们的理想形式无外乎是平面性的具体化,而从来不体现立体的形象,不像韦伯隐喻中的"扳道工":他们改变了铁路的信号灯,让社会发展的自动车头驶入这条而非那条的轨道中。

当然,在韦伯的同时代人中还是有重要的例外现象的。格奥尔格·齐美尔(Georg Simmel)曾认为"零散的形象"对社会现实至关重要。他在1896年曾写道:

> 对于我们来说美学观察及其解释的本质在于这么一个事实,即典型不应来自独特,必然并非出自偶然,事物的本质和意义在于其表象和瞬息变化之中。任何现象要逃脱具有意义、永恒的本质都是不大可能的。(齐美尔,1896,摘自福里斯比,1986:57)

从这个意义上讲,当我想从美学和政治角度出发,用17世纪文人近乎任性漂泊的生活,为在满人征服中国明朝时期包括浪漫派到禁欲主义者和志士仁人们在内的整个知识分子阶层勾画出一个"传记轨迹"时,齐美尔经常在我的头脑中出现(魏斐德,1984)。虽然我仍然认为,只有将综合性的叙事(详尽的现象)与明了的分析性论文(可概括的理论)相结合,才能有效地描绘出这道轨迹,但我同时意识到,韦伯的理想模式同样也能将我们引到那个方向——特别是因为韦伯关于理想形式的概念是如此大量地取自于亨里希·李凯尔特（Heinrich Rickert）的"独特概念"理论（斯普林扎克，1972：299—300）的时候。

李凯尔特的独特概念理论

李凯尔特不相信历史能够形成具有普遍性的概念。保罗·韦纳（Paul Veyne）论述道，我们不应当随从李凯尔特或文德尔班。"我们不能用绝对的方式来反对特性和共性，即讲究规律，又强调了解个性的直观。"（韦纳，1982：196）

> 历史不形成具有普遍性的概念，它像自然科学那样，不能对具体存在的系列事物给予一个概念……由于这些想法永远无法囊括这些事物实际具有的无穷尽的千变万化，但它们能将那些对历史具有根本意义的现实部分体现出来，并结合在自己的思想之中，从这个意义上讲，尽管它们的内容并不广泛。它们却还是概念。当然，这些历史概念只有在讲述它们所代表的事物及其变化过程时能够溶入对存在的评价里，才能真正成立。（李凯尔特，1929：328—329）

李凯尔特的意思，托马斯·伯格（Thomas Burger）的解释是：

> 一个历史科学家写历史的目的，是在于描写现象的具体特性。当然，他在这个努力过程中受到人类知识局限的制约。也就是说，他永远无法阐述一种现象的特性当中所有的具体方面。不过，他必须尽量朝这个方向努力。正因为如此，李凯尔特把历史称作"具体现实的科学"。通过高超的表达，历史学家必须力图唤起一种现实

具体的印象来，按照现象的本来面目将其再现。他们必须尽可能地接近真实写照。（伯格：1976：42）

李凯尔特把"概念"一词用在历史描述上显然非同寻常。托马斯·伯格（1976）注释道："在李凯尔特的词汇里，'概念'一词是指任何一种思想结构，以任何方法形成的、试图以实证经验来代表的思想内容，无论它在口头表达时有多复杂。"（22）

李凯尔特的"独特概念"（相对于能在众多现象里挑选出它们所共有的实证因素的"普遍概念"而言）也含有"历史概念"的意思。伯格（1976）继续解释说："还有一个标准，它要求仅仅选择那些各个具体现象中共同的、从整体上看构成这类现象的独特的、有别与其他现象的因素；其他因素都因无关紧要而被忽略……[这个]过程导致了'历史'或'独特'概念的形成。"（22）

我们尽量把两种东西从自然科学中分离出来，因为它们不属于那类科学：一种是概念性认识以外的东西，另一种是对具体的多样性的描述。由于历史是一门具体现实的科学，所以这样做便成为必要。它必须力图表现事物各自的具体性，使带有目的性成分的因素能够与那些仅用于刺激想象从而使陈述尽可能地接受现实的那部分结合起来。这样，在历史概念里二者……相结合为一个统一而具体的整体。于是，历史通过尽可能精确清晰的形象而不是定义，尽力提供一个准确无误的陈述。（李凯尔特，1929：382；摘自伯格，1976：42）

李凯尔特承认，加入这些"仅用于刺激想象"的概念性成分，是基于对逻辑以外其他因素的考虑。但他坚持认为这是一个"必要的任务"，因为这"在历史作为一门具体现实科学的形成过程中便暗含其中了"。

(382)。换句话说，为使现实"具体化"，你得加入一些并不具体但起码在逻辑上忠于现实而且并不影响具体现实本身所具有的多样化整体的概念性因素。

历史家的工艺

对于从事研究的历史学家来说，这些对逻辑以外其他的考虑构成了一种对历史细节及其背景的"感受"。正是这种"感受"使历史工艺匠足以与英美讲究分析、周密的哲学家们相匹敌。如摩顿·怀特（Morton White），在哈佛学院他试图教我如何把叙事的认识性特征作为适用于历史事件的阐述形式建立起来。而强调社会科学的法国编年史学派认为，如果历史研究要变成一门名副其实的科学，就得根除其中的叙述成分。再如符号学家罗兰·巴特与朱丽娅·克里斯特瓦（Julia Kristeva），他们把历史叙事仅看作是众多分析形式中的一种。汉斯-格奥尔格·伽达默尔（Hans-Georg Gadamer）和保罗·里克尔那类阐释学家则把叙事看成是某种时间意识通过话语的具体表现。当然，这些区分来自于海登·怀特，他还指出了第五种不带哲学立场的历史思想家来——他们捍卫"历史研究的工艺匠观点"。而且"认为叙事是一种完全值得尊重的'造'历史的方式"——是这门学科的信仰（怀特，1987：31）。毋庸赘言，我自认为这与第五种情况最接近。这也是因为受到马克·布洛赫的谦虚态度的影响。"哲学家"是他拒绝对自己采用的头衔。布洛赫说，他自己的作品"是一个总喜欢对自己日常任务进行思索的匠人的记事录，是一个工艺匠的手册，他由于拿惯了木匠的矩尺和水准仪而从不意识到自己因此也是一个数学家"（布洛赫，1993：46—47）。历史工艺匠对细节的感受要求他具有一种学问上的坚实和自我把握："在必要的目的性部分以外，一个人究竟得发挥得多具体，得给并非必不可少的细节留多少余地,从根本上讲是取决于机智和品位。"(李凯尔特,1829：385;引自伯格,1976：43)对背景的感受要求历史叙述者避免把现实化为孤立的个别现象——用李凯尔特的观点看,也就是反历史的抽象化。"相反,只有它把面对的所有事物都置入于产生它们的境地(Zusammenhang)里,讲究具体现象科学的精神才能得以体现。"(李凯尔特,1929：392;引自伯格,1976：44)

起码就我而言,这二者之间的空间便是叙事的基础——至少从它对叙事人和虚构者的吸引来说是如此。"一个虚构作家对大部分事件几乎明显地具有强烈感受,以至于他想进入到叙述之中。一部长篇小说会使作者感到头绪纷乱,使其冥思苦想,而热衷整理文件材料是对这种折磨的根本治疗。一想到拯救一种濒于消失的语言,想到使战后的成语和残存的俚语复活,或者发掘出作者自己曾经历过的、模糊的、多已久远的年代。这能在心中唤起怎样的狂喜啊。一种令人耳目一新的语言。一个极为有力而引人入胜的主题。这些感觉最终都会到来。那时,在图书馆的地下室,仅是令人麻木的片刻,却是一种历史感。"(德里洛,1997a：60)尽管我曾经对自己同时把握这两头的能力有所怀疑,但我当时正在写的《洪业》(那时我不时对能否完成这个写作感到绝望)最终为我提供了某种信心,从而我能够做到使"双重话音"相互渗透。《洪业》的中心概念是"忠"的问题。这个悲剧性的道德观念是一切行为的基点。忠到底是什么？它作为实际生活的准则是怎样体现出来的？对于归顺清朝的明朝旧臣洪承畴,或者是明朝时在扬州被围困及后来的屠杀中丧生的史可法那样的老忠臣,对他们为忠而造成的不及预料的后果,又该如何看待呢？与其像一位哲学教授从本体论的角度讨论宋朝程朱理学那样,干巴巴地用事不关己的态度来谈论忠在道德上的暧昧或者切身利益与自我认同之间的冲突,作为一个历史学家,我决定不如去写满汉各方坚持以某种方式来献身于忠的男女们。我尽量将这些"具体现象"置于相应的时代背景当中,从而导致了一种叙事形式,它使剧情从华中延伸到东北边远地区，交替出现于各个篇章，直至最终汇于北方首都，直至另一代忠臣的奋斗在南方呈现。

无须强调，这个交替穿插叙事的目的在于含蓄，而含蓄就意味着有被懒惰和不习惯的读者们忽略的危险。更有甚者，这种情况也许在我们今天的学术界里已司空见惯。我发现，这种居中的叙述方式经常受到那些"生硬"的社会学家们令人惊讶的鄙视，他们把叙述性历史作品简单地当作讲故事或者说书（要是他们知道这个词的话）。"有一种认识混淆了两种观点。第一种观点认为科学是规律的综合，或者大致如此，第二种认为历史事实是相对总体而言的个别现象。"（韦纳，1982，195）严肃的历史学家们力图避免把历史当作简单的记事，而尽量追求那种托克维尔自认为可望不可即的"艺术"性。许多社会学家为了强调概念简化的重要性，而忽略了写历史的这一要领。对政治学者们来说这尤其如此，他们经常因为新闻性写作而相对更接近叙事，所以他们对自己的近邻更加苛刻。他们偏爱的写作方式是，先对手头某一题目的"文献"进行回顾，接着引出两三个假设来对"资料"进行论证。在许多重视叙述的历史学家看来，要是整个写作结构必须保持简单明了以便于提问的话，那么这种研究方式实在显而易见得近乎贫乏。

此外，讲故事又何罪之有？现象学家和阐释学家都向我们保证：正是叙事和评论的相互渗透才使历史引人入胜并具有说服力，从而使历史的本意远超出于单纯地讲述一个故事。

> 虚构和措辞最独特的效力［如：对现存的幻觉］肯定会与历史学家们所保持的评判的警觉发生冲突，这种警觉是他们为自身的目的而在其他方面所采用的，也是他们想要传递给读者的。但是，有时会在这种警觉和自愿地放弃怀疑之间出现一种奇怪的结合，这个关系会按美学顺序引出人的幻想来。"受到控制的幻觉"一词的涌现，就是为说明这种奇妙的结合。比如，正是这样的结合使得米什

莱对法国革命的描绘足以与托尔斯泰的《战争与和平》相媲美。米什莱的作品是反方向流动的,即从小说转向历史,而不再是从历史转向小说。(里克尔,1988:186)

历史作为叙事尽管具有一种"似是而非的连贯",但仍然会显得任意而多变。"许多现象历史学家们认为,历史话语远不是一种表述历史事件及其过程的中立媒介。而是对现实某种玄秘认识的反映,是概念性或者伪概念性的'内容',当它被用于表现真实事件的时候,它能使这些事件具有一种表面的相符性。并赋予它们某种与其说清醒的思维、不如说带有梦幻色彩的特点。科学历史学近期的倡导者们对叙事话语的这个评论,否定了现代文学中的叙述性。他们认为,在当代,从总体上来说,实际的生活是无法被真实地表现出来的,就像形式上的连贯与传统写法中完美的寓言般的故事一样,相互之间水火不相容。"(怀特,1987:ix)在这儿或那儿改动了一个单词便可完全改变一个判断或概念的整个意义。事实上,历史写作的"诀窍"之一,便是文字措辞。另一种"修辞诀窍"是,为了描述一个事件而越过一些"属于附带发生的事件,并且暂时与主题没有联系"的情节,把它们放到以后再谈。(奥拉夫森,1970:279)也就是说,历史学家往往极为讲究引用资料和实际文章之间的协调。这就是李凯尔特所赞美的"机智"所在:必须知道你什么时候才恰到好处。

从理论上讲,叙事历史写作最难的一点在于妥善处理过渡部分而使历史事件保持"连贯和持续"(里克尔,1988:186)。把一系列精确的情节串连起来并不难,尤其是像《上海警察》(魏斐德,1995)里的凶手供词这一类的第一手资料本身就非常具有吸引力时,就更加如此。但是如何才能把一种叙述与另一种相结合,以便用一种更为复杂的阐释方法来表现事件,同时又能不失去虚构所具有的直观效果呢(魏斐德,1996)?这往往仅是如何使用动词时态的问题。史景迁的《太平天国》大胆地用了历史现在时来写,这就突出了叙事(erzahien)和评论(besprechen)的区别。"用来组合叙事的动词时态往往被认为缺乏具体的时间性。相反,它们提醒读者:这不过是一个叙述而已。于是对这个叙述的反应便是放松、保持距离,而不是卷进评论让人引起的紧张和投入。"(里克尔,1988:189)类似的"诀窍"使当今读者能够把过去和将来连接起来,也使历史学家得以从 Geschichet 向 Historie(德文,Geschichte 指人真实经历过的历史,Historie 指被文字记载下来的历史。——译注)移动。当然,再现过去,要有一个头脑,一个主题。要有一种无法遏止的探究好奇心。

疑虑和能指

对资料出处必须持有既慎重而又忠实的态度,尤其是因为语言上稍有变动就可轻而易举地导致叙述背离基本资料。这时主要的修辞形式应该是以准确为主,而不是文学性。我们若要认真对自己的研究,历史的判断就得站得住脚。我在读明清过渡时期的遗民与贰臣传记时,一再发现中国历史学家不断地要在儒家的褒贬问题上苦心孤诣。但是我们的史学能指并不武断,当历史学家向我们确保他们已经考查遍了所有文件而且得出了可靠的结论时,我们是可以依赖历史学家的考证的。尤其是在一些历史学家能够获得别人无法得到的文件时,人们就更倾向于信赖他们。

我并不想过分强调这种责任感,但是有时这是关系到生死的大问题。而且即使叙事本身已有中心人物,我们在选择历史人物时仍然必须极为谨慎(他们的生活也许是"文本",但并不仅是文本,而是关系到后果的问题)。例如,当我在考查 1645 年江阴屠杀时,我起初误把守城将士们的敢死精神看成是无谓的壮举。仅仅是在写作时,在我必须把笔落在纸上写下自己的判断时,我才意识到这样来解释他们的自我牺牲不免过于生硬——故事本身并不是这样展现的。

历史叙事的另一个特点是,要么让人在 evenements(事件——译注)外表下发现出反复而系统地显现的复杂模式,要么是要求人们在对历史的解释方面作出选择(顺序、环节、因果关系、人物,等等),它们突然把各个部分组合进一个新的没有预料到的结构之中,一个全新的整体由此形成。

这后一个部分是比较机械的过程。通常在根据初步形成的解释性背景进行叙述的时候,好像咔嗒一声,各个部分便突然天衣无缝地嵌入一个新部位。当我在写《上海警察》(*Policing Shanghai*)时,这种情况一再发生:每当对叙述结构进行重新组合之后,它便迫使我意识到自己忽略了一种明显更具有说服力、更为正确、更接受事实的解释方式(魏斐德,1995)。此处的关键是文章本身的风格,因为形式和内容太容易互相混合。那么新的解释顺序读起来顺当吗?或者说它就一定更有道理?

时间的奥秘

从这个意义上讲,描述就是观察,而在描绘过程中文章的模式就会塑造并显现出来。通过记忆中的岁月的媒介作用,便终于使人达到一种更高层次上的理解与结论。

    时间的奥秘与禁用语言不能相提并论。它促使人们思考并变换表达方式。假如事实确实如此,我们就应当对它的再现追根寻源,并认为,在合理范围内对历史意识的重申要求个人以及这些个人所属的群体去搜寻他们各自特有的叙述方式。这便是我们整个探索的核心所在。因为正是在这个探索中,时间的奥秘与叙述的诗意得以

充分地互相呼应。(里克尔,1988:274)

于是,"时间的奥秘"要求叙述以同样具有概括性的方法幻觉般地再现过去,即造成一种眼界穿越时间的幻觉——这便是伟大的历史篇章所能产生的效果。海登·怀特解释说,保罗·里克尔的《时间与叙事》的论题是,时间性是"现存的结构,它从叙述的语言里体现出来",而那个叙述就是"语言结构,这其中的时间性便是它最终所要表现的"。历史话语把意义赋予给时间的历程,因为这话语的直接和最终的表现对象(Bedeutung)是真实的事件,而不是想象的事件。历史和文学于是分享同一个"时间结构"(即人类经验)。事实上,历史叙事的长处在于它与叙述形式中的"虚构"话语相似这一点。因为历史叙事就是"时间的隐喻",而历史的意义在于它是"一幕人类致力把意义赋予生活的戏剧"之中(怀特,1973:171—181)。

当史景迁向我们叙述洪秀全在1837年证明自己是上帝之子的显灵时,他力图塑造的正是这种幻觉:

> 儒家的考试只是分文不值的虚荣,只能使人产生空洞的希望,制造虚假的礼权。在外国人当中,尽管某些人有鸦片和暴力问题,多数人还是心怀好意。而且也许他们会将这片国土从死亡中拯救出来。所有的偶像都是邪恶的,而标志中国年历的节假并没有显出对至高无上的天主敬拜的节奏。罪孽蹂躏着世界,而虚伪的教士、好色之徒和淫秽作品的作者们则使情况更为严重。洪在天国里经历的净化仪式便是他洗礼的预告人。世间还有群魔要杀尽,因为邪恶已经弥漫整个人类。于是,既然耶稣是上帝的儿子,也是洪的长兄,所以洪确实是上帝的中国之子。(史景迁,1996:190)

虚构便是以这同一种概括方式对等地参与了历史。里克尔认为虚构的"半历史性人物"是一种循环的关系。"也许我们可以说,这种同样的半历史性使虚构得以唤起对往事的生动回忆,使一本书成为伟大的历史著作或一部文学杰作。"(里克尔,1988:190)

安东尼·鲍威尔在写下本文开头引用的那段话近四分之一世纪之后,写了《伴随时光之曲而舞》第十二卷末尾那些令人难以忘怀的字句,使我们可以从中对这个复活了的过去略见一斑。鲍威尔是否有可能对这段概括性段落有所预见?难道他早就知道小说的寂静冬景会像奇妙的叙述时间汇入了历史时间的真实旋律那样,首尾呼应周而复始地再现吗?

> 我面前篝火的气味和也许夹杂了采石场里金属味的烟雾穿过银灰色的雾气往下散去。此刻,这烟雾把工棚前工人们燃烧得发亮的炭火堆带回了眼前……采石场里传出的砰砰声此刻已化为柔和的回荡,无限遥远,然后随着凄厉的鸟鸣完全平息——而当骑手们的螺号最后一次吹响在冰封的大海上之后,他们遥远的马蹄声也逐渐消失殆尽。甚至连四季神那有规律的舞步,似乎也在这隆冬的寂静里中断了。(鲍威尔,1975:272)

保罗·里克尔在他的杰作《时间和叙事》的末尾提醒我们,作为历史学家,我们应当仅仅关注《旧约·申命记》中的格言:Zakhor("记住了!")(里克尔,1988:187)。记忆当然是一种补偿,一种再造,但愿是一种忠实的虚构。在里克尔看来,每一种名副其实的历史话语都远不仅仅是对往事的一个叙述和时间的一种显形,它是人类对付暂时经历——一个永恒戏剧的内容的文字表达。反过来说,这个内容不过是人类期望把自己从历史中拯救出来的道德意义而已。(怀特,1973:183)。它是"对某一刻狂喜的分享……是对地铁站台里条椅的凝视,那个用钱币敲击玻璃窗来叫她儿子回去吃饭的女人,那些在夏夜里骑自行车争相冲入消防水龙头喷出的水柱的人们,友人们的话音和完全陌生人的罕见动作，所有这些神奇的片断，都在记忆生动饱满的流动中再现出来。丢失了的历史在小说的织体细节里涌现出来。虚构就是再现往事。它是我们的第二次机会"。（德里洛，1997a：63）

梁禾 译

图书在版编目（CIP）数据

间谍王：戴笠与中国特工／（美）魏斐德（Frederic Wakeman）著；梁禾译.
—— 2版．——北京：新星出版社，2017.2（2021.10重印）
ISBN 978-7-5133-2381-9

Ⅰ．①间… Ⅱ．①魏… ②梁… Ⅲ．①戴笠（1897-1946）-人物研究 ②特务组织-史料-中国-民国 Ⅳ．① K827=6 ② D693.65

中国版本图书馆CIP数据核字（2016）第 289349 号

绿杧文库

间谍王：戴笠与中国特工

（美）魏斐德 著；梁禾 译

出版统筹：刘丽华
责任编辑：白华昭
责任印制：李珊珊
封面设计：一千遍工作室

出版发行：新星出版社
出 版 人：马汝军
社　　址：北京市西城区车公庄大街丙3号楼　　100044
网　　址：www.newstarpress.com
电　　话：010-88310888
传　　真：010-65270449
法律顾问：北京市岳成律师事务所

读者服务：010-88310811　service@newstarpress.com
邮购地址：北京市西城区车公庄大街丙3号楼　　100044

印　　刷：北京天恒嘉业印刷有限公司
开　　本：660mm×970mm　1/16
印　　张：36.5
字　　数：570千字
版　　次：2017年2月第二版　2021年10月第五次印刷
书　　号：ISBN 978-7-5133-2381-9
定　　价：88.00元

版权专有，侵权必究；如有质量问题，请与印刷厂联系调换。